Curso de
Direito
Tributário
Constituição e Código Tributário Nacional

Regina Helena Costa

Curso de
DIREITO TRIBUTÁRIO

Constituição e Código Tributário Nacional

15ª edição

2025

- A autora deste livro e a editora empenharam seus melhores esforços para assegurar que as informações e os procedimentos apresentados no texto estejam em acordo com os padrões aceitos à época da publicação, e todos os dados foram atualizados pela autora até a data de fechamento do livro. Entretanto, tendo em conta a evolução das ciências, as atualizações legislativas, as mudanças regulamentares governamentais e o constante fluxo de novas informações sobre os temas que constam do livro, recomendamos enfaticamente que os leitores consultem sempre outras fontes fidedignas, de modo a se certificarem de que as informações contidas no texto estão corretas e de que não houve alterações nas recomendações ou na legislação regulamentadora.

- Data do fechamento do livro: 16/12/2024

- A autora e a editora se empenharam para citar adequadamente e dar o devido crédito a todos os detentores de direitos autorais de qualquer material utilizado neste livro, dispondo-se a possíveis acertos posteriores caso, inadvertida e involuntariamente, a identificação de algum deles tenha sido omitida.

- Direitos exclusivos para a língua portuguesa
  Copyright © 2025 by
  Saraiva Jur, um selo da SRV Editora Ltda.
  Uma editora integrante do GEN | Grupo Editorial Nacional
  Travessa do Ouvidor, 11
  Rio de Janeiro – RJ – 20040-040

- **Atendimento ao cliente: https://www.editoradodireito.com.br/contato**

- Reservados todos os direitos. É proibida a duplicação ou reprodução deste volume, no todo ou em parte, em quaisquer formas ou por quaisquer meios (eletrônico, mecânico, gravação, fotocópia, distribuição pela Internet ou outros), sem permissão, por escrito, da SRV Editora Ltda.

- Esta obra possui material suplementar via *QR Code*. Esse conteúdo será disponibilizado somente durante a vigência da respectiva edição. Não obstante, a editora poderá franquear o acesso por mais uma edição.

- Capa: Tiago Dela Rosa

- **DADOS INTERNACIONAIS DE CATALOGAÇÃO NA PUBLICAÇÃO (CIP)**
  VAGNER RODOLFO DA SILVA - CRB-8/9410

C837c	Costa, Regina Helena	
	Curso de Direito Tributário / Regina Helena Costa. - 15. ed. - São Paulo: SaraivaJur, 2025.	
	506 p.	
	Inclui bibliografia.	
	ISBN: 978-85-5362-653-3	
	1. Direito. 2. Direito Tributário. I. Título.	
2024-4383		CDD 341.39
		CDU 34:336.2
	Índices para catálogo sistemático:	
	1. Direito Tributário 341.39	
	2. Direito Tributário 34:336.2	

Sobre a Autora

REGINA HELENA COSTA é Livre-Docente em Direito Tributário e Mestre e Doutora em Direito do Estado pela Pontifícia Universidade Católica de São Paulo, onde leciona Direito Tributário na Faculdade de Direito e nos cursos de Pós-Graduação em Direito, na qualidade de Professora Associada.

É Ministra do Superior Tribunal de Justiça desde 2013. Foi Desembargadora Federal do Tribunal Regional Federal da 3ª Região, Juíza Federal, Procuradora da República e Procuradora do Estado de São Paulo.

É autora do *Código Tributário Nacional Comentado em sua Moldura Constitucional*, pela Editora Forense (5. ed., 2025), bem como dos livros *Princípio da Capacidade Contributiva* (4. ed., 2012), *Imunidades Tributárias – Teoria e Análise da Jurisprudência do STF* (3. ed., 2015) e *Praticabilidade e Justiça Tributária – Exequibilidade de Lei Tributária e Direitos do Contribuinte* (2007), todos pela Malheiros Editores.

Sua bibliografia inclui, ainda, trabalhos em obras coletivas, das quais se destacam *O Estatuto da Cidade – Comentários à Lei n. 10.257/01* (4. ed., 2014), *Importação e Exportação no Direito Brasileiro* (2. ed., 2007) e *Direito Tributário Ambiental* (2005), além de artigos publicados em revistas especializadas.

Apresentação

Em 2009 completamos vinte e cinco anos de docência, momento que consideramos propício para nos lançarmos numa empreitada ousada: publicar um curso de direito tributário.

A atuação como professora de Direito Tributário nos cursos de graduação e pós-graduação em Direito, especialmente na Pontifícia Universidade Católica de São Paulo, foi fecundada pelo exercício das funções de Procuradora do Estado de São Paulo, Procuradora da República e, desde 1991, de Magistrada Federal, com intensa atuação nessa seara.

Em nossos livros anteriores desenvolvemos teorias, defendemos teses. Neste livro, a única pretensão é ensinar os fundamentos do direito tributário. Enfim, um trabalho que represente não mais um olhar pontual sobre temas que nos despertaram maior interesse durante a vida acadêmica, mas uma visão panorâmica da disciplina, tarefa que, em nosso sentir, exige boa dose de experiência e maturidade intelectual. Daí por que não nos animamos a fazê-lo antes.

Entretanto, convém esclarecer que, embora cuide-se de um livro básico, não abrimos mão de uma visão crítica, nem nos furtamos a apontar novas tendências e conceitos do direito tributário contemporâneo, tais como a conexão da tributação com os direitos fundamentais e a crescente preocupação com a praticabilidade tributária, por exemplo.

Assim é apresentado este livro, fruto de vivência e reflexão, com estrutura e conteúdo diferentes das obras habitualmente oferecidas com esse perfil. Desse modo, a obra está dividida em seis partes: I – Fundamentos do Direito Tributário; II – Sistema Constitucional Tributário; III – O CTN e suas normas gerais; IV – Impostos em espécie; V – Noções sobre as relações processuais em matéria tributária; e VI – Outros temas.

Durante todos esses anos de magistério, sugerimos aos nossos alunos que estudassem o sistema constitucional tributário por determinados livros, e o Código Tributário Nacional por outros autores. Então, imaginamos reunir, em uma só obra, os lineamentos do sistema constitucional tributário e a análise do conteúdo essencial do CTN da maneira mais didática possível.

Pareceu-nos relevante fazer constar referências jurisprudenciais sobre assuntos mais polêmicos, como reflexo da progressiva importância que a jurisprudência vem conquistando como fonte do direito tributário, mormente pelo impacto provocado pelas decisões do Supremo Tribunal Federal. Mais do que isso, observamos que doutrina e jurisprudência, cada vez mais, interpenetram-se, coadjuvando-se na interpretação do ordenamento jurídico. Cingimo-nos, no entanto, aos julgados dos tribunais superiores – Supremo Tribunal Federal e Superior Tribunal de Justiça – mediante breves anotações.

Outrossim, sentimos falta de um livro de apoio que contivesse, de maneira sucinta, porém suficiente, a análise dos diversos impostos integrantes de nosso ordenamento. Ora cuidava-se de obra monográfica sobre determinado imposto, ora de livro descrevendo minimamente cada um deles. Em nossa proposta, dedicamos uma parte de nosso manual ao registro da disciplina básica dos impostos, considerados os tributos mais expressivos.

Ainda, consideramos oportuno incluir, conquanto que de modo conciso, noções sobre as relações processuais no âmbito tributário. Isso porque a aplicação do direito tributário, nas instâncias administrativa e judicial, a nosso ver, não pode ser esquecida numa obra que se pretenda abrangente.

Diante de tal concepção, privilegiando a leitura mais fluente e o didatismo, limitamos, ao mínimo possível, as citações doutrinárias, assim como o emprego de notas de rodapé, utilizadas, precipuamente, para referências legislativas e jurisprudenciais.

O público-alvo deste livro são os estudantes de Direito Tributário em geral – alunos dos cursos de graduação, participantes de concursos públicos, bem como aqueles que lidam com a matéria em função de seu exercício profissional – que buscam os lineamentos da disciplina, numa linguagem didática e acessível.

Cientes da grande responsabilidade que ora assumimos, esperamos alcançar nosso objetivo, celebrando a publicação deste livro com todos os alunos e amigos do Brasil.

São Paulo, fevereiro de 2009.

Regina Helena Costa

Acesse o Material Suplementar da obra pelo *QR Code*.

> https://uqr.to/1x8vl

Abreviaturas

AC = Ação Cautelar
ADC = Ação Direta de Constitucionalidade
ADCT = Ato das Disposições Constitucionais Transitórias
ADI = Ação Direta de Inconstitucionalidade
Ag = Agravo
AgInt = Agravo Interno
AgRg = Agravo Regimental
ApCv = Apelação Cível
ArgI = Arguição de Inconstitucionalidade
CBS = Contribuição sobre Bens e Serviços
CC = Código Civil
c/c = combinado com
CDA = Certidão de Dívida Ativa
CDC = Código de Defesa do Consumidor
CIDE = Contribuição de Intervenção no Domínio Econômico
COFINS = Contribuição para o Financiamento da Seguridade Social
CP = Código Penal
CPC = Código de Processo Civil
CPP = Código de Processo Penal
CR = Constituição da República
CTN = Código Tributário Nacional
EC = Emenda Constitucional
ED = Embargos de Declaração
EREsp = Embargos de Divergência no Recurso Especial
IBS = Imposto sobre Bens e Serviços

ICMS = Imposto sobre Circulação de Mercadorias e Prestação de Serviços de Transporte Interestadual e Intermunicipal e de Comunicação

IGF = Imposto sobre Grandes Fortunas

IOF = Imposto sobre Operações Financeiras

IPI = Imposto sobre Produtos Industrializados

IPTU = Imposto sobre a Propriedade Predial e Territorial Urbana

IPVA = Imposto sobre a Propriedade de Veículos Automotores

IR = Imposto sobre a Renda

IRPF = Imposto sobre a Renda de Pessoa Física

IRPJ = Imposto sobre a Renda de Pessoa Jurídica

IS = Imposto Seletivo

ISSQN = Imposto sobre Serviços de Qualquer Natureza

ITBI = Imposto sobre Transmissão de Bens Imóveis

ITCMD = Imposto de Transmissão *Causa Mortis* e Doação de Quaisquer Bens e Direitos

ITR = Imposto sobre a Propriedade Territorial Rural

j. = Julgado(a) em

LEF = Lei de Execução Fiscal

LINDB = Lei de Introdução às Normas do Direito Brasileiro

MC = Medida Cautelar

QO = Questão de Ordem

RE = Recurso Extraordinário

REsp = Recurso Especial

RR = Recurso Repetitivo

RTJ = Revista Trimestral de Jurisprudência

S. = Seção

STF = Supremo Tribunal Federal

STJ = Superior Tribunal de Justiça

T. = Turma

TIPI = Tabela do Imposto sobre Produtos Industrializados

TRF – 3ª Região = Tribunal Regional Federal da 3ª Região

Sumário

Sobre a Autora...... V
Apresentação VII
Abreviaturas IX
Nota à 15ª edição XIX
Nota à 14ª edição XXI
Nota à 13ª edição XXIII
Nota à 12ª edição XXV
Nota à 11ª edição XXVII
Nota à 10ª edição XXIX
Nota à 9ª edição XXXI
Nota à 8ª edição XXXIII
Nota à 7ª edição XXXV
Nota à 6ª edição XXXVII
Nota à 5ª edição XXXIX
Nota à 4ª edição XLI
Nota à 3ª edição XLIII
Nota à 2ª edição XLV

Parte I – Fundamentos do Direito Tributário

1. A Tributação e os Direitos Fundamentais 3
   1.1. Conceito de tributação 3
   1.2. Tributação e direitos fundamentais 4
   1.3. Escorço histórico da tributação 7
2. Perfil do Direito Tributário 10
   2.1. Conceito e objeto 10
   2.2. Autonomia 10
   2.3. Relacionamento com outros ramos do direito 12
3. Fontes do Direito Tributário 15
   3.1. Conceito e espécies 15
   3.2. Fontes legislativas 15
      3.2.1. Constituição da República 15

	3.2.2.	Lei complementar	18
	3.2.3.	Lei ordinária	23
	3.2.4.	Medida provisória	23
	3.2.5.	Decreto legislativo	25
	3.2.6.	Resolução	25
3.3.	Atos administrativos normativos		26
	3.3.1.	Decretos	26
	3.3.2.	Instruções	28
3.4.	Jurisprudência		28
3.5.	Doutrina		29

Parte II – Sistema Constitucional Tributário

1. A Disciplina Constitucional da Tributação 33
   1.1. O Sistema Tributário Nacional 33
   1.2. Normas tributárias fora do capítulo do Sistema Tributário Nacional 37
   1.3. As alterações promovidas por emendas constitucionais 39
2. Competência Tributária 43
   2.1. Conceito e características 43
   2.2. Repartição de competências tributárias 45
   2.3. Fiscalidade, extrafiscalidade e parafiscalidade 49
   2.4. Bitributação e *bis in idem* 51
   2.5. A EC n. 132/2023 e a competência tributária compartilhada para a instituição do Imposto sobre Bens e Serviços – IBS 52
3. Limitações ao Poder de Tributar 53
   3.1. Considerações gerais 53
   3.2. Princípios constitucionais 54
      3.2.1. Princípios gerais com especial repercussão no âmbito tributário 56
         3.2.1.1. Segurança jurídica 56
         3.2.1.2. Dignidade da pessoa humana 57
         3.2.1.3. Isonomia 58
         3.2.1.4. Legalidade 59
         3.2.1.5. Princípio republicano 60
         3.2.1.6. Princípios federativo e da autonomia municipal 60
         3.2.1.7. Moralidade 61
         3.2.1.8. Supremacia do interesse público sobre o particular 62
         3.2.1.9. Função social da propriedade 63
      3.2.2. Princípios específicos 64
         3.2.2.1. Legalidade tributária 64
         3.2.2.2. Anterioridade da lei tributária: genérica, especial e nonagesimal 66

		3.2.2.3.	Irretroatividade da lei tributária...	71
		3.2.2.4.	Praticabilidade tributária...	72
		3.2.2.5.	Não obstância do exercício de direitos fundamentais por via da tributação	74
		3.2.2.6.	Generalidade da tributação...	75
		3.2.2.7.	Capacidade contributiva..	76
		3.2.2.8.	Solidariedade contributiva	78
		3.2.2.9.	Vedação da utilização de tributo com efeito de confisco ...	80
		3.2.2.10.	Não limitação ao tráfego de pessoas e bens	82
		3.2.2.11.	Uniformidade geográfica, vedação da tributação diferenciada da renda das obrigações da dívida pública e da remuneração dos servidores e vedação à isenção heterônoma ..	82
		3.2.2.12.	Não diferenciação tributária entre bens e serviços em razão de sua procedência ou destino...	84
		3.2.2.13.	Outros princípios – a EC n. 132/2023	84
3.3.	Imunidades..			86
	3.3.1.	Conceito...		86
	3.3.2.	Classificação		87
	3.3.3.	Imunidades genéricas..		89
		3.3.3.1.	Imunidade recíproca	91
		3.3.3.2.	Entidades religiosas e templos de qualquer culto, inclusive suas organizações assistenciais e beneficentes	93
		3.3.3.3.	Imunidades contidas no art. 150, VI, *c*	95
			3.3.3.3.1. Partidos políticos e suas fundações.....................	98
			3.3.3.3.2. Entidades sindicais de trabalhadores..................	99
			3.3.3.3.3. Instituições de educação e de assistência social...	100
		3.3.3.4.	Livros, jornais, periódicos e o papel destinado à sua impressão..	108
		3.3.3.5.	Fonogramas e videofonogramas musicais produzidos no Brasil contendo obras musicais ou literomusicais de autores brasileiros e/ou obras em geral interpretadas por artistas brasileiros, bem como os suportes materiais ou arquivos digitais que os contenham, salvo na etapa de replicação industrial de mídias ópticas de leitura a *laser*...................	109
	3.3.4.	Imunidades específicas		110
4. Tributo e suas Espécies				115
4.1.	Conceito constitucional de tributo...			115
4.2.	Definição legal			115
4.3.	Espécies..			118
	4.3.1.	Impostos..		120
		4.3.1.1.	Classificação dos impostos..	122
	4.3.2.	Taxas		125
		4.3.2.1.	Taxa de polícia	126

XIII

			4.3.2.2.	Taxa de serviço..	128
			4.3.2.3.	Pedágio...	130
			4.3.2.4.	Taxa e tarifa..	131
		4.3.3.	Contribuição de melhoria..		134
		4.3.4.	Empréstimo compulsório..		137
		4.3.5.	Contribuições...		139
			4.3.5.1.	Contribuições sociais...	141
			4.3.5.2.	Contribuições interventivas (CIDEs)..............................	144
			4.3.5.3.	Contribuições no interesse de categorias profissionais ou econômicas..	149
			4.3.5.4.	Contribuição para o custeio do serviço de iluminação pública e de sistemas de monitoramento para segurança e preservação de logradouros públicos................................	150

Parte III – O CTN e suas Normas Gerais

1.	O Papel do Código Tributário Nacional..	155
2.	Capacidade Tributária Ativa...	159
3.	Legislação Tributária: Vigência, Interpretação, Integração e Aplicação................	162
	3.1. Legislação tributária..	162
	3.2. Vigência: conceito..	166
	3.2.1. Vigência no tempo..	167
	3.2.2. Vigência no espaço..	168
	3.3. Interpretação e seus métodos..	169
	3.4. Integração da legislação tributária..	176
	3.5. Aplicação da legislação tributária...	178
4.	Obrigação Tributária..	182
	4.1. Obrigação tributária: principal e acessória.......................................	182
	4.2. A dissensão doutrinária..	183
	4.3. Relação jurídica sancionatória...	187
	4.4. Críticas...	187
5.	Fato Gerador...	189
	5.1. Fato gerador: conceito..	189
	5.2. A disciplina do CTN...	190
	5.3. A hipótese de incidência tributária e seus aspectos...........................	196
	5.3.1. Antecedente: aspectos material, espacial e temporal............	197
	5.3.2. Consequente: aspecto pessoal...	198
	5.3.2.1. Sujeito ativo...	199
	5.3.2.2. Sujeição passiva tributária: considerações gerais........	200
	5.3.2.3. Solidariedade...	202
	5.3.2.4. Capacidade tributária passiva...................................	204
	5.3.2.5. Domicílio tributário..	206

		5.3.3. Sujeição passiva indireta ou responsabilidade no CTN	207
		5.3.3.1. Sucessão	210
		5.3.3.2. Responsabilidade em sentido estrito	214
		5.3.3.3. Substituição	217
		5.3.3.4. Nossa opinião	220
	5.4.	Consequente: aspecto quantitativo	222
6.	Crédito Tributário e Lançamento		226
	6.1.	Crédito tributário: conceito	226
	6.2.	Lançamento: conceito, natureza jurídica e eficácia	227
		6.2.1. Critérios para o lançamento	231
		6.2.2. Modalidades	235
		6.2.3. O lançamento por homologação e suas peculiaridades	238
7.	Suspensão da Exigibilidade do Crédito Tributário		243
	7.1.	Considerações gerais	243
	7.2.	Hipóteses	246
		7.2.1. Moratória	246
		7.2.2. Depósito do montante integral	248
		7.2.3. Reclamações e recursos administrativos	251
		7.2.4. Concessão de medida liminar em mandado de segurança ou em outra ação, ou de tutela antecipada	251
		7.2.5. Parcelamento	253
8.	Extinção do Crédito Tributário		256
	8.1.	Introdução	256
	8.2.	Pagamento e suas modalidades: considerações gerais	258
		8.2.1. Imputação do pagamento	261
		8.2.2. Consignação em pagamento	262
		8.2.3. Pagamento indevido e restituição do indébito	263
		8.2.4. Conversão de depósito em renda	270
		8.2.5. Pagamento antecipado e homologação do lançamento	271
		8.2.6. Dação em pagamento	271
	8.3.	Compensação	272
	8.4.	Transação	275
	8.5.	Remissão	276
	8.6.	Decadência	278
	8.7.	Prescrição	281
	8.8.	Decisão administrativa irreformável	283
	8.9.	Decisão judicial passada em julgado	284
9.	Exclusão do Crédito Tributário		286
	9.1.	Considerações gerais	286

9.2.	Isenção: perfil constitucional		287
	9.2.1.	Isenção e imunidade	288
	9.2.2.	Espécies de isenções	290
	9.2.3.	A disciplina do Código Tributário Nacional	290
	9.2.4.	Isenção e alíquota zero	293
9.3.	Anistia		294

10. Infrações e Sanções Tributárias 297
    10.1. A relação sancionatória 297
    10.2. Modalidades de sanções tributárias 297
    10.3. Sanções políticas 298
    10.4. Princípios gerais do direito sancionador 299
    10.5. A disciplina do Código Tributário Nacional 302
    10.6. Denúncia espontânea 304

11. Garantias e Privilégios do Crédito Tributário 308
    11.1. Conceitos 308
    11.2. A disciplina do Código Tributário Nacional 309

12. Administração Tributária 318
    12.1. Conceito de Administração Tributária e sua disciplina constitucional 318
    12.2. A disciplina do Código Tributário Nacional 320
        12.2.1. Fiscalização 320
        12.2.2. Dívida ativa 331
        12.2.3. Certidões negativas 335

Parte IV – Impostos em Espécie

1. Impostos Federais 341
   1.1. A competência da União em matéria de impostos 341
   1.2. Imposto de Importação 342
       1.2.1. Perfil constitucional 342
       1.2.2. Aspectos da hipótese de incidência 343
   1.3. Imposto de Exportação 346
       1.3.1. Perfil constitucional 346
       1.3.2. Aspectos da hipótese de incidência 346
   1.4. Imposto sobre a Renda – IR 349
       1.4.1. Perfil constitucional 349
       1.4.2. Aspectos da hipótese de incidência 351
       1.4.3. Imposto sobre a Renda de Pessoa Física – IRPF 353
       1.4.4. Imposto sobre a Renda de Pessoa Jurídica – IRPJ 356
   1.5. Imposto sobre Produtos Industrializados – IPI 358
       1.5.1. Perfil constitucional 358
       1.5.2. Aspectos da hipótese de incidência 362

1.6.	Imposto sobre Operações Financeiras – IOF		365
	1.6.1.	Perfil constitucional	365
	1.6.2.	Aspectos da hipótese de incidência	365
1.7.	Imposto sobre a Propriedade Territorial Rural – ITR		368
	1.7.1.	Perfil constitucional	368
	1.7.2.	Aspectos da hipótese de incidência	370
1.8.	Imposto sobre Grandes Fortunas – IGF		373
	1.8.1.	Perfil constitucional	373
1.9.	Imposto sobre produção, extração, comercialização ou importação de bens e serviços prejudiciais à saúde ou ao meio ambiente		374
	1.9.1.	Perfil constitucional	374
	1.9.2.	Aspectos das hipóteses de incidência tributária	375
2. Impostos Estaduais			377
2.1.	A competência dos Estados-membros e do Distrito Federal em matéria de impostos		377
2.2.	Imposto sobre Transmissão *Causa Mortis* e Doação de Quaisquer Bens e Direitos – ITCMD		377
	2.2.1.	Perfil constitucional	377
	2.2.2.	Imunidades específicas	379
	2.2.3.	Aspectos da hipótese de incidência	380
2.3.	Imposto sobre operações de circulação de mercadorias e prestações de serviços de transporte interestadual e intermunicipal e de comunicação – ICMS		382
	2.3.1.	Considerações gerais	382
	2.3.2.	Perfil constitucional	383
	2.3.3.	O papel da lei complementar	387
	2.3.4.	Aspectos da hipótese de incidência	388
2.4.	Imposto sobre a Propriedade de Veículos Automotores – IPVA		394
	2.4.1.	Perfil constitucional	394
	2.4.2.	Aspectos da hipótese de incidência	395
2.5.	Imposto sobre Bens e Serviços – IBS		397
	2.5.1.	Perfil constitucional	398
	2.5.2.	Imunidades	398
	2.5.3.	O papel da lei complementar	399
	2.5.4.	Aspectos da hipótese de incidência	400
	2.5.5.	Comitê Gestor	401
3. Impostos Municipais			403
3.1.	A competência dos Municípios em matéria de impostos		403
3.2.	Imposto sobre a Propriedade Predial e Territorial Urbana – IPTU		403
	3.2.1.	Perfil constitucional	403
	3.2.2.	Aspectos da hipótese de incidência	409

3.3. Imposto sobre Transmissão de Bens Imóveis – ITBI 411
    3.3.1. Perfil constitucional 411
    3.3.2. Aspectos da hipótese de incidência 412
3.4. Imposto sobre Prestações de Serviços de Qualquer Natureza – ISSQN 414
    3.4.1. Perfil constitucional 414
    3.4.2. O papel da lei complementar 415
    3.4.3. Aspectos da hipótese de incidência 418

Parte V – Noções sobre as Relações Processuais em Matéria Tributária

1. Considerações Gerais 425
    1.1. Introdução: existe um autêntico "processo tributário"? 425
    1.2. Algumas palavras sobre o controle de constitucionalidade em matéria tributária 427
2. Aspectos do Processo Administrativo Tributário 432
    2.1. Introdução 432
    2.2. A processualidade no plano constitucional 432
    2.3. Objeto do processo administrativo tributário 435
    2.4. Fases do processo administrativo tributário 435
    2.5. A consulta 437
    2.6. Perspectivas 437
3. Aspectos das Ações Judiciais Utilizadas pelos Sujeitos das Relações Tributárias ... 440
    3.1. Considerações iniciais 440
    3.2. Tutela de urgência em matéria tributária 440
    3.3. Ações do sujeito passivo contra o Fisco 441
        3.3.1. Mandado de segurança 441
        3.3.2. Ações anulatória e declaratória do indébito tributário 442
        3.3.3. Ação de repetição do indébito 443
        3.3.4. Ação de compensação 444
    3.4. Ações do Fisco contra o sujeito passivo 445
        3.4.1. Medida cautelar fiscal 445
        3.4.2. Execução fiscal 446

Parte VI – Outros Temas

1. Necessidade de Alterações no Imposto sobre a Renda de Pessoa Física 453
2. Ação Civil Pública em Matéria Tributária 455
3. Repercussão Geral em Matéria Tributária: Breves Reflexões 462
4. Tributação e Gênero 470

Referências Bibliográficas 471

Índice Alfabético-Remissivo 477

Nota à 15ª edição

Além das atualizações de praxe, inserimos comentários à vista da reforma tributária promovida pela EC n. 132/2023.

Também, na parte VI, no item dedicado a "Outros Temas", acrescentamos tópico relativo a assunto de grande atualidade, qual seja, "tributação e gênero".

São Paulo, dezembro de 2024.

Regina Helena Costa

Nota à 14ª edição

Nesta edição, efetuamos as atualizações legislativas e jurisprudenciais necessárias, no aguardo da implementação da reforma tributária aprovada pela Emenda Constitucional n. 132, de 20 de dezembro de 2023.

Das alterações introduzidas no sistema tributário nacional, destacam-se as relativas à tributação incidente sobre o consumo, com a criação de novos tributos e consequente extinção dos atuais.

Assim, o ISS, o ICMS, a contribuição ao PIS e a COFINS serão substituídos pelo *Imposto sobre Bens e Serviços – IBS*, de competência compartilhada entre Estados-Membros, Distrito Federal e Municípios; pela *Contribuição sobre Bens e Serviços – CBS*, de competência federal; e pelo Imposto sobre a Produção, Extração, Comercialização ou Importação de Bens e Serviços Prejudiciais à Saúde ou ao Meio Ambiente, chamado de *Imposto Seletivo – IS*, igualmente de competência federal.

A reforma tributária dependerá da edição de leis complementares, cujos projetos deverão ser encaminhados pelo Poder Executivo ao Congresso Nacional no prazo de 180 dias contados da promulgação da emenda constitucional, e somente começará a produzir seus primeiros efeitos a partir de 2026, sendo que o período de transição entre o sistema tributário atual e o recém-aprovado findará tão somente em 2032.

Até 2026, portanto, vigorará plenamente o sistema tributário atual que, a partir de então, será gradativamente substituído pelo novo regime. Estaremos acompanhando as novidades legislativas para promover a atualização desta obra oportunamente.

São Paulo, dezembro de 2023.

Regina Helena Costa

Nota à 13ª edição

Efetuadas as atualizações de praxe, destacamos as alterações promovidas pela Emenda Constitucional n. 116/2022, referente à imunidade tributária dos templos de qualquer culto ao IPTU (art. 156-A), e pela Lei Complementar n. 194/2022 que incluiu, no Código Tributário Nacional, o art. 18-A, relativo à incidência do ICMS sobre combustíveis, gás natural, energia elétrica, comunicações e transporte.

São Paulo, dezembro de 2022.

Regina Helena Costa

Nota à 12ª edição

Realizamos a revisão da obra, com a anotação das modificações legislativas e jurisprudenciais pertinentes. Dada a não promoção de alterações estruturais no sistema tributário nacional, o livro permanece na sua concepção original.

São Paulo, dezembro de 2021.

Regina Helena Costa

Nota à 11ª edição

Nesta nova edição, revisamos a obra, como de praxe, anotando modificações legislativas e jurisprudenciais. Até o momento do fechamento desta edição, não foi promovida reforma tributária de caráter estrutural, razão pela qual o livro segue com a concepção original.

São Paulo, dezembro de 2020.

Regina Helena Costa

Nota à 10ª edição

Com grande satisfação, chegamos à 10ª edição do nosso *Curso*.

Durante esse período, procuramos oferecer um livro sobre os fundamentos do direito tributário, objetivo e atualizado.

Agradecemos a receptividade que a obra tem tido entre estudantes e estudiosos de direito tributário.

No momento em que o tema da reforma tributária retorna à pauta, nossa atenção estará voltada especialmente às eventuais alterações que venham a ser efetuadas.

São Paulo, dezembro de 2019.

Regina Helena Costa

Nota à 9ª edição

Nesta edição, as necessárias atualizações legislativas e jurisprudenciais. São Paulo, dezembro de 2018.

Regina Helena Costa

Nota à 8ª edição

Nesta edição, introduzimos tópico para destacar a análise das aplicações do *princípio da solidariedade contributiva*, cuja relevância tem se manifestado com grande visibilidade em estudos recentes. Também atualizamos nossos comentários sobre institutos voltados à uniformização jurisprudencial, de larga aplicação no âmbito tributário, que ganharam aperfeiçoamento sob a disciplina do Código de Processo Civil de 2015.

Cremos que, assim, a edição apresenta-se sintonizada com o momento vivido pelo direito tributário contemporâneo.

São Paulo, dezembro de 2017.

Regina Helena Costa

Nota à 7ª edição

Optamos por manter, ainda por mais esta edição, as referências aos artigos do Código de Processo Civil de 1973 (CPC), a par das normas correspondentes ao Novo Código de Processo Civil (NCPC), por reputarmos relevante fazê-lo neste período de transição.

No mais, as indispensáveis atualizações legislativa e jurisprudencial.

São Paulo, dezembro de 2016.

Regina Helena Costa

Nota à 6ª edição

A par da atualização das referências à jurisprudência produzida pelos tribunais superiores, inserimos breve comentário sobre aspectos da Lei n. 13.140, de 26 de junho de 2015, que dispõe acerca da mediação entre particulares como meio de solução de controvérsias e sobre a autocomposição de conflitos no âmbito da Administração Pública, com reflexos, portanto, na composição dos conflitos tributários. Importante registrar que mantivemos as referências aos artigos do Código de Processo Civil de 1973, porém já inserimos aquelas correspondentes ao Novo Código de Processo Civil (Lei n. 13.105, de 16 de março de 2015), em breve em vigor.

São Paulo, dezembro de 2015.

Regina Helena Costa

Nota à 5ª edição

Nesta nova edição entendemos interessante destacar, dentre os princípios gerais com especial repercussão no âmbito tributário, o *princípio da dignidade da pessoa humana*. Já referido em algumas passagens do texto, ganhou tópico próprio, em homenagem à atenção que tem despertado nos estudos tributários (Parte II, Capítulo 3, item 3.2.1.2).

Outrossim, assinalamos a alteração promovida pela Emenda Constitucional n. 85, de 2014, que deu nova redação ao art. 243, dispositivo fundamental na compreensão do conceito de *confisco*, relevante para o direito tributário.

No mais, as atualizações de praxe.

São Paulo, dezembro de 2014.

Regina Helena Costa

Nota à 4ª edição

Nos últimos doze meses, felizmente, poucas foram as alterações normativas a ensejar nossos comentários.

A destacar, a nova imunidade introduzida pela Emenda Constitucional n. 75, de 15 de outubro de 2013, a amparar fonogramas e videofonogramas musicais produzidos no Brasil, nos termos indicados.

Quanto ao mais, apenas alguns pontos mais bem elucidados e atualizações legislativas e jurisprudenciais.

São Paulo, dezembro de 2013.

Regina Helena Costa

Nota à 3ª edição

Nesta edição, atualizamos indicações legislativas e jurisprudenciais e aperfeiçoamos alguns pontos que nos pareceram passíveis de melhor elucidação.

Outrossim, firmes no compromisso de apreciarmos temas atuais, acrescentamos, na última parte do livro (VI), um tópico dedicado à análise da repercussão geral em matéria tributária, assunto que consideramos de grande impacto nas relações entre Fisco e contribuinte.

São Paulo, dezembro de 2012.

Regina Helena Costa

Nota à 2ª edição

Chegamos à 2ª edição, felizes com a receptividade com que a obra foi acolhida por alunos, professores e profissionais do meio jurídico. Também nos encheu de orgulho ter ela sido laureada pela Câmara Brasileira do Livro com o Prêmio Jabuti 2010, o que nos gratifica imensamente.

Nesta nova edição, procedemos às atualizações das referências legislativas e jurisprudenciais quando necessário; incluímos as súmulas vinculantes relativas a temas tributários, editadas em 2009 e 2010, bem como novas súmulas do Superior Tribunal de Justiça.

Esperamos, assim, continuar atendendo às expectativas daqueles que buscam um curso de Direito Tributário simples e abrangente, que apresenta uma visão contemporânea da disciplina.

Agradecemos a todos os que nos têm prestigiado.

São Paulo, dezembro de 2011.

Regina Helena Costa

Parte I
Fundamentos do Direito Tributário

1. A Tributação e os Direitos Fundamentais

1.1. CONCEITO DE TRIBUTAÇÃO

Dentre as múltiplas incumbências a cargo do Estado está a tributação, que consiste, singelamente, na atividade estatal abrangente da instituição, da arrecadação e da fiscalização de tributos.[1]

A instituição de tributos é atividade típica do Estado, indelegável e exercida mediante lei, em sentido formal e material (art. 150, I, CR). Já a arrecadação e a fiscalização tributárias constituem competências administrativas e, portanto, passíveis de delegação a pessoas de direito público ou privado (art. 8º, CTN).

Na contemporânea concepção de Estado, a tributação constitui autêntico poder-dever, cujo exercício traduz-se no emprego de instrumentos que lhe possibilitem a obtenção dos recursos necessários ao desempenho de suas atividades.

Como sabido, a prestação de serviços públicos e a manutenção do patrimônio coletivo implicam elevados gastos, daí por que o Estado, como regra, não pode prescindir de exigir de seus administrados prestações de caráter compulsório qualificadas como tributos.

As relações de direito público, gênero no qual se inserem as relações tributárias, apresentam, como traço marcante, a bipolaridade, a significar que nelas

---

[1] Para Liam Murphy e Thomas Nagel, professores de Filosofia da Universidade de Nova York, a tributação tem duas funções principais: "1) Ela determina que proporção dos recursos da sociedade vai estar sob o controle do governo para ser gasta de acordo com algum procedimento de decisão coletiva, e que proporção será deixada, na qualidade de propriedade pessoal, sob o arbítrio de indivíduos particulares. Essa é a *repartição entre o público e o privado*. 2) Ela é um dos principais fatores que determinam de que modo o produto social é dividido entre os diversos indivíduos, tanto sob a forma de propriedade privada quanto sob a forma de benefícios fornecidos pela ação pública. Essa é a *distribuição*" (*O Mito da Propriedade – Os Impostos e a Justiça*, p. 101).

estão presentes dois valores em constante tensão: de um lado, a autoridade do Poder Público; de outro, a liberdade individual.

Nas relações tributárias tal tensão é evidente, uma vez que o Estado titulariza o direito de atingir o direito de propriedade do particular, e, em consequência, a liberdade deste, absorvendo compulsoriamente parte de seu patrimônio, devendo, contudo, respeitar uma multiplicidade de normas de proteção ao contribuinte.

A esse direito estatal, consubstanciado na supressão de parcela do patrimônio dos sujeitos, para a sustentação das necessidades coletivas, consoante um regime jurídico vinculante, corresponde, evidentemente, um dever, por parte daqueles, de satisfazer tal obrigação, em prol da sociedade.

Em síntese, ao direito estatal de tributar corresponde um dever dos particulares de arcar com o ônus de serem tributados, o que lhes viabiliza o exercício de outros direitos.

1.2. TRIBUTAÇÃO E DIREITOS FUNDAMENTAIS

Vale salientar a existência de uma outra tensão, de caráter permanente, observada entre a imposição de tributos e o exercício de direitos fundamentais. Se, de um lado, a exigência daqueles pode, inadequadamente, dificultar ou mesmo inviabilizar o exercício destes, de outro, parece evidente que vários dos direitos assegurados no ordenamento jurídico dependem, para sua proteção, dos recursos advindos da receita tributária.

Consideramos importante remarcar que a compreensão do Direito Tributário, cada vez mais, está voltada à preocupação concernente à adequação da tributação ao exercício de direitos fundamentais. De fato, universalmente vem se afirmando uma visão humanista da tributação, a destacar que essa atividade estatal não busca apenas gerar recursos para o custeio de serviços públicos mas, igualmente, o asseguramento do exercício de direitos públicos subjetivos.

Assim é que a tributação constitui instrumento para atingir os objetivos fundamentais da República Federativa do Brasil, consubstanciados na construção de uma sociedade livre, justa e solidária; na garantia do desenvolvimento nacional; na erradicação da pobreza e da marginalização e na redução das desigualdades sociais e regionais; bem como na promoção do bem de todos, sem preconceitos de origem, raça, sexo, cor, idade e quaisquer outras formas de discriminação (art. 3º, I a IV, CR).

No presente, estão indissoluvelmente associadas as ideias de tributação e cidadania. Há que se entender que ser cidadão também é ser contribuinte. Em outras palavras, poder contribuir para as despesas do Estado representa um aspecto do exercício da cidadania. Isso porque somente pode ser considerado cidadão quem tem a possibilidade de auferir renda, deter patrimônio e realizar consumo, todas manifestações de capacidade contributiva.[2]

Para melhor analisarmos a relação entre tributação e direitos fundamentais, conveniente definamos, por primeiro, o que se deva entender por estes últimos.

Não desconhecendo a divergência terminológica verificada a respeito, podemos afirmar que os direitos fundamentais são aqueles considerados inerentes à própria natureza do homem.[3]

A qualificação de direitos constitucionais como fundamentais reside no regime jurídico de especial proteção que a Constituição lhes outorgou, traduzido, essencialmente, pelo nível singular de proteção de suas normas, por constituírem os direitos e garantias fundamentais cláusulas pétreas (art. 60, § 4º, IV), e pela aplicação imediata de seus preceitos (art. 5º, § 1º).

É esse regime jurídico diferenciado, estampado num conjunto normativo de *status* constitucional, revestido de rigidez e tópicos imutáveis, bem como aplicabilidade imediata, que qualifica determinados direitos como fundamentais, dedicando a Lei Maior vasto instrumental para a sua tutela.[4]

---

[2] Vale registrar que José Casalta Nabais menciona a "cidadania solidária", compreendendo que a solidariedade "mais não é do que um aspecto ou dimensão nova, e um aspecto ou dimensão nova ativa, da cidadania". Nesta, ensina, o cidadão assume um novo papel, com novas responsabilidades e encargos, que não podem ser encarados como tarefas exclusivamente do Estado. Acrescenta que a dimensão solidária da cidadania "implica o empenhamento simultaneamente estadual e social de permanente inclusão de todos os membros da respectiva comunidade de modo a todos partilharem um mesmo denominador comum (...)" ("Solidariedade social, cidadania e direito fiscal", in *Solidariedade Social e Tributação*, Coord. Marco Aurélio Greco e Marciano Seabra de Godói, São Paulo, Dialética, 2005, pp. 124 e 125). Tal noção de cidadania contrapõe-se, portanto, às ideias de egocentrismo e individualismo excessivo.

[3] Usualmente, a expressão "direitos fundamentais" corresponde a "direitos humanos", "direitos naturais", "direitos civis", "liberdades públicas" e "direitos públicos subjetivos", todas utilizadas com a mesma significação.

[4] São eles: o mandado de segurança (individual e coletivo), o *habeas corpus*, o *habeas data*, a ação popular, o mandado de injunção e a ação civil pública.

Definido o conceito de direitos fundamentais, exsurge evidente que a ação estatal de exigir tributos toca-os diretamente.

Essa relação necessária revela-se, especialmente, mediante a eleição dos fatos que o legislador constituinte apreende nas regras-matrizes de incidência tributária e pela maneira pela qual o Estado exerce a atividade tributante.

Os fatos abrigados nas regras-matrizes de incidência hão de ser, sempre, de significativo conteúdo econômico, de modo a conferir suporte à exigência de tributos. E a tributação, por sua vez, há de ser desenvolvida dentro dos balizamentos constitucionais, impondo-se a edição de leis tributárias com a observância dos princípios pertinentes, a adoção de uma conduta ética no exercício da fiscalização, a lisura dos procedimentos administrativos e a edição, pelo Fisco, de atos normativos nos estritos limites legais, dentre outras providências.

Interessante observar que os direitos fundamentais dão suporte à atividade tributante do Estado, ao mesmo tempo em que configuram limites intransponíveis a essa mesma atividade.

Pois bem. O tributo, como sabido, atinge obrigatoriamente dois direitos fundamentais do homem: o direito à propriedade privada e o direito de liberdade.

Na lição de Roque Carrazza,[5] a ação de tributar excepciona o princípio constitucional que protege a propriedade privada (arts. 5º, XXII, e 170, II, CR). Efetivamente, o direito à propriedade privada é alcançado direta e imediatamente pela tributação, porque o tributo consiste em prestação pecuniária compulsória, devida por força de lei, implicando a sua satisfação, necessariamente, redução do patrimônio do sujeito passivo.

Recorde-se que tal redução patrimonial não pode caracterizar confisco, porquanto a utilização de tributo com esse efeito é vedada constitucionalmente (art. 150, IV, CR).[6]

Podemos dizer que, assim como o cumprimento da função social constitui autêntico limite imposto ao direito de propriedade, por traduzir-se em condição para o seu legítimo exercício, o tributo também molda o direito de propriedade, uma vez que se revela inafastavelmente atingido por aquele, constituindo um de seus parâmetros constitucionais.

---

[5] *Curso de Direito Constitucional Tributário*, 30. ed., rev., ampl. e atual., até a EC n. 84/2014. São Paulo: Malheiros Editores, 2015, p. 444.

[6] Sobre a vedação da utilização de tributo com efeito de confisco, *vide* Parte II, Capítulo 3, item 3.2.2.9.

A ideia ora exposta corresponde à noção de *fiscalidade*, revelada no emprego de instrumentos tributários com finalidades meramente arrecadatórias, sem consideração a outros objetivos.

Por outro lado, o direito de liberdade, genericamente considerado, é alcançado pelo tributo indiretamente, por via oblíqua, conforme os objetivos a serem perseguidos, uma vez que a exigência daquele pode influenciar comportamentos, determinando as opções dos contribuintes.

Nessa hipótese, ocorre a *extrafiscalidade*, que se traduz na utilização de instrumentos tributários para inibir ou incentivar comportamentos, buscando o atingimento de finalidades não meramente arrecadatórias mas sociais, políticas ou econômicas, constitucionalmente contempladas.[7]

Pensamos que, dessa breve exposição, tenha resultado clara a conexão entre tributação e direitos fundamentais, moldura dentro da qual hão de inserir-se todas as reflexões relativas ao Direito Tributário na sociedade contemporânea.

1.3. ESCORÇO HISTÓRICO DA TRIBUTAÇÃO

Um brevíssimo registro da evolução histórica da tributação auxilia a compreendê-la na atualidade.

O termo tributo, do latim *tribus* (da tribo), *tributum* e *tributus*, expressa, dentre outros significados, "aquilo que se concede ou que se sofre, por razões morais, dever, necessidade etc."; "ato público como mostra de admiração e respeito por alguém, homenagem"; e "tributo, imposto, contribuição".[8]

Silvio Meira[9] esclarece que *tributum* "vem do verbo *tribuere*, que significa repartir por tribos, inicialmente, e, depois, repartir em sentido geral".

O surgimento do tributo confunde-se com o da sociedade organizada, porquanto registra-se sua existência desde os primórdios da História da humanidade, como no Egito e nos povos do Oriente. Originalmente, os tributos não constituíam exigências de caráter permanente, mas eram instituídos com o intuito de gerar arrecadação para financiar determinados propósitos, especialmente as guerras.

---

[7] As noções de fiscalidade e extrafiscalidade serão retomadas adiante (Capítulo 2, item 2.3.).
[8] Cf. *Dicionário Houaiss da Língua Portuguesa*. Rio de Janeiro: Objetiva, 2001, p. 2765.
[9] *Direito Tributário Romano*, p. 6.

Supõe-se, mesmo, que as primeiras manifestações tributárias foram voluntárias e feitas em forma de presentes aos líderes tribais por seus serviços prestados à comunidade.

Os tributos passaram a ser compulsórios quando os vencidos nas guerras foram forçados a entregar seus bens aos vencedores. Após essa época, começou a cobrança, pelos chefes de Estado, de parte da produção dos súditos.

Em Roma, a par dos impostos diretos e indiretos, havia tributos de natureza curiosa, exigidos durante determinados períodos do Império, tais como os incidentes sobre as janelas e o ar, as portas e colunas, as telhas, as chaminés e fumaças e até sobre as latrinas e mictórios.[10]

Igualmente interessante anotar que, no início do Império Romano, bipartia-se o tesouro em *aerarium* e *fiscus*, o primeiro considerado órgão arrecadador do Senado, ou do povo, e o segundo, órgão arrecadador do Imperador. Mais tarde, os dois tesouros fundiram-se num só.[11]

Na Idade Média, os tributos alfandegários, na Inglaterra, "eram designados como 'costumes'" (*magna custuma, parva custuma*), palavra que expressa a tradição de exigi-los a Coroa sobre os que faziam o comércio para fora, por mar ou terra. Até hoje, esses direitos aduaneiros conservam o nome de *customs*, assim como permanece a denominação de *Custom House* para designar a alfândega".[12]

Ainda na Inglaterra, no século XI, merece recordação o protesto de Lady Godiva, que, nua, fez um passeio a cavalo pelas ruas da cidade para protestar contra os tributos que seu marido, Leofric III, Conde de Mercia, havia imposto aos residentes de Coventry. Noticia-se que, depois desse fato, o Conde determinou a redução de impostos.

Registre-se que, já nesse momento histórico, episódios políticos de relevo tiveram sua origem ou foram seriamente influenciados por questões de natureza tributária. Dentre eles, podemos destacar três, todos ocorridos na Inglaterra: a revolta dos barões contra João Sem-Terra, que resultou na Magna Carta, de 1215,[13] de 1215, a revolta contra a *Poll Tax*,[14] de 1377, e a decapitação de Carlos I e a "Gloriosa Revolução", de 1688.

---

[10] Cf. Silvio Meira, *Direito Tributário Romano*, pp. 35-36.
[11] *Idem, ibidem*, pp. 71-72.
[12] Cf. Aliomar Baleeiro, *Uma Introdução à Ciência das Finanças*, 14. ed. Rio de Janeiro: Forense, 1987, p. 256.
[13] Com a promulgação da Magna Carta, ficou consignado o princípio de que nenhum tributo poderia ser cobrado sem o consentimento do conselho do reino (o futuro parlamento): "*no taxation without representation*", exceto para resgate do rei, elevação de seu filho mais velho a cavalheiro ou dote da filha mais velha (art. 12).
[14] A *Poll Tax* – numa tradução livre "Contribuição Eleitoral Geral" – surgiu na Inglaterra, sob a forma de taxa imposta pelo governo a toda população (espécie de im-

No século XVIII, tão arraigada na consciência dos povos civilizados já se encontrava a ideia de que a exigência de impostos deve observar a capacidade contributiva, que várias manifestações políticas podem ser atribuídas, direta ou indiretamente, à sua inobservância.

Assim, a *Boston Tea Party* (1773), evento no qual o povo rebelou-se contra a tributação inglesa das importações efetuadas pelas Colônias, entre elas a de chá, constituiu-se num importante precedente da Independência Americana.

Também a Revolução Francesa (1789), que teve como causa, dentre outras, a precária situação do governo de Luís XVI, que o obrigava a sangrar o povo com impostos.

No Brasil, igualmente, ocorreram conflitos motivados pela tributação excessiva, dos quais o mais relevante foi a Inconfidência Mineira, provocada pela opressiva política fiscal da Coroa Portuguesa, por ocasião da coleta da derrama (1788-1792), mediante a qual o Rei de Portugal tinha direito ao quinto do ouro, isto é, a 20% de todo o metal extraído no Brasil.[15]

Também a chamada Revolução Farroupilha (1835-1845), que teve como fator determinante do conflito, a par de questões de política interna e externa, a manutenção de tributos diferenciados sobre o Rio Grande do Sul.

Diante dessa moldura fática, Aliomar Baleeiro[16] aponta a evolução histórica das receitas públicas – das quais os tributos constituem as mais importantes – em fases presumidamente sucessivas, embora possam coexistir, como segue: a) fase parasitária (extorsão exercida contra os povos vencidos); b) fase dominial (exploração do patrimônio público); c) fase regaliana (cobranças de direitos reais ou realengos, como pedágio etc.); d) fase tributária propriamente dita; e e) fase social (tributação extrafiscal sociopolítica).

Feita essa singela recordação histórica, passemos ao tópico seguinte, referente ao perfil do Direito Tributário.

---

posto *per capita* – capitação) para cobrir as despesas da guerra contra a França.
[15] Assinale-se que a arrecadação do quinto do ouro nunca foi muito fácil, diante da sonegação viabilizada por um artifício utilizado para evitar o gravame: os "santos do pau oco", imagens sacras usadas para esconder o metal precioso.
[16] *Uma Introdução à Ciência das Finanças*, cit., pp. 115-116.

2. Perfil do Direito Tributário

2.1. CONCEITO E OBJETO

Invocando a clássica dicotomia de regimes jurídicos, verifica-se que o Direito Tributário situa-se no âmbito do *Direito Público*, vale dizer, insere-se no conjunto normativo que disciplina as *relações jurídicas em que o Estado é parte*. Em outras palavras, a presença do Estado numa relação jurídica impõe a incidência do regramento composto por normas de direito público, restando afastada a aplicação de normas de direito privado, senão em caráter meramente subsidiário.[17]

E assim é no Direito Tributário, porquanto, nas relações jurídicas que têm por objeto, o Estado assume o papel de *Fisco* e figura sempre no *polo ativo*, ora para exigir tributos, ora para exigir a realização de determinados comportamentos dos sujeitos passivos, ora, ainda, para aplicar-lhes sanções diante do descumprimento da lei tributária.

Desse modo, podemos definir o *conceito de Direito Tributário como o conjunto de normas jurídicas que disciplinam a instituição, a arrecadação e a fiscalização de tributos*.

2.2. AUTONOMIA

Impõe-se efetuar a análise da *autonomia* do Direito Tributário em relação a outras disciplinas.

Na Ciência do Direito, pode-se falar em autonomia meramente didática, ou, também, de natureza científica.

---

[17] Como sabido, o Direito Privado, diversamente, é o conjunto normativo que disciplina as *relações jurídicas entre particulares*. É informado, precipuamente, pelos princípios da liberdade diante da lei e da autonomia de vontade. Já o Direito Público, rege-se, especialmente, pelos princípios da legalidade e da supremacia do interesse público sobre o particular.

A *autonomia didática* de um ramo do Direito é facilmente constatável, posto decorrer da existência de um grupo de normas que apresentam particular homogeneidade relativamente a seu objeto, propiciando seu estudo separadamente de outros conjuntos normativos, ainda que se sujeitando, também, a princípios de diversos ramos do Direito.

A *autonomia científica* de uma disciplina jurídica, por seu turno, revela-se mediante a formação de institutos e princípios próprios.

No que tange ao Direito Tributário, a homogeneidade das normas que perfazem seu objeto, qual seja, a *disciplina das relações jurídicas pertinentes à exigência de tributos*, revela sua autonomia para fins didáticos.

A problemática reside, exatamente, no reconhecimento de sua autonomia científica.

Forçoso admitir a existência de institutos peculiares ao Direito Tributário, tais como o lançamento, a denúncia espontânea, a isenção, dentre outros, bem como princípios que lhe são próprios, como os da capacidade contributiva, da vedação da utilização de tributo com efeito de confisco, da anterioridade da lei tributária, da uniformidade geográfica, da não discriminação de pessoas ou bens em razão de sua procedência ou destino, todos, por certo, desdobramentos do princípio maior da segurança jurídica.

Isso decorre de sua especificidade ou singularidade, que advêm de fatores tais como sua acentuada disciplina constitucional, o acelerado dinamismo de seu objeto, bem como a importância do fator econômico, que lhe molda os contornos.

As ponderações efetuadas apontam para a conclusão segundo a qual não se pode afirmar sua autonomia científica. Embora tenha o Direito Tributário desenvolvido institutos próprios, sendo possível também, como mencionamos, extrair-se-lhe alguns princípios específicos, ainda depende, em muito, de princípios e conceitos comuns a outros ramos do Direito, especialmente do Direito Constitucional e do Direito Administrativo.

Por outro lado, parece-nos equivocado, presentemente, entender o Direito Tributário como mero capítulo do Direito Administrativo, como fora considerado no passado,[18] não somente por sua magnitude constitucional,

---

[18] Nesse sentido, por exemplo, Geraldo Ataliba, *Hipótese de Incidência Tributária*. 6. ed. São Paulo: Malheiros Editores, 2016, p. 40.

mas também pelo desenvolvimento que seus institutos experimentaram entre nós nos últimos anos.

Em síntese, o Direito Tributário brasileiro não ostenta autonomia científica. Isso porque, apesar de abrigar conceitos e princípios que lhe são exclusivos, tal grau de desenvolvimento não significa que seja possível prescindir de normas de outras disciplinas para seu adequado estudo, especialmente as de nível constitucional.

Cabe, então, aprofundarmos a análise do relacionamento do Direito Tributário com as demais disciplinas jurídicas.

2.3. RELACIONAMENTO COM OUTROS RAMOS DO DIREITO

O ordenamento jurídico, composto por uma multiplicidade de normas, é descrito pela Ciência Jurídica, que o compartimenta em diversos domínios, consoante a especificidade de seu objeto, para melhor estudá-lo.

Todos os ramos do ordenamento jurídico interrelacionam-se, como não poderia deixar de ser, existindo zonas de conexão entre as diversas disciplinas.

Pode-se facilmente constatar a intersecção do Direito Tributário com vários segmentos jurídicos, tanto no âmbito da tributação fiscal quanto da tributação extrafiscal.

Deixando de lado o *Direito Constitucional*, com o qual o Direito Tributário guarda relação de inerência a ser examinada adiante,[19] podemos lembrar, primeiramente, a conexão que apresenta com o *Direito Administrativo*, mediante institutos tais como o lançamento e as obrigações acessórias, bem como pelo fato de a fiscalização e arrecadação tributárias constituírem atividades administrativas. Ainda, vale lembrar que a adequada compreensão da materialidade de tributos vinculados a uma atuação estatal depende de conceitos administrativos – *poder de polícia, serviço público* e *obra pública*.

Com o *Direito Ambiental*, por sua vez, a ligação entre as disciplinas dá-se mediante o emprego dos chamados *tributos ambientais*, isto é, vocacionados ao atingimento de propósitos voltados à preservação do meio ambiente, bem como mediante tributos que, mesmo sem terem sido instituídos com essa fina-

---

[19] Capítulo 3, item 3.2, *infra*, e Parte II, Capítulo 1.

lidade, podem ser utilizados para modular condutas a ela afinadas, tais como, exemplificadamente, o Imposto Territorial Rural – ITR e as taxas de polícia.

Acresça-se que a EC n. 132/2023, ao introduzir novos princípios expressos como vetores do sistema tributário nacional, indica, dentre outros, o *princípio da defesa do meio ambiente*.[20]

No que concerne ao *Direito Urbanístico*, a relação está no fato de que esse ramo jurídico disciplina a propriedade, direito alcançado diretamente pela tributação. O melhor exemplo a ilustrar tal conexão é o IPTU progressivo no tempo (art. 182, § 4º, CR).

Em relação ao *Direito Aduaneiro*, revelam-se pontos de contato entre as duas disciplinas, como, por exemplo, os Impostos de Importação e de Exportação, regulatórios do comércio exterior, sujeitos ao regime especial de não observância do princípio da anterioridade da lei tributária, em qualquer de suas modalidades, bem como da possibilidade de o Poder Executivo alterar-lhes as alíquotas dentro dos limites estabelecidos em lei (arts. 150, § 1º, e 153, § 1º, CR).[21]

Também com os Direitos *Civil*, *Comercial* e do *Trabalho* o Direito Tributário mantém conexão, especialmente representada pelo fato de constituir este um *direito de sobreposição*. Assim, utilizam-se princípios de direito privado para a interpretação de suas normas, bem como conceitos desse domínio para a configuração das materialidades tributárias, tais como propriedade, bens móveis e imóveis, prestação de serviços, família, mercadoria, salário, dentre muitos outros, o que se reflete na importância da disciplina contida nos arts. 109 e 110, CTN.[22]

O *Direito do Consumidor*, igualmente, guarda relação com o Direito Tributário. O consumo, ao lado da renda e do patrimônio, constitui um dos índices presuntivos de riqueza, universalmente considerados pela tributação. Regras importantes, presentes no regime jurídico do IPI e do ICMS – a não

---

[20] Sobre o princípio da defesa do meio ambiente (art. 145, § 3º), *vide* Parte II, Capítulo 3, item 3.2.2.13. Para análise mais detida sobre o tema, veja-se o nosso "Apontamentos sobre a tributação Ambiental no Brasil", *in Direito Tributário Ambiental*, pp. 312-332.

[21] Para maior aprofundamento sobre o conceito de Direito Aduaneiro, veja-se o nosso "Notas sobre a existência de um direito aduaneiro", *in Importação e Exportação no Direito Brasileiro*, v. 1, pp. 19-38.

[22] *Vide* análise desses dispositivos na Parte III, Capítulo 3, item 3.3.

cumulatividade e a seletividade em função da essencialidade do produto, mercadoria ou serviço –, repercutem diretamente no direito do consumidor. Tanto assim é que a própria Constituição o reconhece expressamente, ao proclamar que "a lei determinará medidas para que os consumidores sejam esclarecidos acerca dos impostos que incidam sobre mercadorias e serviços" (art. 150, § 5º).

Com o *Direito Internacional*, por seu turno, a conexão emerge dos estudos pertinentes à tributação internacional, mediante a análise dos tratados firmados nessa seara.

Em relação ao *Direito Financeiro*, aproxima-se, por primeiro, por constituírem os tributos as mais relevantes receitas públicas. Por outro lado, o Direito Tributário avoca noções pertinentes a esse domínio, tais como *exercício financeiro* – cuja consideração é relevante no exame da aplicação do princípio da anterioridade da lei tributária (art. 150, III, *b* e *c*, CR).

O Direito Tributário entrelaça-se, ainda, com o *Direito Penal* não somente por contemplar regramento sancionador por violação a normas tributárias, submetendo-se a princípios comuns àquele, mas também pela previsão de figuras penais relacionadas à tributação, como o *descaminho* (art. 334, CP) e os *crimes contra a ordem tributária*, disciplinados pela Lei n. 8.137, de 1990.

Também em relação ao *Direito da Seguridade Social*, disciplinador da previdência social, da assistência social e da saúde pública, como sabido, porquanto tais serviços públicos são financiados, precipuamente, por contribuições, a teor do art. 195, CR.

Merece referência, finalmente, seu contato com o *Direito Processual*, à vista da utilização dos processos administrativo e judicial como meios de solução de conflitos de natureza tributária.

Do exposto, vê-se que a tributação e as normas que a disciplinam não podem ser adequadamente compreendidas sem a percepção de seu relacionamento com a multiplicidade de normas de outras naturezas.

Caminhemos, então, para o exame das fontes do Direito Tributário.

3. Fontes do Direito Tributário

3.1. CONCEITO E ESPÉCIES

Fontes do direito são os modos pelos quais o direito se expressa. Adotado conceito tão amplo, numerosas são as fontes existentes em nosso ordenamento jurídico.[23]

A importância de estudar-se este tema revela-se no conhecimento das categorias de fontes jurídicas e nas distintas limitações que cada qual apresenta.

No Brasil, que adota o sistema de direito escrito (*civil law*), a fonte do direito por excelência é a *lei*, entendido o conceito em sua acepção lata (Constituição, lei complementar, lei ordinária etc.). Também, o desempenho da *atividade administrativa* produz normas com alguma generalidade e abstração, dentro da esfera limitada que lhe é imposta pelo princípio da legalidade. A *jurisprudência*, resultante da reiterada aplicação da lei pelos órgãos do Poder Judiciário, consubstancia importante fonte jurídica, especialmente no Direito Tributário. E, finalmente, a *doutrina*, mediante seu trabalho de construção do pensamento jurídico, influencia os legisladores e aplicadores da lei.

Começaremos pelas fontes de natureza legislativa, passando aos atos administrativos normativos, à jurisprudência, comentando, na sequência, o papel na doutrina nessa tarefa.

3.2. FONTES LEGISLATIVAS

3.2.1. Constituição da República

A Constituição da República, à evidência, é a principal fonte do Direito Tributário no Brasil. Disciplina o sistema tributário nacional em seus arts. 145 a

---

[23] Analisaremos apenas as fontes do direito tributário mais importantes, pelo que deixaremos de comentar aquelas que não são utilizadas na prática (*e.g.* lei delegada).

162. Abriga os lineamentos para o adequado exercício da ação estatal de exigir tributos. Sublinhe-se constituir peculiaridade do direito brasileiro o fato de o sistema tributário estar delineado essencialmente na própria Constituição, diversamente do que se dá na maioria dos países, nos quais o texto fundamental dedica pouca atenção à disciplina da tributação, regrada primordialmente pela legislação infraconstitucional.[24]

Dessa característica extraem-se, facilmente, duas consequências relevantíssimas para a adequada compreensão dos parâmetros a serem observados pelo legislador e administrador tributários.

A primeira, consistente no fato de que, se a Constituição brasileira é *rígida*, por contemplar um processo especial para sua modificação, mais complexo do que aquele previsto para a elaboração de uma lei ordinária, tal *rigidez* transmite-se ao Sistema Tributário Nacional, que somente pode ser modificado, em sua estrutura básica, por meio de emenda constitucional (art. 60, CR).

E a segunda consequência, consoante a qual toda modificação, a ser implementada no plano infraconstitucional, deverá atentar às balizas preestabelecidas na Lei Maior, o que resulta na *restrita liberdade* outorgada aos legisladores ordinário e complementar para dispor sobre a tributação – e, obviamente, em nenhuma liberdade outorgada ao administrador nessa seara.

A rigidez do sistema e a diminuta liberdade conferida aos legisladores e aplicadores da lei tributária encerram limitações que merecem exame mais aprofundado.

As limitações a serem registradas inicialmente são as chamadas *cláusulas pétreas*, normas constitucionais que consignam valores imutáveis para o Estado brasileiro. Estampadas no art. 60, § 4º, CR,[25] interessam de perto à tributação as referentes à impossibilidade de, por meio de emenda constitucional, veicular-se qualquer dispositivo que conduza à abolição da forma federativa de Estado, da separação dos poderes e dos direitos e garantias individuais.

A Federação, como sabido, pode ser classicamente definida como a forma de Estado consubstanciada na autonomia recíproca entre a União e os Estados-

---

[24] Vejam-se, por exemplo, as Constituições da Argentina (1853), da Espanha (1978), da França (1958) e da Itália (1947), que dedicam apenas dois ou três artigos ao trato de matéria tributária.

[25] Art. 60, § 4º: "Não será objeto de deliberação a proposta de emenda tendente a abolir: I – a forma federativa de Estado; II – o voto direto, secreto, universal e periódico; III – a separação dos Poderes; e IV – os direitos e garantias individuais".

-membros. No Brasil, a Federação conta com tríplice ordem jurídico-política, diante da autonomia igualmente outorgada aos Municípios (art. 1º, CR).

Assim, seja qual for a proposta de alteração do sistema tributário, deverá ela observar, necessariamente, a *repartição de competências* inerente ao modelo federativo adotado.

Do mesmo modo, o *princípio da separação dos poderes*, proclamado no art. 2º, CR, diz diretamente com o perfil das competências tributárias, visto que, uma vez estabelecido que a *lei* é o instrumento necessário ao exercício da tributação (arts. 5º, II, e 150, I, CR), pouco podem os atos do Poder Executivo nesse âmbito, sob pena de ofensa ao aludido princípio.

Ainda, os direitos e garantias individuais constituem barreiras intransponíveis à introdução de inovações no sistema tributário, uma vez que limitam a própria ação estatal de exigir tributos.

Os direitos individuais contemplados na Constituição são considerados direitos fundamentais, assim entendidos aqueles sujeitos a regime jurídico diferenciado, que lhes dispensa maior proteção.

Como exposto, os tributos atingem, obrigatoriamente, dois direitos fundamentais: o direito à *propriedade* e o direito de *liberdade*. O primeiro é alcançado direta e imediatamente pela tributação, porque o tributo consiste em prestação pecuniária compulsória, devida por força de lei, implicando sua satisfação, obrigatoriamente, a diminuição do patrimônio do sujeito passivo, diminuição essa que, no entanto, jamais poderá caracterizar confisco (art. 150, IV, CR).

Por outro lado, o direito de liberdade, genericamente considerado, é alcançado pelo tributo de modo indireto, por via oblíqua, conforme os objetivos a serem perseguidos pelo Estado, porquanto sua exigência pode influenciar comportamentos, determinando as opções dos contribuintes. Assinale-se que outros direitos fundamentais também devem ser considerados pela tributação, uma vez que por ela alcançados de forma indireta, tais como os direitos à saúde e à educação.

Em síntese, a Constituição é a mais importante fonte do Direito Tributário e, em razão da minudente disciplina que ostenta, vincula o conteúdo das leis complementares e ordinárias.

A disciplina constitucional da tributação, pela sua importância, ainda será analisada na parte dedicada ao sistema tributário nacional.[26]

---

[26] Parte II, Capítulo 1.

3.2.2. Lei complementar

Lei complementar, em sentido formal, é a prevista nos arts. 59, II, e 69 da CR – qual seja, aquela sujeita à aprovação mediante maioria absoluta nas duas Casas do Congresso Nacional e que disciplina as matérias expressa ou implicitamente indicadas pelo texto constitucional.

Portanto, distingue-se a lei complementar da lei ordinária mediante dois critérios: um de ordem *formal*, consistente no *quorum* qualificado para sua aprovação; e outro de caráter *material*, traduzido nas matérias especialmente indicadas para seu âmbito. É – como sua própria denominação indica – veículo legislativo destinado a complementar e a fazer operar a própria Constituição.

Convém, nesta oportunidade, dedicarmos algumas palavras ao relacionamento estabelecido entre a lei complementar e a lei ordinária, para posterior análise de sua repercussão no âmbito tributário.

Diverge, há muito, a doutrina, quanto à existência de hierarquia entre a lei complementar e a lei ordinária. De um lado, argumenta-se que a lei complementar posiciona-se entre a emenda constitucional e a lei ordinária, preenchendo o espaço ocorrente entre as duas espécies normativas. De outro, sustenta-se não haver hierarquia entre a lei complementar e a lei ordinária, porquanto ambas haurem seu fundamento de validade da Constituição.

Cremos mais adequado o entendimento segundo o qual não existe uma *hierarquia necessária* entre a lei complementar e a lei ordinária, porquanto ambas, em regra, retiram seu fundamento de validade diretamente da Lei Maior.

Falamos em *hierarquia necessária* porque, eventualmente, ela pode se verificar. É o que ocorre na hipótese de a lei ordinária encontrar seu fundamento de validade também na lei complementar. Nesse caso, então, a lei ordinária extrairá seu fundamento de validade mediatamente da Constituição e imediatamente da lei complementar.

Certo é, portanto, existirem leis complementares que outorgam fundamento de validade à lei ordinária e outras que, diversamente, não cumprem essa função.

Esse é, em resumo, o ensinamento de Souto Maior Borges,[27] para quem há leis complementares de duas espécies: a) as que fundamentam a validez de outros atos normativos (leis ordinárias, decretos legislativos, convênios); e b) as que não fundamentam outros atos normativos, atuando diretamente.

---

[27] *Lei Complementar Tributária*. São Paulo: Revista dos Tribunais, 1975, pp. 54-55.

Ainda, pode-se distinguir entre *hierarquia formal* e *hierarquia material*.

A *hierarquia formal* dá-se quando a norma superior dita apenas os pressupostos de forma que a norma subordinada deve observar; já a *hierarquia material* ocorre sempre que a regra subordinante antecipar os conteúdos de significação da norma inferior. Quanto à hierarquia formal, a Constituição de 1988 trouxe relevante inovação para o estudo da lei complementar, ao prescrever que "lei complementar disporá sobre a elaboração, redação, alteração e consolidação das leis" (art. 59, parágrafo único). Tal preceito veio a consagrar, assim, a superioridade hierárquica formal dessa espécie legislativa.[28]

Cumpre concluir, pois, que, sob o prisma estritamente formal, a lei complementar é hierarquicamente superior à lei ordinária, nos precisos termos do art. 59, parágrafo único, da Lei Maior. Quanto ao aspecto material, contudo, a lei complementar poderá ou não ser hierarquicamente superior à lei ordinária, dependendo da existência ou não de vinculação do conteúdo da norma inferior.

No Direito Tributário, à lei complementar é outorgado o papel consignado no art. 146, combinado com o disposto no art. 24, I e parágrafos, do Texto Fundamental. O último dispositivo estatui a competência da União para a edição de normas gerais no âmbito da legislação concorrente, inclusive sobre Direito Tributário. O art. 146, por sua vez, prescreve incumbir à lei complementar, especificamente nesse campo, dispor sobre conflitos de competência entre as pessoas políticas, regular as limitações constitucionais ao poder de tributar e estabelecer normas gerais em matéria de legislação tributária.

Em torno da verdadeira natureza do papel da lei complementar em matéria tributária persiste uma das grandes polêmicas do Direito Tributário pátrio. A doutrina divide-se em duas vertentes de pensamento.

Primeiramente, a chamada corrente *tricotômica* sustenta competir à lei complementar dispor sobre conflitos de competência em matéria tributária, regular as limitações constitucionais ao poder de tributar e estabelecer normas gerais em matéria de legislação tributária, tese que parece vir reforçada pela literalidade do art. 146, CR.

Já a corrente denominada *dicotômica* preconiza que a lei complementar deve dispor sobre normas gerais em matéria de legislação tributária, as quais, por sua vez, vão dispor sobre conflitos de competência e regular as limitações

---

[28] Cf. Paulo de Barros Carvalho, *Curso de Direito Tributário*, cit., p. 86.

constitucionais ao poder de tributar. Essa orientação encontra respaldo na autonomia das pessoas políticas, porquanto a lei complementar possui caráter nacional e deve ser por elas observada. Afina-se, portanto, com os princípios federativo e da autonomia municipal, restringindo o campo de atuação das normas gerais de direito tributário.

Normas gerais, em nosso entender, são aquelas que abrigam princípios, diretrizes, preceitos fundamentais, aplicáveis a todas as pessoas políticas.[29] Opõem-se às *normas específicas*, incumbidas da disciplina de questões peculiares, cuja natureza não autoriza o tratamento uniforme ensejado pelas normas gerais e, por isso, compete a cada pessoa política estabelecê-las. A

---

[29] O texto constitucional assim estabelece acerca das normas gerais, na redação dada pela EC n. 132/2023: "Art. 146. Cabe à lei complementar: (...) III – estabelecer normas gerais em matéria de legislação tributária, especialmente sobre: a) definição de tributos e de suas espécies, bem como, em relação aos impostos discriminados nesta Constituição, a dos respectivos fatos geradores, bases de cálculo e contribuintes; b) obrigação, lançamento, crédito, prescrição e decadência tributários; c) adequado tratamento tributário ao ato cooperativo praticado pelas sociedades cooperativas, inclusive em relação aos tributos previstos nos arts. 156-A e 195, V; d) definição de tratamento diferenciado e favorecido para as microempresas e para as empresas de pequeno porte, inclusive regimes especiais ou simplificados no caso dos impostos previstos nos arts. 155, II, e 156-A, das contribuições sociais previstas no art. 195, I e V, e § 12 e da contribuição a que se refere o art. 239. § 1º A lei complementar de que trata o inciso III, *d*, também poderá instituir um regime único de arrecadação dos impostos e contribuições da União, dos Estados, do Distrito Federal e dos Municípios, observado que: I – será opcional para o contribuinte; II – poderão ser estabelecidas condições de enquadramento diferenciadas por Estado; III – o recolhimento será unificado e centralizado e a distribuição da parcela de recursos pertencentes aos respectivos entes federados será imediata, vedada qualquer retenção ou condicionamento; IV – a arrecadação, a fiscalização e a cobrança poderão ser compartilhadas pelos entes federados, adotado cadastro nacional único de contribuintes. § 2º É facultado ao optante pelo regime único de que trata o § 1º apurar e recolher os tributos previstos nos arts. 156-A e 195, V, nos termos estabelecidos nesses artigos, hipótese em que as parcelas a eles relativas não serão cobradas pelo regime único. § 3º Na hipótese de o recolhimento dos tributos previstos nos arts. 156-A e 195, V, ser realizado por meio do regime único de que trata o § 1º, enquanto perdurar a opção: I – não será permitida a apropriação de créditos dos tributos previstos nos arts. 156-A e 195, V, pelo contribuinte optante pelo regime único; e II – será permitida a apropriação de créditos dos tributos previstos nos arts. 156-A e 195, V, pelo adquirente não optante pelo regime único de que trata o § 1º de bens materiais ou imateriais, inclusive direitos, e de serviços do optante, em montante equivalente ao cobrado por meio do regime único".

questão ganha relevo num Estado que adota o modelo federativo, uma vez que diz com a competência de cada pessoa tributante, manifestação de sua autonomia política. De fato, as normas gerais versam sobre matéria que, em princípio, competiria a todos os entes políticos regrar, mas cuja disciplina lhes é retirada e entregue exclusivamente à União, com o objetivo de assegurar certa uniformidade de regime jurídico.

Desse modo, parece-nos que somente o apego à literalidade da dicção constitucional pode conduzir à conclusão de que a lei complementar desempenha tríplice função em matéria tributária. A norma inserta no art. 146, III, CR, não pode ser considerada isoladamente ou em contexto alheio aos princípios federativo e da autonomia municipal.

E, se assim é, impende concluir que o âmbito material das normas gerais circunscreve-se à disposição sobre conflitos de competência e à regulação de limitações constitucionais ao poder de tributar.

Noutro dizer, as normas gerais de Direito Tributário são, sempre, regras atinentes a parâmetros constitucionalmente estabelecidos às competências tributárias, já que visam dispor sobre conflitos e limitações dessas competências. Não poderão, jamais, versar sobre minudências típicas da lei ordinária de cada pessoa política. Sua função é apenas de caráter declaratório, explicitadora da Constituição, nunca inovadora.[30]

Empregando a distinção entre hierarquia formal e hierarquia material, antes mencionada, temos que muitas normas veiculadas por leis ordinárias, das diversas pessoas políticas, deverão buscar o âmbito de validade material de seu conteúdo prescritivo em normas de lei complementar.

É o caso das regras que dispõem sobre conflitos de competência entre as entidades tributantes. As disposições expedidas pelo legislador complementar hão de vincular o conteúdo das leis ordinárias de todas as pessoas políticas, em típica hipótese de hierarquia material.

Já no que concerne à lei complementar destinada a regular limitações constitucionais ao poder de tributar, não se pode cogitar da questão da existência de hierarquia em relação à lei ordinária, pois cuida-se de campo privativo de atuação da lei complementar.

---

[30] Nesse sentido, Roque Carrazza, *Curso de Direito Constitucional Tributário*, cit., pp. 1098-1101.

Desse modo, tendo o Código Tributário Nacional natureza de lei complementar, em sentido material, e estabelecendo normas gerais em matéria de legislação tributária (art. 146, III, CR), as leis ordinárias das diversas pessoas políticas devem a elas se reportar com a devida subordinação tão somente quando estas versarem sobre conflitos de competência nessa matéria.

A par da edição de normas gerais, a Constituição reservou à lei complementar a *instituição de certos tributos*, quais sejam, os impostos de competência residual da União (art. 154, I), os empréstimos compulsórios (art. 148) e as contribuições para o financiamento da seguridade social com bases de cálculo distintas das previstas expressamente na Lei Maior (art. 195, § 4º).

Com o advento da EC n. 132/2023, novos tributos serão instituídos nos termos de lei complementar: o Imposto sobre Produção, Extração, Comercialização ou Importação de Bens e Serviços Prejudiciais à Saúde ou ao Meio Ambiente, chamado Imposto Seletivo (IS) (art. 153, VIII); o Imposto sobre Bens e Serviços – IBS (art. 156-A); e a Contribuição sobre Bens e Serviços – CBS (art. 195, V).

Outros assuntos também são objeto de sua disciplina, visando, uma vez mais, a *uniformidade do regime jurídico* de impostos estaduais – ITCMD e ICMS (art. 155, § 1º, III, *a* e *b*, e § 2º, XII), bem como do ISSQN (art. 156, § 3º, I a III).

A EC n. 132/2023 também ampliou o rol de temas tributários a serem regrados mediante lei complementar, ao incluir a instituição do regime único de arrecadação dos impostos e contribuições da União, dos Estados, do Distrito Federal e dos Municípios (art. 146, § 1º).

Registre-se, ainda, que a EC n. 42, de 2003, inseriu o art. 146-A, que prescreve que "lei complementar poderá estabelecer critérios especiais de tributação, com o objetivo de prevenir desequilíbrios da concorrência, sem prejuízo da competência de a União, por lei, estabelecer normas de igual objetivo". Conferiu, assim, novo papel a essa espécie tributária, com vista a prestigiar princípio geral da atividade econômica, qual seja, a livre concorrência (art. 170, IV, CR).

Em síntese, a nosso ver, *quatro* são as funções da lei complementar em matéria tributária: 1) veicular normas gerais nesse âmbito, dispondo sobre conflitos de competência e regulando as limitações constitucionais ao poder de tributar; 2) instituir os tributos em relação aos quais é expressamente exigida; 3) conferir uniformidade ao regramento de certos impostos dos Estados e Municípios (ITCMD, ICMS e ISS); 4) instituir o regime único de arrecadação de impostos e contribuições da União, dos Estados, do Distrito Federal e dos Municípios; e 5) estabelecer critérios especiais de tributação, destinados à prevenção de desequilíbrios da concorrência (art. 146-A).

3.2.3. Lei ordinária

A lei ordinária é a categoria legislativa destinada à disciplina dos assuntos em geral (art. 59, III, CR).

Estampada na Lei Maior a disciplina essencial da ação estatal de exigir tributos, e estabelecida a produção de normas gerais em nível de lei complementar, fácil perceber quão reduzido restou o âmbito de atuação do legislador ordinário em matéria tributária.

Com efeito, consagrado no ordenamento jurídico brasileiro o princípio da legalidade tributária (art. 150, I, CR), o papel de maior relevo conferido à lei ordinária nesse âmbito é a *instituição de tributos*, mediante a descrição de suas respectivas hipóteses de incidência.[31]

Assim é que cabe à lei ordinária estabelecer as hipóteses de incidência tributária, vale dizer, as situações fáticas que, uma vez ocorridas, dão ensejo ao nascimento das respectivas obrigações.

Do mesmo modo, constitui seu papel prescrever as *obrigações acessórias*, descrever as infrações tributárias e as respectivas penalidades, bem assim normatizar as *atividades administrativas de fiscalização e arrecadação tributárias*, uma vez que ninguém é obrigado a fazer ou deixar de fazer alguma coisa senão em virtude de lei (art. 5º, II, CR).

3.2.4. Medida provisória

A medida provisória é ato normativo de caráter extraordinário, de competência do Chefe do Poder Executivo, dotado de eficácia de lei, pelo prazo de sessenta dias, prorrogável por igual período (art. 62, CR).

---

[31] Desde que, evidentemente, a Constituição não exija lei complementar para tal fim, conforme apontamos no tópico anterior.

Com o advento da Constituição de 1988, que previu, pela vez primeira, tal categoria normativa, surgiu questão polêmica referente à sua admissibilidade como instrumento idôneo a instituir e majorar tributos.

Sendo a medida provisória equiparada à lei apenas no sentido material, porquanto sua edição está condicionada à observância dos pressupostos de relevância e urgência, ostentando eficácia precária, divergiram a doutrina e a jurisprudência a respeito do assunto.

Sinteticamente, para uns, a medida provisória, uma vez convertida em lei, poderia ser empregada na instituição e majoração de tributos, observado o princípio da anterioridade da lei tributária; para outros, não sendo a medida provisória lei no aspecto formal, posto constituir ato normativo emanado do Presidente da República, não se prestaria a tais fins, uma vez que o Poder Legislativo somente pode manifestar-se quando a exigência fiscal já está em vigor, o que vulnera o princípio da legalidade tributária.

Tal discussão restou praticamente superada diante de reiterados pronunciamentos do STF no sentido da admissibilidade do emprego da medida provisória para a instituição e aumento de tributos, condicionado à observância da anterioridade da lei tributária.[32]

Em sequência, a EC n. 32/2001, ao dar nova redação ao art. 62, CR, alterou o regime das medidas provisórias, estatuindo que "medida provisória que implique instituição ou majoração de impostos, exceto os previstos nos arts. 153, I, II, IV, V, e 154, II, só produzirá efeitos no exercício financeiro seguinte se houver sido convertida em lei até o último dia daquele em que foi editada" (§ 2º), sendo vedada sua edição sobre matéria reservada a lei complementar (§ 1º, III).

O dispositivo enseja alguns comentários importantes. Em primeiro lugar, e aperfeiçoando o entendimento exposto anteriormente, pensamos somente possa cogitar-se do emprego da medida provisória para instituição e majoração de tributos cuja disciplina não exija lei complementar (art. 62, § 1º, III, acrescentado pela EC n. 32/2001).

Outrossim, note-se que, dentre as exceções apontadas, em relação às quais a eficácia da medida provisória não está adstrita à observância do princípio da anterioridade da lei tributária, figuram os mesmos impostos federais indicados

---

[32] *E.g.* Pleno, RE 197.790/MG, Rel. Min. Ilmar Galvão, j. 19.2.1997.

no art. 150, § 1º, CR, e igualmente referidos no art. 153, § 1º (faculdade de alteração de alíquotas pelo Poder Executivo, atendidas as condições e os limites estabelecidos em lei), acrescido esse rol dos impostos extraordinários (art. 154, II).

Enfim, evidencia-se um esforço do legislador da EC n. 32, de 2001, em compatibilizar-se o emprego de medida provisória no campo tributário e a observância dos princípios da anterioridade da lei tributária (art. 150, III, *b* e *c*), o que parece inútil, pois, enquanto aquela pressupõe *urgência* para sua edição (art. 62, *caput*), estes determinam o aguardo de um período de tempo para que o contribuinte possa acostumar-se com a nova ou majorada exigência fiscal, evitando-se-lhe a *imediata surpresa*. Assim, temos que urgência e anterioridade da lei tributária constituem ideias antagônicas, pelo que a contradição revela-se insuperável, a impor a conclusão de que a medida provisória não constitui instrumento legítimo a instituir e majorar impostos.

3.2.5. Decreto legislativo

Essa espécie legislativa encontra previsão constitucional no art. 59, VI, CR. Sua importância para o Direito Tributário está no fato de que é utilizado pelo Congresso Nacional para aprovação de *tratados internacionais* (art. 49, I), integrando-os à ordem interna. Do mesmo modo, é empregado pelas Assembleias Legislativas Estaduais para introduzir os *convênios* celebrados entre os entes federados na ordem jurídica.

3.2.6. Resolução

A resolução é ato normativo emanado do Poder Legislativo, com fundamento no art. 59, VII, CR.

No âmbito tributário, são relevantes as resoluções do *Senado Federal* para a disciplina das alíquotas dos impostos estaduais: *a)* no ITCMD, para a fixação de alíquotas máximas (art. 155, § 1º, IV, CR); *b)* no ICMS, para a fixação das alíquotas aplicáveis às operações e prestações, interestaduais e de exportação; às operações e prestações interestaduais e de exportação; e das alíquotas mínimas nas operações internas e das alíquotas máximas nas mesmas operações para resolver conflito específico que envolva interesse de Estados (art. 155, § 2º, IV e V, *a* e *b*, CR); *c)* para a fixação de alíquotas mínimas do IPVA (art. 155, § 6º, I, CR); e *d)* para a fixação da alíquota de referência do Imposto sobre Bens e

Serviços – IBS para cada esfera federativa, nos termos de lei complementar, que será aplicada se outra não houver sido estabelecida pelo próprio ente federativo (art. 156-A, § 1º, XII), bem como para elevação ou redução das alíquotas de referência desse imposto para preservar a arrecadação das esferas federativas (art. 156-A, § 9º, I).

3.3. ATOS ADMINISTRATIVOS NORMATIVOS

Os atos administrativos normativos também constituem fontes do Direito Tributário.

A Administração Pública, no exercício do *poder normativo* ou *regulamentar*, expede atos que contêm normas destinadas a orientar os órgãos públicos quanto à interpretação e à aplicação das leis que lhes compete executar.

Não é por outra razão que tal poder somente é exercível à vista de lei cuja aplicação caiba ao Poder Executivo e que lhe consigne uma certa dose de discricionariedade.[33]

Portanto, os *atos administrativos normativos* constituem, à evidência, atos de eficácia *interna corporis*, vale dizer, seus comandos são dirigidos aos agentes da Administração Pública.

Há uma imensa variedade de atos administrativos normativos – decretos, instruções, resoluções, portarias, ordens de serviço, avisos etc.

Dentre elas, cabe destacar, no contexto ora em estudo, os decretos e as instruções.

3.3.1. Decretos

Decreto é a forma de que se revestem os atos emanados dos Chefes do Poder Executivo. *Regulamento*, por sua vez, é a categoria de ato administrativo normativo, de competência privativa de Chefe do Poder Executivo. Em consequência,

---

[33] Celso Antônio Bandeira de Mello anota que a Constituição "prevê regulamentos executivos porque o cumprimento de determinadas leis *pressupõe uma interferência de órgãos administrativos* para a aplicação do que nelas se dispõe, *sem, entretanto, predeterminar exaustivamente, isto é, com todas as minúcias, a forma exata da atuação administrativa pressuposta*" (Curso de Direito Administrativo. 35. ed. rev. e atual. até a EC n. 109/2021 e a Lei n. 14.133/2021. São Paulo: Editora JusPodium e Malheiros Editores, 2021, pp. 288-289, destaques do original).

todo regulamento é veiculado por decreto; o contrário, todavia, não procede, pois há decretos que abrigam outros conteúdos, não regulamentares, portanto.

Assinale-se que tanto o decreto quanto o regulamento merecem referência na Lei Maior (art. 84, IV), que, igualmente, deixa clara a subordinação do regulamento à lei, ao estatuir ser da competência exclusiva do Congresso Nacional "sustar os atos normativos do Poder Executivo que exorbitem do poder regulamentar ou dos limites da delegação legislativa" (art. 49, V).

O CTN, didaticamente, proclama, em seu art. 99, que "o conteúdo e o alcance dos decretos restringem-se aos das leis em função das quais sejam expedidos, determinados com observância das regras de interpretação estabelecidas nesta Lei".

Saliente-se que, numa seara onde o princípio da legalidade opera com intensidade máxima, os decretos regulamentares têm um campo de atuação muito restrito, destinando-se a disciplinar, tão somente, minudências atinentes à fiscalização e à arrecadação. Com efeito, não lhes é dado, a pretexto de detalhar os comandos legislativos no intuito de propiciar a adequada aplicação da lei pelos órgãos do Poder Executivo, estabelecer deveres ou proibir condutas aos contribuintes, questões que somente podem ser disciplinadas por lei.

No âmbito tributário, quando não regulamenta uma lei, o decreto é utilizado para integrar o aspecto quantitativo das hipóteses de incidência de tributos em relação aos quais atribui-se ao Chefe do Poder Executivo a competência para fixar as respectivas alíquotas, dentro dos parâmetros legalmente delineados (art. 153, § 1º, CR). São eles o Imposto de Importação, o Imposto de Exportação, o Imposto sobre Produtos Industrializados e o Imposto sobre Operações Financeiras (art. 153, I, II, IV e V, CR), bem como a contribuição de intervenção no domínio econômico relativa às atividades de importação ou comercialização de petróleo e seus derivados, gás natural e seus derivados, e álcool combustível (art. 177, § 4º, *b*, CR).

Cuida-se, assim, de *discricionariedade* outorgada ao Chefe do Poder Executivo Federal, consubstanciada em margem de liberdade para a fixação das alíquotas dos tributos expressamente apontados, consoante critérios de oportunidade e conveniência.[34]

---

[34] Anote-se que o Supremo Tribunal Federal entendeu que tal competência não é privativa do Presidente da República, sendo passível, portanto, de delegação (Ple-

3.3.2. Instruções

As *instruções*, por sua vez, constituem atos administrativos normativos, de competência dos auxiliares diretos dos Chefes do Poder Executivo – Ministros de Estado (arts. 84, parágrafo único, e 87, parágrafo único, II, CR) – e Secretários Estaduais e Secretários Municipais. Por meio desses instrumentos, tais autoridades igualmente traçarão orientação aos órgãos públicos acerca da interpretação e da aplicação das leis tributárias que lhes couber efetuar.

3.4. JURISPRUDÊNCIA

A aplicação reiterada das normas jurídicas por órgãos do Poder Judiciário constrói pensamento hábil a orientar a conduta dos jurisdicionados, bem como a influenciar a atuação dos legisladores e administradores na busca de aperfeiçoamentos e modificações que o ordenamento jurídico requer.

Nos dias atuais, inegável o papel da jurisprudência como fonte do direito. Conquanto não ostente a mesma importância que apresenta nos países que adotam o sistema da *common law*, a jurisprudência tem ganhado cada vez mais visibilidade, especialmente no campo tributário, à vista do elevado grau de litigiosidade existente nessa seara.

Três pontos merecem referência em relação à jurisprudência: a uniformidade, a estabilidade e a irretroatividade, todos expressões de segurança jurídica.

Uniformidade é consequência da ideia de igualdade, é resultado da reflexão sobre a justiça. Se a jurisprudência é a consolidação do pensamento dos órgãos jurisdicionais, essa jurisprudência deve ser produzida no sentido de que todos que estejam na mesma situação, e que venham procurar a intervenção estatal buscando a prestação jurisdicional, obtenham a mesma solução.

Nesse sentido, observa-se grande esforço na promoção da reforma processual civil para a adoção de mecanismos de eficácia vinculante das decisões judiciais.

A *estabilidade*, por sua vez, predica que os órgãos jurisdicionais devem ter cautela para evitar oscilação quanto à orientação adotada.

---

no, RE 570.680/RS, Rel. Min. Ricardo Lewandowski, j. 28.10.2009). Cuidaremos mais detidamente desse aspecto ao tratarmos do princípio da legalidade tributária (Parte II, Capítulo 3, item 3.2.2.1).

É óbvio que a jurisprudência deve evoluir – e, para isso, é necessário mudar –, mas, com alguma frequência, ocorrem modificações de entendimento sem que haja uma sinalização clara de seus fundamentos.

Outro fator gerador de instabilidade na jurisprudência, de caráter prático, nem sempre possível de ser evitado, é a mudança de composição dos tribunais. Isso aconteceu com o STF, por exemplo, pois nos últimos anos mais da metade da composição do Tribunal foi alterada. O que significa dizer que temos um novo tribunal. Esse fato está conduzindo a uma transição de entendimentos que há de ser feita de maneira muito cautelosa, para não constituir mais um foco de geração de instabilidade.

Enfim, o terceiro e último aspecto vem a ser a *irretroatividade*, princípio geral hospedado no art. 5º, XXXVI, CR, segundo o qual a lei não prejudicará o direito adquirido, o ato jurídico perfeito e a coisa julgada. Em outras palavras, a lei não pode tanger esses três institutos porque todos eles têm em comum a referência a situações consolidadas.

Pensamos que a leitura mais adequada do dispositivo é a de que prescreve que os *atos estatais* não podem tanger direito adquirido, ato jurídico perfeito e coisa julgada, pois tanto os atos administrativos, quanto as decisões judiciais resultam da aplicação da lei aos casos concretos.

Desse modo, leis, atos administrativos e decisões judiciais devem produzir ou projetar os seus efeitos para o futuro. O pretérito, desse modo, tem que ser resguardado por uma questão de segurança.

3.5. DOUTRINA

Embora de importância sensivelmente inferior às demais fontes jurídicas, exatamente porque destituída de caráter vinculante, o papel da doutrina não pode ser ignorado.

O trabalho dos juristas, em todos os domínios do direito, influencia tanto a confecção das leis quanto a prolação das decisões judiciais. A Ciência do Direito auxilia as tarefas cognitiva e interpretativa dos legisladores e aplicadores da lei, contribuindo para o aperfeiçoamento do direito positivo, especialmente nos países que adotam o sistema da *civil law*, como o nosso.

Concluída a primeira parte deste livro, passemos ao estudo do sistema tributário nacional.

Parte II
Sistema Constitucional Tributário

1. A Disciplina Constitucional da Tributação

1.1. O SISTEMA TRIBUTÁRIO NACIONAL

Principiemos por relembrar que, em sentido amplo, a *tributação* é uma atividade abrangente não apenas da instituição de tributos, mas também da sua arrecadação e da fiscalização de seu recolhimento, estas últimas tarefas eminentemente administrativas.

Para tratarmos do sistema tributário nacional, importa sublinhar o que se deva entender por *sistema*. Para Roque Carrazza, sistema é a "reunião ordenada de várias partes que formam um todo, de tal sorte que elas se sustentam mutuamente e as últimas explicam-se pelas primeiras. As que dão razão às outras chamam-se *princípios*, e o sistema é tanto mais perfeito quanto em menor número existam".[1]

Assim, por *sistema tributário nacional* entende-se, singelamente, o conjunto de normas constitucionais e infraconstitucionais que disciplinam a atividade tributante. Resulta, essencialmente, da conjugação de *três planos normativos distintos*: o texto constitucional, a lei complementar, veiculadora de normas gerais em matéria tributária (o Código Tributário Nacional), e a lei ordinária, instrumento de instituição de tributos por excelência.

Conforme já ressaltamos em capítulo anterior, a Constituição da República constitui a principal fonte do Direito Tributário no Brasil. Disciplina o sistema tributário nacional no Capítulo I do Título VI ("Da tributação e do orçamento"), em seus arts. 145 a 162.

Os textos constitucionais brasileiros,[2] tradicionalmente, cuidam de quatro temas fundamentais na seara fiscal: 1) a previsão das regras-matrizes de

---

[1] *Curso de Direito Constitucional Tributário*, cit., pp. 47-48.
[2] O Brasil já teve diversas Constituições: a de 1824 (Constituição Imperial), a de 1891 (1ª Constituição Republicana), a de 1934, a de 1937, a de 1946, a de 1967, a

incidência; 2) a classificação dos tributos; 3) a repartição de competências tributárias; e 4) as limitações ao poder de tributar.

Vejamos, sucintamente, cada qual.

No Brasil, diferentemente do que ocorre na maioria dos países, é a Constituição que aponta as regras-matrizes de incidência tributária, isto é, as situações fáticas que poderão ser apreendidas pelo legislador infraconstitucional para a instituição de tributos. Vale dizer, a lei somente poderá contemplar fatos que se encontrem dentro da moldura constitucionalmente traçada para esse fim, o que representa sensível limitação à eleição de situações a ser efetuada pelo legislador.

A Constituição não cria os tributos, mas, induvidosamente, autoriza a sua instituição dentro de parâmetros objetivos por ela consignados. Em relação aos impostos, traça hipóteses específicas, todas pertinentes a fatos de caráter econômico, tais como auferir renda e proventos de qualquer natureza, ser proprietário de imóvel urbano e prestar serviços de qualquer natureza.

Já no que respeita às taxas e à contribuição de melhoria, apresenta situações genericamente postas: quanto às primeiras, o exercício do poder de polícia e a prestação de serviço público, específico e divisível, prestado ao contribuinte ou posto a sua disposição; no que tange às últimas, a valorização imobiliária decorrente de obra pública.[3]

O regramento constitucional dos empréstimos compulsórios é diferenciado, porquanto, para sua instituição, a Lei Maior indica os pressupostos: atendimento a despesas extraordinárias, decorrentes de calamidade pública, de guerra externa ou sua iminência; e investimento público de caráter urgente e de relevante interesse nacional, observado o disposto no art. 150, III, *b* (art. 148).

Assim também em relação às contribuições, cuja disciplina aponta finalidades a serem atingidas por meio desses tributos, qualificando-os como instrumentos de atuação da União nas áreas social, de intervenção no domínio econômico, e no interesse de categorias profissionais ou econômicas (art. 149).

Outro tema de que se ocupa o Texto Fundamental é a *classificação dos tributos*. Avocou o legislador constituinte essa tarefa, estabelecendo as espécies

---

de 1969 (conhecida como a Emenda Constitucional n. 1 à Constituição de 1967) e a atual, de 1988. O modelo de sistema tributário vigente possui perfil inspirado no sistema desenhado na Constituição de 1946.

[3] Cf. arts. 145, 153, 155 e 156, CR.

tributárias consoante o critério da existência ou não de atuação estatal que dê suporte à exigência fiscal. Consequentemente, temos os impostos como os tributos não vinculados a uma atuação estatal, enquanto as taxas e a contribuição de melhoria como tributos vinculados a um comportamento do Poder Público. Os empréstimos compulsórios e as contribuições podem revestir materialidades de tributos vinculados ou não vinculados.

Assunto que também é objeto de disciplina constitucional é a *repartição de competências tributárias*.

A competência tributária consiste na aptidão para instituir tributos, descrevendo, por meio de lei, as suas hipóteses de incidência. No Brasil, o veículo de atribuição de competências, inclusive tributárias, é a Constituição da República. Tal sistemática torna-se especialmente relevante em um Estado constituído sob a forma federativa, com a peculiaridade do convívio de três ordens jurídicas distintas: a federal, a estadual/distrital e a municipal.

A Constituição dita, portanto, o que pode cada pessoa política realizar em matéria tributária, demarcando os respectivos âmbitos de atuação, no intuito de evitar conflitos entre União, Estados-membros, Distrito Federal e Municípios.

Por fim, trata de prescrever *limitações ao poder de tributar*, vale dizer, as contenções ao exercício dessa atividade estatal.

Essas limitações são traduzidas, essencialmente, na definição de princípios e imunidades.

Os *princípios* constituem os vetores, e podem ser definidos como as normas fundantes de um sistema, cujos forte conteúdo axiológico e alto grau de generalidade e abstração ensejam o amplo alcance de seus efeitos, orientando a interpretação e a aplicação de outras normas.

O texto constitucional brasileiro é rico na declaração expressa de princípios tributários, tais como os da capacidade contributiva, legalidade, isonomia, anterioridade, irretroatividade, vedação ao confisco, dentre muitos outros.

Representam *diretrizes positivas*, a guiar o legislador e o administrador tributários na busca da tributação justa.

Outras expressivas limitações constitucionais ao poder de tributar são as exonerações qualificadas como *imunidades*. Uma vez efetuada a opção política de se definir a competência tributária em nível constitucional, tem-se, como consequência, a previsão de exonerações fiscais consideradas mais relevantes nesse mesmo nível. Essas limitações representam *diretrizes nega-*

tivas, porquanto negam a competência tributária nas hipóteses delineadas constitucionalmente.

Importante observar que, no capítulo relativo ao Sistema Tributário Nacional, há seção dedicada ao tema da *repartição das receitas tributárias* (arts. 157 a 162).

Assinale-se, todavia, não se tratar de tema tributário, porquanto a tributação, como visto, ocupa-se da instituição, arrecadação e fiscalização da exigência de tributos, não tendo por objeto a disciplina da repartição do produto de sua arrecadação.

Cuida-se, isto sim, de *tema financeiro*, da maior relevância, expressão do *federalismo cooperativo ou solidário*. Assim é que o texto fundamental estatui, por exemplo, pertencer aos Estados e ao Distrito Federal o produto da arrecadação do imposto da União sobre a renda e proventos de qualquer natureza, incidente na fonte, sobre rendimentos pagos, a qualquer título, por eles, suas autarquias e pelas fundações que instituírem e mantiverem (art. 157, I).

Também declara pertencer aos Municípios: *a)* o produto da arrecadação do imposto da União sobre renda e proventos de qualquer natureza, incidente na fonte, sobre rendimentos pagos, a qualquer título, por eles, suas autarquias e pelas fundações que instituírem e mantiverem; *b)* cinquenta por cento do produto da arrecadação do imposto da União sobre a propriedade territorial rural, relativamente aos imóveis neles situados, cabendo a totalidade na hipótese da opção a que se refere o art. 153, § 4º, III; *c)* cinquenta por cento do produto da arrecadação do imposto do Estado sobre a propriedade de veículos automotores licenciados em seus territórios e, em relação a veículos aquáticos e aéreos, cujos proprietários sejam domiciliados em seus territórios;[4] e *d)* vinte e cinco por cento do produto da arrecadação do imposto do Estado sobre operações relativas à circulação de mercadorias e sobre prestações de serviços de transporte interestadual e intermunicipal e de comunicação (art. 158, I a IV).[5]

---

[4] Redação dada pela EC n. 132/2023.
[5] Os arts. 83 a 95, CTN, que cuidam das distribuições de receitas tributárias, não foram integralmente recepcionados pela Constituição de 1988. A Lei Complementar n. 143/2013, por sua vez, revogou expressamente os arts. 86 a 89 e 93 a 95, CTN. Para mais comentários, veja-se o nosso *Código Tributário Nacional Comentado em sua Moldura Constitucional*, Forense.

Anote-se que a EC n. 132/2023 introduziu modificações na repartição de receitas tributárias em decorrência do novo regime da tributação sobre o consumo (IBS e CBS) e do Imposto Seletivo, bem como norma que prevê o *princípio da cooperação* como diretriz do sistema tributário nacional.[6]

As normas constitucionais tributárias, contudo, não se resumem às estampadas no capítulo dedicado ao Sistema Tributário Nacional.

1.2. NORMAS TRIBUTÁRIAS FORA DO CAPÍTULO DO SISTEMA TRIBUTÁRIO NACIONAL

A par de dedicar extenso capítulo à disciplina do sistema tributário nacional, a Constituição da República contempla diversas outras normas de direito tributário esparsas em seu texto, o que demonstra, uma vez mais, a intensa preocupação do legislador constituinte em estabelecer rígida disciplina da ação estatal de exigir tributos. Neste tópico, destacaremos as mais relevantes.

No Título "Dos Direitos e Garantias Fundamentais", o art. 5º, ao arrolar os direitos e deveres individuais e coletivos, consigna diversas normas sobre tributação, que abrigam *imunidades* referentes à prestação de diversos serviços públicos, afastando a possibilidade da exigência de taxas.

Inicialmente, estatui, em seu inciso XXXIV, que "são a todos assegurados, independentemente do pagamento de taxas: *a*) o direito de petição aos Poderes Públicos em defesa de direitos ou contra ilegalidade ou abuso de poder; *b*) a obtenção de certidões em repartições públicas, para defesa de direitos e esclarecimento de situações de interesse pessoal". Abriga, assim, autênticas normas imunizantes, inviabilizando a existência de competência tributária para a instituição de taxas nas prestações de serviço público apontadas.

No inciso LXXIII, por seu turno, prescreve que "qualquer cidadão é parte legítima para propor ação popular que vise a anular ato lesivo ao patrimônio público ou de entidade de que o Estado participe, à moralidade administrativa, ao meio ambiente e ao patrimônio histórico e cultural, ficando o autor, salvo comprovada má-fé, isento de custas judiciais e do ônus da sucumbência". As custas são taxas devidas pela prestação do serviço público de jurisdição, e a norma em comento tem por objetivo afastar esse ônus do

---

[6] Cf., respectivamente, arts. 158, IV, *a* e *b*, e §§ 1º e 2º; e 159; e art. 145, § 3º, CR. *Vide* Parte II, Capítulo 3, item 3.2.2.13.

autor popular, que não busca a tutela jurisdicional para direito individual, mas para direito da coletividade.

Já no inciso LXXIV, proclama que "o Estado prestará assistência judiciária integral e gratuita, aos que comprovarem insuficiência de recursos". Sendo a assistência judiciária outro serviço público, igualmente afastada a possibilidade de exigência de taxa, visando diminuir a desvantagem daqueles que não possuem recursos para financiar a defesa de seus direitos.

Ainda, em seu inciso LXXVI, declara serem gratuitos, para os reconhecidamente pobres, na forma da lei, (*a*) o registro de nascimento e (*b*) a certidão de óbito. Uma vez mais, por meio dessa norma imunizante, visa-se evitar que a insuficiência de recursos constitua óbice para a prestação do serviço público de registro de pessoa física quanto a atos essenciais à dignidade humana e à cidadania.

Outrossim, assegura a Constituição a gratuidade das ações de *habeas corpus* e *habeas data*, e, na forma da lei, os atos necessários ao exercício da cidadania (inciso LXXVII), de modo a facilitar a utilização dessas ações, destinadas que são a amparar os direitos fundamentais à liberdade de locomoção (art. 5º, LXVIII) e o conhecimento de informações pessoais (art. 5º, LXXII).

Prosseguindo na indicação das normas constitucionais tributárias alocadas fora do capítulo dedicado ao sistema tributário nacional, o Texto Fundamental, ao tratar das medidas provisórias, regula sua utilização na seara tributária (art. 62, § 2º).

Passando ao título da Ordem Econômica, nele estão encartadas diversas normas sobre tributação.

Ao cuidar da política urbana, a ser executada pelo Poder Público municipal, a Constituição autoriza o emprego de instrumentos destinados a implementar o cumprimento da função social da propriedade, em relação ao proprietário do solo urbano não edificado, subutilizado ou não utilizado, para que promova o seu adequado aproveitamento, dentre eles o Imposto sobre a Propriedade Predial e Territorial Urbana progressivo no tempo (art. 182, § 4º, II).

No que tange à reforma agrária, proclama o texto constitucional que "são isentas de impostos federais, estaduais e municipais as operações de transferência de imóveis desapropriados para fins de reforma agrária", traduzindo autêntica imunidade (art. 184, § 5º), revelando outra norma imunizante.

O art. 177, em seu § 4º, abriga normas sobre a contribuição de intervenção no domínio econômico relativa às atividades de importação ou comercialização de petróleo e seus derivados, gás natural e seus derivados e álcool combustível, introduzidas por meio da EC n. 33/2001.

No título dedicado à Ordem Social, por seu turno, encontramos minudente disciplina sobre as contribuições destinadas ao financiamento da seguridade social (art. 195, *caput* e parágrafos).

Adiante, no art. 203, *caput*, a Lei Maior contempla mais uma norma imunizante, ao estatuir que "a assistência social será prestada a quem dela necessitar, independentemente de contribuição à seguridade social (...)". Outras imunidades estão hospedadas nos arts. 208, I ("O dever do Estado com a educação será efetivado mediante a garantia de: I – ensino fundamental, obrigatório e gratuito, assegurada, inclusive, sua oferta gratuita para todos os que a ele não tiveram acesso na idade própria"), 226, § 1º ("O casamento é civil e gratuita a celebração"), e 230, § 2º ("§ 2º Aos maiores de sessenta e cinco anos é garantida a gratuidade dos transportes coletivos urbanos").

Em sequência, o art. 212, § 5º, prescreve que "a educação básica pública terá como fonte adicional de financiamento a contribuição social do salário-educação, recolhida pelas empresas na forma da lei".

Por fim, mencione-se o art. 239, que faz referência expressa às contribuições para o Programa de Integração Social – PIS e para o Programa de Formação do Patrimônio do Servidor Público – PASEP.

Como se vê, o tema da tributação é considerado extremamente relevante pela Constituição de 1988, que lhe dedica vasto conjunto de normas, espraiadas por todo o seu texto.

1.3. AS ALTERAÇÕES PROMOVIDAS POR EMENDAS CONSTITUCIONAIS

Um dos problemas mais relevantes do Direito Tributário atual consiste nas sucessivas modificações efetuadas no Sistema Tributário Nacional, perpetradas por meio de emenda constitucional. Como visto, nosso sistema tributário está quase todo definido na Constituição e, portanto, foi estabelecido pelo Poder Constituinte Originário, que não experimenta limitações. No entanto, vem sendo frequentemente confrontado por normas que advêm do exercício de um outro poder – o Poder Constituinte Derivado –, este sim, extremamente limitado, o qual vem sendo utilizado para promover modificações e até distorções no modelo originalmente concebido pelo legislador constituinte.

A reiterada edição de emendas constitucionais, prática à qual, infelizmente, estamos acostumados a assistir, constitui expressão da instabilidade de nossa ordem normativa superior. A Constituição, embora rígida (art. 60, § 4º), é modificada com facilidade, como se se tratasse de lei infraconstitucional, pois em mais de vinte anos de vida já experimentou 131 emendas.[7]

Na seara da tributação, tal situação se faz sentir em maior intensidade. Desde a sua promulgação, já foram editadas as Emendas ns. 3/93; 20/98; 29/2000; 33/2001; 37 e 39/2002; 41 e 42/2003; 44/2004; 55/2007; 75/2013; 84/2014; 87/2015; 108/2020; 112 e 113/2021; e 116/2022, todas modificadoras do capítulo do Sistema Tributário Nacional. Dessas, as Emendas ns. 33/2001, 42/2003 e 132/2023 foram as que veicularam o maior número de alterações.

O tema é relevante, pois a cada nova emenda constitucional modificadora de normas do sistema tributário nacional ensejam-se questionamentos quanto à ofensa a cláusulas pétreas – princípio federativo, separação de poderes, direitos e garantias individuais (art. 60, § 4º, I, III e IV, CR).

Desse modo, uma emenda que altere a repartição de competências tributárias, por exemplo, poderá violar a forma federativa de Estado; outra que faculte ao Poder Executivo alterar alíquota de tributo, dentro de limites legais, consubstancia violação ao princípio da separação de poderes;[8] ainda, emenda que suprima uma imunidade tributária atinge direito individual.[9]

---

[7] Não estão computadas as Emendas de Revisão, em número de seis.

[8] É o caso da contribuição de intervenção no domínio econômico relativa às atividades de importação ou comercialização de petróleo e seus derivados, gás natural e seus derivados e álcool combustível, prevista no art. 177, § 4º, dispositivo incluído pela EC n. 33/2001, cuja alíquota poderá ser "reduzida e restabelecida por ato do Poder Executivo, não se lhe aplicando o disposto no art. 150, III, *b*" (inciso I, alínea *b*).

[9] Tal ocorreu com a EC n. 20/98, que revogou o inciso II do § 2º do art. 153, assim expresso: "não incidirá, nos termos e limites fixados em lei, sobre rendimentos provenientes de aposentadoria e pensão, pagos pela previdência social da União, dos Estados, do Distrito Federal e dos Municípios, a pessoa com idade superior a sessenta e cinco anos, cuja renda total seja constituída, exclusivamente, de rendimentos do trabalho".

Dos dispositivos originados do exercício do Poder Constituinte Derivado, pertinentes à tributação, podemos destacar os seguintes:

- **Emenda Constitucional n. 3/93:** 1) previsão da substituição tributária progressiva (art. 150, § 7º); e 2) nova disciplina aos impostos estaduais (art. 155);
- **Emenda Constitucional n. 29/2000:** institui nova disciplina ao IPTU (art. 156, § 1º);
- **Emenda Constitucional n. 33/2001:** 1) nova disciplina às contribuições sociais e de intervenção no domínio econômico (arts. 149, § 2º, e 177, § 4º); e 2) nova disciplina ao ICMS (art. 155);
- **Emenda Constitucional n. 39/2002:** previsão da contribuição para o custeio do serviço de iluminação pública (art. 149-A);
- **Emenda Constitucional n. 42/2003:** 1) autorização para instituição de regime único de arrecadação (art. 146, parágrafo único); 2) princípio da anterioridade especial (art. 150, III, c); 3) nova disciplina ao Imposto Territorial Rural (art. 153, § 4º); e 4) nova disciplina ao IPVA (art. 155, § 6º);
- **Emenda Constitucional n. 87/2015:** altera o § 2º do art. 155 da Constituição Federal e inclui o art. 99 no Ato das Disposições Constitucionais Transitórias, para tratar da sistemática de cobrança do imposto sobre operações relativas à circulação de mercadorias e sobre prestações de serviços de transporte interestadual e intermunicipal e de comunicação incidente sobre as operações e prestações que destinem bens e serviços a consumidor final, contribuinte ou não do imposto, localizado em outro Estado;
- **Emenda Constitucional n. 116/2022:** acrescenta o § 1º-A ao art. 156 da Constituição Federal para prever a não incidência sobre templos de qualquer culto do Imposto sobre a Propriedade Predial e Territorial Urbana (IPTU), ainda que as entidades abrangidas pela imunidade tributária sejam apenas locatárias do imóvel; e
- **Emenda Constitucional n. 132/2023:** veiculadora da chamada Reforma Tributária, introduziu numerosas modificações no capítulo do sistema tributário nacional e em outros trechos do texto constitucional. Principais modificações: 1) inclusão de novos princípios a serem observados pelo sistema tributário nacional – simplicidade,

transparência; justiça tributária; cooperação e defesa do meio ambiente; 2) alteração da tributação do consumo, com a substituição dos atuais tributos – ICMS, ISS, contribuição ao PIS e COFINS – pelo Imposto sobre Bens e Serviços, pela Contribuição sobre Bens e Serviços e pelo Imposto sobre a Produção, Extração, Comercialização ou Importação de Bens e Serviços Prejudiciais à Saúde ou ao Meio Ambiente – o chamado Imposto Seletivo; 3) alterações no regime jurídico do ITCMD; 4) alterações no regime jurídico do IPVA; 5) autorização para atualização da base de cálculo do IPTU pelo Poder Executivo, conforme critérios estabelecidos em lei municipal; e 6) alterações no regramento da repartição das receitas tributárias.

Portanto, as modificações operadas no texto constitucional foram em grande número, acarretando risco de comprometimento da necessária coerência entre as prescrições normativas, com prejuízos à adequada funcionalidade do Sistema Tributário Nacional.

Daí o ensejo para o controle da constitucionalidade de tais emendas, uma vez que, resultantes que são do exercício do Poder Constituinte Derivado, podem vulnerar normas postas pelo Poder Constituinte Originário.[10]

Vista a moldura constitucional que envolve a tributação, passemos ao estudo da competência tributária.

---

[10] Conforme já decidiu, há muito, o Supremo Tribunal Federal ao proclamar a inconstitucionalidade do Imposto Provisório sobre Movimentação Financeira – IPMF (Pleno, ADI 939/DF, Rel. Min. Sydney Sanches, j. 15.12.1993).

2. Competência Tributária

2.1. CONCEITO E CARACTERÍSTICAS

No Estado Democrático de Direito, a tributação há de comportar-se dentro de certos limites, para que possa ser legitimamente exercida. Assim, a noção de competência tributária corresponde ao "poder de tributar", juridicamente limitado pela própria Constituição.

Competência tributária é a aptidão para criar tributos, mediante a edição do necessário veículo legislativo (art. 150, I, CR), indicador de todos os aspectos de sua hipótese de incidência.

Em sendo competência de natureza *legislativa*, somente as pessoas políticas a detêm.

Consequentemente, a competência tributária reveste as mesmas características da competência legislativa. Roque Carrazza[11] ensina serem seis tais características, que, resumidamente, apresentamos:

1) *privatividade* ou *exclusividade*, a significar que as pessoas políticas possuem faixas tributárias privativas; assim, a competência outorgada a um ente político priva ou exclui os demais da mesma atribuição. Tal afirmativa vale, inclusive, para os tributos vinculados a uma atuação estatal, uma vez que, em relação a eles, o exercício da competência tributária depende do prévio exercício da competência administrativa – prestação de serviço público ou exercício do poder de polícia, ou, ainda, realização de obra pública de que decorra valorização imobiliária, nos termos do art. 145, II e III, CR –, não havendo falar-se, portanto, em competência concorrente, porquanto apenas uma única pessoa está legitimada a exigir o tributo correspondente no caso concreto. Vale registrar que a EC n. 132/2023, ao autorizar

---

[11] *Curso de Direito Constitucional Tributário*, cit., pp. 609-797.

a instituição do Imposto sobre Bens e Serviços – IBS, introduziu um novo conceito no sistema tributário nacional: o de *competência tributária compartilhada*, a significar que a União será competente para a instituição do tributo, cabendo aos Estados, Municípios e Distrito Federal a fixação das respectivas alíquotas, conforme analisaremos adiante (art. 156-A, *caput* e § 1º, IV a VII);[12]

2) *indelegabilidade*, característica segundo a qual, recebendo as pessoas políticas suas competências da própria Constituição, não as podem delegar a terceiros;

3) *incaducabilidade*, uma vez que o seu não exercício, ainda que por longo tempo, não acarreta o efeito de impedir que a pessoa política venha, a qualquer tempo, exercê-la;

4) *inalterabilidade*, que se traduz na impossibilidade de a competência tributária ter suas dimensões ampliadas pela própria pessoa política que a detém;

5) *irrenunciabilidade*, segundo a qual as pessoas políticas não podem abrir mão de suas atribuições, em razão da indisponibilidade do interesse público; e

6) *facultatividade*, pois as pessoas políticas são livres para usar ou não de suas respectivas competências tributárias, registrando-se, como exceção, o ICMS, diante da disciplina constitucional que lhe imprime feição nacional, da qual deflui o comando segundo o qual a concessão de isenções, incentivos e benefícios fiscais depende de deliberação dos Estados e do Distrito Federal (art. 155, § 2º, XII, *g*).[13]

---

[12] *Vide* Parte II, Capítulo 2, item 2.5.
[13] A respeito da facultatividade da competência tributária, cabe mencionar o art. 11 da Lei Complementar n. 101/2000, a chamada "Lei de Responsabilidade Fiscal", que impõe, como requisitos essenciais da responsabilidade na gestão fiscal, "a instituição, previsão e efetiva arrecadação de todos os tributos de competência constitucional de cada ente da Federação (...)". Embora, à primeira vista, o preceito possa parecer inconstitucional, por ofensa aos princípios federativos e da autonomia municipal, em nossa opinião, todavia, não há vulneração à Lei Maior. Isso porque a ideia de responsabilidade afina-se com o conceito de Estado Democrático de Direito, e a *gestão fiscal responsável* (art. 1º, § 1º) implica que o administrador institua e arrecade os tributos de sua competência para a obtenção dos recursos necessários à satisfação das necessidades coletivas. Os princípios constitucionais da moralidade administrativa e da eficiência (art. 37, *caput,* CR) preco-

Diversamente, Paulo de Barros Carvalho[14] anota que a competência tributária ostenta, apenas, os atributos da indelegabilidade, irrenunciabilidade e incaducabilidade. Quanto à privatividade, entende insustentável sua indicação como característica da competência tributária, diante da competência tributária extraordinária outorgada à União. Também leciona que a inalterabilidade não se verifica, pois frequentemente altera-se o recorte de competências na Constituição da República. Esclarece, ainda, que, quanto à facultatividade, conquanto seja a regra geral, há a exceção do ICMS.

Pensamos seja válido afirmar que a privatividade constitui, como regra, característica da competência tributária, porquanto a única exceção contemplada é a competência extraordinária em matéria de impostos outorgada à União (art. 154, II, CR). Já quanto à inalterabilidade da competência tributária, somente é verdadeiro afirmá-lo se considerarmos a impossibilidade de modificação de seus contornos pelo próprio legislador infraconstitucional, porquanto por meio de emenda, ainda que existam sérias limitações (art. 60, § 4º, CR), é possível realizar alterações.

Assim entendida a competência tributária, necessário examinar-se como foram repartidas as atribuições correspondentes entre os entes da Federação.

2.2. REPARTIÇÃO DE COMPETÊNCIAS TRIBUTÁRIAS

Como visto no capítulo precedente, um dos grandes temas de que se ocupa a Constituição da República em matéria tributária é a repartição de competências.

A importância de tal assunto exsurge do fato de o Brasil ser uma Federação, constituindo a forma de Estado adotada verdadeira limitação material ao Poder Constituinte Derivado, uma vez que não será sequer objeto de deliberação proposta de emenda tendente a aboli-la (arts. 1º e 60, § 4º, I, CR).

---

nizam tal responsabilidade e, conjugados àqueles princípios, temos que o art. 11 da Lei Complementar n. 101/2000, é compatível com a Constituição. Portanto, a facultatividade da competência tributária já está restringida pela responsabilidade imposta ao administrador no próprio plano constitucional, sendo que o art. 11 veio apenas explicitá-la, sancionando o comportamento desidioso que possa vir a comprometer a adequada gestão das contas públicas.

[14] *Curso de Direito Tributário*, 29. ed. São Paulo: Saraiva, 2018, p. 238.

Cabe traçar, ainda que sucintamente, o quadro de repartição de competências tributárias entre os entes federativos, para que seja possível visualizar, mais claramente, qual o conjunto de atribuições deferido a cada um nesse contexto.

Comecemos apontando os *critérios* utilizados para tanto.

Para impostos, taxas e contribuição de melhoria, a Lei Maior apontou *materialidades* para efetuar tal repartição.

Primeiramente, no que tange aos *impostos*, estatui *competências expressas e enumeradas* (arts. 153, 155 e 156, CR), distribuindo as materialidades entre as pessoas políticas. Quanto às competências *residual* e *extraordinária* em matéria de impostos, atribuídas à União, não aponta materialidades, mas apenas pressupostos a serem atendidos para o seu exercício (art. 154, CR).

Em relação às *taxas*, as competências também estão *expressas*, mas *não enumeradas* (art. 145, II, CR). Com efeito, seria inviável, senão impossível, o texto fundamental arrolar todas as atividades de polícia administrativa e todos os serviços públicos específicos e divisíveis, realizáveis pelas pessoas políticas, passíveis de ensejar a instituição dessas espécies tributárias. E, ainda assim, tal lista nunca seria taxativa, diante da dinâmica da atividade estatal, a acompanhar as exigências da sociedade.

Daí por que, para tais tributos, a Constituição estampa as regras-matrizes de incidência, impondo o exercício da competência administrativa como exigência prévia para o exercício da competência tributária.[15]

No mesmo sentido, em relação à *contribuição de melhoria*, o enunciado expresso de sua regra-matriz dispensa qualquer enumeração, porquanto a realização de qualquer obra pública que provoque o incremento de valor imobiliário autoriza sua instituição.

A disciplina constitucional do *empréstimo compulsório*, por sua vez, não aponta materialidades, mas *pressupostos* para a exigência desse tributo de cabimento excepcional: *calamidade pública, guerra externa, ou sua iminência, e investimento público de caráter urgente e de relevante interesse nacional* (art. 148, II).

---

[15] As competências administrativas encontram fundamento constitucional nos arts. 21 (competências da União), 23 (competências comuns), 25, § 1º (competências dos Estados-membros), e 30, III a IX (competências dos Municípios).

Passando às *contribuições*, a simples leitura do art. 149 demonstra que, em relação a esses tributos, o legislador constituinte adotou o *critério finalístico*. Com efeito, não há indicação de materialidades, mas, tão somente, de finalidades que legitimam a instituição dessas espécies tributárias. Exatamente porque as regras-matrizes das contribuições, usualmente, não vêm estampadas no texto constitucional,[16] as contribuições existem em grande número em nosso ordenamento, não havendo limite quantitativo para a sua instituição, desde que satisfeitas as finalidades indicadas.

Diante de tais prescrições, vejamos qual o conjunto de atribuições outorgadas a cada um dos entes políticos no âmbito tributário.

Por primeiro, à União compete, ordinariamente, a instituição de sete impostos (Importação, Exportação, Renda e Proventos, Produtos Industrializados, Operações Financeiras, Propriedade Rural, Grandes Fortunas e Produção, Extração, Comercialização ou Importação de Bens e Serviços Prejudiciais à Saúde ou ao Meio Ambiente), além das competências residual e extraordinária (arts. 153, I a VIII, e 154, I e II, CR).

Também, em relação às atividades de polícia administrativa, serviços públicos específicos e divisíveis e obras públicas das quais decorra valorização imobiliária que executar, cabe-lhe, respectivamente, a instituição de *taxas* e *contribuição de melhoria* (art. 145, II e III, CR).

Ainda, está autorizada a instituir *empréstimos compulsórios e contribuições sociais, de intervenção no domínio econômico e de interesse de categorias profissionais ou econômicas* (arts. 148, 149 e 177, § 4º, CR).

Por outro lado, nos termos do art. 147, primeira parte, CR, competem à União, em Território Federal, os impostos estaduais e, se o Território não for dividido em Municípios, cumulativamente, os impostos municipais. A norma, presentemente, não encontra aplicação, diante da inexistência de Territórios Federais.

---

[16] As exceções ao afirmado são as contribuições sociais e de intervenção no domínio econômico incidentes sobre importação de produtos estrangeiros ou serviços, fundadas no art. 149, § 2º, II, introduzido pela EC n. 42/2003, bem como a contribuição de intervenção no domínio econômico relativa às atividades de importação ou comercialização de petróleo e seus derivados, gás natural e seus derivados e álcool combustível, prevista no § 4º do art. 177, introduzido pela EC n. 33/2001, diante das materialidades apontadas.

Os Estados-membros, por sua vez, detêm competência para instituir *três impostos* (Transmissão *Causa Mortis* e Doação de Quaisquer Bens ou Direitos; Operações relativas à Circulação de Mercadorias e sobre Prestações de Serviços de Transporte Interestadual e Intermunicipal e de Comunicação; e Propriedade de Veículos Automotores).[17]

Tal como a União, em relação às atividades de polícia administrativa, serviços públicos específicos e divisíveis, e obras públicas que acarretem valorização imobiliária que vierem a promover, compete-lhes, respectivamente, a instituição de *taxas* e *contribuição de melhoria* (art. 145, II e III, CR).

Ainda, uma única modalidade de contribuição está autorizada a esses entes: a *contribuição social* cobrada de seus servidores, para o custeio, em benefício destes, do *regime previdenciário* de que trata o art. 40 (art. 149, § 1º, CR).

Quanto aos Municípios, sua competência inclui *três impostos* (Propriedade Predial e Territorial Urbana; Transmissão *Inter Vivos* de Bens Imóveis; e Serviços de Qualquer Natureza).[18]

Em matéria de *taxas* e *contribuição de melhoria*, a mesma disciplina é aplicável às demais pessoas políticas. No que tange às contribuições, compete-lhes, igualmente, a mencionada *contribuição previdenciária*, exigível de seus servidores (art. 149, § 1º, CR).

Ainda, estão legitimados os Municípios a instituir a *contribuição para o custeio do serviço de iluminação pública e de sistemas de monitoramento para segurança e preservação de logradouros públicos* (art. 149A, CR), figura introduzida pela EC n. 39/2002 e ampliada pela EC n. 132/2023.

Finalmente, no que concerne ao Distrito Federal, é relevante assinalar que ele conjuga as competências tributárias dos Estados-membros, por ser a eles equiparados (art. 155), e dos Municípios, uma vez vedada a divisão de seu território (arts. 32, *caput* e § 1º, e 147, *in fine*, CR). Assim é que está autorizado a instituir *seis impostos*, as *taxas* e *contribuição de melhoria* pertinentes à sua

---

[17] Com a entrada em vigor do novo regime autorizado pela EC n. 132/2023, haverá a substituição gradativa do ICMS pelo Imposto sobre Bens e Serviços – IBS (art. 156-A, CR).

[18] Com a entrada em vigor do novo regime autorizado pela EC n. 132/2023, haverá a substituição gradativa do ISS pelo Imposto sobre Bens e Serviços – IBS (art. 156-A, CR).

atuação, a *contribuição para o custeio de regime previdenciário de seus servidores*, e a *contribuição para o custeio do serviço de iluminação pública e de sistemas de monitoramento para segurança e preservação de logradouros públicos*.

Em conclusão, façamos uma apreciação crítica dessa repartição de competências.

De um lado, exsurge evidente a concentração de poder tributário nas mãos da União que, a par de deter extensa competência para instituir impostos (ordinária, extraordinária e residual), possui, em caráter exclusivo, a competência para criar empréstimos compulsórios e as contribuições do art. 149, *caput*.

De outro, observa-se que, em matéria de impostos, a repartição de competências consoante o critério material, tal como posta, dá ensejo à possibilidade de *conflitos*, tangendo especialmente a competência dos Municípios. É o caso da *tributação imobiliária*, repartida entre União e Municípios (ITR e IPTU); da *tributação sobre prestações de serviços*, dividida entre Municípios e Estados-membros (ISSQN e ICMS);[19] e da *tributação incidente sobre a transmissão de bens e direitos*, cabente a Estados-membros e Municípios (ITCMD e ITBI).

2.3. FISCALIDADE, EXTRAFISCALIDADE E PARAFISCALIDADE

Ainda no contexto da competência tributária, importa distinguir três conceitos doutrinários, por vezes confundidos pelos menos afeitos à matéria tributária: fiscalidade, extrafiscalidade e parafiscalidade. Os dois primeiros conceitos relacionam-se à competência tributária, e o último, à capacidade tributária ativa.

Em primeiro lugar, a *fiscalidade* traduz a exigência de tributos com o objetivo de abastecimento dos cofres públicos, sem que outros interesses interfiram no direcionamento da atividade impositiva. Significa olhar para o tributo, simplesmente, como ferramenta de arrecadação, meio de geração de receita. É a noção mais corrente quando se pensa em tributação.

A *extrafiscalidade*, por sua vez, consiste no emprego de instrumentos tributários para o atingimento de finalidades não arrecadatórias, mas, sim,

---

[19] Observe-se que, com a entrada em vigor do novo regime da tributação sobre o consumo, autorizado pela EC n. 132/2024, tais tributos serão substituídos pelo IBS e pela CBS (arts. 156-A e 195, V, CR).

incentivadoras ou inibitórias de comportamentos, com vista à realização de outros valores, constitucionalmente contemplados.[20]

O conteúdo potencial da extrafiscalidade é extremamente amplo, porquanto a Constituição da República contempla um número muito grande de valores e objetivos a que subordina o Estado brasileiro (ex.: arts. 1º, 3º, 170, 193, 194, 196, 201, 205, 215 etc.).

Outrossim, vários instrumentos podem ser empregados para imprimir caráter extrafiscal a determinado tributo, tais como as técnicas da progressividade e da regressividade, a seletividade de alíquotas e a concessão de isenção e de outros incentivos fiscais.[21]

A extrafiscalidade aproxima-se da noção de *poder de polícia* ou de *polícia administrativa*, conceituada como a atividade estatal consistente em limitar o exercício dos direitos individuais em benefício do interesse coletivo, e que repousa no princípio da supremacia do interesse coletivo sobre o individual, visando impedir a adoção de condutas individuais contrastantes com o interesse público. Assim, tanto a polícia administrativa quanto a extrafiscalidade, por meio de instrumentos distintos, definidos em lei, buscam moldar as condutas particulares, para que se afinem aos objetivos de interesse público.

A atividade tributante, assim, revela, simultaneamente, os aspectos fiscal e extrafiscal, podendo vislumbrar-se, em cada imposição fiscal, a predominância de um ou outro.[22]

---

[20] Nesse sentido, Geraldo Ataliba, "IPTU e progressividade", *Revista de Direito Público*, n. 93, p. 233.

[21] A Constituição refere diversos instrumentos de extrafiscalidade, tais como as contribuições de intervenção no domínio econômico (arts. 149, *caput*, e 177, § 4º), as imunidades relativas à exportação (arts. 153, § 3º, III, e 155, § 2º, X, a) e a tributação estimuladora do atendimento da função social da propriedade no ITR (art. 153, § 3º). Outrossim, em seu art. 43, § 4º, dispositivo incluído pela EC n. 132/2023, dispõe que, "sempre que possível, a concessão de incentivos regionais a que se refere o § 2º, III, considerará critérios de sustentabilidade ambiental e redução das emissões de carbono".

[22] Ilustre-se o afirmado com o Imposto sobre a Propriedade Predial e Territorial Urbana – IPTU. Representando importante instrumento arrecadatório dos Municípios, também revela face extrafiscal, quando, por exemplo, se lhe aplica a *progressividade no tempo*, destinada a compelir o proprietário do imóvel urbano, não edificado, não utilizado ou subutilizado a dar-lhe destinação consentânea com a função social que deve cumprir (art. 182, § 4º, II, CR).

Já a *parafiscalidade* é conceito que se distancia dos anteriores por não se relacionar à competência tributária, mas, sim, à capacidade tributária ativa. Traduz a delegação, pela pessoa política, por meio de lei, de sua *capacidade tributária ativa*, vale dizer, das aptidões de arrecadar e fiscalizar a exigência de tributos a outra pessoa, de direito público ou privado – autarquia, fundação pública, empresa estatal ou pessoa jurídica de direito privado; esta, desde que persiga finalidade pública. Às pessoas delegatárias, em regra, atribui-se, outrossim, o produto arrecadado.[23] Quaisquer espécies tributárias podem ser objeto de parafiscalidade, embora as contribuições do art. 149 da CR, por sua natureza finalística, revelem-se as mais apropriadas a essa delegação.

2.4. BITRIBUTAÇÃO E *BIS IN IDEM*

Uma vez examinados os aspectos básicos da competência tributária, importa distinguir entre duas situações a ela relacionadas – *bitributação* e *bis in idem*.

A *bitributação* significa a possibilidade de um mesmo fato jurídico ser *tributado por mais de uma pessoa*. Diante de nosso sistema tributário, tal prática é vedada, pois cada situação fática somente pode ser tributada por uma única pessoa política, aquela apontada constitucionalmente, pois, como visto, a competência tributária é *exclusiva* ou *privativa*. Inviável, portanto, que haja mais de uma pessoa política autorizada a exigir tributo sobre o mesmo fato jurídico.

Já o *bis in idem* é ideia distinta, traduzida na situação de o mesmo fato jurídico ser *tributado mais de uma vez pela mesma pessoa política*, sendo permitido pelo sistema pátrio desde que expressamente autorizado pela Constituição. Por exemplo, o fato de uma empresa auferir lucro dá margem à exigência do Imposto sobre a Renda, como também da Contribuição Social sobre o Lucro – CSSL, ambos tributos de competência da União.

---

[23] Acerca da capacidade tributária ativa, *vide*, Parte III, Capítulo 2. Assinale-se que a EC n. 42/2003 introduziu uma nova possibilidade de delegação de capacidade tributária ativa referente ao ITR, segundo a qual o imposto "será fiscalizado e cobrado pelos municípios que assim optarem, na forma da lei, desde que não implique redução do imposto ou qualquer outra forma de renúncia fiscal" (art. 153, § 4º, III, CR).

2.5. A EC N. 132/2023 E A COMPETÊNCIA TRIBUTÁRIA COMPARTILHADA PARA A INSTITUIÇÃO DO IMPOSTO SOBRE BENS E SERVIÇOS – IBS

No exame deste tema, necessário destacar a inovação trazida pela EC n. 132/2023 consubstanciada no conceito de *competência tributária compartilhada*.

A chamada Reforma Tributária promovida por tal emenda constitucional imprimiu múltiplas alterações no sistema tributário nacional, em especial na tributação do consumo, estabelecendo a extinção gradual do ICMS, do ISS, da Contribuição ao PIS e da COFINS, e substituindo tais tributos pelo Imposto sobre Bens e Serviços – IBS e pela Contribuição sobre Bens e Serviços – CBS.[24]

Enquanto a instituição da CBS é de competência da União, o IBS será instituído mediante *competência tributária compartilhada*, conceito inédito no direito brasileiro, a significar que caberá a mais de uma pessoa política a instituição desse imposto.

De fato, o IBS será instituído mediante lei complementar da União, por tratar-se de "tributo gêmeo" da CBS, de competência federal, restando aos Estados, Municípios e Distrito Federal, tão somente, a fixação das alíquotas do imposto (art. 156-A, *caput* e § 1º, IV a VII).

Diante de tal realidade, inegável que a EC n. 132/2023 redesenhou o perfil da federação brasileira nesse aspecto, colocando a tributação do consumo integralmente nas mãos da União e, consequentemente, acarretando uma perda de autonomia financeira a Estados, Municípios e Distrito Federal, que desfrutavam de competência tributária plena para a instituição do ICMS e do ISS.

Em conclusão, a competência tributária, assim compreendida, há de ser exercida segundo parâmetros constitucionalmente estabelecidos, dentre os quais se destacam os princípios e as imunidades, objeto de estudo no próximo capítulo.

---

[24] *Vide* arts. 156-A e 195, V, CR.

3. Limitações ao Poder de Tributar

3.1. CONSIDERAÇÕES GERAIS

A expressão *limitações constitucionais ao poder de tributar* é abrangente do conjunto de princípios e demais normas disciplinadoras da *definição e do exercício da competência tributária*.

As limitações à competência tributária são traduzidas, essencialmente, na *repartição de competências tributárias*, bem como na indicação de *princípios* e *imunidades*.

A *repartição de competências tributárias* entre as pessoas políticas, já examinada, constitui autêntica limitação, porquanto a Lei Maior, ao definir a aptidão para instituir tributos cabente a cada ente federativo, em caráter privativo, exclui as demais pessoas políticas da mesma aptidão. Assim é que, quando atribui à União a competência para instituir imposto sobre a renda e proventos de qualquer natureza, está, implicitamente, afastando as demais pessoas políticas da possibilidade de fazê-lo.

Também os *princípios constitucionais*, componentes do chamado *Estatuto do Contribuinte*,[25] tais como os da legalidade, anterioridade, irretroatividade, igualdade, capacidade contributiva e vedação ao confisco, revelam-se limitações ao poder de tributar, porquanto apontam como deve ser exercida a competência tributária.

Ainda, as *imunidades* representam *vedações* à competência tributária, veiculando situações de intributabilidade.

Essas limitações entrelaçam-se. A repartição de competências estabelece o conjunto de atribuições deferido a cada pessoa política. As imunidades e os princípios constitucionais tributários, por sua vez, aproximam-se porquanto

---

[25] Essa expressão é utilizada para designar o conjunto de direitos e deveres do contribuinte.

compõem o âmbito de exercício da competência tributária atribuída a cada pessoa política, fixada constitucionalmente. Estes, porque orientam o válido exercício da competência tributária; aquelas, porque demarcam a amplitude das normas atributivas de competência.

O que torna as imunidades, então, limitações ao poder de tributar distintas dos princípios? Embora as imunidades possuam, dentre seus fundamentos, valores e princípios constitucionalmente prestigiados, estes com elas não se confundem.

Sabemos que os *princípios jurídicos* são normas fundantes de um sistema, tipificadas pelo *forte conteúdo axiológico* e pelo *alto grau de generalidade e abstração*, ensejadores do amplo alcance de seus efeitos, que cumprem o papel fundamental de *orientar a interpretação e a aplicação de outras normas*.

Já as *imunidades* são normas aplicáveis a *situações específicas*, perfeitamente identificadas na Lei Maior. Nesse aspecto, pois, reside a primeira distinção entre os princípios e as imunidades. À generalidade e à abstração ínsitas aos princípios contrapõe-se a especificidade das normas imunizantes.

Em segundo lugar, verifica-se que, enquanto as imunidades *denegam a própria competência*, vedando a sua atribuição em relação a certas hipóteses, os princípios orientam o *adequado exercício da competência tributária*. Os princípios tributários pressupõem, assim, a *existência* de competência tributária; as imunidades, por seu turno, pressupõem a *inexistência* dessa competência.[26]

Posto isso, vejamos, inicialmente, os mais relevantes princípios a nortear o exercício da tributação para, após, examinarmos as principais normas imunizantes.

3.2. PRINCÍPIOS CONSTITUCIONAIS

Vivemos um momento de grande valorização dos princípios jurídicos, consequência do chamado *pós-positivismo*.[27]

---

[26] Cf. nosso *Imunidades Tributárias – Teoria e Análise da Jurisprudência do STF*, 3. ed. rev., atual. e ampl., São Paulo: Malheiros Editores, 2015, pp. 56-59.

[27] Luís Roberto Barroso e Ana Paula de Barcellos ensinam que a superação histórica do jusnaturalismo e o fracasso político do positivismo abriram caminho para o pós-positivismo, "designação provisória e genérica de um ideário difuso, no qual se incluem a definição das relações entre valores, princípios e regras, aspectos da chamada *nova hermenêutica constitucional* e a teoria dos direitos fundamentais,

"Princípio", do latim *principium, principii*, significa "começo", "origem", "base", "raiz".[28] Cientificamente, é o alicerce sobre o qual se constrói um sistema, o que conduz à conclusão de que uma ofensa a um princípio representa uma agressão ao próprio sistema.

Celso Antônio Bandeira de Mello[29] nos oferece acurada definição do conceito de princípio, tantas vezes reproduzida:

> Princípio é, pois, por definição, mandamento nuclear de um sistema, verdadeiro alicerce dele, disposição fundamental que se irradia sobre diferentes normas, compondo-lhes o espírito e servindo de critério para exata compreensão e inteligência delas, exatamente porque define a lógica e a racionalidade do sistema normativo, no que lhe confere a tônica que lhe dá sentido harmônico. (...) Eis porque violar um princípio é muito mais grave do que violar uma norma. (...).

Podemos dizer que os princípios jurídicos são normas de maior hierarquia, autênticas sobrenormas que orientam a interpretação e a aplicação das demais, sinalizando seu alcance e sentido. Efetivamente, os princípios constituem normas a cuja plasticidade devem amoldar-se toda a interpretação e aplicação efetuadas no campo do Direito.[30]

São numerosos os princípios vinculantes do teor e da eficácia das leis tributárias. Sem a pretensão de apresentar um rol exaustivo, nossa análise cingir-se-á aos princípios gerais que têm especial repercussão no Direito Tributário, bem como aos seus princípios específicos.

---

edificada sobre o fundamento da dignidade humana. A valorização dos princípios, sua incorporação, explícita ou implícita, pelos textos constitucionais e o reconhecimento pela ordem jurídica de sua normatividade fazem parte desse ambiente de reaproximação entre Direito e Ética" ("O começo da história. A nova interpretação constitucional e o papel dos princípios no direito brasileiro", *Revista Forense*, ano 100, v. 371, pp. 179-180, destaques do original).

[28] Cf. *Dicionário Houaiss de Língua Portuguesa*, p. 2299.
[29] *Curso de Direito Administrativo*, cit., p. 46.
[30] Anote-se que o reconhecimento da normatividade dos princípios, bem como de sua supremacia em relação às regras, deve-se especialmente aos estudos desenvolvidos por Ronald Dworkin, da Universidade de Harvard (*Levando os Direitos a Sério*), e às contribuições a eles apresentadas por Robert Alexy, jurista alemão (*Teoria dos Direitos Fundamentais*). Suas lições espelham, presentemente, o entendimento corrente sobre o assunto.

3.2.1. Princípios gerais com especial repercussão no âmbito tributário

Sendo os princípios gerais aqueles aplicáveis a diversos domínios do Direito, cabe-nos destacar os de maior impacto no âmbito tributário.

3.2.1.1. Segurança jurídica

A Constituição da República proclama que "todos são iguais perante a lei, sem distinção de qualquer natureza, garantindo-se aos brasileiros e aos estrangeiros residentes no País a inviolabilidade do direito à vida, à liberdade, à igualdade, à *segurança* e à propriedade (...)" (art. 5º, *caput*).[31]

Da exata compreensão desse comando constitucional extrai-se que a segurança jurídica, valor maior do ordenamento, constitui tanto um direito fundamental quanto uma garantia do exercício de outros direitos fundamentais.

Geraldo Ataliba[32] pontua ser a segurança jurídica a essência do próprio Direito. Constitui, mesmo, decorrência do próprio Estado Democrático de Direito e se estriba nos postulados da *certeza* e da *igualdade*.

Esse princípio compreende as seguintes ideias: 1) a existência de instituições estatais dotadas de *poder e garantias*, assim como sujeitas ao princípio da *legalidade*; 2) a *confiança* nos atos do Poder Público, que deverão reger-se pela *boa-fé* e pela *razoabilidade*; 3) a *estabilidade das relações jurídicas*, manifestada na durabilidade das normas, na *anterioridade das leis em relação aos fatos* sobre os quais incidem e na conservação de direitos em face da lei nova; 4) a *previsibilidade dos comportamentos*, tanto os que devem ser seguidos como os que devem ser suportados; e 5) a *igualdade* na lei e perante a lei, inclusive com soluções isonômicas para situações idênticas ou próximas.[33]

Na seara da tributação, a segurança jurídica expressa-se, especialmente, pelas noções de *legalidade, formal* e *material* (arts. 5º e 150, I, CR), de *isonomia*

---

[31] Destaque nosso.
[32] *República e Constituição*, 3. ed. São Paulo: Malheiros, 2011, pp. 167-184.
[33] Cf. Luís Roberto Barroso, "A segurança jurídica na era da velocidade e do pragmatismo (reflexões sobre direito adquirido, ponderação de interesses, papel do Poder Judiciário e dos meios de comunicação)", *in Temas de Direito Constitucional*, pp. 50-51.

e pelo *caráter vinculado* da atividade administrativa de cobrança do tributo (arts. 3º e 142, CTN).

3.2.1.2. Dignidade da pessoa humana

A dignidade da pessoa humana constitui um dos fundamentos do Estado Democrático de Direito, ao lado da soberania, da cidadania, dos valores sociais do trabalho e da livre-iniciativa, bem como do pluralismo político (art. 1º, III, CR).

Essa diretriz reflete-se em outros preceitos constitucionais, tais como o que consigna o direito à vida (art. 5º, *caput*); o que declara que a ordem econômica, fundada na valorização do trabalho humano e na livre-iniciativa, tem por fim assegurar a todos *existência digna*, conforme os ditames da justiça social (...) (art. 170, *caput*); naquele que prevê que o planejamento familiar, livre decisão do casal, é fundado nos princípios da *dignidade* humana e da paternidade responsável (art. 226, § 7º); no que proclama ser dever da família, da sociedade e do Estado assegurar à criança, ao adolescente e ao jovem, com absoluta prioridade, o direito à vida, à saúde, à alimentação, à educação, ao lazer, à profissionalização, à cultura, à *dignidade*, ao respeito, à liberdade e à convivência familiar e comunitária (art. 227, *caput*); bem como no que afirma que a família, a sociedade e o Estado têm o dever de amparar as pessoas idosas, assegurando sua participação na comunidade, defendendo sua *dignidade* e bem-estar e garantindo-lhes o direito à vida (art. 230).

Ricardo Lobo Torres, ao discorrer sobre tal princípio, assevera que da dignidade humana "exsurgem assim os direitos fundamentais que os direitos sociais e econômicos, tanto os direitos da liberdade, quanto os da justiça". E arremata ensinando que "a natureza de princípio fundamental faz com que a dignidade humana se irradie por toda a Constituição e imante todo o ordenamento jurídico".[34]

Portanto, embora, à primeira vista, tal princípio não pareça projetar seus efeitos no âmbito tributário, dada sua condição de *sobreprincípio*, volta-se a garantia de direitos fundamentais em geral e, assim, irradia sua eficácia, também, sobre a tributação.

---

[34] *O Direito ao Mínimo Existencial*, Rio de Janeiro, Renovar, 2009, p. 152.

Isso porque essa atividade estatal, assim como as demais, há de observar as exigências mínimas para uma existência digna.

Consequência de sua aplicação, por exemplo, é a observância da capacidade contributiva da pessoa física, quanto ao aspecto de vedação da tributação do mínimo vital.[35]

Por fim, vale registrar que a EC n. 132/2023, ao criar a *Cesta Básica Nacional de Alimentos* em observância ao direito social à alimentação previsto no art. 6º, CR, estatui que lei complementar definirá os produtos que a comporão, sobre os quais as alíquotas dos tributos previstos nos arts. 156-A e 195, V, do texto fundamental – o Imposto sobre Bens e Serviços – IBS e a Contribuição sobre Bens e Serviços – CBS – serão reduzidas a zero (art. 8º, *caput* e parágrafo único).

3.2.1.3. Isonomia

A Constituição da República preceitua, em seu art. 5º, *caput*, que todos são iguais perante a lei, sem distinção de qualquer natureza, garantindo-se aos brasileiros e aos estrangeiros residentes no País, dentre outros, o direito à igualdade e, em seu inciso I, reitera a diretriz ao proclamar que homens e mulheres são iguais em direitos e obrigações, nos termos nela previstos.

A ideia de igualdade irradia seus efeitos por todo o ordenamento jurídico e é considerada por muitos seu princípio mais relevante.

A igualdade pode ser entendida em dupla acepção. Se nos referirmos à igualdade no seu sentido *material* ou *substancial*, queremos significar o desejável *tratamento equânime* de todos os homens, proporcionando-lhes idêntico acesso aos bens da vida. Cuida-se, portanto, da igualdade em sua acepção ideal, humanista, que jamais foi alcançada.

Já a igualdade no sentido *formal*, de irrefutável relevância prática, expressa as legítimas discriminações autorizadas aos legisladores, vale dizer, aquelas equiparações ou desequiparações consagradas na lei. Dirige-se, assim, o princípio, imediatamente ao legislador e mediatamente aos seus aplicadores.

Portanto, o princípio da igualdade autoriza o estabelecimento de discriminações, por meio das quais se viabiliza seu atendimento, em busca da realização

---

[35] Vide item 3.2.2.7, *infra*.

de *justiça*,[36] valor alçado à qualidade de princípio constitucional expresso pela EC n. 132/2023, a ser observado pelo sistema tributário nacional.[37]

Em sendo assim, tal diretriz impacta intensamente o âmbito tributário, porquanto o legislador e o aplicador da lei hão de atentar às diferenças entre os sujeitos, inclusive quanto ao gênero, procedendo às necessárias discriminações na modulação das exigências fiscais.

As diversas expressões de isonomia em matéria tributária configuram, ainda, princípios específicos – generalidade, capacidade contributiva, vedação da utilização de tributo com efeito de confisco, uniformidade geográfica, não limitação ao tráfego de pessoas e bens, vedação da tributação diferenciada da renda das obrigações da dívida pública e da remuneração dos servidores, da vedação à isenção heterônoma, não diferenciação tributária entre bens e serviços em razão de sua procedência ou destino – e serão estudadas em tópico subsequente.

3.2.1.4. Legalidade

Fundado o primado da segurança jurídica nas ideias de igualdade e certeza, como exposto, esta última noção conduz ao princípio dele derivado, qual seja, o da *legalidade*.

O art. 5º, II, CR declara que "ninguém será obrigado a fazer ou deixar de fazer alguma coisa, senão em virtude de lei". Fundamental garantia deferida aos cidadãos significa que o Estado somente pode modular o comportamento destes mediante o instrumento denominado lei. Em outras palavras, para impor-se um comportamento aos particulares, bem como para vedar-lhes uma conduta, é imprescindível o instrumento legislativo. Outra espécie de ato normativo – um ato administrativo, por exemplo – é inidônea para tal fim.

Em consequência, extrai-se do art. 5º, II, que somente a lei pode: *a)* impor obrigações aos particulares; *b)* proibir comportamentos aos particulares; *c)* prever infrações; e *d)* cominar penalidades.

---

[36] Celso Antônio Bandeira de Mello leciona que as discriminações são admissíveis quando se verifique uma correlação lógica entre o fator de discrímen e a desequiparação procedida, e que esta seja conforme os interesses prestigiados pela Constituição (*O Conteúdo Jurídico do Princípio da Igualdade*, 3. ed., 20. tir., São Paulo: Malheiros Editores, 2011, pp. 37-38).

[37] Cf. art. 145, § 3º, CR. *Vide* Parte II, Capítulo 3, item 3.2.2.13.

A par dessa formulação genérica, a Constituição da República menciona o princípio da legalidade, especificamente, em matéria *penal* (art. 5º, XXXIX: "não há crime sem lei anterior que o defina, nem pena sem prévia cominação legal"); *administrativa* (art. 37, *caput*: "A administração pública direta e indireta de qualquer dos Poderes da União, dos Estados, do Distrito Federal e dos Municípios obedecerá aos princípios de legalidade, impessoalidade, moralidade, publicidade e eficiência e, também, ao seguinte: (...)"; e *tributária* (art. 150, I: "Sem prejuízo de outras garantias asseguradas ao contribuinte, é vedado à União, aos Estados, ao Distrito Federal e aos Municípios: I – exigir ou aumentar tributo sem lei que o estabeleça").

As múltiplas manifestações da noção de legalidade em matéria tributária também revelam princípios específicos – legalidade tributária, anterioridade, irretroatividade, praticabilidade, não obstância do exercício de direitos fundamentais por via de tributação – que serão examinadas em tópico próprio.

3.2.1.5. Princípio republicano

O art. 1º, *caput*, CR proclama ser o Brasil uma República. E *República* é "o tipo de governo, fundado na igualdade formal das pessoas, em que os detentores do poder político exercem-no em caráter eletivo, representativo (de regra), transitório e com responsabilidade".[38]

Entende-se que o *princípio republicano*, assim como o princípio da legalidade, constitua decorrência do princípio da segurança jurídica, que se apoia, como visto, nas ideias de *certeza* e *igualdade*. Por sua estreita ligação com o princípio da isonomia, tal princípio também evoca o respeito à capacidade contributiva dos cidadãos, diretriz moduladora da exigência de impostos.

3.2.1.6. Princípios federativo e da autonomia municipal

Segundo o primeiro princípio apontado, o Estado Brasileiro é uma Federação. Repousa no art. 1º, CR, que expressa que a República Federativa do Brasil é formada pela união indissolúvel dos Estados e Municípios, bem como do Distrito Federal.

---

[38] Cf. Roque Carrazza, *Curso de Direito Constitucional Tributário*, cit., p. 72.

Classicamente, a Federação é a forma de Estado que se traduz na autonomia recíproca entre a União e os Estados-membros. Em outras palavras, nessa modalidade de organização estatal, há dúplice ordem jurídico-política, cada qual desfrutando de autonomia e competências próprias.

No Brasil, porém, a Federação apresenta feição peculiar, porquanto verifica-se a existência de *tríplice* ordem jurídico-política, uma vez que os Municípios, igualmente, são politicamente autônomos. Recorde-se que a forma federativa de Estado constitui *cláusula pétrea*, a teor do art. 60, § 4º, I, CR. Daí que o teor do princípio federativo complementa-se com o conteúdo do princípio da autonomia municipal.

Predicando os princípios federativos e da autonomia municipal, a isonomia entre as pessoas políticas, sua importância, no âmbito tributário, é destacada. Sua aplicação é necessária, por exemplo, no exame de questões pertinentes ao papel da lei complementar, tal como a relativa à uniformidade da disciplina do ITCMD e do ICMS (art. 155, § 1º, III, *a* e *b*, e § 2º, XII, CR) e do ISSQN (art. 156, § 3º, CR), com vista a evitar-se a chamada "guerra fiscal".

3.2.1.7. Moralidade

O princípio da moralidade impõe ao Estado o prestígio aos valores éticos, à probidade, à honestidade, ao decoro, à lealdade, à boa-fé e, em última análise, à busca pela realização, tanto quanto possível, da justiça social. Sua observância pela Administração Pública está expressamente determinada no art. 37, *caput*, CR.

Entendemos que dele defluem, por exemplo, os deveres de respeito aos particulares, de atenção aos seus reclamos, de resposta às suas postulações, de agilidade na apresentação de soluções aos problemas por eles apontados, de *transparência* das condutas administrativas, diretriz recém-introduzida como princípio expresso a nortear o sistema tributário nacional.[39]

Em sendo assim, o princípio da moralidade tem grande relevância nas considerações atinentes às relações jurídico-tributárias.

Em primeiro lugar, a nosso ver, forçoso pensar-se numa *ética tributária*, assim entendida como o conjunto de princípios e regras que devem ser obser-

---

[39] Cf. art. 145, § 3º, incluído pela EC n. 132/2023. *Vide* comentários sobre o princípio da transparência na Parte II, Capítulo 3, item 3.2.2.13.

vados pelo legislador e pelo administrador tributários e que lhes impõem, mais que a estrita obediência às leis, o prestígio aos valores de probidade, lealdade, boa-fé, decência e justiça, enfim.

O princípio em foco opera efeitos em dois planos distintos: no *legislativo*, orientando o legislador na busca de uma atividade tributária equilibrada e justa; e no *administrativo*, sempre reportado ao primeiro, norteando os agentes públicos para que procedam de modo ético no exercício de suas atribuições.

No plano legislativo pensamos que o primado da moralidade possa ser traduzido, singelamente, na *razoabilidade* da tributação. Se, de um lado, a avaliação da necessidade da instituição de novo tributo, ou da majoração de tributo já existente, situa-se no âmbito pré-legislativo, vale dizer, se a dosagem da carga fiscal a ser suportada pelos contribuintes situa-se no âmbito da discrição legislativa – em atenção ao grau de sacrifício que a eles se pretenda impor, à vista dos resultados que se quer ver alcançados –, constituindo-se num dos itens mais importantes de política fiscal, de outro lado, isso não significa que o legislador possa adotar tais providências sem observar os parâmetros constitucionais, dentre eles o princípio em estudo.

No plano administrativo, por seu turno, a atuação do princípio da moralidade revela-se, especialmente, na arrecadação dos tributos e no exercício da correspondente fiscalização.

A administração tributária deve ser efetivada com a aplicação de critérios técnicos, objetivos, fazendo jus o contribuinte a uma atuação estatal arrecadatória e fiscalizatória pautada por condutas éticas, honestas, leais e de boa-fé.

3.2.1.8. Supremacia do interesse público sobre o particular

O *princípio da supremacia do interesse público sobre o particular*, também conhecido por princípio da finalidade pública ou do interesse coletivo, predica que a atuação estatal somente pode voltar-se ao alcance de resultados de interesse público e, na hipótese de eventual conflito entre interesse coletivo e interesse particular, a prevalência será sempre do primeiro, exatamente por sua natureza supraindividual.

Na seara tributária, a supremacia do interesse público sobre o interesse particular pode ser traduzida, singelamente, na convivência harmônica entre a adequada realização da arrecadação fiscal e o respeito aos direitos dos contribuintes.

Implícito no ordenamento jurídico, dele deriva o *princípio da indisponibilidade do interesse público*, que, no contexto em análise, impõe-se ao legislador e ao administrador, especialmente no trato de institutos cuja aplicação resulta no manejo do crédito tributário, tais como a isenção, a compensação, a transação, a remissão e a anistia.

3.2.1.9. Função social da propriedade

Cremos seja possível, também, reconhecer uma conexão entre a tributação e o *princípio da função social da propriedade*.

O princípio da função social da propriedade é uma limitação ao direito de propriedade, no sentido de que compõe o próprio perfil desse direito. O proprietário deve usar e desfrutar do bem, exercendo esse direito em prol da coletividade.

Tal princípio é afirmado e reafirmado por diversas vezes pela Constituição da República.[40] Significa, num plano ideal, que a sociedade deve extrair benefícios do exercício desse direito pelo seu titular. Como limite mínimo de sua eficácia, ao menos não pode ser o interesse coletivo contrastado pelo interesse particular.

Em outras palavras, com esse princípio o direito de propriedade ganhou uma *significação pública*, que não tinha no passado, "socializando-se".

Assim é que o dever de contribuir para a sustentação do Estado consubstancia um elemento constitutivo da função social da propriedade, revelando-se esta o fundamento mesmo da imposição tributária.[41]

Com efeito, uma vez que a titularidade do direito de propriedade pressupõe manifestação de riqueza, revela-se inegável que a tributação sobre ela incidente insere-se nos contornos da função social a ser por ela cumprida, especialmente à vista da ideia de *justiça distributiva*.

---

[40] Nada menos que sete dispositivos a ele se referem: arts. 5º, XXIII (condição para o exercício do direito de propriedade, incluído no rol dos direitos individuais), 170, II (princípio geral da atividade econômica), 182, *caput*, e § 2º (pleno desenvolvimento das funções sociais da cidade como objetivo da política urbana e cumprimento da função social pela propriedade urbana), 184, *caput*, 185, parágrafo único (desapropriação para fins de reforma agrária), e 186 (cumprimento da função social pela propriedade rural).

[41] Nesse sentido, Pedro Manuel Herrera Molina, *Capacidad Económica y Sistema Fiscal – Análisis del Ordenamiento Español a la Luz del Derecho Alemán*, Madri: Marcial Pons, 1998, pp. 94, 95 e 151.

Em outras palavras, pensamos constituir efeito da função social que a propriedade deve cumprir sua submissão à tributação, com vista à sustentação do Estado e destinação dos recursos dela advindos à prestação de serviços públicos aos mais necessitados.

3.2.2. Princípios específicos

Os princípios específicos que examinaremos constituem desdobramentos de dois princípios gerais: *legalidade* e *isonomia* que, como vimos, revelam-se os pilares da segurança jurídica. Do primeiro, derivam os princípios da legalidade tributária, anterioridade; irretroatividade da lei tributária; praticabilidade e da não obstância do exercício de direitos fundamentais por via da tributação; do segundo, os da generalidade da tributação, capacidade contributiva, vedação ao confisco; da não limitação ao tráfego de pessoas e bens; uniformidade geográfica, vedação da tributação diferenciada da renda das obrigações da dívida pública e da remuneração dos servidores, da vedação à isenção heterônoma; e não diferenciação tributária entre bens e serviços em razão de sua procedência ou destino.

3.2.2.1. *Legalidade tributária*

Analisado o princípio da legalidade em seu enunciado genérico, cumpre--nos examinar seu teor no campo tributário.

A origem do princípio da legalidade tributária remonta ao século XIII, quando o rei da Inglaterra, João Sem-Terra, expediu a Magna Carta (1215), documento que veio assegurar a criação de tributos somente após a aprovação do Parlamento.[42]

A Constituição da República estatui:

> Art. 150. Sem prejuízo de outras garantias asseguradas ao contribuinte, é vedado à União, aos Estados, ao Distrito Federal e aos Municípios:
>
> I – exigir ou aumentar tributo sem lei que o estabeleça; (...)

---

[42] Como já mencionado (*vide* nota 13 da Parte I), de tal documento extraiu-se a máxima *No taxation without representation* (itens 2.1 e 2.3 de seu texto).

Acresça-se que o § 6º do mesmo dispositivo, na redação dada pela EC n. 3/93, reforça a ideia de legalidade, estabelecendo a exigência de *lei específica*, vale dizer, lei que trate exclusivamente dos temas apontados:

> § 6º Qualquer subsídio ou isenção, redução de base de cálculo, concessão de crédito presumido, anistia ou remissão, relativos a impostos, taxas ou contribuições, só poderá ser concedido mediante lei específica, federal, estadual ou municipal, que regule exclusivamente as matérias acima enumeradas ou o correspondente tributo ou contribuição, sem prejuízo do disposto no art. 155, § 2º, XII, g.

Em matéria tributária são perfeitamente distinguíveis as funções cumpridas pela noção de legalidade, mediante a exigência do indispensável veículo legislativo (*função formal*), da especificação de todos os aspectos à verificação do fato jurídico tributário e respectiva obrigação (*função material*), bem como quanto à vinculatividade dos órgãos da Administração a seus comandos (*função vinculante*).

Isso significa que, em atendimento ao mandamento constitucional, impositivo da edição de lei para a instituição e a majoração de tributo (aspecto formal), tal ato normativo deve, em seu conteúdo, estampar: *(a)* a hipótese de incidência tributária, em todos os seus aspectos (material, espacial, temporal, pessoal e quantitativo); *(b)* as desonerações tributárias (isenções, reduções deduções etc.); *(c)* as sanções fiscais, bem como a anistia; *(d)* as obrigações acessórias; *(e)* as hipóteses de suspensão, exclusão e extinção do crédito tributário; e *(f)* a instituição e a extinção de correção monetária do débito tributário.[43]

À primeira hipótese de legalidade material apontada corresponde à noção de *tipicidade tributária*, a significar que a lei deve conter todos os elementos configuradores do fato cuja ocorrência é idônea a deflagrar a obrigação de pagar tributo.

Assinale-se que o princípio tem o seu rigor atenuado pela disposição contida no art. 153, § 1º, CR, que faculta ao Poder Executivo da União, atendidas as condições e limites estabelecidos em lei, alterar as *alíquotas* do Imposto de

---

[43] Cf. Misabel Derzi, em notas à obra *Limitações Constitucionais ao Poder de Tributar*, de Aliomar Baleeiro, 8. ed. Atualização de Misabel de Abreu Machado Derzi. Rio de Janeiro: Forense, 2010, nota 25, pp. 170-171.

Importação, do Imposto de Exportação, do Imposto sobre Produtos Industrializados e do Imposto sobre Operações Financeiras.

Pensamos não se tratar de exceção à observância da legalidade tributária, mas sim de *mitigação da intensidade* com que opera o princípio, em homenagem à noção de praticidade. Com efeito, o preceito em análise outorga ao Poder Executivo Federal *discricionariedade*, ao reconhecer que o administrador público tem melhores condições de buscar a solução adequada à vista da situação a ser atendida.

Esses impostos, como sabido, ostentam natureza *extrafiscal* – revelada na possibilidade de atuarem como instrumentos destinados a regular o comércio exterior, a indústria nacional e o mercado financeiro, respectivamente – e, desse modo, demandam agilidade na modificação da intensidade de sua imposição, que restaria comprometida caso obrigatória a edição de ato de natureza legislativa a viabilizá-la. Portanto, nas hipóteses expressamente apontadas, a lei traça tão somente as condições e limites dentro dos quais o administrador público pode atuar.

Anote-se que preceito semelhante foi introduzido pela EC n. 33, de 2001, que, ao acrescentar o § 4º ao art. 177, estabelece que, na *contribuição de intervenção no domínio econômico relativa às atividades de importação ou comercialização de petróleo e seus derivados, gás natural e seus derivados e álcool combustível*, a alíquota poderá ser "reduzida e restabelecida por ato do Poder Executivo, não se lhes aplicando o disposto no art. 150, III, *b*" (art. 177, § 4º, I, *b*). O dispositivo, a nosso ver, revela inconstitucionalidade, porquanto tal atenuação do princípio da legalidade tributária (e também da anterioridade da lei tributária) veio a lume por meio de emenda constitucional, o que representa ofensa à cláusula pétrea consubstanciada na separação dos poderes (art. 60, § 4º, III, CR).

3.2.2.2. Anterioridade da lei tributária: *genérica, especial e nonagesimal*

Expressão de segurança jurídica, a anterioridade da lei tributária revela-se grande preocupação constitucional. A disciplina do assunto, desde a promulgação da Constituição de 1988, vem se tornando cada vez mais complexa, com a introdução de novas normas, quer para oferecer-se maior proteção ao contribuinte, quer para excepcionar-se outras situações da eficácia do princípio.

Inicialmente, a Constituição, a par de abrigar a noção clássica de anterioridade da lei tributária, apelidada de *anterioridade genérica* ou *anterioridade ao exercício* (art. 150, III, *b*), inovou ao contemplar a chamada *anterioridade nonagesimal* para as *contribuições* destinadas ao financiamento da *seguridade social* (art. 195, § 6º).

Em 2001, todavia, a EC n. 33 introduziu duas exceções ao princípio, ao prescrever que, nas hipóteses de *ICMS incidente sobre operações com combustíveis e lubrificantes*, bem como na de *contribuição de intervenção no domínio econômico* relativa às atividades de *importação ou comercialização de petróleo e seus derivados, gás natural e seus derivados e álcool combustível*, as alíquotas poderão ser reduzidas e restabelecidas, não se lhes aplicando o disposto no art. 150, III, *b* (arts. 155, § 4º, IV, *c*, e 177, § 4º, I, *b*).

Nova modificação adveio com a EC n. 42, de 2003, que ao acrescentar a alínea *c* ao inciso III do art. 150, instituiu a *anterioridade especial, de noventa dias*, para os tributos em geral.

Portanto, cuida-se de tema intrincado, que suscita indagações, a começar pela constitucionalidade das alterações estabelecidas por emenda, destinadas a alterar o perfil de princípio constitucional, restritivas dos direitos e garantias que ele protege. Parece duvidosa a legitimidade de inovação nesse sentido, destinada a reduzir o âmbito eficacial do princípio, diante da cláusula pétrea insculpida no art. 60, § 4º, IV, CR.

Examinemos, então, as diversas modalidades de anterioridade.

Consoante o art. 150, III, *b*, CR, é vedado às pessoas políticas exigir tributos no mesmo exercício financeiro em que haja sido publicada a lei que os institua ou aumentou. Visa o preceito evitar seja o contribuinte surpreendido mediante uma nova imposição fiscal ou a majoração de tributo já existente. Essa modalidade de anterioridade é denominada *genérica*, porquanto aplicável aos tributos em geral, ou *ao exercício*, uma vez que atrelada à noção de exercício financeiro.[44]

Juntamente com os princípios da legalidade tributária e da irretroatividade da lei tributária – que traduz a impossibilidade de a lei fiscal alcançar fatos pretéritos (art. 150, III, *a*, CR) – tal diretriz representa uma das mais expressivas garantias outorgadas aos contribuintes.

---

[44] Exercício financeiro é o período compreendido entre 1º de janeiro e 31 de dezembro. Coincide, assim, com o ano civil (Lei n. 810/49).

Tradicionalmente insculpido em nossos textos constitucionais, o princípio em foco passou a ter seu conteúdo esvaziado nos últimos anos, diante da prática, por vezes reiterada, de fazer-se publicar lei majoradora de imposto às vésperas do novo exercício financeiro – vale dizer, nos últimos dias de dezembro. Entendeu-se, predominantemente, inclusive em jurisprudência, que, publicada a lei que institui ou aumenta tributo, ainda que no dia 31 de dezembro, sua eficácia é deflagrada no dia seguinte – 1º de janeiro – restando, desse modo, atendido o aludido princípio constitucional.[45]

Assinale-se que, na hipótese do emprego de medida provisória para a instituição ou majoração de impostos, também impõe-se, como regra, a observância do princípio em estudo, porquanto tal ato normativo só produzirá efeitos no exercício financeiro seguinte se houver sido convertida em lei até o último dia daquele em que foi editada (art. 62, § 2º, CR).[46]

A Constituição de 1988, a par de contemplar a noção de anterioridade genérica, inovou ao estampar outra modalidade de anterioridade da lei tributária, apelidada de *anterioridade nonagesimal*. Trata-se da norma contida no art. 195, § 6º, segundo a qual as contribuições sociais destinadas ao financiamento da seguridade social somente poderão ser exigidas após decorridos noventa dias da data da publicação da lei que as houver instituído ou modificado.

Essa nova anterioridade, a par de sua especificidade, uma vez que pertinente apenas às contribuições sociais destinadas ao financiamento da seguridade social, distingue-se, ainda, da anterioridade genérica, a nosso ver, em dois aspectos: 1) *não se atrela a exercício financeiro*, mas consigna prazo para que o contribuinte acostume-se e organize-se para fazer face à nova exigência fiscal; e 2) protege o contribuinte não apenas da instituição ou aumento de contribuição social para o financiamento da seguridade social, mas também de qualquer *modificação* no regime desse tributo que possa ser considerada onerosa ao contribuinte.[47]

Inspirada na experiência positiva de assegurar-se período certo de tempo para evitar a surpresa, diante da imposição de maior ônus aos contribuintes de contribuições sociais para o financiamento da seguridade social, a EC n.

---

[45] *E.g.* STF, 2ª T., RE AgRg 203.486/RS, Rel. Min. Maurício Corrêa, j. 1º.10.1996.
[46] As exceções, evidentemente, são os impostos que não precisam atender a anterioridade (art. 150, § 1º, CR).
[47] O STF, no entanto, editou a Súmula 669 com o seguinte enunciado: "Norma legal que altera o prazo de recolhimento da obrigação tributária não se sujeita ao princípio da anterioridade". Posteriormente, emitiu a Súmula Vinculante 50, do mesmo teor.

42/2003, acrescentou a alínea *c* ao inciso III do art. 150, prescrevendo ser vedado às pessoas políticas cobrar tributos "antes de decorridos noventa dias da data em que haja sido publicada a lei que os instituiu ou aumentou, observado o disposto na alínea *b*".

Desse modo, criou-se mais uma limitação à instituição ou aumento de tributos, porquanto se assegura ao contribuinte o prazo mínimo de noventa dias para que se acostume com a nova exigência, em homenagem, uma vez mais, aos princípios da segurança jurídica e da não surpresa.

As duas modalidades de anterioridade – a genérica e a especial – entrecruzam-se, ampliando a proteção conferida aos contribuintes. À disciplina da anterioridade genérica acresceu-se um prazo, que constitui garantia mínima ao contribuinte. Em outras palavras, no mínimo o contribuinte terá noventa dias para preparar-se para enfrentar a nova exação, podendo o prazo ser bem maior, caso a lei veiculadora da nova exigência fiscal seja publicada no início do exercício financeiro.

Em consequência dessa inovação, a mesma emenda constitucional deu nova redação ao § 1º do art. 150. Na primeira parte desse dispositivo, manteve as exceções anteriormente existentes à observância do princípio da anterioridade genérica, acrescentando a esse rol o empréstimo compulsório fundado no art. 148, I. São elas: *a)* o empréstimo compulsório para atender a despesas extraordinárias, decorrentes de calamidade pública, de guerra externa ou sua iminência (art. 148, I); *b)* o Imposto de Importação (art. 153, I); *c)* o Imposto de Exportação (art. 153, II); *d)* o IPI (art. 153, IV); *e)* o IOF (art. 153, V); e *f)* os impostos extraordinários (art. 154, II).

Entendemos que a referência ao empréstimo compulsório a que alude o art. 148, I, introduzida pela mencionada emenda constitucional, não constitui verdadeira "exceção" ditada pelo Poder Constituinte Derivado, uma vez que fundado o tributo em situações de emergência – calamidade pública, guerra externa ou sua iminência –, por natureza incompatíveis com a ideia de anterioridade. A norma apenas explicita o que já era dedutível da dicção constitucional.

Recorde-se haver *outras exceções* ao princípio da anterioridade genérica, não indicadas nesse dispositivo: *a)* o ICMS incidente sobre operações com combustíveis e lubrificantes; e *b)* a contribuição de intervenção no domínio econômico relativa às atividades de importação ou comercialização de petróleo e seus derivados, gás natural e seus derivados e álcool combustível, em relação aos quais as alíquotas "poderão ser reduzidas e restabelecidas, não se lhes aplicando o disposto no art. 150, III, *b*" (arts. 155, § 4º, IV, *c*,[48] e 177, § 4º, I, *b*).

Outrossim, o § 1º do art. 150, *in fine*, passou a estatuir que a vedação contida na alínea *c* não alcança os mesmos impostos já mencionados – salvo o IPI, que deverá, portanto, observar o prazo de noventa dias – incluindo, na exceção, o IR (art. 153, III). Prescreve, ainda, que tal anterioridade não se aplica à fixação da base de cálculo do IPVA (art. 155, III) e do IPTU (art. 156, I), permitindo, desse modo, que alterações na exigência desses tributos sejam efetuadas às vésperas de um novo exercício financeiro.

Sintetizando, diante da presente dicção constitucional, temos que é possível identificar *diversos regimes jurídicos de anterioridade*, como segue:

1) *observância de ambos os princípios* – anterioridades genérica e especial, que constitui o padrão do sistema tributário, como o Imposto sobre a Produção, Extração, Comercialização ou Importação de Bens e Serviços Prejudiciais à Saúde e ao Meio Ambiente, cuja instituição foi autorizada pela EC n. 132/2023 (art. 153, VIII, CR);

2) *não sujeição a nenhuma modalidade de anterioridade*: empréstimo compulsório para atender a despesas extraordinárias, decorrentes de calamidade pública, de guerra externa ou sua iminência (art. 148, I); Imposto de Importação (art. 153, I); Imposto de Exportação (art. 153, II); IOF (art. 153, V); e impostos extraordinários (art. 154, II);

3) *aplicação da anterioridade genérica, mas não da especial*: IR (art. 153, III), fixação da base de cálculo do IPVA (art. 155, III); e IPTU (art. 156, I);

4) *aplicação da anterioridade especial, mas não da genérica*: IPI (art. 153, IV); bem como ao ICMS incidente sobre operações com combustíveis e lubrificantes (art. 155, § 4º, IV, *c*), e à contribuição de intervenção no domínio econômico relativa às atividades de importação ou comercialização de petróleo e seus derivados, gás natural e seus derivados e álcool combustível (art. 177, § 4º, I, *b*), por força da EC n. 33/2001;

---

[48] *Vide* comentário sobre tal norma na Parte IV, Capítulo 2, item 2.3.2.

5) *aplicação da anterioridade nonagesimal*, específica para contribuições sociais destinadas ao financiamento da seguridade social (art. 195, § 6º).

Por fim, não se deve confundir esse princípio com o extinto *princípio da anualidade*, que figurava nas Constituições Federais de 1946 e de 1967,[49] o qual impunha prévia autorização orçamentária para a cobrança de tributos em cada exercício. Essa exigência não existe na ordem constitucional em vigor.

3.2.2.3. Irretroatividade da lei tributária

A noção de irretroatividade da lei repousa em norma expressa, hospedada no art. 5º, XXXVI, CR, que estatui que "a lei não prejudicará o direito adquirido, o ato jurídico perfeito e a coisa julgada".

Mais uma manifestação clara do sobreprincípio da *segurança jurídica*, ao preconizar que a lei deve irradiar seus efeitos para o futuro, traduz proteção a situações já consolidadas, tornando intangível o passado sempre que se tratar de instituição de ônus a alguém.[50]

No âmbito tributário, a norma correspondente vem abrigada no art. 150, III, *a*, CR, segundo a qual é vedado às pessoas políticas cobrar tributos "em relação a fatos geradores ocorridos antes do início da vigência da lei que os houver instituído ou aumentado".

Logo, o princípio sob exame impõe que a lei que institua ou aumente tributo somente projete efeitos para o futuro, não cabendo retroatividade.

A proteção outorgada nessa norma, frise-se, diz com a lei que venha a instituir ou aumentar tributo. Então, será que as demais leis tributárias, sejam quais forem seus objetos, podem produzir seus efeitos para o passado?

Pensamos que não, pois, em outras situações, incide o princípio geral da irretroatividade da lei. Seria o caso, por exemplo, de uma lei que, ao instituir nova obrigação acessória, determinasse sua aplicação a partir de momento anterior à sua edição. Não se trata de lei que venha instituir ou aumentar tri-

---

[49] Arts. 141, § 34, *in fine*, e 150, § 29, *in fine*, respectivamente.
[50] Na feliz observação do grande mestre Vicente Ráo, com apoio na lição de Portalis, "o homem que não ocupa senão um ponto no tempo e no espaço seria o mais infeliz dos seres, se não se pudesse julgar seguro nem sequer quanto à sua vida passada (...)" (*O Direito e a Vida dos Direitos*, v. I, t. III, p. 355).

buto; em consequência, não se aplica à hipótese o disposto no art. 150, III, *a*, CR. Mas, induvidosamente, o sujeito passivo não pode ser alcançado por essa exigência, pois as leis, em regra, não retroagem.

Assinale-se, por outro lado, que, em determinadas hipóteses, a retroatividade é benéfica ao sujeito passivo e, desse modo, admissível pelo ordenamento jurídico. Na seara tributária, o art. 106, CTN, consigna hipóteses nesse sentido, como veremos.[51]

3.2.2.4. Praticabilidade tributária

Praticabilidade é a qualidade ou característica do que é praticável, factível, exequível, realizável. Tal atributo está intimamente relacionado ao Direito, permeando-o em toda a sua extensão, pois este só atua no campo da possibilidade, vale dizer, somente pode operar efeitos num contexto de realidade.

A noção de praticabilidade é relevante para a viabilização da vontade estatal, manifestando-se, precipuamente, por meio da lei, pois seus comandos devem ser executados em massa. No campo tributário tal circunstância é sentida em grande dimensão, haja vista a rápida e automática multiplicação das relações jurídico-tributárias. Com efeito, ostentando tais relações de natureza *ex lege*, a praticabilidade encontra nelas campo fértil para disseminar amplamente os seus efeitos.

A progressiva complexidade das relações sociais e, assim também, das relações jurídicas remete o legislador à busca pela paulatina simplificação de modelos, diminuição de variáveis e padronização de procedimentos a serem observados pelos contribuintes, bem como o incremento das obrigações acessórias. Administrativamente, verifica-se a tendência, cada vez maior, de disciplinar situações de modo a comportá-las na abrangência das mesmas regras, com pouca ou nenhuma possibilidade de consideração das peculiaridades a elas inerentes.

Assim é que a lei se vale de instrumentos para reduzir essa complexidade e viabilizar o cumprimento de suas normas: *abstrações generalizantes* (presunções, ficções, normas de simplificação, conceitos jurídicos indeterminados,

---

[51] Sobre esse dispositivo, *vide* Parte III, Capítulo 3, item 3.5.

cláusulas gerais) e *outros recursos* (analogia, privatização da gestão tributária, meios alternativos para a solução de conflitos tributários).

O princípio da praticabilidade ou praticidade tributária pode ser apresentado com a seguinte formulação: *as leis tributárias devem ser exequíveis, propiciando o atingimento dos fins de interesse público por elas objetivado, quais sejam, o adequado cumprimento de seus comandos pelos administrados, de maneira simples e eficiente, bem como a devida arrecadação dos tributos.*[52]

O Texto Fundamental contempla diversas normas que sinalizam a noção de praticabilidade. Ilustre-se com o disposto no art. 146, III, *d* (cabe à lei complementar "estabelecer normas gerais em matéria de legislação tributária, especialmente sobre (...) definição de tratamento diferenciado e favorecido para as microempresas e para as empresas de pequeno porte, inclusive *regimes especiais ou simplificados* no caso do imposto previsto no art. 155, II, das contribuições previstas no art. 195, I e §§ 12 e 13, e da contribuição a que se refere o art. 239"),[53] e seu parágrafo único[54] (instituição de "*regime único de arrecadação* dos impostos e contribuições da União, dos Estados, do Distrito Federal e dos Municípios"), e art. 179 ("A União, os Estados, o Distrito Federal e os Municípios dispensarão às microempresas e às empresas de pequeno porte, assim definidas em lei, tratamento jurídico diferenciado, visando a incentivá-las *pela simplificação de suas obrigações administrativas, tributárias,* previdenciárias e creditícias, ou pela eliminação ou redução destas por meio de lei"), dentre muitas outras.[55]

Vale registrar, ainda, que a EC n. 132/2023 inseriu o § 3º ao art. 145 da Constituição, segundo o qual o sistema tributário nacional deve observar diversos princípios, dentre eles, o da *simplicidade*, noção que, como apontado, compõe a diretriz da praticabilidade. A própria emenda constitucional reforça a importância de tal princípio, ao estabelecer que a lei complementar sobre o Imposto sobre Bens e Serviços – IBS disporá, dentre outros temas, sobre "os critérios para as obrigações tributárias, visando à sua simplificação" (art. 156-A, § 5º, IX, CR).

---

[52] Cf. nosso *Praticabilidade e Justiça Tributária – Exequibilidade de Lei Tributária e Direitos do Contribuinte*, São Paulo: Malheiros Editores, 2007, p. 93.
[53] *Vide* alteração efetuada pela EC n. 132/2023.
[54] *Vide* alteração efetuada pela EC n. 132/2023.
[55] Destaques nossos.

3.2.2.5. Não obstância do exercício de direitos fundamentais por via da tributação

Vale referir, por derradeiro, ainda dentre os princípios derivados da noção de legalidade, aquele que batizamos de *princípio da não obstância do exercício de direitos fundamentais por via da tributação*.[56]

Esse princípio, que se encontra implícito no texto constitucional, é extraído das normas que afirmam que os diversos direitos e liberdades nele contemplados devem conviver harmonicamente com a atividade tributante do Estado.

Em outras palavras, se a Lei Maior assegura o exercício de determinados direitos, que qualifica como fundamentais, não pode tolerar que a tributação, também constitucionalmente disciplinada, seja desempenhada em desapreço a esses mesmos direitos.

E uma das maneiras pelas quais, indesejavelmente, pode o exercício de direitos vir a ser amesquinhado é por intermédio da tributação, porquanto o tributo, necessariamente, interfere com o direito de liberdade e o direito de propriedade dos cidadãos.

O princípio da não obstância do exercício de direitos fundamentais por via da tributação projeta seus efeitos, inicialmente, no próprio Texto Fundamental. Todas as normas constitucionais vedatórias da tributação em determinadas situações ou em relação a determinadas pessoas, bem como aquelas garantidoras do exercício de direitos, representam sua aplicação, tais como as imunidades e os princípios.

Portanto, o princípio em foco tem sua eficácia manifestada não somente mediante a instituição de situações de intributabilidade, mas igualmente mediante a observância de outros princípios constitucionais, tais como o da vedação da utilização de tributo com efeito de confisco (art. 150, IV), o da função social da propriedade (arts. 5º, XXIII, e 170, III) e o da liberdade de profissão (arts. 5º, XIII, e 170, parágrafo único).

Endereça-se também ao *legislador infraconstitucional* que, ao instituir os tributos, não pode embaraçar o exercício de direitos considerados fundamentais. Ao eleger os fatos que serão apreendidos pelas hipóteses de incidência tributária, o legislador infraconstitucional deve considerar os direitos cujo

---

[56] Cf. nosso *Imunidades Tributárias – Teoria e Análise da Jurisprudência do STF*, cit., pp. 44-45.

exercício eventualmente poderá ser afetado pela exigência fiscal, de modo a não obstaculizar seu exercício. A concessão de isenções, por exemplo, pode constituir-se num valioso instrumento de viabilização da eficácia desse princípio.

Por derradeiro, o *administrador fiscal* é igualmente alcançado por seus efeitos, coibindo-se que, a pretexto de se regulamentar a lei, sejam impostas restrições ao exercício de direitos fundamentais mediante atos normativos, cujos destinatários são, exclusivamente, os agentes públicos encarregados de sua aplicação.

Assim é que outros direitos fundamentais, além do direito de propriedade e do direito de liberdade, também devem ser considerados pela tributação, porquanto por ela alcançados de forma indireta. E o rol de direitos fundamentais que podem ser atingidos indiretamente pela tributação inclui todos os direitos assim qualificados pela Lei Maior. Ilustraremos nosso raciocínio com os direitos fundamentais à saúde e à educação.

O direito à saúde, direito de todos e dever do Estado, assegurado pelo art. 196, CR, deve ser tutelado pela tributação, não cabendo, por exemplo, que os valores referentes às despesas médicas e ao seguro-saúde sejam considerados renda tributável para efeito de Imposto sobre a Renda.

A educação, por sua vez, "direito de todos e dever do Estado e da família, será promovida e incentivada com a colaboração da sociedade, visando ao pleno desenvolvimento da pessoa, seu preparo para o exercício da cidadania e sua qualificação para o trabalho" (art. 205, CR).

Do mesmo modo, as despesas com a educação, do contribuinte e seus dependentes, não podem integrar a renda tributável, sob pena de violar-se direito fundamental.

3.2.2.6. *Generalidade da tributação*

Vistas as expressões da legalidade na seara tributária, passemos ao exame das manifestações de igualdade.

No campo tributário, a isonomia, como sabido, assume diversas feições, dentre as quais a que preconiza que, sendo todos iguais perante a lei, todos devem submeter-se à tributação. Assim é que o *princípio da generalidade da tributação* significa que todos aqueles que se encontrem na mesma situação descrita na hipótese de incidência estarão, em consequência, sujeitos à mesma exigência fiscal.

Tal noção rima com a ideia de *justiça*, pois seria extremamente injusto que um sistema tributário, diante da mesma situação fática, autorizasse a exigência de imposto de alguns, eximindo outros do mesmo encargo, sem fundamento a legitimar a disparidade de tratamento. E, reitere-se, a justiça tributária tornou--se princípio constitucional expresso, por força da EC n. 132/2023.[57]

Nesse sentido, proclama a Lei Maior ser vedado às pessoas políticas "instituir tratamento desigual entre contribuintes que se encontrem em situação equivalente, proibida qualquer distinção em razão de ocupação profissional ou função por eles exercida, independentemente da denominação jurídica dos rendimentos, títulos ou direitos" (art. 150, II).

A aplicação do princípio, no entanto, comporta *exceções*. Há quem esteja exonerado de exigências fiscais impostas aos sujeitos em geral. São as pessoas beneficiárias de *imunidades* e *isenções*,[58] além de outros benefícios fiscais. Essas exceções legitimam-se à vista da presença de interesse público voltado ao alcance de finalidade constitucional: a diversidade de regime jurídico há de efetivar a noção de igualdade, cumprindo o mandamento consistente em "tratar desigualmente os desiguais".

3.2.2.7. Capacidade contributiva

O princípio da capacidade contributiva encontra-se positivado, na acepção subjetiva do conceito, no art. 145, § 1º, CR, segundo o qual "sempre que possível, os impostos terão caráter pessoal e serão graduados consoante a capacidade econômica do contribuinte (...)".

Constitui a diretriz para a *modulação da carga tributária* em matéria de *impostos*, porquanto sendo esses tributos não vinculados a uma atuação estatal, sua graduação deve levar em conta circunstância que diga respeito ao próprio sujeito passivo.[59]

---

[57] Cf. art. 145, § 3º, CR. *Vide* Parte II, Capítulo 3, item 3.2.2.13.
[58] Sobre imunidades, *vide*, adiante, item 3.3, e acerca das isenções, Parte III, Capítulo 9, itens 9.1 a 9.2.4.
[59] Discordamos daqueles que proclamam ser o princípio da capacidade contributiva aplicável a tributos vinculados a uma atuação estatal – taxas e contribuições –, porquanto estes são orientados por princípios diversos, os da *retributividade* e do *benefício*, respectivamente, relacionados à atuação estatal a ser remunerada. Para

A noção de igualdade está na essência do conceito de capacidade contributiva, que não pode ser dissociada daquela. Podemos dizer que a capacidade contributiva é um subprincípio, uma derivação do princípio da igualdade, irradiador de efeitos em todos os setores do Direito.

O conceito de capacidade contributiva pode ser definido, numa primeira aproximação, como *a aptidão, da pessoa colocada na posição de destinatário legal tributário, para suportar a carga tributária, numa obrigação cujo objeto é o pagamento de imposto, sem o perecimento da riqueza lastreadora da tributação.*[60]

Note-se que o conceito em estudo pode, ainda, ser compreendido em dois sentidos distintos.

Fala-se em *capacidade contributiva absoluta ou objetiva* quando se está diante de um fato que se constitua numa manifestação de riqueza; refere-se o termo, nessa acepção, à atividade de eleição, pelo legislador, de eventos que demonstrem aptidão para concorrer às despesas públicas. Tais eventos, assim escolhidos, apontam para a existência de um sujeito passivo em potencial, por exemplo, auferir renda, ser proprietário de veículo automotor, ser proprietário de imóvel urbano etc.

Funciona, desse modo, como *pressuposto ou fundamento jurídico do imposto*, ao condicionar a atividade de eleição, pelo legislador, dos fatos que ensejarão o nascimento de obrigações tributárias. Representa sensível restrição à discrição legislativa, uma vez que não autoriza, como pressuposto de impostos, a escolha de fatos que não sejam reveladores de alguma riqueza.

Diversamente, a *capacidade contributiva relativa ou subjetiva* – como a própria designação indica – reporta-se a um sujeito individualmente considerado. Expressa aquela aptidão de contribuir na medida das possibilidades econômicas de determinada pessoa. Nesse plano, presente a capacidade contributiva *in concreto*, aquele potencial sujeito passivo torna-se efetivo, apto, pois, a absorver o impacto tributário.

Opera, inicialmente, como *critério de graduação dos impostos*. Como se verá adiante, quando cuidarmos especificamente da definição da base de

---

maior aprofundamento sobre a questão, veja-se o nosso *Princípio da Capacidade Contributiva*, 4. ed. São Paulo: Malheiros, 2012, pp. 56-64.

[60] Cf. nosso *Princípio da Capacidade Contributiva*, cit., p. 112.

cálculo e da alíquota, a apuração do *quantum* do imposto tem como medida a própria capacidade contributiva do sujeito passivo.

Em sendo critério de graduação do imposto, a capacidade contributiva atuará, outrossim, como *limite da tributação*, permitindo a manutenção do *mínimo vital* – aquela quantidade de riqueza mínima a propiciar ao sujeito passivo uma vida digna – e obstando que a *progressividade* tributária atinja níveis de *confisco* ou de *cerceamento de outros direitos constitucionais*.[61]

3.2.2.8. Solidariedade contributiva[62]

A Constituição, ao apontar, em seu art. 3º, os objetivos fundamentais da República Federativa do Brasil, arrola a "construção de uma sociedade livre, justa e *solidária*"[63] (inciso I), erigindo a solidariedade social a uma diretriz que ilumina todo o ordenamento jurídico, orientando a interpretação e aplicação de suas normas.

Essa solidariedade, genericamente apontada, constitui a matriz de diversas aplicações do conceito, que se espraiam pelo texto constitucional.

Na seara tributária, a solidariedade social impõe a todos contribuírem para a consecução dos objetivos que a sociedade pretende alcançar, vale dizer, exige uma *solidariedade contributiva*.

Essa noção, como parece evidente, compõe o conteúdo do *princípio da capacidade contributiva*, já analisado,[64] revelando-se, com toda a sua intensidade, por exemplo, quando protege da tributação o mínimo existencial.

Autoriza, igualmente, a modulação da tributação para o alcance de finalidades não arrecadatórias, dada a sua conexão com a *extrafiscalidade*.[65]

Ainda merecem referência outras aplicações desse princípio no sistema constitucional tributário. É o caso do *princípio da generalidade da tributação*

---

[61] Idem, pp. 28-32. *Vide* Parte II, Capítulo 3, item 3.2.1.2.
[62] A solidariedade ora tratada não se confunde com a solidariedade tributária, típica do direito das obrigações. Neste, qualifica-se como *obrigação solidária* aquela em que cada um dos devedores está adstrito ao cumprimento da obrigação por inteiro e cada um dos credores tenha o direito a esse cumprimento também por inteiro. A respeito, *vide* Parte III, Capítulo 5, item 5.3.2.3.
[63] Destaque nosso.
[64] *Vide* Parte II, Capítulo 3, item 3.2.2.7.
[65] *Vide* Parte II, Capítulo 2, item 2.3.

(art. 153, § 2º, I), segundo o qual todos que realizem o mesmo fato ensejador do nascimento da obrigação tributária arcarão com o pagamento do tributo correspondente. Tal generalidade, ainda, vem expressamente apontada na disciplina constitucional do Imposto sobre a Renda (art. 153, § 3º).

A *progressividade*, técnica de tributação segundo a qual, quanto maior a base de cálculo do imposto, maior deve ser a alíquota sobre ela incidente, é, por seu turno, a técnica melhor afinada ao princípio da capacidade contributiva e, por isso, também revela-se aplicação do princípio da solidariedade. Determina o texto constitucional, expressamente, sua aplicação ao Imposto sobre a Renda (art. 153, § 2º, I), ao ITR (art. 156, § 4º, I) e ao IPTU (arts. 156, § 1º, I, e 182, § 4º, II).

No plano das contribuições, o art. 195, *caput*, prescreve que "a seguridade social será financiada por toda a sociedade, de forma direta e indireta, nos termos da lei, mediante recursos provenientes dos orçamentos da União, dos Estados, do Distrito Federal e dos Municípios", bem como das *contribuições sociais* que aponta.

Trata-se do princípio da solidariedade contributiva ora voltado especificamente para as contribuições destinadas à seguridade social, a significar que o Estado e a sociedade são corresponsáveis pela sua manutenção financeira. Acrescenta o art. 201, *caput*, que "a previdência social será organizada sob a forma de regime geral, de caráter contributivo e de filiação obrigatória (...)".

Ainda, quanto à previdência dos servidores públicos, o art. 40, na redação dada pela EC n. 41/2003, prescreve que "aos servidores titulares de cargos efetivos da União, dos Estados, do Distrito Federal e dos Municípios, incluídas suas autarquias e fundações, é assegurado regime de previdência de caráter contributivo e *solidário*, mediante contribuição do respectivo ente público, dos servidores ativos e inativos e dos pensionistas, observados critérios que preservem o equilíbrio financeiro e atuarial e o disposto neste artigo".[66]

A solidariedade social, por derradeiro, revela-se igualmente nas disposições constitucionais voltadas ao *cooperativismo*. O art. 174, § 2º, estatui que "a lei apoiará e estimulará o cooperativismo e outras formas de associativismo", sendo que o texto fundamental, ao regrar o sistema tributário, proclama que

---

[66] Destaque nosso.

a lei complementar estabelecerá "adequado tratamento tributário ao ato cooperativo praticado pelas sociedades cooperativas, inclusive em relação aos tributos previstos nos arts. 156-A e 195-V" (art. 146, III, *c*).[67]

3.2.2.9. Vedação da utilização de tributo com efeito de confisco

Preceitua a Constituição que "sem prejuízo de outras garantias asseguradas ao contribuinte, é vedado à União, aos Estados, ao Distrito Federal e aos Municípios utilizar tributo com efeito de confisco" (art. 150, *caput*, e inciso IV). Tal vedação, pela vez primeira, ganha previsão constitucional expressa.

No que tange aos impostos, cuida-se de princípio derivado do princípio da capacidade contributiva, já examinado, pois constitui efeito deste, visto que preconiza que esses tributos serão graduados segundo a capacidade econômica do contribuinte (art. 145, § 1º).

Consiste, portanto, num dos limites postos pela capacidade contributiva à progressão fiscal, ao lado do não cerceamento de outros direitos constitucionais.

O *confisco*, em definição singela há muito por nós proposta,[68] é a *absorção total ou substancial da propriedade privada, pelo Poder Público, sem a correspondente indenização*. Em nosso ordenamento jurídico, diante da grande proteção conferida ao direito de propriedade, o confisco é, portanto, *medida de caráter sancionatório*, sendo admitida apenas excepcionalmente.

A Constituição da República autoriza duas hipóteses de confisco de bens. A primeira, ao tratar de dispositivos referentes à matéria penal:

> Art. 5º (...)
>
> XLV – nenhuma pena passará da pessoa do condenado, podendo a obrigação de reparar o dano e a decretação do *perdimento de bens* ser, nos termos da lei, estendidas aos sucessores e contra eles executadas até o limite do valor do patrimônio transferido;
>
> XLVI – a lei regulará a individualização da pena e adotará, entre outras, as seguintes:

---

[67] Redação dada pela EC n. 132/2023.
[68] Cf. nosso *Princípio da Capacidade Contributiva*, cit., p. 83.

(...)

b) *perda de bens* (...).[69]

E, também entre as disposições gerais, encontramos permissão constitucional para o confisco:

> Art. 243. As propriedades rurais e urbanas de qualquer região do País onde forem localizadas culturas ilegais de plantas psicotrópicas ou a exploração de trabalho escravo na forma da lei serão *expropriadas* e destinadas à reforma agrária e a programas de habitação popular, *sem qualquer indenização* ao proprietário e sem prejuízo de outras sanções previstas em lei, observado, no que couber, o disposto no art. 5º.
>
> Parágrafo único. Todo e qualquer bem de valor econômico apreendido em decorrência do tráfico ilícito de entorpecentes e drogas afins e da exploração de trabalho escravo será *confiscado* e reverterá a fundo especial com destinação específica, na forma da lei.[70]

Ademais, se o tributo, na própria dicção legal, é prestação pecuniária compulsória "que não constitua sanção de ato ilícito" (art. 3º, CTN), é lógica a conclusão segundo a qual não pode ser ele utilizado com efeito confiscatório.

Embora o tributo traduza uma absorção compulsória da propriedade privada pelo Estado, sem indenização, tal absorção há de ser sempre parcial. Desse modo, pode-se afirmar que o tributo será confiscatório quando exceder a capacidade contributiva relativa ou subjetiva visada.

Nem sempre é fácil, contudo, aquilatar até que ponto um tributo não é confiscatório e a partir de quando passa a sê-lo. Certo é que a resposta variará conforme o caso concreto e deverá apoiar-se na equidade e na razoabilidade.[71]

---

[69] Destaques nossos.
[70] Redação dada pela Emenda Constitucional n. 81/2014, destaques nossos.
[71] Nesse sentido, Estevão Horvath, *O Princípio do Não Confisco no Direito Tributário*, São Paulo: Dialética, 2002, pp. 53-66. A respeito do assunto, veja-se o acórdão do STF proferido na QO na MC na ADI 2.551/MG (Pleno, Rel. Min. Celso de Mello, j. 2.4.2003).

3.2.2.10. Não limitação ao tráfego de pessoas e bens

Tal princípio vem contido no art. 150, V, CR,[72] segundo o qual é vedado às pessoas políticas estabelecer limitações ao tráfego de pessoas ou de bens, por meio de tributos interestaduais ou intermunicipais, ressalvada a cobrança de pedágio pela utilização de vias conservadas pelo Poder Público.

A norma prestigia, em última análise, a *liberdade de locomoção* no território nacional, contemplada no art. 5º, XV e LXXVIII, CR, inviabilizando sejam instituídos tributos que embaracem o tráfego de pessoas ou bens entre Municípios ou entre Estados.

A exceção ao princípio, posta pela própria Constituição, é o *pedágio*, porquanto sua exigência, induvidosamente, restringe o tráfego de pessoas e bens.[73]

3.2.2.11. Uniformidade geográfica, vedação da tributação diferenciada da renda das obrigações da dívida pública e da remuneração dos servidores e vedação à isenção heterônoma

O art. 151 contempla três vedações à União, todas voltadas a resguardar a Federação. A primeira delas veicula o princípio da *uniformidade geográfica*, estampado no inciso I:

> Art. 151. É vedado à União:
> I – instituir tributo que não seja uniforme em todo o território nacional ou que implique distinção ou preferência em relação a Estado, ao Distrito Federal ou a Município, em detrimento de outro, admitida a concessão de incentivos fiscais destinados a promover o equilíbrio do desenvolvimento socioeconômico entre as diferentes regiões do País;

A norma reforça a diretriz maior da *isonomia*, sobre a qual repousa a Federação, que consiste na forma de Estado traduzida na autonomia recíproca entre União, Estados-membros e, no Brasil, também Municípios.[74]

---

[72] E reproduzido no art. 9º, III, CTN.
[73] A respeito do pedágio, *vide* Capítulo 4, item 4.3.2.3, *infra*.
[74] O preceito é reiterado no art. 10, CTN.

Outra vedação endereçada à União, igualmente destinada a proteger a forma federativa de Estado, é a estatuída pelo princípio da *vedação da tributação diferenciada da renda das obrigações da dívida pública e da remuneração dos servidores das demais pessoas políticas*:

> Art. 151. É vedado à União:
>
> (...)
>
> II – tributar a renda das obrigações da dívida pública dos Estados, do Distrito Federal e dos Municípios, bem como a remuneração e os proventos dos respectivos agentes públicos, em níveis superiores aos que fixar para suas obrigações e para seus agentes;
>
> (...)

Ainda, reafirmando o princípio federativo, a Lei Maior proíbe à União "instituir isenções de tributos de competência dos Estados, do Distrito Federal ou dos Municípios" (art. 151, III).

Acerca desse preceito, convém recordar que *isenção heterônoma* é aquela concedida por pessoa política distinta da que detém competência para instituir determinado tributo. A regra é a *isenção autonômica*, isto é, a outorgada pela pessoa competente para a instituição do tributo.[75]

Se fosse possível à União isentar tributos estaduais e municipais, violada estaria a autonomia das pessoas políticas e, consequentemente, a Federação.

Convém anotar, contudo, que o Texto Fundamental abriga uma *exceção* ao princípio em foco, hospedada no art. 156, § 3º, II, que dispõe, em relação ao ISSQN, caber a lei complementar excluir da sua incidência exportações de serviços para o exterior. A edição da aludida lei complementar compete à União, que está, nessa hipótese, autorizada a conceder isenção do mencionado imposto municipal.[76]

---

[75] Acerca do instituto da isenção, *vide* Parte III, Capítulo 9, itens 9.1 a 9.2.4.
[76] Cf. art. 2º da Lei Complementar n. 116/2003. Convém anotar, outrossim, que, mediante tratado internacional, pode a União conceder isenção de tributos estaduais e municipais. A respeito, veja-se o comentário ao art. 98, CTN (Parte III, Capítulo 3, item 3.1).

3.2.2.12. Não diferenciação tributária entre bens e serviços em razão de sua procedência ou destino

Ainda prestigiando a ideia de igualdade, temos o comando inserto no art. 152, veiculando vedação às demais pessoas políticas, afastando a possibilidade de que venham a "estabelecer diferença tributária entre bens e serviços, de qualquer natureza, em razão de sua procedência ou destino".[77]

Esse princípio é relevante, por exemplo, em relação à disciplina do ICMS incidente sobre a prestação de serviços de transporte interestadual e intermunicipal.

3.2.2.13. Outros princípios – a EC n. 132/2023

A EC n. 132/2023, dentre as muitas alterações que promoveu no texto constitucional, inseriu o § 3º no art. 145, segundo o qual "o Sistema Tributário Nacional deve observar os princípios da simplicidade, da transparência, da justiça tributária, da cooperação e da defesa do meio ambiente".

À exceção dos princípios da *simplicidade* e da *justiça tributária*, acresceu, ao rol de princípios constitucionais tributários expressos, outros princípios usualmente não lembrados nesse âmbito.

Do *princípio da simplicidade* já tratamos em item anterior, uma vez que componente do princípio maior da praticabilidade.[78] Em relação aos demais, os comentaremos brevemente.

Inicialmente, o *princípio da transparência* predica que, nas relações entre Fisco e contribuinte, ambos os sujeitos atuem de forma clara e aberta. Remete às ideias de melhores práticas e fácil acesso a informações fiscais, bem como à de orientação adequada ao contribuinte.

O *princípio da justiça tributária*, por sua vez, alberga valor intimamente ligado aos princípios da igualdade, da capacidade contributiva e da solidariedade social, impondo, como já tivemos oportunidade de averbar, "uma tributação de boa qualidade, exercida mediante uma legislação clara e um sistema de tributos simples, eficientes e que dificultem a sonegação. Não parece demasiado pensar, como objetivo último, na qualidade de vida do cidadão-contribuinte, impositiva do respeito aos seus direitos".[79]

---

[77] O dispositivo é reproduzido, em relação a bens, no art. 11, CTN.
[78] *Vide* Parte II, Capítulo 3, item 3.2.2.4.
[79] Cf. nosso *Praticabilidade e Justiça Tributária...*, cit., p. 379.

Outro princípio recém-inserido no texto constitucional é o *princípio da cooperação*. Cremos que o teor dessa diretriz pode ser compreendido em dois sentidos. Primeiramente, indicando que Fisco e contribuinte devem atuar de modo cooperativo, buscando a satisfação das obrigações tributárias em seus devidos termos. E, também, como vetor do Estado Federal, a fundamentar o federalismo cooperativo ou solidário, já mencionado.[80]

Por fim, o *princípio da defesa do meio ambiente*. Importante diretriz constitucional (arts. 170, VI, e 225), louvável sua inclusão como vetor expresso a ser observado pela tributação, embora já se pudesse concluir desse modo mediante interpretação sistemática. De todo modo, a ideia ganha maior visibilidade, impulsionando a atividade tributante com viés ambiental.

Ressalte-se que a mesma EC n. 132/2023 fez incluir e alterou a redação de vários dispositivos que reforçam, ainda mais, a conexão entre tributação e meio ambiente: 1) art. 43, § 4º, segundo o qual, sempre que possível, a concessão dos incentivos regionais a que se refere o § 2º, III – isenções, reduções ou diferimento temporário de tributos federais devidos por pessoas físicas ou jurídicas – considerará critérios de sustentabilidade ambiental e redução das emissões de carbono; 2) art. 153, VIII, que autoriza a instituição do chamado Imposto Seletivo, incidente sobre a "produção, extração, comercialização ou importação de bens e serviços prejudiciais à saúde ou ao meio ambiente, nos termos de lei complementar"; 3) art. 155, § 1º, V, que proclama que o ITCMD "não incidirá sobe as doações destinadas, no âmbito do Poder Executivo da União, a projetos socioambientais ou destinados a mitigar os efeitos das mudanças climáticas e às instituições federais de ensino"; 4) art. 155, § 6º, II, que prescreve que o IPVA "poderá ter alíquotas diferenciadas em função do tipo, do valor, da utilização e do impacto ambiental"; e 5) art. 225, § 1º, VIII, que declara que, para assegurar a efetividade do direito ao meio ambiente ecologicamente equilibrado, incumbe ao Poder Público manter regime fiscal favorecido para biocombustíveis e para o hidrogênio de baixa emissão de carbono, na forma da lei complementar, a fim de assegurar-lhes tributação inferior à incidente sobre os combustíveis fósseis, capaz de garantir diferencial competitivo em relação a estes, especialmente em relação às contribuições de que tratam o art. 195, I, *b*, IV e V, e o art. 239, e aos impostos a que se referem os arts. 155, II, e 156-A.

---

[80] *Vide* Parte I, Capítulo 1, item 1.1.

3.3. IMUNIDADES

Outras expressivas limitações constitucionais ao poder de tributar são as exonerações qualificadas como imunidades. Uma vez efetuada a opção política de se definir a competência tributária em nível constitucional, tem-se, como consequência, a previsão de exonerações fiscais consideradas mais relevantes nesse mesmo nível.

A Constituição brasileira contempla dezenas de normas imunizantes, alusivas a distintos tributos – impostos, taxas e contribuições.

3.3.1. Conceito

A imunidade tributária apresenta *dúplice natureza*: de um lado, exsurge como *norma constitucional* demarcatória da competência tributária, por continente de hipótese de intributabilidade, e, de outro, constitui *direito público subjetivo* das pessoas direta ou indiretamente por ela favorecidas.

Portanto, a imunidade tributária pode ser visualizada sob os aspectos formal e substancial.

Sob o prisma *formal* a imunidade, em nosso entender, excepciona o princípio da generalidade da tributação, segundo o qual todos aqueles que realizam a mesma situação de fato, à qual a lei atrela o dever de pagar tributo, estão a ele obrigados, sem distinção. *Assim, sob esse aspecto, a imunidade é a impossibilidade de tributação – ou intributabilidade – de pessoas, bens e situações, resultante da vontade constitucional.*

Sob o aspecto *material* ou *substancial*, por sua vez, a imunidade consiste no *direito público subjetivo, de certas pessoas, de não se sujeitarem à tributação, nos termos delimitados por essa norma constitucional exonerativa.*

A imunidade tributária, então, pode ser definida como *a exoneração, fixada constitucionalmente, traduzida em norma expressa impeditiva da atribuição de competência tributária ou extraível, necessariamente, de um ou mais princípios constitucionais, que confere direito público subjetivo a certas pessoas, nos termos por ela delimitados, de não se sujeitarem à tributação.*[81]

Imunes são as pessoas, bens ou situações não abrangidos pelos contornos das regras de competência tributária, mediante normas explícitas ou implícitas, porque extraíveis de um ou mais princípios constitucionais.

---

[81] Cf. nosso *Imunidades Tributárias – Teoria e Análise da Jurisprudência do STF*, cit., p. 58.

Sendo o reverso da atribuição de competência tributária, a vedação da possibilidade de imposição tributária em dada hipótese, mediante norma constitucional explícita ou implícita, implica, necessariamente, imunidade.

A imunidade é, assim, inconfundível com a isenção, exoneração tributária fixada em nível infraconstitucional.[82]

3.3.2. Classificação

As normas imunizantes podem ser classificadas segundo diversos critérios. Pelo seu didatismo, destacamos as seguintes classificações:

1) Quanto aos *valores constitucionais protegidos ou quanto ao grau de intensidade e amplitude* –, em *gerais* ou *genéricas* e *específicas, tópicas* ou *especiais*. Esta classificação é útil na delimitação do alcance das normas imunizantes. As imunidades *gerais* ou *genéricas*, contempladas no art. 150, VI, dirigem vedações a todas as pessoas políticas e abrangem todo e qualquer imposto que recaia sobre o patrimônio, a renda ou os serviços das entidades mencionadas – daí a denominação que recebem. Protegem ou promovem valores constitucionais básicos, têm como diretriz hermenêutica a salvaguarda da liberdade religiosa, política, de informação etc. São dotadas de intensa carga axiológica, uma vez que a Lei Maior as fundamenta em diversos valores. As imunidades *específicas, tópicas* ou *especiais*, por sua vez, são circunscritas, em geral restritas a um único tributo – que pode ser um imposto, taxa ou contribuição –, e servem a valores mais limitados ou conveniências especiais. Dirigem-se a determinada pessoa política. É o caso, por exemplo, da imunidade ao IPI das operações com produtos industrializados destinados ao exterior (art. 153, § 3º, III).

2) Uma segunda classificação considera como critério de distinção das normas imunitórias a *forma de previsão* ou *modo de sua incidência*. A utilidade dessa distinção volta-se para a determinação da extensão dos efeitos da exoneração constitucional. Consoante esse critério, as imunidades podem ser *subjetivas* ou *objetivas*. As imunidades

---

[82] As diferenças entre os institutos serão analisadas no tópico dedicado à isenção (Parte III, Capítulo 9, item 9.2.1).

subjetivas ou *pessoais* são aquelas outorgadas em razão da condição de determinadas pessoas; recaem sobre sujeitos. Nestas impende registrar a presença de elementos objetivos – patrimônio, renda ou serviços relacionados com as finalidades essenciais das entidades beneficiárias ou delas decorrentes (art. 150, §§ 2º e 4º) –, mas tão somente como elementos balizadores da subjetividade considerada. São outorgadas em função da *natureza jurídica da pessoa* ou, mesmo, em consideração ao *papel socialmente relevante que desempenha*. A imunidade subjetiva é, assim, atributo da personalidade jurídica de certos entes. As pessoas titulares do direito à imunidade tributária de natureza subjetiva não possuem capacidade tributária para figurar no polo passivo de relações obrigacionais tributárias concernentes a imposições fiscais abrangidas pela vedação. A imunidade recíproca das pessoas políticas, autarquias e fundações instituídas e mantidas pelo Poder Público é tipicamente subjetiva. As imunidades *objetivas* ou *reais*, por seu turno, são aquelas concedidas em função de determinados fatos, bens ou situações; recaem sobre coisas. É certo que também beneficiam pessoas, mas não são outorgadas em função delas. É a hipótese da imunidade que recai sobre livros, jornais e periódicos, bem como sobre o papel destinado à sua impressão (art. 150, VI, *d*). Pode-se figurar ainda uma terceira categoria, a imunidade *mista*, determinada em razão da natureza jurídica de certas pessoas e relacionadas a determinados fatos, bens ou situações. É o caso da exoneração referente ao Imposto Territorial Rural – ITR para "pequenas glebas rurais, definidas em lei, quando as explore, só ou com sua família, o proprietário que não possua outro imóvel" (art. 153, § 4º). Interessante observar que a imunidade subjetiva é mais ampla que a imunidade objetiva, pois envolve quaisquer impostos que poderiam, em tese, ser exigidos de determinado sujeito.

3) As imunidades de cunho subjetivo podem ainda ser classificadas em razão de *serem ou não consequências necessárias de um princípio*. Temos, assim, *imunidades ontológicas* e *imunidades políticas*. As imunidades *ontológicas* são as reconhecidas *de jure*, como consequência necessária de um princípio constitucional. No Direito Positivo o princípio que impõe o reconhecimento dessas imunidades é o *princípio da isonomia*, em suas diversas manifestações. Seja mediante o princípio da capacidade contributiva – expressão da

igualdade tributária em matéria de impostos –, seja por intermédio do princípio da autonomia das pessoas políticas – resultante da igualdade existente entre elas na Federação brasileira –, é a isonomia que impõe a identificação das imunidades de natureza ontológica. Esses preceitos imunitórios sempre revestem-se de caráter subjetivo. A imunidade ontológica por excelência é a imunidade recíproca das pessoas políticas, visto não possuírem capacidade contributiva, pois seus recursos destinam-se ao custeio da prestação dos serviços públicos que lhes incumbem. Também, cuidando-se de um Estado Federal, tal imunidade é decorrência lógica dessa mesma igualdade, agora voltada às pessoas políticas. Indiferente, portanto, para essa espécie de imunidade, que sua previsão seja suprimida do texto constitucional, já que, por força dos princípios que a edificam, a exoneração tributária revela-se consequência necessária destes. As imunidades *políticas*, diversamente, sem constituírem consequência necessária de um princípio, são outorgadas para prestigiar outros princípios constitucionais. Beneficiam, eventualmente, pessoas que detêm capacidade de contribuir. Podem ser retiradas do Texto Fundamental – tão somente mediante o exercício do Poder Constituinte Originário –, não podendo ser reconhecidas ante a ausência de preceito expresso que as acolha – o que equivale a dizer que a competência tributária pode voltar a ser exercida nessas situações. São dessa espécie as imunidades dos templos, das entidades sindicais de trabalhadores e dos partidos políticos e suas fundações, bem como a conferida aos livros, jornais, periódicos e ao papel destinado à sua impressão.[83]

3.3.3. Imunidades genéricas

Neste tópico, analisaremos sucintamente as imunidades genéricas, pertinentes a impostos, e apontaremos algumas hipóteses de imunidades específicas.

As *imunidades genéricas* são, como visto, as contidas no art. 150, VI, e §§ 2º a 4º, da Lei Maior, e assim denominadas porque dirigem vedações a todas as pessoas políticas, abrangendo quaisquer impostos que recaiam sobre o patrimô-

---

[83] Para maior aprofundamento sobre esse tópico, veja-se o nosso *Imunidades Tributárias – Teoria e Análise da Jurisprudência do STF*, cit., pp. 137-146.

nio, a renda e os serviços das entidades consideradas. Portanto, outras espécies de tributos, como taxas e contribuições, estão fora do alcance de tais normas.

O texto constitucional está assim expresso:

> Art. 150. Sem prejuízo de outras garantias asseguradas ao contribuinte, é vedado à União, aos Estados, ao Distrito Federal e aos Municípios:
>
> (...)
>
> VI – instituir impostos sobre:
>
> *a)* patrimônio, renda ou serviços, uns dos outros;
>
> *b)* templos de qualquer culto;
>
> *c)* patrimônio, renda ou serviços dos partidos políticos, inclusive suas fundações, das entidades sindicais dos trabalhadores, das instituições de educação e de assistência social, sem fins lucrativos, atendidos os requisitos da lei;
>
> *d)* livros, jornais, periódicos e o papel destinado a sua impressão;
>
> *e)* fonogramas e videofonogramas musicais produzidos no Brasil, contendo obras musicais ou literomusicais de autores brasileiros e/ou obras em geral interpretadas por artistas brasileiros, bem como os suportes materiais ou arquivos digitais que os contenham, salvo na etapa de replicação industrial de mídias ópticas de leitura a *laser*.
>
> (...)
>
> § 2º A vedação do inciso VI, *a*, é extensiva às autarquias e às fundações instituídas e mantidas pelo poder público e à empresa pública prestadora de serviço postal,[84] no que se refere ao patrimônio, à renda e aos serviços vinculados a suas finalidades essenciais ou às delas decorrentes.
>
> § 3º As vedações do inciso VI, *a*, e do parágrafo anterior não se aplicam ao patrimônio, à renda e aos serviços, relacionados com exploração de atividades econômicas regidas pelas normas aplicáveis a empreendimentos privados, ou em que haja contraprestação ou pagamento de preços ou tarifas pelo usuário, nem exonera o promitente comprador da obrigação de pagar imposto relativamente ao bem imóvel.

---

[84] Redação dada pela EC n. 132/2023.

§ 4º As vedações expressas no inciso VI, alíneas *b* e *c*, compreendem somente o patrimônio, a renda e os serviços, relacionados com as finalidades essenciais das entidades nelas mencionadas.

(...)

Vejamos cada qual.

3.3.3.1. *Imunidade recíproca*[85]

O art. 150, VI, *a*, estatui ser vedado às pessoas políticas instituir impostos sobre patrimônio, renda ou serviços umas das outras. Os §§ 2º e 3º do mesmo artigo vêm elucidar os contornos da proibição constitucional. Primeiramente, estende a Lei Maior às autarquias e às fundações instituídas e mantidas pelo Poder Público a mesma exoneração tributária no que se refere ao patrimônio, à renda e aos serviços vinculados a suas finalidades essenciais ou às delas decorrentes. Anote-se que as empresas estatais, prestadoras de serviços públicos, também desfrutam dessa exoneração constitucional, porquanto seu objeto é o mesmo das pessoas de direito público da Administração Pública Direta.[86]

Observe-se que a EC n. 132/2023, ao dar nova redação ao mencionado § 2º, incluiu expressa referência "à empresa pública prestadora de serviço postal", esclarecendo o alcance da imunidade mútua aos Correios, objeto de controvérsia em julgamentos no STF.[87]

Adiante, a Constituição esclarece que a imunidade recíproca entre as pessoas políticas, bem como sua extensão às autarquias e às fundações instituídas e mantidas pelo Poder Público, não se aplica ao patrimônio, à renda e aos serviços relacionados com a exploração de atividades econômicas regidas pelas normas aplicáveis a empreendimentos privados, ou em que haja con-

---

[85] Sobre a imunidade recíproca, *vide* Súmulas 324, 326, 553, 583 e 591, STF.
[86] O STF, no julgamento do RE 1.320.054/SP (Tema 1.140), reafirmou sua jurisprudência, fixando a seguinte tese: "As empresas públicas e as sociedades de economia mista delegatárias de serviços públicos essenciais, que não distribuam lucros a acionistas privados nem ofereçam risco ao equilíbrio concorrencial, são beneficiárias da imunidade tributária recíproca prevista no artigo 150, VI, *a*, da Constituição Federal, independentemente de cobrança de tarifa como contraprestação do serviço" (Rel. Min. Luiz Fux, j. 6.5.2021).
[87] *Vide* Temas de Repercussão Geral 235 e 402, STF.

traprestação ou pagamento de preços ou tarifas pelo usuário, nem exonera o promitente comprador da obrigação de pagar imposto relativamente ao bem imóvel.

Classifica-se a imunidade em exame como de natureza subjetiva e ontológica. *Subjetiva* porque estabelecida em função das pessoas políticas. *Ontológica* porque consequência necessária do princípio da isonomia, revelado sob dois fundamentos diferentes, como anteriormente demonstrado.

Inicialmente, a imunidade mútua das pessoas políticas constitui decorrência da eficácia dos *princípios federativo* – que é cláusula pétrea (art. 60, § 4º, I) – e da *autonomia municipal* (arts. 29 e 30). Em segundo lugar, fundamenta-se a imunidade em tela na *ausência de capacidade contributiva* das pessoas políticas. Na Federação as pessoas políticas são iguais, também, em face da ausência de capacidade contributiva, porquanto seus recursos destinam-se à prestação dos serviços públicos que lhes incumbem.

Indiferente, portanto, para essa espécie de imunidade, que sua previsão seja suprimida do texto constitucional, não somente em razão de essa exoneração defluir de tais princípios, mas também porque configura hipótese na qual a competência tributária em matéria de impostos não pode ser exercida em face da ausência de capacidade contributiva desses sujeitos. Trata se, pois, de imunidade implícita.

Por apoiar-se em dois fundamentos de grande relevo, a imunidade recíproca é considerada a mais importante das imunidades tributárias.

Desse modo, nenhum imposto poderá recair sobre o patrimônio, renda, ou serviços dessas pessoas. A imunidade recíproca, em nosso entender, abarca inclusive os chamados *impostos indiretos*, isto é, aqueles que comportam o fenômeno da repercussão econômica[88] – IPI e ICMS –, porquanto o patrimônio desses entes, ainda que na qualidade de "contribuintes de fato", deve ser preservado.[89]

---

[88] Sobre os impostos indiretos, *vide* nosso comentário no Capítulo 4, item 4.3.1.1, *infra*.

[89] Sobre a questão, discorremos em nosso *Imunidades Tributárias – Teoria e Análise da Jurisprudência do STF*, cit., pp. 162-168.

3.3.3.2. Entidades religiosas e templos de qualquer culto, inclusive suas organizações assistenciais e beneficentes

O art. 150, VI, *b*, CR, prescreve ser vedado às pessoas políticas instituir impostos sobre "entidades religiosas e templos de qualquer culto, inclusive suas organizações assistenciais e beneficentes", na redação dada pela EC n. 132/2023. O § 4º do mesmo artigo esclarece que tal vedação compreende somente o patrimônio, a renda e os serviços relacionados com as finalidades essenciais da entidade.

A origem dessa norma imunizante remonta à separação entre a Igreja e o Estado, consumada com a proclamação da República.

Templo de qualquer culto é, no dizer de Aliomar Baleeiro,[90] "o edifício e suas instalações ou pertenças adequadas àquele fim"; templo, assim, "compreende o próprio culto e tudo quanto vincula o órgão à função". Ensina que o patrimônio das instituições religiosas abrange seus bens imóveis e móveis, desde que afetados a essas finalidades – vale dizer, o prédio onde se realiza o culto, o lugar da liturgia, o convento, a casa do padre ou do ministro, o cemitério, os veículos utilizados como templos móveis.

Observe-se que a redação dada pela EC n. 132/2023 aclarou a dicção normativa, ao acrescentar a expressão "entidades religiosas" e a cláusula "inclusive suas organizações assistenciais e beneficentes", compreensão que já era passível de ser extraída da norma imunizante em seu texto original.[91]

A justificativa para a outorga da imunidade a esses entes é assegurar a *liberdade de crença e o livre exercício de cultos religiosos* (art. 5º, VI, CR). Remete ao disposto no art. 19, I, do texto constitucional, que estatui ser vedado às pessoas políticas "estabelecer cultos religiosos ou igrejas, subvencioná-los, embaraçar-lhes o funcionamento ou manter com eles ou seus representantes relações de dependência ou aliança, ressalvada, na forma da lei, a colaboração

---

[90] *Limitações Constitucionais ao Poder de Tributar*, cit., pp. 502-503.
[91] Essa foi a conclusão alcançada pelo STF ao julgar o Tema 336 de Repercussão Geral, no qual foi fixada a seguinte tese: "As entidades religiosas podem ser caracterizar como instituições de assistência social a fim de se beneficiarem da imunidade tributária prevista no art. 150, VI, *c*, da Constituição, que abrangerá não só os impostos sobre o seu patrimônio, renda e serviços, mas também os impostos sobre a importação de bens a serem utilizados na consecução de seus objetivos estatutários" (Rel. Min. Roberto Barroso, j. 21.3.2022).

de interesse público", norma que impõe a neutralidade do Estado perante a Igreja e os cultos religiosos.[92]

A renda considerada imune é aquela que decorre da prática do culto religioso, compreendendo as doações dos fiéis (incluindo as espórtulas e os dízimos) bem como as consequentes de aplicações financeiras, pois estas visam à preservação do patrimônio da entidade.

Ainda, os serviços religiosos são imunes, gratuitos ou não, mesmo que envolvam o fornecimento de mercadorias, como ocorre na assistência aos pobres.

Desse modo, a exoneração constitucional sob exame afasta a exigência do IPTU relativo ao imóvel onde o culto se realiza; o ISSQN concernente ao serviço religioso; o IR sobre as esmolas, doações e rendimentos decorrentes de aplicações financeiras; o ITBI na aquisição desses bens; o IPVA referente aos veículos automotores usados na catequese ou nos serviços de culto; e o Imposto de Importação sobre bens destinados ao serviço religioso.

Nos termos do § 4º do art. 150, a imunidade em foco compreende somente o patrimônio, a renda e os serviços relacionados com as finalidades essenciais dos templos. *Finalidades essenciais* são aquelas inerentes à própria natureza da entidade – vale dizer, os propósitos que conduziram à sua instituição. Finalidades essenciais dos templos de qualquer culto, portanto, são a prática do culto, a formação de religiosos, o exercício de atividades filantrópicas e a assistência moral e espiritual aos fiéis.

Alteração recente, promovida pela Emenda Constitucional n. 116/2022, estabelece que o IPTU não incide sobre templos de qualquer culto, ainda que sejam apenas locatários do bem imóvel (art. 156, § 1º-A). Evidentemente, restou ampliado o alcance dessa imunidade, porquanto, no regime anterior, somente quando proprietários do imóvel os templos poderiam dela se beneficiar.[93] Esclareça-se, todavia, que, se imune é a instituição religiosa locatária, a obrigação tributária existirá em relação ao proprietário do imóvel locador, que é o contribuinte do imposto. O efeito prático da norma, portanto, é que não mais será possível ao locador transferir, por disposição contratual, o ônus tributário nessa hipótese.

---

[92] Para maior aprofundamento sobre o tema, veja-se o nosso *Imunidades Tributárias – Teoria e Análise da Jurisprudência do STF*.
[93] *Vide*, para mais comentários, Parte IV, Capítulo 3, item 3.2.

3.3.3.3. Imunidades contidas no art. 150, VI, c[94]

Preceitua a Lei Maior ser vedado instituir impostos sobre o patrimônio, a renda ou os serviços dos partidos políticos, inclusive suas fundações, das entidades sindicais de trabalhadores, das instituições de educação e de assistência social sem fins lucrativos, atendidos os requisitos de lei. O § 4º do art. 150 acrescenta que a vedação compreende somente o patrimônio, a renda e os serviços relacionados com as finalidades essenciais das entidades mencionadas. Em nosso entender, nas hipóteses abrigadas no art. 150, VI, c, por se revestirem de natureza subjetiva, basta, para o desfrute da exoneração tributária, que as pessoas nelas referidas preencham os requisitos postos na própria Constituição.

Assim, os partidos políticos devem atender aos pressupostos do art. 17 da Lei Maior; já as entidades sindicais de trabalhadores devem observar as prescrições do art. 8º do texto constitucional.

Às instituições de educação e de assistência social, por sua vez, cumpre atentar para a disciplina constitucional desses temas (arts. 205 a 214, e 203 e 204, respectivamente).

A própria Constituição já estabelece dois pressupostos a serem atendidos para o desfrute da imunidade: a *ausência de finalidade lucrativa* e a *adstrição da exoneração tributária ao patrimônio, à renda e aos serviços relacionados com as finalidades essenciais* da entidade. Note-se que tais requisitos já eram anteriormente exigidos pela lei infraconstitucional e foram incorporados ao Texto Fundamental.

Vale observar, ainda, que a ausência de finalidade lucrativa é requisito a ser preenchido tão somente pelas instituições de educação e de assistência social, uma vez que os partidos políticos e suas fundações, bem como as entidades sindicais de trabalhadores, são entes que, por sua própria natureza, não objetivam lucro.

Por outro lado, a imunidade em foco compreende somente o patrimônio, a renda e os serviços relacionados com suas *finalidades essenciais*. Trata-se do segundo pressuposto constitucional comum para a fruição do benefício que esses elementos se relacionem com as finalidades essenciais da entidade, as quais já definimos como os objetivos inerentes à própria natureza da entidade, isto é, os propósitos que levaram à sua instituição.

Cumpre mencionar, ainda, o papel desempenhado pela cláusula "atendidos os requisitos de lei", contida no final do preceito inserto no art. 150, VI, c, e aplicável a todas as pessoas nele mencionadas. A nosso ver, tal cláusula autoriza a contenção dos efeitos da norma, estatuindo caber à lei a fixação de outros requisitos para a fruição da imunidade além dos estampados na Lei Maior. A

---

[94] *Vide* Súmula 724 e Súmula Vinculante 52, STF.

norma imunizante em foco qualifica-se como norma constitucional de eficácia contida ou restringível – vale dizer, aquela passível de contenção de seus efeitos pelo advento da lei veiculadora das restrições admissíveis pelo Texto Fundamental. Portanto, parece-nos que as imunidades que defluem do art. 150, VI, *c*, são melhor qualificáveis como *condicionáveis*, e não como condicionadas.

Debate-se, ademais, acerca da espécie legislativa adequada a veicular tais requisitos. Têm-se duas vertentes básicas sobre o assunto: uma que proclama que somente possa a lei complementar disciplinar tais limitações, e outra que sustenta que tanto a lei complementar quanto a lei ordinária podem atuar nesse âmbito, cumprindo diferentes papéis.

A orientação que se nos apresenta mais adequada tem sido a de que a "lei" a que se refere o art. 150, VI, *c*, é lei complementar, escorada no fundamento de que, sendo a imunidade limitação constitucional ao poder de tributar, aplica-se o disposto no art. 146, II, CR.[95]

Pensamos que a cláusula "atendidos os requisitos de lei", contida no art. 150, VI, *c*, refere-se, efetivamente, aos requisitos que podem ser estabelecidos para condicionar a fruição do benefício, já que a norma trata, exatamente, dos entes contemplados com a exoneração tributária em matéria de impostos que recaiam sobre seu patrimônio, renda e serviços. Parece-nos que essa cláusula não se reporta às condições para a existência e legalização da pessoa imune – e, assim, desinfluente para o tema em análise afirmar que estas podem ser estabelecidas por lei ordinária.

Se assim é, resta inafastável a aplicação da norma inserta no art. 146, II, na hipótese, sendo de se reconhecer como irrefutável o argumento acima mencionado, segundo o qual não é plausível admitir-se que limitações constitucionais ao poder de tributar possam ser disciplinadas pelas próprias pessoas destinatárias das mesmas.

Esses requisitos, presentemente, são os constantes do art. 14, CTN (Lei n. 5.172/66), recepcionado pela Lei Maior com fundamento no art. 146, II – e, portanto, considerado lei complementar em sentido material, cuja redação do inciso I foi aperfeiçoada pela Lei Complementar n. 104, de 2001:

---

[95] Assim entendeu o Supremo Tribunal Federal ao julgar o RE 566.622/RS (Tema 32) fixando a seguinte tese: "Os requisitos para o gozo de imunidade hão de estar previstos em lei complementar" (Pleno, Rel. Min. Marco Aurélio, j. 23.2.2017). Posteriormente, por ocasião do exame de Embargos Declaratórios, esclareceu a tese então firmada: "A lei complementar é forma exigível para a definição do modo beneficente de atuação das entidades de assistência social contempladas pelo art. 195, § 7º, da CF, especialmente no que se refere à instituição de contrapartidas a serem por elas observadas" (j. 18.12.2019).

Art. 14. O disposto na alínea *c* do inciso IV do art. 9º é subordinado à observância dos seguintes requisitos pelas entidades neles referidas:

I – não distribuírem qualquer parcela de seu patrimônio ou de suas rendas, a qualquer título;

II – aplicarem integralmente, no País, os seus recursos na manutenção dos seus objetivos institucionais;

III – manterem escrituração de suas receitas e despesas em livros revestidos de formalidades capazes de assegurar sua exatidão.

§ 1º Na falta de cumprimento do disposto neste artigo, ou no § 1º do art. 9º, a autoridade competente pode suspender a aplicação do benefício.

§ 2º Os serviços a que se refere a alínea *c* do inciso IV do art. 9º são exclusivamente os diretamente relacionados com os objetivos institucionais das entidades de que trata este artigo, previstos nos respectivos estatutos ou atos constitutivos.

As exigências contidas nos incisos I e II do art. 14, CTN, versam exatamente sobre o requisito da ausência de finalidade lucrativa, posto constitucionalmente. A não distribuição de qualquer parcela de seu patrimônio ou de suas rendas a qualquer título caracteriza a ausência de finalidade lucrativa, mas não se confunde com a existência de lucro, necessário e mesmo indispensável para a melhor realização de seus fins.

Observe-se, ainda, que a exigência de que o patrimônio, a renda e os serviços da entidade estejam relacionados com as finalidades essenciais foi "constitucionalizada", a teor do disposto no art. 150, § 4º, CR. Já a exigência inserta no inciso III do mesmo comando legal reporta-se a dever instrumental tributário, instituído com vista a assegurar o controle da fruição do benefício.

Por fim, o § 1º do art. 9º, CTN, ao qual faz remissão o § 1º do art. 14, transcrito, prescreve que as imunidades não excluem a atribuição, por lei, às entidades beneficiadas, "da condição de responsáveis pelos tributos que lhes caiba reter na fonte, e não as dispensa da prática de atos, previstos em lei, assecuratórios do cumprimento de obrigações tributárias por terceiros". Vale dizer: tais entidades não se eximem da condição de responsáveis pelo recolhimento de tributos devidos por outrem, nem do cumprimento de deveres instrumentais tributários.

De todo modo, não se pode deixar de criticar a dicção do § 1º do art. 14, CTN, por levar ao equivocado entendimento segundo o qual a autoridade administrativa pode "suspender" a aplicação da imunidade – o que se apresenta inadequado diante do significado das situações de intributabilidade determinadas pela própria Constituição.

Em verdade, tratando-se de tema constitucional, sobre o qual mesmo o legislador infraconstitucional pouco pode interferir (somente para conter a eficácia da norma, estabelecendo requisitos a serem atendidos pelos sujeitos beneficiados, quando assim autorizado), não se permite ao administrador fiscal outorgar, suspender ou indeferir a aplicação da imunidade. Ou ela se aplica, por se adequar a situação de fato à hipótese constitucional e por atendidos os requisitos legais, se postos, nada mais restando à Administração Fiscal senão declará-la, ou não se aplica, por não ter ocorrido a subsunção da situação de fato à norma constitucional ou por não terem sido cumpridas as exigências legais.

Logo, não fica vinculado a qualquer atuação administrativa o direito à fruição da imunidade – pelo que, se, por deficiência de fiscalização, a autoridade administrativa não "suspender o benefício" de ente que não venha cumprindo os requisitos constitucionais ou legais, não será ele imune, ainda que não haja decisão administrativa a respeito.

Em consequência, se o ente preenchia, inicialmente, as condições para a fruição da exoneração tributária e tendo havido, no entender do Fisco, alteração de sua situação, qualquer decisão administrativa somente poderá ser tomada em observância ao contraditório e à ampla defesa.[96]

Passemos, então, ao exame de cada uma das imunidades abrigadas no art. 150, VI, c.

3.3.3.3.1. Partidos políticos e suas fundações

São os partidos políticos – como quer Baleeiro[97] – "instrumentos de governo, entidades fundadas e mantidas exclusivamente para fins públicos, como órgãos imediatos e complementares da organização estatal", desempenhando, desse modo, o importante papel de veículos entre o cidadão e o exercício do poder político. E, como tais, não devem ter sua atividade embaraçada por qualquer meio – o que certamente ocorreria se coubesse a exigência de impostos.

Os fundamentos dessa imunidade são, assim, os direitos da liberdade, os quais incluem os direitos políticos e o pluralismo partidário (art. 17, *caput*).

---

[96] Conforme o art. 5º, LV, CR.
[97] *Limitações Constitucionais ao Poder de Tributar*, cit., p. 564.

Classifica-se como imunidade *subjetiva, política* e *condicionável*, segundo a classificação por nós proposta, pois sujeita não somente a condicionamentos estatuídos pela própria Constituição, mas também àqueles postos por eventual lei complementar reguladora dessa limitação.

Assim, inicialmente, devem ser satisfeitos os preceitos inscritos no art. 17 do Texto Fundamental, resguardados os valores da soberania nacional, do regime democrático, do pluripartidarismo e dos direitos fundamentais da pessoa humana.

Tanto os partidos políticos quanto suas fundações devem, ainda, cumprir os requisitos do art. 14, CTN, já analisados no tópico anterior.

Então, os partidos políticos e suas fundações estão exonerados das exigências do IPTU sobre os imóveis que ocupam; do ISSQN em relação aos serviços que prestarem a terceiros; do IR em relação aos rendimentos auferidos; do ITBI na aquisição desses bens; do IPVA referente aos veículos automotores utilizados para seus fins.

3.3.3.3.2. Entidades sindicais de trabalhadores

Esta imunidade é novidade constitucional. Prestigia a liberdade de associação sindical e reflete a relevância das entidades sindicais diante da vigente ordem jurídica.

Num rápido giro sobre o Texto Fundamental encontramos, em primeiro lugar, o art. 8º, hospedeiro das normas fundamentais pertinentes aos sindicatos, que estatui, em seu inciso III, caber a esses a defesa dos direitos e interesses coletivos ou individuais da categoria, inclusive em questões judiciais ou administrativas.

Outrossim, o art. 74, § 2º, confere expressamente ao sindicato legitimidade para, na forma da lei, denunciar irregularidades ou ilegalidades perante o Tribunal de Contas da União.

Lembre-se, ainda, que confederação sindical é parte legítima para propor ação direta de inconstitucionalidade (art. 103, IX).

Convém frisar que a imunidade em análise alcança tão somente as entidades sindicais de trabalhadores, não abrangendo os sindicatos patronais, que, usualmente, dispõem de mais recursos para sua manutenção.

Trata-se, portanto, de imunidade *subjetiva* e de natureza *política*; este último atributo gera críticas daqueles que entendem que a imunidade conferida às entidades sindicais de trabalhadores é descabida, porque não fundada em direito fundamental.

Classifica-se também como imunidade *condicionável*, segundo a distinção que propusemos, pois sua fruição poderá vir a ser condicionada à observância de preceitos infraconstitucionais – como é o caso, presentemente, daqueles insertos no art. 14, CTN, por nós analisados anteriormente.

Em consequência, as entidades sindicais de trabalhadores estão exoneradas das exigências do IPTU sobre os imóveis que ocupam; do ISSQN em relação aos serviços que prestarem a terceiros; do IR concernente aos rendimentos auferidos; do ITBI na aquisição de bens imóveis; do IPVA referente aos veículos automotores utilizados para seus fins – e assim por diante.

3.3.3.3.3. Instituições de educação e de assistência social[98]

Analisaremos, a partir de agora, os conceitos de educação e de assistência social, bem como os requisitos constitucionais, legais e doutrinários que tanto as instituições de educação quanto as de assistência social são instadas a atender para a fruição da imunidade em tela.

Instituições são aquelas entidades formadas com o propósito de servir à coletividade, colaborando com o Estado ao suprir suas deficiências.[99] São pessoas de Direito Privado que exercem, sem fim lucrativo, atividades de colaboração com o Estado em funções cujo desempenho é, em princípio, atribuição deste. Objetiva-se, assim, impedir sejam tais entidades oneradas por via de impostos.

A educação e a assistência social são conceitos constitucionais. A *educação*, por primeiro, é "direito de todos e dever do Estado e da família, será promovida e incentivada com a colaboração da sociedade, visando ao pleno desenvolvimento da pessoa, seu preparo para o exercício da cidadania e sua qualificação para o trabalho" (art. 205).

Já a *assistência social* "será prestada a quem dela necessitar, independentemente de contribuição à seguridade social, e tem por objetivos: I – a proteção à família, à maternidade, à infância, à adolescência e à velhice; II – o amparo às crianças e adolescentes carentes; III – a promoção da integração ao mercado de trabalho; IV – a habilitação e reabilitação das pessoas portadoras de defi-

---

[98] *Vide* Súmulas 730, STF, e 612, STJ.
[99] Cf. Elizabeth Nazar Carrazza, "Imunidade tributária das instituições de educação", *RDTributário* n. 3, p. 170.

ciência e a promoção de sua integração à vida comunitária; V – a garantia de um salário mínimo de benefício mensal à pessoa portadora de deficiência e ao idoso que comprovem não possuir meios de prover à própria manutenção ou de tê-la provida por sua família, conforme dispuser a lei" (art. 203).

Outros propósitos poderão ser acrescentados, de acordo com as necessidades coletivas, visando à erradicação da pobreza e da marginalização, objetivo fundamental do Estado brasileiro (art. 3º, III, CR), não podendo tal rol ser considerado taxativo.

Qualificam-se ambas como atividades de interesse público, não traduzindo exploração econômica – e, portanto, não indicadoras de capacidade contributiva daqueles que as desenvolvem.

A razão da outorga dessa imunidade é a realização, pelas instituições por ela beneficiadas, de atividades próprias do Estado, de relevante interesse público: a educação, o acesso à cultura, a assistência social, em suas diversas modalidades (médica, hospitalar, odontológica, jurídica etc.).

Assim, por ajudarem a suprir as deficiências da atuação estatal nessas áreas, são recompensadas com a vedação constitucional da exigência de impostos.

Se o conceito de educação não suscita maiores dificuldades, cabe indagar se o mesmo pode ser afirmado acerca do conceito de assistência social. Isso porque a Constituição de 1988 emprega esse conceito no capítulo do "Sistema Tributário Nacional" e no título da "Ordem Social" com significados aparentemente diversos.

Inicialmente, cumpre observar que o art. 149, em sua redação original, ao tratar das diversas contribuições, estatuía, em seu parágrafo único, que "os Estados, o Distrito Federal e os Municípios poderão instituir contribuição, cobrada de seus servidores, para o custeio, em benefício destes, de sistemas de previdência e assistência social".

Distinguia, portanto, o dispositivo, duas atividades que, conquanto ramos integrantes da seguridade social, juntamente com a saúde pública (art. 194, CR), sujeitam-se a regimes jurídicos diferentes, como se depreende, sem nenhuma dificuldade, do exame do disposto nos arts. 201 a 204 do Texto Fundamental.

A EC n. 41/2003 alterou a redação do dispositivo, atual § 1º, suprimindo a referência à assistência social.

Em sua redação atual, dada pela EC n. 103/2019, a norma contida no art. 149, § 1º, estabelece: "A União, os Estados, o Distrito Federal e os Municípios instituirão, por meio de lei, contribuições para custeio de regime próprio de previdência social, cobradas dos servidores ativos, dos aposentados e dos pensionistas, que poderão ter alíquotas progressivas de acordo com o valor da base de contribuição ou dos proventos de aposentadoria e de pensões".

O art. 195, *caput*, por sua vez, prescreve que "a seguridade social será financiada por toda a sociedade, de forma direta e indireta, nos termos da lei, mediante recursos provenientes dos orçamentos da União, dos Estados, do Distrito Federal e dos Municípios", bem como das *contribuições sociais* que aponta.

Por seu turno, o art. 201, *caput*, estabelece que "a previdência social será organizada sob a forma de regime geral, de *caráter contributivo* e de filiação obrigatória, observados critérios que preservem o equilíbrio financeiro e atuarial, e atenderá, nos termos da lei, a: I – cobertura dos eventos de doença, invalidez, morte e idade avançada; II – proteção à maternidade, especialmente à gestante; III – proteção ao trabalhador em situação de desemprego involuntário; IV – salário-família e auxílio-reclusão para os dependentes dos segurados de baixa renda; V – pensão por morte do segurado, homem ou mulher, ao cônjuge ou companheiro e dependentes (...)".[100]

Finalmente, o art. 203, *caput*, estatui que "a assistência social será prestada a quem dela necessitar, *independentemente de contribuição à seguridade social* (...)".[101]

Comparando o conteúdo dos incisos do art. 201 com aquele dos incisos do art. 203, transcrito há pouco, verificamos que a assistência social possui objetivos correlatos e, às vezes, coincidentes com os da previdência social, pois também se destina, dentre outros fins, à proteção da maternidade e da velhice (inciso I), ao amparo de crianças e adolescentes carentes (inciso II), à promoção da integração ao mercado de trabalho (inciso III), à habilitação e reabilitação das pessoas portadoras de deficiência e à promoção de sua integração à vida comunitária (inciso IV), garantindo, ainda, a percepção de um salário mínimo de benefício mensal à pessoa portadora de deficiência e ao idoso que comprovem não possuir meios de prover à própria manutenção ou de tê-la provida por sua família, conforme dispuser a lei (inciso V).

---

[100] Destaque nosso.
[101] Destaque nosso.

Desse panorama normativo extrai-se que ao *regime tributário da previdência social* – que exige o pagamento de contribuição social dos filiados ao sistema, para a prestação dos benefícios correspondentes – contrapõe-se o *regime exonerativo da assistência social*, cuja prestação é obrigatória a quem dela necessitar, descabendo a exigência de contribuição à seguridade social dos seus usuários.

Posto isso, voltemos à análise da norma imunizante contida no art. 150, VI, *c*. Refere-se ela apenas a entidades de assistência social, não fazendo menção à previdência social.

Certo é que ambas constituem direitos sociais (art. 6º, CR). Então, coloca-se a questão: o conceito de assistência social, nesse dispositivo, está empregado com a significação estrita, hospedada no art. 203, *caput*, ou, diversamente, em sentido amplo, a abarcar, inclusive, a previdência social?

A nosso ver, a Constituição de 1988 é bastante didática ao estampar o conceito de *seguridade social*, o qual compreende a previdência social, a assistência social e a saúde pública. Distingue, assim, perfeitamente a Lei Maior essas três atividades de relevo para a coletividade.

Pensamos que a dicção constitucional impõe a conclusão segundo a qual a assistência social não se confunde com a previdência social, ainda que ambas componham o conceito de seguridade social. É verdade não se poder desconhecer a ampla extensão da moderna concepção de assistência social. Fala-se em assistência médica, hospitalar, odontológica, jurídica, psicológica etc. – todas, sem dúvida, compreendidas no conceito de *assistência social*. Mas admitir-se uma "assistência previdenciária" seria inserir no conceito de assistência social conceito outro, definido de maneira distinta pela própria Constituição da República e submetido a regime jurídico diverso.

Cremos, assim, que, não sendo mais possível, como no passado, assimilar os conceitos de previdência e assistência social, à vista da dicção da Constituição de 1988, as instituições que tenham por objeto tão somente a atividade de previdência privada não são titulares do direito público subjetivo de não se sujeitarem à tributação por via de impostos.

Esse entendimento – pensamos – afina-se com a apontada diversidade de regimes jurídico-tributários entre a assistência e a previdência social.

Como visto, a assistência social sujeita-se à disciplina de exoneração fiscal constitucionalmente estabelecida (art. 203, *caput*). Destarte, coerente com tal regramento, a Lei Maior exonera da tributação por via de impostos as instituições de assistência social sem fins lucrativos, e da exigência de contribuição para a seguridade social as entidades beneficentes de assistência social (art. 195, § 7º).

Ora, não faria sentido impor, de um lado, a vedação da exigência de contribuição para a seguridade social de quem necessitar de assistência social e, de outro, autorizar a tributação, por via de impostos e de contribuições para a seguridade social, das instituições sem fins lucrativos e das entidades beneficentes, que se dedicam, justamente, a essa mesma atividade de interesse público, em colaboração com o Estado.

Já no que tange à previdência social a realidade é distinta. Trata-se de atividade não excludente da tributação de seus beneficiários, justificando, também por essa razão, não estarem as instituições fechadas de previdência social privada, sem fins lucrativos, que atuam paralelamente à previdência social oficial, infensas à tributação.

Como consequência desse raciocínio, concluímos que as instituições fechadas de previdência privada – ou "fundos de pensão" –, mesmo não possuindo fins lucrativos, não são beneficiárias da desoneração tributária em análise.[102]

A imunidade conferida às instituições de educação e de assistência social sem fins lucrativos, sem sombra de dúvida, é, dentre todas as imunidades tributárias encontradas no Direito Positivo, aquela que vem dando margem à maior polêmica doutrinária e ao maior número de questionamentos judiciais, por diversos fundamentos.

O primeiro aspecto refere-se à própria natureza da exoneração constitucional, se ontológica ou política. Poder-se-ia questionar se a imunidade sob comento é eminentemente política, assim entendida aquela outorgada sem consideração à capacidade contributiva do beneficiário, para prestigiar outros princípios constitucionais – no caso, a prestação de educação e de assistência social, direito de todos.

Entretanto, entendemos ser mais adequado considerar essa imunidade como de caráter ontológico, porquanto os recursos de tais entidades são consumidos integralmente na realização de suas atividades institucionais. Conquanto tais instituições possam, eventualmente, deter capacidade econômica – vale dizer, recursos

---

[102] Registre-se que o Supremo Tribunal Federal concluiu de modo oposto, ao consolidar orientação, espelhada em sua Súmula 730, segundo a qual "a imunidade tributária conferida a instituição de assistência social sem fins lucrativos pelo art. 150, VI, c, da Constituição, somente alcança as entidades fechadas de previdência social privada se não houver contribuição dos beneficiários".

suficientes para a manutenção de suas atividades –, certamente não disporão de capacidade contributiva, traduzida na aptidão para contribuir com as despesas do Estado sem o comprometimento da riqueza necessária à sua subsistência.

Uma menção, ainda que breve, aos requisitos de lei – a lei complementar referida, com fundamento no art. 146, II, da Constituição, não pode inovar a disciplina da imunidade, não estando autorizada a estabelecer requisitos que venham a restringir o universo de entes que o Texto Fundamental quer ver alcançados pela exoneração tributária.

A Constituição da República não pôs requisitos outros além de tratar de instituição que cuide de educação e de assistência social e que não tenha fins lucrativos; só pode a lei complementar versar sobre algumas outras características essenciais que decorram de outros princípios constitucionais, ou desse mesmo preceito deduzir explicitamente desdobramentos ou implicações que nele já se contenham.

Os requisitos legais, no caso, como sabido, são os do art. 14, CTN.[103]

Consequentemente, as instituições de educação e de assistência social que atendam a todos os requisitos constitucionais e legais estão exoneradas das exigências do IPTU quanto aos seus imóveis; do ISSQN em relação aos serviços que prestarem a terceiros; do IR em relação aos rendimentos auferidos; do ITBI na aquisição desses bens; do Imposto de Importação sobre os bens que importarem para o desempenho de suas atividades; do IPVA sobre os veículos automotores utilizados para seus fins – e assim por diante.

---

[103] A Lei n. 9.532/97, a pretexto de veicular novos requisitos para o reconhecimento do direito à imunidade tributária pelas instituições de educação e de assistência social, dispõe, em seu art. 12, *caput*, que, para efeito do disposto no art. 150, VI, c, da Constituição, "considera-se imune a instituição de educação e de assistência social que preste os serviços para os quais houver sido instituída e os coloque à disposição da população em geral, em caráter complementar às atividades do Estado, sem fins lucrativos". Entendemos que tal disciplina legal, a par de outros vícios, de ordem material, padece de inconstitucionalidade formal, por não se constituir em lei complementar, como exige o art. 146, II, da CR. O Supremo Tribunal Federal julgou parcialmente procedente ação direta de inconstitucionalidade para declarar inconstitucionais, por invadir campo reservado à lei complementar de que trata o art. 146, II, da CF: *(i)* a alínea *f* do § 2º do art. 12, por criar uma contrapartida que interfere diretamente na atuação da entidade; o art. 13, *caput*, e o art. 14, ao prever a pena de suspensão do gozo da imunidade nas hipóteses que enumera, bem como *(ii)* a inconstitucionalidade formal e material do art. 12, § 1º, todos da Lei n. 9.532/91 (Pleno, ADI 1.802/DF, Rel. Min. Dias Toffoli, j. 12.4.2018).

Quanto ao requisito de ausência de finalidade lucrativa, conforme já assinalado, reporta-se, tão somente, às instituições de educação e de assistência social, uma vez que os partidos políticos e suas fundações, bem como as entidades sindicais de trabalhadores, são entes que, por sua própria natureza, não objetivam lucro.

Portanto, não é a ausência de lucro que caracteriza uma entidade sem fins lucrativos, visto que o lucro é relevante e mesmo necessário para que a mesma possa continuar desenvolvendo suas atividades. O que está vedado é a utilização da entidade como instrumento de auferimento de lucro por seus dirigentes, já que esse intento é buscado por outro tipo de entidade – qual seja, a *empresa*.

A qualificação de uma entidade como sendo "sem fins lucrativos" exige o atendimento de dois únicos pressupostos: a não distribuição dos lucros auferidos (ou *superávits*) e a não reversão do patrimônio da mesma às pessoas que a criaram, com a aplicação dos resultados econômicos positivos obtidos na própria entidade.

Em consequência, a não gratuidade dos serviços prestados por uma entidade e a remuneração de seus dirigentes e administradores, bem como de seus empregados, não afastam, por si sós, a exigida ausência de finalidade lucrativa.

A segunda questão debatida é a concernente à *generalidade* das atividades desenvolvidas como requisito para a fruição da imunidade. Com relação a esse aspecto, parece-nos não ser cabível tal exigência, diante do próprio papel que essas entidades desempenham no seio social.

Como anteriormente assinalado, as atividades desenvolvidas pelas instituições de educação e de assistência social sem fins lucrativos ajudam a suprir as deficiências do próprio Estado. Este, por óbvio, tem de desenvolver as atividades voltadas ao público em geral, à coletividade, por força do princípio da supremacia do interesse público sobre o particular. Mas tais entidades a isso não estão obrigadas, nem pelo texto constitucional, nem por norma infraconstitucional. Podem, muito bem, exercer suas atividades de maneira setorizada, voltadas para um universo determinado de sujeitos, pois ainda assim estarão auxiliando o Poder Público a suprir suas deficiências no campo da prestação de educação e de assistência social.

Outrossim, questiona-se se existe a vedação de que os serviços por elas prestados sejam remunerados, impondo-se a sua *gratuidade*. Em outras palavras, indaga-se se a gratuidade é requisito de legitimação à imunidade tributária não explicitado no Código Tributário Nacional.

Parece-nos rematado exagero falar-se na gratuidade dos serviços prestados pela instituição como requisito para o reconhecimento do direito ao benefício fiscal.

Com efeito, como afirmamos, o auferimento de lucro não é vedado, mas sim a existência de propósito de lucro, traduzido na distribuição do mesmo, na participação em seu resultado ou, ainda, no retorno do patrimônio da entidade às pessoas que criaram a instituição.

Exemplifique-se com a imunidade das instituições de educação públicas. Por força de norma constitucional, têm atividades gratuitas (art. 206, IV) e são alcançadas pela imunidade recíproca (art. 150, VI, *a*). Nada impede, porém, que as instituições de educação privadas, para efeito de fruírem da imunidade fiscal, cobrem mensalidades de seus alunos, desde que os recursos assim obtidos sejam revertidos aos seus fins institucionais – remuneração de professores e funcionários, investimento em instalações, equipamentos e materiais etc.

Não se olvide que o próprio Estado está autorizado a exigir remuneração pela prestação dos serviços públicos a seu cargo, mediante a exigência de tributos: taxas, se os serviços forem específicos e divisíveis; e impostos, caso se cuidar de serviços gerais (art. 145, I e II, CR).

Interessante cotejar, no que respeita às instituições de assistência social, a dicção do art. 150, VI, *c* – hospedeiro da imunidade sob comento –, com a do art. 195, § 7º – continente da imunidade concernente a contribuições para a seguridade social.

No primeiro dispositivo exige-se que a instituição de assistência social não detenha finalidade lucrativa; no segundo, impõe-se que a entidade seja beneficente. *Entidade beneficente* não possui finalidade lucrativa, mas, além disso, é aquela que dedica suas atividades, ainda que parcialmente, ao atendimento gratuito dos necessitados.[104]

A gratuidade dos serviços prestados é, portanto, elemento caracterizador da beneficência. E, se assim é, a gratuidade dos serviços não é exigência para a fruição da imunidade do art. 150, VI, *c*, pelas instituições de assistência social sem fins lucrativos.

---

[104] Prestigiando tal distinção, assim entendeu o Supremo Tribunal Federal na ADI 2.028/DF (Pleno, Rel. p/ o acórdão Min. Rosa Weber, j. 2.3.2017).

3.3.3.4. Livros, jornais, periódicos e o papel destinado à sua impressão[105]

Prestigia esta imunidade diversos valores: a liberdade de comunicação, a liberdade de manifestação do pensamento, a expressão da atividade intelectual, artística, científica, visando ao acesso à informação e à difusão da cultura e da educação, bem como o direito exclusivo dos autores de utilização, publicação ou reprodução de suas obras, transmissível aos herdeiros pelo tempo que a lei fixar (arts. 5º, IV, IX, XIV e XXVII, 205, 215 e 220).

Destaque-se, especialmente, o teor dos arts. 206, I – segundo o qual o ensino será ministrado com base, dentre outros, no princípio da "liberdade de aprender, ensinar, pesquisar e divulgar o pensamento, a arte e o saber" –, e 220, *caput*, da Constituição, que estatui que "a manifestação do pensamento, a criação, a expressão e a informação, sob qualquer forma, processo ou veículo não sofrerão qualquer restrição", observado o disposto na própria Lei Maior.

A imunidade conferida aos livros, jornais, periódicos e ao papel destinado à sua impressão classifica-se como *de caráter político* e *incondicionada*; mas, diversamente das imunidades anteriormente estudadas, reveste-se de natureza *objetiva*.

Em razão disso, não há dúvida de que estão livres aqueles itens da exigência dos impostos que recairiam nas operações e prestações que os tenham por objeto – Imposto de Importação, Imposto de Exportação, ICMS, IPI e ISSQN.

Questão polêmica refere-se ao próprio conceito de *livro*. Vários estudiosos têm com ela se preocupado, diante do tempo de inovações tecnológicas que estamos vivendo, no qual livros não são mais necessariamente impressos em papel, mas gravados em CD e outros meios eletrônicos.

Parte da doutrina sustenta que somente o livro feito de papel é imune a impostos, à vista da cláusula "e o papel destinado à sua impressão", contida no art. 150, VI, *d*. Desse modo, estender-se a exoneração constitucional a outros meios de divulgação de ideias seria ampliar o querer constitucional, para abranger itens por ela não cogitados.

Devido a esse caráter objetivo, a imunidade que estamos examinando não alcança outros tributos que não os impostos que incidiriam sobre os objetos da tutela constitucional. Alargar-se o alcance da imunidade em tela é transformar seu caráter objetivo em subjetivo – de maior abrangência, como sabido.

---

[105] *Vide* Súmula Vinculante 57 e Súmula 657, STF.

Outro entendimento preconiza que o livro deve ser visto como veículo de manifestação de ideias, de transmissão de pensamento; e, assim, irrelevante, para efeito de se determinar o tratamento fiscal a ele dispensado, se o mesmo é feito em papel ou se está contido em impressão magnética em CD etc.

Em nossa opinião, o conceito de livro para efeito de aplicação da imunidade tributária repousa na utilização de dois métodos de interpretação das normas constitucionais: a *teleológica* e a *evolutiva*. Assim é que, considerados o espírito e a finalidade da norma imunizante, bem como as inovações tecnológicas, o conceito de livro, para esse fim, deve ter sua conotação modificada, para comportar conteúdos que não foram imaginados pelo legislador constituinte mas que são, indubitavelmente, fiéis à finalidade da norma constitucional. Enfim, tutelada está a *mídia escrita*, esteja ela materializada em papel, CD etc. O livro eletrônico ou digital está, portanto, abrangido pela norma imunizante.[106]

3.3.3.5. *Fonogramas e videofonogramas musicais produzidos no Brasil contendo obras musicais ou literomusicais de autores brasileiros e/ou obras em geral interpretadas por artistas brasileiros, bem como os suportes materiais ou arquivos digitais que os contenham, salvo na etapa de replicação industrial de mídias ópticas de leitura a* laser

Trata-se de nova imunidade genérica, de caráter objetivo e político, introduzida pela Emenda Constitucional n. 75/2013.

Fonograma é o registro de ondas sonoras – a própria música –, e *videofonograma*, por sua vez, o registro de imagens e sons, em determinado suporte.

Os valores homenageados pela nova imunidade coincidem com alguns dos contemplados pela norma imunizante da alínea *d*: a liberdade de comu-

---

[106] O Supremo Tribunal Federal aprovou as seguintes teses: "A imunidade tributária do art. 150, VI, d, da Constituição Federal, aplica-se ao livro eletrônico ou digital (*e-book*), inclusive aos suportes exclusivamente uti-lizados para fixá-lo" (Pleno, RE 330.817/RJ, Tema 593, Rel. Min. Dias Toffoli, j. 8.3.2017, precedente que originou a Súmula Vinculante 57) e "A imunidade tributária da alínea d do inciso VI do artigo 150 da Constituição Federal alcança componentes eletrônicos destinados exclusivamente a integrar unidades didáticas com fascículos" (Pleno, RE 595.676/RJ, Tema 259, Rel. Min. Marco Aurélio, j. 8.3.2017).

nicação, a liberdade de manifestação do pensamento, bem como a expressão da atividade artística.

O intuito é incentivar a produção musical de autoria e/ou interpretação brasileiras, por meio de CDs, DVDs e outras mídias, desonerando esses itens da carga tributária de impostos.

Observe-se a ressalva efetuada na cláusula final do dispositivo, que veda o tratamento tributário excepcional na etapa de replicação industrial de mídias ópticas de leitura a *laser*.

Tal imunidade afasta, a nosso ver, a exigência de Imposto de Importação, Imposto de Exportação, ICMS, IPI e ISSQN. Com relação ao IPI, não haverá imunidade na etapa industrial apontada.[107]

3.3.4. Imunidades específicas

A Constituição de 1988 contempla igualmente um grande número de imunidades específicas, assim entendidas aquelas que, como regra, dirigem-se especialmente a uma pessoa política e são restritas a um único tributo, que pode ser imposto, taxa ou contribuição.

As imunidades específicas referentes a impostos estão contempladas nos arts. 153, § 3º, III (IPI); 153, § 4º, II (ITR); 153, § 6º, I e II (Imposto Seletivo); 155, § 2º, X, *a*, *b*, *c* e *d* (ICMS); 155, § 1º, V e VII (ITCMD); 155, § 3º (Imposto de Importação, Imposto de Exportação e ICMS);[108] 156, II, e § 2º, I (ITBI); 156-A, § 1º, III e XI (IBS); 184, § 5º (impostos federais, estaduais e municipais); no art. 126, III, *b*, do ADCT; e no art. 9º, § 9º, da EC n. 132/2023 (Imposto Seletivo).[109]

Cabe destacar que a EC n. 132/2023, ao promover a Reforma Tributária autorizando a instituição de novos tributos e incluindo muitas normas, estabeleceu também novas imunidades: (*i*) imunidade das exportações e operações com energia elétrica e com telecomunicações ao Imposto Seletivo (art. 153, VIII, § 6º, I); (*ii*) imunidade sobre as doações efetuadas, no âmbito do Poder

---

[107] O STF, ao julgar o Tema 1.084 de Repercussão Geral, fixou a seguinte tese: "A imunidade tributária prevista no art. 150, inciso VI, alínea e, da Constituição Federal não se aplica às importações de suportes materiais produzidos fora do Brasil, ainda que contenham obra musical de artista brasileiro" (Rel. Min. Gilmar Mendes, em 9.9.2024).

[108] *Vide* Súmula 659, STF.

[109] A respeito dessas normas, *vide* Parte IV, Capítulos 1, 2 e 3.

Executivo da União, a projetos socioambientais ou destinados a mitigar os efeitos das mudanças climáticas e às instituições federais de ensino; (*iii*) imunidade das transmissões e doações para as instituições sem fins lucrativos de relevância pública e social, inclusive as organizações assistenciais e beneficentes de entidades religiosas e institutos científicos, e por elas realizadas na consecução de seus objetivos sociais, observadas as condições estabelecidas em lei complementar ao Imposto sobre Transmissão *Causa Mortis* e Doação – ITCMD (art. 155, § 1º, VII); (*iv*) imunidade das exportações, assegurados ao exportador a manutenção e o aproveitamento dos créditos relativos às operações nas quais seja adquirente de bem material ou imaterial, inclusive direitos, ou serviço, ao Imposto sobre Bens e Serviços – IBS (art. 156-A, § 1º, III); (*v*) imunidade das prestações de serviços de comunicação nas modalidades de radiodifusão sonora e de sons e imagens de recepção livre e gratuita ao Imposto sobre Bens e Serviços – IBS (art. 156-A, § 1º, XI); (vi) imunidade excludente entre o Imposto sobre Produtos Industrializados – IPI e o Imposto sobre a Produção, Extração, Comercialização ou Importação de Bens e Serviços Prejudiciais à Saúde ou ao Meio Ambiente, o chamado Imposto Seletivo (art. 126, III, b, ADCT); e (vii) imunidade dos bens e serviços cujas alíquotas do Imposto sobre Bens e Serviços – IBS sejam reduzidas nos termos do § 1º do art. 9º da EC n. 132/2023 ao Imposto sobre a Produção, Extração, Comercialização ou Importação de Bens e Serviços Prejudiciais à Saúde ou ao Meio Ambiente (art. 9º, § 9º, EC n. 132/2023).

Em relação às taxas, as imunidades específicas estão previstas nos arts. 5º, XXXIV, *a* e *b*, LXIII, LXXIV, LXXVI, *a* e *b*, LXXVII, 208, I, 226, § 1º, e 230, § 2º.[110]

Quanto às imunidades relativas a contribuições, estão hospedadas nos arts. 149, § 2º, I[111] (contribuições sociais e de intervenção no domínio econômico), 195, II (contribuições à seguridade social), §§ 5º (contribuição previdenciária) e 7º (contribuições para a seguridade social), e 203, *caput* (contribuição à seguridade social).

---

[110] *Vide* nossos comentários no Capítulo 1, item 1.2, *supra*.
[111] *Vide* comentário no Capítulo 4, item 4.5.1, *infra*.

Das imunidades relativas a contribuições, enseja comentário, por sua maior importância, a conferida às entidades beneficentes de assistência social às contribuições para a seguridade social (art. 195, § 7º).[112]

O dispositivo prescreve que "são isentas de contribuição para a seguridade social as entidades beneficentes de assistência social que atendam às exigências estabelecidas em lei".

A expressão "são isentas", empregada na norma imunitória, não deve iludir o intérprete, porquanto a intributabilidade é fixada pelo próprio Texto Fundamental. Norma exonerativa de tributação, no plano constitucional, como visto, qualifica-se como imunidade, sendo a referência a isenção, nesse contexto, atecnia própria da linguagem natural empregada.

Nos termos da Constituição, cabem às entidades beneficentes de assistência social, juntamente com os governos estaduais e municipais, a coordenação e execução de programas na área da assistência social (art. 204, I) – o que revela o estabelecimento de uma autêntica parceria entre o Estado e essas entidades para o alcance desse objetivo comum.

Cuida-se de imunidade *subjetiva* e *ontológica*, diante da ausência de capacidade contributiva desses entes, pois, como observado quando da análise da imunidade contida no art. 150, VI, *c*, sua capacidade econômica exaure-se no desempenho de suas finalidades.

O preceito imunitório em foco insere-se num contexto onde vigoram os princípios da universalidade de cobertura e da solidariedade contributiva.

O *princípio da universalidade da cobertura*, hospedado no art. 194, parágrafo único, I, CR, impõe que a cobertura outorgada pelos planos de benefícios da Previdência Social abranja todas as espécies de infortúnios e limitações que venham a afetar a capacidade laboral do ser humano.

Já o *princípio da solidariedade contributiva*, antes analisado,[113] manifesta-se, igualmente, no art. 195, pertinente ao financiamento da seguridade social, sendo decorrência lógica da adoção, pelo Estado brasileiro, como seu objetivo fundamental, dentre outros, da construção de uma sociedade livre, justa e solidária (art. 3º, I, CR). Significa que o Estado e a sociedade são corresponsáveis pela manutenção financeira da seguridade social.

---

[112] *Vide* Súmula 612, STJ.
[113] Parte II, Capítulo 3, item 3.2.2.8.

Numa primeira aproximação entre o preceito imunizante contido no art. 150, VI, c, e a exoneração tributária hospedada no art. 195, § 7º, restrito às contribuições para a seguridade social, impõe-se observar que no primeiro estão abrangidas as instituições de educação, não alcançadas pela segunda.

Em verdade, ainda que o conceito de assistência social, hodiernamente, seja abrangente da assistência em diversas áreas (médica, hospitalar, odontológica, psicológica, jurídica), como já assinalamos, a "assistência educacional", a nosso ver, nele não se encontra albergada para efeito de imunidade tributária.

A uma, porque a Constituição distingue, perfeitamente como antes exposto, os conceitos de assistência social (art. 203) e de educação (art. 205), não cabendo, de modo algum, sustentar-se entroncamento entre ambos para o efeito mencionado, além do fato de que as instituições que se dedicarem a essas atividades, sem finalidade lucrativa, fazem jus à intributabilidade assegurada pelo art. 150, VI, c.

A duas, porque, quando desejou a Lei Maior imunizar as instituições de educação, o fez, deferindo-lhes a imunidade genérica estampada no art. 150, VI, c; todavia, não agiu do mesmo modo em relação à imunidade concernente às contribuições para a seguridade social, cuja eficácia restringiu às entidades beneficentes de assistência social. Justifica-se o tratamento díspar, em nossa opinião, pelo fato de a assistência social constituir ramo da seguridade social, o mesmo não ocorrendo com a educação.

Outro entender, cremos, conduzirá a uma interpretação distorcida do desígnio constitucional, que não se expressou no sentido de exonerar as instituições de educação, sem fins lucrativos, da exigência de contribuição para o financiamento da seguridade social.

Vale reiterar que os conceitos de "instituição de assistência social, sem fins lucrativos", empregado no art. 150, VI, c, e o de "entidade beneficente de assistência social", utilizado no dispositivo sob comento, ainda que eventualmente se sobreponham, não coincidem exatamente.

Os objetivos da assistência social são os contidos no art. 203 da Constituição, já apontados: a proteção à família, à maternidade, à infância, à adolescência e à velhice; o amparo às crianças e adolescentes carentes; a promoção da integração ao mercado de trabalho; a habilitação e reabilitação das pessoas portadoras de deficiência e a promoção de sua integração à vida comunitária; e a garantia de um salário mínimo de benefício mensal à pessoa portadora de deficiência e ao idoso que comprovem não possuir meios de prover a própria manutenção ou de tê-la provida por sua família, conforme dispuser a lei.

No entanto, para fruir a imunidade em tela, mais que entidade de assistência, tem ela de ser beneficente. Desse modo, a par de dedicar-se às atividades mencionadas, sem finalidade lucrativa, parte delas deve voltar-se ao atendimento gratuito das pessoas carentes. Assim é que *instituição ou entidade beneficente de assistência social* é aquela que não somente não possui finalidade lucrativa, mas também se dedica, ainda que parcialmente, ao atendimento dos necessitados. A *gratuidade dos serviços prestados* é, portanto, elemento caracterizador da beneficência.

A exigência que a Lei Maior acrescenta para a outorga da exoneração tributária no que tange à contribuição para a seguridade social explica-se, a nosso ver, por se constituir exceção ao princípio da solidariedade no custeio da seguridade social, que tem na assistência social uma de suas faces.

Significa dizer que se exime a entidade de assistência social da exigência de contribuição para a seguridade social porque tal entidade realiza beneficência, voltando o desempenho de suas atividades exatamente aos sujeitos que são beneficiários da assistência social a ser prestada pelo Estado.

A cláusula segundo a qual são imunes essas entidades desde que "atendam às exigências estabelecidas em lei" revela tratar-se a regra hospedada no art. 195, § 7º, de norma constitucional de eficácia contida. Vale dizer: o gozo da imunidade pode ser condicionado ao cumprimento de requisitos postos pelo legislador infraconstitucional; se, todavia, não forem estes fixados, a fruição do benefício não poderá ser recusada diante do silêncio do legislador, consoante o raciocínio que já expusemos por ocasião da análise da imunidade das entidades de assistência social, inserida no art. 150, VI, *c*, da Lei Maior.

Dessa maneira, também na hipótese ora em exame, as exigências de lei complementar são as mesmas postas para a fruição daquela imunidade.[114]

Findo o exame das limitações constitucionais ao poder de tributar, examinemos, em sequência, o conceito de tributo e suas espécies.

---

[114] *Vide* RE 566.622/RS, Tema 32, j. 23.2.2017 e ED, j. 18.12.2019.

4. Tributo e suas Espécies

4.1. CONCEITO CONSTITUCIONAL DE TRIBUTO

O conceito de tributo é extraído da própria Constituição. Da leitura do capítulo dedicado à disciplina do Sistema Tributário Nacional (arts. 145 a 156), depreende-se a noção essencial desse conceito, segundo a qual *tributo corresponde a uma relação jurídica existente entre Estado e contribuinte, uma vez implementada determinada situação fática prevista em lei como autorizadora dessa exigência, cujo objeto consiste numa prestação pecuniária, não revestida de caráter sancionatório, e disciplinada por regime jurídico próprio.*

Tal situação fática pode ou não estar vinculada a uma *atuação estatal*. Em todos os casos, porém, revestirá *conteúdo econômico*, sem o qual nenhuma hipótese pode dar suporte à instituição de tributo.

À vista desses elementos, o legislador infraconstitucional estatuiu uma definição do conceito de tributo, estampada no art. 3º, CTN.

4.2. DEFINIÇÃO LEGAL

O Código Tributário Nacional, com didatismo, contempla uma definição do conceito de tributo, assim expressa:

> Art. 3º Tributo é toda prestação pecuniária compulsória, em moeda ou cujo valor nela se possa exprimir, que não constitua sanção de ato ilícito, instituída em lei e cobrada mediante atividade administrativa plenamente vinculada.

A definição legal, conquanto algo redundante, pela ênfase dada ao caráter pecuniário da prestação, explicita a essência do tributo. Afinando-se ao conceito constitucional, estatui que se trata de uma *relação jurídica* mediante a qual o credor ou sujeito ativo – no caso, o Fisco – pode exigir do devedor – o sujeito passivo ou contribuinte – uma prestação em dinheiro, exigível mediante lei e inconfundível com uma sanção.

É uma obrigação *ex lege*, vale dizer, nasce pela simples realização do fato descrito na hipótese de incidência prevista em lei, sendo, portanto, *compulsória*.

Não possui caráter sancionatório – o que a distingue da *multa*, outra modalidade de prestação pecuniária compulsória.

Por fim, a sua exigência se dá mediante *atividade administrativa plenamente vinculada*, significando que não há discricionariedade deferida ao administrador tributário no exercício da atividade estatal de exigir tributos.

Em razão de o tributo atingir imediatamente o direito de propriedade, constitucionalmente assegurado, sua compostura é balizada por diversos princípios e regras constitucionais. Importa, assim, distingui-lo de outras figuras relacionadas ao direito de propriedade, com as quais guarda algum ponto de contato.[115]

Em primeiro lugar, conquanto a *multa* consista numa prestação pecuniária compulsória, tal qual o tributo, com ele não se confunde em razão de ostentar a natureza de *sanção*. Essa distinção, como visto, o legislador deixou expressa no art. 3º, CTN.

Também, embora a *desapropriação* atinja de modo direto o direito de propriedade tal como o tributo (art. 5º, XXIV, CR), dele se diferencia, pois traduz a supressão da propriedade que deve corresponder ao pagamento de *indenização* e, neste, disso não se cogita.

Ainda, não obstante o *confisco* represente, tal como o tributo, *meio de absorção compulsória da propriedade privada pelo Poder Público*, esse é o único ponto que os aproxima. Enquanto o tributo não constitui sanção de ato ilícito, o confisco reveste, em nosso ordenamento jurídico, *caráter sancionatório*; o tributo representa a absorção de *parcela* da propriedade do sujeito, mas o confisco traduz *absorção total ou substancial* da propriedade privada. A Constituição distingue, expressamente, ambos os conceitos quando proclama ser vedada a utilização de tributo com efeito de confisco (art. 150, IV, CR).[116]

Portanto, o tributo não se confunde com multa, desapropriação ou confisco.

O art. 4º, por sua vez, prescreve:

> Art. 4º A natureza jurídica específica do tributo é determinada pelo fato gerador da respectiva obrigação, sendo irrelevantes para qualificá-la:

---

[115] Vejam-se, a respeito, os ensinamentos de Geraldo Ataliba, em *Hipótese de Incidência Tributária*, cit., pp. 36-37.

[116] Sobre as hipóteses de confisco constitucionalmente autorizadas e o princípio da vedação da utilização de tributo com efeito de confisco, *vide* Capítulo 3, item 3.2.2.9, *supra*.

I – a denominação e demais características formais adotadas pela lei;
II – a destinação legal do produto da sua arrecadação.

Abrigando outro preceito didático, este dispositivo salienta, primeiramente, que o critério determinante para identificar-se a natureza jurídica de uma espécie tributária é o *fato gerador "in abstracto"* (*hipótese de incidência*).

É a própria Constituição Federal, ao estabelecer as regras-matrizes de incidência e classificar os tributos, quem determina a sua natureza jurídica. No entanto, cabe salientar que a Lei Maior faz também referência à *base de cálculo* como critério a ser conjugado com a hipótese de incidência, no intuito de apontar a natureza jurídica da espécie tributária, em dois dispositivos: *a)* art. 145, § 2º ("As taxas não poderão ter base de cálculo própria de impostos"), e *b)* art. 154, I ("A União poderá instituir: I – mediante lei complementar, impostos não previstos no artigo anterior, desde que sejam não cumulativos e não tenham fato gerador ou base de cálculo próprios dos discriminados nesta Constituição; (...)".

Portanto, a adequada compreensão do disposto no *caput* do art. 3º, CNT, não pode prescindir da observância de tais normas constitucionais, que vinculam sua interpretação e aplicação: a natureza jurídica específica do tributo é determinada pela hipótese de incidência (*fato gerador "in abstracto"*), aliada à base de cálculo.[117]

O dispositivo sob comento veicula, ainda, duas advertências. A primeira, segundo a qual o nome ou as características formais que o tributo possua não importam na sua qualificação, determinada pela situação fática descrita em lei. Exemplo a ser lembrado é o do *salário-educação* que, não obstante a denominação, constitui autêntica contribuição social, encontrando seu fundamento nos arts. 149, *caput*, e 212, § 5º, CR.

Outrossim, o art. 4º, CTN, declara que a *destinação legal do produto da arrecadação* é desinfluente na qualificação de uma exigência tributária.

Há que se entender que o legislador assim afirmou considerando os *impostos*, porquanto a assertiva é perfeitamente aplicável aos tributos não vinculados a uma atuação estatal, cuja receita é destinada ao custeio dos serviços públicos gerais.[118]

---

[117] Sobre a hipótese de incidência tributária e seus aspectos, dissertaremos na Parte III, Capítulo 5, item 5.3.
[118] Lembre-se, a propósito, o disposto no art. 167, IV, CR, que contempla o *princípio da não afetação da receita de impostos a órgão, fundo ou despesa*.

No entanto, frise-se que a destinação do produto da arrecadação é relevante em outras espécies tributárias, como nos *empréstimos compulsórios* (a aplicação dos recursos provenientes de sua arrecadação será vinculada à despesa que fundamentou sua instituição – art. 148, parágrafo único, CR) e nas *contribuições*, tributos cuja instituição é autorizada à vista de determinadas finalidades (arts. 149, 149-A, 177, § 4º, e 195, CR).

Delineado o conceito nuclear do Direito Tributário, impõe-se analisar as espécies que esse gênero comporta.

4.3. ESPÉCIES

A doutrina debate, há muito, acerca do número de espécies tributárias que a Constituição prevê. Consoante o magistério de Geraldo Ataliba,[119] as espécies tributárias são *três* (impostos, taxas e contribuição de melhoria), sendo que os empréstimos compulsórios e as demais contribuições constituem apenas variações das três primeiras figuras, porquanto suas hipóteses de incidência revestem a materialidade de uma delas.

De outro lado, sustenta-se o entendimento segundo o qual são *cinco* as espécies tributárias (imposto, taxa, contribuição de melhoria, empréstimo compulsório e demais contribuições).[120]

Registre-se, ainda, o pensamento daqueles para quem o *pedágio* revela-se categoria distinta, inconfundível com a taxa.[121]

Revendo o posicionamento por nós anteriormente adotado,[122] segundo o qual as espécies tributárias são apenas *três* (imposto, taxa e contribuição de

---

[119] *Hipótese de Incidência Tributária*, 6. ed., São Paulo: Malheiros Editores, 2016, pp. 125 e 137-208. No mesmo sentido, Paulo de Barros Carvalho, *Curso de Direito Tributário*, cit., pp. 60, 64 e 73, e Roque Carrazza, *Curso de Direito Constitucional Tributário*, cit., pp. 519-620.

[120] *E.g.* Estevão Horvath, "Classificação dos tributos", *in Curso de Iniciação em Direito Tributário*, Coord. Aires F. Barreto e Eduardo Domingos Bottallo, São Paulo: Dialética, 2004, pp. 45-50.

[121] Cf. Luciano Amaro, *Direito Tributário Brasileiro*, 20. ed., São Paulo: Saraiva, 2014, pp. 71-73.

[122] *In Código Tributário Nacional Comentado*. Coord. Vladimir Passos de Freitas, 4. ed., rev., atual. e ampl., São Paulo, Revista dos Tribunais, 2007, p. 34. A partir da 5. ed. dessa obra (2011), já registramos o entendimento aqui adotado (p. 38), bem assim no nosso *Código Tributário Nacional Comentado em sua Moldura Constitucional*, Rio de Janeiro: Editora Forense, 2. ed., 2022.

melhoria), porquanto o empréstimo compulsório e as demais contribuições constituem apenas *variações* daquelas figuras, consoante a primeira corrente doutrinária mencionada, parece-nos não ser esse o entendimento que melhor traduz o regime da Constituição de 1988, por ser possível dela extrair, claramente, serem *cinco* as espécies tributárias.

Assim, sem abandonarmos a classificação constitucionalmente contemplada, entre tributos vinculados e não vinculados a uma atuação estatal (arts. 145, I a III), podemos visualizar, no Texto Fundamental, cinco regimes jurídicos distintos, que apontam para as categorias do imposto, da taxa, da contribuição de melhoria, do empréstimo compulsório e das demais contribuições.

Com efeito, além dos impostos, das taxas e da contribuição de melhoria, tributos cuja materialidade é apontada na Constituição, os empréstimos compulsórios e as demais contribuições merecem disciplina constitucional distinta, que lhes agrega elementos não presentes nas três primeiras espécies.

Em relação aos empréstimos compulsórios, por primeiro, a vinculação ou não da hipótese de incidência a uma atuação estatal é irrelevante para determinar sua natureza jurídica, pois podem revestir a materialidade de imposto, taxa ou contribuição de melhoria. As notas típicas dessa figura tributária, à luz do que dispõe o art. 148, são: *a)* exigência de lei complementar para sua instituição; *b)* situação excepcional de urgência fundamentada numa das hipóteses do art. 148; *c)* escolha de um fato tributável que se insira na competência da União; *d)* vinculação da aplicação dos recursos dele provenientes à despesa que fundamentou sua instituição; e *e)* regime de devolução do valor pago a esse título.

O mesmo raciocínio é aplicável às contribuições do art. 149, CR. Assim, independentemente de suas materialidades ostentarem a natureza de imposto ou taxa,[123] suas características específicas são: *a)* visam uma das finalidades constitucionalmente apontadas, isto é, funcionam como instrumentos da atuação da União nas áreas social, de intervenção no domínio econômico e no interesse de categorias profissionais ou econômicas; *b)* exigência de lei instituidora que preveja fato de competência da União; e *c)* que a destinação do produto de sua arrecadação seja vertida a tal atuação.[124]

---

[123] Anote-se ser incompatível imaginar a materialidade da contribuição de melhoria aplicável às contribuições do art. 149, CR, posto envolver valorização imobiliária, como anota Paulo de Barros Carvalho, *Curso de Direito Tributário*, cit., p. 73.

[124] Nesse sentido, Estevão Horvath, "Classificação dos tributos", in *Curso de Iniciação em Direito Tributário*, cit., pp. 47-50.

Portanto, diante dessas singelas considerações, ora entendemos sejam cinco as espécies tributárias: impostos, taxas, contribuições de melhoria, empréstimos compulsórios e contribuições – as quais serão examinadas nos tópicos seguintes.

4.3.1. Impostos

Impostos são os *tributos não vinculados a uma atuação estatal*. É o que se extrai da conjugação dos arts. 145, I, 153, 155 e 156, CR que, ao repartirem as competências tributárias, preveem situações fáticas que não contêm nenhuma conduta do Poder Público. Portanto, basta que o sujeito passivo realize qualquer das situações previstas em lei para que a pessoa política competente esteja autorizada a exigir o imposto correspondente, não se impondo contraprestação direta ao sujeito passivo.

Conformando-se ao regime constitucional, a definição legal de imposto contida no art. 16, CTN:

> Art. 16. Imposto é o tributo cuja obrigação tem por fato gerador uma situação estatal independente de qualquer atividade estatal específica, relativa ao contribuinte.

Constituem os impostos os tributos mais relevantes, exatamente porque sua exigência prescinde de contraprestação por parte do Estado, daí ter a Constituição da República se dedicado mais à sua disciplina do que a das demais espécies tributárias. Outrossim, são importantes do ponto de vista de arrecadação, porquanto sua receita está, como regra, desafetada de determinada despesa, a teor do art. 167, IV, CR, conforme já salientamos.[125]

O *princípio da capacidade contributiva*, insculpido no art. 145, § 1º, CR, como visto, constitui a diretriz para a *modulação da carga tributária em matéria de impostos*, porquanto sendo esses tributos não vinculados a uma atuação estatal, sua graduação deve levar em conta circunstância que diga respeito ao próprio sujeito passivo.[126]

No sistema brasileiro, os impostos são numerosos, não somente por ser o Brasil uma Federação, forma de Estado que contempla várias pessoas aptas

---

[125] *Vide* nota 97, *supra*.
[126] A respeito desse princípio, *vide* Parte II, Capítulo 3, item 3.2.2.7.

a tributar, mas também porque cada ente político possui competência para instituir diversos impostos.

A repartição de competências para a instituição de impostos, como já anotado, foi efetuada consoante as múltiplas materialidades:

a) *impostos sobre o comércio exterior* – Imposto de Importação e Imposto de Exportação – atribuídos à União;

b) *imposto sobre a renda*, atribuído à União;

c) *impostos sobre o patrimônio* – Imposto sobre a Propriedade Territorial Rural e Imposto sobre Grandes Fortunas para a União; Imposto sobre a Propriedade de Veículos Automotores para os Estados-membros e o Distrito Federal; e o Imposto sobre a Propriedade Predial e Territorial Urbana para os Municípios;

d) *impostos sobre transmissão de bens e direitos* – Imposto sobre a Transmissão *Causa Mortis* e Doação de Quaisquer Bens e Direitos aos Estados-membros e ao Distrito Federal e Imposto sobre Transmissão de Bens Imóveis aos Municípios;

e) *impostos sobre circulação e produção* – o Imposto sobre Produtos Industrializados e o Imposto sobre Operações Financeiras outorgados à União; o Imposto sobre Circulação de Mercadorias e Prestações de Serviço de Transporte Interestadual e Intermunicipal e de Comunicação aos Estados-membros e ao Distrito Federal; e o Imposto sobre Serviços de Qualquer Natureza aos Municípios. Assinale-se que a EC n. 132/2023 autorizou a instituição do Imposto sobre Bens e Serviços – IBS, que substituirá, gradualmente, o ICMS e o ISS a partir de 2026, bem como a do Imposto sobre a Produção, Extração, Comercialização ou Importação de Bens e Serviços Prejudiciais à Saúde ou ao Meio Ambiente – chamado Imposto Seletivo – a partir de 2027.[127]

Recorde-se que à União foram atribuídas, ainda, as competências *extraordinária* e *residual* em matéria de impostos, não havendo indicação de materialidades quanto a essas, mas, tão somente, exigência ao atendimento dos pressupostos constitucionalmente apontados (art. 154, I e II, CR).

---

[127] Cf. arts. 124 a 126 do ADCT.

Em consequência, a União detém atribuição para instituir *oito* impostos (art. 153, I a VIII, CR), além de suas competências residual e extraordinária (art. 154, I e II, CR).

Os Estados-membros, por sua vez, estão autorizados a instituir *três* impostos (art. 155, CR). Assim também os Municípios (art. 156, CR). Quanto ao Distrito Federal, acumula ele as competências tributárias de Estados-membros e Municípios (arts. 147, *in fine,* e 155, CR). Com o novo sistema de tributação sobre o consumo autorizado pela EC n. 132/2023, tais entes perderão autonomia financeira, uma vez que o IBS será instituído pela União, cabendo-lhes somente fixar as alíquotas do imposto (art. 156-A, *caput* e § 1º, V, CR).

O art. 17, CTN, ao declarar que "os impostos componentes do sistema tributário nacional são exclusivamente os que constam deste Título, com as competências e limitações nele previstas", encontra-se superado, pois a Constituição de 1988 autoriza a instituição de impostos por ele não disciplinados (exs.: IPVA e, com a EC n. 132/2023, os novos tributos sobre o consumo), bem como o Código Tributário Nacional refere-se a figuras que não mais encontram fundamento constitucional (ex.: o extinto Imposto sobre Serviços de Transportes e de Comunicação, de competência da União – arts. 68 a 70).

Ainda cuidando da disciplina geral dos impostos, o Código Tributário Nacional, em seu art. 18, reproduz, em sua essência, o teor do art. 147, CR, já examinado, atribuindo, à União, a competência para instituir impostos estaduais e municipais em Territórios Federais e, ao Distrito Federal, a competência para a instituição de impostos municipais.

O art. 18-A, incluído pela Lei Complementar n. 194/2022, estatui que, para efeito da incidência do ICMS, os combustíveis, o gás natural, a energia elétrica, as comunicações e o transporte coletivo são considerados bens e serviços essenciais e indispensáveis, que não podem ser tratados como supérfluos.[128]

4.3.1.1. Classificação dos impostos

Os impostos sujeitam-se a diversas classificações. Destacaremos aquelas que consideramos mais úteis e largamente empregadas na prática. Desse modo, analisaremos as classificações que distinguem os impostos em: *a)* reais e pessoais; *b)* diretos e indiretos; *c)* fiscais e extrafiscais; *d)* federais, estaduais ou distritais e municipais.

---

[128] *Vide*, para mais comentários sobre o ICMS, Parte IV, Capítulo 2, item 2.3.3.

Em primeiro lugar, de acordo com o critério de conexão do aspecto pessoal com o aspecto material da hipótese de incidência, podemos distinguir entre *impostos reais* e *impostos pessoais*. Ensina Geraldo Ataliba[129] que a apontada classificação considera a existência de uma conexão maior ou menor entre a estrutura do aspecto material e o aspecto pessoal da hipótese de incidência.

Logo, são *impostos reais* "aqueles cujo aspecto material da hipótese de incidência limita-se a descrever um fato, acontecimento ou coisa independentemente do elemento pessoal, ou seja, indiferente ao eventual sujeito passivo e suas qualidades", vale dizer, o aspecto pessoal desses impostos não tem relação com a estrutura do seu aspecto material.[130]

Exemplificando, constituem impostos reais o Imposto sobre a Propriedade Predial e Territorial Urbana – IPTU, o Imposto sobre a Propriedade Territorial Rural – ITR e o Imposto sobre a Propriedade de Veículos Automotores – IPVA.

Diversamente, *impostos pessoais* são aqueles "cujo aspecto material da hipótese de incidência leva em consideração certas qualidades juridicamente qualificadas do sujeito passivo".[131] Nesse caso, as qualidades jurídicas dos sujeitos passivos refletem-se no aspecto material da hipótese de incidência para estabelecer diferenciação no tratamento destes.

O melhor exemplo de imposto pessoal é o Imposto sobre a Renda – IR, porquanto sua estrutura permite a consideração de múltiplos aspectos do sujeito passivo, com vista a avaliar sua efetiva capacidade contributiva.

Outra classificação distingue os impostos em *diretos* e *indiretos*, considerando o modo como se dá a absorção do impacto econômico por eles provocado.

Assim, imposto *direto* é aquele em que o contribuinte absorve o impacto econômico da exigência fiscal, como ocorre no Imposto sobre a Renda, por exemplo. Já no imposto *indireto* observa-se o fenômeno da *repercussão tributária* ou *translação econômica do tributo*, segundo o qual o *contribuinte de direito* não é aquele que absorve o impacto econômico da imposição tributária, pois o repassa ao *contribuinte de fato*, o consumidor final.

Ilustram a hipótese o Imposto sobre Produtos Industrializados – IPI e o Imposto sobre Circulação de Mercadorias e Prestação de Serviços – ICMS.

---

[129] *Hipótese de Incidência Tributária*, cit., p. 141.
[130] Idem, p. 141.
[131] Idem, p. 142.

A classificação dos impostos em diretos e indiretos, embora ainda considerada por muitos irrelevante para o Direito, sob o argumento de que sedimentada num fenômeno puramente econômico, tem, em nosso entender, relevância jurídica. Basta lembrar as regras da *seletividade em função da essencialidade do produto, mercadoria ou serviço*, e da *não cumulatividade*, aplicáveis ao IPI e ao ICMS, reveladoras da preocupação constitucional com o *contribuinte de fato*.[132]

Também, oportuna a observação de Misabel Derzi,[133] para quem, à vista da previsão constitucional da *não cumulatividade*, só existem dois impostos indiretos por presunção – o IPI e o ICMS –, sendo que "o caráter 'indireto' dos demais tributos é apenas especulação econômica, pois são muitas as variáveis (condições de mercado, competitividade, de estrutura e incidência da exação, natureza do produto, etc.), que podem desencadear ou não a translação".

Outra distinção é a que separa os impostos em *fiscais* e *extrafiscais*, consoante a finalidade a ser alcançada mediante a exação. Impostos fiscais são aqueles cujo objetivo precípuo é a geração de receita. Os impostos extrafiscais, por seu turno, são assim denominados porque a sua finalidade principal não é arrecadatória; por meio deles, objetiva-se o alcance de uma finalidade outra, de caráter social, político ou econômico, mediante a modulação do comportamento dos contribuintes.[134]

De fato, conforme já tivemos oportunidade de remarcar, todo imposto possui uma faceta fiscal – porque sempre gera arrecadação de recursos – e outra extrafiscal – uma vez que influi no comportamento dos contribuintes. O que fundamenta a aludida distinção é a predominância de um aspecto ou outro, em relação a cada imposição.

Por derradeiro, anote-se que, consoante o critério da competência para a sua instituição, os impostos podem ser *federais, estaduais* ou *distritais* e *municipais*. A cada uma dessas categorias dedicaremos capítulo próprio.[135]

---

[132] Cf. arts. 153, § 3º, I e II, e 155, § 2º, I e III, CR.
[133] Notas ao *Direito Tributário Brasileiro*, de Aliomar Baleeiro, 12. ed. rev., atual. e ampl., Rio de Janeiro: Forense, 2013, p. 1297.
[134] A respeito dos conceitos de fiscalidade e extrafiscalidade, *vide* Parte II, Capítulo 2, item 2.3.
[135] Parte IV, Capítulos 1, 2 e 3.

4.3.2. Taxas

Taxas são *tributos vinculados a uma atuação estatal diretamente referida ao sujeito passivo*, que pode consistir no *exercício do poder de polícia* ou na *prestação de serviço público específico e divisível, em utilização efetiva ou potencial.*[136]

Tal se extrai da dicção do art. 145, II, CR:

> Art. 145. A União, os Estados, o Distrito Federal e os Municípios poderão instituir os seguintes tributos:
>
> (...)
>
> II – taxas, em razão do exercício do poder de polícia ou pela utilização, efetiva ou potencial, de serviços públicos específicos e divisíveis, prestados ao contribuinte ou postos a sua disposição.

O preceito constitucional é secundado pelo disposto no art. 77, *caput*, CTN.

As taxas, portanto, são inconfundíveis com os impostos, pois os fatos que podem dar suporte à instituição destes jamais poderão constituir hipóteses de incidência daquelas, e vice-versa.

Exatamente por isso é que o § 2º do art. 145 da Lei Maior proclama que "as taxas não poderão ter base de cálculo própria de impostos".[137]

Ora, constituindo a base de cálculo a dimensão do aspecto material da hipótese de incidência, como as materialidades de impostos e taxas são absolutamente distintas – diante da vinculação, ou não, da situação fática a uma atuação estatal – jamais poderá uma taxa, validamente, ter base de cálculo própria de imposto.

A taxa é, assim, tributo cuja exigência é orientada pelo *princípio da retributividade*, vale dizer, ostenta *caráter contraprestacional* – paga-se a taxa por ter-se provocado o exercício do poder de polícia, em razão de ter sido prestado serviço público específico e divisível ou, ainda, por ter sido serviço dessa natureza colocado à disposição do sujeito passivo.

---

[136] Nesse sentido, Geraldo Ataliba, *Hipótese de Incidência Tributária*, p. 152.
[137] O art. 77, parágrafo único, CTN, abriga norma no mesmo sentido. O STF, no entanto, editou a Súmula Vinculante 29, com o seguinte teor: "É constitucional a adoção, no cálculo do valor de taxa, de um ou mais elementos da base de cálculo própria de determinado imposto, desde que não haja integral identidade entre uma base e outra".

Necessário aclarar os contornos dessa espécie tributária, tarefa que exige o manejo de conceitos de direito administrativo.

4.3.2.1. Taxa de polícia

Em primeiro lugar, impõe-se definir o conceito de poder de polícia. Dada a sua importância, para a compreensão da hipótese de incidência da espécie tributária em foco, o art. 78, CTN, o fez em dispositivo assim expresso:

> Art. 78. Considera-se poder de polícia atividade da administração pública que, limitando ou disciplinando direito, interesse ou liberdade, regula a prática de ato ou abstenção de fato, em razão de interesse público concernente à segurança, à higiene, à ordem, aos costumes, à disciplina da produção e do mercado, ao exercício de atividades econômicas dependentes de concessão ou autorização do Poder Público, à tranquilidade pública ou ao respeito à propriedade e aos direitos individuais ou coletivos.
>
> Parágrafo único. Considera-se regular o exercício do poder de polícia quando desempenhado pelo órgão competente nos limites da lei aplicável, com observância do processo legal e, tratando-se de atividade que a lei tenha como discricionária, sem abuso ou desvio de poder.

A atividade de polícia administrativa pode ser singelamente definida como a aplicação, pela Administração Pública, das limitações constitucionais e legais impostas ao exercício de direitos individuais, em benefício do interesse público.[138]

Cuida-se, portanto, de atividade de fiscalização, de controle do comportamento dos particulares, visando a prevenção da ocorrência de danos ao interesse público. A taxa, instituída com esse fundamento, objetiva remunerar o custo dessa atividade estatal.

O número de taxas passíveis de instituição por esse fundamento é elevado, uma vez que o Poder Público exerce a atividade de polícia administrativa nos

---

[138] Veja-se, acerca do conceito de polícia administrativa, a lição de Celso Antônio Bandeira de Mello, *Curso de Direito Administrativo*, cit., pp. 784-789.

mais diversos contextos – segurança, higiene, ordem pública etc. –, conforme esclarece o art. 78, CTN, cujo rol não é taxativo.[139]

Importante destacar que, após longa discussão judicial, firmou-se o entendimento segundo o qual é necessário o efetivo exercício do poder de polícia para que esteja autorizada a exigência da taxa correspondente. A controvérsia surgiu a propósito da exigência de taxas de fiscalização por diversos Municípios.

A jurisprudência do STF consolidou-se no sentido de que somente a efetiva fiscalização exercida pela Administração Pública sobre a atividade particular pode autorizar a exigência de taxa de polícia, mas tal efetividade é presumida em favor da Administração Pública.[140]

Em nossa opinião, este último entendimento não prestigia integralmente a norma constitucional autorizadora da imposição em foco. Realmente, pensamos que somente a efetiva realização de atividade de polícia administrativa pode ensejar a exigência de taxa.

A existência de aparelhamento administrativo destinado ao exercício de fiscalização, por si só, não é suficiente para dar suporte à exigência fiscal, porquanto o Direito Tributário sujeita-se ao *princípio da realidade ou da verdade material* e, assim, fiscalização não efetuada, ou mera presunção de fiscalização, não podem conduzir ao nascimento da obrigação tributária.

Acresça-se que a Lei Maior autoriza expressamente a aplicação de tal raciocínio tão somente em relação às taxas de serviço, ao declarar que sua instituição pode se dar pela utilização, efetiva ou *potencial*, de serviços públicos específicos e divisíveis, prestados ao contribuinte ou *postos a sua disposição*. Logo, nessa hipótese, a mera utilização potencial de serviço público, desde

---

[139] A título de ilustração, as taxas de polícia atualmente exigíveis pelo Município de São Paulo são a *Taxa de Fiscalização de Estabelecimentos* (TFE), a *Taxa de Fiscalização de Anúncios* (TFA) e a *Taxa de Resíduos Sólidos de Serviços de Saúde* (TRSS) (cf. Decretos n. 61.810/2022 e 62.137/2022 – Consolidação da Legislação Tributária do Município de São Paulo e respectivo Anexo –, arts. 498 a 551). Outro exemplo de taxa de polícia é a *Taxa de Controle e Fiscalização* (TCFA), arrecadada pelo IBAMA. A Lei n. 10.165/2000 alterou a redação do art. 17-B da Lei n. 6.938/81, que estatui: "Art. 17-B. Fica instituída a Taxa de Controle e Fiscalização Ambiental – TCFA, cujo fato gerador é o exercício regular do poder de polícia conferido ao Instituto Brasileiro do Meio Ambiente e dos Recursos Naturais Renováveis – IBAMA para controle e fiscalização das atividades potencialmente poluidoras e utilizadoras de recursos naturais".

[140] 2ª T., AI AgRg 618.1503/MG, Rel. Min. Eros Grau, j. 13.3.2007.

que se cuide de serviço de oferecimento obrigatório, enseja a exação, como veremos. Todavia, não existe preceito semelhante em relação às taxas de polícia, pelo que entendemos que a simples presunção da realização de fiscalização não legitima sua exigência.

4.3.2.2. Taxa de serviço

Comecemos a análise da taxa de serviço pelo exame do conceito de serviços públicos específicos e divisíveis.

A noção de *serviço público* é complexa e sujeita a controvérsias doutrinárias, sendo definida por Celso Antônio Bandeira de Mello[141] como "toda atividade de oferecimento de utilidade ou comodidade material destinada à satisfação da coletividade em geral, mas fruível singularmente pelos administrados, que o Estado assume como pertinente a seus deveres e presta por si mesmo ou por quem lhe faça as vezes, sob um regime de Direito Público – portanto, consagrador de prerrogativas de supremacia e de restrições especiais –, instituído em favor dos interesses definidos como públicos no sistema normativo".

Com vista a facilitar a compreensão do instituto da taxa, ressaltamos que qualquer definição do conceito de serviço público há de abrigar três elementos: subjetivo, formal e material.

Resumidamente, o elemento *subjetivo* significa que serviço público é sempre uma atividade de incumbência do *Estado*; o elemento *formal* diz com o regime jurídico próprio a que se sujeita tal atividade – de *direito administrativo* – distinto, portanto, daquele aplicável aos serviços de natureza privada; e, por fim, o elemento *material*, a revelar que serviço público é sempre uma atividade de *interesse público*, jamais podendo concernir apenas ao interesse de uma ou algumas pessoas.

Então, para o quanto basta à compreensão do perfil das taxas, podemos definir *serviço público* como sendo *a atividade material de incumbência do Poder Público, sujeita a regime de direito administrativo, que visa ao atendimento de necessidade coletiva*.

Dito isso, convém relembrar que, seja de *utilização efetiva* ou *potencial*, não é qualquer serviço público que pode ensejar a instituição de taxa, mas, tão somente, aquele adjetivado como *específico* e *divisível*, na precisa dicção constitucional.

---

[141] *Curso de Direito Administrativo*, cit., p. 657.

O CTN, assim, prescreve em seu art. 79:

> Art. 79. Os serviços públicos a que se refere o art. 77 consideram-se:
> I – utilizados pelo contribuinte:
> *a)* efetivamente, quando por ele usufruídos a qualquer título;
> *b)* potencialmente, quando, sendo de utilização compulsória, sejam postos à sua disposição mediante atividade administrativa em efetivo funcionamento;
> II – específicos, quando possam ser destacados em unidades autônomas de intervenção, de utilidade ou de necessidade públicas;
> III – divisíveis, quando suscetíveis de utilização, separadamente, por parte de cada um dos seus usuários.

Cumpre-nos aclarar tais noções.

A começar da utilização, efetiva ou potencial, de serviço público. *Utilização efetiva* é expressão redundante, porquanto bastaria falar-se em *utilização*. Significa que o administrado *fruiu* do serviço público. Já *utilização potencial* traduz a *possibilidade de fruição*, vale dizer, o sujeito não fruiu do serviço, mas o tinha *à sua disposição*, em razão da existência de aparelhamento administrativo adequado. Observe-se que a utilização *potencial* de serviço público específico e divisível somente pode dar suporte à exigência de taxa quando se tratar de atividade de *utilização compulsória*, isto é, que deve ser obrigatoriamente colocada à disposição dos administrados.[142]

Ainda, como visto, o serviço público tributável mediante taxa deve revestir dois predicados: a especificidade e a divisibilidade.

Por primeiro, serviço público *específico* (*uti singuli*) é aquele que consiste em atividade estatal fruível individualmente por cada um de seus usuários. É o caso, dentre outros, dos serviços de fornecimento de água tratada e de energia elétrica. Contrapõe-se ao serviço público *geral* ou *genérico* (*uti universi*), no qual os administrados fruem coletivamente da atividade estatal, tais como a segurança e a iluminação públicas.

---

[142] Nesse sentido, a jurisprudência do STF: "Recurso extraordinário. Inadmissibilidade. Taxa de Coleta de Lixo Domiciliar. Utilização potencial de serviço público posto à disposição do contribuinte. Base de cálculo. Área do imóvel. Constitucionalidade. Precedentes do STF. Agravo regimental improvido. É constitucional a cobrança de Taxa de Coleta de Lixo Domiciliar" (2ª T., AI AgRg 441.038/RS, Rel. Min. Cezar Peluso, j. 4.3.2008).

O serviço público *divisível*, por sua vez, é aquele que, sendo específico, possibilita a mensuração dessa fruição individual. Se inviável tal mensuração, descabida a exigência de taxa.

Em síntese, a taxa de serviço visa remunerar o custo do serviço público prestado ou colocado à disposição do sujeito passivo. Logo, se o serviço público não apresentar tais características, não pode servir de suporte à instituição de taxa. Serviço público *geral*, portanto, não viabiliza a instituição de taxa, havendo de ser custeado pela receita advinda da arrecadação de impostos.[143]

4.3.2.3. Pedágio

O art. 150, V, dispõe ser vedado às pessoas políticas "estabelecer limitações ao tráfego de pessoas ou bens, por meio de tributos interestaduais ou intermunicipais, *ressalvada a cobrança de pedágio pela utilização de vias conservadas pelo Poder Público*".[144]

O fato de o pedágio merecer referência destacada, após o capítulo no qual a Constituição estabelece as espécies tributárias, tem ensejado especulações quanto à sua natureza jurídica.

Com efeito, embora sua natureza tributária seja induvidosa,[145] já que a Lei Maior o aponta como exceção à proibição de instituição de *tributos* interestaduais ou intermunicipais, debate-se sobre constituir o pedágio uma espécie de taxa ou, diversamente, uma figura tributária autônoma.

Para a maior parte da doutrina, o pedágio é uma *taxa de serviço*, destinada a remunerar a prestação do serviço público de conservação de rodovias.[146]

---

[143] O STF, reiteradamente, proclamou a inconstitucionalidade de taxas pela prestação de serviços públicos gerais, como é o caso do serviço de iluminação pública, que ensejou a edição da Súmula 670, cujo teor ora está contido na Súmula Vinculante 41: "O serviço de iluminação pública não pode ser remunerado mediante taxa". No mesmo sentido, a Súmula Vinculante 19, cujo enunciado é o seguinte: "A taxa cobrada exclusivamente em razão dos serviços públicos de coleta, remoção e tratamento, ou destinação de lixo ou resíduos provenientes de imóveis, não viola o art. 145, II, da Constituição Federal".

[144] Destaque nosso.

[145] O STF, diversamente, passou a adotar a orientação de que o pedágio ostenta a natureza de preço público, a partir do julgamento da ADI 800/RS (Rel. Min. Teori Zavascki, j. 11.6.2014).

[146] Veja-se, por todos, Roque Carrazza, *Curso de Direito Constitucional Tributário*, cit., p. 649.

Outros doutrinadores, porém, entendem o pedágio como tributo que não diz respeito à prestação de serviço público, mas sim como uma modalidade de remuneração pela utilização de via conservada pelo Poder Público.[147]

Filiamo-nos ao pensamento segundo o qual o pedágio reveste a natureza de *taxa de serviço*. Isso porque se cuida de tributo vinculado a uma atuação estatal, diretamente referida ao sujeito passivo, qual seja, a utilização efetiva do serviço público, específico e divisível, de conservação de estradas.

Com efeito, o serviço público de conservação de estradas, que pode ser realizado diretamente pelo ente político, ou explorado mediante concessão ou permissão (art. 175, CR), é específico, pois idôneo à fruição individual, e divisível, porquanto passível de mensuração. A remuneração pela prestação desse serviço é efetuada mediante taxa que, se arrecadada por empresa concessionária ou permissionária, revestirá natureza parafiscal.

Desse modo, não nos parece que a simples referência ao pedágio de modo destacado – quando a Constituição aponta o princípio da não limitação ao tráfego de pessoas ou bens –, ou, ainda, o emprego da expressão "utilização de vias conservadas pelo Poder Público" sejam suficientes a justificar o reconhecimento de que se trata de espécie tributária distinta da taxa, porquanto seus aspectos coadunam-se com o desenho constitucional dessa figura tributária.

4.3.2.4. *Taxa e tarifa*

Cuidando de taxa, cabe-nos fazer referência, ainda que breve, a um dos mais antigos debates no âmbito do Direito Tributário: o cabimento de taxa ou tarifa, também chamada de preço público, para a remuneração da prestação de serviço público.

A polêmica ensejou a edição da Súmula 545, STF, assim enunciada: "Preços de serviços públicos e taxas não se confundem, porque estas, diferentemente daqueles, são compulsórias e têm sua cobrança condicionada à prévia autorização orçamentária, em relação à lei que as instituiu". No entanto, a edição da súmula não pôs fim à controvérsia em torno da aplicação dessas modalidades remuneratórias.

---

[147] Nesse sentido, Luciano Amaro, *Direito Tributário Brasileiro*, cit., p. 72.

Em síntese, importa saber se a prestação de serviço público específico e divisível somente pode ser remunerada mediante taxa ou se, diversamente, existe a opção de fazê-lo mediante tarifa ou preço público.

Principiemos por recordar as referências constitucionais a respeito. A taxa, como visto, encontra seu fundamento constitucional no art. 145, II e § 2º.

Já a *tarifa* é mencionada em dois preceitos. O primeiro é o art. 150, § 3º, que afasta a aplicação da imunidade recíproca quanto "ao patrimônio, à renda e aos serviços, relacionados com exploração de atividades econômicas regidas pelas normas aplicáveis a empreendimentos privados, ou em que haja contraprestação ou pagamento de preços ou *tarifas* pelo usuário (...)".[148]

O segundo é o art. 175, parágrafo único, III, assim expresso:

> Art. 175. Incumbe ao Poder Público, na forma da lei, diretamente ou sob regime de concessão ou permissão, sempre através de licitação, a prestação de serviços públicos.
>
> Parágrafo único. A lei disporá sobre:
>
> (...)
>
> III – *política tarifária*.[149]

Anote-se que a modalidade de remuneração qualificada como tarifa ou preço público pressupõe *relação contratual,* do que não se cogita no âmbito tributário.

À vista de tal quadro normativo, Geraldo Ataliba,[150] secundado por Roque Carrazza,[151] sustenta que a remuneração de serviços públicos específicos e divisíveis, executados sob regime de concessão ou permissão, somente pode qualificar-se como *taxa,* em razão do regime jurídico de direito público a que se sujeitam tais atividades. A *tarifa* ou *preço público* é modalidade remuneratória da exploração de atividade econômica, efetuada sob regime de direito privado. Justifica-se, assim, a referência constitucional à *política tarifária* diante da relação existente entre o Poder Público e o terceiro prestador do serviço, e não entre o usuário e a concessionária.

---

[148] Destaque nosso.
[149] Destaque nosso.
[150] *Hipótese de Incidência Tributária,* cit., p. 159.
[151] *Curso de Direito Constitucional Tributário,* cit., pp. 640-642.

Como já tivemos oportunidade de sustentar, entendemos que a delegação da execução de serviços públicos a particulares não é suficiente para afastar a aplicação do regime remuneratório próprio do direito público, traduzido na exigência de taxa.[152]

Isso porque o regime jurídico aplicável à atividade continua sendo o de direito administrativo, pelo que a remuneração de sua prestação não pode ser submetida ao regime de direito privado. Em outras palavras, consistindo o serviço público atividade estatal, a remuneração pela sua prestação somente pode estar regrada pelo mesmo regime jurídico imposto àquela, qual seja, o regime de direito público. Logo, a mera delegação da execução do serviço a particular não possui o condão de impor o regime jurídico próprio deste a atividade de incumbência do Poder Público.

Daí o entendimento segundo o qual o ordenamento jurídico, em determinadas situações, defere a opção de que os serviços públicos específicos e divisíveis, sob regime de delegação de sua execução a particulares, possam ser remunerados por taxa ou tarifa,[153] parece-nos equivocado.

Na prática atual, porém, o que se vê são inúmeros serviços públicos prestados sob regime de concessão ou permissão remunerados mediante tarifa ou preço público, por ser assim atraente à iniciativa privada, já que, se submetida tal remuneração ao regime tributário, sabidamente mais restritivo diante da obrigatoriedade da observância de princípios como os da legalidade e anterioridade, as empresas, provavelmente, não se interessariam pela assunção de sua execução.

Portanto, a maior parte dos serviços públicos concedidos e permitidos tem sua remuneração submetida ao regime de tarifa ou preço público, restando afastada a disciplina tributária. A exigência de taxas, presentemente, está praticamente circunscrita aos serviços públicos específicos e divisíveis prestados diretamente pelo Poder Público. Citem-se, como exemplos, a taxa judiciária e as taxas para a expedição de documentos (ex.: passaporte).

---

[152] *Imunidades Tributárias – Teoria e Análise da Jurisprudência do STF*, cit., p. 159. Nesse sentido, acórdão do STJ, 1ª T., REsp 848.287/RS, Rel. Min. José Delgado, j. 7.8.2006.
[153] Cf. Luciano Amaro, *Direito Tributário Brasileiro*, pp. 66-67.

4.3.3. Contribuição de melhoria

A contribuição de melhoria é *tributo vinculado a uma atuação estatal indiretamente referida ao sujeito passivo*, consubstanciada na realização de *obra pública de que decorra valorização imobiliária*.

Embora o art. 145, III, CR, somente refira-se a "obra pública", sem menção à valorização que dela deve decorrer, trata-se de circunstância indispensável a autorizar a instituição de contribuição de melhoria, pois reveladora do conteúdo econômico de que se deve revestir a situação fática descrita na hipótese de incidência. Desse modo, o princípio informador da contribuição de melhoria é o da *proporcionalidade do benefício especial* recebido pelo proprietário do imóvel, em decorrência dessa atuação estatal.[154]

Obra pública, por sua vez, é, consoante o ensinamento de Celso Antônio Bandeira de Mello,[155] "a construção, reparação, edificação ou ampliação de um bem imóvel pertencente ou incorporado ao domínio público".

Constituindo, tal como a taxa, tributo vinculado a uma atuação estatal, por meio da contribuição de melhoria, a pessoa jurídica que realizou a obra visa recuperar, ao menos em parte, junto àqueles que se beneficiaram especialmente do resultado dessa atuação, o gasto que efetuou.

Pensamos que as teorias fundadas na *isonomia* e no *enriquecimento sem causa* sejam idôneas a justificar a instituição da contribuição de melhoria.

Dentre as múltiplas manifestações de igualdade no âmbito fiscal, calha lembrar a diretriz da *igualdade da repartição da carga tributária*, segundo a qual a sustentação do Estado deve ser suportada por todos de maneira equânime.

Sendo assim, os proprietários de imóveis valorizados em decorrência de obra pública, realizada com recursos advindos dos impostos pagos por todos, devem ser chamados a contribuir aos cofres públicos em razão do especial benefício obtido com o sacrifício geral. Arcando os proprietários de imóveis valorizados com o custo da obra, total ou parcialmente, todos os particulares são recolocados em pé de igualdade perante o Poder Público. Noutro dizer, utilizando-se do instrumento da contribuição de melhoria, prestigia-se a ideia

---

[154] Cf. Geraldo Ataliba, *Natureza Jurídica da Contribuição de Melhoria*, São Paulo: Revista dos Tribunais, 1964, p. 73.
[155] Distingue o mestre obra pública de serviço público salientando, dentre outros aspectos, que a primeira é um produto estático, enquanto o segundo é uma atividade, algo dinâmico (*Curso de Direito Administrativo*, cit., p. 676).

de isonomia, impedindo seja onerada toda a coletividade quando da obra pública resultar benefício especial para alguns.[156]

Outrossim, entendemos prestar-se a fundamentar a exigência de contribuição de melhoria o princípio, pertencente à teoria geral do direito, do *enriquecimento sem causa*. Com efeito, se a obra pública – realizada em atendimento ao interesse público – provoca, como efeito colateral, *mais-valia imobiliária* para alguns sujeitos, estes se beneficiam especialmente sem concorrer de modo algum para esse resultado. Portanto, podemos afirmar faltar "justa causa" ao benefício por eles recebido, o que impõe a utilização de expediente que corrija essa situação. Percebe-se que, em última análise, tal fundamento também se encontra nas dobras do princípio da isonomia.

Atuando nesses termos, a contribuição de melhoria revela-se, assim, um tributo eminentemente social, na feliz observação de Roque Carrazza.[157]

O CTN prescreve o regime jurídico da contribuição de melhoria, em seus arts. 81 e 82.

O art. 81 abriga norma relativa aos limites dessa exigência fiscal:

> Art. 81. A contribuição de melhoria cobrada pela União, pelos Estados, pelo Distrito Federal ou pelos Municípios, no âmbito de suas respectivas atribuições, é instituída para fazer face ao custo de obras públicas de que decorram valorização imobiliária, tendo como limite total a despesa realizada e como limite individual o acréscimo de valor que da obra resultar para cada imóvel beneficiado.

O *limite total*, por primeiro, consiste na *despesa realizada* para a construção da obra pública. Já o *limite individual* traduz-se no *acréscimo de valor* que cada imóvel beneficiado experimentou. Tais limites hão de ser conjugados, determinando-se a modulação da exigência fiscal em foco.

Pensamos seja importante, ainda, deixar registrado o *aspecto ético* da exigência da contribuição de melhoria. Se os recursos públicos foram despendidos para buscar um benefício coletivo – a obra pública –, a eventual e reflexa valorização imobiliária, experimentada por alguns, impõe, do ponto de vista ético, que o Estado capte essa riqueza, para que ela possa ser aplicada em bene-

---

[156] Cf. Geraldo Ataliba, *Natureza Jurídica da Contribuição de Melhoria*, cit., p. 74.
[157] *Curso de Direito Constitucional Tributário*, cit., p. 659.

fício coletivo. Não se revela justo que o Estado renuncie à captação de riqueza assim gerada, beneficiando aqueles que, por deterem propriedade imóvel e, portanto, riqueza, são, por vezes, os que menos necessitam das ações estatais.

O art. 82, por seu turno, disciplina o procedimento para a instituição de contribuição de melhoria, que se apresenta bastante complexo:

> Art. 82. A lei relativa à contribuição de melhoria observará os seguintes requisitos mínimos:
>
> I – publicação prévia dos seguintes elementos:
>
> *a*) memorial descritivo do projeto;
>
> *b*) orçamento do custo da obra;
>
> *c*) determinação da parcela do custo da obra a ser financiada pela contribuição;
>
> *d*) definição da zona beneficiada;
>
> *e*) determinação do fator de absorção do benefício da valorização para toda a zona ou para cada uma das áreas diferenciadas, nela contidas;
>
> II – fixação de prazo não inferior a 30 (trinta) dias, para impugnação, pelos interessados, de qualquer dos elementos referidos no inciso anterior;
>
> III – regulamentação do processo administrativo de instrução e julgamento da impugnação a que se refere o inciso anterior, sem prejuízo de sua apreciação judicial.
>
> § 1º A contribuição relativa a cada imóvel será determinada pelo rateio da parcela do custo da obra a que se refere a alínea *c*, do inciso I, pelos imóveis situados na zona beneficiada em função dos respectivos fatores individuais de valorização.
>
> § 2º Por ocasião do respectivo lançamento, cada contribuinte deverá ser notificado do montante da contribuição, da forma e dos prazos de seu pagamento e dos elementos que integraram o respectivo cálculo.

Na prática, porém, raramente é instituída contribuição de melhoria, quer pela mencionada complexidade de seu procedimento de instituição, quer por não considerarem as autoridades públicas politicamente conveniente fazê-lo, já que se trata de mais um ônus aos administrados.

Cabe registrar, todavia, que, por vezes, especialmente na esfera municipal, exigem-se *taxas*, com vista a remunerar obras públicas – o que é inviável –, as quais, usualmente, não acarretaram nenhuma valorização imobiliária e, portanto, também não poderiam ensejar igualmente a exigência de contribuição de melhoria. É o caso, por exemplo, das inconstitucionais "taxas" exigidas em razão do asfaltamento de vias públicas.

4.3.4. Empréstimo compulsório

A Constituição da República, em seu art. 148, contempla a espécie tributária do empréstimo compulsório. A denominação não parece adequada, porquanto "empréstimo" remete a relação contratual e, assim, à autonomia de vontade inerente ao regime de direito privado:

> Art. 148. A União, mediante lei complementar, poderá instituir empréstimos compulsórios:
>
> I – para atender às despesas extraordinárias, decorrentes de calamidade pública, de guerra externa ou sua iminência;
>
> II – no caso de investimento público de caráter urgente e de relevante interesse nacional, observado o disposto no art. 150, III, *b*.
>
> Parágrafo único. A aplicação dos recursos provenientes de empréstimo compulsório será vinculada à despesa que fundamentou sua instituição.

Da dicção constitucional exsurge, facilmente, o caráter de excepcionalidade que fundamenta essa figura tributária. Em primeiro lugar, a exigência de *lei complementar* revela maior rigor, uma vez que, em regra, é a lei ordinária o veículo para a instituição de tributos. Em segundo lugar, o empréstimo compulsório somente pode ter por fundamento as *situações extraordinárias* expressamente indicadas, nas quais sobreleva o requisito de *urgência*, restritivo de seu cabimento.

Assim, estão previstas duas modalidades de empréstimo compulsório, com regimes jurídicos distintos no que tange à observância, ou não, do princípio da anterioridade da lei tributária, genérica e especial, insculpidos no art. 150, III, *b* e *c*, CR.[158]

---

[158] A EC n. 42/2003 introduziu a chamada anterioridade especial de noventa dias, aplicável aos tributos em geral, nos termos do art. 150, III, *c*, consignando as ex-

A primeira modalidade apresenta o empréstimo compulsório como instrumento de geração de receita para o atendimento de despesas extraordinárias, referentes à calamidade pública, guerra externa ou sua iminência. Nessa hipótese, não há referência à obrigatoriedade de observância da anterioridade, o que nos parece dispensável, diante da natureza da urgência revelada nas hipóteses autorizadoras de sua instituição. Entretanto, o art. 150, § 1º, em sua redação atual, consigna expressamente sua não submissão ao princípio. Note-se que as situações de guerra externa ou sua iminência também autorizam a instituição de impostos extraordinários (art. 154, II, CR).

A segunda modalidade, por sua vez, refere-se a investimento público de caráter urgente e de relevante interesse nacional e, nesse caso, a Constituição impõe a observância do princípio da anterioridade da lei tributária. Observe-se ser de difícil compatibilização a noção de urgência com a de anterioridade: a primeira noção significa que não se pode esperar para a instituição do tributo; a segunda, no entanto, determina o aguardo do exercício financeiro seguinte para que a exigência fiscal torne-se eficaz. Portanto, forçoso reconhecer que o regramento estabelecido para essa modalidade de empréstimo compulsório torna sua instituição pouco viável.

Em sequência, a norma contida no parágrafo único expressa o óbvio, porquanto se trata de tributo instituído com vista à específica destinação dos recursos advindos de sua arrecadação.[159]

O CTN, por seu turno, dedica um único artigo à disciplina dos empréstimos compulsórios, assim expresso:

> Art. 15. Somente a União, nos seguintes casos excepcionais, pode instituir empréstimos compulsórios:
>
> I – guerra externa, ou sua iminência;
>
> II – calamidade pública que exija auxílio federal impossível de atender com os recursos orçamentários disponíveis;
>
> III – conjuntura que exija a absorção temporária de poder aquisitivo.
>
> Parágrafo único. A lei fixará obrigatoriamente o prazo do empréstimo e as condições de seu resgate, observando, no que for aplicável, o disposto nesta Lei.

---

ceções à sua observância no art. 150, § 1º, dentre as quais figura o empréstimo compulsório instituído com fundamento no art. 148, I, CR.

[159] Vide comentário ao art. 4º, II, CTN, item 4.2, *supra*.

O dispositivo foi parcialmente revogado pela Constituição, em dois aspectos. Primeiramente, porque ora exige-se lei complementar para a instituição do tributo em foco. Também, a hipótese extremamente ampla de "conjuntura que exija a absorção temporária de poder aquisitivo", que fundamentou, no passado, uma série de empréstimos compulsórios, posteriormente declarados inconstitucionais, não foi recepcionada pela Lei Maior.

Não obstante, o preceito contido no parágrafo único continua em vigor, pois é norma geral em matéria de legislação tributária. Explicita que o tributo é *restituível*. Desse modo, a devolução do montante pago a esse título deverá ser feita em moeda corrente e integralmente, sob pena de caracterizar-se confisco, constitucionalmente vedado (art. 150, IV, CR).

4.3.5. Contribuições

Categoria cuja natureza jurídica ensejou grande polêmica no passado, é reconhecida, atualmente, a feição tributária das contribuições.

O art. 149, em sua redação atual, dada pela EC n. 103/2019, preceitua:

> Art. 149. Compete exclusivamente à União instituir contribuições sociais, de intervenção no domínio econômico e de interesse das categorias profissionais ou econômicas, como instrumento de sua atuação nas respectivas áreas, observado o disposto nos arts. 146, III, e 150, I e III, e sem prejuízo do previsto no art. 195, § 6º, relativamente às contribuições a que alude o dispositivo.
>
> § 1º Os Estados, o Distrito Federal e os Municípios instituirão, por meio de lei, contribuições para custeio de regime próprio de previdência social, cobradas dos servidores ativos, dos aposentados e dos pensionistas, que poderão ter alíquotas progressivas de acordo com o valor da base de contribuição ou dos proventos de aposentadoria e de pensões.
>
> § 1º-A Quando houver déficit atuarial, a contribuição ordinária dos aposentados e pensionistas poderá incidir sobre o valor dos proventos de aposentadoria e de pensões que supere o salário mínimo.
>
> § 1º-B Demonstrada a insuficiência da medida prevista no § 1º para equacionar o déficit atuarial, é facultada a instituição de contribuição extraordinária, no âmbito da União, dos servidores públicos ativos, dos aposentados e dos pensionistas.
>
> § 1º-C A contribuição extraordinária de que trata o § 1º-B deverá ser instituída simultaneamente com outras medidas para equacio-

namento do déficit e vigorará por período determinado, contado da data de sua instituição.

§ 2º As contribuições sociais e de intervenção no domínio econômico de que trata o *caput* deste artigo:

I – não incidirão sobre as receitas decorrentes de exportação;

II – incidirão também sobre a importação de produtos estrangeiros ou serviços;

III – poderão ter alíquotas:

a) ad valorem, tendo por base o faturamento, a receita bruta ou o valor da operação e, no caso de importação, o valor aduaneiro;

b) específica, tendo por base a unidade de medida adotada.

§ 3º A pessoa natural destinatária das operações de importação poderá ser equiparada a pessoa jurídica, na forma da lei.

§ 4º A lei definirá as hipóteses em que as contribuições incidirão uma única vez.

Da análise da norma contida no *caput* desse artigo emerge, claramente, a nota peculiar dessa espécie tributária: sua instituição está autorizada para que funcione como instrumento de atuação da União, estando atrelada ao atendimento de uma das finalidades constitucionalmente apontadas. Na lição de Roque Carrazza,[160] as contribuições constituem, assim, tributos qualificados constitucionalmente por suas finalidades.

As contribuições são tributos vinculados "cuja hipótese de incidência consiste numa atuação estatal indireta e mediatamente (mediante uma circunstância intermediária) referida ao obrigado".[161] Podem revestir a materialidade de imposto ou taxa, mas com eles não se confundem.

As contribuições, consoante a Lei Maior, apresentam as seguintes espécies: as *sociais*, as de *intervenção no domínio econômico* e as *corporativas*, instituídas no interesse de categorias profissionais ou econômicas.[162] São tributos de competência legislativa privativa da União, determinando, ainda, esse dispositivo, a observância das normas gerais de direito tributário e dos princípios da legalidade, da anterioridade e da irretroatividade da lei tributária, o que confirma sua natureza tributária.

---

[160] *Curso de Direito Constitucional Tributário,* cit., p. 683.
[161] Cf. Geraldo Ataliba, *Hipótese de Incidência Tributária,* cit., p. 152.
[162] Acerca das espécies de contribuições, merece referência o acórdão do STF, proferido no RE 138.284/CE, paradigma na jurisprudência da Corte (Pleno, Rel. Min. Carlos Velloso, j. 1º.7.1992).

O § 1º do mesmo artigo estatui a competência para a instituição de contribuição destinada a custear sistemas de assistência e previdência dos servidores dos Estados-membros, do Distrito Federal e dos Municípios. Assinale-se tratar-se da única contribuição autorizada aos Estados-membros. Já o Distrito Federal e os Municípios, além da competência para instituir essa contribuição, titularizam também a concernente à contribuição para o custeio do serviço de iluminação pública e de sistemas de monitoramento para segurança e preservação de logradouros públicos, como veremos adiante (art. 149-A, CR).

Prosseguindo no exame do art. 149, verifica-se que o legislador constituinte não procedeu, em relação às contribuições, do mesmo modo como o fez no tocante aos impostos (arts. 153 a 156) e às taxas (art. 145, II).

Com efeito, em relação àquelas, a Lei Maior não descreveu, como regra,[163] os fatos que ensejam a obrigação de pagar contribuições, vale dizer, não contemplou a regra-matriz de incidência dessas espécies tributárias. Apenas atrelou sua instituição à perseguição de certas finalidades. Daí por que cuida-se de competência extremamente ampla, que possibilita à União instituir um número ilimitado de contribuições, bastando, apenas, que se revelem como instrumentos de sua atuação nas áreas indicadas.

Tal perplexidade reflete-se na doutrina especializada, para a qual as contribuições ainda são tributos de configuração nebulosa, carecendo o tema de mais estudos científicos.

Para complicar a compreensão da disciplina dessas espécies tributárias, as emendas constitucionais introduziram novas figuras e alteraram regimes jurídicos – a saber, a EC n. 33/2001 (§§ 2º a 4º do art. 149 e § 4º do art. 177) e a EC n. 39/2002 (art. 149-A).

Vejamos, então, as três modalidades de contribuições.

4.3.5.1. Contribuições sociais

As contribuições sociais constituem instrumentos de atuação da União na área social. Para delimitar-se o domínio dentro do qual se autoriza a instituição de contribuições dessa natureza, impõe-se a remissão ao título da Ordem Social no Texto Fundamental (arts. 193 a 232). Assim, as contribuições sociais podem ser instituídas para alcançar finalidades relativas à seguridade social, à educação,

---

[163] Dispositivo introduzido pela EC n. 33/2001, contempla exceção ao afirmado, no que tange à contribuição interventiva relativa às atividades de importação ou comercialização de petróleo e seus derivados, gás natural e seus derivados e álcool combustível, cujas materialidades estão expressas (art. 177, § 4º, CR).

à cultura e ao desporto, à ciência e à tecnologia, à comunicação social, ao meio ambiente, à família, à criança, ao adolescente, ao idoso e aos índios.

Dentre as diversas contribuições sociais, o Texto Fundamental dedica maior atenção àquelas destinadas ao financiamento da seguridade social, que apresentam regime jurídico parcialmente diferenciado, notadamente pela expressa indicação de seus sujeitos passivos e bases de cálculo, à sujeição à anterioridade nonagesimal e à imunidade das entidades beneficentes de assistência social (art. 195, I a V, e §§ 6º e 7º).

Das diversas contribuições destinadas ao financiamento da seguridade social, citem-se algumas das devidas pelas empresas, tais como a *contribuição ao PIS*[164] e a *Contribuição para o Financiamento da Seguridade Social – COFINS*,[165] cujas bases de cálculo são o faturamento, bem como a *Contribuição Social sobre o Lucro Líquido – CSSL*.[166]

Relevante destacar que a EC n. 132/2023, ao promover grande alteração na tributação sobre o consumo, como já assinalado, autorizou a instituição da Contribuição sobre Bens e Serviços – CBS, mediante extensa disciplina normativa, a qual substituirá, gradualmente, a contribuição ao PIS e à COFINS (art. 195, V e §§ 15 a 19).

Incidente sobre operações com bens e serviços, cuida-se, em verdade, de autêntico imposto, que será instituído pela União, nos termos de lei complementar, podendo ter sua alíquota fixada em lei ordinária. Tal emenda constitucional ainda estatui que lei estabelecerá as hipóteses de devolução de tal contribuição a pessoas físicas, inclusive em relação a limites e beneficiários, com o objetivo de reduzir as desigualdades de renda.[167]

---

[164] Lei Complementar n. 7/70 e alterações. Anote-se, em relação ao PIS, que, a par de assentar-se na previsão da base de cálculo consistente no faturamento das empresas, consoante o disposto no art. 195, I, *b*, conta com menção expressa no art. 239, que estabelece a destinação dos recursos advindos de sua arrecadação: "Art. 239. A arrecadação decorrente das contribuições para o Programa de Integração Social, criado pela Lei Complementar n. 7, de 7 de setembro de 1970, e para o Programa de Formação do Patrimônio do Servidor Público, criado pela Lei Complementar n. 8, de 3 de dezembro de 1970, passa, a partir da promulgação desta Constituição, a financiar, nos termos que a lei dispuser, o programa do seguro-desemprego, outras ações da previdência social e o abono de que trata o § 3º deste artigo" (redação dada pela Emenda Constitucional n. 103/2019).

[165] Lei Complementar n. 70/91 e alterações.

[166] Lei n. 7.689/88 e alterações.

[167] Cf. art. 195, §§ 18 e 19, CR.

A CBS tem como "tributo gêmeo" o Imposto sobre Bens e Serviços – IBS, de competência compartilhada entre Estados, Municípios e Distrito Federal, pois ambos observarão as mesmas regras em relação a fatos geradores, bases de cálculo, hipóteses de não incidência e sujeitos passivos; imunidades; regimes específicos, diferenciados ou favorecidos de tributação; regras de não cumulatividade e de creditamento; a sujeição às normas imunizantes previstas no art. 150, VI; bem como a destinação do produto de sua arrecadação (arts. 149-B, *caput* e incisos I a IV e parágrafo único; 149-C, *caput* e §§ 1º a 3º; e 195, § 16, CR).[168]

Outra relevante contribuição social é o chamado *salário-educação*, que conta com norma constitucional específica, segundo a qual "a educação básica pública terá como fonte adicional de financiamento a contribuição social do salário-educação, recolhida pelas empresas na forma da lei" (art. 212, § 5º).[169]

O § 2º do art. 149, incluído pela EC n. 33/2001, abriga normas aplicáveis tanto às contribuições sociais quanto às interventivas:

> Art. 149. (...)
>
> § 2º As contribuições sociais e de intervenção no domínio econômico de que trata o *caput* deste artigo:
>
> I – não incidirão sobre as receitas decorrentes de exportação;
>
> II – incidirão também sobre a importação de produtos estrangeiros ou serviços;[170]
>
> III – poderão ter alíquotas:
>
> *a)* ad valorem, tendo por base o faturamento,[171] a receita bruta ou o valor da operação e, no caso de importação, o valor aduaneiro;
>
> *b)* específica, tendo por base a unidade de medida adotada.
>
> § 3º A pessoa natural destinatária das operações de importação poderá ser equiparada a pessoa jurídica, na forma da lei.
>
> § 4º A lei definirá as hipóteses em que as contribuições incidirão uma única vez.

---

[168] *Vide* Parte IV, Capítulo 2, item 2.5.
[169] Lei n. 9.424/96 e alterações, art. 15.
[170] Redação dada pela EC n. 42/2003.
[171] Acerca da definição de faturamento, base de cálculo da contribuição ao PIS e da COFINS, o Supremo Tribunal Federal, no RE 574.706/PR (Tema 69), fixou a seguinte tese: "O ICMS não compõe a base de cálculo para incidência do PIS e da COFINS" (Pleno, Rel. Min. Cármen Lúcia, j. 15.3.2017 e ED, j. 13.5.2021, bem como modulação dos efeitos, RE 1.452.421-PE, j. 22.9.2023).

No inciso I, contempla nova hipótese de imunidade específica, ao declarar que as contribuições sociais e de intervenção no domínio econômico de que trata o *caput* do art. 149 não incidirão sobre as receitas decorrentes de exportação. A nova exoneração tributária vem ao encontro da máxima segunda a qual "não se deve exportar tributos", e, por isso, revela-se benéfica às exportações, a exemplo de outras normas constitucionais (arts. 153, § 3º, III, 155, § 2º, X, *a*, e 156, § 3º, II).

Conforme assinalamos em outra oportunidade,[172] essa imunidade objetiva afastar a possibilidade de exigência das aludidas contribuições sobre "receitas" decorrentes de exportação. Logo, temos que o conceito há de ser entendido em seu sentido amplo, a abranger, inclusive, as bases de cálculo consistentes no faturamento e no lucro (art. 195, I, *b* e *c*), sob pena de frustrar-se o desígnio constitucional.[173]

O inciso II dispõe que as contribuições sociais e de intervenção no domínio econômico incidirão também sobre a importação de produtos estrangeiros ou serviços, o que revela autorização para novos gravames, com intuito protecionista. O inciso III, por sua vez, traz o regime das alíquotas dessas contribuições, o que parece pouco apropriado em se tratando de texto constitucional.

Em sequência, o § 3º autoriza a equiparação da pessoa natural destinatária das operações de importação a pessoa jurídica, na forma da lei e, finalmente, o § 4º abriga norma salutar, ensejando à lei estatuir a não cumulatividade de tais contribuições.

4.3.5.2. Contribuições interventivas (CIDEs)

Tais contribuições destinam-se ao custeio da atividade interventiva da União no domínio econômico, regido pelos arts. 170 a 192, CR.

Desse conjunto normativo, destaquem-se os princípios norteadores da atividade econômica a serem necessariamente observados nessa atuação: soberania nacional; propriedade privada; função social da propriedade; livre

---

[172] *Imunidades Tributárias – Teoria e Análise da jurisprudência do STF*, cit., p. 246.
[173] Assinale-se que o STF firmou orientação em sentido diverso, ao concluir que tal imunidade não alcança a Contribuição Social sobre o Lucro Líquido – CSLL (Pleno, RE 564.413/SC, Tema 8, Rel. Min. Marco Aurélio, j. 12.8.2010). Ao examinar a incidência da COFINS e da contribuição ao PIS sobre a receita auferida pelas empresas exportadoras por variações cambiais ativas nas operações de exportação de produtos, todavia, reconheceu sua inconstitucionalidade, à vista da imunidade das receitas decorrentes de exportação (Pleno, RE 627.815/PR, Tema 329, Rel. Min. Rosa Weber, j. 23.5.2013).

concorrência; defesa do consumidor; defesa do meio ambiente, inclusive mediante tratamento diferenciado conforme o impacto ambiental dos produtos e serviços e de seus processos de elaboração e prestação; redução das desigualdades regionais e sociais; busca do pleno emprego; tratamento favorecido para as empresas de pequeno porte constituídas sob as leis brasileiras e que tenham sua sede e administração no País (art. 170, I a IX).

Caracterizam-se por serem *tributos setoriais*, isto é, por abrangerem ramos da atividade econômica específicos, como o canavieiro, o da navegação mercantil etc. Daí restar evidente o caráter extrafiscal dessas contribuições, pois constituem instrumentos autorizados à União voltados ao direcionamento do comportamento dos particulares, nos diversos segmentos do domínio econômico.

Sujeitam-se, outrossim, aos princípios tributários gerais, comuns a todos os tributos e, quando se identifiquem com os impostos – fato que ocorre em quase todos os casos – às normas aplicáveis a estes.

Cumpre analisar, ainda que sucintamente, a finalidade que legitima a exigência dessas contribuições. A instituição de contribuições interventivas somente está autorizada nas estritas hipóteses em que o Estado pode intervir na ordem econômica. E, nos termos da Lei Maior, tal pode ocorrer de duas maneiras.

Em primeiro lugar, como *agente protagonizador da atividade econômica*, nos termos do art. 173, *caput*, CR, ressalvados os casos nela previstos (monopólio), explorando *diretamente* atividade econômica somente quando necessária a imperativos da segurança nacional ou a relevante interesse público, conforme definidos em lei. Essa exploração se dá por intermédio de *empresas estatais* (empresas públicas, sociedades de economia mista).

Ou, ainda, na qualidade de *agente normativo e regulador da economia*, consoante o disposto no art. 174, CR, exercendo, na forma da lei, as funções de *fiscalização, incentivo e planejamento*, sendo este determinante para o setor público e indicativo para o setor privado, e disciplinando os preços, o consumo, a poupança e o investimento.

Dessarte, a intervenção no domínio econômico, em sentido amplo, comporta essas duas modalidades de atuação.

Todavia, a autorização constitucional para a instituição de contribuições interventivas, a nosso ver, não se aplica em nenhuma hipótese de intervenção estatal no domínio econômico. Se tais imposições fiscais constituem instrumentos para o custeio da intervenção da União em setores da economia, sua instituição só estará legitimada ante situação em que não atue como protagonista, realizando, diretamente, a exploração do domínio econômico.

Portanto, é justamente na segunda modalidade de intervenção estatal que vamos encontrar a situação ensejadora da instituição desse tributo, vale dizer, quando se tratar de intervenção em sentido estrito. Isso porque, a nosso ver, quando o Estado explora diretamente atividade econômica, em regra, em caráter subsidiário à iniciativa privada, segundo os ditames constitucionais não terá necessidade de criar exação para custear tal atuação, uma vez que os recursos dela provenientes remunerarão as despesas decorrentes de seu desempenho.

Em outras palavras, a contribuição interventiva somente poderá ser exigida daqueles que explorarem, sob regime de direito privado, a atividade econômica objeto da regulação estatal.[174]

Resumindo, exige-se, para legitimar a instituição de contribuição interventiva, o atendimento aos seguintes requisitos: *a)* que a intervenção seja feita com apoio em lei; *b)* que o setor da economia esteja sendo desenvolvido pela iniciativa privada para que se possa configurar um ato de intervenção no domínio econômico, nos termos da Constituição; e *c)* que as finalidades sejam aquelas a que se referem os princípios mencionados no art. 170 do Texto Fundamental.

A título de ilustração, vale lembrar duas contribuições interventivas instituídas ao tempo de Constituições pretéritas e que, por isso, foram impugnadas sob o fundamento de sua não recepção pela Constituição de 1988, mas reconhecidas como com ela compatíveis pelo Supremo Tribunal Federal:

> 1) o *Adicional de Frete para Renovação da Marinha Mercante –
> AFRMM*: destina-se a atender aos encargos da intervenção da União no apoio ao desenvolvimento da marinha mercante e da indústria de construção e reparação naval brasileiras, sendo contribuinte o consignatário constante do conhecimento de embarque (Decreto-Lei n. 2.404/87, com a redação dada pelo Decreto-Lei n. 2.414/88 e Lei n. 10.893/2004);[175] e
>
> 2) a *Contribuição destinada ao Instituto do Açúcar e do Álcool*: criada pelo Decreto-lei n. 308/67, visando incrementar e incentivar o setor canavieiro, bem como a garantir ao produtor os preços oficiais do açúcar e do álcool e para atender ao custeio dos programas desenvolvidos pelo Instituto do Açúcar e do Álcool (art. 4º, Decreto-Lei

---

[174] No mesmo sentido, Roque Carrazza, *Curso de Direito Constitucional Tributário*, cit., p. 695.
[175] Pleno, RE 177.137/RS, Rel. Min. Carlos Velloso, j. 24. 5.1995.

n. 1.712/79), sendo contribuintes as usinas, destilarias e cooperativas de produtores (art. 6º, § 1º, do Decreto-Lei n. 308/67).[176]

Além da disciplina contida no art. 149, *caput*, o § 2º do mesmo artigo contempla normas aplicáveis tanto às contribuições sociais quanto às interventivas. Remetemos, assim, aos comentários efetuados quando do exame daquelas.[177]

Ainda, o art. 177, § 4º, cuida da contribuição interventiva relativa às atividades de importação ou comercialização de petróleo e seus derivados, gás natural e seus derivados e álcool combustível:

> Art. 177. (...)
>
> § 4º A lei que instituir contribuição de intervenção no domínio econômico relativa às atividades de importação ou comercialização de petróleo e seus derivados, gás natural e seus derivados e álcool combustível deverá atender aos seguintes requisitos:
>
> I – a alíquota da contribuição poderá ser:
>
> *a)* diferenciada por produto ou uso;
>
> *b)* reduzida e restabelecida por ato do Poder Executivo, não se lhe aplicando o disposto no art. 150, III, *b*;
>
> II – os recursos arrecadados serão destinados:
>
> *a)* ao pagamento de subsídios a preços ou transporte de álcool combustível, gás natural e seus derivados e derivados de petróleo;
>
> *b)* ao financiamento de projetos ambientais relacionados com a indústria do petróleo e do gás;
>
> *c)* ao financiamento de programas de infraestrutura de transportes;[178]
>
> *d)* ao pagamento de subsídios a tarifas de transporte público coletivo de passageiros.[179]

Nota-se, primeiramente, que, fugindo à regra mencionada, segundo a qual a Constituição não prevê as regras-matrizes de incidência das contribuições, tal contribuição interventiva, diversamente, as tem estampadas: importar ou comercializar petróleo e seus derivados, gás natural e seus derivados e álcool combustível.

---

[176] Pleno, RE 214.206/AL, Rel. p/ o acórdão Min. Nelson Jobim, j. 15.10.1997.
[177] *Vide* item 4.3.5.1.
[178] Normas incluídas pela EC n. 33/2001.
[179] Alínea incluída pela EC n. 132/2023.

Em sequência, o texto autoriza expressamente a adoção da técnica de *diferenciação de alíquotas*, em função do produto ou uso (§ 4º, I, *a*).

Merece crítica a disposição contida no art. 177, § 4º, I, *b*, que defere ao Poder Executivo a possibilidade de reduzir e restabelecer a alíquota da CIDE, não lhe sendo aplicável os princípios da legalidade, em sua intensidade típica, nem o da anterioridade da lei tributária.

Não se pode esquecer tratar-se de comando introduzido no Texto Fundamental por meio de emenda, isto é, mediante ato normativo sujeito às limitações a que se submete o Poder Constituinte Derivado.

A nosso ver, tal norma configura inconstitucionalidade, por ofensa ao *princípio da separação dos poderes*, uma vez que introduzida tal possibilidade mediante emenda constitucional, sem observância do disposto no art. 60, § 4º, III, CR. Atribuiu-se ao Poder Executivo competência que, segundo o Poder Constituinte Originário, somente poderia ser exercida mediante lei.

A vasta modificação normativa promovida pela EC n. 33 já nos prepara para as diversas perplexidades encontráveis na interpretação do texto constitucional referente à CIDE em estudo. Embora cuide-se de um novo tributo – o que, por si só, enseja críticas veementes, diante da pluralidade de exigências fiscais contempladas no nosso ordenamento jurídico –, encontramos, também, alguns aspectos positivos na sua instituição.

Inicialmente, cumpre anotar que, em se tratando de espécie de contribuição interventiva, bastaria, para a sua instituição, em nosso entender, a autorização constitucional genérica estampada no *caput* do art. 149.

No entanto, mediante o exercício do Poder Constituinte Derivado, não somente contemplou-se autorização expressa para a instituição de contribuições sociais e de intervenção no domínio econômico incidentes sobre a importação de petróleo e seus derivados, gás natural e seus derivados e álcool combustível (art. 149, § 1º, II, cuja redação foi novamente alterada para "importação de produtos estrangeiros ou serviços" pela EC n. 42/2003), como também desceu-se a minudências concernentes à disciplina de suas alíquotas e do sujeito passivo, aspectos da hipótese de incidência tributária, regrados mediante lei.

As hipóteses de destinação do produto da arrecadação da CIDE em comento vêm definidas no art. 177, § 4º, II: a) o pagamento de subsídios a preços ou transporte de álcool combustível, gás natural e seus derivados e derivados de petróleo; b) o financiamento de projetos ambientais relacionados com a indústria do petróleo e do gás; c) o financiamento de programas de infraestrutura de transportes; e d) o pagamento de subsídios a tarifas de transporte público coletivo de passageiros.

Vê-se que a própria emenda já estabelece as finalidades qualificadoras dessa contribuição interventiva, embora, tecnicamente, não fosse imperioso fazê-lo, bastando que a respectiva lei instituidora o fizesse. Assim agindo, o Poder Constituinte Derivado, evidentemente, eliminou qualquer possibilidade de eleição, pelo legislador ordinário, das finalidades a serem atendidas por meio desse instrumento fiscal.

Importante atentar se esses objetivos afinam-se com os princípios gerais norteadores da atividade econômica, arrolados no art. 170, CR. A nosso ver, a resposta é afirmativa, especialmente em razão dos princípios da defesa do consumidor e da defesa do meio ambiente (art. 170, V e VI).

Salientamos, ainda, a relevância da finalidade apontada na alínea *b* – "o financiamento de projetos ambientais relacionados com a indústria do petróleo e do gás" –, norma continente de previsão constitucional expressa acerca do relacionamento entre a tributação e o meio ambiente, ora reforçada pela introdução de norma concernente à defesa do meio ambiente como princípio a ser observado pelo sistema tributário nacional (art. 145, § 3º, CR).

A terceira hipótese de destinação dos recursos arrecadados – o financiamento de programas de infraestrutura de transportes –, no entanto, não revela adequada conexão com a área de atuação da União dentro da qual a CIDE combustíveis deve servir de instrumento.

O mesmo pode ser dito em relação à última possibilidade de destinação introduzida pela EC n. 132/2023, que, embora louvável, não parece guardar pertinência com finalidade a ser cumprida pela União.

4.3.5.3. *Contribuições no interesse de categorias profissionais ou econômicas*

Essas contribuições, que podem ser denominadas, simplesmente, de *contribuições profissionais* ou *corporativas*, visam gerar receita para as chamadas *autarquias corporativas*, pessoas jurídicas instituídas com o objetivo de exercer a atividade de fiscalização do exercício das diversas profissões. Assim, os Conselhos Profissionais (Medicina, Odontologia, Engenharia etc.) e a Ordem dos Advogados do Brasil exigem, de seus inscritos, o pagamento da respectiva contribuição profissional.

Trata-se, portanto, de contribuições *parafiscais*, uma vez que sua instituição se dá mediante lei federal, delegando a União sua capacidade tributária ativa a esses entes, que passam a ser os sujeitos ativos da obrigação tributária correspondente.[180]

Em relação às contribuições em foco, destaque-se a discussão recorrente quanto à possibilidade de as autarquias corporativas – os chamados Conselhos Profissionais – efetuarem a majoração de suas "anuidades" por meio de atos normativos – portarias ou resoluções.

Evidentemente, por revestirem tais exigências natureza tributária, estão sujeitas ao princípio da legalidade e, portanto, somente podem ser majoradas mediante o necessário veículo legislativo.[181]

4.3.5.4. Contribuição para o custeio do serviço de iluminação pública e de sistemas de monitoramento para segurança e preservação de logradouros públicos

A EC n. 39/2002, inseriu autorização para a instituição de um novo tributo: a *contribuição para o custeio do serviço de iluminação pública* – COSIP. Trata-se de figura inusitada, pois, não obstante a denominação de "contribuição", não conforma seu perfil à disciplina dessa espécie tributária, como estampada no art. 149, CR.

---

[180] Convém advertir, no entanto, que não há que se confundir tais contribuições com aquela prevista no art. 8º, IV, CR: "Art. 8º É livre a associação profissional ou sindical, observado o seguinte: (...) IV – a assembleia geral fixará a contribuição que, em se tratando de categoria profissional, será descontada em folha, para custeio do sistema confederativo da representação sindical respectiva, independentemente da contribuição prevista em lei". Esta é a chamada *contribuição confederativa*, que não ostenta natureza tributária e somente é exigível daqueles trabalhadores filiados ao respectivo sindicato. Nesse sentido, a Súmula 666 e a Súmula Vinculante 40, STF: "A contribuição confederativa de que trata o art. 8º, IV, da Constituição, só é exigível dos filiados ao sindicato respectivo". Ainda, em relação à OAB, anote-se que o STJ consolidou o entendimento segundo o qual a anuidade a ela devida não reveste natureza tributária, por força de sua finalidade institucional (*e.g.* REsp 273.674/RS, 2ª T., Rel. Min. Eliana Calmon, j. 16.4.2002).

[181] Nesse sentido, a jurisprudência do STJ (1ª T., REsp 652.554/RS, Rel. Min. José Delgado, j. 8.9.2004).

Dispõe o art. 149-A, com a redação dada pela EC n. 132/2023:

> Art. 149-A. Os Municípios e o Distrito Federal poderão instituir contribuição, na forma das respectivas leis, para o custeio do serviço de iluminação pública e de sistemas de monitoramento para segurança e preservação de logradouros públicos, observado o disposto no art. 150, I e III.
>
> Parágrafo único. É facultada a cobrança da contribuição a que se refere o *caput*, na fatura de consumo de energia elétrica.

Em verdade, a origem dessa contribuição revela desrespeito ao próprio Estado Democrático de Direito. Num breve retrospecto dos fatos que levaram à sua previsão constitucional, inconformados com a perda de arrecadação derivada do reiterado reconhecimento, pelo STF, da inconstitucionalidade de taxas instituídas para remunerar o serviço de iluminação pública, ante a ausência dos atributos da especificidade e da divisibilidade, como o exige o art. 145, II, CR,[182] prefeitos de todo o País articularam a apresentação de emenda constitucional visando introduzir a previsão de um tributo especificamente destinado a essa finalidade.

Como denominá-lo de "taxa" seria, uma vez mais, incorrer em óbvia inconstitucionalidade, resolveram batizá-lo de "contribuição", que ganhou previsão em artigo próprio.

Cremos que a hipótese consubstancia ofensa à cláusula pétrea prevista no art. 60, § 4º, III, CR – o princípio da separação dos poderes –, uma vez que, tendo proclamado o STF que o serviço de iluminação pública, por constituir serviço geral, somente pode ser custeado pela receita advinda da arrecadação de impostos, não poderia uma emenda constitucional veicular disposição frontalmente contrária ao julgado, proferido em caráter definitivo pela mais alta Corte do País.

Não obstante, o STF veio a entender pela constitucionalidade da COSIP, a qual classificou como tributo de caráter *sui generis*.[183]

A EC n. 132/2023 acrescentou nova finalidade a autorizar a instituição desse tributo, qual seja, o custeio de sistemas de monitoramento para segurança

---

[182] Veja-se, a título de exemplo, o acórdão proferido no RE 231.764/RJ (*RTJ* 169/742), um dos precedentes considerados para a edição da Súmula 670, STF.
[183] Pleno, RE 573.675/SC, Tema 44, Rel. Min. Ricardo Lewandowski, j. 25.3.2009.

e preservação de logradouros públicos. Aduza-se que o conteúdo da disposição contida no parágrafo único do mencionado artigo, por sua diminuta importância – modo de cobrança da exigência –, não justifica sua inclusão no texto constitucional.

Encerrado o exame da essência do sistema constitucional tributário, passemos ao nível infraconstitucional para examinar o Código Tributário Nacional e suas normas gerais.

Parte III
O CTN e suas Normas Gerais

1. O Papel do Código Tributário Nacional

O Código Tributário Nacional é a Lei n. 5.172, de 25-10-1966, tendo entrado em vigor em 1967. Dispõe sobre o sistema tributário nacional e institui normas gerais de direito tributário aplicáveis a todos os entes políticos.

O Código está assim organizado:

a) *Disposição preliminar* (art. 1º);

b) *Livro Primeiro* – Sistema Tributário Nacional: Título I – Disposições gerais; Título II – Competência tributária; Título III – Impostos; Título IV – Taxas; Título V – Contribuição de melhoria; Título VI – Distribuição de receitas tributárias (arts. 2º a 95);

c) *Livro Segundo* – Normas gerais de direito tributário: Título I – Legislação tributária; Título II – Obrigação tributária; Título III – Crédito tributário; Título IV – Administração tributária (arts. 96 a 208); e

d) *Disposições finais e transitórias* (arts. 209 a 218).

Entendemos importante tecer algumas considerações acerca do papel da legislação codificada no âmbito da tributação.

Em outras disciplinas, tais como o Direito Penal, Direito Civil, Direito Processual Penal e Direito Processual Civil, conquanto exista uma multiplicidade de leis extravagantes, a legislação codificada representa o principal repositório de normas pertinentes a esses ramos jurídicos.

Isso porque cabe à União legislar privativamente sobre tais domínios (art. 22, I, CR), produzindo, portanto, leis de caráter nacional.

Assim é que, exemplificadamente, estudar Direito Penal é, basicamente, uma vez examinadas as normas constitucionais, conhecer e interpretar as normas constantes do Código Penal, o que igualmente ocorre com as demais disciplinas que contam com legislação codificada.

Em relação ao Direito Tributário, entretanto, a realidade é bem diversa, por duas razões fundamentais.

Em primeiro lugar, em virtude da opção do legislador constituinte de tratar a tributação de maneira detalhada, como já ressaltamos em capítulo anterior.[1] E, também, por competir a todos os entes políticos legislar concorrentemente sobre o assunto (art. 24, I, CR), conquanto caiba, apenas à União, mediante lei complementar, "estabelecer normas em matéria de legislação tributária" (art. 146, III, CR).

Tais normas gerais, portanto, são vinculantes de todas as pessoas políticas, que exercem sua competência tributária nos termos definidos na Constituição.

Diante de tal quadro normativo, conclui-se que o fato de a Constituição disciplinar tão minudentemente a tributação acabou por esvaziar, substancialmente, o conteúdo das normas gerais contempladas na lei complementar, vale dizer, no Código Tributário Nacional.

Em consequência, a legislação codificada, no domínio do Direito Tributário, não desfruta da mesma importância que apresenta em outros ramos do Direito.

O Código Tributário Nacional é veiculado mediante lei ordinária (Lei n. 5.172/66). Editado à luz da Constituição de 1946, esta não previa a lei complementar como espécie legislativa, que somente foi introduzida em nosso ordenamento jurídico com o advento da Constituição de 1967 (art. 18, § 1º). Sobrevieram-lhe, ainda, a EC n. 1/69, e a Constituição de 1988, mantendo tal previsão. O Código tem sido, desse modo, recepcionado pelos sucessivos textos constitucionais na qualidade de lei complementar.

Portanto, por força do disposto no art. 146, III, CR, ostenta o *status* de lei complementar, somente podendo ser alterado ou revogado mediante essa espécie legislativa.

Embora existam, há muito, projetos de lei complementar visando substituir o Código Tributário Nacional, não se vislumbra que isso venha a acontecer tão cedo, diante das reiteradas tentativas de promover-se uma "reforma tributária", que, evidentemente, demanda modificações em nível constitucional.

Em sendo assim, o atual Código Tributário Nacional encontra-se bastante defasado em relação ao texto constitucional.

---

[1] *Vide* Parte I, Capítulo 3, item 3.2.1, e Parte II, Capítulo 1.

Uma análise mais detida de seu texto demonstra que, *em parte, suas disposições foram revogadas pela Constituição*, porquanto por ela não recepcionadas. É o caso, por exemplo, dos arts. 15, III (empréstimo compulsório com fundamento em "conjuntura que exija absorção temporária de poder aquisitivo"), 21, 26, 65 (possibilidade de o Poder Executivo alterar as bases de cálculo dos Impostos de Importação, de Exportação, e sobre Operações Financeiras) e 74 (Imposto Federal sobre Operações Relativas a Combustíveis, Lubrificantes, Energia Elétrica e Minerais do País).

De outra parte, muitas de suas *disposições repetem normas já contidas na Constituição* e, assim, inócuas por constituírem meras reproduções, integrais ou parciais, de normas de hierarquia superior, como ocorre nos arts. 9º (imunidades genéricas, art. 150, VI, *a* a *d*, CR), 10 (princípio da uniformidade geográfica, art. 151, I, CR), 11 (princípio da não diferenciação tributária entre bens, em razão de sua procedência ou destino, art. 152, CR) e 48 e 49 (seletividade e não cumulatividade do IPI, arts. 153, § 2º, I e II, 155, § 2º, I e III, CR).

Outrossim, o Código Tributário Nacional, por óbvio, não disciplina categorias que não existiam sob a égide da Constituição de 1946, tais como o Imposto sobre a Propriedade de Veículos Automotores e as contribuições fundadas no art. 149, CR.

Cabe remarcar que o Código abriga diversos *preceitos didáticos*, vale dizer, que contemplam definições de conceitos, bem como normas relevantes concernentes a institutos típicos do Direito Tributário, tais como o lançamento e a suspensão da exigibilidade da obrigação tributária, de cujo estudo não se pode prescindir.

Assinale-se que, por abrigar normas gerais em matéria de legislação tributária, o Código Tributário Nacional contém várias *normas supletivas*, identificadas pela expressão "salvo disposição legal em contrário".[2] Na prática, porém, usualmente tais normas é que incidem, diante da ausência de outro regramento aplicável.

Finalmente, entendemos que o Código contempla não apenas normas de direito material, mas também algumas de cunho nitidamente *processual*, tais como as dos arts. 151, IV e V, 169, 170-A, 174, 185-A, 188, § 1º, e 192.

---

[2] *Vide* arts. 103, 104, III, 116, 117, 120, 123, 125, 136, 143, 154, 155-A, § 1º, 177, 180, II, e 193, CTN.

Não obstante, o Código Tributário Nacional, com parte de preceitos revogados, parte de preceitos inócuos, ausência de regras sobre institutos que foram introduzidos no ordenamento jurídico posteriormente à sua edição e – acresça-se – uma linguagem, por vezes, difícil de ser assimilada, constitui, depois da Constituição da República, o principal texto normativo regrador da tributação.

Seus mais importantes dispositivos, veiculadores de normas gerais, serão objeto de análise nos capítulos que seguem.

2. Capacidade Tributária Ativa

Conforme visto em capítulo precedente,[3] as pessoas políticas recebem suas atribuições, no campo tributário, diretamente da própria Constituição da República, que as reparte entre os entes da Federação.

Competência tributária, considerada como competência legislativa, é a aptidão para criar tributos, mediante a edição do necessário veículo legislativo (art. 150, I, CR), indicador de todos os aspectos de sua hipótese de incidência. Assim entendida, somente as pessoas políticas a detêm.

Nesse sentido, o Código Tributário Nacional, em seu art. 6º, prescreve:

> Art. 6º A atribuição constitucional de competência tributária compreende a competência legislativa plena, ressalvadas as limitações contidas na Constituição Federal, nas Constituições dos Estados e nas Leis Orgânicas do Distrito Federal e dos Municípios, e observado o disposto nesta Lei.
>
> Parágrafo único. Os tributos cuja receita seja distribuída, no todo ou em parte, a outras pessoas jurídicas de direito público pertencem à competência legislativa daquela a que tenham sido atribuídos.

O parágrafo único adverte que a repartição das receitas tributárias – tema ao qual a Constituição da República dedica seção específica (arts. 157 a 162) – não faz com que a exigência fiscal deixe de pertencer à competência da pessoa política constitucionalmente indicada, em razão da indelegabilidade da competência tributária, enunciada no artigo seguinte.

Conceito distinto é o de *capacidade tributária ativa*, que consiste na aptidão para arrecadar e fiscalizar a arrecadação de tributos.

Se a competência tributária é tema eminentemente constitucional, já a capacidade tributária ativa é disciplinada por lei, como preceitua o art. 7º, CTN:

---

[3] Parte II, Capítulo 2.

Art. 7º A competência tributária é indelegável, salvo atribuição das funções de arrecadar ou fiscalizar tributos, ou de executar leis, serviços, atos ou decisões administrativas em matéria tributária, conferida por uma pessoa jurídica de direito público a outra, nos termos do § 3º do art. 18 da Constituição.

§ 1º A atribuição compreende as garantias e os privilégios processuais que competem à pessoa jurídica de direito público que a conferir.

§ 2º A atribuição pode ser revogada, a qualquer tempo, por ato unilateral da pessoa jurídica de direito público que a tenha conferido.

§ 3º Não constitui delegação de competência o cometimento, a pessoas de direito privado, do encargo ou da função de arrecadar tributos.[4]

O dispositivo, que remete a preceito da Constituição Federal de 1946, deixa clara a distinção entre os conceitos de competência tributária e capacidade tributária ativa. A competência tributária, exercível mediante lei, é um *plus* em relação à capacidade tributária ativa.

De fato, enquanto a competência tributária, dentre outras características, é indelegável, por assim o ser a competência de natureza legislativa, a capacidade tributária ativa, de natureza *administrativa*, pode ser transferida a outrem, mediante lei.

Tal fenômeno consiste na *parafiscalidade*, já mencionada[5] como a delegação, pela pessoa política, mediante lei, da capacidade tributária ativa a terceira pessoa – de direito público ou privado –, para que esta arrecade o tributo, fiscalize sua exigência e utilize-se dos recursos auferidos para a consecução de seus fins. A parafiscalidade somente será legítima se a pessoa delegatária perseguir interesse público, o que inclui autarquias, fundações públicas, empresas estatais e pessoas jurídicas de direito privado que busquem finalidade

---

[4] Interessante observar a conexão existente entre esse dispositivo e o art. 199, CTN, que preceitua, em seu *caput*: "A Fazenda Pública da União, e as dos Estados, do Distrito Federal e dos Municípios prestar-se-ão mutuamente assistência para a fiscalização dos tributos respectivos e permuta de informações, na forma estabelecida, em caráter geral ou específico, por lei ou convênio". *Vide* Capítulo 12, item 12.2.1, *infra*.

[5] Parte II, Capítulo 2, item 2.3.

pública. Todas as espécies tributárias podem servir à parafiscalidade, embora, em nosso direito positivo, tal ocorra com maior frequência nas contribuições previstas no art. 149, CR.[6]

Ainda, o art. 8º, ao prescrever que "o não exercício da competência tributária não a defere a pessoa jurídica de direito público diversa daquela a que a Constituição a tenha atribuído", reafirma que a competência tributária, como espécie de competência legislativa, não é passível de transferência a outrem. Por ser o seu exercício, como regra, facultativo, e imprescritível, em caso de não exercício, não está autorizada a sua utilização por nenhuma outra pessoa política.

Em síntese, competência tributária e capacidade tributária são conceitos absolutamente distintos. Enquanto a primeira reveste natureza *legislativa* e é deferida *somente às pessoas políticas*, a segunda ostenta natureza *administrativa* e é deferida às *pessoas políticas e delegatários*, nos termos da lei.

Passemos, então, ao exame da vigência, interpretação e integração da legislação tributária.

---

[6] Exemplifique-se com as contribuições instituídas no interesse de categorias profissionais ou econômicas, exigidas pelos Conselhos Profissionais.

3. Legislação Tributária: Vigência, Interpretação, Integração e Aplicação

3.1. LEGISLAÇÃO TRIBUTÁRIA

Neste Capítulo, examinaremos as normas do CTN dedicadas a disciplinar a vigência, a interpretação, a integração e a aplicação da legislação tributária. Para tanto, é preciso definir o que se há de entender pela expressão *legislação tributária*.

O art. 96 preceitua que tal expressão "compreende as leis, os tratados e as convenções internacionais, os decretos e as normas complementares que versem, no todo ou em parte, sobre tributos e relações jurídicas a eles pertinentes".

Cuida-se, desse modo, de conceito abrangente, pois a noção de legislação tributária abarca atos normativos de diversas naturezas, cujo ponto comum é o objeto – o regime jurídico dos tributos e das relações jurídicas a eles referentes.

O art. 97 arrola a disciplina tributária dependente de lei. O princípio da legalidade, enunciado genericamente no art. 5º, II, e o princípio da legalidade tributária, hospedado no art. 150, I, ambos da CR,[7] antecipam o seu conteúdo:

> Art. 97. Somente a lei pode estabelecer:
>
> I – a instituição de tributos, ou a sua extinção;
>
> II – a majoração de tributos, ou sua redução, ressalvado o disposto nos arts. 21, 26, 39, 57 e 65;
>
> III – a definição do fato gerador da obrigação tributária principal, ressalvado o disposto no inciso I do § 3º do art. 52, e do seu sujeito passivo;
>
> IV – a fixação de alíquota do tributo e da sua base de cálculo, ressalvado o disposto nos arts. 21, 26, 39, 57 e 65;

---

[7] *Vide* Parte II, Capítulo 3, itens 3.2.1.3 e 3.2.2.1.

V – a cominação de penalidades para as ações ou omissões contrárias a seus dispositivos, ou para outras infrações nela definidas;

VI – as hipóteses de exclusão, suspensão e extinção de créditos tributários, ou de dispensa ou redução de penalidades.

§ 1º Equipara-se à majoração do tributo a modificação da sua base de cálculo, que importe em torná-lo mais oneroso.

§ 2º Não constitui majoração de tributo, para os fins do disposto no inciso II deste artigo, a atualização do valor monetário da respectiva base de cálculo.

Em função das normas constitucionais apontadas, secundadas por esse dispositivo, todo o regramento das relações jurídico-tributárias há de ser efetuado mediante lei.

O § 1º destaca uma das formas de majorar-se tributo, consubstanciada na modificação de sua base de cálculo. E a norma contida no § 2º deixa claro o papel da correção monetária, que é, tão somente, o de recompor o poder aquisitivo da moeda em face da inflação.

O art. 98 dedica-se a estabelecer a eficácia dos tratados e convenções internacionais em matéria tributária, nestes termos:

Art. 98. Os tratados e as convenções internacionais revogam ou modificam a legislação tributária interna, e serão observados pela que lhes sobrevenha.

Os *tratados internacionais* (incluídas as convenções e atos internacionais) são celebrados pelo Presidente da República e sujeitos a referendo do Congresso Nacional (art. 84, VIII, CR). Por outro lado, compete exclusivamente ao Congresso Nacional resolver definitivamente sobre tratados, acordos ou atos internacionais que acarretem encargos ou compromissos gravosos ao patrimônio nacional (art. 49, I, CR).

Ainda, preceitua a Lei Maior a respeito de tratados internacionais:

Art. 5º (...)

§ 2º Os direitos e garantias expressos nesta Constituição não excluem outros decorrentes do regime e dos princípios por ela adotados, ou dos tratados internacionais em que a República Federativa do Brasil seja parte.

§ 3º Os tratados e convenções internacionais sobre direitos humanos que forem aprovados, em cada Casa do Congresso Nacional, em dois turnos, por três quintos dos votos dos respectivos membros, serão equivalentes às emendas constitucionais.

A interpretação da norma contida no art. 98, CTN, rendeu controvérsias nos últimos anos, especialmente no tocante à sua constitucionalidade. No direito internacional, existem diversas vertentes de pensamento acerca do *status* dos tratados internacionais ante a legislação interna. No Direito Tributário, igualmente, várias correntes de pensamento pretendem explicar em que medida normas tributárias introduzidas por meio de tais atos normativos sobrepõem-se à legislação interna.

A importância do tema exsurge do fato de que o efeito mais danoso da pluritributação internacional é a não observância do princípio da capacidade contributiva, uma vez que Estados soberanos, evidentemente, observarão seus próprios sistemas tributários, desconhecendo os alheios.[8]

Desse modo, a celebração de tratados internacionais visa atenuar tal efeito, mediante a concessão de isenções e outros benefícios fiscais, bem como a eliminação de barreiras alfandegárias e restrições à circulação de mercadorias, com vista a facilitar o comércio exterior.

A dicção da norma em análise não é das mais técnicas, pois os tratados e convenções internacionais não "revogam" a legislação interna. A nosso ver, o que de fato ocorre é que as normas contidas em tais atos, por serem especiais, prevalecem sobre a legislação interna, afastando sua eficácia no que com esta forem conflitantes (critério da especialidade para a solução de conflitos normativos). Tal eficácia, portanto, resta preservada, para todas as demais situações não contempladas nos atos internacionais.

Uma das questões debatidas é se, celebrado tratado internacional conferindo isenção, esta somente aplica-se a tributos da União, uma vez vedada a concessão de isenção heterônoma (art. 151, III, CR), ou se a exoneração pode alcançar tributos das demais pessoas políticas.

A resposta é afirmativa, porquanto a União, ao celebrar tratado internacional, não figura como ente federativo, mas representa o Estado brasileiro como

---

[8] Nesse sentido, Betina Treiger Grupenmacher, *Tratados Internacionais em Matéria Tributária e Ordem Interna*, São Paulo: Dialética, 1999, p. 94.

ente soberano. O posicionamento do STF nesse sentido pôs fim à controvérsia, ao menos no plano jurisprudencial.[9]

O art. 99 prescreve que "o conteúdo e o alcance dos decretos restringem-se aos das leis em função das quais sejam expedidos, determinados com observância das regras de interpretação estabelecidas nesta Lei".

Aqui, também, tem-se preceito meramente didático, pois assim seria mesmo diante do silêncio do CTN. Com efeito, os decretos constituem atos administrativos e, portanto, infralegais, vale dizer, subordinados à lei, que lhes é hierarquicamente superior, em razão da sujeição da Administração Pública ao princípio da legalidade (art. 37, *caput*, CR). Exatamente por isso, proclama a Lei Maior competir privativamente ao Presidente da República expedir decretos e regulamentos para a fiel execução das leis (art. 84, IV, *in fine*). O alcance de seus efeitos é limitado à margem de liberdade que a lei outorgar ao administrador, a qual, em matéria tributária, é bastante limitada.[10]

---

[9] "Direito tributário. Recepção pela Constituição da República de 1988 do Acordo Geral de Tarifas e Comércio. Isenção de tributo estadual prevista em tratado internacional firmado pela República Federativa do Brasil. Artigo 151, inciso III, da Constituição da República. Artigo 98 do Código Tributário Nacional. Não caracterização de isenção heterônoma. Recurso extraordinário conhecido e provido. 1. A isenção de tributos estaduais prevista no Acordo Geral de Tarifas e Comércio para as mercadorias importadas dos países signatários quando o similar nacional tiver o mesmo benefício foi recepcionada pela Constituição da República de 1988. 2. O artigo 98 do Código Tributário Nacional 'possui caráter nacional, com eficácia para a União, os Estados e os Municípios' (voto do eminente Ministro Ilmar Galvão). 3. No direito internacional apenas a República Federativa do Brasil tem competência para firmar tratados (art. 52, § 2º, da Constituição da República), dela não dispondo a União, os Estados-membros ou os Municípios. O Presidente da República não subscreve tratados como Chefe de Governo, mas como Chefe de Estado, o que descaracteriza a existência de uma isenção heterônoma, vedada pelo art. 151, III, da Constituição. 4. Recurso extraordinário conhecido e provido" (Pleno, RE 229.096/RS, Rel. p/ o acórdão Min. Cármen Lúcia, j. 16.8.2007 e RE AgRg 543.943/PR, Rel. Min. Celso de Mello, j. 30.11.2010). Esposando a mesma orientação, o Superior Tribunal de Justiça, no REsp 480.563/RS, Rel. Min. Luiz Fux, j. 6.9.2005. Vejam se, ainda, as Súmulas 575, STF, e 20 e 71, STJ.

[10] *Decreto*, em verdade, é a forma de que se revestem os atos emanados do Chefe do Poder Executivo (Cf. Maria Sylvia Zanella Di Pietro, *Direito Administrativo*, 29. ed. rev., atual. e ampl., São Paulo: Forense, 2016, p. 277). Como ato administrativo normativo, somente pode ser validamente expedido se a lei outorgar uma certa margem de liberdade ao administrador, isto é, se estiver autorizada a discricionariedade administrativa.

Em seu art. 100, o CTN contempla outra expressão de natureza abrangente – *normas complementares*. Referidas normas compreendem as leis, os tratados, as convenções internacionais e os decretos: "I – os atos normativos expedidos pelas autoridades administrativas; II – as decisões dos órgãos singulares ou coletivos de jurisdição administrativa, a que a lei atribua eficácia normativa; III – as práticas reiteradamente observadas pelas autoridades administrativas; IV – os convênios que entre si celebrem a União, os Estados, o Distrito Federal e os Municípios".

No parágrafo único, acrescenta que "a observância das normas referidas neste artigo exclui a imposição de penalidades, a cobrança de juros de mora e a atualização do valor monetário da base de cálculo do tributo".

Dentre as normas complementares, destacam-se os atos normativos – instruções, portarias, ordens de serviço, circulares, avisos etc. – expedidos pela Administração Fiscal com vista a orientar os agentes públicos acerca de como proceder à interpretação e à aplicação das leis tributárias.

Registre-se a prática, infelizmente reiterada, de, por meio de tais atos, expedirem-se normas que, a pretexto de propiciarem a adequada execução da lei tributária, geram deveres ou impõem restrições a direitos nela não previstos, pelo que acabam por vulnerá-la, diante de sua manifesta incompatibilidade.

Outrossim, crítica merece o dispositivo por não incluir, no rol de normas complementares, a *jurisprudência consolidada*, isto é, aquela firmada nos tribunais superiores, após a análise reiterada de casos semelhantes. A jurisprudência constitui relevante fonte do direito tributário, sendo necessário observar, todavia, que esse papel evoluiu imensamente com a introdução dos mecanismos da repercussão geral, da súmula vinculante e do regime de recursos repetitivos (art. 927, CPC).

Examinado o conceito de legislação tributária, passemos ao exame das normas pertinentes à sua vigência.

3.2. VIGÊNCIA: CONCEITO

A vigência da legislação tributária deve observar a disciplina da Lei de Introdução às Normas do Direito Brasileiro – LINDB,[11] que consigna normas gerais, e as prescrições contidas nos arts. 101 a 104, CTN, que a derrogam (art. 101, CTN).

---

[11] Atual denominação da Lei de Introdução ao Código Civil (LICC), Decreto-lei n. 4.657/42, dada pela Lei n. 12.376/2010, com as alterações promovidas pela Lei n. 13.655/2018.

Comentaremos as normas mais relevantes, impondo-se, primeiramente, definir o conceito de vigência.

Vigência é a aptidão de uma norma para qualificar fatos, desencadeando seus efeitos de direito. Uma lei está em vigor quando idônea a incidir sobre situações fáticas, gerando consequências jurídicas.

Releva destacar que a vigência, assim compreendida, não pode ser confundida com a eficácia, que é a aptidão de uma norma para produzir efeitos na ordem jurídica. Tais atributos normativos, que usualmente andam juntos, podem existir separadamente. Desse modo, uma norma pode ser vigente e não eficaz, como acontece com aquela que aumenta tributo sujeito à observância dos princípios da anterioridade da lei tributária, pois sua eficácia está diferida para o 1º de janeiro do exercício seguinte ao qual foi publicada, observado o decurso de noventa dias (art. 150, III, *b* e *c*, CR). Outrossim, uma norma pode ser eficaz mas não mais vigente, como acontece na hipótese de aplicação, para efeito de lançamento, da lei que se encontrava em vigor à época da ocorrência do fato gerador da obrigação, ainda que posteriormente revogada (art. 144, *caput*, CTN).

A vigência há de ser considerada segundo as coordenadas de *tempo* e de *espaço*, como veremos.

3.2.1. Vigência no tempo

A respeito da vigência da lei no tempo, a Lei de Introdução às Normas do Direito Brasileiro estabelece, em seu art. 1º, que, "salvo disposição contrária, a lei começa a vigorar em todo o país 45 (quarenta e cinco) dias depois de oficialmente publicada".

Tal lapso temporal, entre a publicação da lei e o termo inicial de sua vigência, é denominado de *vacatio legis*.

Usualmente, as leis fazem consignar em seu último artigo que entram em vigor na data de sua publicação, afastando a aplicação dessa norma supletiva.

O art. 103, por sua vez, abriga *normas supletivas* indicativas de termos iniciais de vigência de diversas normas complementares:

> Art. 103. Salvo disposição em contrário, entram em vigor:
>
> I – os atos administrativos a que se refere o inciso I do art. 100, na data da sua publicação;

II – as decisões a que se refere o inciso II do art. 100, quanto a seus efeitos normativos, 30 (trinta) dias após a data da sua publicação;

III – os convênios a que se refere o inciso IV do art. 100, na data neles prevista.

O preceito afasta, portanto, a disciplina da Lei de Introdução às Normas do Direito Brasileiro. Todavia, na hipótese de tais normas não indicarem o termo inicial de sua vigência, aplica-se o art. 1º da LINDB – ou seja, entrarão em vigor quarenta e cinco dias após sua publicação.

Já o art. 104 estabelece que entram em vigor no primeiro dia do exercício seguinte àquele em que ocorra sua publicação, os dispositivos de lei referentes a impostos sobre o patrimônio ou a renda: "I – que instituem ou majoram tais impostos; II – que definem novas hipóteses de incidência; III – que extinguem ou reduzem isenções, salvo se a lei dispuser de maneira mais favorável ao contribuinte, e observado o disposto no art. 178".

Facilmente perceptível que esse dispositivo tem seu conteúdo esvaziado a teor dos princípios da *anterioridade genérica* e *especial* da lei tributária, hospedados no art. 150, III, *b* e *c*, CR, ainda mais abrangentes, ao prescreverem ser vedado às pessoas políticas "cobrar tributos: *b*) no mesmo exercício financeiro em que haja sido publicada a lei que os instituiu ou aumentou; *c*) antes de decorridos noventa dias da data em que haja sido publicada a lei que os instituiu ou aumentou, observado o disposto na alínea *b*".[12]

Como visto, o regramento deflagrado por tais normas constitucionais consiste em que, uma vez publicada a lei tributária que institua ou aumente tributo, ela entra em vigor no mesmo exercício financeiro, mas sua eficácia está postergada ao exercício financeiro seguinte, respeitado o decurso de noventa dias.

3.2.2. Vigência no espaço

A vigência das leis no espaço, por sua vez, orienta-se pelo princípio da *territorialidade*. Assim, a lei de cada pessoa política vigora apenas nos limites de seu território. Essa noção prestigia a autonomia das pessoas políticas e, em consequência, a própria Federação.

No entanto, em certas situações, a ideia de *extraterritorialidade* é que se aplica.

---

[12] Acerca da anterioridade da lei tributária, *vide* Parte II, Capítulo 3, item 3.2.2.2.

A Constituição da República explicita algumas delas, ao proclamar que o ICMS incide sobre "operações relativas à circulação de mercadorias e sobre prestações de serviços de transporte interestadual e intermunicipal e de comunicação, *ainda que as operações e as prestações se iniciem no exterior*" (art. 155, II), e sobre "a entrada de bem ou mercadoria importados do exterior por pessoa física ou jurídica, ainda que não seja contribuinte habitual do imposto, qualquer que seja a sua finalidade, assim como *sobre o serviço prestado no exterior*, cabendo o imposto ao Estado onde estiver situado o domicílio ou o estabelecimento do destinatário da mercadoria, bem ou serviço" (art. 155, § 2º, IX).[13]

O caráter excepcional da extraterritorialidade da legislação tributária vem estampado no preceito contido no art. 102, CTN, segundo o qual "a legislação tributária dos Estados, do Distrito Federal e dos Municípios vigora, no País, fora dos respectivos territórios, nos limites em que lhe reconheçam extraterritorialidade os convênios de que participem, ou do que disponham esta ou outras leis de normas gerais expedidas pela União".

Por outro lado, a *pluritributação internacional* é tema que tem despertado grande interesse. É o caso, por exemplo, da tributação da renda, quando um cidadão brasileiro obtém rendimentos no exterior. Pode ocorrer, então, que ambos os países – o da fonte pagadora e o do domicílio do sujeito passivo – pretendam tributar os mesmos rendimentos.

Em razão disso é que têm sido celebrados tratados internacionais visando evitar a *dupla tributação*, com critério da reciprocidade, mediante o emprego de várias técnicas legislativas para o alcance desse objetivo – desoneração, compensação etc.[14]

3.3. INTERPRETAÇÃO E SEUS MÉTODOS

No CTN, as normas relativas à interpretação e integração da legislação tributária (arts. 107 a 112) vêm dispostas após as normas pertinentes à aplicação dessa mesma legislação (arts. 105 e 106). Contudo, como os processos de interpretação e integração hão de preceder à aplicação normativa, permitimo-nos, por questão de ordem lógica e cronológica, inverter a sequência dessa análise.

---

[13] Destaques nossos.
[14] *Vide* comentário ao art. 98, CTN, item 3.1.

Interpretação, para o Direito, é a atividade cujo objetivo é a busca da identificação do conteúdo, do alcance e do significado de uma norma jurídica, visando à sua aplicação.

Dos diversos métodos de interpretação existentes, interessa-nos destacar os mais utilizados.

Por primeiro, impende observar-se que a interpretação chamada *literal* ou *gramatical* constitui, em verdade, apenas a etapa inicial do processo interpretativo. A ela deve seguir-se o emprego de autênticos métodos de interpretação.

A interpretação *sistemática*, no Direito contemporâneo, juntamente com o método teleológico, revela-se um dos métodos interpretativos mais importantes. Deflui da aplicação do *princípio da unidade do ordenamento jurídico*, segundo o qual não se pode compreender uma de suas normas isoladamente do contexto em que se insere.[15]

A interpretação *teleológica*, por seu turno, diz com o espírito e a finalidade da norma. Com efeito, a interpretação de norma jurídica deve considerar, antes de qualquer outro aspecto, sua finalidade, os objetivos que, por meio dela, pretende-se sejam alcançados. Trata-se do método interpretativo mais consentâneo com a *eficácia social* da norma, vale dizer, com a produção de efeitos *in concreto*, por ocasião da sua aplicação. Para tanto, o intérprete e o aplicador da lei devem buscar a sensibilidade necessária para captar a real finalidade da norma, visando à execução da vontade do Estado nela contida.

Sempre oportuno lembrar, a respeito da interpretação teleológica, a primorosa dicção da Lei de Introdução às Normas do Direito Brasileiro, que, em seu art. 5º, estatui que o juiz, na aplicação da lei, atenderá aos fins sociais a que ela se dirige e às exigências do bem comum.

Assim, o magistrado, ao aplicar a norma constitucional, deve, do mesmo modo, observar a finalidade socialmente desejada a ser alcançada, sempre atentando ao interesse coletivo. Os princípios arrolados no art. 3º, CR, como vetores do Estado brasileiro, devem auxiliá-lo nessa tarefa.[16]

---

[15] É o que ensina Geraldo Ataliba, salientando que não se pode "perder a visão de floresta por causa das árvores" ("IPTU e progressividade", *Revista de Direito Público*, n. 93, p. 236).

[16] Preceitua o art. 3º da CR: "Constituem objetivos fundamentais da República Federativa do Brasil: I – construir uma sociedade livre, justa e solidária; II – garantir o

Não obstante dirigido ao juiz, cremos que o preceito legal apontado também opera como diretriz para o administrador público, que, como aplicador da lei, de ofício, deve, no exercício da função administrativa, considerar os fins sociais a que a norma se dirige e as exigências do interesse público. Desse modo, o administrador tributário há de pautar-se pelos mesmos parâmetros.

Outro método interpretativo que merece referência é o *evolutivo*, específico das normas constitucionais. Luís Roberto Barroso[17] define-o como um processo informal de reforma do texto constitucional, consistente na "atribuição de novos conteúdos à norma constitucional, sem modificação de seu teor literal, em razão de mudanças históricas ou de fatores políticos e sociais que não estavam presentes nas mentes dos constituintes".

Tal método é aplicável a normas constitucionais que contenham *conceitos indeterminados*, cuja elasticidade permita comportar mais de um significado, podendo, com o decorrer do tempo, sofrer mutação no seu sentido e alcance. É o caso, por exemplo, do conceito de *livro*, para efeito da imunidade contemplada no art. 150, VI, *d*, CR.[18]

Feitas tais considerações, passemos à análise dos arts. 107 a 112, CTN.

Principia o art. 107 declarando que "a legislação tributária será interpretada conforme o disposto neste Capítulo". E prossegue o legislador, no art. 108, estatuindo:

> Art. 108. Na ausência de disposição expressa, a autoridade competente para aplicar a legislação tributária utilizará sucessivamente, na ordem indicada:
>
> I – a analogia;
>
> II – os princípios gerais de direito tributário;
>
> III – os princípios gerais de direito público;
>
> IV – a equidade.

---

desenvolvimento nacional; III – erradicar a pobreza e a marginalização e reduzir as desigualdades sociais e regionais; e IV – promover o bem de todos, sem preconceitos de origem, raça, sexo, cor, idade e quaisquer outras formas de discriminação".

[17] *Interpretação e Aplicação da Constituição*, p. 151.
[18] *Vide* Parte II, item 3.3.3.4.

§ 1º O emprego da analogia não poderá resultar na exigência de tributo não previsto em lei.

§ 2º O emprego da equidade não poderá resultar na dispensa do pagamento de tributo devido.

O CTN parece indicar um "roteiro" de expedientes, a ser seguido para que seja efetuada a interpretação e a aplicação da legislação tributária.

Enseja crítica a dicção desse artigo, pois, como exposto, a interpretação resulta da conjugação de diversos métodos, cujo emprego independe da observância de critério cronológico.

Cremos que o entendimento que viabiliza emprestar-se validade ao dispositivo legal é aquele que considera tal "roteiro" como meramente *indicativo* ao intérprete da legislação tributária, não estampando, portanto, uma ordem a ser rigorosamente seguida ou, mesmo, um rol taxativo de itens.

Comentemos, ainda que brevemente, cada um desses expedientes, observando que a analogia, por constituir método de integração, será analisada adiante.

Os *princípios jurídicos*, como visto, constituem normas de superior hierarquia no ordenamento jurídico, ostentando elevado grau de generalidade e abstração, e abrigando valor fundamental. Daí cumprirem o papel de dirigir a interpretação e a aplicação das demais normas do sistema.

Nesse contexto, destacam-se, por primeiro, os princípios de direito tributário, já estudados, tais como os da legalidade tributária, anterioridade, irretroatividade, isonomia, generalidade, capacidade contributiva, vedação ao confisco.

Também valiosos na interpretação da legislação tributária os *princípios gerais de direito público* – legalidade, federativo, autonomia municipal, supremacia do interesse público sobre o particular, indisponibilidade do interesse público, moralidade etc.

A *equidade*, por seu turno, é classicamente definida como a suavização ou mitigação do rigor da lei, quando a aplicação desta possa revelar-se injusta diante do caso concreto. Sua utilização está autorizada em todos os quadrantes do Direito.

O § 2º do art. 108 adverte, desnecessariamente, que "o emprego da equidade não poderá resultar na dispensa do pagamento de tributo devido". Assim é porque, consistindo o tributo obrigação *ex lege*, qualquer modalidade de exoneração tributária, seja total ou parcial, depende, necessariamente, de lei.[19]

Prosseguindo, merecem análise conjunta as disposições contidas nos arts. 109 e 110, CTN:

> Art. 109. Os princípios gerais de direito privado utilizam-se para pesquisa da definição, do conteúdo e do alcance de seus institutos, conceitos e formas, mas não para definição dos respectivos efeitos tributários.
>
> Art. 110. A lei tributária não pode alterar a definição, o conteúdo e o alcance de institutos, conceitos e formas de direito privado, utilizados, expressa ou implicitamente, pela Constituição Federal, pelas Constituições dos Estados, ou pelas Leis Orgânicas do Distrito Federal ou dos Municípios, para definir ou limitar competências tributárias.

O emprego, pela lei tributária, de conceitos de outros ramos jurídicos repercute na *definição da competência tributária*.

O art. 109 estatui que, conquanto os princípios gerais de direito privado sejam utilizados para pesquisa e definição do conteúdo e do alcance de institutos, conceitos e formas no âmbito do direito tributário, a definição dos respectivos efeitos é de domínio exclusivo deste ramo do Direito e deverá ser feita de modo expresso.

O art. 110, por sua vez, encerra, em verdade, duas normas. A primeira segundo a qual a lei tributária, em regra, pode modificar institutos, conceitos e formas de direito privado. A segunda, que a excepciona, consoante a qual os institutos, conceitos e formas de direito privado que tenham sido utilizados, por lei hierarquicamente superior, para a definição da competência tributária, não podem ser modificados pela lei tributária.

Aliomar Baleeiro[20] assim analisa este último preceito:

> Combinado com o art. 109, o art. 110 faz prevalecer o império do direito privado – civil ou comercial – quanto à definição, conteúdo

---

[19] Salvo, evidentemente, a imunidade tributária, exoneração tributária fixada constitucionalmente.
[20] *Direito Tributário Brasileiro*, cit., p. 1063.

e alcance dos institutos, conceitos e formas daquele direito, sem prejuízo de o direito tributário modificar-lhes os efeitos fiscais (...). Para maior clareza da regra interpretativa, o Código Tributário Nacional declara que a inalterabilidade das definições, conteúdo e alcance dos institutos, conceitos e formas de direito privado é estabelecida para resguardá-los no que interessa à competência tributária. O texto acotovela o pleonasmo para dizer que as definições e limites dessa competência, quando estatuídos à luz do direito privado, serão os deste, nem mais, nem menos.

A prescrição é de extrema relevância, porquanto tal problemática diz com a determinação do campo eficacial (material) da lei tributária, e a modificação de um conceito de direito privado pode vir a provocar uma indesejada ampliação da competência tributária.[21]

Assim, por exemplo, se a lei tributária vier a definir *serviço* diversamente de como o faz o direito privado, para abranger realidades incompatíveis com o conceito formulado por este, estaremos diante de ampliação indevida da competência dos Municípios para exigir o ISSQN.[22]

No entanto, cremos seja necessário ressaltar que no Brasil esse entendimento impõe-se independentemente dessa disposição legal, em razão da hierarquia normativa, porquanto as regras-matrizes de incidência tributária estão contempladas na Constituição.[23]

Desse modo, a Lei Maior, que emprega com frequência conceitos de direito privado na previsão das regras-matrizes de incidência – bens móveis, imóveis, mercadoria, propriedade, patrimônio, renda, serviço, salário, empresa etc. –, ao fazê-lo, já define – e, portanto, limita – o campo de atuação da lei tributária. Tais conceitos, consequentemente, são utilizados com a significação que lhes é própria no direito privado.

---

[21] Como bem anota Misabel Derzi, o art. 110, CTN é uma limitação à discricionariedade do legislador tributário, que não pode atribuir a conceitos de direito privado, utilizados em normas de superior hierarquia, significação diversa daquela pertinente a esse mesmo domínio (Notas ao *Direito Tributário Brasileiro*, de Aliomar Baleeiro, cit., p. 1067).

[22] *Vide*, sobre esse aspecto, nossos comentários sobre o ISSQN, Parte IV, Capítulo 3, item 3.4.

[23] Arts. 145, 148, 149, 153, 155, 156, 177, § 4º, e 195, CR.

Extrai-se, diante desse quadro, o princípio segundo o qual a definição da competência tributária não pode ser modificada pela lei por meio da qual ela é exercida, uma vez que prefixada constitucionalmente.

Efetivamente, é vedado à lei modificar não somente os conceitos de direito privado, mas quaisquer conceitos que tenham sido empregados na definição da competência tributária, efetuada no plano constitucional. Nenhum conceito, quer de direito privado, quer de direito público, conceito jurídico ou conceito extraído do léxico, desde que utilizado na definição da competência tributária, pode ser modificado pela lei, sob pena de se ampliar o âmbito eficacial desta.

Portanto, diante da disciplina essencialmente constitucional da tributação no Brasil, a lei infraconstitucional, ao empregar conceitos, encontra-se bastante limitada no manejo destes.

Em sequência, o art. 111 estabelece:

> Art. 111. Interpreta-se literalmente a legislação tributária que disponha sobre:
>
> I – suspensão ou exclusão do crédito tributário;
>
> II – outorga de isenção;
>
> III – dispensa do cumprimento de obrigações tributárias acessórias.

Como já mencionado, a chamada interpretação *literal* ou *gramatical* constitui apenas a etapa inicial do processo interpretativo, destinada a propiciar o emprego de autênticos métodos de interpretação.

Ao determinar, nesse dispositivo, que a interpretação de normas relativas à suspensão ou exclusão do crédito tributário, à outorga de isenção e à dispensa do cumprimento de obrigações acessórias seja "literal", o legislador provavelmente quis significar "não extensiva", vale dizer, sem alargamento de seus comandos, uma vez que o padrão em nosso sistema é a *generalidade da tributação* e, também, das *obrigações acessórias*, sendo taxativas as hipóteses de suspensão da exigibilidade do crédito tributário e de anistia. Em outras palavras, quis prestigiar os princípios da isonomia e da legalidade tributárias.

O art. 112, por sua vez, trata da chamada *interpretação benéfica*:

> Art. 112. A lei tributária que define infrações, ou lhe comina penalidades, interpreta-se da maneira mais favorável ao acusado, em caso de dúvida quanto:

I – à capitulação legal do fato;

II – à natureza ou às circunstâncias materiais do fato, ou à natureza ou extensão dos seus efeitos;

III – à autoria, imputabilidade, ou punibilidade;

IV – à natureza da penalidade aplicável, ou à sua graduação.

O dispositivo refere-se às normas de *direito tributário penal*, vale dizer, àquelas que disciplinam as infrações e sanções tributárias. E, assim, aplica-se o princípio universal do direito penal, *in dubio pro reo:* em caso de dúvida, interpreta-se a lei tributária de modo mais benéfico ao infrator, nas hipóteses apontadas.

Por fim, registre-se que, embora fora desse capítulo, o art. 118 cuida da interpretação da definição legal do fato gerador, e será objeto de nossos comentários quando da análise do tema da hipótese de incidência tributária.[24]

3.4. INTEGRAÇÃO DA LEGISLAÇÃO TRIBUTÁRIA

Passemos, então, ao exame da integração da legislação tributária.

Analogia, em Direito, é, segundo Paulo de Barros Carvalho,[25] "o expediente de que se serve o aplicador da lei, ao colher em norma que incide em caso semelhante a disciplina jurídica que o sistema positivo não mencionou expressamente".

Noutro dizer, cuida-se de meio empregado pelo aplicador da lei para disciplinar situação não expressamente prevista no ordenamento jurídico, diante da semelhança que guarda com hipótese nele contemplada, em razão do elevado grau de características comuns entre ambas.

Assinale-se, por oportuno, que a existência de lacunas revela-se decorrência natural da impossibilidade de o ordenamento jurídico contemplar todas as situações passíveis de ocorrer no mundo concreto.

Tal ideia afina-se com a noção de *analogia "legis"* ou *legal*, que consiste na subsunção de um dado fato a norma jurídica que prevê situação fática semelhante. Outrossim, há a *analogia "juris"* ou *analogia geral*, principiológica, presente quando o intérprete constrói uma norma aplicável a determinada situação fática mediante recurso a princípios gerais, jurídicos ou não.

---

[24] Capítulo 5, item 5.3, *infra*.
[25] *Curso de Direito Tributário*, cit., p. 123.

Desse modo, três são os pressupostos autorizadores do emprego da analogia: *a)* a existência de lacuna; *b)* a semelhança dos casos ou identidade de razão de decidir; e *c)* a ausência de disposição contrária no ordenamento jurídico.

No Direito Positivo, a importância da analogia exsurge não somente da dicção do art. 4º, LINDB,[26] como também do art. 140, CPC,[27] que alude a tal expediente.

O CTN, por sua vez, ao prever a analogia como meio de integração da legislação tributária, veda, expressamente, que de seu emprego resulte a exigência de tributo não previsto em lei:

> Art. 108. Na ausência de disposição expressa, a autoridade competente para aplicar a legislação tributária utilizará sucessivamente, na ordem indicada:
>
> I – a analogia;
>
> (...)
>
> § 1º O emprego da analogia não poderá resultar na exigência de tributo não previsto em lei.
>
> (...)

Recorde-se que o art. 111, CTN, não autoriza o emprego de analogia para reconhecer isenção, aplicar anistia, nem para dispensar o cumprimento de obrigações acessórias.

Diante da dicção do § 1º do art. 108, CTN, consolidou-se o ensinamento segundo o qual constitui a analogia expediente de utilização vedada no âmbito fiscal, porquanto tal poderia conduzir à tributação de fatos não previamente descritos em lei, configurando absoluta violação aos princípios da segurança jurídica e da legalidade.

No entanto, se é verdade que o emprego da analogia pode agredir os princípios mencionados em relação às normas que definem diretamente o conteúdo da obrigação tributária – vale dizer, as pertinentes ao fato imponível e às isenções –, não parece haver objeção na analogia empregada para estender

---

[26] "Quando a lei for omissa, o juiz decidirá o caso de acordo com a *analogia*, os costumes e os princípios gerais de direito" (destaque nosso).

[27] Art. 140, CPC: "O juiz não se exime de decidir sob a alegação de *lacuna* ou obscuridade do ordenamento jurídico" (destaque nosso).

normas de caráter procedimental, especialmente quando se o faz para defender princípios constitucionais e, em concreto, a própria segurança jurídica.[28]

Portanto, não obstante as limitações ao emprego de analogia no âmbito fiscal, conclui-se que ainda remanesce espaço no qual pode operar, a exemplo da definição de prazos para o cumprimento de obrigações e outras matérias de direito tributário formal.

Em outras palavras, pensamos seja cabível o emprego de analogia no campo tributário, desde que tal não afete o próprio aperfeiçoamento das obrigações tributárias, nem se revele prejudicial ao contribuinte.

3.5. APLICAÇÃO DA LEGISLAÇÃO TRIBUTÁRIA

Vistas as normas pertinentes à interpretação e à integração da legislação tributária, cuidemos de examinar a sua aplicação.

Aplicar o Direito, singelamente, consiste na tarefa de interpretar uma norma geral, dela extraindo a norma individual para o caso particular.

Os arts. 105 e 106, CTN, abrigam normas concernentes à aplicação da *legislação tributária no tempo*.

Preceitua o art. 105:

> Art. 105. A legislação tributária aplica-se imediatamente aos fatos geradores futuros e aos pendentes, assim entendidos aqueles cuja ocorrência tenha tido início mas não esteja completa nos termos do art. 116.

Se o conceito de *fato gerador futuro* não oferece grande dificuldade para sua compreensão, pois cuida-se de fato que ainda não aconteceu e que, quando ocorrer, submeter-se-á à disciplina legal, o mesmo não se diga com relação à noção de fato gerador pendente.

Consoante o CTN, extrai-se que *fato gerador pendente* é aquele que se iniciou, mas não se completou, por ainda não se terem verificado todas as circunstâncias materiais necessárias à produção de seus efeitos ou por não estar definitivamente constituída a situação jurídica a que se refere.[29]

---

[28] Nesse sentido, César García Novoa, *El Principio de Seguridad Jurídica en Materia Tributaria*, pp. 263-265, e José Casalta Nabais, *Direito Fiscal*, pp. 216-217.

[29] O art. 116, CTN, ao qual o dispositivo em foco remete, estatui que, "salvo disposição de lei em contrário, considera-se o fato gerador ocorrido e existentes os seus

A dicção legal merece objeção, porquanto a aplicação *imediata* da legislação tributária a *fatos geradores futuros* revela-se inviável, pois tais fatos ainda não ocorreram. Também, a expressão *fatos geradores pendentes* é infeliz, visto que a lei somente pode ser aplicada a fatos que se consumaram – logo, fato gerador que não aconteceu não é fato gerador. O preceito, portanto, peca pela ausência de lógica.

Num esforço interpretativo, parece-nos que o legislador quis aludir, especialmente, ao Imposto sobre a Renda, acolhendo a teoria segundo a qual o fato gerador deste é *complexivo* ou *composto*, isto é, exige um determinado lapso de tempo para o seu aperfeiçoamento.

A norma do art. 105, como não poderia deixar de ser, prestigia os *princípios da irretroatividade da lei* (art. 5º, XXXVI, CR) e da *irretroatividade da lei tributária* (art. 150, III, *a*, CR).[30] Assim, os atos normativos em geral devem produzir efeitos *pro futuro*, como exigência do primado da segurança jurídica.

Já o art. 106 estatui as hipóteses em que a lei tributária aplica-se ao passado:

> Art. 106. A lei aplica-se a ato ou fato pretérito:
>
> I – em qualquer caso, quando seja expressamente interpretativa, excluída a aplicação de penalidade à infração dos dispositivos interpretados;
>
> II – tratando-se de ato não definitivamente julgado:
>
> *a)* quando deixe de defini-lo como infração;
>
> *b)* quando deixe de tratá-lo como contrário a qualquer exigência de ação ou omissão, desde que não tenha sido fraudulento e não tenha implicado em falta de pagamento de tributo;
>
> *c)* quando lhe comine penalidade menos severa que a prevista na lei vigente ao tempo da sua prática.

---

efeitos: I – tratando-se de situação de fato, desde o momento em que se verifiquem as circunstâncias materiais necessárias a que produza os efeitos que normalmente lhe são próprios; e II – tratando-se de situação jurídica, desde o momento em que esteja definitivamente constituída, nos termos de direito aplicável". *Vide* Capítulo 5, item 5.2, *infra*.

[30] Sobre a irretroatividade da lei tributária, *vide* Parte II, Capítulo 3, item 3.2.2.3.

O inciso I consigna a hipótese de *lei expressamente interpretativa*. Trata-se de conceito bastante polêmico, pois cabe indagar-se se, efetivamente, é possível falar-se em *interpretação autêntica*, isto é, aquela que é procedida pelo próprio legislador.

Sabe-se que a tarefa de interpretação das normas não cabe ao legislador, a quem cumpre, tão somente, confeccioná-las. No entanto, há quem admita que, excepcionalmente, por razões de interesse público, venha o próprio legislador a fazê-lo.

Discute-se se a lei expressamente interpretativa acarreta ou não inovação ao ordenamento jurídico. O CTN pressupõe que não e, assim, autoriza, nos termos do art. 106, I, que ela produza efeitos *ex tunc*.[31]

O inciso II do art. 106, por sua vez, abriga hipóteses atinentes à chamada *retroatividade benéfica*.

À semelhança do que se admite no Direito Penal,[32] também a lei tributária pertinente a infrações e sanções pode retroagir para alcançar ato ainda não definitivamente julgado: a) quando deixe de defini-lo como infração;

---

[31] Vale lembrar episódio que bem ilustra essa hipótese. A Lei Complementar n. 118/2005 prescreve: *Art. 3º Para efeito de interpretação do inciso I do art. 168 da Lei n. 5.172, de 25 de outubro de 1966 – Código Tributário Nacional, a extinção do crédito tributário ocorre, no caso de tributo sujeito a lançamento por homologação, no momento do pagamento antecipado de que trata o § 1º do art. 150 da referida Lei*. O art. 168, I, do CTN dispõe, em síntese, que o direito de pleitear a restituição do indébito extingue-se com o decurso do prazo de cinco anos, contados da data da extinção do crédito tributário. E, assim, o art. 3º, a pretexto de interpretar essa norma, diz que a extinção do crédito tributário, para o exercício daquele direito, na hipótese de tributo sujeito a lançamento por homologação, é o momento do pagamento antecipado (art. 150, § 1º, do CTN). Desse modo, adotando-se a tese da possibilidade de existência de lei expressamente interpretativa, o art. 3º da Lei Complementar n. 118, de 2005, estaria autorizado a retroagir seus efeitos à data da entrada em vigor do CTN (1967)! O STJ, no entanto, rechaçou tal tese, entendendo que o apontado preceito legal tem natureza modificativa e, portanto, incabível a retroatividade (CE, ArgI EREsp 644.736/PE, Rel. Min. Teori Zavascki, j. 6.6.2007). Posteriormente, o STF ratificou tal entendimento (Pleno, RE 566.621/RS, RG, Rel. Min. Ellen Gracie, j. 4.8.2011).

[32] O Código Penal, ao cuidar da aplicação da lei penal no tempo, em seu art. 2º, *caput*, proclama que "ninguém pode ser punido por fato que lei posterior deixa de considerar crime, cessando em virtude dela a execução e os efeitos penais da sentença condenatória", aduzindo, no parágrafo único, que "a lei posterior, que de qualquer modo favorecer o agente, aplica-se aos fatos anteriores, ainda que decididos por sentença condenatória transitada em julgado".

b) quando deixe de tratá-lo como contrário a qualquer exigência de ação ou omissão, desde que não tenha sido fraudulento e não tenha implicado falta de pagamento de tributo; e c) quando lhe comine penalidade menos severa que a prevista na lei vigente ao tempo da sua prática.

Note-se que a hipótese prevista na alínea *b* já se encontra abrigada na da alínea *a*, salvo a referência à fraude e ao não pagamento de tributo.

O preceito há de ser compreendido a partir dos princípios da irretroatividade da lei (art. 5º, XXXVI, CR) e da irretroatividade da lei tributária (art. 150, III, *a*, CR).[33] Assim, o padrão em nosso ordenamento jurídico é o de que as leis projetam seus efeitos para o futuro, e, especificamente, as leis tributárias mais gravosas – que instituem ou aumentam tributos – não podem alcançar fatos pretéritos.

Desse modo, não há óbice a que a lei retroaja para beneficiar o sujeito passivo infrator por ato não definitivamente julgado.

Por fim, cabe ressaltar que o CTN prevê ainda outra hipótese de retroatividade da lei tributária no art. 144, § 1º, ao estatuir que "aplica-se ao lançamento a legislação que, posteriormente à ocorrência do fato gerador da obrigação, tenha instituído novos critérios de apuração ou processos de fiscalização, ampliado os poderes de investigação das autoridades administrativas, ou outorgado ao crédito maiores garantias ou privilégios, exceto, neste último caso, para o efeito de atribuir responsabilidade tributária a terceiros".[34]

Analisada a disciplina da legislação tributária, é tempo de passarmos ao estudo da obrigação tributária.

---

[33] *Vide* Parte II, Capítulo 3, item 3.2.2.3.
[34] *Vide* Capítulo 6, item 6.2.1, *infra*.

4. Obrigação Tributária

4.1. OBRIGAÇÃO TRIBUTÁRIA: PRINCIPAL E ACESSÓRIA

O tema da obrigação tributária constitui um dos mais importantes da disciplina em estudo.

Sublinhe-se, por primeiro, que as normas relativas ao instituto da obrigação tributária somente podem ser veiculadas por lei complementar, consoante estatui o art. 146, III, *b*, CR. Em consequência, leis ordinárias das pessoas políticas não podem disciplinar o tema.

Essa lei complementar, como visto, é o Código Tributário Nacional, cujos dispositivos passamos a comentar.

O art. 113 inaugura a disciplina da *obrigação tributária* no Código, estatuindo:

> Art. 113. A obrigação tributária é principal ou acessória.
>
> § 1º A obrigação principal surge com a ocorrência do fato gerador, tem por objeto o pagamento de tributo ou penalidade pecuniária e extingue-se juntamente com o crédito dela decorrente.
>
> § 2º A obrigação acessória decorre da legislação tributária e tem por objeto as prestações, positivas ou negativas, nela previstas no interesse da arrecadação ou da fiscalização dos tributos.
>
> § 3º A obrigação acessória, pelo simples fato da sua inobservância, converte-se em obrigação principal relativamente à penalidade pecuniária.

Da leitura do dispositivo, extrai-se, facilmente, que o legislador tomou a *obrigação* como *gênero*, de que são espécies a *obrigação principal* e a *obrigação acessória*.

Assim, a *obrigação principal* (§ 1º) surge com a consumação do *fato gerador* – conceito que o próprio Código Tributário Nacional define posteriormente (art. 114) – e tem por objeto o pagamento do tributo ou penalidade pecuniária.

Certamente a denominação "obrigação principal" deve-se ao fato de que se cuida da relação jurídica mais relevante do direito tributário.

Já o § 2º prescreve o que vem a ser *obrigação acessória*: aquela que tem por objeto "as prestações, positivas ou negativas, nela previstas no interesse da arrecadação ou da fiscalização dos tributos". Na mesma linha, o art. 115 dispõe que "fato gerador da obrigação acessória é qualquer situação que, na forma da legislação aplicável, impõe a prática ou a abstenção de ato que não configure obrigação principal".

As obrigações acessórias constituem, portanto, condutas comissivas ou omissivas exigíveis dos contribuintes no intuito de assegurar o cumprimento da obrigação principal. Compreendem, sempre, um "fazer" ou um "não fazer", voltados às atividades de controle e arrecadação tributária.

Tais deveres, materializáveis em prestações diversas, podem consistir, exemplificadamente, tanto na própria apuração da quantia a ser paga a título de tributo, hipótese do chamado lançamento por homologação (art. 150, CTN), como na expedição de notas fiscais, preenchimento de declarações, prestação de informações ou escrituração de livros.

4.2. A DISSENSÃO DOUTRINÁRIA

Acerca da natureza jurídica dos vínculos que se estabelecem por força da tributação existe profunda dissensão entre os estudiosos.

Cumpre, pois, examinarmos as principais concepções doutrinárias a respeito do tema.

Lembraremos, por primeiro, os ensinamentos da doutrina que leva em consideração as construções teóricas laboradas no âmbito do Direito Civil, a qual salienta a *patrimonialidade* do vínculo obrigacional.[35]

Assim é que, invocando a clássica lição civilista, "obrigação é o vínculo jurídico em virtude do qual uma pessoa pode exigir de outra uma prestação economicamente apreciável".[36]

De acordo com tal ótica, pode-se vislumbrar, no âmbito tributário, duas espécies de relações jurídicas.

---

[35] Dentre outros, Geraldo Ataliba, *Hipótese de Incidência Tributária*, cit., p. 35, e Paulo de Barros Carvalho, *Curso de Direito Tributário*, cit., pp. 311-312.
[36] Cf. Caio Mário da Silva Pereira, *Instituições de Direito Civil*, v. 2, p. 5.

A primeira delas é a *relação jurídica obrigacional* ou *obrigação tributária*, consubstanciada no vínculo abstrato que surge pela imputação normativa, mediante o qual o sujeito ativo ou credor – o Fisco – pode exigir do sujeito passivo ou devedor – o contribuinte – uma prestação de cunho *patrimonial*, denominada *tributo*.

A segunda modalidade de relação jurídica *é a relação de cunho não obrigacional*, vale dizer, o vínculo abstrato que surge pela imputação normativa, mediante o qual o sujeito ativo ou Fisco pode exigir do sujeito passivo ou contribuinte uma prestação consistente na realização de um comportamento, positivo ou negativo, destinado a assegurar o cumprimento da obrigação tributária. Essa modalidade de relação jurídica diz com expedientes destinados à fiscalização da conduta dos contribuintes, mediante a imposição de *deveres instrumentais ou formais*.

José Souto Maior Borges,[37] no entanto, não vê desse modo os vínculos existentes em matéria tributária, construindo doutrina distinta. Ensina que a obrigação não constitui uma categoria lógico-jurídica, mas *jurídico-positiva*, e, portanto, incumbe ao direito positivo definir os requisitos necessários à identificação de um dever jurídico qualquer como sendo um dever obrigacional. Daí que a patrimonialidade será ou não um requisito da obrigação, conforme esteja pressuposta ou não em norma de direito obrigacional.

Segundo seu raciocínio, portanto, *a obrigação tributária é um dever jurídico tipificado no Código Tributário Nacional* e, assim, terá o perfil que este traçar, não cabendo aplicar-se o regime jurídico das obrigações em outros quadrantes do Direito, revestidas que estão de características próprias desses domínios, como é o caso, por exemplo, da patrimonialidade.

Revendo a orientação que adotávamos até a primeira edição deste *Curso*,[38] entendemos que tal pensamento expressa de maneira mais adequada o modo pelo qual o direito positivo trata da obrigação tributária.

Partindo-se da noção concebida pela Teoria Geral do Direito, segundo a qual *relação jurídica* é o "vínculo abstrato segundo o qual, por força de imputação normativa, uma pessoa, chamada de sujeito ativo, tem o direito

---

[37] *Obrigação Tributária (uma introdução metodológica)*, 3. ed. rev. e ampl., São Paulo: Malheiros Editores, 2015, pp. 45-65. No mesmo sentido, Misabel Derzi, notas ao *Direito Tributário Brasileiro*, de Aliomar Baleeiro, cit., pp. 1082-1086.
[38] 1. ed., 2009.

subjetivo de exigir de outra, denominada sujeito passivo, o cumprimento de certa prestação",[39] extraímos as três modalidades de relação jurídico-tributária encontráveis em nosso ordenamento jurídico.

Por primeiro, o Código Tributário Nacional moldou o conceito de obrigação tributária sem o requisito de patrimonialidade inerente à concepção civilista, para contemplá-lo como gênero a comportar duas espécies: a obrigação que tem por objeto pagamento de tributo ou penalidade pecuniária, e a obrigação que tem por objeto prestação de caráter não pecuniário.

Remarque-se que o legislador tributário atuou dentro dos limites constitucionalmente permitidos, pois *obrigação* é, como salientado, categoria jurídico-positiva, vale dizer, tem seu perfil desenhado pelo direito positivo, que pode outorgar-lhe configuração distinta em cada domínio.

Lembre-se, também, não incidir na hipótese a vedação contida no art. 110, CTN, segundo a qual a lei tributária não pode alterar a definição, o conteúdo e o alcance de institutos, conceitos e formas de direito privado, utilizados, expressa ou implicitamente, pela Constituição da República, uma vez que o texto fundamental não utiliza o conceito de obrigação apenas com o perfil que lhe atribui o direito privado.[40]

O Código, assim, emprega o conceito de obrigação como *gênero*, a significar relação jurídica que pode assumir caráter patrimonial ou não patrimonial, de acordo com a natureza da prestação correspondente: na primeira hipótese, o objeto é o *pagamento de tributo* ou *penalidade pecuniária* (*obrigação principal*); na segunda, um *comportamento positivo ou negativo do sujeito passivo* (*obrigação acessória*). Portanto, para o Direito Tributário, a patrimonialidade não constitui elemento necessário à configuração de vínculo obrigacional.

A concepção ora adotada repele, assim, a crítica doutrinária dirigida às normas contidas nos §§ 1º e 3º, *in fine*, do art. 113, CTN, segundo as quais a penalidade pecuniária – cuja imposição é legitimada à vista do não pagamento

---

[39] Paulo de Barros Carvalho, *Curso de Direito Tributário*, cit., p. 307.
[40] Anote-se que o vocábulo *obrigação* aparece diversas vezes na Constituição, com a conotação que lhe empresta tanto o direito privado (*e.g.* "obrigação alimentícia", art. 5º, LXVII) como o direito público ("cabe a lei complementar estabelecer normas gerais em matéria de legislação tributária, especialmente sobre... obrigação tributária", art. 146, III, *b*).

de tributo ou do não atendimento de obrigação acessória – não pode constituir objeto da obrigação principal, pois representaria contradição ao disposto no art. 3º, que, ao definir o conceito de tributo, destaca que este não se confunde com multa. O caráter pecuniário do objeto da relação jurídica é, singelamente, a nota necessária à configuração da obrigação principal.

Também, afasta a impugnação à expressão *obrigação acessória* para designar o liame mediante o qual o Fisco pode exigir do sujeito passivo a prática de condutas estabelecidas em lei no interesse da arrecadação tributária.

Geraldo Ataliba[41] foi grande crítico dessa denominação, demonstrando sua impropriedade, ao sustentar que, no caso, não se trata de obrigação, nem é ela acessória. Filiando-se à primeira corrente doutrinária apontada, ensina que tal vínculo não traduz obrigação, uma vez que seu objeto não é revestido de caráter econômico, não sendo possível quantificar o valor de condutas do sujeito passivo, tais como as de expedir notas fiscais, tolerar a fiscalização em seu estabelecimento etc.

Todavia, a nosso ver, partindo-se da noção de que a obrigação é uma categoria jurídico-positiva, o emprego do adjetivo "acessória", no âmbito do Direito Tributário, não traduz o conceito afeito à disciplina das obrigações na esfera civil, segundo o qual "o acessório segue o principal".

Deveras, a obrigação tributária acessória tem existência *autônoma*, subsistindo ainda que ausente a obrigação principal, como nas hipóteses de imunidade e isenção.[42] A *acessoriedade* dessa obrigação, nos termos do Código, exsurge do fato de que o liame assim qualificado é estatuído para propiciar as efetivas fiscalização e arrecadação de *tributo*, objeto da obrigação principal, ainda que a situação fática específica não revele a exigência daquele. Portanto, a mera possibilidade de existência da obrigação principal legitima a imposição de obrigações acessórias, sendo esse o sentido da acessoriedade no contexto dos vínculos obrigacionais tributários.

Pensamos que essa disciplina somente corrobora a orientação segundo a qual o Código Tributário Nacional moldou o conceito de obrigação de modo distinto do que o fez o direito privado.

---

[41] *Elementos de Direito Tributário*, São Paulo: Revista dos Tribunais, 1978, p. 60.
[42] Vejam-se, nesse sentido, respectivamente os arts. 9º, IV, e 175, parágrafo único, CTN.

4.3. RELAÇÃO JURÍDICA SANCIONATÓRIA

Anote-se, porém, verificar-se a existência de uma terceira modalidade de relação jurídica, de natureza puramente *administrativa*, que pode nascer em decorrência das relações jurídico-tributárias apontadas. É a *relação jurídica sancionatória*, vínculo que surge diante do não cumprimento da prestação pelo sujeito passivo, quer na obrigação principal, quer na obrigação acessória, autorizando ao Fisco a aplicação de uma sanção.

Insista-se que essa relação jurídica nem sempre será deflagrada, pois, tendo por objeto a aplicação de uma penalidade, pressupõe, logicamente, o cometimento de uma infração. Esta poderá consistir tanto no descumprimento da obrigação principal (não pagamento de tributo) como no descumprimento de uma obrigação acessória (*e.g.* declaração de ajuste anual do IRPF entregue com atraso).

Cabe esclarecer que o objeto da relação jurídica sancionatória pode ou não revestir caráter patrimonial, caso a penalidade imposta ostente natureza pecuniária ou não.

No primeiro caso, será objeto da obrigação tributária principal, como mencionado, porquanto esta, consoante a dicção do Código Tributário Nacional, tem por objeto prestações de caráter pecuniário, abrangendo tanto a prestação tributária como a sanção pecuniária.

Por outro lado, se o objeto da relação sancionatória consistir em penalidade de natureza não pecuniária – tal como a interdição de estabelecimento, por exemplo –, o respectivo liame não se enquadrará no conceito de obrigação tributária, mas traduzirá simples imposição administrativa.

O Código Tributário Nacional disciplina a relação jurídica sancionatória na seção dedicada à *responsabilidade por infrações* (arts. 136 a 138), que comentaremos adiante.[43]

4.4. CRÍTICAS

Algumas críticas merecem ser registradas em relação ao art. 113, CTN, dispositivo que padece de falta de técnica.

---

[43] Capítulo 10, *infra*.

Antes de mais nada, inadequado afirmar que a obrigação principal "extingue-se juntamente com o crédito dela decorrente". Tal assertiva enseja entender-se que o crédito é algo destacado da própria obrigação.

Ora, do ponto de vista lógico, a obrigação principal traduz-se por *crédito* e *débito*, isto é, crédito e débito são faces do mesmo vínculo. Assim, o crédito é a obrigação sob a perspectiva do credor, e o débito, a mesma relação jurídica sob a ótica do devedor. Daí por que, extinta a obrigação, extintos estão, inexoravelmente, crédito e débito. Um não pode subsistir sem o outro.[44]

Ainda, censurável a dicção do § 3º do art. 113, segundo o qual "a obrigação acessória, pelo simples fato da sua inobservância, converte-se em obrigação principal relativamente à penalidade pecuniária". Ora, se a obrigação principal, como definida no § 1º do mesmo artigo, tem por objeto pagamento de tributo ou penalidade pecuniária, não há que se falar em "conversão" de uma relação jurídica em outra, o que, ademais, revelar-se-ia inviável.

Passemos, então, ao exame de tema correlato, que é o do fato gerador.

---

[44] No CTN há outras disposições que consignam essa inadequada dicotomia entre crédito e débito (constituição do crédito tributário (art. 142); suspensão do crédito tributário (art. 151); extinção do crédito tributário (art. 156); exclusão do crédito tributário (art. 175).

5. Fato Gerador

5.1. FATO GERADOR: CONCEITO

Outra expressão ensejadora de divergências é *fato gerador*.

Diversos autores a têm rechaçado, em razão de sua equivocidade, uma vez que tanto traduz a situação hipotética, estampada na norma legal, quanto a concretização dessa situação, hábil a fazer surgir a obrigação tributária. Vale dizer, o legislador emprega a mesma expressão para designar realidades distintas.[45]

Assim, ao mencionar-se a expressão "fato gerador", faz-se necessário esclarecer em que sentido se a está empregando, especificando-o: fato gerador *in abstracto*, para a hipótese normativa, ou fato gerador *in concreto*, para situação efetivamente ocorrida.

Daí por que boa parte da doutrina utiliza outras expressões para designar tais situações.

Fato gerador "in abstracto" é, assim, substituído pelas expressões *hipótese de incidência*[46] ou *hipótese tributária*,[47] que não deixam dúvidas quanto ao conceito a que se referem – o da situação hipotética.[48]

E o *fato gerador "in concreto"* é designado por *fato imponível*[49] ou *fato jurídico tributário*,[50] de molde a designar a situação aperfeiçoada no plano concreto.

---

[45] Anote-se que a própria Constituição da República utiliza a expressão "fatos geradores" na primeira acepção apontada (art. 146, III, *a*).
[46] Cf. Geraldo Ataliba, *Hipótese de Incidência Tributária*, cit., pp. 53-59.
[47] Cf. Paulo de Barros Carvalho, *Curso de Direito Tributário*, cit., pp. 272-273.
[48] O próprio CTN, em seu art. 104, II, utiliza a expressão técnica ao estatuir que "entram em vigor no primeiro dia do exercício seguinte àquele em que ocorra a sua publicação os dispositivos de lei, referentes a impostos sobre o patrimônio ou a renda: (...) que definem novas *hipóteses de incidência* (...)" (destacamos).
[49] Cf. Geraldo Ataliba, *Hipótese de Incidência Tributária*, cit., pp. 70-72.
[50] Cf. Paulo de Barros Carvalho, *Curso de Direito Tributário*, cit., pp. 272-273.

Adotaremos no curso deste estudo, indistintamente, tais denominações, por entendermos que exprimem adequadamente os conceitos apontados.

5.2. A DISCIPLINA DO CTN

Os arts. 114 e 115, CTN, disciplinam, respectivamente, os fatos geradores das *obrigações principal* e *acessória*:

> Art. 114. Fato gerador da obrigação principal é a situação definida em lei como necessária e suficiente à sua ocorrência.
>
> Art. 115. Fato gerador da obrigação acessória é qualquer situação que, na forma da legislação aplicável, impõe a prática ou a abstenção de ato que não configure obrigação principal.

Dada a maior importância da obrigação principal, o Código concentra-se no regramento desta.

O art. 116, *caput*, I e II, CTN, cuida do momento em que se considera ocorrido o fato gerador, como segue:

> Art. 116. Salvo disposição de lei em contrário, considera-se ocorrido o fato gerador e existentes os seus efeitos:
>
> I – tratando-se de situação de fato, desde o momento em que se verifiquem as circunstâncias materiais necessárias a que produza os efeitos que normalmente lhe são próprios;
>
> II – tratando-se de situação jurídica, desde o momento em que esteja definitivamente constituída, nos termos de direito aplicável.

O assunto é de grande importância, porquanto a obrigação principal reger-se-á consoante o regime jurídico existente à data da ocorrência do fato imponível (*tempus regit actum*), e, consequentemente, assim também o lançamento (art. 144, *caput*, CTN).

A redação do dispositivo, que abriga norma de caráter supletivo, não é das mais técnicas, pois aparta a situação fática da situação jurídica, como se esta não se consumasse, sempre, à vista de um fato.

Em verdade, é preciso empreender um certo esforço para apreender a inteligência de tais normas. Distingue o Código os fatos geradores que são situações de fato, oriundas de fatos jurídicos de natureza civil ou comercial, daqueles que correspondem diretamente a situações jurídicas.

Nos *fatos geradores que correspondem a situações fáticas*, o aperfeiçoamento do ato jurídico ou do contrato não é suficiente para deflagrar efeitos tributários: será necessária a prática dos respectivos atos de execução. A maior parte das hipóteses de incidência contempla fatos geradores que consubstanciam situações de fato (ex.: nas operações com produto industrializado e de circulação de mercadoria, é relevante a saída do bem do respectivo estabelecimento para a deflagração dos efeitos tributários – IPI e ICMS).

Nos *fatos geradores alusivos a situações jurídicas*, por outro lado, a lei estatui que o fato gerador reputa-se ocorrido e existentes os seus efeitos desde o momento em que esteja definitivamente constituída, nos termos do direito aplicável (ex.: ser proprietário de imóvel urbano; ser proprietário de veículo automotor).

E, complementando a disciplina dos fatos geradores que são situações jurídicas, o art. 117, CTN, por sua vez, prescreve:

> Art. 117. Para os efeitos do inciso II do artigo anterior e salvo disposição de lei em contrário, os atos ou negócios jurídicos condicionais reputam-se perfeitos e acabados:
>
> I – sendo suspensiva a condição, desde o momento de seu implemento;
>
> II – sendo resolutória a condição, desde o momento da prática do ato ou da celebração do negócio.

A adequada compreensão desse comando remete à disciplina contida no Código Civil. Esse estatuto preceitua que "subordinando-se a eficácia do negócio jurídico à condição suspensiva, enquanto esta se não verificar, não se terá adquirido o direito, a que ele visa" (art. 125) e que, "se for resolutiva a condição, enquanto esta se não realizar, vigorará o negócio jurídico, podendo exercer-se desde a conclusão deste o direito por ele estabelecido" (art. 127).

Portanto, consoante o art. 117, CTN, implementada a condição suspensiva, o ato ou negócio jurídico reputa-se consumado (inciso I); e, enquanto não ocorre a condição resolutiva – que o Código denomina resolutória –, o ato ou negócio jurídico está em vigor (inciso II).

Desse modo, o fato gerador somente reputar-se-á acontecido, na hipótese de ato ou negócio jurídico condicional, se implementada a condição suspensiva ou, na hipótese de condição resolutiva, ainda que esta ocorra, as consequências tributárias serão deflagradas desde o momento da prática do ato ou da celebração do negócio.

Exemplifique-se a hipótese de condição suspensiva com a situação de importação de insumos para a elaboração de produtos destinados à exportação (*drawback*)[51] – o que garantiria a outorga de isenção, por exemplo, caso aqueles não sejam empregados para esse fim, consumado estará o fato jurídico tributário.

Quanto à condição resolutiva, por exemplo, ainda que não ocorra o pagamento de uma venda de mercadoria efetuada a prazo, o ICMS será devido.

Retomando a análise do art. 116, examinemos o conteúdo de seu parágrafo único, introduzido pela Lei Complementar n. 104/2001, que trata de assunto distinto:

> Parágrafo único. A autoridade administrativa poderá desconsiderar atos ou negócios jurídicos praticados com a finalidade de dissimular a ocorrência do fato gerador do tributo ou a natureza dos elementos constitutivos da obrigação tributária, observados os procedimentos a serem estabelecidos em lei ordinária.

Trata-se da chamada *norma geral antielisiva*.[52]

Numa primeira análise, verifica-se que o preceito autoriza a autoridade administrativa a proceder à desconsideração de atos ou negócios jurídicos praticados com o objetivo de dissimular a ocorrência de fato gerador de tributo ou a natureza dos elementos constitutivos da obrigação tributária, sendo que os procedimentos para tanto hão de ser instituídos por lei ordinária, ainda não editada.

Vários aspectos dessa norma têm propiciado questionamentos acerca de seu significado e alcance.

---

[51] Sobre o *drawback*, vide Parte IV, Capítulo 1, item 1.3.2.
[52] Alberto Xavier ensina que as cláusulas gerais antielisivas, previstas no direito positivo de diversos países, "são normas que têm por objetivo comum a tributação, por analogia, de atos ou negócios jurídicos *extratípicos*, isto é, não subsumíveis ao tipo legal tributário, mas que produzem efeitos econômicos equivalentes aos dos atos ou negócios jurídicos sem, no entanto, produzirem as respectivas consequências tributárias" (*Tipicidade da Tributação, Simulação e Norma Antielisiva*, São Paulo: Dialética, 2002, p. 85, destaque do original).

O primeiro aspecto a ser esclarecido diz com a própria distinção entre elisão e evasão.

Embora não haja uniformidade terminológica, no Direito Tributário brasileiro ainda prepondera a distinção entre os dois conceitos, com fundamento na sempre citada obra de Sampaio Dória,[53] que assim conceitua *evasão fiscal*: "toda e qualquer ação ou omissão tendente a elidir, reduzir ou retardar o cumprimento de obrigação tributária (...) fuga ardilosa, dissimulada, sinuosa, furtiva, ilícita em suma, a um dever ou obrigação".

De fato, doutrina e jurisprudência, há muito, admitem a elisão fiscal. A expressão *elisão fiscal* é preferencialmente utilizada para denominar procedimentos legítimos, permitidos ao contribuinte, no intuito de fazer reduzir o ônus tributário, ou, ainda, significando a possibilidade de diferimento de obrigações fiscais. Visa, assim, à economia fiscal, mediante a utilização de alternativas lícitas, menos onerosas ao contribuinte, afinando-se à ideia de *planejamento tributário*.

Dessarte, prestigiando a distinção que é da tradição do direito pátrio, parece-nos algo impróprio a expressão "norma geral antielisiva", a designar a norma que visa impedir práticas ilícitas destinadas justamente a evitar a configuração da obrigação tributária principal. Melhor seria, então, falar-se em norma geral "antievasiva" ou "antissimulação".

Em segundo lugar, cabe lembrar que a norma tributária em foco faz remissão a instituto de direito privado, qual seja, a *dissimulação de ato ou negócio jurídico*. Segundo a doutrina civilista, a *simulação* é distinta da *dissimulação*; "enquanto a simulação expressa o que não existe na realidade (total ou parcialmente), a dissimulação oculta o que na realidade se constituiu".[54]

Postas essas noções básicas acerca da figura em análise, cabíveis algumas considerações acerca da constitucionalidade do dispositivo.

De um lado, há argumentos no sentido de sua incompatibilidade com a Constituição, porquanto a norma: a) vulnera a legalidade estrita, garantida no art. 150, I, CR; b) viola a tipicidade fechada, que é corolário da legalidade

---

[53] *Elisão e Evasão Fiscal*, 2. ed. rev., São Paulo: José Bushatsky Editor em coedição com o Instituto Brasileiro de Estudos Tributários – IBET, 1977, pp. 21 e 45.

[54] Cf. Misabel Derzi, "A desconsideração dos atos e negócios jurídicos dissimulatórios, segundo a Lei Complementar n. 104, de 10 de janeiro de 2001", *in Planejamento Tributário e a Lei Complementar 104*, Coord. Valdir de Oliveira Rocha, São Paulo: Dialética, 2001, pp. 207-232.

estrita e, por consequência, configura uma segunda violação ao art. 150, I, CR; e c) instaura a tributação por analogia e introduz a interpretação econômica no Direito Tributário brasileiro, as quais também seriam vedadas pelo art. 150, I, CR, com o que agrediria, igualmente, o princípio da certeza e da segurança das relações jurídicas.[55]

De outro, fundamentos no sentido de que tais objeções não procedem: a) a norma em exame não contrasta com os princípios da legalidade e da tipicidade fechada (ou da especificidade conceitual), porque a segurança jurídica, que se assenta na legalidade formal e material, faz com que o dispositivo em comento deva ser interpretado em consonância com tal princípio; b) não há que falar em tributação por analogia ou introdução da interpretação econômica no Direito Tributário brasileiro, pois a introdução do parágrafo único ao art. 116, CTN, pela Lei Complementar n. 104, não veio acompanhada de modificação do art. 108, § 1º, do mesmo estatuto normativo, que proclama que "o emprego de analogia não poderá resultar na exigência de tributo não previsto em lei".[56]

Em nossa opinião, o direito positivo já autorizava a desconsideração de negócios jurídicos dissimulados, à vista do disposto no art. 149, VII, CTN, que estabelece que o lançamento deva ser procedido de ofício na hipótese de o sujeito passivo, ou terceiro em benefício daquele, ter agido com dolo, fraude ou simulação.

Com efeito, o Código, ao tratar das hipóteses em que cabe o lançamento de ofício, refere-se, exatamente, a práticas que envolvem falsidade, fraude, omissão de dados, de informações, enfim, de figuras que, normalmente, estão aqui implicitamente colocadas no campo de eficácia da "norma geral antielisiva". A norma autoriza o Fisco a estabelecer ou considerar certas situações como tentativas ilícitas de evitar-se que alguém se torne sujeito de obrigação tributária.

Impõe-se, portanto, questionar a necessidade de um dispositivo como o acrescentado ao art. 116, CTN, pela Lei Complementar n. 104/2001.

Parece-nos que o problema toca no *princípio da segurança jurídica*. Tal princípio, consoante explanado, é considerado uma diretriz superior, um so-

---

[55] *E.g.* Alberto Xavier, *Tipicidade da Tributação, Simulação e Norma Antielisiva*, cit., pp. 111-158.
[56] *E.g.* Marco Aurélio Greco, "Constitucionalidade do parágrafo único do artigo 116 do CTN", in *Planejamento Tributário e a Lei Complementar 104*, Coord. Valdir de Oliveira Rocha, São Paulo: Dialética, 2001, pp. 207-232.

breprincípio do ordenamento jurídico, resultante da combinação de dois outros valores: as ideias de certeza, especificamente consubstanciada no princípio da legalidade, e a de isonomia.[57]

Evidentemente incabível falar-se em segurança jurídica se não se tiver certeza de como as situações serão qualificadas pelo ordenamento jurídico, e sem prestígio ao valor de isonomia, ou seja, à vista da outorga de tratamento uniforme para pessoas que estão em situação equivalente, e de tratamento diferenciado para pessoas que se encontrem em situação distinta, na medida de sua desigualdade.

O problema de saber-se se ocorreu ou não situação que caracterize simulação de ato ou negócio jurídico, com a finalidade de encobrir a ocorrência de fato gerador do tributo ou a natureza dos elementos constitutivos da obrigação tributária principal, dependerá da apreciação da autoridade administrativa, de como esse dispositivo será por ela aplicado.

Desse modo, uma vez acrescentado o preceito, parece-nos necessário um rol de hipóteses no parágrafo único do art. 116, CTN, embora as arroladas no inciso VII do art. 149 do mesmo estatuto, para o cabimento do lançamento do ofício, sejam, acreditamos, praticamente as mesmas que ensejarão a aplicação daquele dispositivo.

Então, aguarda-se a edição da lei regulamentadora dos procedimentos a serem observados pela autoridade administrativa, como também das hipóteses de aplicação da desconsideração de atos ou negócios jurídicos, pois, do contrário, ficará a critério da autoridade administrativa decidir se o ato ou o negócio jurídico foi ou não praticado com a finalidade de encobrir a ocorrência do fato gerador de tributo ou a natureza dos elementos constitutivos da obrigação tributária, o que representa ameaça à desejada segurança jurídica.

Em síntese, nos termos em que hoje está posta, sustentamos seja a norma geral antielisiva representativa de inadequada aplicação de praticabilidade fiscal, porquanto, embora de forma induvidosa torne mais facilmente exequível o controle de atos e negócios jurídicos pelo Fisco, revela-se ofensiva à segurança jurídica, como salientado. Efetivamente, além de parecer desnecessária, ante o disposto no art. 149, VII, CTN, abriga a referida norma

---

[57] Sobre o princípio da segurança jurídica, *vide* Parte II, Capítulo 3, item 3.2.1.1.

acentuada generalidade e latitude, demandando, a nosso ver, que outra lei venha a estatuir as hipóteses de sua aplicação, sob pena de conceder-se demasiada liberdade ao administrador fiscal na desconsideração de atos e negócios jurídicos.[58]

Em sequência, o art. 118 estabelece como deve ser efetuada a interpretação da definição legal do fato gerador:

> Art. 118. A definição legal do fato gerador é interpretada abstraindo-se:
>
> I – da validade jurídica dos atos efetivamente praticados pelos contribuintes, responsáveis, ou terceiros, bem como da natureza do seu objeto ou dos seus efeitos;
>
> II – dos efeitos dos fatos efetivamente ocorridos.

Outro preceito cuja redação peca pela clareza, revelando-se, mesmo, à primeira vista, incompatível com o disposto no art. 116, pois determina que a definição legal do fato gerador deve ser interpretada abstraindo-se dos efeitos dos fatos efetivamente ocorridos. Essencialmente, remarca a autonomia do Direito Tributário para definir os efeitos dos atos jurídicos em seu domínio, advertindo o intérprete de que a disciplina do direito privado não interfere na definição do fato gerador. Desse modo, a validade e a eficácia dos atos jurídicos, à luz do Direito Civil, por exemplo, não repercute no aperfeiçoamento do fato gerador.

Noutro dizer, ainda que o ato jurídico seja inválido ou ineficaz no âmbito do direito privado, isso não lhe subtrairá a eficácia no campo tributário. Desse modo, por exemplo, mesmo que alguém aufira renda mediante a exploração de atividade ilícita, será contribuinte do respectivo imposto.

5.3. A HIPÓTESE DE INCIDÊNCIA TRIBUTÁRIA E SEUS ASPECTOS

Entende-se por *hipótese de incidência tributária* a descrição legislativa de um fato que, uma vez acontecido, enseja o nascimento da obrigação tributária principal. Trata-se, portanto, de uma situação fática, apontada pela lei, como apta a deflagrar o surgimento da obrigação de pagar tributo.

---

[58] Cf. já concluímos no nosso *Praticabilidade e Justiça Tributária – Exequibilidade de Lei Tributária e Direitos do Contribuinte*, cit., p. 296.

Consoante o princípio da legalidade tributária, já estudado,[59] a instituição de tributo há de ser efetuada mediante lei, indicativa de todos os aspectos da situação fática, cuja ocorrência *in concreto* é necessária e suficiente para deflagrar efeitos tributários.

A hipótese de incidência tributária desdobra-se em *antecedente e consequente*. No antecedente, *descreve* o fato, apontando as coordenadas de espaço e tempo de sua ocorrência. No consequente, *prescreve* uma relação jurídica dela decorrente, indicando seus sujeitos, bem como seu objeto.

Para efeitos didáticos a hipótese de incidência pode ser cindida em *cinco* aspectos ou critérios: no antecedente, figuram os aspectos material, espacial, e temporal; no consequente, os critérios pessoal e quantitativo,[60] que serão objeto de nosso estudo.

5.3.1. Antecedente: aspectos material, espacial e temporal

Neste tópico, conjugamos a análise dos critérios material, espacial e temporal, inseridos no *antecedente da hipótese de incidência tributária*, isto é, um verbo tradutor de uma conduta ou de um estado, contornado pelas coordenadas de espaço e de tempo.

Inicialmente, o *aspecto material* é aquele que descreve a *conduta* ou *estado* do sujeito. Identifica-se pelo verbo empregado na descrição do fato e seu complemento: *auferir* renda, *prestar* serviço de qualquer natureza, *ser proprietário* de veículo automotor, *ser proprietário* de imóvel urbano etc.

Essa conduta ou estado há de ocorrer em determinado lugar. Daí o *aspecto espacial, territorial* ou *geográfico*, indicativo do *local* onde se considera ocorrido o nascimento da obrigação tributária.

O aspecto espacial pode experimentar *distintos graus de normatividade*. Há hipóteses em que se vislumbra apenas uma coordenada genérica de espaço, que coincide com a própria eficácia territorial da lei. É o que ocorre, por exemplo, com o IPI, pois a operação que tenha por objeto produto industrializado pode ocorrer em qualquer ponto do território nacional, coincidindo o critério geográfico com a eficácia territorial da lei federal.

---

[59] *Vide* Parte II, Capítulo 3, item 3.2.2.1.
[60] Cf. Geraldo Ataliba, *Hipótese de Incidência Tributária*, cit., pp. 76-118, e Paulo de Barros Carvalho, *Curso de Direito Tributário*, cit., pp. 259-353.

Outra situação é a que pertine a tributos em relação aos quais o aspecto espacial conta com, além de uma coordenada genérica, uma coordenada específica, indicativa de uma região ou área onde o fato reputar-se-á ocorrido. É o caso do ITR, em que se estabelece como marco geográfico a zona rural do Município; da mesma forma, a zona urbana do Município, para o IPTU.

Ainda, há tributos em relação aos quais o aspecto espacial é descrito com minudência pela lei, do qual um claro exemplo é o Imposto de Importação. Com efeito, a par da coordenada genérica de espaço (território nacional), a coordenada específica estatui que o fato considera-se ocorrido em uma das repartições alfandegárias do País.

Também, há que se saber *quando* tal fato ocorreu. É o *aspecto temporal*, que indica o momento no qual se considera nascida a obrigação tributária: o momento da transmissão do bem imóvel, para o ITBI; o momento em que se aperfeiçoa a prestação de serviço de qualquer natureza, para o ISSQN; em 1º de janeiro de cada exercício, para o IPVA.[61]

Delimitado o aspecto material pelas coordenadas de espaço e tempo, passemos ao estudo dos critérios pessoal e quantitativo, cuja análise efetuamos nos tópicos seguintes.

5.3.2. Consequente: aspecto pessoal

Os aspectos pessoal e quantitativo compõem o chamado *consequente da hipótese de incidência tributária*, isto é, descrita a materialidade e indicadas as coordenadas espacial e temporal do fato no antecedente da norma, exsurge uma relação jurídica mediante a qual um sujeito possui o direito de exigir o tributo e outro sujeito, o dever de pagá-lo (aspecto subjetivo), apontando-se o valor da prestação correspondente (aspecto quantitativo).

---

[61] Assinale-se que o momento da ocorrência do fato constitui critério para uma classificação doutrinária de fatos geradores, a qual os separa em instantâneos, continuados e complexivos ou compostos. Os fatos geradores *instantâneos* são aqueles que se consumam em uma determinada unidade de tempo (exs.: ICMS e IPI); os *continuados*, aqueles que se reportam a situações duradouras (exs.: IPTU e ITR); e, finalmente, fatos geradores *complexivos* ou *compostos*, os que se aperfeiçoam com o transcurso de unidades sucessivas de tempo (ex.: IR). Tal classificação recebe severas críticas de Geraldo Ataliba (*Hipótese de Incidência Tributária*, cit., pp. 98-104) e Paulo de Barros Carvalho (*Curso de Direito Tributário*, cit., pp. 289-293), para quem todos os fatos são instantâneos, pois se aperfeiçoam em determinado marco temporal.

O aspecto *pessoal* diz com os personagens que protagonizam a relação jurídica configurada como obrigação tributária principal: os sujeitos ativo e passivo.

5.3.2.1. Sujeito ativo

O *sujeito ativo* da obrigação tributária é o titular da capacidade tributária ativa, vale dizer, aquela pessoa que detém a aptidão para arrecadar e fiscalizar a exigência fiscal. Nem sempre será uma pessoa política, que ostenta competência tributária, pois poderá ter ocorrido a transferência de sua capacidade tributária ativa. Nesse caso, tratar-se-á de *parafiscalidade*, assim entendida a delegação, pela pessoa política, mediante lei, a outra pessoa, das aptidões para arrecadar e fiscalizar tributos.[62]

Acerca do sujeito ativo, preceituam os arts. 119 e 120, CTN:

> Art. 119. Sujeito ativo da obrigação é a pessoa jurídica de direito público, titular da competência para exigir o seu cumprimento.
>
> Art. 120. Salvo disposição de lei em contrário, a pessoa jurídica de direito público, que se constituir pelo desmembramento territorial de outra, sub-roga-se nos direitos desta, cuja legislação tributária aplicará até que entre em vigor a sua própria.

Portanto, sujeito ativo da obrigação tributária é a pessoa titular do direito de exigir do sujeito passivo o pagamento de tributo (obrigação principal) ou um comportamento comissivo ou omissivo (obrigação acessória). Também, pode-se falar em sujeito ativo da relação sancionatória, que tem por objeto a imposição de uma penalidade ao sujeito passivo.

A norma contida no art. 119 encontra-se defasada à vista do ordenamento jurídico atual, e em dissonância com o próprio art. 7º, CTN, especialmente seu § 3º. Com efeito, o sujeito ativo da obrigação tributária não se resume a pessoa jurídica de direito público. Como já examinado quando do trato dos temas da competência tributária e da capacidade tributária ativa, sujeitos ativos da obrigação tributária são as pessoas políticas e também as pessoas que delas receberam a capacidade tributária ativa mediante delegação, tenham persona-

---

[62] *Vide* Parte II, Capítulo 2, item 2.3, e desta Parte III, Capítulo 2.

lidade jurídica de direito público (como autarquias ou fundações) ou privado, desde que desempenhem atividade de interesse público.

Anote-se que o direito positivo prevê, ainda, a figura de pessoa que exerce as atividades de arrecadação e fiscalização para outra, mediante remuneração por essas tarefas. Trata-se do chamado *sujeito ativo auxiliar*, que não fica, portanto, com o produto da arrecadação efetuada, pertencente à pessoa política, mas com mera parcela daquela.[63]

Quanto à norma supletiva do art. 120, refere-se à específica situação do surgimento de nova pessoa política em virtude de desmembramento territorial, hipótese em que ocorrerá a sub-rogação dos direitos da entidade da qual derivou, salvo se a lei dispuser o contrário.

5.3.2.2. Sujeição passiva tributária: considerações gerais

O *sujeito passivo*, por sua vez, é aquele que responde pelo débito inerente à obrigação tributária. Usualmente, é o *contribuinte*, aquele que protagoniza a situação fática descrita na hipótese de incidência. No entanto, há diversas modalidades de sujeição passiva tributária.

Se o estudo da disciplina normativa da sujeição ativa tributária não oferece grandes dificuldades, o mesmo não pode ser dito acerca do tema da sujeição passiva, especialmente a chamada "indireta", que se revela como um dos mais complexos do Direito Tributário. Assim é porque, apesar de a Constituição, ao apontar as regras-matrizes de incidência, já determinar, implicitamente, quem poderá ser assim qualificado, caberá à lei indicar, de modo expresso, quem são tais pessoas.

A respeito, o Código Tributário Nacional define os conceitos de sujeito passivo da obrigação principal e da obrigação acessória:

> Art. 121. Sujeito passivo da obrigação principal é a pessoa obrigada ao pagamento de tributo ou penalidade pecuniária.

---

[63] A Lei n. 11.457/2007, que instituiu a ora denominada Secretaria Especial da Receita Federal do Brasil, estabelece competir à União a arrecadação e fiscalização, dentre outras, da contribuição devida ao Instituto Nacional de Colonização e Reforma Agrária – INCRA, mediante a retribuição, por tais serviços, de 3,5% (três inteiros e cinco décimos por cento) do montante arrecadado (arts. 2º e 3º, *caput* e § 1º).

Parágrafo único. O sujeito passivo da obrigação principal diz-se:

I – contribuinte, quando tenha relação pessoal e direta com a situação que constitua o respectivo fato gerador;

II – responsável, quando, sem revestir a condição de contribuinte, sua obrigação decorra de disposição expressa de lei.

Art. 122. Sujeito passivo da obrigação acessória é a pessoa obrigada às prestações que constituam o seu objeto.

Sujeito passivo tributário é, assim, a pessoa, física ou jurídica, que detém aptidão para figurar no polo passivo de relação jurídica dessa natureza, em qualquer das suas modalidades. Em sentido amplo, é aquele a quem incumbe o cumprimento da prestação de natureza fiscal, seja o pagamento de tributo, seja um comportamento positivo ou negativo, estatuído no interesse da arrecadação tributária. Ainda, qualifica-se como sujeito passivo tributário aquele a quem, na relação jurídica sancionatória, foi imposta a penalidade.

O Código concentra sua disciplina na sujeição passiva da obrigação principal, distinguindo entre o sujeito passivo direto e o sujeito passivo indireto.

Sujeito passivo direto ou *contribuinte*, na dicção legal, é aquele que "tenha relação pessoal e direta com a situação que constitua o respectivo fato gerador" (art. 121, parágrafo único, I, CTN).

Em outras palavras, é aquele que protagoniza o fato descrito na hipótese de incidência tributária, vale dizer, o sujeito passivo natural da obrigação tributária, aquele que tirou proveito econômico do fato jurídico.

Já o *sujeito passivo indireto*, que o Código denomina genericamente "responsável", está presente quando, "sem revestir a condição de contribuinte, sua obrigação decorra de disposição expressa de lei" (art. 121, parágrafo único, II, CTN). É um *terceiro* em relação ao fato jurídico tributário, mas o eleito pela lei para responder pelo pagamento do tributo. Das distintas categorias de responsabilidade trataremos adiante.

O art. 123, por sua vez, abriga disposição de grande importância prática:

Art. 123. Salvo disposições de lei em contrário, as convenções particulares, relativas à responsabilidade pelo pagamento de tributos, não podem ser opostas à Fazenda Pública, para modificar a definição legal do sujeito passivo das obrigações tributárias correspondentes.

Natural que assim seja, diante da natureza *ex lege* das relações jurídico-tributárias. Assim é que obrigações de origem contratual não poderão ser opostas ao Fisco, com o intuito de alterar a sujeição passiva apontada pela lei, salvo se houver disposição legal contrária. Exemplo clássico de aplicação do dispositivo diz com o contrato de locação de imóvel, no qual, usualmente, consta cláusula impondo ao locatário o dever do pagamento do IPTU. Tal convenção somente vale entre as partes contratantes; portanto, na hipótese de inadimplência, o Fisco Municipal irá exigir o tributo do contribuinte – o proprietário do imóvel.[64]

5.3.2.3. Solidariedade

Em sequência, o Código Tributário Nacional prevê a *solidariedade*. O Código Civil a disciplina nos arts. 264 a 285, e, na modalidade *passiva*, funciona como mecanismo destinado à garantia do credor.[65]

No Direito Tributário vem contemplada nos arts. 124 e 125, CTN, *in verbis*:

> Art. 124. São solidariamente obrigadas:
> I – as pessoas que tenham interesse comum na situação que constitua o fato gerador da obrigação principal;
> II – as pessoas expressamente designadas em lei.
> Parágrafo único. A solidariedade referida neste artigo não comporta benefício de ordem.
> Art. 125. Salvo disposição de lei em contrário, são os seguintes os efeitos da solidariedade:
> I – o pagamento efetuado por um dos obrigados aproveita aos demais;
> II – a isenção ou remissão de crédito exonera todos os obrigados, salvo se outorgada pessoalmente a um deles, subsistindo, nesse caso, a solidariedade quanto aos demais pelo saldo;

---

[64] Nesse contexto, a Súmula 614, STJ: "O locatário não possui legitimidade ativa para discutir a relação jurídico-tributária de IPTU e de taxas referentes ao imóvel alugado nem para repetir indébito desses tributos".
[65] Código Civil: "Art. 264. Há solidariedade, quando na mesma obrigação concorre mais de um credor, ou mais de um devedor, cada um com direito, ou obrigado, à dívida toda. (...) Art. 275. O credor tem direito a exigir e receber de um ou de alguns dos devedores, parcial ou totalmente, a dívida comum; se o pagamento tiver sido parcial, todos os demais devedores continuam obrigados solidariamente pelo resto. Parágrafo único. Não importará renúncia da solidariedade a propositura de ação pelo credor contra um ou alguns dos devedores".

III – a interrupção da prescrição, em favor ou contra um dos obrigados, favorece ou prejudica aos demais.

A solidariedade, portanto, revela-se mais um instrumento de praticabilidade no campo tributário,[66] uma vez que propicia ao Fisco a escolha do devedor em relação ao qual seja mais fácil e cômodo exigir a dívida integral. Não fosse desse modo, diante da multiplicidade de devedores numa mesma relação jurídica, a Administração Fiscal estaria obrigada a cobrá-los todos, cada qual por parte do débito, o que, induvidosamente, acarretaria maior custo e dificuldades à satisfação do crédito tributário.

O art. 124 prevê duas hipóteses de solidariedade: *a)* em relação às pessoas que tenham interesse comum na situação que constitua o fato gerador da obrigação principal; e *b)* referente às pessoas expressamente designadas em lei.

A primeira hipótese está redigida em linguagem bastante vaga, não traduzindo com acuidade o que se quer significar. Comprador e vendedor têm interesse comum na transmissão da propriedade de imóvel, mas nem por isso podem ser devedores solidários. A solidariedade tributária, que é sempre passiva, somente pode existir entre sujeitos que figurem nesse polo da relação obrigacional.

Importa salientar que a solidariedade, sob esse fundamento, não constitui modalidade de sujeição passiva indireta, como sustentam alguns doutrinadores,[67] visto que os devedores solidários não são terceiros, porquanto realizam a situação fática descrita na hipótese de incidência. Por intermédio desse expediente, não se inclui terceira pessoa no polo passivo da obrigação tributária, representando apenas "forma de graduar a responsabilidade daqueles sujeitos que já compõem o polo passivo".[68]

Já a prescrição do inciso II parece, à primeira vista, inócua, pois a solidariedade tributária sempre decorre da lei. O que o dispositivo estabelece é que a lei poderá apontar pessoas que, mesmo não sendo partícipes da situação fática que constitua a hipótese de incidência tributária, respondam solidariamente pelo débito. A justificativa para isso está no fato de que essas pessoas

---

[66] Sobre o assunto, veja-se o nosso *Praticabilidade e Justiça Tributária – Exequibilidade de Lei Tributária e Direitos do Contribuinte*, cit., pp. 271-272.

[67] Veja-se, a respeito, o posicionamento de Rubens Gomes de Sousa, *Compêndio de Legislação Tributária*, ed. póstuma, São Paulo: Editora Resenha Tributária, 1981, pp. 92-93. *Vide*, também, item 5.3.3, *infra*.

[68] Cf. Misabel Derzi, notas ao *Direito Tributário Brasileiro*, de Aliomar Baleeiro, cit., p. 1119.

assumem a responsabilidade solidária em virtude de outro vínculo jurídico, deflagrado pela prática de ato ilícito.[69] Não se cuida, portanto, de solidariedade propriamente dita, vale dizer, aquela que respeita à obrigação principal, como já mencionado.[70]

O parágrafo único do art. 124 esclarece que a solidariedade tributária não comporta benefício de ordem, a significar a desnecessidade de observância de uma sequência na cobrança dos devedores solidários.

O art. 125, por sua vez, disciplina os efeitos da solidariedade, na ausência de regramento diverso. Nota-se, das prescrições ali contidas, que, como regra, os devedores solidários são considerados como um único devedor e, assim, o que possa afetar a um, atinge a todos.

Exemplos de responsabilidade solidária são os dos coproprietários de imóvel urbano, pelo pagamento do IPTU, e do casal, em regime de comunhão de bens, pelo IRPF.

5.3.2.4. Capacidade tributária passiva

Adiante, o Código Tributário Nacional cuida da *capacidade tributária passiva*, nos seguintes termos:

> Art. 126. A capacidade tributária passiva independe:
>
> I – da capacidade civil das pessoas naturais;

---

[69] Corrobora essa conclusão o disposto no art. 134, *caput*, CTN, objeto de nosso comentário adiante, item 5.3.3.2.

[70] É o que ocorria, por exemplo, na hipótese prevista no art. 13 da Lei n. 8.620/93, em relação às contribuições destinadas ao financiamento da seguridade social: "Art. 13. O titular da firma individual e os sócios das empresas por cotas de responsabilidade limitada respondem *solidariamente*, com seus bens pessoais, pelos débitos junto à Seguridade Social" (destaque nosso). Veja-se que os sócios são terceiros em relação à pessoa jurídica em débito para com a Seguridade Social. Por terem incorrido em ato ilícito, na gestão da empresa, cada um deles pode ser chamado ao pagamento integral da dívida. A respeito desse dispositivo legal, a jurisprudência do STJ consolidou-se no sentido de que ele somente pode ser interpretado em sintonia com o art. 135, III, CTN (*e.g.* 2ª T., REsp 325.375/SC, Rel. Min. Eliana Calmon, j. 19.2.2002). A Lei n. 11.941/2009, revogou esse dispositivo (art. 79, VII). O art. 9º da Lei Complementar n. 123/2006, na redação dada pela Lei Complementar n. 147/2014 (Estatuto da Microempresa e da Empresa de Pequeno Porte), prevê a responsabilidade solidária dos titulares, dos sócios e dos administradores na hipótese de solicitação de baixa nos registros dos órgãos públicos (§ 5º).

II – de achar-se a pessoa natural sujeita a medidas que importem privação ou limitação do exercício de atividades civis, comerciais ou profissionais, ou da administração direta de seus bens ou negócios;

III – de estar a pessoa jurídica regularmente constituída, bastando que configure uma unidade econômica ou profissional.

A capacidade tributária passiva apresenta perfil próprio, notando-se, claramente, ser ela mais ampla que a capacidade civil das pessoas físicas e jurídicas.[71]

Paulo de Barros Carvalho[72] ensina que a *capacidade tributária passiva* é a "habilitação que a pessoa, titular de direitos fundamentais, tem para ocupar o papel de sujeito passivo de relações jurídicas de natureza fiscal". Distingue essa capacidade para figurar no polo passivo da obrigação tributária daquela *capacidade para realizar o fato jurídico tributário*, esta sim passível de ser desfrutada por ente ao qual o direito positivo não atribua sequer personalidade jurídica. Conclui, dessarte, que o sujeito capaz de realizar o fato jurídico tributário, ou dele participar, pode, perfeitamente, não ter personalidade jurídica de direito privado; contudo, o sujeito passivo da obrigação tributária haverá de tê-lo, impreterivelmente.

---

[71] Código Civil: "Art. 1º Toda pessoa é capaz de direitos e deveres na ordem civil. (...) Art. 3º São absolutamente incapazes de exercer pessoalmente os atos da vida civil: I – os menores de 16 (dezesseis) anos; II – os que, por enfermidade ou deficiência mental, não tiverem o necessário discernimento para a prática desses atos; III – os que, mesmo por causa transitória, não puderem exprimir sua vontade. Art. 4º São incapazes, relativamente a certos atos, ou à maneira de os exercer: I – os maiores de 16 (dezesseis) e menores de 18 (dezoito) anos; II – os ébrios habituais, os viciados em tóxicos, e os que, por deficiência mental, tenham o discernimento reduzido; III – os excepcionais, sem desenvolvimento mental completo; IV – os pródigos. Parágrafo único. A capacidade dos índios será regulada por legislação especial. Art. 5º A menoridade cessa aos 18 (dezoito) anos completos, quando a pessoa fica habilitada à prática de todos os atos da vida civil. Parágrafo único. Cessará, para os menores, a incapacidade: I – pela concessão dos pais, ou de um deles na falta do outro, mediante instrumento público, independentemente de homologação judicial, ou por sentença do juiz, ouvido o tutor, se o menor tiver 16 (dezesseis) anos completos; II – pelo casamento; III – pelo exercício de emprego público efetivo; IV – pela colação de grau em curso de ensino superior; V – pelo estabelecimento civil ou comercial, ou pela existência de relação de emprego, desde que, em função deles, o menor com 16 (dezesseis) anos completos tenha economia própria. (...) Art. 45. Começa a existência legal das pessoas jurídicas de direito privado com a inscrição do ato constitutivo no respectivo registro, precedida, quando necessário, de autorização ou aprovação do Poder Executivo, averbando-se no registro todas as alterações por que passar o ato constitutivo. (...)".

[72] *Curso de Direito Tributário*, cit., p. 325.

Logo, um menor pode realizar o fato jurídico tributário: se auferir renda, nascerá a obrigação de pagar o IR. No entanto, não detém capacidade tributária passiva, pelo que, no polo passivo da respectiva obrigação, figurará pessoa capaz – pai ou responsável. Igualmente, uma sociedade de fato pode realizar operações mercantis e, com isso, dar ensejo à obrigação de pagar o ICMS. No polo passivo da obrigação não poderá figurar, porquanto destituída de personalidade jurídica. Responderão pelo débito tributário as pessoas físicas dela gestoras.

5.3.2.5. Domicílio tributário

Outro dispositivo que merece referência é o art. 127, que contempla o regramento do *domicílio tributário*. Antes de seu exame, porém, convém relembrar a disciplina do domicílio na lei civil.

Segundo o art. 70, CC, o domicílio da pessoa natural é o lugar onde ela estabelece a sua residência com ânimo definitivo. Se, porém, a pessoa natural tiver diversas residências, onde alternadamente viva, considerar-se-á domicílio seu qualquer delas (art. 71, CC). No que tange às relações profissionais, é também domicílio da pessoa natural o lugar onde se dá o exercício profissional, e se tal se der em lugares diversos, cada um deles constituirá domicílio para as relações que lhe corresponderem (art. 72, CC).

Quanto às pessoas jurídicas de direito privado, considera-se seu domicílio o lugar onde funcionarem as respectivas diretorias e administrações, ou onde elegerem domicílio especial no seu estatuto ou atos constitutivos. E, no caso de a pessoa jurídica possuir diversos estabelecimentos em lugares diferentes, cada um deles será considerado domicílio para os atos nele praticados (art. 75, IV e § 1º, CC).

Vejamos, agora, as prescrições do Código Tributário Nacional, que contempla regime próprio para o domicílio tributário:

> Art. 127. Na falta de eleição, pelo contribuinte ou responsável, de domicílio tributário, na forma da legislação aplicável, considera-se como tal:
>
> I – quanto às pessoas naturais, a sua residência habitual, ou, sendo esta incerta ou desconhecida, o centro habitual de sua atividade;
>
> II – quanto às pessoas jurídicas de direito privado ou às firmas individuais, o lugar da sua sede, ou, em relação aos atos ou fatos que derem origem à obrigação, o de cada estabelecimento;

III – quanto às pessoas jurídicas de direito público, qualquer de suas repartições no território da entidade tributante.

§ 1º Quando não couber a aplicação das regras fixadas em qualquer dos incisos deste artigo, considerar-se-á como domicílio tributário do contribuinte ou responsável o lugar da situação dos bens ou da ocorrência dos atos ou fatos que deram origem à obrigação.

§ 2º A autoridade administrativa pode recusar o domicílio eleito, quando impossibilite ou dificulte a arrecadação ou a fiscalização do tributo, aplicando-se então a regra do parágrafo anterior.

O dispositivo abriga regras supletivas para a determinação do domicílio tributário das pessoas físicas e jurídicas, porquanto atuam somente na falta de eleição do domicílio pelo sujeito passivo. No entanto, na prática, tal escolha não ocorre e, em consequência, tais regras é que têm aplicação.

Assinale-se ser comum possuir o sujeito passivo uma pluralidade de domicílios fiscais. Assim, uma pessoa física pode ter um domicílio para efeito de IR e outro para efeito de IPTU, se possuir um imóvel em cidade distinta, por exemplo. Ou no caso de uma indústria que possua vários estabelecimentos – matriz e filiais –, cada um deles será considerado domicílio tributário distinto.

Destaque-se, ainda, a norma contida no § 2º do art. 127, que prevê a recusa do domicílio eleito pela autoridade administrativa quando a escolha acarretar impossibilidade ou dificuldade na arrecadação ou na fiscalização do tributo, aplicando-se, então, a regra do § 1º. Tal recusa, evidentemente, há de ser fundamentada, para permitir ao sujeito passivo, caso queira, impugnar a decisão administrativa.

5.3.3. Sujeição passiva indireta ou responsabilidade no CTN

Passando ao exame da sujeição passiva indireta ou responsabilidade, recordamos que o *sujeito passivo indireto*, que o Código denomina genericamente "responsável", é aquele que, "sem revestir a condição de contribuinte, sua obrigação decorra de disposição expressa de lei" (art. 121, parágrafo único, II, CTN). É, portanto, um terceiro em relação ao fato jurídico tributário, mas que com ele mantém conexão.

As limitações constitucionais no trato da matéria de responsabilidade tributária são as seguintes: *a)* exigência de *lei complementar* (art. 146, III, *b*) e *b) razoabilidade*, a orientar o legislador na escolha do terceiro que virá a responder pelo ônus tributário, uma vez que sempre há de estar vinculado indiretamente ao fato gerador (art. 5º, LIV).

Para a sistematização das modalidades de sujeição passiva indireta, o legislador do Código Tributário Nacional louvou-se, essencialmente, na concepção doutrinária de Rubens Gomes de Sousa,[73] daí a importância dessa referência doutrinária para a compreensão do direito positivo.

Para o autor, a sujeição passiva indireta pode ocorrer mediante *transferência* ou *substituição*.

Na primeira hipótese, ainda comporta subdivisão: por *solidariedade*, por *sucessão* e por *responsabilidade* – aqui empregado o termo em sentido estrito. Segundo o mestre, a *transferência* ocorre quando "a obrigação tributária, depois de ter surgido contra uma pessoa determinada (que seria o sujeito passivo direto) entretanto, em virtude de um fato posterior, transfere-se para outra pessoa diferente (que será o sujeito passivo indireto)".

Prossegue o autor assim descrevendo as hipóteses de transferência: a) *solidariedade*, quando duas ou mais pessoas são simultaneamente obrigadas pela mesma obrigação; b) *sucessão*, quando a obrigação transfere-se para outro devedor em virtude do desaparecimento do devedor original; e c) *responsabilidade*, quando a lei tributária responsabiliza outra pessoa pelo pagamento do tributo, quando não for pago pelo sujeito passivo direto.

A *substituição*, por sua vez, leciona, é a modalidade de sujeição passiva indireta que "ocorre quando, em virtude de uma disposição expressa de lei, a obrigação tributária surge desde logo contra uma pessoa diferente daquela que esteja em relação econômica com o ato, ou negócio tributado: neste caso, é a própria lei que substitui o sujeito passivo direto por outro indireto".[74]

Tal teoria, não obstante o pioneirismo e inegável valor, não aponta respostas adequadas a certas indagações, pelo que, modernamente, parte da doutrina, insatisfeita com essa concepção clássica de sujeição passiva indireta, tem apresentado críticas que merecem registro.

Ilustre-se o afirmado com o comentário de Paulo de Barros Carvalho,[75] para quem a responsabilidade tributária é figura polêmica, pois o responsável não é sujeito passivo de relação obrigacional tributária (obrigação principal),

---

[73] *Compêndio de Legislação Tributária*, cit., pp. 91-94.
[74] *Idem*, pp. 92-93.
[75] *Curso de Direito Tributário*, cit., p. 337.

mas sim de relação jurídica de cunho sancionatório. Esclarece que o terceiro é integrado ao polo passivo em razão de descumprimento de dever seu, legalmente imposto, como no caso do adquirente de bem imóvel que não cuidou de averiguar se todos os tributos a ele relativos até a data do negócio estavam quitados (art. 130, CTN).[76]

Passemos ao exame das modalidades de sujeição passiva indireta ou responsabilidade, como disciplinadas no Código Tributário Nacional. Veremos que as normas pertinentes geram perplexidades, uma vez que o modelo de disciplina da sujeição passiva adotado não oferece soluções satisfatórias em algumas hipóteses.

A responsabilidade tributária vem disciplinada nos arts. 128 e 134 a 138. O primeiro desses artigos contém disposição geral, como segue:

> Art. 128. Sem prejuízo do disposto neste Capítulo, a lei pode atribuir de modo expresso a responsabilidade pelo crédito tributário a terceira pessoa, vinculada ao fato gerador da respectiva obrigação, excluindo a responsabilidade do contribuinte ou atribuindo-a a este em caráter supletivo do cumprimento total ou parcial da referida obrigação.

Prestigiando as limitações constitucionais antes apontadas, o artigo deixa claro, inicialmente, o respeito ao princípio da legalidade tributária, uma vez que a indicação de terceiro para responder pelo ônus tributário há de ser efetuada mediante o necessário veículo legislativo – lei complementar (art. 146, III, *b*).

Também, estatui que a escolha, pelo legislador, do terceiro responsável não é livre, porquanto há de se tratar de sujeito vinculado indiretamente ao fato descrito na hipótese de incidência tributária, prestigiando a noção de razoabilidade. Releva assinalar que a eleição de uma terceira pessoa para assumir o pagamento de tributo traduz expediente de praticabilidade, visando à comodidade e garantia da arrecadação.

Examinemos as modalidades de sujeição passiva indireta.

---

[76] Na visão de Renato Lopes Becho, diversamente, o responsável é "garantidor fiduciário do crédito tributário, não participando da relação jurídico-tributária proveniente da subsunção, que ocorre após o fato imponível realizável segundo a previsão legislativa disposta na regra-matriz tributária". Assim, conclui tratar-se de sujeito de relação processual, não tributária, na hipótese de execução forçada do crédito tributário (*Sujeição Passiva e Responsabilidade Tributária*, São Paulo: Dialética, 2000, pp. 152 e ss.). Veja-se o acórdão proferido na ADI 3.141/DF, Rel. Min. Roberto Barroso, j. 13.12.2018.

5.3.3.1. Sucessão

A *sucessão* é modalidade de sujeição passiva indireta ou responsabilidade por transferência. Aqui o terceiro responde pelo débito tributário do contribuinte diante da extinção deste.

O tema é tratado pelo Código Tributário Nacional nos arts. 129 a 133.

O art. 129 preceitua:

> Art. 129. O disposto nesta Seção aplica-se por igual aos créditos tributários definitivamente constituídos ou em curso de constituição à data dos atos nela referidos, e aos constituídos posteriormente aos mesmos atos, desde que relativos a obrigações tributárias surgidas até a referida data.

A redação do dispositivo é confusa. Com algum esforço interpretativo é possível dele extrair que o sucessor responde pelos débitos tributários já constituídos (leia-se lançados) até a sucessão, bem como pelos constituídos posteriormente a ela. O sucessor assume os débitos do contribuinte, ainda que, na data da sucessão, não estejam formalizados, isto é, não sejam exigíveis.

O art. 130, por seu turno, cuida da sucessão de débitos pertinentes a tributos incidentes sobre a propriedade imobiliária:

> Art. 130. Os créditos tributários relativos a impostos cujo fato gerador seja a propriedade, o domínio útil ou a posse de bens imóveis, e bem assim os relativos a taxas pela prestação de serviços referentes a tais bens, ou a contribuições de melhoria, sub-rogam-se na pessoa dos respectivos adquirentes, salvo quando conste do título a prova de sua quitação.
>
> Parágrafo único. No caso de arrematação em hasta pública, a sub-rogação ocorre sobre o respectivo preço.

Consagra o dispositivo a noção, normatizada pelo Código Civil, de obrigação *propter rem*, ou seja, aquela estabelecida em função de um *direito de natureza real*. Assim, a obrigação pertinente ao bem acompanha quem dele venha a ser titular.

Portanto, o adquirente de bem imóvel, diante da pendência de débito referente ao IPTU, sucederá o alienante na obrigação. E, se a aquisição se der mediante arrematação em hasta pública, o valor do débito tributário será descontado do lanço efetuado.

O art. 131 complementa as hipóteses de sucessão:

> Art. 131. São pessoalmente responsáveis:
>
> I – o adquirente ou remitente, pelos tributos relativos aos bens adquiridos ou remidos;
>
> II – o sucessor a qualquer título e o cônjuge meeiro, pelos tributos devidos pelo *de cujus* até a data da partilha ou adjudicação, limitada esta responsabilidade ao montante do quinhão do legado ou da meação;
>
> III – o espólio, pelos tributos devidos pelo *de cujus* até a data da abertura da sucessão.

A hipótese contida no inciso I cuida da sucessão concernente a outros bens, já que a relativa aos imóveis está disciplinada no art. 130. As hipóteses descritas nos incisos II e III tratam da responsabilidade do espólio, do sucessor a qualquer título e do cônjuge meeiro, pelos tributos devidos pelo de *cujus*. No mais das vezes, é o espólio que arca com o pagamento dos tributos devidos pelo falecido, uma vez que a partilha ou a adjudicação somente são julgadas mediante a apresentação de certidão negativa de débito fiscal (art. 654, CPC).

Os artigos subsequentes tratam da *sucessão de empresas*. Por primeiro, prescreve o art. 132:

> Art. 132. A pessoa jurídica de direito privado que resultar de fusão, transformação ou incorporação de outra ou em outra é responsável pelos tributos devidos até a data do ato pelas pessoas jurídicas de direito privado fusionadas, transformadas ou incorporadas.
>
> Parágrafo único. O disposto neste artigo aplica-se aos casos de extinção de pessoas jurídicas de direito privado, quando a exploração da respectiva atividade seja continuada por qualquer sócio remanescente, ou seu espólio, sob a mesma ou outra razão social, ou sob firma individual.

O *caput* refere figuras que estão previstas na Lei das Sociedades Anônimas (Lei n. 6.404/76 e alterações), a qual alude também à *cisão*, não expressa no artigo em tela. No entanto, a doutrina é unânime quanto ao entendimento de que o art. 132 aplica-se à cisão, pela aproximação com as demais figuras apontadas.

A Lei das S/A, em sua redação atual, assim define tais conceitos: *a) transformação* "é a operação pela qual a sociedade passa, independentemente de dissolução e liquidação, de um tipo para outro" (art. 220); *b) incorporação* "é a operação pela qual uma ou mais sociedades são absorvidas por outra, que lhes sucede em todos os direitos e obrigações" (art. 227); *c) fusão* "é a operação pela qual se unem duas ou mais sociedades para formar sociedade nova, que lhes sucederá em todos os direitos e obrigações" (art. 228); e *d) cisão* "é a operação pela qual a companhia transfere parcelas do seu patrimônio para uma ou mais sociedades, constituídas para esse fim ou já existentes, extinguindo-se a companhia cindida, se houver versão de todo o seu patrimônio, ou dividindo-se o seu capital, se parcial a versão" (art. 229).

Em todas essas hipóteses, a pessoa resultante dessas operações responde pelos tributos devidos pela(s) pessoa(s) originária(s). Na mesma linha, as disposições do Código Civil referentes à transformação, incorporação, fusão e cisão das sociedades (arts. 1.113 a 1.122).

O parágrafo único do art. 132 contempla um mecanismo de segurança em benefício do Fisco, pois estatui que, no caso de extinção de pessoa jurídica de direito privado, se a exploração da respectiva atividade for mantida por qualquer sócio remanescente, ou seu espólio, sob a mesma ou outra razão social, ou sob firma individual, resta configurada a sucessão. A finalidade da norma é dificultar a burla à responsabilização do sucessor, na situação em que se der a extinção da pessoa jurídica em débito e, em sequência, a constituição de outra empresa ou firma individual, por sócio remanescente ou pelo espólio.

Ainda cuidando do assunto, o art. 133 estabelece os limites da responsabilidade do sucessor de fundo de comércio ou estabelecimento comercial, industrial ou profissional:

> Art. 133. A pessoa natural ou jurídica de direito privado que adquirir de outra, por qualquer título, fundo de comércio ou estabelecimento comercial, industrial ou profissional, e continuar a respectiva exploração, sob a mesma ou outra razão social ou sob firma ou nome individual, responde pelos tributos, relativos ao fundo ou estabelecimento adquirido, devidos até a data do ato:
>
> I – integralmente, se o alienante cessar a exploração do comércio, indústria ou atividade;

II – subsidiariamente com o alienante, se este prosseguir na exploração ou iniciar dentro de seis meses, a contar da data da alienação, nova atividade no mesmo ou em outro ramo de comércio, indústria ou profissão.

§ 1º O disposto no *caput* deste artigo não se aplica na hipótese de alienação judicial:

I – em processo de falência;

II – de filial ou unidade produtiva isolada, em processo de recuperação judicial.

§ 2º Não se aplica o disposto no § 1º deste artigo quando o adquirente for:

I – sócio da sociedade falida ou em recuperação judicial, ou sociedade controlada pelo devedor falido ou em recuperação judicial;

II – parente, em linha reta ou colateral até o 4º (quarto) grau, consanguíneo ou afim, do devedor falido ou em recuperação judicial ou de qualquer de seus sócios; ou

III – identificado como agente do falido ou do devedor em recuperação judicial com o objetivo de fraudar a sucessão tributária.

§ 3º Em processo da falência, o produto da alienação judicial de empresa, filial ou unidade produtiva isolada permanecerá em conta de depósito à disposição do juízo de falência pelo prazo de 1 (um) ano, contado da data de alienação, somente podendo ser utilizado para o pagamento de créditos extraconcursais ou de créditos que preferem ao tributário.[77]

Segundo o dispositivo, o sucessor de fundo de comércio ou estabelecimento comercial, industrial ou profissional, que continuar a respectiva exploração, sob a mesma ou outra razão social ou sob firma ou nome individual, é responsável pelos tributos relativos ao fundo ou estabelecimento adquirido.

---

[77] A respeito da aplicação desse dispositivo, a Súmula 554, STJ: "Na hipótese de sucessão empresarial, a responsabilidade da sucessora abrange não apenas os tributos devidos pela sucedida, mas também as multas moratórias ou punitivas referentes a fatos geradores ocorridos até a data da sucessão".

O limite dessa responsabilidade está condicionado à cessação ou não da exploração da indústria, comércio ou atividade pelo alienante. Na primeira hipótese, sua responsabilidade é *integral* pelos tributos devidos até a aquisição; na segunda, responderá *subsidiariamente* com o alienante, se este prosseguir na exploração ou iniciar dentro de seis meses, a contar da data da alienação, nova atividade no mesmo ou em outro ramo de comércio, indústria ou profissão.

Visando compatibilizar o Código Tributário Nacional ao regramento instituído pela lei que regula a recuperação judicial, a extrajudicial e a falência do empresário e da sociedade empresária (Lei n. 11.101/2005), a Lei Complementar n. 118/2005 introduziu-lhe novos preceitos, dentre eles os §§ 1º a 3º desse artigo.

Com efeito, consoante a chamada nova Lei de Falências, em seus arts. 60, parágrafo único, e 141, II, o objeto da alienação estará livre de qualquer ônus e não haverá sucessão do arrematante nas obrigações do devedor, inclusive nas de natureza tributária.

Portanto, os parágrafos do art. 133, CTN, consignam disciplina excepcionadora da responsabilidade por sucessão, no intuito de facilitar a recuperação das empresas.

5.3.3.2. Responsabilidade em sentido estrito

Os arts. 134 e 135 cuidam da *responsabilidade de terceiros*, ou, singelamente, responsabilidade em sentido estrito, relativa à situação em que a pessoa chamada a responder pelo débito do contribuinte deixou de cumprir um dever próprio, legalmente estabelecido.

Dispõe o art. 134:

> Art. 134. Nos casos de impossibilidade de exigência do cumprimento da obrigação principal pelo contribuinte, respondem solidariamente com este nos atos em que intervierem ou pelas omissões de que forem responsáveis:
>
> I – os pais, pelos tributos devidos por seus filhos menores;
>
> II – os tutores e curadores, pelos tributos devidos por seus tutelados ou curatelados;

III – os administradores de bens de terceiros, pelos tributos devidos por estes;

IV – o inventariante, pelos tributos devidos pelo espólio;

V – o síndico e o comissário, pelos tributos devidos pela massa falida ou pelo concordatário;

VI – os tabeliães, escrivães e demais serventuários de ofício, pelos tributos devidos sobre os atos praticados por eles, ou perante eles, em razão do seu ofício;

VII – os sócios, no caso de liquidação de sociedade de pessoas.

Parágrafo único. O disposto neste artigo só se aplica, em matéria de penalidades, às de caráter moratório.

O dispositivo considera a *culpa* dos terceiros apontados para atribuir-lhes a responsabilidade tributária, em razão do descumprimento de deveres de fiscalização e de boa administração.

Observe-se que a norma do *caput* encerra uma impropriedade lógica: se se trata de responsabilidade *solidária*, não pode estar configurada apenas nos casos de "impossibilidade de exigência do cumprimento da obrigação principal pelo contribuinte". Ou seja, nas hipóteses apontadas, o terceiro somente será chamado a responder pelo débito tributário diante da impossibilidade de exigência de seu pagamento pelo contribuinte. Então, em relação ao contribuinte, por óbvio, a responsabilidade dessas pessoas é *subsidiária*. A responsabilidade somente será *solidária* em relação aos responsáveis entre si, no vínculo de natureza sancionatória que os une, não se tratando da solidariedade tributária propriamente dita, à qual alude o art. 124, I, CTN.[78]

O parágrafo único declara que essa responsabilidade de terceiros não se estende às sanções, salvo as de caráter moratório.

Antecipe-se que, se houver *dolo*, a responsabilidade dos terceiros arrolados no art. 134 será regida pelo art. 135, e não pelo 134; ademais, a responsabilidade estender-se-á às infrações, segundo o art. 137, III.[79]

---

[78] *Vide* nossos comentários ao art. 124, CTN, item 5.3.2.3, *supra*.
[79] "Art. 137. A responsabilidade é pessoal ao agente: (...) III – quanto às infrações que decorrem direta e exclusivamente de dolo específico: *a)* das pessoas referidas no art. 134, contra aquelas por quem respondem (...)." *Vide* Capítulo 10, *infra*.

O art. 135, por sua vez, prescreve:

> Art. 135. São pessoalmente responsáveis pelos créditos correspondentes a obrigações tributárias resultantes de atos praticados com excesso de poderes ou infração de lei, contrato social ou estatutos:
> I – as pessoas referidas no artigo anterior;
> II – os mandatários, prepostos e empregados;
> III – os diretores, gerentes ou representantes de pessoas jurídicas de direito privado.

Portanto, além das pessoas referidas no art. 134, respondem pessoalmente pelos créditos correspondentes a obrigações tributárias resultantes de atos praticados com excesso de poderes ou infração de lei, contrato social ou estatutos, os mandatários, prepostos e empregados, e os diretores, gerentes ou representantes de pessoas jurídicas de direito privado.

Nessas hipóteses, tem-se responsabilidade *pessoal* desses terceiros. Em verdade, o art. 135, CTN, contempla normas de exceção, pois a regra é a responsabilidade da pessoa jurídica, e não das pessoas físicas dela gestoras. Trata-se de responsabilidade exclusiva de *terceiros* que agem dolosamente, e que, por isso, substituem o contribuinte na obrigação, nos casos em que tiverem praticado atos com excesso de poderes ou infração de lei, contrato social ou estatutos.

Como bem pondera Misabel Derzi,[80] "o ilícito é, assim, prévio ou concomitante ao surgimento da obrigação tributária (mas exterior à norma tributária) e não posterior, como seria o caso do não pagamento do tributo. A lei que se infringe é a lei comercial ou civil, não a lei tributária, agindo o terceiro contra os interesses do contribuinte".

Nesse contexto, entendemos que a simples inadimplência da obrigação pela pessoa jurídica, embora constitua infração à lei tributária, não acarreta a responsabilidade dos diretores, gerentes ou representantes das pessoas jurídicas de direito privado. Será preciso demonstrar que tal inadimplemento decorreu da prática de ilícito pelos gestores da pessoa jurídica, que incorreram em excesso de poder ou em infração de lei, contrato social ou estatutos.[81]

---

[80] Notas ao *Direito Tributário Brasileiro*, de Aliomar Baleeiro, cit., p. 1154.
[81] Nesse sentido firmou-se a jurisprudência do STJ, consoante o enunciado da Súmula 430: "O inadimplemento da obrigação tributária pela sociedade não gera, por si só, a responsabilidade solidária do sócio-gerente".

A questão é importante e de grande aplicação prática, tendo em vista os requerimentos da Fazenda Pública solicitando o *redirecionamento da execução fiscal* aos sócios administradores da pessoa jurídica, o qual deve estar fundamentado na demonstração da prática de ato ilícito, como exposto.[82]

5.3.3.3. Substituição

A responsabilidade por *substituição* ocorre quando a obrigação tributária já nasce, por determinação legal, diretamente na pessoa do terceiro, que toma o lugar daquele que protagonizou a situação fática descrita na hipótese de incidência tributária. Tal figura não encontra previsão específica no Código Tributário Nacional, sendo extraível da dicção do art. 128 quando estabelece que a responsabilidade pode ser atribuída a terceira pessoa mediante a exclusão da responsabilidade do contribuinte.

Concordamos com a crítica doutrinária segundo a qual na hipótese, de fato, não há substituição, porquanto a sujeição passiva já nasce diretamente na pessoa escolhida pela lei para suportar o ônus do pagamento do tributo.[83]

---

[82] O STJ fixou os termos iniciais da fluência do prazo prescricional para o redirecionamento da execução fiscal, conforme tenha o ato ilícito sido praticado pelos sócios administradores da pessoa jurídica antes ou após a citação desta (1ª S., REsp 1.201.993/SP, RR, j. 8.5.2019).

[83] Para Paulo de Barros Carvalho, se é a própria lei que substitui o sujeito passivo direto, por outro indireto, não há substituição autêntica – uma vez que o sujeito passivo direto somente existia no momento pré-legislativo –, mas sim mera instituição do sujeito passivo (*Curso de Direito Tributário*, cit., p. 322). Renato Lopes Becho, também divergindo da doutrina tradicional, afirma que os exemplos clássicos para a substituição tributária, como o do *retentor tributário*, são, quando possível, afetos à atividade administrativa, não sendo objeto do Direito Tributário. Desse modo, afirma que a responsabilidade por substituição, disciplinada nos arts. 129 a 133, CTN, não é categoria própria de sujeição passiva tributária porque, naquelas hipóteses, a substituição vem sempre depois do nascimento da obrigação tributária. Logo, essa substituição ocorre apenas para fins de cobrança do tributo, administrativa ou judicialmente. Diante desse entendimento, o autor somente reconhece, como autênticas hipóteses de substituição tributária, a tributação por fato futuro e a tributação por diferimento (*Sujeição Passiva e Responsabilidade Tributária*, cit., pp. 111-142).

O mecanismo é utilizado por conveniência de fiscalização e arrecadação tributárias, ilustrando mais uma aplicação do princípio da praticabilidade, sendo empregado pela lei em várias hipóteses.[84]

Dentre as modalidades de substituição tributária previstas no ordenamento jurídico, destaca-se a referida na EC n. 3/93, que introduziu o § 7º ao art. 150, assim expresso:

> A lei poderá atribuir a sujeito passivo de obrigação tributária a condição de responsável pelo pagamento de imposto ou contribuição, cujo fato gerador deva ocorrer posteriormente, assegurada a imediata e preferencial restituição da quantia paga, caso não se realize o fato gerador presumido.

A modalidade de substituição tributária assim delineada é denominada *substituição tributária progressiva ou* "para a frente" e aplicável a impostos multifásicos, isto é, aqueles incidentes em operações sucessivas.

Embora a figura da substituição tributária já fosse conhecida no direito brasileiro, tal preceito inovou na instituição do chamado *fato gerador presumido*, bem como no estabelecimento da garantia de reembolso preferencial e imediato do tributo pago quando o fato não se tiver realizado.

O preceito é de constitucionalidade duvidosa, e sua interpretação gera acirrada polêmica doutrinária.[85]

Em nossa opinião, a substituição tributária progressiva autoriza a utilização de presunção para ter-se, como ocorrido, fato jurídico tributário que provavelmente irá realizar-se, fazendo surgir o nascimento da obrigação tributária antecipadamente.

Em outras palavras, trata-se de hipótese de *tributação por fato futuro*, o que, a nosso ver, revela-se ofensivo ao *princípio da capacidade contributiva*, que se sobrepõe à diretriz da praticabilidade.

---

[84] Exemplifique-se com o ICMS, nas hipóteses de comercialização de veículos automotores, combustíveis e derivados, e energia elétrica (Lei Complementar n. 87/96, arts. 6º e 8º).

[85] Vejam-se, exemplificadamente, as posições antagônicas de Roque Carrazza, pela inconstitucionalidade da figura (*Curso de Direito Constitucional Tributário*, cit., pp. 539-545) e de Misabel Derzi, sustentando sua legitimidade ("Legalidade material, modo de pensar 'tipificante' e praticidade no direito tributário", in *Justiça Tributária – 1º Congresso Internacional de Direito Público – IBET*, cit., pp. 639-640).

Com efeito, homenageando o Direito Tributário o *princípio da verdade material ou realidade*, a utilização de abstrações generalizantes, tais como as presunções e ficções, deve ser efetuada com parcimônia e apenas nas hipóteses em que não seja possível a prova direta do fato, sem demasiado custo ao Poder Público.

Desse modo, tendo a Constituição alçado a capacidade contributiva a princípio orientador dos tributos não vinculados a uma atuação estatal, afastou as possibilidades de manipulação ou distorção da realidade econômica mediante a utilização de expedientes como as presunções e ficções, impondo respeito às efetivas condições econômicas do contribuinte.

A presunção segundo a qual o fato jurídico tributário irá consumar-se, evidentemente, reveste natureza relativa, revelada pela previsão da possibilidade de restituição caso o fato não venha a ocorrer, com vista a impedir o enriquecimento sem causa do Fisco.

Acresça-se que, embora o preceito constitucional refira-se à "restituição imediata e preferencial da quantia paga" ao contribuinte que recolheu antecipadamente o imposto, na hipótese do fato não vir a ocorrer – no ICMS, por exemplo, quando há desistência do negócio –, na prática, dificilmente se dá tal desfecho.[86]

Para nós, a objeção intransponível ao reconhecimento da legitimidade tributária da substituição progressiva não diz propriamente com o emprego de presunções no âmbito tributário, mas, sim, com os limites dessa utilização, que não podem ser olvidados sob a invocação de praticabilidade. Vale dizer: no caso, a lei tributária – ainda que com autorização veiculada por emenda constitucional, é bom relembrar-se – considera ocorrido o fato, apto a gerar obrigação tributária, antes de sua ocorrência, que poderá, aliás, nem se confirmar. Portanto, parece-nos evidente a ofensa aos princípios da verdade ou realidade material, da segurança jurídica e da capacidade contributiva, com os quais as presunções, necessariamente, devem afinar-se.

Outra figura pertinente ao gênero substituição tributária é a *substituição tributária regressiva*, que se dá mediante o *diferimento de tributo*.

---

[86] O Supremo Tribunal Federal, aprimorando sua jurisprudência, fixou a seguinte tese: "é devida a restituição da diferença do Imposto sobre Circulação de Mercadorias e Serviços – ICMS pago a mais no regime de substituição tributária para frente se a base de cálculo efetiva da operação for inferior à presumida (Pleno, RE 593.849/MG, Tema 201, Rel. Min. Edson Fachin, j. 19.10.2016).

O diferimento de tributo a pagar é outra técnica simplificadora, mediante a qual se cumula o imposto devido na etapa subsequente de circulação. Sua aplicação, portanto, tal como na substituição tributária progressiva, supõe a tributação plurifásica, como ocorre no Imposto sobre Circulação de Mercadorias e Prestação de Serviços – ICMS.

O diferimento é, assim, técnica oposta à da substituição tributária "para a frente", mas igualmente fundada em razões de comodidade e praticidade, voltada à simplificação da atividade fiscalizatória. Em verdade, a chamada substituição tributária regressiva ou "para trás" revela-se como medida adequada a hipóteses de sucessivas operações efetuadas por um número consideravelmente grande de fornecedores, tendo por objeto, em regra, produtos primários, de origem agropecuária (*e.g.* leite, laranja, cana-de-açúcar), fornecidos a indústrias de transformação.

Em sendo assim, o imposto, ao invés de ser exigido de centenas ou milhares de produtores, é recolhido por um só contribuinte, possibilitando uma fiscalização bem mais simples, barata e eficaz, no intuito de evitar a sonegação.

Em geral, o substituído, nessa hipótese, é aquele que não é inscrito como contribuinte do ICMS, que não mantém escrita contábil e que, por isso mesmo, não tem como efetuar a compensação do imposto, que é deduzido do preço dos bens vendidos, com os créditos referentes a insumos incorporados ao processo produtivo. Suporta ele, portanto, a carga do tributo, à entrada dos insumos e com o devido pela saída dos bens produzidos.

5.3.3.4. Nossa opinião

Diante do quadro normativo e das lições doutrinárias expostas, podemos apontar nossas ideias essenciais sobre o tema.

Pensamos que o regramento da sujeição passiva indireta, veiculado pelo Código Tributário Nacional, confunde vínculos jurídicos distintos, e, consequentemente, os sujeitos passivos de tais liames.

Em relação à obrigação principal, portanto, há *um único sujeito passivo* possível, que o Código denomina *contribuinte*. Este é o protagonista do fato jurídico tributário e, portanto, logicamente, o sujeito passivo da obrigação.

Observe-se, uma vez mais, que a *solidariedade propriamente dita*, fundada no art. 124, I, CTN, como visto, não constitui modalidade de sujeição passiva indireta, porquanto o devedor solidário também realiza o fato contido na hipótese de incidência e, assim, qualifica-se como contribuinte. Mas há aquela *solidariedade pertinente a terceiros*, a que alude o art. 124, II, CTN. Essas terceiras pessoas protagonizam vínculos distintos da obrigação principal, decorrentes de deveres jurídicos de outras naturezas que não o consequente da realização do fato descrito na hipótese de incidência tributária – a obrigação principal.

A *responsabilidade* genericamente considerada, por sua vez, encontra fundamento no art. 128, CTN. Sempre diz respeito a terceira pessoa, vinculada indiretamente ao fato jurídico tributário que ensejou a obrigação principal. Essa modalidade de sujeição passiva manifesta-se mediante a exclusão da responsabilidade do contribuinte, ou pela atribuição do ônus tributário em caráter subsidiário a este.

Com efeito, se a obrigação tributária não é satisfeita pelo contribuinte ou, mesmo, se há dificuldade ou impossibilidade de alcançá-lo para que satisfaça a prestação correspondente, a lei, por razões de praticidade, estabelece mecanismos pertinentes a múltiplas hipóteses, para que um terceiro, que ela denomina "responsável", venha a ser chamado a arcar com o débito tributário: daí as modalidades de sucessão, responsabilidade em sentido estrito (aqui compreendida a solidariedade prevista no art. 124, II, CTN) e substituição.

Pode, assim, a responsabilidade em sentido amplo, traduzir liame de *natureza sancionatória*, como nas hipóteses dos arts. 134 e 135, CTN, ou de *caráter assecuratório*, como na sucessão a que aludem os arts. 130 a 132, CTN, e na substituição. Na primeira hipótese, a *culpa*, em distintos graus, é o fundamento da responsabilidade; na segunda, o simples fato de ser mais cômodo e prático à arrecadação tributária o terceiro assumir a posição anteriormente ocupada pelo contribuinte, em caráter imediato ou subsidiário, sendo desnecessário invocar-se algum elemento subjetivo a justificar a hipótese.

Em síntese, podemos concluir, singelamente, o seguinte: na obrigação principal, o sujeito passivo direto ou contribuinte é o protagonista do fato ensejador do nascimento do vínculo; já o chamado sujeito passivo indireto ou responsável, terceiro em relação ao fato jurídico-tributário, é o protagonista de relação jurídica distinta, uma vez que alcançado pela lei para satisfazer a prestação objeto da obrigação principal contraída por outrem em virtude da prática de ato ilícito (descumprimento de dever próprio), ou em função de disciplina assecuratória da satisfação do crédito tributário.

Vistas as notas principais da sujeição passiva, prossigamos na análise dos aspectos da hipótese de incidência.

5.4. CONSEQUENTE: ASPECTO QUANTITATIVO

Outro aspecto integrante do consequente da hipótese de incidência tributária é o revelador do *quantum* a ser desembolsado pelo sujeito passivo, e que resulta da conjugação de duas grandezas: a base de cálculo e a alíquota.

A *base de cálculo* ou *base imponível* é a "dimensão do aspecto material da hipótese de incidência".[87] Singelamente, podemos afirmar que a base de cálculo destina-se a mensurar a expressão econômica do fato. Conjugada à alíquota, enseja a apuração do valor do débito tributário.

Sua importância é tal que a Constituição a elege como critério para a determinação de espécies tributárias (art. 145, § 2º: "as taxas não poderão ter base de cálculo própria de impostos").

A base de cálculo, portanto, deverá reportar-se àquele fato de conteúdo econômico inserto na hipótese de incidência tributária, ou seja, deverá guardar pertinência com a *capacidade absoluta ou objetiva* apreendida pelo legislador. Ausente essa correlação necessária entre a base de cálculo e a hipótese de incidência tributária, a imposição será inconstitucional, por desrespeito, também, ao princípio estudado.

Paulo de Barros Carvalho,[88] didaticamente, identifica as três funções da base de cálculo: "a) função mensuradora, *pois mede as reais proporções do fato*; b) função objetiva, *porque compõe a específica determinação da dívida*; e c) função comparativa, *porquanto, posta em comparação com o critério material da hipótese, é capaz de confirmá-lo, infirmá-lo ou afirmar aquilo que consta do texto da lei, de modo obscuro*".

Ainda acerca da base de cálculo, releva distinguir entre base de cálculo *in abstracto* (base de cálculo normativa) e base de cálculo *in concreto* (base de cálculo fáctica ou base calculada). A primeira vem referida na hipótese de incidência, sendo possível depreendê-la, no mais das vezes, da própria dicção constitucional. A segunda traduz-se na identificação de seu valor à vista do caso concreto.

Assim, por exemplo, a base de cálculo *in abstracto* do IPTU é o valor venal do imóvel (art. 33, CTN). Já a base calculada será aquela encontrada à vista do caso concreto, tomando-se determinado imóvel, expressa em valor monetário.

---

[87] Geraldo Ataliba, *Hipótese de Incidência Tributária*, cit., p. 108.
[88] *Curso de Direito Tributário*, cit., pp. 343-345, destaques do original.

A *alíquota*, por sua vez, é uma fração da base de cálculo que, conjugada a esta, conduz à determinação do *quantum* objeto da prestação tributária. Nas palavras de Geraldo Ataliba,[89] "é a quota (fração), ou parte da grandeza contida no fato imponível que o Estado se atribui (editando a lei tributária)".

Igualmente, trata-se de grandeza disciplinada pela lei, e, em regra, a alíquota é apresentada sob a feição de um *percentual* a ser aplicado sobre a base de cálculo.

O manejo da alíquota sob a feição de percentual dá-se, essencialmente, mediante o emprego de quatro técnicas: a proporcionalidade, a progressividade, a diferenciação e a regressividade.

A *proporcionalidade* consiste na técnica segundo a qual a alíquota é sempre uniforme e invariável, qualquer que seja o valor da matéria tributada. Muito utilizados no passado, atualmente os impostos proporcionais já não são considerados os mais idôneos a atender o princípio da capacidade contributiva, persistindo sua aplicação em casos pouco ajustáveis à progressividade.[90]

A *progressividade*, por seu turno, implica que a tributação seja mais do que proporcional à riqueza de cada um. Um imposto é progressivo quando a alíquota se eleva à medida que aumenta a base de cálculo.

Entendemos ser a técnica da progressividade aquela que melhor atende ao princípio da capacidade contributiva, segundo o qual os "impostos serão graduados segundo a capacidade econômica do contribuinte" (art. 145, § 1º, CR).[91]

Outrossim, registre-se que a progressividade, seja na modalidade fiscal, seja na extrafiscal, é o critério apontado constitucionalmente, de modo expresso, para o IR (art. 153, § 2º, I), o ITR (art. 153, § 4º, I) e o IPTU (arts. 156, § 1º, I, e 182, § 4º, II).

Já a *diferenciação* significa, exatamente, a adoção de alíquotas distintas à vista de um ou mais critérios.

A Constituição também menciona tal técnica ao proclamar que o IPVA poderá ter alíquotas diferenciadas em função do tipo, do valor, da utilização e

---

[89] *Hipótese de Incidência Tributária*, cit., p. 114. Anote-se a crítica de Aires Barreto, para quem essa definição merece reformulação, porquanto a parte que se toma do todo é o *quantum debeatur* e tal definição não se adequa às hipóteses em que a alíquota é fixada em percentual não inferior a 100% (*Base de Cálculo, Alíquota e Princípios Constitucionais*, São Paulo: Revista dos Tribunais, 1987, pp. 41-42).
[90] Cf. Aliomar Baleeiro, *Uma Introdução à Ciência das Finanças*, cit., pp. 202-203.
[91] Cf. nosso *Princípio da Capacidade Contributiva*, cit., pp. 82-83.

do impacto ambiental do veículo (art. 155, § 6º, II), que as alíquotas do IPTU poderão ser diferentes de acordo com a localização e o uso do imóvel (art. 156, § 1º, II), bem como que a alíquota da contribuição de intervenção no domínio econômico relativa às atividades de importação ou comercialização de petróleo e seus derivados, gás natural e seus derivados, e álcool combustível "poderá ser diferenciada por produto ou uso" (art. 177, § 4º, I, *a*).

A técnica da *regressividade* opõe-se à da progressividade, consistindo na diminuição da alíquota à medida que aumenta a base de cálculo. À vista do princípio da capacidade contributiva, diretriz fundamental dos impostos, sua aplicação está autorizada tão somente no contexto da tributação extrafiscal.

Nessa linha de entendimento, relevante destacar que a EC n. 132/2023 inseriu o § 4º no art. 145 da Constituição para declarar que "as alterações na legislação tributária buscarão atenuar efeitos regressivos".

Registre-se, ainda, a polêmica pertinente aos chamados *tributos fixos*.

Para a compreensão da questão, cumpre distinguir-se entre impostos e taxas.

Os *impostos fixos*, por primeiro, são aqueles em que o valor devido é apontado pela lei de maneira invariável, sem consideração às condições pessoais do sujeito passivo.

Consoante o manifestado em outra oportunidade,[92] entendemos ser evidente a inconstitucionalidade dos impostos com alíquotas fixas, em obediência ao princípio da capacidade contributiva.[93]

Já quanto às taxas, pensamos seja legítima a instituição de *taxas fixas*, exatamente porque tais tributos não se sujeitam ao princípio da capacidade contributiva.[94]

---

[92] *Idem*, p. 83.
[93] Registre-se, todavia, que o STF entendeu pela constitucionalidade da exigência do ISSQN das sociedades profissionais de advogados mediante alíquotas fixas (RE 940.769/RS, Tema 918, Rel. Min. Edson Fachin, j. 24.4.2019).
[94] Essa a lição de Geraldo Ataliba: "Muitas taxas não têm alíquota. A lei, nesses casos, dispensa essa técnica e já estabelece o *quantum* devido, antecipadamente (pedágio, certidões etc.). Em muitos outros casos, encontrar-se-ão alíquotas de taxa. (...) Alíquota, nas taxas, é o critério legal de repartição, pelos administrados, do custo dos serviços públicos, ou do custo da atividade administrativa condicional do exercício do poder de polícia" (*Hipótese de Incidência Tributária*, cit., p. 117).

É o princípio da praticabilidade o que autoriza a instituição de taxas fixas, à vista de óbices operacionais que tornariam muito difícil ou mesmo impossível sua exigência.

Ilustre-se com a taxa judiciária e as custas judiciais, estabelecidas em valor fixo, em função do valor da causa. Impõe-se, de todo modo, a observância da correspondência entre o seu valor e o custo da atuação estatal a que se refere – serviço público ou atividade de polícia administrativa.

Pensamos, assim, estejam demarcados os principais pontos atinentes ao aspecto quantitativo. Traçados os contornos dos aspectos da hipótese de incidência tributária, estamos autorizados a tratar do crédito tributário e do lançamento.

6. Crédito Tributário e Lançamento

6.1. CRÉDITO TRIBUTÁRIO: CONCEITO

Como observado quando do exame da obrigação tributária,[95] o crédito e o débito constituem faces do mesmo vínculo jurídico.

O CTN, em seus arts. 139 a 141, traz disposições gerais sobre o crédito tributário.

Inicialmente, o art. 139 preceitua que "o crédito tributário decorre da obrigação principal e tem a mesma natureza desta". A dicção do Código não é técnica, porquanto sugere que o crédito nasce em consequência da obrigação, quando, em verdade, o crédito, aliado ao débito, consubstancia a própria obrigação. No entanto, assim o afirma porque, na concepção adotada pelo legislador, o crédito tributário somente "nasce" após sua *constituição* pelo lançamento.

Em sequência, prescreve o art. 140:

> Art. 140. As circunstâncias que modificam o crédito tributário, sua extensão ou seus efeitos, ou as garantias ou os privilégios a ele atribuídos, ou que excluem sua exigibilidade não afetam a obrigação tributária que lhe deu origem.

Insistindo na mesma ilogicidade quanto à desvinculação entre obrigação e crédito, uma vez mais a redação do Código Tributário Nacional é inadequada: se o crédito é uma das faces da própria obrigação tributária, como entender-se que as modificações por ele experimentadas não afetam a obrigação que lhe deu origem? É evidente que alterações experimentadas pelo crédito são alterações promovidas no próprio liame obrigacional e, portanto, dependendo de sua natureza, podem afetá-lo.

---

[95] Capítulo 4, *supra*.

A assertiva, efetuada de modo peremptório, é desmentida pelo próprio Código. Basta lembrarmos do instituto da prescrição, por exemplo, que consiste na perda do direito de cobrança do crédito tributário, constituindo modalidade de extinção da respectiva obrigação (art. 174, CTN). Por outro lado, a afirmação será procedente se pensarmos na hipótese de lançamento inválido, pois o vício que o atinge não afeta a própria obrigação tributária.

Daí que a declaração inserta no art. 140 deve ser interpretada de modo relativo, em consonância com as demais normas do Código, especialmente aquelas disciplinadoras da extinção da obrigação tributária.

O art. 141, por sua vez, declara:

> Art. 141. O crédito tributário regularmente constituído somente se modifica ou extingue, ou tem sua exigibilidade suspensa ou excluída, nos casos previstos nesta Lei, fora dos quais não podem ser dispensadas, sob pena de responsabilidade funcional na forma da lei, a sua efetivação ou as respectivas garantias.

Uma vez mais, o texto toma o crédito tributário como algo apartado da obrigação principal. Também, não custa relembrar que, sempre que o Código alude à "constituição do crédito" é ao lançamento que se reporta.

O que se pode extrair desse dispositivo é, singelamente, que as hipóteses de modificação, extinção ou exclusão do crédito tributário, bem como de suspensão de sua exigibilidade, são as previstas no Código Tributário Nacional, o que se impõe, aliás, em função do princípio da *indisponibilidade do interesse coletivo*,[96] aqui consubstanciado na tutela desse crédito, integrante do patrimônio público.

6.2. LANÇAMENTO: CONCEITO, NATUREZA JURÍDICA E EFICÁCIA

Ocorrido o fato descrito na hipótese de incidência tributária, nasce a obrigação de pagar o tributo correspondente e, desse modo, instalado o liame obrigacional, o direito do Fisco de exigi-lo (crédito) e o dever do sujeito passivo de atendê-lo (débito).

---

[96] Sobre tal princípio, *vide* Parte II, Capítulo 3, item 3.2.1.8.

Entretanto, para que a prestação objeto dessa obrigação – o tributo – possa ser exigida, impõe-se seja formalizada mediante providência que o Código Tributário Nacional denomina lançamento. Portanto, na dicção do Código, o *lançamento constitui o crédito tributário*, isto é, torna-o exigível e, portanto, passível de cobrança.

O lançamento é, assim, instituto típico do Direito Tributário. As normas a ele pertinentes somente podem ser veiculadas por lei complementar, diante do disposto no art. 146, III, *b*, CR. Em consequência, leis ordinárias das diversas pessoas políticas não podem disciplinar o assunto.

Da "constituição do crédito tributário" ocupa-se o Código em seus arts. 142 a 146.

Para que seja viável examinar-se seu conceito, impõe-se enfrentar as polêmicas que envolvem a identificação de sua *natureza jurídica*, bem como de sua *eficácia*.

Em primeiro lugar, debate-se se o lançamento constitui *procedimento* ou *ato administrativo*.

O CTN, em seu art. 142, *caput*, proclama ser o lançamento "o procedimento administrativo tendente a verificar a ocorrência do fato gerador da obrigação correspondente, determinar a matéria tributável, calcular o montante do tributo devido, identificar o sujeito passivo e, sendo caso, propor a aplicação da penalidade cabível".

Entenda-se por *procedimento administrativo* o conjunto de atos administrativos, lógica e cronologicamente ordenados, tendentes à prática de um ato final.

Ato administrativo, por sua vez, é "a declaração do Estado ou de quem o represente, que produz efeitos jurídicos imediatos, com observância da lei, sob regime jurídico de direito público e sujeita a controle do Poder Judiciário".[97]

A questão está em saber, portanto, se o lançamento traduz-se num conjunto de atos visando emprestar exigibilidade ao crédito tributário, ou se configura um único ato com esse propósito.

Em nosso entender, o lançamento reveste a natureza de *ato administrativo*, pois nem sempre impor-se-á uma sequência de atos para que se possa apurar o montante devido e indicar o sujeito passivo da obrigação tributária principal.

---

[97] Maria Sylvia Zanella Di Pietro, *Direito Administrativo*, cit., p. 239.

Com efeito, ainda que, em determinadas hipóteses, seja necessária a prática de uma série de atos para a indicação do sujeito passivo e a apuração do valor do tributo a pagar, por vezes tal resultado é alcançado pela expedição de um único ato administrativo, se a autoridade fiscal dispuser dos elementos suficientes para tanto.

Cumpre assinalar, outrossim, resultar o lançamento de atividade administrativa de natureza vinculada, como expressamente aponta o parágrafo único do art. 142 do CTN.[98] *Ato administrativo vinculado*, numa definição singela, é aquele que resulta de uma atividade administrativa assim qualificada, isto é, cujo regramento legal é total. Todos os aspectos do ato (sujeito, objeto, forma, motivos e finalidade) são disciplinados integralmente pela lei, não deixando margem à apreciação de oportunidade e conveniência para a sua edição, critérios próprios da discricionariedade administrativa.

Identificado o lançamento como ato administrativo, impende, assim, analisar seus *atributos*.

Ensina Maria Sylvia Zanella Di Pietro[99] serem quatro os atributos dos atos administrativos: presunção de legalidade ou de legitimidade, e de veracidade; tipicidade; imperatividade e autoexecutoriedade.

Consoante seu magistério, os dois primeiros estão presentes nos atos administrativos em geral. Inicialmente, temos as *presunções de legalidade ou de legitimidade, e de veracidade*, de natureza relativa, segundo as quais, em razão da conformidade do ato à lei e da pressuposta veracidade dos fatos alegados pela Administração a fundamentar seus atos, está ela autorizada a executá-los imediatamente. Portanto, a legalidade e a veracidade dos fatos que embasam o ato administrativo são presumidas, facilitando sua execução.

Assim também a *tipicidade*, mediante a qual os atos administrativos devem corresponder a figuras previamente definidas em lei como aptas a produzir determinados resultados, de modo que, para cada finalidade a ser alcançada pela Administração, exista um ato correspondente definido em lei.

As outras duas qualidades encontram-se presentes na *maioria* dos atos administrativos.

---

[98] E assim também o art. 3º, CTN, em sua cláusula final, quando, ao definir o conceito de tributo, declara que este é cobrado "mediante atividade administrativa plenamente vinculada".
[99] *Direito Administrativo*, cit., pp. 240-244.

A *imperatividade* significa que os atos administrativos se impõem aos particulares, independentemente de sua anuência, e decorre da prerrogativa que possui o Poder Público de, por meio de atos unilaterais, interferir na esfera jurídica de terceiros. Já a *autoexecutoriedade* consiste na possibilidade que tem a Administração Pública de, com os próprios meios, fazer cumprir as suas decisões, sem a necessidade de recorrer previamente ao Poder Judiciário.

Assim sendo, se as presunções de legitimidade e de veracidade, bem como a tipicidade, são atributos encontráveis em todos os atos administrativos, e revestindo o lançamento tributário essa natureza, nele também se apresentam.

Todavia, tanto a imperatividade quanto a autoexecutoriedade estão ausentes, porquanto o Fisco não pode impor, unilateralmente, o lançamento, imposição decorrente de lei, bem como a não satisfação do crédito tributário exigível demandará, para a execução forçada, a intervenção do Poder Judiciário.

Quanto à *eficácia* do lançamento, a doutrina divide-se em três vertentes de pensamento: a que a vê como *constitutiva*; a que a considera meramente *declaratória*; e uma posição intermediária, que a proclama *dúplice*.

A primeira corrente baseia-se no argumento segundo o qual o art. 142, CTN, expressamente, acolhe a eficácia constitutiva do lançamento, ao afirmar que tal providência "constitui o crédito tributário". Desse modo, antes de efetuado o lançamento, existe a obrigação, mas ainda não há crédito.

Opondo-se a essa orientação, a maior parte da doutrina opina pela eficácia declaratória do lançamento, uma vez que, ocorrido o fato jurídico tributário e nascida a respectiva obrigação, já existem crédito e débito. O lançamento, portanto, nada mais faz do que declarar o crédito, aperfeiçoando-o para cobrança.[100]

Por derradeiro, Paulo de Barros Carvalho,[101] em sua visão do direito como linguagem, apresenta opinião distinta, ao afirmar que o lançamento, "visto na sua integralidade, apresenta caráter declaratório do fato e constitutivo da relação, ainda que possamos rematar que o 'declaratório do fato' representa sua própria composição no plano das objetividades, aparecendo exatamente assim para o conhecimento jurídico".

---

[100] Nesse sentido, veja-se, por todos, Roque Carrazza, *Curso de Direito Constitucional Tributário*, cit., p. 492.
[101] *Curso de Direito Tributário*, cit., pp. 402-403.

Filiamo-nos ao entendimento segundo o qual o lançamento reveste natureza *declaratória* da obrigação, por parecer-nos o mais coerente do ponto de vista lógico. Com efeito, se a obrigação tributária surge com a ocorrência do fato jurídico tributário e, portanto, os respectivos crédito e débito, o lançamento, que lógica e cronologicamente a sucede, nada mais fará que declarar a existência da obrigação, habilitando o correspondente crédito à cobrança.

Essa eficácia, por óbvio, somente será deflagrada com a *notificação* regular do lançamento ao sujeito passivo, exigência formal sem a qual a Fazenda Pública não poderá proceder à cobrança de seu crédito. Esse aspecto é relevante porque o prazo decadencial é contado "da data em que tenha sido iniciada a constituição do crédito tributário pela notificação, ao sujeito passivo, de qualquer medida preparatória indispensável ao lançamento" (art. 173, parágrafo único, CTN).

Por outro lado, a realização do lançamento deflagra a fluência de outro prazo extintivo, que é a prescrição (arts. 150, § 4º, e 174, CTN).

Por fim, a cláusula final do art. 142 refere-se à possibilidade de que, mediante o lançamento, seja, em sendo o caso, proposta a penalidade cabível. Outra impropriedade técnica da lei, porquanto o lançamento pertine à prestação objeto da obrigação principal, nada dizendo com a relação jurídica sancionatória, cujo objeto é a aplicação de penalidade, como já salientamos. É que o Código Tributário Nacional estatui constituir objeto da obrigação principal o pagamento de tributo ou penalidade pecuniária (art. 113, § 1º). Ademais, penalidade não é proposta, mas imposta. O que se deve extrair dessa afirmação é que, se por ocasião da lavratura de um auto de infração verificar-se a existência de crédito tributário a exigir-se, numa mesma oportunidade a autoridade administrativa praticará dois atos distintos: a aplicação de penalidade e o lançamento do crédito tributário.

Feitas tais considerações, podemos apresentar uma simples definição do instituto: *lançamento* é o ato administrativo vinculado, declaratório do nascimento da obrigação principal, mediante o qual se procede à identificação dos sujeitos dessa relação, bem como à apuração do valor a ser pago a título de tributo, conferindo-se exigibilidade ao crédito correspondente.

6.2.1. Critérios para o lançamento

O Código Tributário Nacional abriga ainda outras normas sobre o lançamento.

Após declarar, em seu art. 143, que "salvo disposição de lei em contrário, quando o valor tributário esteja expresso em moeda estrangeira, no lançamento far-se-á sua conversão em moeda nacional ao câmbio do dia da ocorrência do fato gerador da obrigação", traz, em seu art. 144, prescrições acerca da lei aplicável ao lançamento:

> Art. 144. O lançamento reporta-se à data da ocorrência do fato gerador da obrigação e rege-se pela lei então vigente, ainda que posteriormente modificada ou revogada.
>
> § 1º Aplica-se ao lançamento a legislação que, posteriormente à ocorrência do fato gerador da obrigação, tenha instituído novos critérios de apuração ou processos de fiscalização, ampliado os poderes de investigação das autoridades administrativas, ou outorgado ao crédito maiores garantias ou privilégios, exceto, neste último caso, para o efeito de atribuir responsabilidade tributária a terceiros.
>
> § 2º O disposto neste artigo não se aplica aos impostos lançados por períodos certos de tempo, desde que a respectiva lei fixe expressamente a data em que o fato gerador se considera ocorrido.

A regra, portanto, é que se aplique ao lançamento a lei vigente à época da ocorrência do fato jurídico tributário (*tempus regit actum*). No entanto, o § 1º do art. 144 autoriza a eficácia retroativa[102] da lei que tenha instituído novos critérios de apuração ou processos de fiscalização, ampliado os poderes de investigação das autoridades administrativas, ou outorgado ao crédito maiores garantias ou privilégios, vale dizer, apenas no que tange a normas pertinentes ao direito tributário formal. Daí a exceção expressamente prevista quanto à atribuição de responsabilidade tributária a terceiros. Ambas as normas são compatíveis com o princípio da irretroatividade da lei tributária (art. 150, III, *a*, CR).

Quanto ao § 2º, *impostos lançados por períodos certos de tempo* são aqueles que se reportam a um estado, uma situação permanente. Presentemente,

---

[102] Recorde-se que o art. 106, CTN, já examinado, contempla hipóteses de retroatividade da lei tributária, especialmente quando benéfica ao contribuinte. No caso do art. 144, § 1º, a retroatividade autorizada diz, basicamente, com a atividade administrativa fiscalizatória.

esses impostos são os que gravam a propriedade – ITR, IPVA e IPTU – em relação aos quais as respectivas leis estatuem, atualmente, que a data em que se considera ocorrida a obrigação tributária é 1º de janeiro de cada exercício. Logo, essa data é que determinará a lei aplicável ao lançamento.[103]

O art. 145, por sua vez, trata da *alterabilidade do lançamento*, prescrevendo que "o lançamento regularmente notificado ao sujeito passivo só pode ser alterado em virtude de: I – impugnação do sujeito passivo; II – recurso de ofício; III – iniciativa de ofício da autoridade administrativa, nos casos previstos no art. 149".

Sabemos que o lançamento formaliza o crédito tributário, tornando-o exigível e, uma vez regularmente notificado ao sujeito passivo, é eficaz. As possibilidades de alteração desse ato, como exposto, são restritas e, portanto, não faz sentido falar-se em "lançamento provisório".

Anote-se que a recorribilidade é possível em relação aos atos administrativos em geral, (art. 5º, LV, CR), não havendo fundamento para que seja diferente com o lançamento. Desse modo, o lançamento poderá ser revisto *(a)* mediante impugnação do sujeito passivo, *(b)* pelo expediente do chamado "recurso de ofício", cabível quando a própria Administração, em decisão de primeira instância, acolhe a impugnação do sujeito passivo, procedendo-se ao reexame obrigatório da decisão pela instância superior, ou, ainda, *(c)* nas hipóteses de lançamento de ofício, contempladas no art. 149.

Como ato administrativo vinculado que é, pode ser extinto mediante *anulação*, de ofício ou ante provocação do interessado, quando reconhecida sua ilegalidade, ostentando tal ato eficácia *ex tunc*. Portanto, jamais será objeto de *revogação*, modalidade extintiva exclusiva de atos discricionários, uma vez que fundada em razões de oportunidade e conveniência.[104]

Em sequência, o art. 146 contempla norma que tem suscitado controvérsia doutrinária em razão da dificuldade na sua interpretação:

---

[103] A fixação das bases de cálculo do IPTU e do IPVA está excepcionada da observância do princípio da anterioridade especial do art. 150, III, *c* (art. 150, § 1º, CR).
[104] Lembre-se do teor da Súmula 473, STF: "A Administração poderá anular os seus próprios atos quando eivados de vícios que os tornem ilegais, porque deles não se originam direitos; e revogá-los, por motivo de conveniência ou oportunidade, respeitados os direitos adquiridos e ressalvada, em qualquer caso, a apreciação judicial".

Art. 146. A modificação introduzida, de ofício ou em consequência de decisão administrativa ou judicial, nos critérios jurídicos adotados pela autoridade administrativa no exercício do lançamento somente pode ser efetivada, em relação a um mesmo sujeito passivo, quanto a fato gerador ocorrido posteriormente à sua introdução.

Do exame do dispositivo extraem-se duas normas: *a)* é possível a aplicação de novo sentido a uma norma, em razão da modificação dos critérios jurídicos adotados na sua interpretação, com eficácia retroativa, a fatos geradores ocorridos anteriormente a tal modificação; e *b)* no entanto, em relação a um mesmo sujeito passivo, tal modificação somente será aplicável a fatos ocorridos após sua introdução, isto é, veda-se a eficácia retroativa mencionada na primeira norma.

Prestigia a ideia de *segurança jurídica*, afastando a possibilidade de eficácia retroativa em relação à introdução de novos critérios jurídicos adotados pela Administração no exercício do lançamento em relação a um mesmo sujeito passivo, cuja aplicação lhe resulte em maior ônus (art. 5º, XXXVI, CR). Desse modo, adotando-se novo critério jurídico para tanto, sua aplicação será *pro futuro*.

José Eduardo Soares de Melo,[105] ao comentar o dispositivo, ensina que "critério jurídico significa a postura, interpretação ou tese adotada relativamente a específicas e determinadas situações tributárias".

Temos para nós que a introdução de novo critério jurídico para a realização do lançamento pode ocorrer em razão de o Fisco alterar – por força de decisão administrativa ou judicial – o critério que adotava por outro (ambos considerados aceitáveis), como também em virtude do reconhecimento da ocorrência de *erro de direito*, isto é, aquele relativo à inadequação verificada entre os aspectos do fato jurídico tributário e a norma legal a ele aplicada. É o caso, por exemplo, de o Fisco alterar o critério para a classificação tarifária de um produto em relação ao IPI.

Em ambas as hipóteses, portanto, inviabilizada está a *revisão do lançamento*, pois o novo critério, em relação ao mesmo sujeito passivo, somente poderá ser aplicado para futuros fatos jurídicos tributários.[106]

---

[105] *Curso de Direito Tributário*, 8. ed., São Paulo: Dialética, 2008, p. 333.
[106] Assim se tem orientado a jurisprudência, que continua a aplicar o entendimento cristalizado na Súmula 227 do extinto Tribunal Federal de Recursos: "A mudança de critério jurídico adotado pelo Fisco não autoriza a revisão do lançamento".

Por fim, observe-se que, com a adoção do lançamento por homologação para quase todos os tributos, a aplicação desse dispositivo tem sido cada vez mais limitada.

6.2.2. Modalidades

O Código Tributário Nacional, adotando o critério de grau de colaboração do contribuinte na apuração e formalização do crédito tributário, classifica o lançamento em três modalidades: o lançamento *de ofício*, o lançamento *misto* ou *por declaração*, e o lançamento *por homologação*, também chamado de *autolançamento*.

A lei, ao instituir tributo, deverá apontar qual a modalidade de lançamento a ele aplicável.

Tal classificação não tem resistido às críticas doutrinárias, as quais endossamos. Com efeito, afirmando o Código ser o lançamento *procedimento administrativo*, não parece existir compatibilidade lógica entre tal definição e a classificação do instituto segundo o grau de colaboração do administrado na sua elaboração. Considerando-se o lançamento como ato administrativo, como entendemos, revela-se ainda mais difícil imaginar a colaboração do contribuinte na sua expedição.

Tal incongruência exsurge com maior veemência ao analisarmos a figura do lançamento por homologação, visto que, nessa hipótese, a apuração do crédito é feita pelo próprio sujeito passivo, sendo apenas a *homologação* ato da Administração, que pode até nem mesmo ser praticado (homologação tácita).

De todo modo, por ser a classificação adotada pelo direito positivo, passamos a examiná-la. Por razões didáticas, não seguiremos a ordem adotada no Código Tributário Nacional, e examinaremos, primeiramente, o lançamento direto ou de ofício.

O lançamento *direto* ou *de ofício* vem disciplinado no art. 149:

> Art. 149. O lançamento é efetuado e revisto de ofício pela autoridade administrativa nos seguintes casos:
>
> I – quando a lei assim o determine;
>
> II – quando a declaração não seja prestada, por quem de direito, no prazo e na forma da legislação tributária;

III – quando a pessoa legalmente obrigada, embora tenha prestado declaração nos termos do inciso anterior, deixe de atender, no prazo e na forma da legislação tributária, a pedido de esclarecimento formulado pela autoridade administrativa, recuse-se a prestá-lo ou não o preste satisfatoriamente, a juízo daquela autoridade;

IV – quando se comprove falsidade, erro ou omissão quanto a qualquer elemento definido na legislação tributária como sendo de declaração obrigatória;

V – quando se comprove omissão ou inexatidão, por parte da pessoa legalmente obrigada, no exercício da atividade a que se refere o artigo seguinte;

VI – quando se comprove ação ou omissão do sujeito passivo, ou de terceiro legalmente obrigado, que dê lugar à aplicação de penalidade pecuniária;

VII – quando se comprove que o sujeito passivo, ou terceiro em benefício daquele, agiu com dolo, fraude ou simulação;

VIII – quando deva ser apreciado fato não conhecido ou não provado por ocasião do lançamento anterior;

IX – quando se comprove que, no lançamento anterior, ocorreu fraude ou falta funcional da autoridade que o efetuou, ou omissão, pela mesma autoridade, de ato ou formalidade especial.

Parágrafo único. A revisão do lançamento só pode ser iniciada enquanto não extinto o direito da Fazenda Pública.

Da leitura do preceito, verifica-se que o *lançamento de ofício* propriamente dito está definido no inciso I como o efetuado pela autoridade administrativa "quando a lei assim o determine". Todos os demais incisos desse artigo dizem com a *revisão do lançamento*, também procedida de ofício, abrangendo hipóteses de tributos originalmente sujeitos a outras modalidades de lançamento – por homologação ou misto. Desse modo, pode-se falar em duas modalidades de lançamento de ofício: *originário* e *substitutivo*, respectivamente.

No lançamento efetuado de ofício, a Administração dispõe de todos os elementos necessários ao lançamento do tributo. Não necessita de informação alguma do sujeito passivo. Não há, portanto, nenhuma colaboração do contribuinte na apuração e formalização do crédito tributário. Modalidade muito utilizada no passado, hoje está restrita a alguns poucos impostos (*e.g.*

IPTU, IPVA), diante da adoção, cada vez mais frequente, da sistemática de lançamento por homologação.

Observe-se que o parágrafo único do art. 149, acertadamente, estatui que, ainda que cabível a revisão do lançamento, esta somente pode ser promovida enquanto não extinto o direito de lançar o tributo, vale dizer, enquanto não operada a decadência, modalidade de extinção do crédito tributário (art. 173).[107]

Cabe relembrar, também, que não há que se confundir o *auto de infração* com o ato de *lançamento de ofício*. Constituem atos administrativos diversos, com propósitos distintos.

O auto de infração indica todos os aspectos da situação fática que configura a obrigação principal ou acessória, aponta a infração supostamente cometida e aplica a sanção correspondente, indicando o fundamento legal.

O lançamento, por sua vez, visa à formalização do crédito tributário e pode ser efetuado na mesma oportunidade da lavratura do auto de infração, o que ocorre com frequência. Nesse caso, teremos dois atos administrativos, ainda que expedidos na mesma ocasião, integrantes de uma única manifestação da Administração Pública.

Os arts. 147 e 148 ocupam-se *do lançamento misto ou por declaração*:

> Art. 147. O lançamento é efetuado com base na declaração do sujeito passivo ou de terceiro, quando um ou outro, na forma da legislação tributária, presta à autoridade administrativa informações sobre matéria de fato, indispensáveis à sua efetivação.
>
> § 1º A retificação da declaração por iniciativa do próprio declarante, quando vise a reduzir ou a excluir tributo, só é admissível mediante comprovação do erro em que se funde, e antes de notificado o lançamento.
>
> § 2º Os erros contidos na declaração e apuráveis pelo seu exame serão retificados de ofício pela autoridade administrativa a que competir a revisão daquela.
>
> Art. 148. Quando o cálculo do tributo tenha por base, ou tome em consideração, o valor ou o preço de bens, direitos, serviços ou atos jurídicos, a autoridade lançadora, mediante processo regular,

---

[107] Sobre decadência, *vide* Capítulo 8, item 8.6, *infra*.

arbitrará aquele valor ou preço, sempre que sejam omissos ou não mereçam fé as declarações ou os esclarecimentos prestados, ou os documentos expedidos pelo sujeito passivo ou pelo terceiro legalmente obrigado, ressalvada, em caso de contestação, avaliação contraditória, administrativa ou judicial.

O lançamento misto ou por declaração é assim denominado porque, nesse caso, na concepção adotada pelo Código Tributário Nacional, há participação do contribuinte a possibilitar a prática do lançamento. Vale dizer, o Fisco depende de dados e informações em poder do contribuinte para aperfeiçoar o crédito tributário.

O art. 148 autoriza seja o lançamento efetuado de ofício, em caráter substitutivo, na hipótese de as informações e documentos prestados pelo sujeito passivo com vista à elaboração do lançamento serem omissos ou não merecerem fé, caso em que o Fisco arbitrará o valor ou preço.

Assinale-se que a legislação das diversas pessoas políticas não tem estabelecido lançamento tributário segundo essa modalidade.

Por fim, o *lançamento por homologação ou autolançamento*, previsto no art. 150. Instituto de natureza controvertida, representa, na concepção legal, a formalização do crédito tributário efetuada pelo próprio contribuinte, que dispõe de todos os elementos para tanto. Prescinde-se, nessa hipótese, de atuação administrativa num primeiro momento; o Fisco apenas aguarda a conduta do sujeito passivo, com o respectivo recolhimento do tributo devido, para, aí sim, analisá-lo, procedendo ou não à sua homologação.

As peculiaridades do regime jurídico do lançamento por homologação ensejam análise destacada.

6.2.3. O lançamento por homologação e suas peculiaridades

O melhor e mais antigo exemplo de técnica de *privatização da gestão tributária*[108] no Direito brasileiro vem a ser o *lançamento por homologação*, aplicado à maioria dos tributos nos sistemas jurídicos contemporâneos.

---

[108] A expressão é de José Juan Ferreiro Lapatza ("La Privatización de la Gestión Tributaria y las Nuevas Competencias de los Tribunales Económico-Administrativos", *in Revista Española de Derecho Financiero*, Madrid, Civitas, n. 37, 1983, p. 81).

O gradativo crescimento da população elevou, em consequência, o número de contribuintes, situação que impôs ao Estado a renúncia ao lançamento generalizado, em favor de um lançamento seletivo. Paulatinamente, a lei veio a cingir a aplicação do lançamento de ofício a pouquíssimas hipóteses, deixando o encargo de apuração do débito tributário, como regra, ao próprio contribuinte. A atuação do Fisco traduz-se, hodiernamente, muito mais na expedição de atos de controle do que na prática do lançamento propriamente dito.

No Brasil, o Código Tributário Nacional, em seu art. 150, assim prevê o chamado *autolançamento* ou *lançamento por homologação:*

> Art. 150. O lançamento por homologação, que ocorre quanto aos tributos cuja legislação atribua ao sujeito passivo o dever de antecipar o pagamento sem prévio exame da autoridade administrativa, opera-se pelo ato em que a referida autoridade, tomando conhecimento da atividade assim exercida pelo obrigado, expressamente a homologa.
>
> § 1º O pagamento antecipado pelo obrigado nos termos deste artigo extingue o crédito, sob condição resolutória da ulterior homologação do lançamento.
>
> § 2º Não influem sobre a obrigação tributária quaisquer atos anteriores à homologação, praticados pelo sujeito passivo ou por terceiro, visando à extinção total ou parcial do crédito.
>
> § 3º Os atos a que se refere o parágrafo anterior serão, porém, considerados na apuração do saldo porventura devido e, sendo o caso, na imposição de penalidade, ou sua graduação.
>
> § 4º Se a lei não fixar prazo à homologação, será ele de 5 (cinco) anos, a contar da ocorrência do fato gerador; expirado esse prazo sem que a Fazenda Pública se tenha pronunciado, considera-se homologado o lançamento e definitivamente extinto o crédito, salvo se comprovada a ocorrência de dolo, fraude ou simulação.

Autolançamento ou *lançamento por homologação* é – no dizer de Estevão Horvath[109] – "o conjunto de operações mentais ou intelectuais que o particular

---

[109] *Lançamento Tributário e Autolançamento*, São Paulo: Dialética, 1997, p. 163.

realiza em cumprimento de um dever imposto pela lei, e que refletem o resultado de um processo de interpretação do ordenamento jurídico tributário e de aplicação deste ao caso concreto, com o escopo de obter o *quantum* de um débito de caráter tributário".

Nessa modalidade de lançamento, portanto, o sujeito passivo, dispondo de todos os elementos necessários à apuração do crédito tributário, efetua o respectivo cálculo e antecipa o pagamento correspondente. A extinção da obrigação somente ocorrerá após sua homologação pelo Fisco, usualmente de natureza tácita, consumada com o decurso do prazo de cinco anos da data da ocorrência do fato jurídico tributário.

Exsurge evidente, repita-se, a contradição em que incorreu o legislador do Código Tributário Nacional ao disciplinar o lançamento: após defini-lo como procedimento administrativo (art. 142), contempla o lançamento por homologação, modalidade do gênero que prescinde de qualquer atuação administrativa para a formalização do crédito tributário.

Isso demonstra que, em verdade, o chamado autolançamento não se enquadra no conceito de lançamento adotado pelo Código, constituindo categoria distinta. Nem se diga que a homologação, por constituir ato administrativo,[110] soluciona a contradição. Insista-se não se poder confundir a formalização do crédito efetuada pelo sujeito passivo com a homologação, ato de controle que a ele pode se seguir. São atos distintos, com finalidades distintas: o lançamento é ato administrativo que formaliza o crédito tributário; a homologação, por sua vez, certifica a extinção da obrigação.

Desse modo, o chamado lançamento por homologação ou autolançamento não constitui autêntico lançamento, pelo simples fato de que não é procedido pela Administração. Trata-se, sim, de providência do sujeito passivo, que poderá ou não ser objeto de homologação, que é ato estatal. Se o for, tal providência produz efeitos e torna o crédito tributário exigível nos termos apontados, como se houvesse sido efetuado o lançamento. Noutra dicção, o ordenamento jurídico tributário admite *tributos sem lançamento*, isto é, que prescindem da

---

[110] *Homologação* é, na lição de Celso Antônio Bandeira de Mello, "o ato vinculado pelo qual a Administração concorda com ato jurídico já praticado, uma vez verificada a consonância dele com os requisitos legais condicionadores de sua válida emissão" (*Curso de Direito Administrativo*, cit., p. 359).

atividade administrativa de apuração do débito tributário, como é o caso do IPI e do ICMS.[111]

Assim sendo, consoante já assinalamos, no caso de tributos sujeitos a lançamento por homologação, a *declaração de débito tributário* efetuada pelo sujeito passivo corresponde ao lançamento eficaz.[112]

Cabe destacar, ainda, a disposição contida no § 4º do art. 150: não fixando a lei prazo à homologação, será ele de cinco anos, a contar da ocorrência do fato gerador; expirado esse prazo sem que a Fazenda Pública se tenha pronunciado, considera-se homologado o lançamento e definitivamente extinto o crédito. Contempla, assim, a figura da homologação, que pode ser expressa ou tácita – como ocorre na prática –, esta consumada decorridos cinco anos a contar do fato gerador. O prazo, na hipótese, é de *decadência* (art. 173, CTN).

Anote-se que a ressalva, contida no final do dispositivo – "salvo se comprovada a ocorrência de dolo, fraude ou simulação" –, dá a entender que, nesse caso, não haveria prazo para a homologação. No entanto, tal conclusão seria desarrazoada, porque a eternização de pendências é incompatível com a noção de segurança jurídica. Cremos que, nessa hipótese, a solução apontada pelo próprio Código é a aplicação do art. 173, I, que estabelece a fluência do prazo decadencial contado do primeiro dia do exercício seguinte àquele em que o lançamento poderia ter sido efetuado. Logo, uma vez demonstrada a ocorrência de dolo, fraude ou simulação, o prazo de cinco anos para a homologação do lançamento não fluirá da data da ocorrência do fato gerador, mas sim do primeiro dia do exercício seguinte àquele em que o lançamento poderia ter sido efetuado.

Importante remarcar que os tributos sujeitos a lançamento por homologação submetem-se a disciplina distinta no que tange à decadência e à prescrição, como veremos adiante.

Observe-se que o legislador pátrio adotou o lançamento por homologação para quase todos os impostos – pelo menos os mais importantes (IR, ICMS,

---

[111] A ideia de "tributos sem lançamento" é referida por Roque Carrazza (*Curso de Direito Constitucional Tributário*, cit., nota de rodapé 44, p. 1132) e Estevão Horvath (*Lançamento Tributário e Autolançamento*, cit., p. 116).

[112] Súmula 436, STJ: "A entrega de declaração pelo contribuinte reconhecendo débito fiscal constitui o crédito tributário, dispensada qualquer outra providência por parte do Fisco".

IPI, ISSQN, contribuições em geral etc.) –, realizando, desse modo, uma transferência do custo das atividades de gestão administrativa para o contribuinte.

Por outro lado, em relação a impostos que incidem sobre a propriedade ou a posse de bens imóveis, ou que envolvem a avaliação de bens imobiliários, o legislador tem mantido a intervenção da Administração para a apuração do *quantum* a ser pago, quase sempre estabelecendo o lançamento de ofício nessas hipóteses. É o caso do IPTU e, mais recentemente, do IPVA, em relação ao qual os Estados-membros vêm adotando o lançamento de ofício, como já mencionado. Tal se deve, a nosso ver, pelo fato de que, em tais tributos, há necessidade de utilização de critério de avaliação uniforme, em obediência ao princípio da isonomia, o que dificilmente ocorreria se cada contribuinte fosse efetuar o cálculo desses impostos.

Pensamos que o lançamento por homologação consubstancia verdadeiro e salutar instrumento de praticabilidade, voltado à simplificação e à racionalização da atividade administrativa em matéria tributária, com a diminuição dos custos dessa atividade e a democratização da gestão fiscal.

Examinado o lançamento, cabe analisar, em sequência, o tema da suspensão da exigibilidade do crédito tributário.

7. Suspensão da Exigibilidade do Crédito Tributário

7.1. CONSIDERAÇÕES GERAIS

O tema da suspensão da exigibilidade do crédito tributário envolve a análise não somente das relações jurídico-tributárias, mas também de aspectos administrativos e, especialmente, processuais, porquanto a maior parte das hipóteses supõe a existência de litígio entre o Fisco e o sujeito passivo.

Como visto, a *obrigação principal* é o vínculo jurídico mediante o qual o Fisco tem o direito de exigir do sujeito passivo uma prestação economicamente apreciável, consubstanciada no pagamento de tributo. A obrigação, assim, é constituída de *crédito* e *débito*. Estes traduzem o liame jurídico na sua dupla perspectiva.

Outrossim, o crédito torna-se exigível com o lançamento, que o aperfeiçoa para cobrança.

Desse modo, suspensa a exigibilidade do crédito, inexoravelmente estará suspensa a exigibilidade do débito; daí por que mais adequado falar-se em suspensão da exigibilidade da obrigação.

A presença de uma causa de suspensão da exigibilidade acarreta as seguintes consequências: *a)* o Fisco fica impedido de exercitar atos de cobrança, não podendo ajuizar a execução fiscal até que cesse a eficácia da causa suspensiva; e *b)* fica suspensa a contagem do prazo prescricional para o ajuizamento da execução fiscal, se já iniciado, ou impedida a fluência de tal prazo.

Portanto, a suspensão da exigibilidade da obrigação tributária é sempre um *estado provisório*, que dura um período de tempo. Em consequência, poderemos ter diferentes situações diante da cessação da suspensão da exigibilidade da obrigação: *a)* o pagamento pelo sujeito passivo, extinguindo-se a obrigação tributária; *b)* o advento de outra causa de extinção do pagamento – ex.: decisão judicial declaratória da inexistência da obrigação de pagar o tributo; ou, ainda,

c) o restabelecimento da exigibilidade, com o prosseguimento da cobrança do crédito fiscal, inclusive mediante o ajuizamento de execução fiscal.

Convém anotar, por outro lado, que o Código Tributário Nacional trata apenas da suspensão da exigibilidade da *obrigação principal*, mas pode-se verificar tal situação também em relação à *obrigação acessória*; por exemplo, uma decisão judicial provisória que exonere o contribuinte de um determinado comportamento.[113]

O tema de suspensão da exigibilidade da obrigação principal suscita importantes questões de ordem prática.

A primeira delas diz com a possibilidade de a Fazenda Pública efetuar o *lançamento* do tributo enquanto pendente causa suspensiva de sua exigibilidade.

Entende-se, majoritariamente, que, enquanto pendente uma causa de suspensão da exigibilidade da obrigação, não fica a Fazenda Pública inibida de proceder ao lançamento do tributo.[114]

Ousamos divergir de tal orientação, uma vez que o lançamento, como sabido, visa, exatamente, aperfeiçoar o crédito tributário a fim de que se torne exigível, passível de cobrança, portanto. Ora, se a cobrança está vedada enquanto perdurar a causa de suspensão da exigibilidade, parece inadequado falar-se em lançamento, apenas para "evitar a decadência do direito de efetuar o lançamento". Mesmo porque a decadência é consequência da situação de

---

[113] Imagine-se a hipótese de o contribuinte impetrar mandado de segurança para eximir-se do cumprimento de obrigação acessória prevista em ato administrativo, sob alegação de violação ao princípio da legalidade (art. 5º, II, CR).

[114] No âmbito federal, o entendimento encontra arrimo na Lei n. 9.430/96, cujo art. 63, *caput*, dispõe que, "na constituição de crédito tributário destinada a prevenir a decadência, relativo a tributo de competência da União, cuja exigibilidade houver sido suspensa na forma dos incisos IV e V do art. 151 da Lei n. 5.172, de 25 de outubro de 1966, não caberá lançamento de multa de ofício". A jurisprudência do STJ consolidou-se no sentido de que a suspensão da exigibilidade da obrigação tributária não impede o Fisco de efetuar o lançamento ("A suspensão da exigibilidade do crédito tributário na via judicial impede o Fisco de praticar qualquer ato contra o contribuinte visando à cobrança de seu crédito, tais como inscrição em dívida, execução e penhora, mas não impossibilita a Fazenda de proceder à regular constituição do crédito tributário para prevenir a decadência do direito de lançar" – 1ª S., EREsp 572.603/PR, Rel. Min. Castro Meira, j. 8.6.2005). No entanto, a mesma Corte consagrou o entendimento segundo o qual o depósito do montante integral do tributo efetuado com a finalidade de suspender a exigibilidade, equivale a lançamento por homologação tácito e, assim, não há que se falar em decadência (1ª S., EREsp 898.992/PR, Rel. Min. Castro Meira, j. 8.8.2007).

inércia do titular do direito, que, na hipótese, não pode ser imputada à Fazenda Pública, impedida que está de cobrar seu crédito devido à presença de uma das circunstâncias aptas a suspender aquela exigibilidade.[115]

Outra hipótese, bastante frequente, respeita à expedição de certidões que espelhem a situação fiscal dos contribuintes, necessárias para que possam participar de licitações, celebrar contratos administrativos ou obter empréstimos junto ao Poder Público.

Com efeito, a presença de uma das causas suspensivas de exigibilidade enseja a expedição de *certidão de regularidade de situação*, vulgarmente denominada "certidão positiva com efeito de negativa", nos termos do art. 206, CTN. Já a *certidão negativa*, prevista no art. 205, CTN, somente pode ser expedida na hipótese de ausência de débitos fiscais vencidos e não pagos.[116]

Importante ressaltar que a *suspensão da exigibilidade do crédito tributário* não se confunde com a *suspensão da prescrição*. Em outras palavras, nem sempre a existência de uma causa suspensiva da exigibilidade implicará a suspensão da fluência do prazo prescricional. Para que a suspensão da exigibilidade enseje a suspensão da prescrição, é necessário que a primeira ocorra em momento subsequente àquele em que o sujeito ativo teve condições de acesso à ação judicial de cobrança. Isto é, que a suspensão da exigibilidade somente acarretará a suspensão do prazo prescricional se este já tiver iniciado seu curso quando aquela for deflagrada.

Assim, por exemplo, no caso de reclamações e recursos administrativos, a exigibilidade está suspensa por força desses expedientes, e, portanto, a prescrição ainda nem começou a fluir. Já nos casos de depósito do montante integral e liminar ou antecipação de tutela, diversamente, a suspensão da exigibilidade acarreta, forçosamente, a suspensão da prescrição.

Assinale-se que o parágrafo único do art. 151, CTN, veicula preceito didático, ao afirmar que a suspensão da exigibilidade do crédito tributário não dispensa o cumprimento de obrigações acessórias, ressaltando a distinção entre as modalidades de obrigação tributária e reafirmando a autonomia das obrigações acessórias.

---

[115] Misabel Derzi afirma que, quando advém causa suspensiva antes do lançamento, devolver-se-á o prazo à Fazenda para lançar, uma vez cessada a causa. Ilustra seu entendimento com a hipótese de, após a concessão de medida liminar em mandado de segurança preventivo impetrado pelo sujeito passivo, sobrevir sentença desfavorável (notas ao *Direito Tributário Brasileiro*, de Aliomar Baleeiro, cit., p. 1246).
[116] A respeito do tema, *vide* Capítulo 12, item 12.2.3, *infra*.

7.2. HIPÓTESES

O tema é tratado nos arts. 151 a 155-A, CTN. O art. 151 abriga um rol de hipóteses que se entende *taxativo*, o qual veio a ser ampliado pela Lei Complementar n. 104, de 2001: a moratória, o depósito do montante integral, as reclamações e recursos administrativos, a concessão de medida liminar em mandado de segurança, em outra ação, e a antecipação de tutela, e o parcelamento (art. 151, CTN).

Vejamos, sucintamente, cada qual.

7.2.1. Moratória

A moratória vem regrada nos arts. 152 a 155, CTN. Observa-se que tal disciplina é minudente, pouco afinada com a ideia de "normas gerais de direito tributário", objeto do Código.

A moratória é a prorrogação do prazo ou a outorga de novo prazo, se já findo o original, para o cumprimento da obrigação principal. Sempre dependerá de lei para sua concessão, não somente porque a obrigação tributária é *ex lege*, mas também por força do *princípio da indisponibilidade do interesse público*, já que a moratória implica o recebimento do crédito fiscal posteriormente ao prazo originalmente estabelecido.

Preceitua o art. 152:

> Art. 152. A moratória somente pode ser concedida:
>
> I – em caráter geral:
>
> *a)* pela pessoa jurídica de direito público competente para instituir o tributo a que se refira;
>
> *b)* pela União, quanto a tributos de competência dos Estados, do Distrito Federal ou dos Municípios, quando simultaneamente concedida quanto aos tributos de competência federal e às obrigações de direito privado;
>
> II – em caráter individual, por despacho da autoridade administrativa, desde que autorizada por lei nas condições do inciso anterior.
>
> Parágrafo único. A lei concessiva de moratória pode circunscrever expressamente a sua aplicabilidade a determinada região do território da pessoa jurídica de direito público que a expedir, ou a determinada classe ou categoria de sujeitos passivos.

O dispositivo prevê duas modalidades de moratória quanto ao regime de concessão: em caráter *geral* e em caráter *individual*. Note-se que o inciso I, alínea *b*, do dispositivo, contempla hipótese inconstitucional, uma vez que a União não poderia conceder moratória de tributos de outras pessoas políticas sem flagrante ofensa aos princípios federativo e da autonomia municipal.

Situação que autoriza a edição de lei concessiva de moratória aplicável à determinada região do território é a de calamidade pública, uma vez evidente o interesse público em deferir maior prazo para a satisfação das obrigações tributárias.

O art. 153, por sua vez, estabelece o conteúdo da lei concessiva de moratória, em ambas as modalidades mencionadas, sendo de destacar-se, como itens mais importantes, o prazo do benefício, as condições a serem preenchidas pelo interessado e os tributos por ela abrangidos.

Em sequência, o art. 154 abriga norma supletiva, elucidando que, ressalvada disposição legal em contrário, a moratória "somente abrange os créditos definitivamente constituídos à data da lei ou do despacho que a conceder, ou cujo lançamento já tenha sido iniciado àquela data por ato regularmente notificado ao sujeito passivo".

O parágrafo único desse artigo afasta a possibilidade de a moratória ser aplicada a casos de dolo, fraude ou simulação do sujeito passivo ou do terceiro em benefício daquele. Por evidente, o benefício em foco não pode ser outorgado àqueles que, de má-fé, praticaram atos ilícitos.

O art. 155 contém dicção algo confusa, assim expressa:

> Art. 155. A concessão da moratória em caráter individual não gera direito adquirido e será revogado de ofício, sempre que se apure que o beneficiado não satisfazia ou deixou de satisfazer as condições ou não cumprira ou deixou de cumprir os requisitos para a concessão do favor, cobrando-se o crédito acrescido de juros de mora:
>
> I – com imposição da penalidade cabível, nos casos de dolo ou simulação do beneficiado, ou de terceiro em benefício daquele;
>
> II – sem imposição de penalidade, nos demais casos.
>
> Parágrafo único. No caso do inciso I deste artigo, o tempo decorrido entre a concessão da moratória e sua revogação não se computa para efeito da prescrição do direito à cobrança do crédito; no caso do inciso II deste artigo, a revogação só pode ocorrer antes de prescrito o referido direito.

Por primeiro, o *caput* encerra uma impropriedade técnica, ao declarar que "a concessão da moratória em caráter individual não gera direito adquirido e será revogada de ofício, sempre que se apure que o beneficiado não satisfazia ou deixou de satisfazer as condições ou não cumprira ou deixou de cumprir os requisitos para a concessão do favor". Isso porque a concessão da moratória, como claramente se depreende do disposto nos arts. 152 e 153, dá-se mediante *ato administrativo vinculado*, ou seja, uma vez preenchidos os requisitos legais pelo interessado, tem ele direito ao benefício. Logo, sua concessão, nos termos da lei, gera direito adquirido.

E, se assim é, incabível falar-se em *revogação*, modalidade de extinção de ato administrativo discricionário, cuja expedição envolve a apreciação oportunidade e conveniência, por razões relacionadas a tais critérios. Se o interessado não preenchia os requisitos legais necessários e, ainda assim, a moratória foi concedida, esta deve ser objeto de *anulação*, não de revogação. Diversamente, se a moratória foi outorgada corretamente mas, posteriormente, o interessado deixou de satisfazer as condições para a sua fruição, é caso de *cassação* da moratória. Esses os termos que expressam os conceitos aplicáveis a tais hipóteses, segundo as lições do Direito Administrativo.[117]

A consequência da cessação da fruição da moratória, em ambas as hipóteses apontadas, consiste no acréscimo de juros de mora. Se ocorreu a prática de ilícito, aplica-se, evidentemente, a sanção cabível, não se computando o lapso temporal decorrido para efeito de prescrição.

7.2.2. Depósito do montante integral

O art. 151, em seu inciso II, aponta o depósito do montante integral como causa de suspensão da exigibilidade da obrigação principal, sendo o único preceito do Código a respeito.

Trata-se de um dos expedientes mais comumente utilizados para a obtenção desse efeito.

Como a própria dicção legal indica, somente o depósito de valor total do débito, em dinheiro, e com os acréscimos legais devidos, conduz à aludida suspensão.[118]

---

[117] Veja-se, por exemplo, a doutrina de Maria Sylvia Zanella di Pietro (*Direito Administrativo*, cit., pp. 280-295).

[118] É o que reafirma a Súmula 112, STJ: "O depósito somente suspende a exigibilidade do crédito tributário se for integral e em dinheiro".

Funciona o depósito como garantia do crédito da Fazenda Pública, que fica impedida de proceder à sua cobrança, não podendo ajuizar a execução fiscal.

Em princípio, tal depósito pode ser efetuado tanto em sede de processo administrativo como no bojo de um processo judicial.

A hipótese do Código, por óbvio, refere-se ao depósito judicial, pois, no âmbito administrativo, a suspensão já estaria assegurada pela utilização de reclamações e recursos (art. 151, III, CTN). Assim, o depósito administrativo visa evitar a atualização monetária da dívida, porquanto a propositura da execução fiscal já está inibida em razão do próprio recurso administrativo; o depósito judicial, além de produzir esse efeito, impede o ajuizamento da ação de execução.

Questão que se põe diz com a possibilidade de o contribuinte efetuar o levantamento de tal depósito e em que momento.

O entendimento corrente é o de que, uma vez efetuado o depósito, sua destinação está necessariamente vinculada ao resultado do processo. Se extinto o processo sem resolução do mérito, por qualquer fundamento, o depósito há de ser levantado pelo próprio contribuinte, uma vez que a decisão judicial não provocou nenhuma modificação na relação tributária de direito material.[119]

---

[119] Diversamente, firmou-se no âmbito do STJ a orientação segundo a qual, na hipótese de extinção do processo sem resolução de mérito, em regra, cabe a conversão do depósito em renda, consoante o acórdão assim ementado: "Tributário. Mandado de segurança. Extinção do processo sem resolução do mérito. Depósito judicial efetuado para suspender a exigibilidade do crédito. Conversão em renda. Precedentes. 1. Com o julgamento dos Embargos de Divergência no Recurso Especial 479.725/BA (Relator Ministro José Delgado), firmou-se, na 1ª Seção do Superior Tribunal de Justiça, o entendimento de que, na hipótese de extinção do mandado de segurança sem julgamento de mérito, em face da ilegitimidade passiva da autoridade apontada como coatora, os depósitos efetuados pelo contribuinte para suspender a exigibilidade do crédito tributário devem ser convertidos em renda da Fazenda Pública" (AgRg no Ag 756.416/SP, Rel. Min. João Otávio de Noronha, j. 27.6.2006).
"2. Em regra, no caso de extinção do feito sem resolução do mérito, o depósito deve ser repassado aos cofres públicos, ante o insucesso da pretensão, a menos que se cuide de tributo claramente indevido, como no caso de declaração de inconstitucionalidade com efeito vinculante, ou ainda, por não ser a Fazenda Pública litigante o titular do crédito. No caso, cuida-se de mandado de segurança impetrado contra a exigência da contribuição para o Finsocial, após a instituição da contribuição social sobre o lucro das pessoas jurídicas (CSLL), cuja inconstitucionalidade jamais foi reconhecida pelo STF. 3. Recurso especial provido" (1ª S., REsp 901.052/SP, Rel. Min. Castro Meira, j. 13.2.2008).

Por outro lado, se o processo foi extinto com resolução do mérito, há duas possibilidades: julgado procedente o pedido, o contribuinte tem direito ao levantamento da quantia depositada; se ocorrer a improcedência, o depósito deverá ser convertido em renda da Fazenda Pública.[120]

Nossa opinião, entretanto, é bastante diversa. Sustentamos que, em sendo o depósito direito do contribuinte, a ser exercido dentro de certos limites, este pode proceder ao levantamento do respectivo valor a qualquer tempo, enquanto não houver decisão judicial definitiva. Vale dizer, requerendo o levantamento do valor depositado, estará abrindo mão da situação de suspensão da exigibilidade do crédito tributário e, consequentemente, ensejando a possibilidade de sua cobrança por meio de execução fiscal.

Ademais, nessa linha de raciocínio, cremos que, mesmo diante de uma decisão judicial definitiva de improcedência, ainda assim é possível ao contribuinte proceder ao levantamento da quantia que depositou, pois a conversão de depósito em renda constitui espécie de pagamento (art. 156, VI, CTN) e, portanto, modalidade *voluntária* de extinção da obrigação tributária. Pensamos, contudo, que, caso não tenha o contribuinte êxito na ação judicial que propôs, ao formular o requerimento de levantamento do montante depositado, deve a Fazenda Pública ser cientificada a respeito para, querendo, tomar as providências necessárias com vista à penhora desse valor, com o consequente prosseguimento da execução fiscal.

Lembre-se, por derradeiro, de que a Lei n. 6.830/80 (Lei de Execução Fiscal), em seu art. 38, menciona ações judiciais admissíveis para a discussão da dívida ativa, dentre as quais a ação anulatória, estabelecendo deva ela ser precedida do depósito do valor integral do débito tributário.[121] O entendimento de que tal depósito constitui condição de procedibilidade há de ser afastado, por ser incompatível com o princípio da inafastabilidade do controle jurisdicional (art. 5º, XXXV, CR). Assim, a interpretação consentânea com tal diretriz é no sentido de que a ação anulatória pode ser proposta sem a necessidade de depósito; mas o depósito do montante integral do débito em discussão, uma vez efetuado, impede a Fazenda Pública de ajuizar a execução fiscal.

---

[120] Nesse sentido, *e.g.* STJ, 2ª T., REsp 734.793/PR, Rel. Min. Eliana Calmon, j. 12.6.2007.
[121] "Art. 38. A discussão judicial da Dívida Ativa da Fazenda Pública só é admissível em execução, na forma desta Lei, salvo as hipóteses de mandado de segurança, ação de repetição do indébito ou ação anulatória do ato declarativo da dívida, esta precedida do depósito preparatório do valor do débito, monetariamente corrigido e acrescido dos juros e multa de mora e demais encargos."

7.2.3. Reclamações e recursos administrativos[122]

Também as reclamações e os recursos administrativos constituem causas de suspensão da exigibilidade da obrigação tributária (art. 151, III, CTN).

A expressão "reclamações e recursos administrativos", de significação ampla, compreende todos os instrumentos de defesa, todos os meios hábeis a impugnar exigências fiscais.

Observe-se que a referência a "recursos", a nosso ver, assegura o *duplo grau de cognição obrigatório*, isto é, garante ao contribuinte o direito de que sua pretensão, deduzida na via administrativa, possa ser apreciada por, no mínimo, duas instâncias de julgamento. Esse o entendimento que se afina com o disposto no art. 5º, LV, CR, que assegura aos litigantes, em processo judicial ou administrativo, e aos acusados em geral, o contraditório e a ampla defesa, com todos os meios e recursos a ela inerentes.

Se a decisão definitiva no processo administrativo for favorável ao reclamante, a exigência fiscal extingue-se (art. 156, IX, CTN). Se desfavorável, restabelece-se a exigibilidade, devendo ser concedido ao contribuinte um prazo para satisfazer a obrigação.

7.2.4. Concessão de medida liminar em mandado de segurança ou em outra ação, ou de tutela antecipada

Estas causas de suspensão da exigibilidade, que analisaremos conjuntamente por sua afinidade (art. 151, IV e V, CTN), remetem, para a sua adequada compreensão, à questão da morosidade do processo judicial.

Como sabido, a crescente preocupação com o assunto culminou com a edição da EC n. 45, de 2004, que introduziu o inciso LXXVIII ao art. 5º, para proclamar que "a todos, no âmbito judicial e administrativo, são assegurados a razoável duração do processo e os meios que garantam a celeridade de sua tramitação".

Como ensina Cândido Rangel Dinamarco,[123] atuando o tempo como fator de corrosão de direitos, busca-se, presentemente, obter-se a maior efetividade do processo.

Nesse contexto, exsurge a crescente importância das medidas judiciais antecipatórias dos efeitos da tutela jurisdicional, as quais, em princípio, somente poderiam ser concedidas ao final.

---

[122] *Vide* Súmulas Vinculantes 21 e 28 e Súmula STJ 373.
[123] *Nova Era do Processo Civil*, 4. ed. rev., atual. e ampl. São Paulo: Malheiros Editores, 2013.

A liminar em mandado de segurança foi a primeira delas e, por isso, a única prevista no texto original do Código Tributário Nacional.[124]

Com o advento do Código de Processo Civil, de 1973, surgiu o instituto das medidas cautelares, com a possibilidade de provimentos liminares, destinados a assegurar a eficácia do provimento da ação principal. Embora não constasse essa referência no texto original do art. 151, CTN, o Judiciário passou a admitir a suspensão da exigibilidade da obrigação tributária operada por decisão liminar em ação cautelar, por equiparação à decisão liminar proferida em mandado de segurança.

Em 1994, em mais uma etapa da reforma processual que vem sendo efetuada paulatinamente, foi introduzida a *antecipação da tutela* como instituto inspirado na liminar em mandado de segurança, viabilizando a prolação de provimento antecipatório dos efeitos da tutela jurisdicional pleiteada em ações de rito ordinário.[125]

De início, o instituto da tutela antecipada sofreu resistências quanto à sua aplicação em relação à Fazenda Pública, sob o fundamento de que a execução contra esta submete-se a regime jurídico especial, que impõe a expedição de precatório (arts. 100, CR e 535, CPC).

No entanto, a jurisprudência pouco a pouco firmou o entendimento segundo o qual, desde que preenchidos os pressupostos legais, não há óbice na concessão de tutela antecipada contra a Fazenda Pública.[126] Posteriormente, encarregou-se de reconhecer que a decisão antecipatória de tutela poderia suspender a exigibilidade da obrigação tributária, por revestir a mesma natureza da liminar em mandado de segurança, hipótese prevista expressamente.

Finalmente, atualizando a disciplina do Código Tributário Nacional de acordo com a jurisprudência já consolidada, a Lei Complementar n. 104/2001, incluiu o inciso V ao art. 151, para prever, igualmente, como causas de suspensão da obrigação tributária, "a concessão de medida liminar ou de tutela antecipada em outras espécies de ação judicial".

---

[124] Isso porque o mandado de segurança era disciplinado pela Lei n. 1.533/51, anterior ao CTN (Lei n. 5.172/66), revogada pela Lei n. 12.016/2009.
[125] A Lei n. 8.952/94 deu nova redação ao art. 273, CPC/73, que autorizava a antecipação dos efeitos da tutela. No atual Código de Processo Civil, o tema vem tratado especialmente nos arts. 298, 300 e 301.
[126] Veja-se STF, Pleno, ADC 4/DF, Rel. p/ o acórdão Min. Celso de Mello, j. 1º.10.2008, e STJ, 2ª T., REsp 770.308/SC, Rel. Min. Eliana Calmon, j. 28.8.2007.

A cláusula relativa a "outras espécies de ação judicial que comportem liminar e tutela antecipada", além da hipótese do mandado de segurança, originalmente prevista, e da ação cautelar, há muito admitida pela jurisprudência, faz refletir sobre quais seriam essas outras ações.

E as hipóteses que vêm primeiramente à mente são, obviamente, as das *ações declaratória* e *anulatória de débito tributário*.

Também, pensamos que as ações civis públicas estão abrigadas na hipótese legal.[127]

Se a decisão definitiva no processo judicial for favorável ao sujeito passivo, cessa a suspensão da exigibilidade e consuma-se a extinção da obrigação. Se desfavorável, restabelece-se a exigibilidade, devendo ser concedido ao contribuinte um prazo para satisfazer a obrigação.[128]

Embora evidente, vale anotar que, conquanto o Código Tributário Nacional refira-se apenas a decisões de caráter liminar, também possuem efeito suspensivo da exigibilidade outras decisões não definitivas, quais sejam, as sentenças e acórdãos ainda passíveis de recurso. Em outras palavras, enquanto não ocorrida a coisa julgada, as decisões judiciais favoráveis ao contribuinte serão sempre provisórias e, desse modo, passíveis de suspender a exigibilidade do crédito tributário.

7.2.5. Parcelamento

Originalmente, o Código Tributário Nacional não dispunha o parcelamento como causa de suspensão da exigibilidade do crédito tributário. No entanto, tal hipótese já era admitida, inclusive pela jurisprudência, em razão do fato de este ser considerado, majoritariamente, uma espécie de moratória.

---

[127] *Vide* Parte VI, item 3.
[128] Cite-se, uma vez mais, o mesmo art. 63 da Lei n. 9.430/96, sublinhando outro aspecto: "Art. 63. Na constituição de crédito tributário destinada a prevenir a decadência, relativo a tributo de competência da União, cuja exigibilidade houver sido suspensa na forma dos incisos IV e V do art. 151 da Lei n. 5.172, de 25 de outubro de 1966, não caberá lançamento de multa de ofício. § 1º O disposto neste artigo aplica-se, exclusivamente, aos casos em que a suspensão da exigibilidade do débito tenha ocorrido antes do início de qualquer procedimento de ofício a ele relativo. § 2º A interposição da ação judicial favorecida com a medida liminar interrompe a incidência da multa de mora, desde a concessão da medida judicial, *até 30 dias após a data da publicação da decisão judicial que considerar devido o tributo ou contribuição*" (destaque nosso).

A hipótese veio a ser acrescentada pela Lei Complementar n. 104/2001 (art. 151, VI), que introduziu também o art. 155-A.

À semelhança da moratória, o parcelamento somente pode ser concedido mediante lei, uma vez mais em respeito ao *princípio da indisponibilidade do interesse público*, porquanto o Fisco receberá seu crédito em momento posterior ao originalmente estabelecido.

A diferença entre moratória e parcelamento é sutil, porquanto este é espécie daquela, relação que exsurge clara do preceito contido no § 2º do art. 155-A, que determina a aplicação subsidiária, ao parcelamento, das disposições do Código Tributário Nacional relativas à moratória.

Pode-se dizer que os institutos distinguem-se pelo fato de que, enquanto a moratória pode se dar mediante execução *unitária* ou *parcelada* – pagamento do débito em uma ou várias parcelas –, o parcelamento, somente desta última forma.

O art. 155-A encontra-se assim expresso:

> Art. 155-A. O parcelamento será concedido na forma e condição estabelecidas em lei específica.
>
> § 1º Salvo disposição de lei em contrário, o parcelamento do crédito tributário não exclui a incidência de juros e multas.
>
> § 2º Aplicam-se, subsidiariamente, ao parcelamento as disposições desta Lei, relativas à moratória.
>
> § 3º Lei específica disporá sobre as condições de parcelamento dos créditos tributários do devedor em recuperação judicial.
>
> § 4º A inexistência da lei específica a que se refere o § 3º deste artigo importa na aplicação das leis gerais de parcelamento do ente da Federação ao devedor em recuperação judicial, não podendo, neste caso, ser o prazo de parcelamento inferior ao concedido pela lei federal específica.

O § 1º do art. 155-A proclama a obviedade consistente no fato de que o parcelamento não exclui a penalidade. O preceito remete, claramente, ao instituto da *denúncia espontânea* (art. 138, CTN), que tem o condão de afastar a penalidade imposta, dentro de certas condições, rechaçando o entendimento, sustentado por parte da doutrina e da jurisprudência, segundo o qual o parcelamento poderia configurá-la.[129]

---

[129] Analisaremos o instituto da denúncia espontânea em capítulo subsequente (Capítulo 10, item 10.6).

Os §§ 3º e 4º do art. 155-A, por seu turno, foram acrescentados pela Lei Complementar n. 118/2005, para adaptar a disciplina do Código Tributário Nacional à Lei da Recuperação Judicial (Lei n. 11.101/2005).[130]

Vistas as causas de suspensão da exigibilidade, passaremos ao exame das hipóteses de extinção do crédito tributário.

---

[130] A respeito, a Lei n. 11.101/2005, na redação dada pela Lei n. 14.112/2020, dispõe: "Art. 68. As Fazendas Públicas e o Instituto Nacional do Seguro Social – INSS poderão deferir, nos termos da legislação específica, parcelamento de seus créditos, em sede de recuperação judicial, de acordo com os parâmetros estabelecidos na Lei n. 5.172, de 25 de outubro de 1966 – Código Tributário Nacional".

8. Extinção do Crédito Tributário

8.1. INTRODUÇÃO

Vimos que a obrigação tributária principal, liame mediante o qual o sujeito ativo – o Fisco – pode exigir do sujeito passivo ou contribuinte uma prestação qualificada como tributo, pode ter sua exigibilidade suspensa, nos termos do art. 151, CTN. Tal estado, de caráter necessariamente provisório, será sucedido, em determinado momento, pela extinção desse vínculo.

A extinção dessa obrigação tributária, usualmente, se dá mediante o *pagamento* do tributo. No entanto, há diversas outras situações que também conduzem à extinção do vínculo obrigacional.

O Código Tributário Nacional ocupa-se do assunto nos arts. 156 a 174, sob a rubrica "Extinção do Crédito Tributário". Como por vezes mencionado, o crédito tributário não pode ser extinto sem que o seja o próprio vínculo obrigacional, vale dizer, sendo extinta a obrigação tributária principal, extintos estarão os respectivos crédito e débito. Preferível, desse modo, a expressão "extinção da obrigação tributária", por ser mais técnica.

Para a análise de tais hipóteses, necessário considerarmos a disciplina dessas figuras pela lei civil. É que, induvidosamente, o legislador tributário tomou por base as modalidades de extinção da obrigação então previstas no Código Civil de 1916. Veremos que, em alguns casos, a modalidade extintiva do liame obrigacional tributário guarda similitude com o instituto do direito privado; em outras, porém, dele se distancia, imprimindo-se-lhe uma configuração própria.

Preceitua o art. 156:

> Art. 156. Extinguem o crédito tributário:
>
> I – o pagamento;

II – a compensação;

III – a transação;

IV – a remissão;

V – a prescrição e a decadência;

VI – a conversão de depósito em renda;

VII – o pagamento antecipado e a homologação do lançamento nos termos do disposto no art. 150 e seus §§ 1º a 4º;

VIII – a consignação em pagamento, nos termos do disposto no § 2º do art. 164;

IX – a decisão administrativa irreformável, assim entendida a definitiva na órbita administrativa, que não mais possa ser objeto de ação anulatória;

X – a decisão judicial passada em julgado;

XI – a dação em pagamento em bens imóveis, na forma e condições estabelecidas em lei.[131]

Parágrafo único. A lei disporá quanto aos efeitos da extinção total ou parcial do crédito sobre a ulterior verificação da irregularidade da sua constituição, observado o disposto nos arts. 144 e 149.

O rol de modalidades extintivas é longo, mas não exaustivo. Pode-se, ainda, cogitar de outras modalidades de extinção das obrigações em geral, segundo a disciplina do Código Civil, como a hipótese de confusão.[132]

Reitere-se que a disciplina da obrigação tributária, inclusive sua extinção, há de ser sempre veiculada por lei, com vista à proteção ao patrimônio público representado pelo crédito tributário. O tema de extinção da obrigação tributária, portanto, deve ser analisado dentro da moldura dos princípios da legalidade e da indisponibilidade do interesse público.

---

[131] Inciso XI acrescentado pela Lei Complementar n. 104/2001.
[132] Cf. arts. 381 a 384, CC. O art. 381 preceitua: "Extingue-se a obrigação, desde que na mesma pessoa se confundam as qualidades de credor e devedor". Imagine-se, por exemplo, que um Município receba, mediante doação, imóvel urbano, sobre o qual penda débito referente ao IPTU. O credor e o devedor tributários, desse modo, confundem-se na mesma pessoa, acarretando a extinção da correspondente obrigação.

8.2. PAGAMENTO E SUAS MODALIDADES: CONSIDERAÇÕES GERAIS

O *pagamento*, por constituir a forma usual de extinção da obrigação tributária, é minudentemente disciplinado pelo Código Tributário Nacional. Significa a prestação, objeto do vínculo pertinente à obrigação principal, que o sujeito passivo realiza ao sujeito ativo, consubstanciada na entrega do valor em dinheiro correspondente ao débito tributário.

Observe-se que o art. 156 refere, separadamente, à conversão de depósito em renda, ao pagamento antecipado e à homologação do lançamento (art. 150 e §§1º a 4º), à consignação em pagamento e à dação em pagamento como se fossem modalidades diferentes de extinção da obrigação tributária. Em verdade, trata-se de diversas formas de pagamento, e, em razão disso, delas trataremos neste mesmo tópico.

O Código Tributário Nacional cuida de disciplinar o pagamento em seus arts. 157 a 164; já o pagamento indevido é objeto de regramento pelos arts. 165 a 169.

Analisaremos os aspectos mais importantes dessa disciplina.

Consoante dispõe o art. 157, CTN, "a imposição de penalidade não ilide o pagamento integral do crédito tributário". O crédito tributário, como sabido, compõe-se do valor do tributo e de seus consectários (correção monetária, juros moratórios e multa), pelo que o singelo pagamento da sanção pecuniária não implica a quitação do débito tributário.

Em sequência, estatui o Código:

> Art. 158. O pagamento de um crédito não importa em presunção de pagamento:
>
> I – quando parcial, das prestações em que se decomponha;
>
> II – quando total, de outros créditos referentes ao mesmo ou a outros tributos.

A norma contida no inciso I, distanciando-se da disciplina contemplada no direito privado para hipótese semelhante,[133] afasta a presunção de paga-

---

[133] Art. 322, CC: "Quando o pagamento for em quotas periódicas, a quitação da última estabelece, até prova em contrário, a presunção de estarem solvidas as anteriores".

mento das prestações anteriores. Assim, no pagamento parcelado do IPTU, por exemplo, o pagamento da última parcela não pressupõe o das anteriores.

Já consoante a norma estampada no inciso II, o pagamento integral do IPVA referente a determinado exercício não supõe o pagamento do mesmo imposto relativo a exercícios anteriores. Também, por óbvio, não acarretará a presunção de pagamento de outros tributos.

O *local do pagamento* do tributo é disciplinado pelo art. 159, CTN:

> Art. 159. Quando a legislação tributária não dispuser a respeito, o pagamento é efetuado na repartição competente do domicílio do sujeito passivo.

Essa norma assemelha-se àquela contida no Código Civil, segundo a qual, como regra, o pagamento efetuar-se-á no domicílio do devedor.[134] Assim, segundo o dispositivo, o sujeito passivo deverá comparecer à repartição fiscal competente para efetuar o recolhimento do tributo. No entanto, dispondo diversamente diante da ressalva contida na norma, a legislação das diversas pessoas políticas autoriza o pagamento de tributo na rede bancária.

O *tempo do pagamento* é objeto de disciplina pelo art. 160:

> Art. 160. Quando a legislação tributária não fixar o tempo do pagamento, o vencimento do crédito ocorre 30 (trinta) dias depois da data em que se considera o sujeito passivo notificado do lançamento.
>
> Parágrafo único. A legislação tributária pode conceder desconto pela antecipação do pagamento, nas condições que estabeleça.

Cabe destacar que a norma contida no *caput* somente será aplicável se lei específica de cada pessoa política não contemplar regramento a respeito, o que usualmente ocorre. Observe-se estarem excluídos da sua abrangência os tributos sujeitos a lançamento por homologação, porquanto, nessa hipótese, não há que se falar em notificação ao sujeito passivo. De todo modo, necessária, igualmente, a fixação de lapso temporal dentro do qual deverá ser realizado o pagamento de tais tributos.

---

[134] Art. 327, CC: "Efetuar-se-á o pagamento no domicílio do devedor, salvo se as partes convencionarem diversamente, ou se o contrário resultar da lei, da natureza da obrigação ou das circunstâncias. Parágrafo único. Designados dois ou mais lugares, cabe ao credor escolher entre eles".

Por outro lado, entendemos relevante destacar que, embora a norma em comento utilize a expressão "legislação tributária", sabidamente abrangendo atos normativos de diversas naturezas, como visto (art. 96, CTN), o prazo para pagamento de tributo deve ser fixado em *lei*, porquanto ninguém será obrigado a fazer alguma coisa senão em virtude de lei (art. 5º, II, CR).[135]

O fundamento para a incidência de *juros moratórios* diante do não pagamento integral do débito tributário no vencimento encontra-se no art. 161, assim expresso:

> Art. 161. O crédito não integralmente pago no vencimento é acrescido de juros de mora, seja qual for o motivo determinante da falta, sem prejuízo da imposição das penalidades cabíveis e da aplicação de quaisquer medidas de garantia previstas nesta Lei ou em lei tributária.
>
> § 1º Se a lei não dispuser de modo diverso, os juros de mora são calculados à taxa de 1% (um por cento) ao mês.
>
> § 2º O disposto neste artigo não se aplica na pendência de consulta formulada pelo devedor dentro do prazo legal para pagamento do crédito.

Os juros de mora pelo atraso no pagamento do tributo são devidos "seja qual for o motivo determinante da falta", cláusula que significa ser irrelevante se o sujeito passivo agiu ou não com culpa. Visam remunerar o credor pelo fato de estar recebendo seu crédito a destempo, não se confundindo com a sanção decorrente de tal inadimplemento. O § 1º estabelece que a taxa de juros é de 1% ao mês, caso não haja lei dispondo diversamente.[136]

---

[135] Não obstante, a jurisprudência consolidou-se no sentido contrário, admitindo a fixação de prazo para o pagamento de tributo mediante decreto, uma vez que tal hipótese não está prevista no art. 97, CTN (STF, 1ª T., RE 195.218/MG, Rel. Min. Ilmar Galvão, j. 28.5.2002).

[136] Essa regra supletiva, no âmbito federal, resta afastada, pois, presentemente, há lei dispondo de modo diverso, determinando a aplicação da taxa SELIC para esse fim. Dispõe o art. 39, § 4º, da Lei n. 9.250/95: "A partir de 1º de janeiro de 1996, a compensação ou restituição será acrescida de juros equivalentes à taxa referencial do Sistema Especial de Liquidação e de Custódia – SELIC para títulos federais, acumulada mensalmente, calculados a partir da data do pagamento indevido ou a maior até o mês anterior ao da compensação ou restituição e de 1% (um por cento) relativamente ao mês em que estiver sendo efetuada".

Tal incidência está afastada na pendência de *consulta* à Administração Tributária, nos termos prescritos na legislação pertinente.

Em consonância com o proclamado pelo art. 3º, CTN, o art. 162 disciplina a *forma* de pagamento do tributo, que, como regra, deve ser efetuado em dinheiro.[137] Recorde-se, não obstante, que a Lei Complementar n. 104, de 2001, introduziu a possibilidade de extinção da obrigação tributária mediante *dação em pagamento* em bens imóveis, nos termos da lei de cada pessoa política (art. 156, XI, CTN), hipótese que comentaremos adiante.[138]

8.2.1. Imputação do pagamento

O Código Civil, ao contemplar o instituto da *imputação do pagamento*, prescreve que "a pessoa obrigada por dois ou mais débitos da mesma natureza, a um só credor, tem o direito de indicar a qual deles oferece pagamento, se todos forem líquidos e vencidos" (art. 352).

No âmbito tributário, o regime é distinto, pois cabe ao sujeito ativo a escolha de qual débito será pago, como se depreende do art. 163, CTN:

> Art. 163. Existindo simultaneamente dois ou mais débitos vencidos do mesmo sujeito passivo para com a mesma pessoa jurídica de direito público, relativos ao mesmo ou a diferentes tributos ou provenientes de penalidade pecuniária ou juros de mora, a autoridade administrativa competente para receber o pagamento determinará a respectiva imputação, obedecidas as seguintes regras, na ordem em que enumeradas:

---

[137] "Art. 162. O pagamento é efetuado: I – em moeda corrente, cheque ou vale postal; II – nos casos previstos em lei, em estampilha, em papel selado, ou por processo mecânico. § 1º A legislação tributária pode determinar as garantias exigidas para o pagamento por cheque ou vale postal, desde que não o torne impossível ou mais oneroso que o pagamento em moeda corrente. § 2º O crédito pago por cheque somente se considera extinto com o resgate deste pelo sacado. § 3º O crédito pagável em estampilha considera-se extinto com a inutilização regular daquela, ressalvado o disposto no artigo 150. § 4º A perda ou destruição da estampilha, ou o erro no pagamento por esta modalidade, não dão direito a restituição, salvo nos casos expressamente previstos na legislação tributária, ou naquelas em que o erro seja imputável à autoridade administrativa. § 5º O pagamento em papel selado ou por processo mecânico equipara-se ao pagamento em estampilha."

[138] Item 8.2.6.

I – em primeiro lugar, aos débitos por obrigação própria, e em segundo lugar aos decorrentes de responsabilidade tributária;

II – primeiramente, às contribuições de melhoria, depois às taxas e por fim aos impostos;

III – na ordem crescente dos prazos de prescrição;

IV – na ordem decrescente dos montantes.

Note-se, porém, que o dispositivo não tem aplicação prática, uma vez que os modelos das guias de recolhimento de tributos, apresentadas à rede bancária, não possibilitam que tal escolha seja efetuada.

8.2.2. Consignação em pagamento

A *consignação em pagamento*, no direito privado, está prevista nos arts. 334 a 345, CC.[139]

No Código Tributário Nacional, a consignação em pagamento é regida pelo art. 164, assim expresso:

> Art. 164. A importância de crédito tributário pode ser consignada judicialmente pelo sujeito passivo, nos casos:
>
> I – de recusa de recebimento, ou subordinação deste ao pagamento de outro tributo ou de penalidade, ou ao cumprimento de obrigação acessória;
>
> II – de subordinação do recebimento ao cumprimento de exigências administrativas sem fundamento legal;
>
> III – de exigência, por mais de uma pessoa jurídica de direito público, de tributo idêntico sobre um mesmo fato gerador.

---

[139] Destacamos os seguintes dispositivos do Código Civil a respeito do tema: "Art. 334. Considera-se pagamento, e extingue a obrigação, o depósito judicial ou em estabelecimento bancário da coisa devida, nos casos e forma legais. Art. 335. A consignação tem lugar: I – se o credor não puder, ou, sem justa causa, recusar receber o pagamento, ou dar quitação na devida forma; II – se o credor não for, nem mandar receber a coisa no lugar, tempo e condição devidos; III – se o credor for incapaz de receber, for desconhecido, declarado ausente, ou residir em lugar incerto ou de acesso perigoso ou difícil; IV – se ocorrer dúvida sobre quem deva legitimamente receber o objeto do pagamento; V – se pender litígio sobre o objeto do pagamento". A ação de consignação em pagamento é disciplinada nos arts. 539 a 549, CPC.

§ 1º A consignação só pode versar sobre o crédito que o consignante se propõe pagar.

§ 2º Julgada procedente a consignação, o pagamento se reputa efetuado e a importância consignada é convertida em renda; julgada improcedente a consignação no todo ou em parte, cobra-se o crédito acrescido de juros de mora, sem prejuízo das penalidades cabíveis.

Em termos práticos, porém, a ação consignatória é pouco utilizada pelos contribuintes. A hipótese que pode render algum ensejo à propositura dessa ação é a prevista no inciso I – de recusa de recebimento, ou subordinação deste ao pagamento de outro tributo ou de penalidade, ou ao cumprimento de obrigação acessória. A situação a que alude o inciso III, qual seja, "de exigência, por mais de uma pessoa jurídica de direito público, de tributo idêntico sobre um mesmo fato gerador", dificilmente ocorrerá, à vista da minudente disciplina constitucional acerca da repartição de competências tributárias.[140]

8.2.3. Pagamento indevido e restituição do indébito

Prosseguindo, embora o *pagamento indevido* não constitua uma modalidade de extinção da obrigação tributária, uma vez que é o "pagamento devido" que produz esse efeito, como o legislador cuidou deste, cabível a referência (arts. 165 a 169, CTN).

Fundada no *princípio do enriquecimento sem causa*, a figura do *pagamento indevido*,[141] sob a ótica tributária, é assim considerada pela lei:

Art. 165. O sujeito passivo tem direito, independentemente de prévio protesto, à restituição total ou parcial do tributo, seja qual for a modalidade do seu pagamento, ressalvado o disposto no § 4º do art. 162, nos seguintes casos:

---

[140] Imagine-se, por exemplo, a União e Município exigindo, respectivamente, ITR e IPTU sobre o mesmo imóvel, ou, ainda, Estado-membro e Município exigindo ICMS e ISSQN sobre a mesma prestação de serviço.

[141] A lei civil também contempla preceito acerca do pagamento indevido, mas aplicando-lhe regime jurídico distinto. Veja-se, no Código Civil, os arts. 876 a 883, sobre pagamento indevido ("Art. 876. Todo aquele que recebeu o que lhe não era devido fica obrigado a restituir; obrigação que incumbe àquele que recebe dívida condicional antes de cumprida a condição"), e arts. 884 a 886, sobre enriquecimento sem causa.

I – cobrança ou pagamento espontâneo de tributo indevido ou maior que o devido em face da legislação tributária aplicável, ou da natureza ou circunstâncias materiais do fato gerador efetivamente ocorrido;

II – erro na edificação[142] do sujeito passivo, na determinação da alíquota aplicável, no cálculo do montante do débito ou na elaboração ou conferência de qualquer documento relativo ao pagamento;

III – reforma, anulação, revogação ou rescisão de decisão condenatória.

Impende observar que, em verdade, o pagamento efetuado indevidamente não rende ensejo à restituição de *tributo*, já que este corresponde a um valor *devido* ao Fisco. Ora, o montante recolhido indevidamente a esse título não é tributo, daí o dever de sua devolução pelo Poder Público. E, a rigor, a hipótese descrita no inciso I, mais abrangente, engloba a referida no inciso II.

Anote-se que o pagamento indevido é pressuposto de modalidade de extinção da obrigação tributária, qual seja, a *compensação* (arts. 156, II, 170 e 170-A). Assim é porque gera crédito em favor do contribuinte, que, por estar atrelado a vínculos obrigacionais de prestações sucessivas, pode optar por utilizá-lo como "moeda de pagamento" de débito tributário, como examinaremos adiante. Alternativamente, o contribuinte, para reaver o valor pago indevidamente ao Fisco, pode utilizar-se da ação de *repetição de indébito*.[143]

O art. 166, ao tratar da restituição de tributos, em situação em que ocorra a transferência do encargo financeiro a terceiro, contempla uma das normas mais polêmicas do Código:

Art. 166. A restituição de tributos que comportem, por sua natureza, transferência do respectivo encargo financeiro somente será feita a quem prove haver assumido o referido encargo, ou, no caso de tê-lo transferido a terceiro, estar por este expressamente autorizado a recebê-la.

Em capítulo precedente, analisamos os aspectos essenciais da *imposição indireta*,[144] ocasião em que analisamos o fenômeno da *repercussão tributária*

---

[142] Conforme a publicação oficial. O correto seria "identificação".
[143] Vide Parte V, Capítulo 3, item 3.3.3, e Súmula 461, STJ.
[144] Parte II, Capítulo 4, item 4.3.1.1.

ou *translação econômica do tributo*, segundo o qual o contribuinte *de jure* não é aquele que absorve o impacto econômico da imposição tributária, pois o repassa ao contribuinte "de fato", o consumidor final. Constituem impostos indiretos o Imposto sobre Produtos Industrializados – IPI e o Imposto sobre Circulação de Mercadorias e Prestação de Serviços – ICMS.

A norma do art. 166 visa evitar que o contribuinte *de jure* receba duplamente o que pagou a título de tributo indevido: do terceiro, mediante o pagamento do preço do produto ou mercadoria, no qual o montante da exigência fiscal está embutida; e do Fisco, ao restituir-lhe o mesmo valor.

A grande polêmica em torno da interpretação desse dispositivo ensejou, em 1969, a edição, pelo Supremo Tribunal Federal, da Súmula 546, cujo enunciado é o seguinte: "Cabe a restituição do tributo pago indevidamente, quando reconhecido por decisão, que o contribuinte *de jure* não recuperou do contribuinte *de facto* o *quantum* respectivo". Essa ainda é a orientação da Corte, pelo que rara a ocorrência de ajuizamento de ação de repetição do indébito que estampe tal pretensão.

Para parte da doutrina, tal dispositivo inviabiliza a restituição de tributo indireto, pois a produção da prova da assunção do encargo é praticamente impossível, assim como a obtenção de autorização do terceiro a quem foi transferido.[145] Para outros, é legítimo o dispositivo, tendo em vista que, se não se impusesse ao contribuinte *de jure* a demonstração de que absorveu o impacto econômico do tributo, sua restituição ensejaria enriquecimento sem causa. Logo, o valor correspondente deve permanecer com o Poder Público, à vista do princípio da supremacia do interesse público sobre o particular.[146]

Entendemos que a questão é realmente delicada, porquanto a preocupação do legislador com o locupletamento do contribuinte *de jure* é legítima, uma vez que a transferência do ônus financeiro do tributo ao terceiro ocorre praticamente em todos os casos. Daí, como a autorização do terceiro, especialmente nas operações efetuadas com consumidores finais de bens, nas quais é quase sempre impossível sua identificação, é algo que o contribuinte *de jure*

---

[145] Para José Eduardo Soares de Melo, na hipótese de não ser possível a identificação do terceiro – o contribuinte *de facto* –, como ocorre nas operações realizadas com consumidores finais de bens e serviços, o art. 166, CTN, não se aplica, porquanto, do contrário, inviabiliza-se a restituição do indevido ao sujeito passivo, caracterizando locupletamento da Fazenda Pública (*Curso de Direito Tributário*, cit., p. 367).
[146] Veja-se, por todos, Paulo de Barros Carvalho, *Curso de Direito Tributário*, cit., p. 453.

dificilmente poderá obter, restar-lhe-á, como única possibilidade, a prova de que não lhe repassou o encargo. E, sem essa prova, faltar-lhe-á interesse de agir para postular a devolução do indébito.

Desse modo, acreditamos, também, que na hipótese de não demonstração, pelo contribuinte *de jure*, de que não recuperou o valor do tributo do contribuinte de fato, impõe-se que tal quantia remanesça com o Poder Público.

O art. 167, *caput*, por sua vez, esclarece que "a restituição total ou parcial do tributo dá lugar à restituição, na mesma proporção, dos juros de mora e das penalidades pecuniárias, salvo as referentes a infrações de caráter formal não prejudicadas pela causa da restituição".

O preceito prestigia a ideia de *razoabilidade*, bem como a noção clássica do direito privado segundo a qual *o acessório segue o principal*. Logo, a restituição de tributo deve ser acompanhada da restituição dos consectários – juros e penalidades pecuniárias, nos termos expostos.

Em seu parágrafo único, estabelece que "a restituição vence juros não capitalizáveis, a partir do trânsito em julgado da decisão definitiva que a determinar".[147]

Em primeiro lugar, cabe indagar qual vem a ser essa taxa de juros. Considerando que o contribuinte que incorre em mora no pagamento de tributo será onerado com juros moratórios calculados à razão de 1% ao mês, se a lei não dispuser de modo diverso (art. 161, § 1º, CTN), entende-se, por equidade, que deva ser também de 1% a taxa de juros em favor do contribuinte.[148]

Note-se, outrossim, que o dispositivo em foco abriga norma específica para o *termo inicial* de fluência de juros moratórios em razão de condenação imposta judicialmente, uma vez que a regra processual comum é a de que sua fluência se dê a partir da citação (art. 240, CPC). Cuida-se de norma protetiva do patrimônio público, fundada no princípio da supremacia do interesse pú-

---

[147] A Súmula 188 do STJ reafirma o conteúdo desse preceito, declarando: "Os juros moratórios, na repetição do indébito tributário, são devidos a partir do trânsito em julgado da sentença".

[148] *Vide* Parte III, Capítulo 8, nota 137, *supra*. O Superior Tribunal de Justiça firmou orientação nesse sentido, nos termos da Súmula 523: "A taxa de juros de mora incidente na repetição do indébito de tributos estaduais deve corresponder à utilizada para cobrança do tributo pago em atraso, sendo legítima a incidência da taxa Selic, em ambas as hipóteses, quando prevista na legislação local, vedada sua cumulação com quaisquer outros índices".

blico sobre o particular, que estabelece clara diversidade de tratamento entre contribuinte e Fisco, porquanto entre a citação e o trânsito em julgado, como sabido, podem decorrer muitos anos, período em relação ao qual, apesar de condenado à restituição do valor pago a título de tributo, o Estado não arcará com o pagamento de juros moratórios.

Outro aspecto relevante diz com a incidência de *correção monetária* sobre o valor restituído. O dispositivo legal a ela não faz referência porque, quando da edição do Código Tributário Nacional (1966), o fenômeno inflacionário ainda não se manifestara com a intensidade com que se apresentou a partir da década de 1980.

Sustentamos que a aplicação de correção monetária é decorrência natural da proteção constitucional conferida ao direito de propriedade, pois visa preservar o poder aquisitivo da moeda. Portanto, diante da ocorrência de inflação, imperiosa a atualização monetária do valor a ser restituído ao contribuinte, mediante a aplicação de índice que efetivamente a reflita no período considerado, sob pena de configurar-se confisco, vedado pela ordem jurídica.[149]

Em consequência, o termo inicial para a incidência de correção monetária é a data do pagamento indevido.[150]

Prosseguindo, o art. 168 fixa o prazo de cinco anos para que o contribuinte pleiteie a restituição, apontando os termos iniciais de fluência:

> Art. 168. O direito de pleitear a restituição extingue-se com o decurso do prazo de 5 (cinco) anos, contados:
>
> I – nas hipóteses dos incisos I e II do art. 165, da data da extinção do crédito tributário;[151]
>
> II – na hipótese do inciso III do art. 165, da data em que se tornar definitiva a decisão administrativa ou passar em julgado a decisão judicial que tenha reformado, anulado, revogado ou rescindido a decisão condenatória.

---

[149] Cf. art. 5º, XXII, combinado com os arts. 5º, LVI, e 243, CR.
[150] Nesse sentido, a Súmula 162, STJ: "Na repetição do indébito tributário, a correção monetária incide a partir do pagamento indevido".
[151] Veja art. 3º da Lei Complementar n. 118/2005, que dispõe sobre a interpretação desse inciso.

O dispositivo cuida do prazo para pleitear-se a repetição do indébito, quer na via judicial, quer na administrativa.

Há controvérsia acerca da natureza jurídica desse prazo – se de decadência ou de prescrição.

Pensamos tratar-se de prazo *prescricional*, porquanto a inércia do sujeito passivo, após o decurso de cinco anos, não atinge a titularidade do crédito que possui em relação ao Fisco, mas sim o direito de pleitear a devolução da quantia paga indevidamente.

O preceito legal estabelece as hipóteses de termo inicial de fluência desse prazo: a) no caso de pagamento indevido (art. 165, I e II), da data em que este ocorreu, vale dizer, quando extinguiu-se a obrigação tributária; e b) no caso de decisão administrativa ou judicial que acolheu a impugnação do contribuinte, da data em que a decisão tornou-se irrecorrível (art. 165, III).

Em regra, portanto, o prazo prescricional de cinco anos para o contribuinte pleitear a restituição de tributo pago indevidamente inicia-se da data desse pagamento.

Interessante observar que, a rigor, o Código não trata de repetição do indébito com fundamento em *inconstitucionalidade* – hipótese mais frequente a ensejar os pleitos de repetição do indébito tributário na atualidade. Nessa hipótese, portanto, é aplicável o prazo da prescrição quinquenal geral em relação à Fazenda Pública, igualmente de cinco anos (Decreto n. 20.910/32, art. 1º).

Quanto aos tributos sujeitos a *lançamento por homologação*, a diversidade de orientações jurisprudenciais quanto ao termo *a quo* de fluência desse prazo levou à disciplina trazida pelo art. 3º da Lei Complementar n. 118/2005, que estatui que "para efeito de interpretação do inciso I do art. 168 da Lei n. 5.172, de 25 de outubro de 1996 – Código Tributário Nacional –, a extinção do crédito tributário ocorre, no caso de tributo sujeito a lançamento por homologação, no momento do pagamento antecipado de que trata o § 1º do art. 150 da referida Lei".

Tal norma prestigia, assim, a regra geral segundo a qual o termo inicial de fluência do prazo para postular-se a repetição do indébito é a data do pagamento indevidamente efetuado.

No entanto, a mesma Lei Complementar n. 118/2005 contém dispositivo de constitucionalidade duvidosa, em seu art. 4º, I, ao determinar, em relação ao seu art. 3º, a aplicação do disposto no art. 106, I, CTN, autorizador da eficácia retroativa da lei tributária na hipótese de ser ela expressamente interpretativa.

Considerando que o padrão de nosso ordenamento jurídico é a irretroatividade das leis em geral (art. 5º, XXXVI, CR), e assim também da lei tributária que instituir ou aumentar tributo (art. 150, III, *a*, CR), a noção de "lei expressamente interpretativa" pode representar risco à segurança jurídica.

A aplicação retroativa do art. 3º da Lei Complementar n. 118/2005 poderia implicar o afastamento da jurisprudência então predominante, conduzindo à consumação da prescrição do prazo para pleitear-se a repetição do indébito a contribuintes que já houvessem exercido o direito ou que estivessem em curso de fazê-lo. Em razão disso, o STJ fixou a interpretação de que a Lei Complementar n. 118/2005 não é "expressamente interpretativa", assegurando sua eficácia tão somente *pro futuro*.[152]

O art. 169, por sua vez, dispõe acerca da ação anulatória do ato denegatório proferido pela Administração, estabelecendo que "prescreve em dois anos a ação anulatória da decisão administrativa que denegar a restituição", sendo que tal prazo "é interrompido pelo início da ação judicial, recomeçando o seu curso, por metade, a partir da data da intimação validamente feita ao representante judicial da Fazenda Pública interessada" (*caput* e parágrafo único).

Assinale-se, por primeiro, que esse dispositivo não possui nenhuma aplicação prática, pois, diante de uma manifestação da Administração indeferindo o pleito do contribuinte de reaver o valor pago indevidamente, este, se desejar, proporá ação judicial, buscando a satisfação dessa pretensão (art. 5º, XXXV, CR).

---

[152] Quanto ao termo *a quo* da prescrição, a 1ª Seção do STJ, no julgamento dos EREsp 435.835/SC, em 24.3.2004, adotou o entendimento segundo o qual, para as hipóteses de devolução de tributos sujeitos à homologação declarados inconstitucionais pelo STF, a prescrição do direito de pleitear a restituição ocorre após expirado o prazo de cinco anos, contado do fato gerador, acrescido de mais cinco anos, a partir da homologação tácita. A Corte entende, ainda, inaplicável à espécie a previsão do art. 3º da Lei Complementar n. 118/2005, uma vez que a Seção de Direito Público do STJ, na sessão de 27.4.2005, sedimentou o posicionamento segundo o qual o mencionado dispositivo legal aplica-se apenas às ações ajuizadas posteriormente ao prazo de cento e vinte dias (*vacatio legis*) da publicação da referida Lei Complementar (EREsp 327.043/DF, Rel. Min. João Otávio de Noronha). Desse modo, em relação às ações ajuizadas anteriormente ao início da vigência da Lei Complementar n. 118/2005, aplica-se o prazo prescricional de cinco anos, contados do fato gerador, acrescido de mais cinco anos, a partir da homologação tácita. O Supremo Tribunal Federal, no julgamento do RE 566.621/RS (Tema 4), confirmou tal orientação, reconhecendo a inconstitucionalidade do art. 4º, segunda parte, da Lei Complementar n. 118/2005 e considerando válida a aplicação do novo prazo de cinco anos tão somente às ações ajuizadas a partir de 9 de junho de 2005 (Pleno, Rel. Min. Ellen Gracie, j. 4.8.2011).

Isso porque a procedência do pedido na ação anulatória da decisão denegatória da restituição, por si só, não conduz à devolução da quantia pleiteada, implicando que o contribuinte ajuíze nova ação buscando a repetição. Daí sua inutilidade.

Quanto ao comando contido em seu parágrafo único, anote-se que o Código Tributário Nacional, ao fixar a causa que interrompe o prazo prescricional, situando-a no ajuizamento da ação, e dizendo que recomeça o seu curso, por metade, a contar da citação (que ele designa como *intimação*) validamente feita ao representante judicial da Fazenda Pública, em termos práticos inibe a tutela jurisdicional do sujeito passivo, pois este teria apenas um ano para ver definitivamente apreciado o seu pedido.

Conquanto a Constituição da República ora determine que "a todos, no âmbito judicial e administrativo, são assegurados a razoável duração do processo e os meios que garantam a celeridade de sua tramitação" (art. 5º, LXXVIII), a realidade consubstanciada na grande morosidade judicial existente não se ajusta ao preceito, sendo inviável sua aplicação, sob pena de vulneração ao princípio da inafastabilidade do controle jurisdicional (art. 5º, XXXV).

8.2.4. Conversão de depósito em renda

A *conversão de depósito em renda*, por sua vez, constitui outra modalidade de pagamento.

A questão revela-se de extrema utilidade, haja vista a frequente situação em que o contribuinte efetua o depósito judicial do valor correspondente à exigência fiscal em discussão, com vista à suspensão da exigibilidade da obrigação, no aguardo do desfecho da ação.

A jurisprudência consolidou-se, há muito, no sentido de que, caso o pedido venha a ser julgado improcedente, a conversão de depósito em renda da Fazenda Pública há de ser feita obrigatoriamente.[153]

Conforme já salientamos, não nos parece seja assim. Em verdade, consoante nosso ordenamento jurídico, o pagamento é forma voluntária de extinção de obrigação (art. 304, CC). Caso assim não ocorra, o credor pode valer-se da *execução forçada*, que reveste disciplina própria. Na hipótese de crédito tributário, é a execução fiscal, regrada pela Lei n. 6.830, de 1980.

---

[153] *Vide* capítulo anterior, referente à suspensão da exigibilidade da obrigação principal, item 7.2.2.

Desse modo, a nosso ver, vencido o contribuinte em ação na qual efetuou o depósito do tributo impugnado, deve este ser instado a manifestar-se quanto à sua intenção de efetuar o respectivo pagamento, na modalidade "conversão de depósito em renda". Caso não pretenda fazê-lo, optando pelo direito que lhe é assegurado pelo ordenamento jurídico de submeter-se à execução forçada, poderá requerer o levantamento do depósito, cabendo ao Juízo intimar previamente o Fisco dessa postulação. Essa é a oportunidade para o Fisco, em garantia de seu crédito, de requerer seja procedida a penhora do valor depositado, viabilizando-se a execução fiscal.

8.2.5. Pagamento antecipado e homologação do lançamento

Extingue, ainda, a obrigação tributária principal, o *pagamento antecipado e a homologação do lançamento* (art. 156, VII, CTN), conforme preceitua o art. 150, § 4º, CTN, *in verbis*:

> Art. 150. (...)
> § 4º Se a lei não fixar prazo à homologação, será ele de cinco anos, a contar da ocorrência do fato gerador; expirado esse prazo sem que a Fazenda Pública se tenha pronunciado, considera-se homologado o lançamento e definitivamente extinto o crédito, salvo se comprovada a ocorrência de dolo, fraude ou simulação.

Portanto, nos tributos sujeitos a lançamento por homologação, como visto, o próprio contribuinte apura o crédito tributário e antecipa seu pagamento, que há de ser homologado, expressa ou tacitamente, para que se consume a extinção do vínculo obrigacional. O prazo quinquenal é de *decadência* (art. 173, CTN). A respeito, remetemos aos comentários efetuados em relação ao lançamento por homologação.[154]

8.2.6. Dação em pagamento

Examinemos a *dação em pagamento*.

Prescreve o art. 356, CC, que "o credor pode consentir em receber prestação diversa da que lhe é devida". Constitui, portanto, modalidade de pagamento na qual o devedor aceita recebê-lo mediante a entrega de prestação distinta da pactuada.

---

[154] Capítulo 6, item 6.2.3, *supra*.

No Código Tributário Nacional encontra-se prevista no art. 156, XI, cuidando-se de hipótese extintiva a ele incorporada pela Lei Complementar n. 104/2001.

Portanto, passou o Código a contemplar expressamente mais uma modalidade de pagamento, traduzida na possibilidade de efetuá-lo mediante a entrega de bens imóveis, tão somente, na forma e condições que vierem a ser estabelecidas em lei.

Observe-se que, enquanto não publicada a lei que introduz os requisitos para a aplicação dessa hipótese, ela será ineficaz. No entanto, a nosso ver, enquanto ausente a regulamentação da norma geral, não ficam inibidas as pessoas políticas de adotarem a possibilidade de dação em pagamento segundo suas próprias normas, com fundamento nos princípios federativo e da autonomia municipal.[155]

Ainda, poder-se-ia indagar se a hipótese não ofende o disposto no art. 3º, CTN, que, ao definir o conceito de tributo, estabelece ser este "prestação pecuniária compulsória, em moeda ou cujo valor nela se possa exprimir (...)".

Pensamos seja negativa a resposta. Em verdade, a norma em foco apenas admite a extinção da obrigação tributária mediante a dação em pagamento, restando preservada a natureza pecuniária da prestação qualificada como tributo.

8.3. COMPENSAÇÃO

Outra modalidade extintiva inspirada no direito privado é a compensação. O Código Civil estatui que, "se duas pessoas forem ao mesmo tempo credor e devedor uma da outra, as duas obrigações extinguem-se, até onde se compensarem" (art. 368), aduzindo que "a compensação efetua-se entre dívidas líquidas, vencidas e de coisas fungíveis" (art. 369).[156]

Da conjugação desses dispositivos, depreendem-se os requisitos indispensáveis a qualquer compensação de créditos: a) reciprocidade de obrigações; b) liquidez das dívidas; c) exigibilidade das obrigações; e d) fungibilidade das coisas devidas.

Cuida-se, desse modo, de um autêntico "encontro de contas", viabilizador da extinção de um ou mais vínculos obrigacionais entre os mesmos sujeitos.

---

[155] A União regulamentou a hipótese na Lei n. 13.259/2016, art. 4º.
[156] O preceito do Código Civil, referente à compensação de dívidas fiscais (art. 374), foi revogado pela Lei n. 10.677/2003, diante da impropriedade da disciplina do tema naquele estatuto normativo.

A respeito da compensação tributária, dispõe o Código Tributário Nacional:

> Art. 170. A lei pode, nas condições e sob as garantias que estipular, ou cuja estipulação em cada caso atribuir à autoridade administrativa, autorizar a compensação de créditos tributários com créditos líquidos e certos, vencidos ou vincendos, do sujeito passivo contra a Fazenda Pública.
>
> Parágrafo único. Sendo vincendo o crédito do sujeito passivo, a lei determinará, para os efeitos deste artigo, a apuração do seu montante, não podendo, porém, cominar redução maior que a correspondente ao juro de 1% (um por cento) ao mês pelo tempo a decorrer entre a data da compensação e a do vencimento.

A compensação tributária, em essência, assemelha-se à prevista na lei civil. De observar-se, contudo, que, nesta, a compensação somente pode ocorrer entre *dívidas líquidas*, enquanto no direito tributário tal modalidade extintiva, nesse aspecto, revela-se mais ampla, visto que *débitos vincendos* também podem por ela ser alcançados.

Saliente-se que, não obstante contemplado no Código Tributário Nacional, desde a sua edição, tal instituto teve pouquíssima utilização até o advento da Lei n. 8.383, de 1991, que possibilitou sua aplicação em nível federal.[157]

No entanto, lamentavelmente, o regramento contido nos atos administrativos destinados a regulamentar o cumprimento dessas disposições rendeu

---

[157] O art. 66 da Lei n. 8.383/91 preceitua: "Art. 66. Nos casos de pagamento indevido ou a maior de tributos, contribuições federais, inclusive previdenciárias, e receitas patrimoniais, mesmo quando resultante de reforma, anulação, revogação ou rescisão de decisão condenatória, o contribuinte poderá efetuar a compensação desse valor no recolhimento de importância correspondente a período subsequente. § 1º A compensação só poderá ser efetuada entre tributos, contribuições e receitas da mesma espécie. § 2º É facultado ao contribuinte optar pelo pedido de restituição. § 3º A compensação ou restituição será efetuada pelo valor do tributo ou contribuição ou receita corrigido monetariamente com base na variação da UFIR. § 4º As Secretarias da Receita Federal e do Patrimônio da União e o Instituto Nacional do Seguro Social – INSS expedirão as instruções necessárias ao cumprimento do disposto neste artigo" (artigo com a redação dada pela Lei n. 9.069/95 (art. 58). Também disciplinam a compensação tributária no âmbito federal as Leis ns. 9.250/95 (art. 39) e 9.430/96 (art. 74), e alterações).

ensejo a milhares de ações judiciais destinadas a impugnar exigências consideradas ilegais, fazendo a compensação perder muito de sua força como meio alternativo de solução de conflitos tributários.[158]

Inicialmente, a disciplina dessa modalidade extintiva da obrigação tributária, no âmbito federal, autorizava a compensação somente entre tributos, contribuições e receitas da mesma espécie (Lei n. 8.383/91 e Lei n. 9.069/95).

Posteriormente, a Lei n. 9.430/96, com as alterações introduzidas pela Lei n. 10.637/2002, possibilitou ao sujeito passivo que apurar créditos, relativos a tributo ou contribuição administrados pela Secretaria da Receita Federal do Brasil, utilizá-los na compensação de débitos próprios, relativos a quaisquer tributos e contribuições administrados por aquele órgão, mediante declaração de compensação, apresentada pelo sujeito passivo (art. 74).

A nosso ver, as alterações promovidas no regime jurídico da compensação tributária, no intuito de ampliar a utilização desse expediente, devem ser aplicadas imediatamente, pois reveladoras da evolução legislativa experimentada pelo instituto, no sentido de prestigiá-lo como meio alternativo de solução de conflitos fiscais. Não há, portanto, que se falar em ofensa ao princípio da irretroatividade da lei (art. 5º, XXXVI, CR), uma vez que a compensação é expediente benéfico a ambos os sujeitos da relação obrigacional tributária.

Ainda, a Lei Complementar n. 104/2001 veio acrescentar novo artigo ao Código Tributário Nacional, inovando a disciplina da compensação tributária:

> Art. 170-A. É vedada a compensação mediante o aproveitamento de tributo, objeto de contestação judicial pelo sujeito passivo, antes do trânsito em julgado da respectiva decisão judicial.

---

[158] O STJ editou súmulas a propósito de tais ações: Súmula 212: "A compensação de créditos tributários não pode ser deferida em ação cautelar ou por medida cautelar ou antecipatória", cancelada após o STF ter declarado a inconstitucionalidade do art. 7º, § 2º, da Lei n. 12.016/2009, que proíbe expressamente a concessão de medida liminar para compensação de créditos tributários (ADI 4.296, j. 9.6.2021); Súmula 213: "O mandado de segurança constitui ação adequada para a declaração do direito à compensação tributária"; Súmula 460: "É incabível o mandado de segurança para convalidar a compensação tributária realizada pelo contribuinte"; Súmula 461: "O contribuinte pode optar por receber, por meio de precatório ou por compensação, o indébito tributário certificado por sentença declaratória transitada em julgado"; e Súmula 464: "A regra de imputação de pagamentos estabelecida no art. 354 do Código Civil não se aplica às hipóteses de compensação tributária".

Tal dispositivo propicia controvérsia quanto à sua interpretação.

Pensamos que a inteligência da norma é prestigiar o atributo da *certeza do crédito* do contribuinte, objeto de impugnação judicial, de modo a qualificá-lo para efeito de compensação. Assim, se o direito de crédito do contribuinte não se revestir da certeza outorgada mediante a imutabilidade dos efeitos da decisão judicial (*coisa julgada material*), a compensação não poderá ser efetuada.

Sustentamos, porém – antes mesmo da introdução dos institutos da repercussão geral e dos recursos repetitivos em nosso ordenamento jurídico –, que tal norma não se aplicaria às hipóteses em que o crédito do contribuinte resultasse do reconhecimento da inconstitucionalidade da exigência fiscal pelo STF, quer em ação direta, quer em sede de recurso extraordinário. Isso porque, nesse caso, a almejada certeza do crédito estaria estampada no pronunciamento da mais alta Corte do País, sendo desnecessária a obtenção de coisa julgada em ação individual.

Diante do emprego de tais instrumentos de coletivização de julgamentos, com maior razão há que se entender prescindível a obtenção da coisa julgada individual.[159]

8.4. TRANSAÇÃO

O Código Civil contempla a transação como modalidade contratual, nestes termos:

> Art. 840. É lícito aos interessados prevenirem ou terminarem o litígio mediante concessões mútuas.

A transação, no campo tributário, ostenta perfil bem diferente. A começar porque, por óbvio, não possui natureza contratual, como expressa o art. 171, CTN:

> Art. 171. A lei pode facultar, nas condições que estabeleça, aos sujeitos ativo e passivo da obrigação tributária celebrar transação que,

---

[159] Para ilustrar o afirmado, veja se acórdão do TRF 3ª Região, de nossa relatoria: ApCv 770.064/SP, 6ª T., j. 25.4.2007. Observe se que o STJ firmou posicionamento contrário, entendendo que a apontada vedação aplica se inclusive às hipóteses de reconhecida inconstitucionalidade do tributo devidamente recolhido (1ª S., REsp 116.703-9/DF, Rel. Min. Teori Zavascki, j. 25.8.2010).

mediante concessões mútuas, importe em determinação de litígio e consequente extinção de crédito tributário.

Parágrafo único. A lei indicará a autoridade competente para autorizar a transação em cada caso.

Também, a transação no âmbito fiscal somente pode ser *terminativa de litígio*, o qual, a nosso ver, tanto pode ser de natureza judicial ou administrativa.

O emprego da transação em relação a obrigações tributárias sempre deu margem à polêmica, diante do entendimento, algo generalizado, de que a figura é incompatível com o regime de direito público, no qual exsurge, como princípio de maior importância, a indisponibilidade do interesse público, que predicaria a impossibilidade de transação.

Entretanto, a objeção não nos parece válida, uma vez que a transação, nesse contexto, somente poderá ser efetuada observados os parâmetros fixados na Constituição e na lei, em consonância com o aludido princípio.[160]

Autêntico instrumento de praticabilidade tributária, por vezes a transação revelar-se-á mais vantajosa ao interesse público do que o prolongamento ou a eternização do conflito.

Convém anotar, ademais, que a transação, tal como disciplinada em nosso direito positivo, é inconfundível com o parcelamento: enquanto este é causa de suspensão da exigibilidade da obrigação tributária principal, a transação propicia sua extinção.

8.5. REMISSÃO

A *remissão* constitui outra modalidade de extinção da obrigação tributária principal e, tal como no direito privado (arts. 385 a 388, CC), significa *perdão*.[161]

---

[160] Assim já nos manifestamos (*Praticabilidade e Justiça Tributária...*, cit., p. 206). Assinale-se que a União deu importante passo na promoção da utilização desse instrumento destinado à composição de conflitos na área tributária mediante a edição da Lei n. 9.469/97, que veicula normas gerais a respeito do assunto, e atualização dada ao seu texto pela Lei n. 11.941/2009. A Lei n. 13.140/2015 introduziu novidades no regime da transação (arts. 35 e 44) e a Lei n. 13.988/2020 trouxe nova disciplina para a transação no âmbito federal. Ainda, a Lei n. 14.112/2020, ao alterar a Lei n. 10.522/2002, contempla o regramento da transação para as empresas em recuperação judicial. *Vide* Parte V, Capítulo 2, item 2.6.

[161] Importante assinalar que *remissão* corresponde ao verbo *remitir*, não se confundindo com *remição*, que vem do verbo *remir* e significa pagamento, resgate.

No Código Tributário Nacional a remissão está disciplinada no art. 172, assim expresso:

> Art. 172. A lei pode autorizar a autoridade administrativa a conceder, por despacho fundamentado, remissão total ou parcial do crédito tributário, atendendo:
>
> I – à situação econômica do sujeito passivo;
>
> II – ao erro ou ignorância excusáveis do sujeito passivo, quanto a matéria de fato;
>
> III – à diminuta importância do crédito tributário;
>
> IV – a considerações de equidade, em relação com as características pessoais ou materiais do caso;
>
> V – a condições peculiares a determinada região do território da entidade tributante.
>
> Parágrafo único. O despacho referido neste artigo não gera direito adquirido, aplicando-se, quando cabível, o disposto no art. 155.

A remissão, nos moldes apontados, respeita ao crédito tributário e somente pode ser concedida por lei, em função do já por tantas vezes lembrado princípio da indisponibilidade do interesse público.

O Texto Fundamental a ela se refere em seu art. 150, § 6º, segundo o qual "qualquer subsídio ou isenção, redução de base de cálculo, concessão de crédito presumido, anistia ou *remissão*, relativos a impostos, taxas ou contribuições, só poderá ser concedido mediante lei específica, federal, estadual ou municipal, que regule exclusivamente as matérias acima enumeradas ou o correspondente tributo ou contribuição, sem prejuízo do disposto no art. 155, § 2º, XII, *g*".[162] O instituto também é mencionado no art. 195, § 11, que veda a concessão de *remissão* ou anistia da contribuição social incidente sobre a folha de salários e das contribuições devidas pelos trabalhadores e demais segurados da previdência social, para débitos em montante superior ao fixado em lei complementar.

Por outro lado, não se pode confundir remissão com *anistia*, figura prevista no Código Tributário Nacional em seus arts. 175, II, e 180 a 182. Esta também constitui espécie de perdão, mas possui outro objeto: as infrações fiscais. Mediante a concessão de anistia pode-se perdoar uma infração à lei

---

[162] Destaque nosso.

tributária ou, apenas, a sanção dela decorrente.[163] Logo, a remissão é o perdão no âmbito da obrigação de pagar tributo, enquanto a anistia é o perdão pertinente à relação sancionatória.

A remissão pode ser *total* ou *parcial* e ter por fundamento uma das cinco hipóteses descritas no art. 172, CTN: 1) situação econômica do sujeito passivo; 2) erro ou ignorância escusáveis do sujeito passivo, quanto a matéria de fato; 3) diminuta importância do crédito tributário; 4) considerações de equidade, em relação com as características pessoais ou materiais do caso; e 5) condições peculiares a determinada região da entidade tributante.

A dicção do parágrafo único desse dispositivo pode ensejar errônea interpretação de seu conteúdo. A referência ao art. 155, CTN, faz sugerir que a remissão pode ser "revogada", não gerando direito adquirido, revelando a impropriedade da linguagem empregada pelo legislador.[164] Com efeito, conforme já salientamos em nossos comentários ao art. 155, CTN, uma vez preenchidos os requisitos legais pelo interessado, faz ele jus à remissão, deferida mediante ato administrativo de natureza vinculada. O ato administrativo de concessão da remissão pode, sim, ser cassado, se verificado que o interessado deixou de preencher algum requisito necessário à fruição dessa situação jurídica.

8.6. DECADÊNCIA

A decadência e a prescrição são expressões de *segurança jurídica*, fundadas na ideia de que a *inércia no exercício de um direito*, pelo prazo legalmente assinalado, conduz ao seu perecimento. Figuram entre as categorias jurídicas mais polêmicas quanto à sua conceituação, não sendo diferente no direito tributário, que lhes empresta uma disciplina peculiar, distinta da observada no âmbito do direito privado.[165]

Recorde-se que as normas pertinentes à decadência e à prescrição somente podem ser veiculadas por lei complementar, à luz do disposto no art. 146, III, *b*, CR. Em consequência, leis ordinárias das pessoas políticas não podem prescrever sobre tais temas.

---

[163] Sobre a anistia, *vide* Capítulo 9, item 9.3, *infra*.
[164] Lembre-se que a revogação constitui modalidade de extinção de ato administrativo discricionário, tão somente, e deve respeitar o direito adquirido, conforme enuncia a Súmula 473, STF.
[165] Arts. 189 a 211, CC.

Analisemos, por primeiro, a disciplina da decadência ou caducidade.
O art. 173, CTN, assim prescreve:

> Art. 173. O direito de a Fazenda Pública constituir o crédito tributário extingue-se após 5 (cinco) anos, contados:
> I – do primeiro dia do exercício seguinte àquele em que o lançamento poderia ter sido efetuado;
> II – da data em que se tornar definitiva a decisão que houver anulado, por vício formal, o lançamento anteriormente efetuado.
> Parágrafo único. O direito a que se refere este artigo extingue-se definitivamente com o decurso do prazo nele previsto, contado da data em que tenha sido iniciada a constituição do crédito tributário pela notificação, ao sujeito passivo, de qualquer medida preparatória indispensável ao lançamento.

A *decadência*, genericamente considerada, corresponde à *extinção de um direito material* pelo seu não exercício durante determinado lapso temporal, fixado em lei. Portanto, pressupõe a inércia do titular do direito em exercê-lo.

No âmbito tributário, a decadência refere-se à extinção do direito da Fazenda Pública – traduzido em poder-dever – de efetuar o lançamento, em razão de sua inércia pelo decurso do prazo de cinco anos.[166]

O Código prevê duas hipóteses de *termo inicial* para a fluência do prazo decadencial: I) o primeiro dia do exercício seguinte àquele em que o lançamento poderia ter sido efetuado; e II) a data em que se tornar definitiva a decisão que houver anulado, por vício formal, o lançamento anteriormente efetuado.

Vê-se que, consoante a hipótese do inciso I, o prazo decadencial sempre iniciar-se-á algum tempo depois de a inércia da Fazenda Pública ter se manifestado, uma vez que a lei posterga o termo *a quo* para o primeiro dia do exercício seguinte àquele em que o lançamento poderia ter sido efetuado. Trata-se, portanto, de prerrogativa deferida à Fazenda Pública, justificada pelo princípio da indisponibilidade do patrimônio público, porquanto, por meio de tal norma, outorga-se mais tempo para a prática do lançamento.

Há de se salientar que tal regra é aplicável aos casos de *lançamento de ofício ou misto*, porquanto, para os tributos sujeitos a *lançamento por homologação*,

---

[166] Relembre-se que o CTN qualifica a atividade administrativa de lançamento como "vinculada e obrigatória" (art. 142, parágrafo único).

que constituem a grande maioria no direito atual, impende distinguir-se, basicamente, se houve ou não a antecipação do pagamento pelo contribuinte.

Desse modo, não há falar em decadência se ocorre o pagamento antecipado e a autoridade administrativa o homologa, expressa ou tacitamente, porquanto, no caso, tem-se o lançamento por realizado e o débito extinto (art. 156, VII, CTN).

O prazo decadencial, no caso, é o constante do art. 150, § 4º, *in fine*, segundo o qual, "se a lei não fixar prazo à homologação, será ele de 5 (cinco) anos, a contar da ocorrência do fato gerador; expirado esse prazo sem que a Fazenda Pública se tenha pronunciado, considera-se homologado o lançamento e definitivamente extinto o crédito, salvo se comprovada a ocorrência de dolo, fraude ou simulação".

Diversamente, se o contribuinte não realiza o pagamento antecipado nem apresenta declaração de débito, cabe ao Fisco realizar o lançamento de ofício substitutivo, sendo que o prazo decadencial, nessa hipótese, observa a regra inserta no art. 173, I, CTN – cinco anos contados do primeiro dia do exercício seguinte àquele em que o lançamento poderia ter sido efetuado.[167]

Remarque-se, portanto, que, cuidando-se de tributo sujeito a lançamento por homologação, tendo ocorrido o pagamento antecipado e não sendo o caso de homologação, a contagem do prazo decadencial, para que o Fisco possa proceder ao lançamento de ofício, é efetuada de maneira distinta, desatrelada da noção de exercício financeiro.

Quanto ao termo inicial de decadência prescrito no inciso II – a data em que se tornar definitiva a decisão em que houver sido anulado, por vício formal, o lançamento anteriormente efetuado –, tem-se, aqui, a hipótese de anulação administrativa ou judicial do lançamento, reabrindo-se o prazo de cinco anos para o Fisco efetuá-lo.

Essa norma aponta outro relevante aspecto de distinção entre o regime de decadência disciplinado na lei civil e o estabelecido na lei tributária. No direito

---

[167] Nesse sentido a Súmula 555, STJ: "Quando não houver declaração de débito, o prazo decadencial quinquenal para o Fisco constituir o crédito tributário conta-se exclusivamente na forma do art. 173, I, do CTN, nos casos em que a legislação atribui ao sujeito passivo o dever de antecipar o pagamento sem prévio exame da autoridade administrativa". Também, como já referido, a mesma Corte consagrou o entendimento segundo o qual o depósito do montante integral do tributo efetuado com a finalidade de suspender a exigibilidade equivale a lançamento por homologação tácito e, assim, não há falar em decadência (1ª S., EREsp 898.992/PR, Rel. Min. Castro Meira, j. 8.8.2007).

privado, "salvo disposição legal em contrário, não se aplicam à decadência as normas que impedem, suspendem ou interrompem a prescrição" (art. 207, CC). Diversamente, consoante se extrai da norma do art. 173, II, CTN, o prazo decadencial é *passível de interrupção*, visto que a decisão anulatória do lançamento anteriormente efetuado faz com que recomece a fluir o prazo decadencial.

A regra contida no parágrafo único do art. 173, por sua vez, estabelece que "o direito de efetuar o lançamento extingue-se definitivamente com o decurso do aludido prazo quinquenal, contado da data em que tenha sido iniciada a constituição do crédito tributário pela notificação, ao sujeito passivo, de qualquer medida preparatória indispensável ao lançamento".

Apesar da redação imprópria – já que a extinção de direito é sempre definitiva –, esse preceito aponta outro termo inicial de fluência do prazo decadencial, aplicável à hipótese da adoção de medida preparatória indispensável ao lançamento (ex.: investigação procedida pelo Fisco), antecipando tal prazo, que escoará a partir da notificação ao sujeito passivo, e não do primeiro dia do exercício seguinte àquele em que o lançamento poderia ter sido efetuado (art. 173, I).

Enfim, consumada a decadência, extingue-se o direito de efetuar o lançamento e, consequentemente, o direito de exigir o crédito tributário, operando-se a extinção da obrigação tributária principal.

8.7. PRESCRIÇÃO

A *prescrição*, por sua vez, vem disciplinada no art. 174:

> Art. 174. A ação para a cobrança do crédito tributário prescreve em cinco anos, contados da data da sua constituição definitiva.
>
> Parágrafo único. A prescrição se interrompe:
>
> I – pelo despacho do juiz que ordenar a citação em execução fiscal;[168]
>
> II – pelo protesto judicial;

---

[168] Redação dada pela Lei Complementar n. 118/2005. A redação original do inciso I era a seguinte: "pela citação pessoal feita ao devedor". Antecipou-se, assim, a interrupção da prescrição nessa hipótese, secundando a orientação jurisprudencial consolidada no sentido de que a morosidade da máquina judiciária para a realização do ato citatório não pode acarretar prejuízos ao autor, dentre os quais a consumação do prazo prescricional.

III – por qualquer ato judicial que constitua em mora o devedor;

IV – por qualquer ato inequívoco ainda que extrajudicial, que importe em reconhecimento do débito pelo devedor.

A prescrição, outra expressão de segurança jurídica, é instituto associado à ideia de *perda do direito de ação* ante o seu não exercício, por certo período de tempo. Aproxima-se da decadência porque, igualmente, pressupõe a inércia do titular do direito em exercê-lo no prazo assinalado pela lei. No entanto, dela distancia-se porque, consoante o entendimento clássico a respeito do assunto, não atinge o direito material, mas somente a possibilidade de sua proteção ser reclamada judicialmente, vale dizer, o direito de ação (art. 5º, XXXV, CR).

No Direito Tributário, a prescrição corresponde à perda do direito do Fisco (poder-dever) de ajuizar a ação de execução do crédito tributário – a execução fiscal, disciplinada pela Lei n. 6.830/80.

O prazo prescricional flui a partir da data da "constituição definitiva do crédito tributário", ou seja, do *lançamento eficaz*, assim entendido aquele regularmente comunicado, pela notificação, ao devedor. A partir daí flui o prazo para o sujeito passivo pagar ou apresentar impugnação. No silêncio deste ou decidida definitivamente a impugnação no sentido da legitimidade da exigência, começa a correr o tempo dentro do qual a Fazenda Pública poderá ingressar com a execução fiscal.

Assinale-se que, no caso de tributos sujeitos a lançamento por homologação, diante do distinto regime jurídico que os disciplina, a *declaração de débito tributário* efetuada pelo sujeito passivo corresponde ao lançamento eficaz.[169]

As *causas interruptivas* da prescrição são, taxativamente, as arroladas no parágrafo único do art. 174. Diante da ocorrência de qualquer uma delas, o prazo para a Fazenda Pública proceder ao lançamento eficaz recomeça a correr, em sua integralidade.

A fluência da prescrição tributária, evidentemente, também é passível de *suspensão*. Para tanto, necessário que se dê uma causa de suspensão da exigi-

---

[169] É o caso, por exemplo, da Declaração de Débitos e Créditos Tributários Federais – DCTF, e da Guia de Informação e Apuração do ICMS – GIA. Nesse sentido, a jurisprudência firmada no STJ, cristalizada no enunciado da Súmula 436: "A entrega de declaração pelo contribuinte reconhecendo débito fiscal constitui o crédito tributário, dispensada qualquer outra providência por parte do Fisco".

bilidade do crédito tributário (art. 151, CTN)[170] quando a Fazenda Pública já esteja autorizada a ajuizar a ação de execução fiscal. É o que ocorre, por exemplo, quando o contribuinte obtém a concessão liminar da medida ou a antecipação de tutela, ou, mesmo, quando efetua o depósito judicial do montante integral da exigência fiscal (art. 151, II, IV e V, CTN).

Nessas hipóteses, a suspensão da exigibilidade do crédito tributário acarretará a suspensão da fluência do prazo prescricional, uma vez que, impedida de promover a cobrança de seu crédito, não se poderá imputar inércia à Fazenda Pública, pressuposto indispensável ao reconhecimento da prescrição.

Portanto, cessada a causa suspensiva, o prazo prescricional retoma seu curso, fluindo pelo tempo restante.

Em síntese, válido frisar que a *decadência* e a *prescrição* tributárias são institutos inconfundíveis: a primeira respeita ao *prazo para o exercício do direito de efetuar o lançamento do tributo*, enquanto a segunda diz com o *prazo para o exercício de direito de cobrá-lo*. O primeiro prazo extintivo pressupõe a ausência de lançamento; o segundo, flui a partir do lançamento eficaz.

8.8. DECISÃO ADMINISTRATIVA IRREFORMÁVEL

Segundo o disposto no art. 156, IX, CTN, extingue a obrigação tributária a decisão administrativa irreformável "assim entendida a definitiva na órbita administrativa, que não mais possa ser objeto de ação anulatória".

Mediante essa norma, o Código reporta-se à decisão proferida em sede de processo administrativo, acerca da impugnação do sujeito passivo a determinada exigência tributária.

Se a Administração Fiscal acolhe, legitimamente, a pretensão do contribuinte, tal decisão adquire caráter irreformável. A situação equivale ao que a doutrina clássica do direito administrativo denomina *coisa julgada administrativa*.[171] Assim, por exemplo, impugnada a exigência fiscal na esfera administrativa, e reconhecida sua invalidade, resta extinta a obrigação tributária.

---

[170] A respeito do tema, *vide* item 8.7.
[171] Registre-se a advertência de Maria Sylvia Zanella Di Pietro acerca desse conceito: "No entanto, há que se ter em conta que, sendo muito diversas as funções jurisdicional e administrativa, pela forma como nelas atua o Estado, não se pode simplesmente transpor uma noção, como a de coisa julgada, de um ramo, onde tem pleno fundamento, para outro, em que não se justifica. Na função

A cláusula segundo a qual se reputa decisão administrativa irreformável somente aquela que "não mais possa ser objeto de ação anulatória", dá a entender que o Fisco pode buscar judicialmente a invalidação de decisão administrativa definitiva favorável ao contribuinte. Tal conclusão, no entanto, é incompatível com o sistema constitucional adotado, uma vez que a Administração Pública aplica a lei aos casos concretos e, assim, soluciona conflitos em que é parte, exercendo controle de legalidade sobre seus atos. Logo, na hipótese, não possui interesse de agir para buscar tal prestação jurisdicional.[172]

8.9. DECISÃO JUDICIAL PASSADA EM JULGADO

Por fim, aponta o inciso X do art. 156, como modalidade extintiva da obrigação tributária principal, a decisão judicial passada em julgado.

Essa referência é meramente didática, porquanto, ainda que não expressa, seria forçoso concluir-se constituir ela modalidade de extinção do vínculo obrigacional.

Isso porque, à vista do *princípio da universalidade da jurisdição*, também denominado *princípio da inafastabilidade do controle jurisdicional*, "a lei não excluirá da apreciação do Poder Judiciário nenhuma lesão ou ameaça a direito" (art. 5º, XXXV, CR).

Desse modo, provocado o Poder Judiciário mediante ação do sujeito passivo para discutir a exigência fiscal ou mediante a propositura, pela Fazenda

---

jurisdicional, o Poder Judiciário atua como terceiro estranho à lide; a relação é trilateral, porque compreende autor, réu e juiz, não sendo este *parte* na relação que vai decidir. Por isso mesmo, a função é *imparcial* e, como tal, torna-se definitiva, pondo fim ao conflito; por outras palavras, ela produz coisa julgada. Na função administrativa, a Administração Pública é *parte* na relação que aprecia; por isso mesmo se diz que a *função é parcial* e, partindo do princípio de que ninguém é juiz e parte ao mesmo tempo, a decisão não se torna definitiva, podendo sempre ser apreciada pelo Poder Judiciário, se causar lesão ou ameaça de lesão. Portanto, a expressão *coisa julgada*, no Direito Administrativo, não tem o mesmo sentido que no Direito Judiciário. Ela significa apenas que a decisão se tornou *irretratável pela própria Administração*" (*Direito Administrativo*, cit., pp. 892-893, destaques do original).

[172] Cabe lembrar, uma vez mais, a Súmula 473, STF, que sintetiza o teor do princípio da autotutela: "A Administração pode anular seus próprios atos, quando eivados de vícios que os tornam ilegais, porque deles não se originam direitos; ou revogá-los, por motivo de conveniência ou oportunidade, respeitados os direitos adquiridos, e ressalvada, em todos os casos, a apreciação judicial".

Pública, de execução fiscal, o pronunciamento judicial definitivo, no sentido da invalidade do crédito tributário, culminará em *coisa julgada material*, extinguindo, em consequência, a obrigação tributária.[173]

Vistas as diversas modalidades extintivas da obrigação principal, o próximo capítulo é dedicado ao tema da exclusão do crédito tributário.

---

[173] Art. 502, CPC: "Denomina-se coisa julgada material a autoridade que torna imutável e indiscutível a decisão de mérito não mais sujeita a recurso". Anote-se, porém, que, em relação à coisa julgada em matéria tributária, o STF fixou a seguinte tese: "1. As decisões do STF em controle incidental de constitucionalidade, anteriores à instituição do regime de repercussão geral, não impactam automaticamente a coisa julgada que se tenha formado, mesmo nas relações jurídicas tributárias de trato sucessivo. 2. Já as decisões proferidas em ação direta ou em sede de repercussão geral interrompem automaticamente os efeitos temporais das decisões transitadas em julgado nas referidas relações, respeitadas a irretroatividade, a anterioridade anual e a noventena ou a anterioridade nonagesimal, conforme a natureza do tributo" (Tema 881, RE 949.297-CE, Red. p/ o acórdão Min. Roberto Barroso, j. 8.2.2023).

9. Exclusão do Crédito Tributário

9.1. CONSIDERAÇÕES GERAIS

O Código Tributário Nacional coloca sob a rubrica "exclusão do crédito tributário" dois conceitos de natureza absolutamente diversa: a isenção e a anistia. A denominação, a nosso ver, é de todo imprópria, não somente pela já apontada ilogicidade da separação entre crédito e débito, como também porque não se dá autêntica "exclusão".

A semelhança existente entre os institutos é, *grosso modo*, pertinente aos efeitos, uma vez que, tanto diante da isenção quanto da anistia, o contribuinte está exonerado de efetuar o pagamento do tributo e da penalidade pecuniária, respectivamente.

Tal aproximação é efetuada pela própria Constituição, que, em seu art. 150, § 6º, dispõe que "qualquer subsídio ou *isenção*, redução de base de cálculo, concessão de crédito presumido, *anistia* ou remissão, relativos a impostos, taxas ou contribuições, só poderá ser concedido mediante lei específica, federal, estadual ou municipal, que regule exclusivamente as matérias acima enumeradas ou o correspondente tributo ou contribuição, sem prejuízo do disposto no art. 155, § 2º, XII, *g*".[174]

Em nível infraconstitucional, a Lei Complementar n. 101/2000 (Lei de Responsabilidade Fiscal) considera a anistia e a isenção hipóteses de *renúncia de receita*, nos termos de seu art. 14, *caput* e § 1º, impondo limitações à sua concessão.[175]

---

[174] Destaques nossos.
[175] "Art. 14. A concessão ou ampliação de incentivo ou benefício de natureza tributária da qual decorra renúncia de receita deverá estar acompanhada de estimativa do impacto orçamentário-financeiro no exercício em que deva iniciar sua vigência e nos dois seguintes, atender ao disposto na lei de diretrizes orçamen-

Dispõe o art. 175, CTN:

> Art. 175. Excluem o crédito tributário:
>
> I – a isenção;
>
> II – a anistia.
>
> Parágrafo único. A exclusão do crédito tributário não dispensa o cumprimento das obrigações acessórias, dependentes da obrigação principal cujo crédito seja excluído, ou dela consequente.

O parágrafo único, didaticamente, declara que as *obrigações acessórias*, de que cuida o art. 113, § 2º, CTN, não são afetadas pelo não surgimento da *obrigação principal* em razão da isenção, nem pelo perdão do pagamento da multa em virtude de anistia, porquanto consubstanciam relações jurídicas distintas.

9.2. ISENÇÃO: PERFIL CONSTITUCIONAL

A isenção é instituto cuja natureza jurídica ainda é controvertida. Classicamente definida como "favor legal consubstanciado na dispensa de pagamento do tributo devido",[176] ou ainda como "hipótese de não incidência legalmente qualificada",[177] a doutrina mais moderna a vem entendendo como norma impeditiva do exercício da competência tributária em certas situações, em razão da mutilação de um ou de alguns aspectos da hipótese de incidência.[178]

Singelamente, entendemos constituir a isenção espécie de *exoneração* tributária, estabelecida em lei e, assim, impeditiva da produção de efeitos da norma consistente na hipótese de incidência. Portanto, existindo norma isentiva, impedido estará o exercício da competência tributária. Em consequência, não poderá surgir a obrigação principal, pelo que temos por equivocadas as ideias

---

tárias e a pelo menos uma das seguintes condições: (...) § 1º A renúncia compreende *anistia*, remissão, subsídio, crédito presumido, *concessão de isenção em caráter não geral*, alteração de alíquota ou modificação de base de cálculo que implique redução indiscriminada de tributos ou contribuições, e outros benefícios que correspondam a tratamento diferenciado" (destaques nossos).

[176] Rubens Gomes de Sousa, *Compêndio de Legislação Tributária*, cit., p. 97.
[177] José Souto Maior Borges, *Teoria Geral da Isenção Tributária*, 3. ed., São Paulo: Malheiros Editores, 2011.
[178] Cf. Paulo de Barros Carvalho, *Curso de Direito Tributário*, cit., pp. 481-488.

segundo as quais a isenção consiste na "dispensa legal do pagamento do tributo" ou, mesmo, que represente modalidade de "exclusão do crédito tributário", já que este supõe a existência do vínculo obrigacional.

A isenção tem sempre por fonte a *lei* (art. 150, § 6º, CR), lei essa da mesma pessoa política competente para instituir o tributo de cuja exoneração se trate, uma vez vedada, como regra, pela Constituição, a possibilidade de concessão de *isenção heterônoma*, isto é, aquela concedida por pessoa política distinta da que possui a competência para instituir o tributo (art. 151, III, CR).[179]

Ainda no plano constitucional, o art. 151, I, ao contemplar o *princípio da uniformidade tributária*, consequente do princípio federativo, autoriza a União a conceder incentivos fiscais destinados a promover o equilíbrio do desenvolvimento socioeconômico entre as diferentes regiões do País, dentre as quais a isenção revela-se um dos mais eficazes.

A outorga de isenção deve ser necessariamente fundada em razões de *interesse público*, sob pena de vulnerar-se o princípio da *isonomia* e, mais especialmente, uma de suas manifestações no campo tributário, qual seja, o princípio da *generalidade da tributação*, segundo o qual todo aquele que protagonizar determinada situação, descrita em lei como necessária e suficiente para deflagrar o nascimento de obrigação tributária, será sujeito passivo do tributo correspondente (art. 150, I, CR).

Aduza-se que a isenção também pode atuar como um importante instrumento de realização da *extrafiscalidade*, pois, mediante sua concessão, modula-se o comportamento dos sujeitos com vista ao atingimento de finalidades sociais, econômicas e outras de interesse público. Daí podermos falar em isenções fiscais e extrafiscais.

A lei de isenção deve identificar precisamente o(s) tributo(s) a que se refere e as condições necessárias à sua fruição.

9.2.1. Isenção e imunidade

Convém remarcarmos, neste passo, que a isenção não se confunde com a imunidade, embora conduzam ao mesmo efeito prático: o não surgimento da obrigação tributária principal.[180]

---

[179] *Vide* análise do art. 151, III, CR, na Parte II do Capítulo 3, item 3.2.2.10.
[180] Sobre imunidades, *vide* Parte II, Capítulo 3, item 3.3.

Imunidade é a exoneração, fixada constitucionalmente, traduzida em norma expressa impeditiva da *atribuição* de competência tributária ou extraível, necessariamente, de um ou mais princípios constitucionais, a qual confere direito público subjetivo a certas pessoas, nos termos por ela delimitados, de não se sujeitarem à tributação.[181] Já a *isenção* tem por fonte a lei, configurando norma impeditiva do *exercício* dessa mesma competência em determinadas situações.

Daí por que, embora ambas constituam hipóteses de exoneração tributária, apresentam-se como institutos paralelos.

Assim entendidas, imunidade e isenção têm *pontos em comum:* 1) ambas são *regras de estrutura*, que estabelecem a incompetência para tributar; 2) são, em consequência, *regras parciais, de exceção,* que só fazem sentido em combinação com a norma atributiva de competência tributária – no caso da imunidade – e da hipótese de incidência tributária – no caso da isenção; 3) podem ter por objeto *quaisquer espécies tributárias*; 4) são justificadas pela *perseguição de fins constitucionais*.

Por outro lado, as principais *diferenças* entre os institutos podem, então, ser assim sumariadas: 1) a imunidade é, por natureza, *norma constitucional*, enquanto a isenção é *norma legal*, com ou sem suporte expresso em preceito constitucional; 2) a norma imunizante situa-se no plano da *definição da competência tributária*, alocando-se a isenção, por seu turno, no plano do *exercício da competência tributária*; 3) a eliminação da norma imunitória somente pode ser efetuada mediante o exercício do *Poder Constituinte Originário*, porquanto as imunidades são cláusulas pétreas; uma vez eliminada a isenção, por lei, restabelece-se a eficácia da lei instituidora do tributo, observados os princípios pertinentes.[182]

Sintetizando o pensamento exposto, na imunidade não ocorre o fato jurídico-tributário por não existir a possibilidade de formulação da hipótese de incidência; na isenção não ocorre o fato imponível, uma vez que o legislador competente, mediante norma diversa, impediu a atuação da hipótese de incidência em relação a um ou alguns de seus aspectos.

---

[181] Cf. nosso *Imunidades Tributárias – Teoria e Análise da Jurisprudência do STF*, cit., p. 58.
[182] Em nosso *Imunidades Tributárias*, cit., pp. 115-121, dissertamos mais detidamente sobre tais diferenças.

9.2.2. Espécies de isenções

Ainda, as isenções podem apresentar diversas naturezas.

As isenções podem ser qualificadas como *subjetivas* – se referidas a determinada pessoa – ou *objetivas* – quando outorgadas em função de determinado objeto.

Também, podem ser classificadas em isenções *técnicas* e isenções *políticas*. As primeiras são aquelas legitimamente reconhecidas diante da ausência de capacidade contributiva, como é o caso da isenção destinada à preservação do "mínimo vital", assim entendido como o mínimo de riqueza para uma pessoa física sustentar a si e a sua família com dignidade,[183] ou para uma pessoa jurídica desenvolver suas atividades. Já as isenções políticas beneficiam, em regra, pessoas que detêm capacidade de contribuir, mas são outorgadas em função de outras finalidades, prestigiadas constitucionalmente.[184]

Ainda, há isenções condicionadas e incondicionadas, e por prazo certo e indeterminado, que serão objeto de nosso comentário no tópico seguinte.

9.2.3. A disciplina do Código Tributário Nacional

Vejamos como o Código disciplina a isenção.

Prescreve o art. 176:

> Art. 176. A isenção, ainda quando prevista em contrato, é sempre decorrente de lei que especifique as condições e requisitos exigidos para a sua concessão, os tributos a que se aplica e, sendo caso, o prazo de sua duração.
>
> Parágrafo único. A isenção pode ser restrita a determinada região do território da entidade tributante, em função de condições a ela peculiares.

O dispositivo contido no *caput*, secundando a Constituição (art. 150, § 6º), reitera que a isenção tem por fonte a lei, sendo que a referência a "contrato" não deve conduzir à conclusão de que a isenção possa ter fonte contratual: o contrato pode referir-se à isenção, mas esta somente pode ser concedida por lei.

---

[183] Conforme o princípio constitucional da dignidade da pessoa humana (art. 3º, III). *Vide* Parte II, Capítulo 3, itens 3.2.1.2 e 3.2.2.7.

[184] Cf. nosso *Princípio da Capacidade Contributiva*, cit., pp. 77-78.

E, em consonância com o art. 151, I, CR, o parágrafo único do art. 176, CTN, expressa que a isenção pode ser outorgada em função do âmbito territorial, uma vez existente justificativa para o tratamento diferenciado, em respeito ao princípio da isonomia.

Em seguida, o art. 177 preceitua:

> Art. 177. Salvo disposição de lei em contrário, a isenção não é extensiva:
> I – às taxas e às contribuições de melhoria;
> II – aos tributos instituídos posteriormente à sua concessão.

A cláusula inicial, inscrita no *caput* do artigo, indica tratar-se de mais uma norma supletiva. A isenção, em regra, refere-se tão somente a impostos. Todavia, não há óbice na outorga de isenção em relação a outras espécies tributárias, desde que a lei assim autorize. Também, como regra, a isenção, constituindo modalidade de exoneração tributária, reporta-se a tributos em relação aos quais a competência tributária já foi exercida, não cabendo entender implícita a sua abrangência a tributos instituídos posteriormente à sua concessão, diante da ausência de norma nesse sentido.

O art. 178, CTN, por seu turno, estatui acerca da isenção condicionada e por prazo determinado:

> Art. 178. A isenção, salvo se concedida por prazo certo e em função de determinadas condições, pode ser revogada ou modificada por lei, a qualquer tempo, observado o disposto no inciso III do art. 104.

Desse dispositivo extrai-se que as isenções são classificáveis em *condicionadas* e *incondicionadas* e por *prazo certo* e *indeterminado*.

A isenção condicionada e por prazo certo não pode ser extinta pela pessoa política tributante antes do termo final assinalado, sob pena de ofensa ao direito adquirido, à vista do *princípio da segurança jurídica*.[185] A remissão ao art. 104, III, da Constituição de 1946 refere-se à *anterioridade da lei tributária*, superiormente contemplada nos arts. 150, III, *b* e *c*, e 195, § 6º, CR, porquanto

---

[185] Nesse sentido, a jurisprudência: (*i*) Súmula 544, STF, segundo a qual "isenções tributárias concedidas sob condição onerosa, não podem ser livremente suprimidas"; e (*ii*) STJ, 1ª T., REsp 1.040.629/PE, Rel. Min. Francisco Falcão, j. 26.8.2008.

a extinção ou redução de isenção equivale à instituição de tributo novo e, desse modo, a lei que as veicule somente produzirá seus efeitos no exercício seguinte àquele em que tiver sido publicada, e não antes de decorridos noventa dias da data em que haja sido publicada, observadas as exceções ao aludido princípio.

Já as isenções incondicionadas e as concedidas por prazo indeterminado podem ser modificadas ou suprimidas a qualquer tempo, com fundamento no *princípio da supremacia do interesse público sobre o particular*, observada, igualmente, a anterioridade da lei tributária.[186]

Em sequência, estatui o art. 179:

> Art. 179. A isenção, quando não concedida em caráter geral, é efetivada, em cada caso, por despacho da autoridade administrativa, em requerimento com o qual o interessado faça prova do preenchimento das condições e do cumprimento dos requisitos previstos em lei ou contrato para sua concessão.
>
> § 1º Tratando-se de tributo lançado por período certo de tempo, o despacho referido neste artigo será renovado antes da expiração de cada período, cessando automaticamente os seus efeitos a partir do primeiro dia do período para o qual o interessado deixar de promover a continuidade do reconhecimento da isenção.
>
> § 2º O despacho referido neste artigo não gera direito adquirido, aplicando-se, quando cabível, o disposto no art. 155.

A isenção, caso não concedida em caráter geral, é outorgada mediante ato administrativo de natureza *vinculada*, vale dizer, sua expedição é obrigatória uma vez preenchidos todos os requisitos legais pelo interessado. Assim, satisfeitas as exigências da lei, o interessado faz jus à isenção, não cabendo à autoridade administrativa recusá-la.

A afirmativa segundo a qual o despacho da autoridade administrativa, concessivo da isenção, não gera direito adquirido, somente faz sentido se tal concessão for ilegal, o que ensejará a invalidação do ato. O preceito remete ao art. 155, CTN, relativo à concessão de moratória, que prescreve que esta "não

---

[186] O STF, porém, não vem equiparando a revogação de isenção à instituição ou majoração de tributo, o que afasta a observância do mencionado princípio (*e.g.* Pleno, MC na ADI 4016/PR, Rel. Min. Gilmar Mendes, j. 1º.8.2008), embora existam decisões divergentes (*e.g.* 1ª T., RE AgRg 564.225/RS, Rel. Min. Marco Aurélio, j. 2.9.2014).

gera direito adquirido e será revogada de ofício, sempre que se apure que o beneficiado não satisfazia ou deixou de satisfazer as condições ou não cumpria ou deixou de cumprir os requisitos para a concessão do favor", cobrando-se o crédito acrescido de juros de mora, com ou sem imposição de penalidade, conforme o caso (incisos I e II). Tal qual na moratória, a concessão de isenção consubstancia ato administrativo vinculado, e sua extinção se dá mediante invalidação ou cassação, e não revogação, forma de extinção de ato discricionário por razões de mérito (oportunidade e conveniência).[187]

9.2.4. Isenção e alíquota zero

Discute-se se a alíquota zero constitui uma modalidade de isenção ou se representa categoria exonerativa distinta. Para a primeira corrente, como a aplicação de uma alíquota zero inviabiliza o nascimento da obrigação tributária, resultando no não pagamento do tributo, trata-se de autêntica isenção.[188] Para outros, a alíquota zero é mera exoneração interna quantitativa, afetando a consequência tributária sem tanger a hipótese de incidência tributária.[189]

Para nós, isenção e alíquota zero são conceitos distintos. Conquanto, inegavelmente, constituam ambas modalidades de exoneração tributária, o fato é que a isenção – consoante a concepção que adotamos – significa a mutilação da hipótese de incidência tributária, em razão da colidência da norma isentiva com um de seus aspectos. Já a alíquota zero é categoria mais singela, pois traduz a redução de uma das grandezas que compõem o aspecto quantitativo, restando preservada a hipótese de incidência tributária.

Tal distinção fica mais nítida se lembrarmos que a isenção possui regime jurídico ditado exclusivamente pela lei, enquanto o manejo da alíquota pode se dar, inclusive, mediante ato do Poder Executivo, nas hipóteses previstas constitucionalmente (arts. 153, § 1º, e 177, § 4º, I, *b*, CR).

Examinados os principais aspectos da isenção, passemos ao estudo da anistia.

---

[187] *Vide*, no Capítulo 7, item 7.2.1, *supra*, comentário ao art. 155 do CTN.
[188] Nesse sentido, Paulo de Barros Carvalho, *Curso de Direito Tributário*, cit., p. 483, e Misabel Derzi, notas ao *Direito Tributário Brasileiro*, de Aliomar Baleeiro, cit., p. 1354.
[189] Adota essa orientação Sacha Calmon Navarro Coêlho (*Teoria Geral do Tributo e da Exoneração Tributária*, 4. ed., Belo Horizonte: Fórum, 2018, pp. 182 a 194).

9.3. ANISTIA

A *anistia* vem disciplinada nos arts. 180 a 182, CTN.

Tecnicamente, consiste no *perdão* da *penalidade* imposta ao contribuinte infrator e, eventualmente, também no perdão da própria infração. É outorgada mediante lei específica (art. 150, § 6º, CR) e por razões de interesse público, sob pena de ofensa ao princípio da isonomia. Note-se ser também possível falar-se em *anistia tácita*, assim entendida aquela operada em razão da retroatividade benéfica da lei tributária que, alcançando ato não definitivamente julgado, deixe de defini-lo como infração (art. 106, II, *a*, CTN).

Como já observamos, a anistia não se confunde com a *remissão* (arts. 156, IV, e 172, CTN), que é o *perdão do débito tributário*, mediante lei da pessoa política competente para a instituição do tributo.

Em sendo espécie de perdão, a anistia somente aplica-se a *fatos pretéritos* e, ainda assim, com as ressalvas contidas no art. 180:

> Art. 180. A anistia abrange exclusivamente as infrações cometidas anteriormente à vigência da lei que a concede, não se aplicando:
>
> I – aos atos qualificados em lei como crimes ou contravenções e aos que, mesmo sem essa qualificação, sejam praticados com dolo, fraude ou simulação pelo sujeito passivo ou por terceiro em benefício daquele;
>
> II – salvo disposição em contrário, às infrações resultantes de conluio entre duas ou mais pessoas naturais ou jurídicas.

O preceito afasta, desse modo, a aplicação da anistia a fatos qualificados como ilícitos penais, ou simplesmente praticados com má-fé.

O art. 181, por sua vez, preceitua:

> Art. 181. A anistia pode ser concedida:
>
> I – em caráter geral;
>
> II – limitadamente:
>
> *a)* às infrações da legislação relativa a determinado tributo;
>
> *b)* às infrações punidas com penalidades pecuniárias até determinado montante, conjugadas ou não com penalidades de outra natureza;
>
> *c)* a determinada região do território da entidade tributante, em função de condições a ela peculiares;

d) sob condição do pagamento de tributo no prazo fixado pela lei que a conceder, ou cuja fixação seja atribuída pela mesma lei à autoridade administrativa.

O artigo trata das modalidades de anistia – *geral* ou *limitada*, sendo que esta última pode ser fixada em função da espécie tributária, do valor das penalidades pecuniárias impostas, da abrangência territorial ou, ainda, em função do pagamento do débito tributário no prazo fixado. É o interesse público que deve nortear o legislador na escolha da modalidade mais adequada de anistia, sempre tendo em vista o *princípio da isonomia*.

Prosseguindo, dispõe o Código:

> Art. 182. A anistia, quando não concedida em caráter geral, é efetivada, em cada caso, por despacho da autoridade administrativa, em requerimento com o qual o interessado faça prova do preenchimento das condições e do cumprimento dos requisitos previstos em lei para sua concessão.
>
> Parágrafo único. O despacho referido neste artigo não gera direito adquirido, aplicando-se, quando cabível, o disposto no art. 155.

O dispositivo é muito semelhante àquele do art. 179, referente à isenção. A concessão da anistia, nessa hipótese, é efetuada mediante *ato administrativo de natureza vinculada*, vale dizer, sua prática é obrigatória uma vez preenchidos todos os requisitos legais pelo interessado. Assim, satisfeitas as exigências da lei, o interessado faz jus à anistia, não cabendo à autoridade administrativa recusá-la.

O disposto no parágrafo único deve ser entendido com cautela. Conforme já expusemos nos comentários pertinentes aos arts. 155, 172 e 179, CTN, a afirmativa segundo a qual o despacho da autoridade administrativa, concessivo da anistia, não gera direito adquirido, somente faz sentido se tal concessão tiver sido efetuada contrariamente à lei, o que ensejará a invalidação do ato, ou quando o sujeito deixar de atender os requisitos necessários, autorizando a sua cassação. O preceito remete ao art. 155, relativo à concessão de moratória, o qual prescreve que esta "não gera direito adquirido e será revogada de ofício, sempre que se apure que o beneficiado não satisfazia ou deixou de satisfazer as condições ou não cumpria ou deixou de cumprir os requisitos para a concessão do favor", cobrando-se o crédito acrescido de juros de mora, com ou sem imposição de penalidade, conforme o caso (incisos I e II).

Portanto, a concessão de anistia, nessa hipótese, consubstancia ato administrativo vinculado e sua extinção se dá mediante invalidação ou cassação, e não revogação, forma de extinção de ato discricionário, fundada em razões de oportunidade e conveniência.

Em síntese, reiteramos nossa convicção pela inadequação da expressão "exclusão do crédito tributário", por comportar sentidos muito diversos, quer se trate de isenção, quer de anistia. Em relação à isenção, a "exclusão do crédito tributário" equivale ao não surgimento da obrigação tributária. Já no que tange à anistia, significa a extinção da relação jurídica sancionatória, seja mediante o perdão da penalidade, seja mediante o perdão da própria infração.

Vistos os regimes jurídicos da isenção e da anistia, passemos à análise das infrações e sanções tributárias.

10. Infrações e Sanções Tributárias

10.1. A RELAÇÃO SANCIONATÓRIA

Genericamente, a relação jurídica sancionatória é o liame mediante o qual o sujeito ativo tem o direito de aplicar ao sujeito passivo uma penalidade, em razão da prática de uma infração. Portanto, a deflagração de tal vínculo depende, necessariamente, da prática de uma conduta ilícita.

No Direito Tributário, como mencionado precedentemente, além da *obrigação principal* e da *obrigação acessória*, há a relação sancionatória, vínculo jurídico mediante o qual o sujeito ativo – o Fisco – pode impor ao sujeito passivo uma penalidade, em razão do descumprimento da prestação objeto de uma das relações jurídicas mencionadas.

10.2. MODALIDADES DE SANÇÕES TRIBUTÁRIAS

Conforme já assinalamos, o Código Tributário Nacional, por cuidar de normas gerais, não aponta os tipos infracionais, agindo do mesmo modo em relação às sanções, ficando esse regramento a cargo do legislador de cada pessoa política.

Representando a sanção preceito impositivo, em razão do cumprimento ou inobservância de normas jurídicas, pode ser premial ou punitiva.

As *sanções premiais*, no âmbito tributário, incluem as exonerações tributárias (imunidades, isenções, reduções de bases de cálculo), bem como créditos outorgados etc. As *sanções punitivas*, por sua vez, traduzem penalidade pela prática de ilícito tributário – falta de pagamento de tributo ou inobservância de obrigações acessórias. Usualmente, o termo "sanção" é utilizado nesse segundo sentido.

A sanção punitiva, que é a que desperta maior interesse, visa não somente reprimir o infrator como também estimular o cumprimento das obrigações tributárias. A relevância da relação jurídica sancionatória está estampada em seu caráter pedagógico e, portanto, inibidor de condutas infracionais.

As sanções tributárias punitivas podem ser *administrativas* ou *penais*. A distinção entre ambas exsurge do regime jurídico que as disciplina, sendo evidente a maior gravosidade das sanções penais.

Cabe salientar que, existindo crime contra a ordem tributária, necessariamente existirá infração tributária em nível administrativo. A recíproca, no entanto, não é verdadeira, pois há condutas que configuram apenas infrações à lei tributária, sem reflexo no âmbito penal.

Neste capítulo cuidaremos apenas das infrações tributárias aplicáveis pela Administração Tributária.[190]

Embora a sanção tributária mais aplicada seja a *multa* – que, por sua vez, comporta espécies (punitiva, moratória) –, há outras modalidades, tais como a apreensão e o perdimento de bens; a interdição de estabelecimento; e os procedimentos especiais de fiscalização.

10.3. SANÇÕES POLÍTICAS

Convencionou-se chamar de *sanções políticas* as indevidas restrições impostas ao exercício de direitos do contribuinte, de molde a compeli-lo ao cumprimento de suas obrigações. Em outras palavras, constituem meios coercitivos para o pagamento de tributos, tais como a recusa de autorização para a emissão de notas fiscais ou a inscrição do nome do contribuinte em cadastro de inadimplentes que conduza a restrições de direitos.

Tais modalidades punitivas devem ser rechaçadas diante de sua evidente desproporcionalidade, tendo a jurisprudência se consolidado nesse sentido.[191]

---

[190] As sanções penais tributárias são objeto de estudo no âmbito do chamado Direito Penal Tributário. Destaque-se, dentre os diplomas legais relativos a crimes tributários, a Lei n. 8.137/90, que define os crimes contra a ordem tributária, econômica e contra as relações de consumo, e dá outras providências.

[191] Súmulas do STF: 70 ("É inadmissível a interdição de estabelecimento como meio coercitivo para cobrança de tributo"); 323 ("É inadmissível a apreensão de mercadorias como meio coercitivo para pagamento de tributos"); e 547 ("Não é lícito à autoridade proibir que o contribuinte em débito adquira estampilhas, despache mercadorias nas alfândegas e exerça suas atividades profissionais"). Veja-se, ainda, o acórdão proferido na ADI 173/DF, Rel. Min. Joaquim Barbosa, j. 25.9.2008.

No entanto, certas restrições ao exercício de direitos, decorrentes do necessário exercício do poder de polícia pela Administração Pública, são legítimas, uma vez fundadas na supremacia do interesse público sobre o particular e impostas com observância ao princípio da razoabilidade. É o caso, por exemplo, da exigência de certidão negativa ou de regularidade de situação[192] para que o contribuinte possa participar de licitação e celebrar contrato administrativo ou, mesmo, da imposição de certos regimes especiais de fiscalização, hipóteses nas quais exsurge claramente a finalidade de proteção ao patrimônio público.[193]

10.4. PRINCÍPIOS GERAIS DO DIREITO SANCIONADOR

A aplicação das sanções punitivas deve observar os *princípios gerais do direito sancionador*, pertinentes a ilícitos de quaisquer naturezas.

Cumpre-nos mencionar os mais importantes: legalidade, irretroatividade, presunção de inocência, verdade material, razoabilidade e vedação ao confisco.

O princípio da *legalidade* (art. 5º, II, CR), consoante examinado, estatui que somente a lei pode: *a)* impor obrigações aos particulares; *b)* proibir comportamentos aos particulares; *c)* prever infrações; e *d)* cominar penalidades. Daí sua fundamental importância para o direito sancionador, uma vez que atos normativos de outras naturezas, tais como atos administrativos, não podem estabelecer infrações ou cominar sanções.

A *irretroatividade* da lei, diretriz constitucionalmente contemplada, pode, todavia, ser afastada: "a lei penal não retroagirá, salvo para beneficiar o réu" (art. 5º, incisos XXXVI e XL). Desse preceito entendemos extrair-se, como

---

[192] *Vide* Capítulo 12, item 12.2.3.
[193] Nesse sentido, acórdão do STF, assim ementado: "Recurso extraordinário. Efeito suspensivo. Inadmissibilidade. Estabelecimento industrial. Interdição pela Secretaria da Receita Federal. Fabricação de cigarros. Cancelamento do registro especial para produção. Legalidade aparente. Inadimplemento sistemático e isolado da obrigação de pagar Imposto sobre Produtos Industrializados – IPI. Comportamento ofensivo à livre concorrência. Singularidade do mercado e do caso. Liminar indeferida em ação cautelar. Inexistência de razoabilidade jurídica da pretensão. Votos vencidos. Carece de razoabilidade jurídica, para efeito de emprestar efeito suspensivo a recurso extraordinário, a pretensão de indústria de cigarros que, deixando sistemática e isoladamente de recolher o Imposto sobre Produtos Industrializados, com consequente redução do preço de venda da mercadoria e ofensa à livre concorrência, viu cancelado o registro especial e interditados os estabelecimentos" (Pleno, AC MC 1.657-6/RJ, Rel. p/ o acórdão Min. Cezar Peluso, j. 27.6.2007).

princípio implícito do Direito Sancionador, o de que a lei mais benéfica ao réu retroage. Isso porque, se até na hipótese de sanção penal, que consiste na mais grave das punições, a Constituição determina a retroação da lei mais benéfica, cabível tal retroatividade, igualmente, no caso de sanções menos graves, como a administrativa.

O Código Tributário Nacional contempla, expressamente, exceções ao princípio geral da irretroatividade da lei.

Como visto, o art. 106, II, desse estatuto normativo, dispõe que a lei se aplica a ato ou fato pretérito, em se tratando de ato não definitivamente julgado, quando: a) deixe de defini-lo como infração; b) "deixe de tratá-lo como contrário a qualquer exigência de ação ou omissão, desde que não tenha sido fraudulento e não tenha implicado em falta de pagamento de tributo"; e c) comine penalidade menos severa que a prevista na lei vigente ao tempo da sua prática.

Cuida-se, portanto, de hipóteses de *retroatividade benéfica*, a favorecer o sujeito passivo infrator.

A *presunção de inocência*, por sua vez, é prevista expressamente na Constituição para os ilícitos penais (art. 5º, LVII), extraindo-se dessa norma o fundamento para que tal presunção, de natureza relativa, opere efeitos igualmente em relação aos ilícitos puníveis menos intensamente pelo ordenamento jurídico.

O *princípio da verdade material ou da realidade*, como a própria denominação sinaliza, impõe a busca pela demonstração da situação fática efetivamente acontecida, afastando-se o emprego de presunções absolutas ou ficções. Tal diretriz, que opera em diversos contextos, é especialmente relevante em se tratando de direito sancionador.

Merece referência, outrossim, o princípio da *razoabilidade*.

No direito brasileiro, a razoabilidade encontra fundamento expresso no art. 5º, LIV, CR, segundo o qual "ninguém será privado da liberdade ou de seus bens sem o devido processo legal".

Para nós, esse vetor preconiza o equilíbrio, a ponderação e a harmonia entre os diversos interesses amparados pela Constituição.

A razoabilidade é medida em relação ao interesse público específico. A razoabilidade deve ser tomada como aquilo que a sociedade pode admitir como uma das soluções possíveis para o caso concreto; é o padrão social a respeito de certas condutas e, portanto, só pode ser aferida em função da realidade, de um contexto determinado.

Pensamos, assim, que razoabilidade e proporcionalidade sejam termos fungíveis,[194] a significar diretriz implícita fundamentada nas ideias de devido processo legal substantivo e de justiça, com vista à proibição da arbitrariedade.

Releva lembrar que a Lei n. 9.784/99, que regula o processo administrativo no âmbito da Administração Pública Federal, não obstante consignando a disciplina do processo administrativo, abriga diretrizes a serem observadas em toda a atuação administrativa.[195] Em seu art. 2º, *caput*, preceitua que "a Administração Pública obedecerá, dentre outros, aos princípios da legalidade, finalidade, motivação, *razoabilidade, proporcionalidade*, moralidade, ampla defesa, contraditório, segurança jurídica, interesse público e eficiência".[196]

Estatui, ainda, o mesmo texto normativo, no que pertine especificamente à questão ora tratada, que "nos processos administrativos serão observados, entre outros, os critérios de: (...) adequação entre meios e fins, *vedada a imposição de obrigações, restrições e sanções em medida superior àquelas estritamente necessárias ao atendimento do interesse público*" (parágrafo único, VI).[197]

Assim, as sanções punitivas devem ser graduadas em atenção a essas diretrizes, impedindo-se a adoção de penalidades desarrazoadas ou desproporcionais.[198]

Assinale-se, por derradeiro, que, em se tratando de aplicação de penalidade pecuniária, a invocação dos princípios da capacidade contributiva (art. 145, § 1º, CR) e da vedação da utilização de tributo com efeito de confisco (art. 150, IV, CR), efetuada com frequência nesse contexto, não se revela adequada, porquanto o primeiro é orientador dos *impostos*, e o segundo, aplicável apenas a prestações tributárias.[199]

Não obstante, as sanções não podem ter por efeito a absorção total ou substancial da propriedade, em respeito à proteção constitucional dedicada a esse direito, donde se extrai o *princípio da vedação ao confisco* (art. 5º, XXII a XXIV, e LIV, CR).

---

[194] Nesse sentido, Luís Roberto Barroso e Ana Paula de Barcellos, "O começo da história. A nova interpretação constitucional e o papel dos princípios no direito brasileiro", *Revista Forense*, n. 371, p. 194.

[195] Assinale-se que tal diploma normativo aplica-se subsidiariamente ao processo administrativo tributário no âmbito federal (Lei n. 9.784/99, art. 69), que segue regido pelo Decreto n. 70.235/72, com as alterações procedidas pela legislação posterior.

[196] Destaques nossos.

[197] Destaques nossos.

[198] A respeito da proporcionalidade da sanção, veja-se STF, Pleno, ADI 551/RJ, Rel. Min. Ilmar Galvão, j. 24.10.2002; e ADIMC 1.075/DF, Rel. Min. Celso de Mello, j. 17.6.1998.

[199] *Vide* Parte II, Capítulo 3, itens 3.2.2.7 e 3.2.2.9.

10.5. A DISCIPLINA DO CÓDIGO TRIBUTÁRIO NACIONAL

O Código contém o regramento da responsabilidade por infrações em seus arts. 136 a 138.

Convém lembrar que o Código abriga disposições referentes à relação jurídica sancionatória em outros tantos preceitos: 97, V (princípio da legalidade); 100, parágrafo único (observância de normas complementares); 106 (retroatividade benéfica da lei); 112 (interpretação da lei tributária); 113, §§ 1º e 3º (obrigação tributária); 121 (sujeito passivo da obrigação principal); 142, *caput* (lançamento); 149, VI (lançamento de ofício); 150, § 3º (lançamento por homologação); 155 (anulação e cassação da moratória); 157 e 161 (pagamento); 167, *caput* (restituição do indébito); 172 (anulação ou cassação da remissão); 179 (anulação ou cassação da isenção); 180 a 182 (anistia); e 207 (dispensa da prova de quitação de tributos).

Examinemos os dispositivos contidos nos arts. 136 a 138, destacando que o *perdão*, no âmbito da relação jurídica sancionatória, corresponde à anistia, já estudada.[200]

O art. 136 hospeda norma de interpretação controvertida, assim expressa:

> Art. 136. Salvo disposição de lei em contrário, a responsabilidade por infrações da legislação tributária independe da intenção do agente ou do responsável e da efetividade, natureza e extensão dos efeitos do ato.

A polêmica concernente à interpretação desse dispositivo gira em torno da expressão segundo a qual a responsabilidade por infrações à legislação tributária "independe da intenção do agente". Dessa cláusula, muitos extraem a conclusão de que se cuida de *responsabilidade objetiva*.

Entretanto, parece-nos equivocada tal interpretação, porquanto a responsabilidade objetiva é aquela que prescinde da ideia de culpa, em seu sentido amplo, vale dizer, a abranger tanto o dolo quanto a culpa em sentido estrito (negligência, imprudência ou imperícia).

Ora, quando a lei declara que a responsabilidade por infrações à legislação tributária *independe da intenção do agente*, há que se entender estar afastado tão somente o *dolo*, e não a culpa em sentido estrito. Logo, tal responsabilidade não exige dolo para a sua configuração. Mas, por evidente, exige a culpa do

---

[200] *Vide* Capítulo 9, item 9.3, *supra*.

infrator, como é a regra em matéria de direito sancionador, o que demonstra tratar-se de autêntica *responsabilidade subjetiva*.[201]

Assim é que, mesmo ausente a intenção de não pagar o tributo no prazo de vencimento, o contribuinte sujeitar-se-á à multa correspondente – o dispositivo presume a culpa do infrator – que não teria atuado com a cautela necessária, presunção que entendemos ostentar caráter relativo, podendo ser afastada mediante prova inequívoca.

O art. 137, por sua vez, prescreve:

> Art. 137. A responsabilidade é pessoal ao agente:
>
> I – quanto às infrações conceituadas por lei como crimes ou contravenções, salvo quando praticadas no exercício regular de administração, mandato, função, cargo ou emprego, ou no cumprimento de ordem expressa emitida por quem de direito;
>
> II – quanto às infrações em cuja definição o dolo específico do agente seja elementar;
>
> III – quanto às infrações que decorram direta e exclusivamente de dolo específico:
>
> *a)* das pessoas referidas no art. 134, contra aquelas por quem respondem;
>
> *b)* dos mandatários, prepostos ou empregados, contra seus mandantes, preponentes ou empregadores;
>
> *c)* dos diretores, gerentes ou representantes de pessoas jurídicas de direito privado, contra estas.

Esse dispositivo merece importantes comentários. Em primeiro lugar, cuida de hipóteses em que o contribuinte fica eximido de qualquer sanção, destinando-se esta ao agente que praticou o ilícito. Assim é que, em tais casos, em regra, o contribuinte arca com o pagamento dos tributos, mas o infrator é que será o destinatário da penalidade. A exceção está contida na parte final do inciso I do art. 137, hipótese em que ao contribuinte pode ser imposta a penalidade.

---

[201] O STJ, há muito, interpreta o art. 136 com temperamentos, em conjugação com o art. 137, que consagra a responsabilidade subjetiva. Também, a boa-fé do contribuinte tem sido considerada, com fundamento na equidade (art. 108, IV, CTN) (*e.g.* 1ª T., REsp 743.839/RS, Rel. Min. Luiz Fux, j. 14.11.2006; e 2ª T., REsp 423.083/SP, Rel. Min. João Otávio de Noronha, j. 1º.6.2006).

Também, aponta o artigo em foco hipóteses que revelam os mais elevados graus de culpa, pois, em todas elas, está presente o dolo, ora configurador de ilícito penal, ora específico de infrações tributárias.

Observe-se, ainda, a referência aos terceiros mencionados no art. 134, responsáveis por atos praticados dolosamente contra os interesses daqueles contribuintes que representam, bem como daqueles indicados no art. 135, já que os atos apontados nesse dispositivo, praticados em detrimento da pessoa jurídica, pressupõem dolo específico.[202]

10.6. DENÚNCIA ESPONTÂNEA

A *denúncia espontânea* da infração tributária constitui tema que tem ensejado calorosos debates nos últimos anos, tanto no plano doutrinário quanto no jurisprudencial, em boa parte em razão da obscura redação do art. 138, CTN:

> Art. 138. A responsabilidade é excluída pela denúncia espontânea da infração, acompanhada, se for o caso, do pagamento do tributo devido e dos juros de mora, ou do depósito da importância arbitrada pela autoridade administrativa, quando o montante do tributo dependa de apuração.
>
> Parágrafo único. Não se considera espontânea a denúncia apresentada após o início de qualquer procedimento administrativo ou medida de fiscalização, relacionados com a infração.

Trata-se de confissão feita pelo sujeito passivo, que se autodenuncia, reconhecendo a prática de infração fiscal, com o objetivo de afastar a responsabilidade dela decorrente. Assemelha-se ao instituto do *arrependimento eficaz*, do Direito Penal (art. 15, *in fine*, CP). A responsabilidade a que alude o dispositivo é a *pessoal*, prevista no art. 137.

A denúncia espontânea apresenta-se como importante instrumento de prevenção de conflitos fiscais. Enseja ao contribuinte evitar a aplicação de multa pela infração fiscal cometida, desde que o faça antes do início de qualquer procedimento administrativo ou medida de fiscalização. Dessarte, o instituto visa prevenir conflito que possivelmente seria deflagrado após o

---

[202] Sobre os arts. 134 e 135, *vide* Capítulo 5, item 5.3.3.2, *supra*.

início da atividade fiscalizatória e, assim, é interessante tanto ao contribuinte quanto ao Fisco. Relaciona-se, exatamente, com os tributos sob regime de *lançamento por homologação*.

As condições para a admissão da denúncia espontânea, portanto, são as seguintes: a) só se considera espontânea a denúncia apresentada antes de qualquer procedimento administrativo ou medida de fiscalização; b) tais providências devem ser relacionadas com a infração.

A doutrina e a jurisprudência controvertem acerca da eficácia da denúncia espontânea, principalmente em relação a três aspectos: a) se ela afasta tão somente a multa punitiva, ou também a multa moratória; b) se ela aplica-se apenas à obrigação principal ou alcança também obrigações acessórias; e c) se o parcelamento pode configurar denúncia espontânea.

No que tange ao primeiro aspecto, predomina o entendimento segundo o qual qualquer espécie de multa está abrangida pela denúncia espontânea – tanto a punitiva quanto a moratória –, pois o art. 138, CTN, não as distingue.[203] Outro pensamento sustenta que apenas a multa punitiva fica afastada, já que a multa moratória possui índole indenizatória e é destituída do caráter de punição.[204]

Para nós, considerando-se que a denúncia espontânea visa afastar as consequências sancionatórias da infração, cremos que quaisquer multas são alcançadas pelo benefício. O entendimento contrário, a nosso ver, inova o conteúdo do art. 138, CTN.

Quanto ao segundo aspecto, a doutrina tem se inclinado a admitir a denúncia espontânea não somente à vista do descumprimento da obrigação principal, mas também das obrigações acessórias. A expressão "se for o caso" é indicativa dessa conclusão.[205]

---

[203] *E.g.* Misabel Derzi, notas ao *Direito Tributário Brasileiro*, de Aliomar Baleeiro, cit., pp. 1167-1168. No mesmo sentido firmou-se a orientação do Superior Tribunal de Justiça (2ª T., REsp 169.877/SP, Rel. Min. Ari Pargendler, j. 4.8.2008).
[204] *E.g.* Paulo de Barros Carvalho, *Curso de Direito Tributário*, cit., p. 539.
[205] No entanto, a jurisprudência do STJ tem acolhido visão mais restritiva, pois, embora reconheça que o art. 138, CTN, alcança também as obrigações acessórias, tem rechaçado a sua aplicação na hipótese de infração puramente formal, não relacionada com o fato gerador do tributo (1ª T., AI AgRg 945.534/DF, Rel. Min. Luiz Fux, j. 3.6.2008: "(...) *A fortiori*, pagamento em atraso, bem como cumprimento da obrigação acessória a destempo, antes do decurso do quinquênio constitutivo do crédito tributário, não constitui denúncia espontânea"; e 2ª T., REsp 536.713/RS, Rel. Min. João Otávio de Noronha, j. 13.2.2007:

A questão do parcelamento, por seu turno, já ensejou diversos posicionamentos jurisprudenciais. Lembre-se, de início, que o extinto Tribunal Federal de Recursos emitiu a Súmula 208, cujo enunciado é: "a simples confissão da dívida, acompanhada de seu pedido de parcelamento, não configura denúncia espontânea".

Em relação ao assunto, o STJ já esposou mais de uma orientação. Inicialmente adotou tal súmula. Após fortes controvérsias, sedimentou sua posição, reconhecendo a ocorrência de denúncia espontânea mediante o pagamento do tributo em parcelas, desde que estas fossem quitadas regularmente.[206]

Em 2001, a Lei Complementar n. 104 introduziu o art. 155-A no CTN, estabelecendo, em seu § 1º, que, "salvo disposição de lei em contrário, o parcelamento do crédito tributário não exclui a incidência de juros e multas". O STJ entendeu, então, que esse preceito não trouxe inovação alguma ao art. 138, apenas efetuando interpretação autêntica, pois este último sempre considerou que somente o pagamento integral da dívida excluiria a punição. Assim, a partir do julgamento do REsp 284.189/SP, decidiu que o simples parcelamento não configura denúncia espontânea, sendo legítima a exigência de multa.[207]

Posteriormente, o STJ firmou o entendimento segundo o qual não é cabível denúncia espontânea quando o débito referir-se a tributo sujeito a *lançamento por homologação*, emitindo a Súmula 360, com o seguinte teor: "O benefício da denúncia espontânea não se aplica aos tributos sujeitos a lançamento por homologação regularmente declarados, mas pagos a destempo".

Cremos que a orientação ora cristalizada reflete entendimento que prestigia o equilíbrio entre as partes na relação sancionatória, pois o comportamento do contribuinte consubstanciado no não pagamento de tributo sujeito a lançamento por homologação, regularmente declarado, no prazo legal, para, após certo lapso de tempo, efetuá-lo com invocação de denúncia espontânea, afastando-se a incidência de multa, parece conduzir à ilógica situação de poder o sujeito passivo escolher entre submeter-se ou não à penalidade.

("O instituto da denúncia espontânea não alberga a prática de ato puramente formal, mas relaciona-se exclusivamente à natureza tributária de determinada exação, tendo vinculação voltada para as obrigações principais e acessórias àquela vinculadas").

[206] EREsp 193.530/RS, Rel. Min. Garcia Vieira, j. 6.12.1999.
[207] 1ª S., Rel. Min. Franciulli Netto, j. 17.6.2002.

Por outro lado, no entanto, entendemos que a aplicação da Súmula 360 não poderá conduzir à absoluta inaplicabilidade do instituto da denúncia espontânea aos tributos sujeitos a lançamento por homologação quando houver a declaração do débito, restando cabível sua aplicação nas hipóteses de pagamento feito em desacordo com a legislação, por exemplo.[208]

Postos os principais aspectos das infrações e sanções tributárias, passemos ao próximo capítulo, dedicado ao exame das garantias e privilégios do crédito tributário.

---

[208] Exemplifique-se a hipótese com o julgado do STJ, assim ementado: "Processual civil. Tributário. Recurso especial. Denúncia espontânea. CTN, arts. 138 e 161. Imposto de Renda sobre o Lucro. Tributos sujeitos a lançamento por homologação. Pagamento a menor. Equívoco na apuração das bases de cálculo da COFINS e do PASEP. Recolhimento da diferença apurada antes de qualquer procedimento fiscal. Exclusão da multa moratória. Cabimento. Jurisprudência sedimentada na 1ª Seção. 1. A denúncia espontânea não resta caracterizada, com a consequente exclusão da multa moratória, nos casos de tributos sujeitos a lançamento por homologação declarados pelo contribuinte e recolhidos fora do prazo de vencimento, à vista ou parceladamente, ainda que inexistente qualquer procedimento administrativo ou medida de fiscalização antecedente (1ª S., REsp 850.423/SP, Rel. Min. Castro Meira, j. 28.11.2007, DJ 7.2.2008; 1ª S., AgRg nos EREsp 805.702/PR, DJ 17.3.2008; 2ª T., REsp 968.675/RS, DJ 6.5.2008; e 1ª T., ED no AgRg no REsp 967.190/CE, DJ 8.5.2008). 2. *In casu*, contudo, o contribuinte, ao verificar a existência de recolhimento a menor (não conjugado de entrega de qualquer declaração ao Fisco), efetuou o pagamento da diferença apurada acrescida de juros legais, acompanhada de confissão do débito tributário, antes de qualquer procedimento da Administração Tributária, o que, em conformidade com a jurisprudência sedimentada nesta Corte Superior, impõe a aplicação do benefício da denúncia espontânea, com a consequente possibilidade de exclusão da multa moratória. 3. Recurso especial provido" (1ª S., REsp 805.753/RJ, Rel. p/ o acórdão Min. Luiz Fux, j. 12.9.2007).

11. Garantias e Privilégios do Crédito Tributário

11.1. CONCEITOS

O Código Tributário Nacional disciplina, no Capítulo VI de seu Título III, as garantias e privilégios do crédito tributário.

Antes de examinarmos os principais dispositivos a respeito do assunto, cumpre definirmos tais conceitos.

As *garantias do crédito tributário*, singelamente, são os instrumentos assecuratórios do direito de o Estado exigir tributos.

Os *privilégios*, por sua vez, constituem expressões da posição de superioridade do crédito tributário, que defluem do *princípio da supremacia do interesse público sobre o particular*, em relação a créditos de outras naturezas, exceto os de cunho trabalhista ou de acidente do trabalho.

O Código também alude a *preferências*, que são mecanismos que estatuem a prioridade do crédito tributário em relação a créditos de outras espécies, *em fase de execução*.

Impende ponderar-se que, a rigor, o conceito de *garantias* ostenta caráter amplo, abrangendo todos os meios assecuratórios da satisfação do crédito tributário. Portanto, compreende também os privilégios e as preferências. O Código, no entanto, não distingue as figuras claramente.[209]

---

[209] Vale registrar o magistério de Misabel Derzi, para quem "as garantias são expressão amplíssima e genérica. Privilégios e preferências são garantias. Entretanto, nem toda garantia é um privilégio ou uma preferência. Configura garantia tudo o que conferir maior segurança, estabilidade ou facilidade e comodidade ao crédito, podendo estar ou não referida no Capítulo VI do CTN, razão pela qual o art. 183 estabelece não ser exaustivo o rol das garantias. Elas são, em sentido lato, fiança, responsabilidade, caução. Já privilégio é sempre prerrogativa, prevalência ou preeminência de um crédito sobre outro. Se tal prevalência se dá em fase executiva, na ordem dos pagamentos em concurso de credores, denomina-se preferência. Mas

Anote-se que a Lei Complementar n. 118/2005, trouxe diversas alterações ao texto original do Código Tributário Nacional, no intuito de reforçar a proteção inerente ao regime jurídico especial outorgado ao crédito tributário.

Frise-se que, a orientar as adequadas interpretação e aplicação das normas pertinentes ao tema está o princípio da supremacia do interesse público sobre o particular.

11.2. A DISCIPLINA DO CÓDIGO TRIBUTÁRIO NACIONAL

O art. 183, *caput*, declara que "a enumeração das garantias atribuídas neste Capítulo ao crédito tributário não exclui outras que sejam expressamente previstas em lei, em função da natureza ou das características do tributo a que se refiram". O preceito reafirma o princípio da legalidade tributária, bem como ressalta o caráter não taxativo de suas prescrições, que veiculam normas gerais, não estando vedado às pessoas políticas estabelecer outras garantias aos seus respectivos créditos.

O parágrafo único do mesmo artigo aduz que "a natureza das garantias atribuídas ao crédito tributário não altera a natureza deste nem a da obrigação tributária a que corresponda". A afirmação é desnecessária e, uma vez mais, destaca a ilógica desvinculação entre crédito e débito, como se não fossem, ambos, faces do mesmo vínculo jurídico.

Em sequência, prescreve o art. 184:

> Art. 184. Sem prejuízo dos privilégios especiais sobre determinados bens, que sejam previstos em lei, responde pelo pagamento do crédito tributário a totalidade dos bens e das rendas, de qualquer origem ou natureza, do sujeito passivo, seu espólio ou sua massa falida, inclusive os gravados por ônus real ou cláusula de inalienabilidade ou impenhorabilidade, seja qual for a data da constituição do ônus ou da cláusula, excetuados unicamente os bens e rendas que a lei declare absolutamente impenhoráveis.

---

o CTN não guarda essa distinção de forma rígida, denominando de preferência o que é singela garantia (arts. 191, 192 e 193)" (Notas ao *Direito Tributário Brasileiro*, de Aliomar Baleeiro, cit., p. 1389).

O dispositivo demonstra, inequivocamente, a posição favorecida de que desfruta o crédito tributário em relação a créditos de outras naturezas. Isso porque responde pelos créditos tributários o patrimônio total do sujeito passivo, incluindo-se os gravados por ônus real ou cláusula de inalienabilidade ou impenhorabilidade, seja qual for a data da constituição do ônus ou da cláusula. Dessa abrangência escapam apenas os bens e rendas que a lei declare absolutamente impenhoráveis.[210]

O art. 185, por sua vez, preceitua:

> Art. 185. Presume-se fraudulenta a alienação ou oneração de bens ou rendas, ou seu começo, por sujeito passivo em débito para com a Fazenda Pública, por crédito tributário regularmente inscrito como dívida ativa.
>
> Parágrafo único. O disposto neste artigo não se aplica na hipótese de terem sido reservados, pelo devedor, bens ou rendas suficientes ao total pagamento da dívida inscrita.

Para bem situar o exame do dispositivo em questão, convém relembrar os institutos da fraude contra credores e da fraude à execução.

A *fraude contra credores* vem disciplinada no Código Civil em seus arts. 158 a 165. Configura-se mediante a transmissão gratuita de bens, a remissão de dívidas ou a celebração de contratos onerosos quando a insolvência for notória ou houver motivo para que seja conhecida do outro contratante (arts. 158 e 159, CC).

A *fraude à execução*, por sua vez, é instituto de direito processual, sendo considerada mais grave do que a fraude contra credores, por envolver, também, ofensa à função jurisdicional. Está prevista no art. 792, segundo o qual: "A alienação ou a oneração de bem é considerada fraude à execução: I – quando sobre o bem pender ação fundada em direito real ou com pretensão reipersecutória, desde que a pendência do processo tenha sido averbada no respectivo registro público, se houver; II – quando tiver sido averbada, no registro do bem, a pendência do processo de execução, na forma do art. 828; III – quando tiver sido averbado, no registro do bem, hipoteca judiciária ou outro ato de constrição judicial originário do processo onde foi arguida fraude; IV – quando, ao tempo

---

[210] O rol dos bens absolutamente impenhoráveis encontra-se no art. 833, CPC. Veja-se, também, a Lei n. 8.009/90 sobre impenhorabilidade do bem de família.

da alienação ou da oneração tramitava contra o devedor ação capaz de reduzi-lo à insolvência; V – nos demais casos expressos em lei (...)".

Pois bem. O art. 185, CTN, teve sua redação alterada pela Lei Complementar n. 118/2005, que suprimiu a cláusula final do *caput*, que exigia, para considerar-se presumida a fraude, que a alienação ou oneração de bens ou rendas, ou seu começo, por sujeito passivo em débito para com a Fazenda Pública, ocorresse por crédito tributário regularmente inscrito como dívida ativa "em fase de execução".

Consoante a redação atual do dispositivo, no entanto, uma vez inscrito o débito em Dívida Ativa, qualquer alienação de bens ou rendas, ou seu começo, pelo sujeito passivo, será presumivelmente fraudulenta. A inscrição do débito em Dívida Ativa passou a ser o marco temporal delimitador da aplicação dessa presunção, que foi antecipado em relação ao que determinava o texto original.

Outrossim, trata-se de *presunção relativa*, que somente poderá ser afastada diante de prova inequívoca de que a alienação ou seu começo não configura fraude. Há necessidade de que reste demonstrado que o devedor tinha ciência da inscrição do débito em Dívida Ativa.

Pode-se figurar igualmente a hipótese de caracterizar-se a intenção de fraudar o Fisco ainda em momento anterior ao da inscrição do débito em Dívida Ativa. Nesse caso, porém, a Fazenda Pública não poderá contar com a facilidade que a presunção, como instrumento de praticabilidade, lhe proporciona, cabendo-lhe demonstrá-lo integralmente.

O parágrafo único é despiciendo: com efeito, se o devedor reservou patrimônio suficiente para lastrear o pagamento do débito, não haveria mesmo que se cogitar de alienação fraudulenta.

Diante da nova disciplina estampada no art. 185, que reforça a garantia ao crédito tributário, ampliando a aplicação da presunção em foco, entendemos que o ato de alienação ou oneração já experimentará as consequências da fraude à execução, sendo desnecessário o ajuizamento da ação revocatória, podendo ser suscitada a fraude como *incidente na ação de execução*.

O art. 185-A, incluído pela mesma pela Lei Complementar n. 118/2005, traz importante *preferência* ao crédito tributário:

> Art. 185-A. Na hipótese de o devedor tributário, devidamente citado, não pagar nem apresentar bens à penhora no prazo legal e não forem encontrados bens penhoráveis, o juiz determinará a

indisponibilidade de seus bens e direitos, comunicando a decisão, preferencialmente por meio eletrônico, aos órgãos e entidades que promovem registros de transferência de bens, especialmente ao registro público de imóveis e às autoridades supervisoras do mercado bancário e do mercado de capitais, a fim de que, no âmbito de suas atribuições, façam cumprir a ordem judicial.

§ 1º A indisponibilidade de que trata o *caput* deste artigo limitar-se-á ao valor total exigível, devendo o juiz determinar o imediato levantamento da indisponibilidade dos bens ou valores que excederem esse limite.

§ 2º Os órgãos e entidades aos quais se fizer a comunicação de que trata o *caput* deste artigo enviarão imediatamente ao juízo a relação discriminada dos bens e direitos cuja indisponibilidade houverem promovido.

Visando conferir maior efetividade à proteção de que desfruta o crédito tributário, o dispositivo autoriza medida judicial rigorosa, qual seja, a indisponibilidade dos bens e direitos do sujeito passivo, a ser aplicada com a devida ponderação, vale dizer, somente nos casos em que a Fazenda Pública demonstrar que diligenciou na busca por bens penhoráveis, sem sucesso.[211]

Tal medida foi apelidada de "penhora *on-line*", em razão de seu procedimento poder ser efetuado mediante sistema eletrônico (art. 854, CPC).

Para tanto, será necessário o atendimento concomitante dos seguintes requisitos: 1) citação do devedor; 2) não pagamento nem apresentação de bens à penhora no prazo legal; e 3) não localização de bens penhoráveis.

Note-se que o dispositivo legal em análise restringiu o cabimento da medida cautelar incidental proposta com o objetivo de buscar a indisponibilidade dos bens do devedor, uma vez que está autorizada sua decretação no curso da própria ação executiva.[212]

---

[211] A respeito, a Súmula 560, STJ: "A decretação da indisponibilidade de bens e direitos, na forma do art. 185-A do CTN, pressupõe o exaurimento das diligências na busca por bens penhoráveis, o qual fica caracterizado quando infrutíferos o pedido de constrição sobre ativos financeiros e a expedição de ofícios aos registros públicos do domicílio do executado, ao Denatran ou Detran".

[212] A respeito, *vide* nosso comentário sobre a medida cautelar fiscal (Parte V, Capítulo 3, item 3.4.1).

Em sequência, preceitua o art. 186:

> Art. 186. O crédito tributário prefere a qualquer outro, seja qual for sua natureza ou o tempo de sua constituição, ressalvados os créditos decorrentes da legislação do trabalho ou do acidente de trabalho.
> Parágrafo único. Na falência:
> I – o crédito tributário não prefere aos créditos extraconcursais ou às importâncias passíveis de restituição, nos termos da lei falimentar, nem aos créditos com garantia real, no limite do valor do bem gravado;
> II – a lei poderá estabelecer limites e condições para a preferência dos créditos decorrentes da legislação do trabalho; e
> III – a multa tributária prefere apenas aos créditos subordinados.[213]

O crédito tributário também desfruta, como regra, de *preferências* em relação aos outros créditos, ressalvados os créditos trabalhistas ou relativos a acidente do trabalho, consoante a nova dicção desse artigo, que bem reflete a supremacia do interesse público sobre o particular.

Observe-se que, na *falência*, contudo, o regime jurídico é diferenciado e, assim, há créditos com prioridade em relação ao próprio crédito tributário: créditos extraconcursais ou importâncias passíveis de restituição nos termos da Lei Falimentar, bem como créditos com garantia real, no limite do valor do bem gravado.[214]

Outrossim, releva anotar que a *multa tributária*, em qualquer de suas modalidades, diversamente do que ocorria no regime anterior da falência (Decreto-Lei n. 7.661/45), passou a ser incluída entre os créditos concursais (art. 83, VII, da Lei n. 11.101/2005), afastando a aplicabilidade da Súmula 565 STF, no sentido da inexigibilidade da multa fiscal na falência.[215]

---

[213] Redação do *caput* e inclusão do parágrafo único pela Lei Complementar n. 118/2005.
[214] Veja-se, a respeito, a Lei n. 11.105/2005, que regula a recuperação judicial, a extrajudicial e a falência do empresário e da sociedade empresária, e distingue entre os créditos extraconcursais (art. 84), pagos com precedência sobre os concursais (art. 83), dentre os quais se incluem os créditos tributários (inciso III) e comentário ao art. 188, CTN, logo adiante.
[215] Súmula 565, STF: "A multa fiscal moratória constitui pena administrativa, não se incluindo no crédito habilitado em falência".

Em síntese, na comparação com a redação original do art. 186, que nada dispunha sobre a preferência do crédito tributário na falência, pode-se concluir que, nesse contexto, o crédito tributário teve sua preferência atenuada.

O art. 187, por sua vez, estabelece:

> Art. 187. A cobrança judicial do crédito tributário não é sujeita a concurso de credores ou habilitação em falência, recuperação judicial, concordata, inventário ou arrolamento.
>
> Parágrafo único. O concurso de preferência somente se verifica entre pessoas jurídicas de direito público, na seguinte ordem:
>
> I – União;
>
> II – Estados, Distrito Federal e Territórios, conjuntamente e *pro rata*;
>
> III – Municípios, conjuntamente e *pro rata*.

O *caput* do artigo proclama que a cobrança judicial do crédito tributário não se sujeita a concurso de credores ou habilitação em falência, recuperação judicial, concordata, inventário ou arrolamento. O dispositivo é relevante, uma vez que a regra é a de que a execução somente prossegue se inocorrentes as hipóteses mencionadas. Já a execução do crédito tributário independe, para a sua regular tramitação, da existência de outros credores que igualmente reclamem a satisfação de seus direitos do mesmo devedor.

Em outras palavras, o crédito tributário não está sujeito a habilitação nos juízos universais mencionados na norma, garantindo-se à Fazenda Pública o direito de executá-lo mediante ação própria – a execução fiscal (Lei n. 6.830/80).

Enseja crítica o parágrafo único desse artigo, que estatui um *concurso de preferência* entre as pessoas jurídicas de direito público. Em primeiro lugar, porque veicula flagrante *ofensa aos princípios federativo e da autonomia municipal*, porquanto estabelece hierarquia entre as pessoas políticas, incompatível com essa forma de Estado, sem contar a indicação dos Territórios – que nem sequer são pessoas políticas – à frente dos Municípios. Acertadamente STF declarou, em decisão recente, sua não recepção pela Constituição de 1988.[216]

---

[216] Registre-se que, à luz da EC n. 1/69, o STF considerou constitucional tal concurso de preferência, editando a Súmula 563. Há pouco, ao julgar a ADPF 357/DF, reexaminou o tema à vista da Constituição de 1988, entendendo pela não recepção

Também, a Lei Maior, em seu art. 19, III, proclama ser "vedado à União, aos Estados, ao Distrito Federal e aos Municípios criar distinções entre brasileiros *ou preferências entre si*".[217]

Para nós, portanto, tal preceito do Código Tributário Nacional foi tacitamente revogado, diante de sua incompatibilidade com a Constituição. E, se assim é, não há mais ordem de preferência entre as pessoas políticas, desfrutando seus respectivos créditos das mesmas condições.

Ainda cuidando do regime dos créditos tributários na falência, dispõe o Código Tributário Nacional:

> Art. 188. São extraconcursais os créditos tributários decorrentes de fatos geradores ocorridos no curso do processo de falência.[218]
>
> § 1º Contestado o crédito tributário, o juiz remeterá as partes ao processo competente, mandando reservar bens suficientes à extinção total do crédito e seus acrescidos, se a massa não puder efetuar a garantia da instância por outra forma, ouvido, quanto à natureza e valor dos bens reservados, o representante da Fazenda Pública interessada.
>
> § 2º O disposto neste artigo aplica-se aos processos de concordata.

O dispositivo contido no *caput,* cuja redação foi dada pela Lei Complementar n. 118/2005, qualifica os créditos tributários decorrentes de fatos geradores ocorridos no curso do processo de falência como extraconcursais, garantindo-lhes posição preferencial em relação aos créditos tributários relativos a fatos anteriores à decretação da falência, que se incluem entre os créditos concursais.[219]

Assim sendo, parece-nos que os §§ 1º e 2º foram revogados tacitamente, à vista de sua incompatibilidade com a nova norma do *caput,* bem como com as disposições da Lei n. 11.101/2005, que suprimiu o instituto da concordata do ordenamento jurídico.

---

das normas previstas no parágrafo único do art. 187 do CTN e no parágrafo único do art. 29 da Lei n. 6.830/80 (LEF), determinando, em consequência, o cancelamento de tal súmula (j. 24.6.2021). Em consequência, cancelada igualmente a Súmula 497, STJ.

[217] Destaque nosso.
[218] *Vide* art. 84, V, da Lei n. 11.101/2005, alterada pela Lei n. 14.112/2020, que regula a recuperação judicial, a extrajudicial e a falência do empresário e da sociedade empresária.
[219] *Vide* Lei n. 11.101/2005, alterada pela Lei n. 14.112/2020, arts. 83 e 84.

O Código segue destacando a supremacia dos créditos tributários, vencidos ou vincendos, em relação a créditos habilitados em inventário ou arrolamento, ou a outros encargos do monte, a cargo do *de cujus* ou de seu espólio, exigíveis no decurso do processo de inventário ou arrolamento (art. 189), bem como em relação a quaisquer outros créditos vencidos ou vincendos, a cargo de pessoas jurídicas de direito privado em liquidação judicial ou voluntária, exigíveis no decurso da liquidação (art. 190). Note-se que esse último dispositivo não se refere à liquidação extrajudicial de instituições financeiras, mas entende-se ser também a ela aplicável.[220]

Os arts. 191, 191-A e 192 encontram-se assim expressos:

> Art. 191. A extinção das obrigações do falido requer prova de quitação de todos os tributos.[221]
>
> Art. 191-A. A concessão de recuperação judicial depende da apresentação da prova de quitação de todos os tributos, observado o disposto nos arts. 151, 205 e 206 desta Lei.[222]
>
> Art. 192. Nenhuma sentença de julgamento de partilha ou adjudicação será proferida sem prova da quitação de todos os tributos relativos aos bens do espólio, ou às suas rendas.[223]

Veiculam esses artigos mais garantias ao crédito tributário. A prova da quitação de todos os tributos consubstancia exigência para que se obtenha recuperação judicial ou sejam declaradas extintas as obrigações do falido. E o postulante da recuperação judicial deverá demonstrar, ao menos, que se encontra em situação de regularidade fiscal.

Da mesma forma, a prova de quitação de todos os tributos relativos aos bens do espólio, ou às suas rendas, é exigida para a prolação da sentença de julgamento de partilha ou adjudicação. Tal prova é efetuada mediante a apresentação de certidões negativas ou de regularidade de situação (arts. 205 e 206, CTN).[224]

Ainda versando sobre a prova de quitação de tributos, o art. 193 preceitua:

> Art. 193. Salvo quando expressamente autorizado por lei, nenhum departamento da administração pública da União, dos Estados, do

---

[220] Cf. Aliomar Baleeiro, *Direito Tributário Brasileiro*, cit., p. 1419.
[221] Redação dada pela Lei Complementar n. 118/2005.
[222] Artigo incluído pela Lei Complementar n. 118/2005.
[223] *Vide* art. 659, § 2º, do Código de Processo Civil.
[224] *Vide* Capítulo 12, item 12.2.3, *infra*.

Distrito Federal, ou dos Municípios, ou sua autarquia, celebrará contrato ou aceitará proposta em concorrência pública sem que o contratante ou proponente faça prova da quitação de todos os tributos devidos à Fazenda Pública interessada, relativos à atividade em cujo exercício contrata ou concorre.

O dispositivo prestigia a ideia segundo a qual não deve o Estado celebrar contrato com quem é seu devedor, constituindo limitação legítima, ditada pelo interesse público, ao exercício do direito individual de licitar e contratar com a Administração Pública. De todo modo, cabe ressaltar que tal limitação cinge-se, apenas, aos tributos devidos à Fazenda Pública interessada, relativos à atividade em cujo exercício o particular contrata ou concorre.

Observe-se, no entanto, estar autorizada a possibilidade de a lei de cada pessoa política vir a prescrever de modo a dispensar-se a exigência de quitação para participar de licitação ou celebrar contrato administrativo.

No entanto, vale lembrar que o art. 195, § 3º, CR, veda a contratação entre o Poder Público e pessoa jurídica em débito com o sistema de seguridade social, bem como sejam a esta concedidos benefícios ou incentivos fiscais ou creditícios.

No mesmo sentido, a própria Lei de Recuperação Judicial (Lei n. 11.101/2005) estatui que, "estando em termos a documentação exigida no art. 51 desta Lei, o juiz deferirá o processamento da recuperação judicial e, no mesmo ato: (...) II – determinará a dispensa da apresentação de certidões negativas para que o devedor exerça suas atividades, exceto para contratação com o Poder Público ou para recebimento de benefícios ou incentivos fiscais ou creditícios, observando o disposto no art. 69 desta Lei" (art. 52, II).

Examinado o vasto conjunto normativo de proteção ao crédito tributário, passemos ao próximo capítulo, relativo à Administração Tributária.

12. Administração Tributária

12.1. CONCEITO DE ADMINISTRAÇÃO TRIBUTÁRIA E SUA DISCIPLINA CONSTITUCIONAL

O conceito de *Administração Tributária*, em nosso entender, pode ser compreendido em dupla acepção.

Em sentido *subjetivo*, primeiramente, compreende o aparelhamento burocrático mantido pelos entes autorizados a tributar, composto por múltiplos órgãos, incumbidos da arrecadação e da fiscalização de tributos.

Já em sentido *objetivo*, a Administração Tributária traduz a atividade administrativa destinada a realizar a aplicação da lei fiscal, visando ao atendimento às finalidades de interesse público consubstanciadas na proteção dos direitos dos contribuintes e na arrecadação tributária. Assim, sujeita-se ao regime jurídico próprio da Administração Pública, devendo observar os princípios a ela pertinentes, especialmente os da *legalidade* e da *finalidade pública* (art. 37, *caput*, CR).

A Constituição da República abriga diversos dispositivos alusivos à Administração Tributária, que ensejam referência.

Inicialmente, ao tratar da Administração Pública, estatui que "a Administração Fazendária e seus servidores fiscais terão, dentro de suas áreas de competência e jurisdição, precedência sobre os demais setores administrativos, na forma da lei" (art. 37, XVIII). Essa "precedência" na atuação dos agentes da Administração Fazendária deve ser entendida nos seus devidos limites, não podendo conduzir à inobservância das normas de competência.

No art. 37, XXII, a Constituição estatui que "as administrações tributárias da União, dos Estados, do Distrito Federal e dos Municípios, atividades essenciais ao funcionamento do Estado, exercidas por servidores de carreiras específicas, terão recursos prioritários para a realização de suas atividades e atuarão de forma integrada, inclusive com o compartilhamento de cadastros e de informações fiscais, na forma da lei ou convênio". A norma estatui a prioridade na alocação de recursos para a Administração Fiscal, salientando, uma vez mais, a importância das atribuições a ela inerentes.

Em seu art. 52, por sua vez, prescreve que "compete privativamente ao Senado Federal: (...) XV – avaliar periodicamente a funcionalidade do Sistema Tributário Nacional, em sua estrutura e seus componentes, e o desempenho das administrações tributárias da União, dos Estados, do Distrito Federal e dos Municípios; (...)".

Observe-se que o art. 167, IV, CR, ao contemplar o *princípio da não afetação da receita de impostos a órgão, fundo ou despesa*, estabelece, entre suas exceções, a destinação de recursos para a realização de atividades de administração tributária, com remissão ao art. 37, XXII.

Outrossim, o Texto Fundamental, ao cuidar do Sistema Tributário Nacional, declara, em seu art. 145, § 1º, que, "sempre que possível, os impostos terão caráter pessoal e serão graduados segundo a capacidade econômica do contribuinte", aduzindo ser "facultado à Administração Tributária, especialmente para conferir efetividade a esses objetivos, identificar, respeitados os direitos individuais e nos termos da lei, o patrimônio, os rendimentos e as atividades econômicas do contribuinte".

A primeira parte do dispositivo hospeda o princípio da capacidade contributiva, já estudado.[225] Embora não se trate de "faculdade", mas de poder-dever, sinaliza a cláusula final, a nosso ver, a inviabilidade da utilização de presunções absolutas e ficções para a instituição de obrigações tributárias, uma vez que a Lei Maior determina à Administração Tributária o levantamento de dados que propiciem a apreciação da efetiva capacidade contributiva. Cuida-se assim, de prestigiar o *princípio da realidade ou da verdade material*, que se aplica ao Direito Tributário.

Releva sublinhar que, no âmbito tributário, considerando que o Texto Fundamental consigna rígida repartição de competências entre os entes federados, bem como diversas outras limitações à atividade tributante, traduzidas principalmente em imunidades e princípios, que a lei tributária já nasce com seu âmbito de normatividade limitado. E essa normatividade demarca o âmbito a ser desenvolvido por meio do exercício do *poder regulamentar* da Administração Pública.

---

[225] Parte II, Capítulo 3, item 3.2.2.7.

Diante de tais dispositivos, conclui-se, portanto, que a Lei Maior destacou o papel da Administração Tributária, aspecto que, se salutarmente interpretado, afina-se com a ideia de *proteção ao patrimônio público*, que não pode prescindir da adequada gestão dos recursos decorrentes da arrecadação tributária.

Por derradeiro, cabe registrar que a Administração Tributária, mormente nos países razoavelmente desenvolvidos, tem que enfrentar realidades cada vez mais complexas. As dificuldades de arrecadação e fiscalização, bem como o elevado custo das diversas atividades encetadas nesse sentido, apontam, paulatinamente, para a racionalização dos procedimentos administrativos. Buscam-se a simplificação das práticas administrativas, a diminuição do número de atos de controle, o corte de custos. Sabe-se que o risco da adoção de tais medidas é, sempre, o amesquinhamento de direitos, daí a necessidade de encontrar-se o equilíbrio entre a eficiência na administração fiscal e o respeito às garantias dos contribuintes.

12.2. A DISCIPLINA DO CÓDIGO TRIBUTÁRIO NACIONAL
12.2.1. Fiscalização

O Título IV do Código está subdividido em três capítulos: I – Fiscalização; II – Dívida ativa; e III – Certidões negativas.

A *fiscalização tributária*, por primeiro, consubstancia *poder-dever* do Estado. Exatamente por consistir o dever de pagar tributos obrigação *ex lege*, cabe ao Fisco exercer, compulsoriamente, o controle sobre o comportamento dos sujeitos passivos, no sentido de adimplirem suas obrigações. Recorde-se que o crédito tributário integra o patrimônio público, que é indisponível, consoante predica o princípio da supremacia do interesse público sobre o particular.

Como atividade administrativa que é, a atividade fiscalizatória há de ser adequadamente documentada, mediante a lavratura de termos e autos, consoante as formalidades previstas nas normas aplicáveis referentes a cada esfera administrativa e, também, à espécie de tributo de que se cuide, tudo de forma a efetivar a segurança jurídica. Ilustre-se o afirmado relembrando que o início da atividade fiscalizatória é importante na configuração do instituto da denúncia espontânea (art. 138, CTN).[226]

---

[226] Capítulo 10, item 10.6, *supra*.

A atividade fiscalizatória vem regrada nos arts. 194 a 200 do Código. Preceitua o art. 194:

> Art. 194. A legislação tributária, observado o disposto nesta Lei, regulará, em caráter geral, ou especificamente em função da natureza do tributo de que se tratar, a competência e os poderes das autoridades administrativas em matéria de fiscalização da sua aplicação.
> Parágrafo único. A legislação a que se refere este artigo aplica-se às pessoas naturais ou jurídicas, contribuintes ou não, inclusive às que gozem de imunidade tributária ou de isenção de caráter pessoal.

O dispositivo abriga redação algo confusa, extraindo-se-lhe, essencialmente, que a legislação tributária, conceito definido no art. 96 do mesmo estatuto normativo, disciplinará as atribuições das autoridades administrativas às quais compete fiscalizar a aplicação dos preceitos contidos no Código.

O art. 195, por sua vez, está assim expresso:

> Art. 195. Para os efeitos da legislação tributária, não têm aplicação quaisquer disposições legais excludentes ou limitativas do direito de examinar mercadorias, livros, arquivos, documentos, papéis e efeitos comerciais ou fiscais, dos comerciantes industriais ou produtores, ou da obrigação destes de exibi-los.
> Parágrafo único. Os livros obrigatórios de escrituração comercial e fiscal e os comprovantes dos lançamentos neles efetuados serão conservados até que ocorra a prescrição dos créditos tributários decorrentes das operações a que se refiram.

O *caput* do artigo proclama, peremptoriamente, que é a lei tributária que vai regrar o direito do Fisco de examinar bens e documentos, não se aplicando, nesse contexto, as disposições legais pertinentes a outros domínios.

O art. 145, § 1º, *in fine*, CR, como apontado, faculta "à Administração Tributária, especialmente para conferir efetividade a esses objetivos, identificar, respeitados os direitos individuais e nos termos da lei, o patrimônio, os rendimentos e as atividades econômicas do contribuinte".

Nesse sentido, há muito a jurisprudência afastou a possibilidade de sigilo dos livros e documentos mercantis em relação à fiscalização tributária, acesso esse adstrito aos pontos de interesse na investigação.[227]

O parágrafo único desse artigo trata da conservação de documentos até a consumação do prazo prescricional. Disciplina obrigação acessória, impondo que os documentos fiscais obrigatórios sejam conservados pelo sujeito passivo enquanto for viável a cobrança dos tributos correspondentes. Remete, assim, ao instituto da prescrição (art. 174, CTN): enquanto tal prazo extintivo não se consumar, o sujeito passivo deverá conservar tais documentos, sob pena de sujeitar-se a multa e lançamento de ofício mediante arbitramento.

Prosseguindo, dispõe o art. 196:

> Art. 196. A autoridade administrativa que proceder ou presidir a quaisquer diligências de fiscalização lavrará os termos necessários para que se documente o início do procedimento, na forma da legislação aplicável, que fixará prazo máximo para a conclusão daquelas.
>
> Parágrafo único. Os termos a que se refere este artigo serão lavrados, sempre que possível, em um dos livros fiscais exibidos; quando lavrados em separado deles se entregará, à pessoa sujeita à fiscalização, cópia autenticada pela autoridade a que se refere este artigo.

O *caput* do artigo reafirma o aspecto formal dos atos administrativos ao exigir a lavratura dos termos de fiscalização, além de obstar que o procedimento fiscalizatório se dê por tempo indeterminado, em homenagem ao princípio da segurança jurídica.

Acerca da *prestação de informações* à autoridade fiscal, prescreve o Código:

> Art. 197. Mediante intimação escrita, são obrigados a prestar à autoridade administrativa todas as informações de que disponham com relação aos bens, negócios ou atividades de terceiros:
>
> I – os tabeliães, escrivães e demais serventuários de ofício;
>
> II – os bancos, casas bancárias, Caixas Econômicas e demais instituições financeiras;

---

[227] Cf. Súmula 439, STF: "Estão sujeitos à fiscalização tributária ou previdenciária quaisquer livros comerciais, limitado o exame aos pontos objeto de investigação".

III – as empresas de administração de bens;
IV – os corretores, leiloeiros e despachantes oficiais;
V – os inventariantes;
VI – os síndicos, comissários e liquidatários;
VII – quaisquer outras entidades ou pessoas que a lei designe, em razão de seu cargo, ofício, função, ministério, atividade ou profissão.
Parágrafo único. A obrigação prevista neste artigo não abrange a prestação de informações quanto a fatos sobre os quais o informante esteja legalmente obrigado a observar segredo em razão de cargo, ofício, função, ministério, atividade ou profissão.

A determinação justifica-se pelo fato de que tais pessoas estão relacionadas a fatos tributários, pelo que podem prestar esclarecimentos ao Fisco acerca do cumprimento de obrigações tributárias por terceiros. Ilustre-se com a hipótese dos escrivães de Cartórios de Registro de Imóveis, em relação aos negócios de compra e venda desses bens, situação que enseja a incidência do ITBI. Observe-se, a propósito, que várias das pessoas apontadas nesse artigo são também arroladas como terceiros responsáveis, a teor do art. 134, CTN.[228]

O parágrafo único desse artigo ressalva do dever de prestar informações, como não poderia deixar de ser, aquelas abrangidas pelo sigilo profissional, isto é, referentes a fatos a respeito dos quais o profissional esteja legalmente obrigado a guardar segredo. Induvidosamente, revela-se de interesse público que assim seja, constituindo crimes a violação de sigilo profissional e de sigilo funcional.[229]

---

[228] *Vide* Capítulo 5, item 5.3.3.2, *supra*.
[229] Código Penal: "*Violação de segredo profissional*. Art. 154. Revelar alguém, sem justa causa, segredo, de que tem ciência em razão de função, ministério, ofício ou profissão, e cuja revelação possa produzir dano a outrem: Pena – detenção, de 3 (três) meses a 1 (um) ano, ou multa. Parágrafo único. Somente se procede mediante representação. *Invasão de dispositivo informático*. Art. 154-A. Invadir dispositivo informático de uso alheio, conectado ou não à rede de computadores, com o fim de obter, adulterar ou destruir dados ou informações sem autorização expressa ou tácita do usuário do dispositivo ou de instalar vulnerabilidades para obter vantagem ilícita: Pena – reclusão, de 1 (um) a 4 (quatro) anos, e multa. *Violação de sigilo funcional*. (...) Art. 325. Revelar fato de que tem ciência em razão do cargo e que deva permanecer em segredo, ou facilitar-lhe a revelação: Pena – detenção, de 6 (seis) meses a 2 (dois) anos, ou multa, se o fato não constitui crime mais grave. § 1º Nas mesmas penas deste artigo incorre quem: I – permite ou facilita, mediante atribuição, fornecimento e empréstimo de senha ou qualquer outra forma, o acesso de pessoas não autorizadas a sistemas de informações ou banco de

A combinação das normas contidas no inciso II do art. 197 e seu parágrafo único conduz ao instigante tema do *sigilo bancário*.

O assunto – que analisaremos de modo sucinto e restrito ao âmbito tributário – não pode ser apreciado sem a invocação de três normas constitucionais:

> Art. 5º (...)
>
> X – *são invioláveis a intimidade, a vida privada*, a honra e a imagem das pessoas, assegurado o direito a indenização pelo dano material ou moral decorrente de sua violação;
>
> (...)
>
> XII – *é inviolável o sigilo* da correspondência e das comunicações telegráficas, *de dados* e das comunicações telefônicas, salvo, no último caso, por ordem judicial, nas hipóteses e na forma que a lei estabelecer para fins de investigação criminal ou instrução processual penal.
> (...)
>
> Art. 145. (...)
>
> § 1º Sempre que possível, os impostos terão caráter pessoal e serão graduados segundo a capacidade econômica do contribuinte, *facultado à administração tributária, especialmente para conferir efetividade a esses objetivos, identificar, respeitados os direitos individuais e nos termos da lei, o patrimônio, os rendimentos e as atividades econômicas do contribuinte.*[230]

O sigilo bancário, portanto, insere-se no âmbito da proteção conferida à intimidade e à vida privada, da qual a inviolabilidade de dados é desdobramento. Constitui, simultaneamente, um direito individual do cliente, um dever profissional da instituição bancária, e uma garantia de interesse público, já que a confiança é o alicerce que sustenta o sistema financeiro.[231]

Conquanto desfrute de regime jurídico de maior proteção, o sigilo bancário não é absoluto, podendo ser quebrado quando o próprio interesse público o impuser, observadas todas as formalidades exigidas pela Constituição e pela lei.

---

dados da Administração Pública; II – se utiliza, indevidamente, do acesso restrito. § 2º Se da ação ou omissão resulta dano à Administração Pública ou a outrem: Pena – reclusão, de 2 (dois) a 6 (seis) anos, e multa".

[230] Destaques nossos.
[231] Nesse sentido, Misabel Derzi, notas ao *Direito Tributário Brasileiro*, de Aliomar Baleeiro, cit., pp. 1434-1435.

Consolidou-se, então, a orientação segundo a qual a quebra do sigilo somente poderia ser determinada por decisão de Comissão Parlamentar de Inquérito (art. 58, § 3º, CR) ou do Poder Judiciário (art. 38 da Lei n. 4.595/64).[232]

Todavia, a alteração normativa vem provocando intensos debates sobre o tema, uma vez que, ao revogar o art. 38 da Lei n. 4.595/64, autoriza seja a quebra do sigilo bancário efetuada diretamente pela autoridade fiscal.

Com efeito, a Lei Complementar n. 105/2001, ao dispor sobre o sigilo das operações das instituições financeiras, prescreve:

> Art. 1º As instituições financeiras conservarão sigilo em suas operações ativas e passivas e serviços prestados.
>
> (...)
>
> § 3º Não constitui violação do dever de sigilo:
>
> (...)
>
> VI – a prestação de informações nos termos e condições estabelecidos nos arts. 2º, 3º, 4º, 5º, 6º, 7º e 9º desta Lei Complementar.
>
> (...)
>
> Art. 6º As autoridades e os agentes fiscais tributários da União, dos Estados, do Distrito Federal e dos Municípios somente poderão

---

[232] Nesse sentido, acórdão do STJ: "Tributário. Sigilo bancário. Quebra com base em procedimento administrativo-fiscal. Impossibilidade. O sigilo bancário do contribuinte não pode ser quebrado com base em procedimento administrativo-fiscal, por implicar indevida intromissão na privacidade do cidadão, garantia esta expressamente amparada pela Constituição Federal (artigo 5º, inciso X). Por isso, cumpre às instituições financeiras manter sigilo acerca de qualquer informação ou documentação pertinente à movimentação ativa e passiva do correntista/contribuinte, bem como dos serviços bancários a ele prestados. Observadas tais vedações, cabe-lhes atender às demais solicitações de informações encaminhadas pelo Fisco, desde que decorrentes de procedimento fiscal regularmente instaurado e subscritas por autoridade administrativa competente. Apenas o Poder Judiciário, por um de seus órgãos, pode eximir as instituições financeiras do dever de segredo em relação às matérias arroladas em lei. Interpretação integrada e sistemática dos artigos 38, § 5º, da Lei n. 4.266/64, e 197, inciso II e § 1º, do CTN. Recurso improvido, sem discrepância" (REsp 121.642/DF, 1ª T., Rel. Min. Demócrito Reinaldo, j. 21.8.1997). Posteriormente, a Corte veio a alterar seu entendimento, para admitir a quebra do sigilo bancário sem autorização judicial, inclusive em relação a créditos tributários referentes a fatos imponíveis anteriores à vigência da Lei Complementar n. 105/2001 (1ª S., REsp 1.134.665/SP, recurso repetitivo, Rel. Min. Luiz Fux, j. 25.11.2009).

examinar documentos, livros e registros de instituições financeiras, inclusive os referentes a contas de depósitos e aplicações financeiras, quando houver processo administrativo instaurado ou procedimento fiscal em curso e tais exames sejam considerados indispensáveis pela autoridade administrativa competente.

Parágrafo único. O resultado dos exames, as informações e os documentos a que se refere este artigo *serão conservados em sigilo, observada a legislação tributária.*[233]

Esse preceito veio a possibilitar o acesso a dados do sujeito passivo, protegidos por sigilo bancário, pela autoridade fiscal, mediante processo administrativo, e desde que justificada a indispensabilidade do exame de tais dados.

A constitucionalidade desse dispositivo é polêmica, dividindo-se a doutrina e a jurisprudência.

Sumariando o debate, de um lado, há quem entenda que o preceito é inconstitucional, porquanto ofende o direito à intimidade e à vida privada, e sem observância do devido processo legal, que impõe decisão judicial para a quebra do sigilo bancário (art. 5º, LIV, CR). De outro, argumenta-se que o art. 145, § 1º, *in fine*, respalda o acesso das autoridades fiscais a dados dos contribuintes, desde que respeitados os direitos destes, o que é garantido pela determinação legal da instauração de processo administrativo ou de procedimento fiscal em curso, e que o exame de dados seja considerado indispensável pela autoridade administrativa competente.

A dimensão de tal polêmica refletiu-se no Supremo Tribunal Federal. Inicialmente, a Corte enfrentou a questão do sigilo de dados bancários e, por apertada maioria, proferiu acórdão no sentido de que a quebra do sigilo somente pode ser efetuada pelo Poder Judiciário, conflitando com a Constituição norma legal que atribua à Receita Federal do Brasil o afastamento do sigilo de dados relativos ao contribuinte.[234]

Posteriormente, contudo, decidiu, por maioria, pela improcedência dos pedidos formulados em ações diretas de inconstitucionalidade nas quais se questiona a possibilidade de utilização, por parte da fiscalização tributária, de

---

[233] Destaque nosso. O artigo é regulamentado pelo Decreto n. 3.724/2001, na redação dada pelo Decreto n. 8.303/2014.
[234] Pleno, RE 389.808/PR, Rel. Min. Marco Aurélio, j. 15.12.2010.

dados bancários e fiscais acobertados por sigilo constitucional, sem a intermediação do Poder Judiciário.[235]

Em nosso sentir, para a análise da questão, imprescindível invocar os princípios do devido processo legal, do contraditório e da ampla defesa, e da irretroatividade da lei (art. 5º, LIV, LV e XXXVI, CR), bem como interpretar a cláusula final do art. 145, § 1º, CR – que, ao contemplar o princípio da capacidade contributiva, proclama ser *"facultado à administração tributária, especialmente para conferir efetividade a esses objetivos, identificar, respeitados os direitos individuais e nos termos da lei, o patrimônio, os rendimentos e as atividades econômicas do contribuinte".*[236]

Sustentamos, na edição anterior, ser compatível a prerrogativa fazendária com o ordenamento constitucional, desde que, na aplicação da norma contida no art. 6º da Lei Complementar n. 105/2001, sejam observadas todas as formalidades necessárias a respeito dos direitos do contribuinte: 1) instauração ou existência de processo administrativo que tenha por objeto o acesso a dados bancários do contribuinte, devidamente fundamentada (devido processo legal); 2) ciência prévia ao contribuinte da necessidade do exame de tais dados, mediante comunicação devidamente fundamentada, com a observância de prazo razoável para que este possa decidir se abre mão do sigilo de seus dados bancários, ou se, ao invés, impugna a exigência, administrativamente (se houver a previsão de meio para esse fim) ou judicialmente (contraditório e ampla defesa); e 3) impossibilidade da solicitação de dados referir-se a período anterior à vigência da Lei Complementar n. 105/2001, não cabendo a aplicação do disposto no § 1º do art. 144, CTN, porquanto, no caso, não se cuida de mero novo processo de fiscalização, mas sim de acesso a dados não autorizado antes da edição da lei (irretroatividade da lei).

No entanto, aperfeiçoando nosso entendimento, especialmente à vista dos debates travados no Supremo Tribunal Federal, que culminaram com a orientação ora adotada, rendemo-nos ao argumento segundo o qual a questão está sob a incidência do postulado da *reserva de jurisdição*.

Com efeito, o acesso, pelo Fisco, a dados sigilosos do contribuinte, sem a concordância deste, implica bem mais que a mera transferência de informações, porquanto se insere no contexto da proteção conferida à esfera privada da pessoa, impondo-se, em consequência, que a pretensão de afastamento de tal

---

[235] Pleno, ADI 2.386/DF e ADI 2.390/DF, Rel. Min. Dias Toffoli, j. 24.2.2016. Veja-se também a ADI 5.729/DF, Rel. Min. Roberto Barroso, j. em 08.03.2021.
[236] Destaque nosso.

proteção não se dê mediante apreciação efetuada por uma das partes da relação tributária – o Fisco –, mas sim por órgão equidistante – o Poder Judiciário. Daí a imprescindibilidade da prévia autorização judicial para efeito de quebra de sigilo bancário e acesso do Fisco aos respectivos dados.

O art. 198, por sua vez, regra a questão da divulgação, por parte da Fazenda Pública ou seus servidores, de informações obtidas no exercício de suas atribuições, como segue:

> Art. 198. Sem prejuízo do disposto na legislação criminal, é vedada a divulgação, por parte da Fazenda Pública ou de seus servidores, de informação obtida em razão do ofício sobre a situação econômica ou financeira do sujeito passivo ou de terceiros e sobre a natureza e o estado de seus negócios ou atividades.
>
> § 1º Excetuam-se do disposto neste artigo, além dos casos previstos no art. 199, os seguintes:
>
> I – requisição de autoridade judiciária no interesse da justiça;
>
> II – solicitações de autoridade administrativa no interesse da Administração Pública, desde que seja comprovada a instauração regular de processo administrativo, no órgão ou na entidade respectiva, com o objetivo de investigar o sujeito passivo a que se refere a informação, por prática de infração administrativa.
>
> § 2º O intercâmbio de informação sigilosa, no âmbito da Administração Pública, será realizado mediante processo regularmente instaurado, e a entrega será feita pessoalmente à autoridade solicitante, mediante recibo, que formalize a transferência e assegure a preservação do sigilo.
>
> § 3º Não é vedada a divulgação de informações relativas a:
>
> I – representações fiscais para fins penais;
>
> II – inscrições na Dívida Ativa da Fazenda Pública;
>
> III – parcelamento ou moratória; e
>
> IV – incentivo, renúncia, benefício ou imunidade de natureza tributária cujo beneficiário seja pessoa jurídica.[237]

Trata o dispositivo, portanto, do chamado *sigilo fiscal*.

---

[237] Redação dada pela Lei Complementar n. 187/2021.

A Lei Complementar n. 104/2001, reescreveu o artigo, dando nova redação ao *caput* e ao § 1º, bem como incluindo os demais parágrafos. De seus comandos, extrai-se, em síntese, que: *a)* a regra é a *vedação da divulgação*, por parte da Fazenda Pública ou de seus servidores, de informação obtida em razão do ofício sobre a situação econômica ou financeira do sujeito passivo ou de terceiros e sobre a natureza e o estado de seus negócios ou atividades; *b)* a divulgação de informações está autorizada, além dos casos previstos no art. 199 (assistência mútua das Fazendas Públicas em matéria de fiscalização e permuta de informações), nas hipóteses de requisição de autoridade judiciária no interesse da justiça, e de solicitações de autoridade administrativa no interesse da Administração Pública, nos termos apontados; e *c) não são protegidas pelo sigilo* as informações relativas a representações fiscais para fins penais; inscrições na Dívida Ativa da Fazenda Pública; e parcelamento ou moratória.[238]

As inovações no perfil do sigilo fiscal promovidas pela Lei Complementar n. 104/2001, são, pois: *a)* a ampliação das possibilidades de sua quebra (§ 1º, II); *b)* a disciplina do intercâmbio de informação sigilosa, no âmbito da Administração Pública (§ 2º); e *c)* a exclusão de sua abrangência da divulgação de determinadas informações (§ 3º).[239]

---

[238] Sobre a constitucionalidade do compartilhamento com o Ministério Público, para fins penais, dos dados bancários e fiscais do contribuinte, obtidos pela Receita Federal no legítimo exercício de seu dever de fiscalizar, sem autorização prévia do Poder Judiciário, o STF fixou a seguinte tese: "1. É constitucional o compartilhamento dos relatórios de inteligência financeira da UIF e da íntegra do procedimento fiscalizatório da Receita Federal do Brasil, que define o lançamento do tributo, com os órgãos de persecução penal para fins criminais, sem a obrigatoriedade de prévia autorização judicial, devendo ser resguardado o sigilo das informações em procedimentos formalmente instaurados e sujeitos a posterior controle jurisdicional. 2. O compartilhamento pela UIF e pela RFB, referente ao item anterior, deve ser feito unicamente por meio de comunicações formais, com garantia de sigilo, certificação do destinatário e estabelecimento de instrumentos efetivos de apuração e correção de eventuais desvios" (RE 1.055.941/SP, Tema 990, Rel. Dias Tóffoli, j. 4.12.2019).

[239] A respeito da divulgação de informações fiscais pela Administração Pública, confira-se o acórdão proferido na ADI 1.454/DF: "Ação Direta de Inconstitucionalidade. Medida Provisória 1.442, de 10.5.1996, e suas sucessivas reedições. Criação do Cadastro Informativo de Créditos Não Quitados do Setor Público Federal – CADIN. Artigos 6º e 7º. Constitucionalidade do art. 6º reconhecida, por maioria, na sessão plenária de 15.6.2000. Modificação substancial do art. 7º a partir da reedição do ato impugnado sob o número 1.863-52, de 26.8.1999, mantida no ato de conversão da Lei 10.522, de 19.7.2002. Declaração de prejudicialidade da ação, quanto ao art. 7º,

No entanto, cumpre registrar que a exceção contemplada no inciso II do § 1º do art. 198, a nosso ver, padece de inconstitucionalidade, uma vez que autoriza a divulgação, pela Fazenda Pública, de informações relativas ao sujeito passivo ou terceiros, mediante solicitação de autoridade administrativa, com o objetivo de investigar prática de infração administrativa (art. 199, CTN), o que abrange, inclusive, aquelas informações protegidas por sigilo bancário (arts. 197, II, CTN, e 6º da Lei Complementar n. 105/2001).

A ofensa, na hipótese, é à mesma cláusula final do § 1º do art. 145, CR, que permite apenas à *autoridade fiscal* o acesso a tais dados, e não a quaisquer autoridades administrativas.

Em continuação, dispõe o Código Tributário Nacional acerca da assistência mútua entre as Fazendas Públicas:

> Art. 199. A Fazenda Pública da União e as dos Estados, do Distrito Federal e dos Municípios prestar-se-ão mutuamente assistência para a fiscalização dos tributos respectivos e permuta de informações, na forma estabelecida, em caráter geral ou específico, por lei ou convênio.
>
> Parágrafo único. A Fazenda Pública da União, na forma estabelecida em tratados, acordos ou convênios, poderá permutar informações com Estados estrangeiros no interesse da arrecadação e da fiscalização de tributos.[240]

Esse artigo está em consonância com o preceito contido no art. 37, XXII, CR, anteriormente referido – segundo o qual "as administrações tributárias da União, dos Estados, do Distrito Federal e dos Municípios, (...) atuarão de forma integrada, inclusive com o compartilhamento de cadastros e de informações fiscais, na forma da lei ou convênio" –, bem como guarda conexão com o já examinado art. 7º, CTN, que se refere à *capacidade tributária ativa*,

---

na sessão plenária de 20.6.2007. 1. A criação de cadastro no âmbito da Administração Pública Federal e a simples obrigatoriedade de sua prévia consulta por parte dos órgãos e entidades que a integram não representam, por si só, impedimento à celebração dos atos previstos no art. 6º do ato normativo impugnado. 2. A alteração substancial do art. 7º promovida quando da edição da Medida Provisória 1.863-52, de 26.8.1999, depois confirmada na sua conversão na Lei 10.522, de 19.7.2002, tornou a presente ação direta prejudicada, nessa parte, por perda superveniente de objeto. 3. Ação direta parcialmente prejudicada cujo pedido, no que persiste, se julga improcedente". (Pleno, Rel. Min. Ellen Gracie, j. 20.6.2007).

[240] Parágrafo incluído pela Lei Complementar n. 104/2001.

traduzida na aptidão para arrecadar e fiscalizar tributos, passível de delegação pela pessoa política.[241]

Desse modo, por exemplo, numa operação de importação de produto industrializado que configurar mercadoria, há interesse do Fisco Estadual, em razão da exigência de ICMS, na assistência e fiscalização realizadas pelo órgão federal, responsável pela arrecadação do Imposto de Importação e do IPI.

Outrossim, como visto no comentário ao art. 198, § 1º, II, tal assistência mútua entre as Fazendas Públicas enseja a quebra do sigilo fiscal, propiciando a divulgação de dados bancários do sujeito passivo, hipótese que consideramos inconstitucional, por violação, também, ao disposto no art. 145, § 1º, CR.

Encerrando este tópico, estatui o Código que "as autoridades administrativas federais poderão requisitar o auxílio da força pública federal, estadual ou municipal, e reciprocamente, quando vítimas de embaraço ou desacato no exercício de suas funções, ou quando necessário à efetivação de medida prevista na legislação tributária, ainda que não se configure fato definido em lei como crime ou contravenção" (art. 200, CTN). Cuida-se de prerrogativa outorgada aos agentes públicos federais, com vista à proteção do patrimônio público, a ser utilizada com ponderação.

12.2.2. Dívida ativa

Formalizado o crédito tributário e não existindo nenhuma causa suspensiva de sua exigibilidade, cumpre à Fazenda Pública efetuar mais um ato de controle – o ato de *apuração e de inscrição do débito* no livro de registro da dívida ativa.

Tal ato é de competência privativa dos Procuradores da Fazenda Pública, e constitui a última oportunidade para a Administração apreciar sua legalidade antes de proceder à cobrança do crédito.

O tema, de relevância, é regido pelos arts. 201 a 204, CTN.[242]

O art. 201 declara, em seu *caput*, que "constitui dívida ativa tributária a proveniente de crédito dessa natureza, regularmente inscrita na repartição administrativa competente, depois de esgotado o prazo fixado, para pagamento, pela lei ou por decisão final proferida em processo regular". E o parágrafo único do mesmo dispositivo acrescenta, de maneira dispensável, que "a fluência de juros de mora não exclui, para os efeitos deste artigo, a liquidez do crédito".

---

[241] Vide Capítulo 2, *supra*.
[242] Também disciplinam o assunto os arts. 2º e 3º da Lei n. 6.830/80 (LEF).

A inscrição em dívida ativa visa à constituição de título executivo destinado à cobrança judicial de créditos, a chamada *Certidão de Dívida Ativa* (CDA).

A Lei n. 6.830/80, que dispõe sobre a cobrança judicial da Dívida Ativa da Fazenda Pública, declara ser esta a "definida como tributária ou não tributária na Lei n. 4.320, de 17 de março de 1964, com as alterações posteriores, que estatui normas gerais de direito financeiro para elaboração e controle dos orçamentos e balanços da União, dos Estados, dos Municípios e do Distrito Federal", aduzindo que "a Dívida Ativa da Fazenda Pública, compreendendo a tributária e a não tributária, abrange atualização monetária, juros e multa de mora e demais encargos previstos em lei ou contrato" (art. 2º, *caput* e § 2º).[243]

Ressalte-se ser a Certidão de Dívida Ativa o único título executivo extrajudicial, no ordenamento jurídico pátrio, confeccionado *unilateralmente* pelo credor, o que se justifica em razão de atributo peculiar a todos os atos administrativos, qual seja, a *presunção de legalidade ou de legitimidade* de que desfrutam.[244]

A Certidão de Dívida Ativa é extraída do livro de registro desta, cujo termo de inscrição tem o conteúdo prescrito no art. 202, CTN:

---

[243] Registre-se, no entanto, competir à Justiça do Trabalho "a execução, de ofício, das contribuições sociais previstas no art. 195, I, *a*, e II, e seus acréscimos legais, decorrentes das sentenças que proferir", nos termos do art. 114, VIII, CR.

[244] O afirmado é facilmente constatável da simples análise do art. 784 do Código de Processo Civil, que arrola os títulos executivos extrajudiciais: "Art. 784. São títulos executivos extrajudiciais: I – a letra de câmbio, a nota promissória, a duplicata, a debênture e o cheque; II – a escritura pública ou outro documento público assinado pelo devedor; III – o documento particular assinado pelo devedor e por 2 (duas) testemunhas; IV – o instrumento de transação referendado pelo Ministério Público, pela Defensoria Pública, pela Advocacia Pública, pelos advogados dos transatores ou por conciliador ou mediador credenciado por tribunal; V – o contrato garantido por hipoteca, penhor, anticrese ou outro direito real de garantia e aquele garantido por caução; VI – o contrato de seguro de vida em caso de morte; VII – o crédito decorrente de foro e laudêmio; VIII – o crédito, documentalmente comprovado, decorrente de aluguel de imóvel, bem como de encargos acessórios, tais como taxas e despesas de condomínio; IX – *a certidão de dívida ativa da Fazenda Pública da União dos Estados, do Distrito Federal e dos Municípios, correspondente aos créditos inscritos na forma da lei*; X – o crédito referente às contribuições ordinárias ou extraordinárias de condomínio edilício, previstas na respectiva convenção ou aprovadas em assembleia geral, desde que documentalmente comprovadas; XI – a certidão expedida por serventia notarial ou de registro relativa a valores de emolumentos e demais despesas devidas pelos atos por ela praticados, fixados nas tabelas estabelecidas em lei; XII – todos os demais títulos aos quais, por disposição expressa, a lei atribuir força executiva" (destaque nosso).

> Art. 202. O termo de inscrição da dívida ativa, autenticado pela autoridade competente, indicará obrigatoriamente:
>
> I – o nome do devedor e, sendo caso, o dos corresponsáveis, bem como, sempre que possível, o domicílio ou a residência de um e de outros;
>
> II – a quantia devida e a maneira de calcular os juros de mora acrescidos;
>
> III – a origem e natureza do crédito, mencionada especificamente a disposição da lei em que seja fundado;
>
> IV – a data em que foi inscrita;
>
> V – sendo caso, o número do processo administrativo de que se originar o crédito.
>
> Parágrafo único. A certidão conterá, além dos requisitos deste artigo, a indicação do livro e da folha da inscrição.[245]

Esses os requisitos que o termo de inscrição da dívida ativa deverá observar, sob pena de nulidade, como declara o art. 203:

> Art. 203. A omissão de quaisquer dos requisitos previstos no artigo anterior ou o erro a eles relativo são causas de nulidade da inscrição e do processo de cobrança dela decorrente, mas a nulidade poderá ser sanada até a decisão de primeira instância, mediante substituição da certidão nula, devolvido ao sujeito passivo, acusado ou interessado o prazo para defesa, que somente poderá versar sobre a parte modificada.[246]

Esse artigo veicula a sanção de nulidade, bem como a prerrogativa outorgada ao Poder Público consubstanciada na *possibilidade de emenda ou substituição da Certidão de Dívida Ativa*. Assim é que, ainda que nulos a inscrição e o processo de cobrança da dívida ativa, a nulidade poderá ser sanada até a decisão de primeira instância, mediante a substituição do título executivo, qual seja, a CDA nula. Nesse caso, ao sujeito passivo, acusado ou interessado, é assegurado prazo para defesa, acerca da parte modificada, em consonância com as garantias do contraditório e da ampla defesa (art. 5º, LV, CR).

---

[245] Veja-se o art. 2º, § 5º, LEF.
[246] Secundando esse dispositivo, o § 8º do art. 2º, LEF, estatui que "até a decisão de primeira instância, a Certidão de Dívida Ativa poderá ser emendada ou substituída, assegurada ao executado a devolução do prazo para embargos".

A aplicação dessa norma enseja algumas considerações. Em primeiro lugar, quanto à *abrangência* da modificação ou substituição pretendida. Pensamos que o exercício de tal prerrogativa não se cinge, apenas, à correção de erros materiais na CDA, incluindo, também, a correção do próprio termo de inscrição da qual se origina, em virtude de erro ou omissão neste. De todo modo, como limite a essa possibilidade, a inviabilidade de corrigirem-se vícios atinentes ao próprio processo administrativo no qual se baseia a CDA.

Outra indagação diz com a *oportunidade processual* para o exercício da prerrogativa de emenda ou substituição da CDA. O dispositivo estabelece como limite para tanto a decisão de primeira instância, vale dizer, a sentença de mérito proferida em sede de embargos à execução fiscal. Portanto, até a prolação desta, é possível a emenda ou substituição da CDA. Na hipótese de execução não embargada, por sua vez, entendemos que o limite vem a ser a própria extinção do processo de execução, declarada por sentença (arts. 924 e 925, CPC).

O art. 204 contém norma que suscita debates quanto à sua interpretação e alcance, assim expressa:

> Art. 204. A dívida regularmente inscrita goza da presunção de certeza e liquidez e tem o efeito de prova pré-constituída.
>
> Parágrafo único. A presunção a que se refere este artigo é relativa e pode ser ilidida por prova inequívoca, a cargo do sujeito passivo ou do terceiro a que aproveite.[247]

Para bem situar o exame dessa norma, convém relembrar que as *presunções* constituem mecanismos utilizados pelo ordenamento jurídico com vista à praticabilidade das leis.[248] Visam reduzir a complexidade dos fatos, simplificando a execução dos comandos normativos.

O dispositivo em foco estatui que a dívida regularmente inscrita goza da *presunção de certeza e liquidez*. O atributo da certeza diz com a regularidade do crédito, enquanto a liquidez supõe esteja seu valor definido.

Impõe-se ponderar acerca do papel de tal presunção. Trata-se, por certo, de presunção de natureza *relativa* ou *juris tantum*, voltada à facilitação da arrecadação fiscal.

Não obstante, não se deve extrair a apressada conclusão segundo a qual, uma vez efetuada a inscrição do débito em dívida ativa, está o Fisco dispensado

---

[247] Tal prescrição vem reproduzida no art. 3º, LEF.
[248] Sobre o princípio da praticabilidade, *vide* Parte II, Capítulo 3, item 3.2.2.4.

de produzir qualquer prova a respeito da ocorrência do fato jurídico-tributário, cabendo tal ônus, exclusivamente, ao contribuinte. Com efeito, não se pode chegar ao ponto de impor ao executado a produção de *prova negativa*, cumprindo ao Fisco demonstrar a autenticidade do fato que deu suporte à exigência fiscal, quando contestado.

12.2.3. Certidões negativas

A obtenção de certidões relativas à situação fiscal (arts. 205 a 208, CTN), como antes salientado, representa um dos aspectos mais pragmáticos envolvendo a Administração Tributária, com reflexos diversos na vida dos contribuintes.

A *certidão* é ato administrativo enunciativo, e sua obtenção é direito constitucionalmente assegurado, inclusive, mediante imunidade a taxa, nos termos do art. 5º, XXXIII, *b*.[249] Portanto, todo contribuinte faz jus a certidão que espelhe sua real situação perante o Fisco.

Dispõe o art. 205, CTN:

> Art. 205. A lei poderá exigir que a prova da quitação de determinado tributo, quando exigível, seja feita por certidão negativa, expedida à vista de requerimento do interessado, que contenha todas as informações necessárias à identificação de sua pessoa, domicílio fiscal e ramo de negócio ou atividade e indique o período a que se refere o pedido.
>
> Parágrafo único. A certidão negativa será sempre expedida nos termos em que tenha sido requerida e será fornecida dentro de 10 (dez) dias da data da entrada do requerimento na repartição.

O preceito versa sobre a *certidão negativa de débito tributário*, à qual somente faz jus o contribuinte que não tenha nenhum débito tributário vencido e não pago.

Com efeito, a *certidão negativa* é o documento comprobatório da regularidade de situação fiscal, requisito exigido para a participação em licitações e

---

[249] "São a todos assegurados, independentemente do pagamento de taxas: (...) a obtenção de certidões em repartições públicas, para defesa de direitos e esclarecimento de situações de interesse pessoal."

operação de empréstimo e de financiamento junto a instituição financeira.[250] Lembre-se, ainda, que, nos termos do art. 195, § 3º, CR, "a pessoa jurídica em débito com o sistema da seguridade social, como estabelecido em lei, não poderá contratar com o Poder Público nem dele receber benefícios ou incentivos fiscais ou creditícios".

O fundamento ético para a adoção de tal exigência, em todas essas hipóteses, é evidente, e exsurge da ideia de que seria ofensivo à isonomia que certas pessoas, beneficiárias de serviços públicos como todas as demais, não contribuíssem, podendo fazê-lo, para o financiamento dessas mesmas atividades.

Nesse contexto, portanto, não se revela destituído de razoabilidade a lei condicionar a aquisição ou o exercício de certos direitos de natureza econômica à comprovação de regularidade fiscal.

Por outro lado, a exigência de certidão negativa de tributos não pode constituir entrave ao exercício de direitos assegurados constitucionalmente.[251]

---

[250] Cf. Lei n. 8.666/93, art. 27, IV.
[251] Nesse sentido, decidiu o STF declarar a inconstitucionalidade da exigência de apresentação de certidão negativa de tributos como condição para a expedição de alvará de levantamento, prevista no art. 19 da Lei n. 11.033/2004: "Ação Direta de Inconstitucionalidade. Precatórios. Art. 19 da Lei Nacional n. 11.033, de 21 de dezembro de 2004. Afronta aos arts. 5º, inc. XXXVI, e 100 da Constituição da República. 1. O art. 19 da Lei n. 11.033/2004 impõe condições para o levantamento dos valores do precatório devido pela Fazenda Pública. 2. A norma infraconstitucional estatuiu condição para a satisfação do direito do jurisdicionado – constitucionalmente garantido – que não se contém na norma fundamental da República. 3. A matéria relativa a precatórios não chama a atuação do legislador infraconstitucional, menos ainda para impor restrições que não se coadunam com o direito à efetividade da jurisdição e o respeito à coisa julgada. 4. O condicionamento do levantamento do que é devido por força de decisão judicial ou de autorização para o depósito em conta bancária de valores decorrentes de precatório judicial, estabelecido pela norma questionada, agrava o que vem estatuído como dever da Fazenda Pública em face de obrigação que se tenha reconhecido judicialmente em razão e nas condições estabelecidas pelo Poder Judiciário, não se mesclando, confundindo ou, menos ainda, frustrando pela existência paralela de débitos de outra fonte e natureza que, eventualmente, o jurisdicionado tenha com a Fazenda Pública. 5. Entendimento contrário avilta o princípio da separação de poderes e, a um só tempo, restringe o vigor e a eficácia das decisões judiciais ou da satisfação a elas devida. 6. Os requisitos definidos para a satisfação dos precatórios somente podem ser fixados pela Constituição, a saber: a requisição do pagamento pelo Presidente do Tribunal que tenha proferido a decisão; a inclusão, no orçamento das entidades políticas,

Já o art. 206, CTN, prevê outra modalidade de certidão, cujos efeitos são equiparados aos da certidão negativa:

> Art. 206. Tem os mesmos efeitos previstos no artigo anterior a certidão de que conste a existência de créditos não vencidos, em curso de cobrança executiva em que tenha sido efetivada a penhora, ou cuja exigibilidade esteja suspensa.

Trata-se da *certidão de regularidade fiscal*, popularmente chamada de "certidão positiva com efeitos de negativa". Em outras palavras, o Código Tributário Nacional considera contribuinte em situação regular não apenas aquele que não tem débito vencido e não pago,[252] mas também aquele que, mesmo em débito, a obrigação correspondente esteja com a exigibilidade suspensa, ou em relação ao qual haja execução garantida por penhora.

O dispositivo remete, primeiramente, à disciplina do art. 151, CTN, que, como visto, arrola as causas de suspensão de exigibilidade. Já a referência à cobrança executiva garantida mediante penhora aponta para o regramento contido na Lei de Execução Fiscal.

Amparado por qualquer uma dessas hipóteses, o contribuinte é considerado em situação regular.

Portanto, encontrar-se-á em *situação irregular perante o Fisco* o contribuinte que tiver débito vencido e não pago e não estiver amparado por uma causa suspensiva da exigibilidade da obrigação, nem tiver garantida a respectiva execução mediante penhora.

---

das verbas necessárias ao pagamento de precatórios apresentados até 1º de julho de cada ano; o pagamento atualizado até o final do exercício seguinte ao da apresentação dos precatórios, observada a ordem cronológica de sua apresentação. 7. A determinação de condicionantes e requisitos para o levantamento ou a autorização para depósito em conta bancária de valores decorrentes de precatórios judiciais, que não aqueles constantes de norma constitucional, ofende os princípios da garantia da jurisdição efetiva (art. 5º, inc. XXXVI) e o art. 100 e seus incisos, não podendo ser tida como válida a norma que, ao fixar novos requisitos, embaraça o levantamento dos precatórios. 8. Ação Direta de Inconstitucionalidade julgada procedente" (Pleno, ADI 3.453/DF, Rel. Min. Cármen Lúcia, j. 30.11.2006).

[252] Súmula 446, STJ: "Declarado e não pago o débito tributário pelo contribuinte, é legítima a recusa de expedição de certidão negativa ou positiva com efeito de negativa".

O art. 207, por seu turno, estatui:

> Art. 207. Independentemente de disposição legal permissiva, será dispensada a prova de quitação de tributos, ou o seu suprimento, quando se tratar de prática de ato indispensável para evitar a caducidade de direito, respondendo, porém, todos os participantes no ato pelo tributo porventura devido, juros de mora e penalidades cabíveis, exceto as relativas a infrações cuja responsabilidade seja pessoal ao infrator.

O preceito diz com a *urgência* na prática de ato destinado a evitar a caducidade de direito, hipótese em que resta dispensada a prova de quitação de tributos ou seu suprimento, vale dizer, a apresentação da certidão negativa. No entanto, à evidência, se posteriormente vier a ser apurado débito tributário, todos os participantes do ato deverão responder pelos encargos indicados no dispositivo, seja na qualidade de contribuintes, seja na condição de responsáveis.

Encerrando esse capítulo do Código Tributário Nacional, prescreve o art. 208:

> Art. 208. A certidão negativa expedida com dolo ou fraude, que contenha erro contra a Fazenda Pública, responsabiliza pessoalmente o funcionário que a expedir, pelo crédito tributário e juros de mora acrescidos.
>
> Parágrafo único. O disposto neste artigo não exclui a responsabilidade criminal e funcional que no caso couber.

O artigo estabelece as consequências da expedição dolosa ou fraudulenta da certidão negativa, que convergem para as responsabilidades disciplinar, civil e penal do agente que a expedir, a serem reguladas em leis próprias.

Encerrada a parte deste livro dedicada ao Código Tributário Nacional e suas normas gerais, passemos ao exame dos múltiplos impostos integrantes do sistema tributário nacional.

Parte IV
Impostos em Espécie

Esta parte é dedicada ao estudo dos múltiplos impostos que compõem o sistema tributário nacional. Não obstante as contribuições revelem-se as espécies tributárias mais numerosas, reputamos os impostos os tributos mais relevantes, seja pela sua necessária desvinculação a uma atuação estatal, seja por representarem as principais fontes de receita dos entes políticos.

Nosso propósito é apresentar, sucintamente, sua disciplina básica, pelo que nossas considerações limitar-se-ão ao exame das normas constitucionais pertinentes, traçando o perfil de cada imposto e, no que tange ao regramento infraconstitucional, às principais prescrições do Código Tributário Nacional e da lei ordinária.

1. Impostos Federais

1.1. A COMPETÊNCIA DA UNIÃO EM MATÉRIA DE IMPOSTOS

Conforme examinado em capítulo precedente, a repartição de competências tributárias é efetuada no plano constitucional (arts. 145 a 156).

No que tange à competência em matéria de impostos, extrai-se, da disciplina contida nos arts. 153 a 156, que a Constituição atribui competências expressas e enumeradas a cada um dos entes políticos, descrevendo as materialidades das situações fáticas correspondentes, vale dizer, as regras-matrizes de incidência.

Desse modo, nos termos do art. 153, compete instituir impostos sobre: importação de produtos estrangeiros; exportação, para o exterior, de produtos nacionais ou nacionalizados; renda e proventos de qualquer natureza; produtos industrializados; operações de crédito, câmbio e seguro, ou relativas a títulos ou valores mobiliários; propriedade territorial rural; grandes fortunas, nos termos de lei complementar; e produção, extração, comercialização ou importação de bens e serviços prejudiciais à saúde ou ao meio ambiente, nos termos de lei complementar (I a VIII).

Em seguida, o art. 154 acrescenta à União duas outras competências em matéria de impostos: a *competência residual*, a ser exercida mediante lei complementar, para a instituição de impostos não previstos no art. 153, desde que sejam não cumulativos e não tenham fato gerador ou base de cálculo próprios dos já discriminados; e a *competência extraordinária*, a ser exercida na iminência ou no caso de guerra externa, impostos extraordinários, compreendidos ou não em sua competência tributária, os quais serão suprimidos, gradativamente, cessadas as causas de sua criação.

Desse panorama normativo, conclui-se caber à União vasta competência tributária, uma vez abrangente de sete impostos expressamente indicados, além dos impostos passíveis de serem instituídos mediante o exercício de suas competências residual e extraordinária. Já os Estados-membros e os Municípios possuem competência tributária para apenas três impostos cada um. O Distrito Federal, como assinalado, conjuga as competências estaduais e municipais.

Passemos, então, ao estudo dos impostos de cada um dos entes políticos, na sequência em que vêm dispostos no texto constitucional.

1.2. IMPOSTO DE IMPORTAÇÃO[1]
1.2.1. Perfil constitucional

O Imposto de Importação, cuja instituição é autorizada no art. 153, I, CR, assim como o Imposto de Exportação, constitui um dos tributos que incidem sobre o *comércio exterior*, isto é, sobre negócios jurídicos de compra e venda de bens e serviços realizados entre pessoas situadas em diferentes países.

Tal imposto apresenta alguns atributos próprios. Em primeiro lugar, destaque-se sua conotação nitidamente *extrafiscal* ou *regulatória*. Como já mencionado,[2] a extrafiscalidade consiste na utilização de instrumentos tributários visando o atingimento de finalidades outras que não a meramente arrecadatória – objetivos sociais, econômicos etc. Significa que, por meio de expedientes tributários, o Estado interfere na conduta das pessoas, incentivando ou inibindo comportamentos, à vista do interesse público.

No caso do Imposto de Importação, o objetivo maior da exigência fiscal não é gerar receita, mas, sim, proteger a indústria nacional, uma vez que sua incidência onera o produto estrangeiro, tornando-o mais caro e, portanto, menos competitivo com o produto nacional.

Em razão de sua feição extrafiscal, a Constituição o insere num regime jurídico especial, aplicável apenas a alguns poucos tributos. Trata-se da disciplina contida nos arts. 150, § 1º, e 153, § 1º.

O art. 150, § 1º, por primeiro, excepciona o Imposto de Importação da observância da anterioridade da lei tributária, tanto em relação à *anterioridade genérica* (art. 150, III, *b*) quanto em relação à *anterioridade especial* (art. 150, III,

---

[1] *Vide*, a respeito desse imposto, as seguintes Súmulas: 660, 577, 576, 575, 570, STF, e 198, 155, 124, 95 e 20, STJ.
[2] Parte II, Capítulo 2, item 2.3.

c). Isso significa que o aumento do imposto pode ser exigido no mesmo exercício financeiro em que publicada a lei que o autorizou, e independentemente do aguardo do lapso temporal de noventa dias, o que o torna um instrumento ágil de regulação do comércio exterior.

Em consonância com esse dispositivo, o art. 153, § 1º, por sua vez, autoriza o Poder Executivo a alterar-lhe as alíquotas, atendidas as condições e os limites estabelecidos em lei. O princípio da legalidade tributária, em relação aos impostos mencionados nesse dispositivo, experimenta atenuação em seu rigor, ensejando que ato do Poder Executivo integre a vontade da lei, complementando-a nesse quesito.[3]

Em verdade, no intuito de imprimir agilidade a essa imposição extrafiscal, pouco adiantaria excepcionar o Imposto de Importação da observância do princípio da anterioridade da lei tributária, permitindo sua majoração de imediato, caso fosse mantida sua submissão à exigência de que a fixação da alíquota se desse por meio de lei.

Assim é que, mediante decreto, o Poder Executivo, dentro dos parâmetros legalmente fixados, pode proceder às alterações que, à vista do interesse público, se fizerem necessárias. Como mencionamos anteriormente,[4] cuida-se de autêntica *discricionariedade administrativa*, atribuída em nível constitucional, para que seja escolhida, em cada hipótese, a alternativa de alíquota mais adequada à satisfação do interesse público.

1.2.2. Aspectos da hipótese de incidência

O Imposto de Importação está disciplinado nos arts. 19 a 22, CTN, tendo como diploma legal básico o Decreto-Lei n. 37/66, e alterações.

O art. 19, CTN, declara que "o imposto, de competência da União, sobre a importação de produtos estrangeiros tem como fato gerador a entrada destes no território nacional". Portanto, a pretexto de definir o fato gerador do imposto, menciona "entrada no território nacional", fazendo confusão entre os aspectos

---

[3] Em razão desse preceito constitucional, o art. 21 do CTN encontra-se parcialmente revogado, por mais amplo que seja o art. 153, § 1º: "Art. 21. O Poder Executivo pode, nas condições e nos limites estabelecidos em lei, alterar as alíquotas ou as *bases de cálculo do imposto*, a fim de ajustá-lo aos objetivos da política cambial e do comércio exterior" (destaques nossos).
[4] Parte II, Capítulo 3, item 3.2.2.1.

material e temporal da hipótese de incidência, lapso cometido reiteradamente pelo legislador do Código Tributário Nacional. O mesmo equívoco está presente no art. 1º do Decreto-Lei n. 37/66.

Tecnicamente, o *aspecto material* do imposto em foco consiste em importar produtos estrangeiros.

Relevante assinalar que o art. 1º, § 1º, do Decreto-Lei n. 37/66, equipara ao produto estrangeiro a mercadoria nacional ou nacionalizada exportada que retornar ao País: a primeira é a fabricada no País; a segunda é a que vem do exterior e sofre alguma alteração, é transformada ou beneficiada no País e é novamente exportada.

Outro ponto a destacar é a norma contida no art. 17 desse mesmo decreto-lei. Cuida o preceito da chamada *similaridade*. Singelamente, se há produto similar nacional, a importação do produto estrangeiro será gravada pelo Imposto de Importação, exatamente porque, como visto, a função precípua desse imposto é a proteção da indústria nacional. Diversamente, em se tratando de produto sem similar nacional, em condições de substituir o importado, é caso de isenção, porquanto não há o que proteger.

Quanto ao *aspecto espacial*, verifica-se, nesse imposto, a indicação de duas coordenadas para a sua aferição. A *coordenada genérica* de espaço, por primeiro, coincide com a própria eficácia da lei federal – o território nacional. Já a *coordenada específica* de espaço é a repartição aduaneira ou alfândega, onde ocorrerá o desembaraço dos produtos importados.

A identificação do *aspecto temporal* do Imposto de Importação, por seu turno, gerou muita polêmica no passado. Tal se deu porque, tratando-se de imposto sujeito a regime jurídico que o excepciona da observância do princípio da anterioridade da lei tributária e lhe submete a uma eficácia atenuada do princípio da legalidade (arts. 150, § 1º, e 153, § 1º), a determinação do momento em que se considera nascida a obrigação tributária é ainda mais relevante, pois, de um dia para o outro, pode ocorrer alteração da disciplina aplicável à hipótese, modificando-se o valor da exigência fiscal.

Afastadas as teses segundo as quais o momento em que se considera nascida a obrigação tributária é: *(a)* o da realização do negócio jurídico de importação; *(b)* o da entrada do bem no território nacional e *(c)* o do desembaraço aduaneiro na repartição competente, mediante a interpretação do disposto no art. 44 do Decreto-Lei n. 37/66, prevaleceu o entendimento segundo o qual a obrigação de pagar o Imposto de Importação nasce no momento do registro da Declaração de Importação na repartição aduaneira.[5]

No que tange ao *aspecto pessoal*, o sujeito ativo da obrigação é a União, e o contribuinte, nos termos do art. 22, CTN, secundado pelo art. 31 do Decreto-Lei n. 37/66, é o importador ou quem a lei a ele equiparar,[6] ou o arrematante, na hipótese de bens apreendidos ou abandonados.

O *aspecto quantitativo*, revelado pela conjugação da base de cálculo e da alíquota, é regrado pelo art. 20, CTN:

> Art. 20. A base de cálculo do imposto é:
>
> I – quando a alíquota seja específica, a unidade de medida adotada pela lei tributária;
>
> II – quando a alíquota seja *ad valorem*, o preço normal que o produto, ou seu similar, alcançaria, ao tempo da importação, em uma venda em condições de livre concorrência, para entrega no porto ou lugar de entrada do produto no País;
>
> III – quando se trate de produto apreendido ou abandonado, levado a leilão, o preço da arrematação.

Ilustrando as hipóteses contempladas nesse dispositivo, temos que, se a base de cálculo for fixada em unidade de medida, a alíquota será *específica*. Exemplo: se o produto importado é seda, a tributação pode se dar por metro do produto importado (base de cálculo), e a alíquota será um valor em reais. Já se a base de cálculo for o preço do produto, a alíquota será *ad valorem*, isto é, um percentual aplicado a essa base de cálculo, critério adotado atualmente pela lei.

Saliente-se, uma vez mais, que a alíquota desse imposto pode ser alterada pelo Poder Executivo, nos termos do art. 153, § 1º, CR.

---

[5] Nesse sentido firmou-se a jurisprudência do STJ (*e.g.* 2ª T., REsp 250.379/PE, Rel. Min. Francisco Peçanha Martins, j. 21.5.2002).

[6] A lei equipara a importador o viajante que traz mercadoria importada em sua bagagem. O limite de isenção do Imposto de Importação para bens diversos trazidos ao País em bagagem acompanhada é de US$ 500 (quinhentos dólares dos Estados Unidos) ou o equivalente em outra moeda, quando o viajante ingressar no País por via aérea ou marítima; e de US$ 300 (trezentos dólares dos Estados Unidos) ou o equivalente em outra moeda, quando o viajante ingressar no País por via terrestre, fluvial ou lacustre (cf. Decreto-Lei n. 37/66, Instrução Normativa RFB n. 1.059/2010 e alterações).

1.3. IMPOSTO DE EXPORTAÇÃO[7]
1.3.1. Perfil constitucional

Previsto no art. 153, II, CR, o Imposto de Exportação também incide sobre o comércio exterior e ostenta estrutura bem semelhante à do Imposto de Importação. Tal como este, apresenta feição nitidamente *extrafiscal* ou *regulatória*, que pode ser sintetizada numa máxima do comércio exterior segundo a qual "não se deve exportar impostos".

Evidentemente, a exigência do Imposto de Exportação onera os produtos nacionais, tornando-os menos competitivos no mercado externo. Então, se o objetivo for incentivar as exportações, o Imposto de Exportação não deve ser exigido[8] ou, sendo necessário fazê-lo, deve constituir exigência de baixo impacto econômico. Remarque-se extrair-se da Constituição da República constituir a desoneração das exportações verdadeira diretriz.[9]

Em razão de sua natureza extrafiscal, o Imposto de Exportação está igualmente excepcionado da observância do princípio da anterioridade da lei tributária – a *genérica* e a *especial* (art. 150, III, *b* e *c*), consoante expressamente dispõe o art. 150, § 1º, CR. Outrossim, está autorizado o Poder Executivo a alterar-lhe as alíquotas, atendidas as condições e os limites estabelecidos em lei (art. 153, § 1º, CR).[10]

1.3.2. Aspectos da hipótese de incidência

O Código dispõe sobre o Imposto de Exportação nos arts. 23 a 28, sendo o Decreto-Lei n. 1.578/77, e alterações o texto normativo básico desse imposto.

Consoante o art. 153, II, CR, o *aspecto material* desse imposto é "exportar para o exterior produtos nacionais ou nacionalizados". O art. 23, CTN, por sua

---

[7] *Vide*, a respeito desse imposto, as Súmulas 536, STF, e 129 e 49, STJ.
[8] O Decreto-Lei n. 1.578/77, em seu art. 1º, § 3º, estatui que o Poder Executivo relacionará os produtos sujeitos ao imposto.
[9] O texto constitucional prevê diversos estímulos à exportação: 1) imunidade específica em relação às contribuições sociais e de intervenção no domínio econômico de que trata o art. 149 sobre as receitas decorrentes de exportação (art. 149, § 2º); 2) imunidade específica em relação ao IPI (art. 153, § 3º, III); 3) imunidade específica em relação ao ICMS (art. 155, § 2º, X, *a*); 4) autorização para a isenção de ISSQN nas exportações de serviços (art. 156, § 3º, II).
[10] Diante da semelhança de perfil constitucional, *vide* os comentários efetuados no tópico concernente ao Imposto de Importação, item 1.2, *supra*.

vez, declara que o imposto "tem como fato gerador a saída destes do território nacional". Repete, portanto, o mesmo equívoco verificado em relação ao Imposto de Importação, ao atrelar o aspecto material ao aspecto temporal da hipótese de incidência.

Produto nacional é o fabricado no país; *produto nacionalizado* é o que vem do exterior e sofre alguma alteração; é transformado ou beneficiado no País e novamente exportado.

O *aspecto espacial*, tal como no Imposto de Importação, aponta para duas coordenadas: a *genérica* – território nacional – e a *específica* – repartição aduaneira.

O *aspecto temporal* consiste no momento da expedição da guia de exportação ou documento equivalente (art. 1º, § 1º, do Decreto-Lei n. 1.578/77).

Quanto aos *sujeitos* da obrigação tributária, temos, no polo ativo, a União e, no polo passivo, como contribuinte, o exportador ou a quem a ele a lei equiparar, a teor dos arts. 27, CTN, e 4º, do Decreto-Lei n. 1.578/77. O exportador é, assim, qualquer pessoa que promova a saída do produto nacional ou nacionalizado do território nacional.

O *aspecto quantitativo* vem definido nos arts. 24 e 25, CTN:

> Art. 24. A base de cálculo do imposto é:
>
> I – quando a alíquota seja específica, a unidade de medida adotada pela lei tributária;
>
> II – quando a alíquota seja *ad valorem*, o preço normal que o produto, ou seu similar, alcançaria, ao tempo da exportação, em uma venda em condições de livre concorrência.
>
> Parágrafo único. Para os efeitos do inciso II, considera-se a entrega como efetuada no porto ou lugar da saída do produto, deduzidos os tributos diretamente incidentes sobre a operação de exportação e, nas vendas efetuadas a prazo superior aos correntes no mercado internacional, o custo do financiamento.
>
> Art. 25. A lei pode adotar como base de cálculo a parcela do valor ou do preço, referidos no artigo anterior, excedente de valor básico, fixado de acordo com os critérios e dentro dos limites por ela estabelecidos.

À semelhança do Imposto de Importação, se a base de cálculo for unidade de medida (ex.: caixa de bebidas, com doze garrafas), a alíquota será *específica* (o valor de uma garrafa).[11] Se a base de cálculo for o preço normal do produto, a alíquota será *ad valorem*, ou seja, um percentual a incidir sobre a base de cálculo.[12]

Outrossim, a alíquota do Imposto de Exportação pode ser alterada pelo Poder Executivo, consoante a disciplina estampada no art. 153, § 1º, CR.[13]

Para finalizarmos este tópico, dois conceitos relacionados à tributação do comércio exterior merecem breve referência: o *dumping* e o *drawback*.

O termo *dumping* origina-se do verbo *to dump*, que significa jogar, desfazer, esvaziar-se. É a prática de medidas com o fim de possibilitar que mercadorias ou produtos possam ser oferecidos em um mercado estrangeiro a preço inferior ao vigente no mercado interno. Se, por exemplo, determinado produto estrangeiro chegar ao mercado interno a preço vil, para combater o *dumping* aumenta-se a alíquota de Imposto de Importação, elevando seu preço, de forma a evitar a concorrência desleal com o produto nacional.

Drawback, por sua vez, quer dizer retorno ou devolução. É um dos regimes aduaneiros especiais e constitui um incentivo à exportação, já que se reporta às importações vinculadas à exportação. Esse regime aduaneiro especial pode

---

[11] O Decreto-Lei n. 1.578/77, em sua redação atual, prescreve, a respeito da base de cálculo, o que segue: "Art. 2º A base de cálculo do imposto é o preço normal que o produto, ou seu similar, alcançaria, ao tempo da exportação, em uma venda em condições de livre concorrência no mercado internacional, observadas as normas expedidas pelo Poder Executivo, mediante ato da CAMEX – Câmara de Comércio Exterior. § 1º O preço à vista do produto, FOB ou posto na fronteira, é indicativo do preço normal. § 2º Quando o preço do produto for de difícil apuração ou for suscetível de oscilações bruscas no mercado internacional, o Poder Executivo, mediante ato da CAMEX, fixará critérios específicos ou estabelecerá pauta de valor mínimo, para apuração de base de cálculo. § 3º Para efeito de determinação da base de cálculo do imposto, o preço de venda das mercadorias exportadas não poderá ser inferior ao seu custo de aquisição ou produção, acrescido dos impostos e das contribuições incidentes e de margem de lucro de 15% (quinze por cento) sobre a soma dos custos, mais impostos e contribuições".

[12] O Decreto-Lei n. 1.578/77, em seu art. 3º, na redação dada pela Lei n. 9.716/98, estatui que "a alíquota do imposto é de 30% (trinta por cento), facultado ao Poder Executivo reduzi-la ou aumentá-la, para atender aos objetivos da política cambial e do comércio exterior. Parágrafo único. Em caso de elevação, a alíquota do imposto não poderá ser superior a cinco vezes o percentual fixado neste artigo".

[13] Anote-se que o art. 26, CTN, foi revogado na parte em que autoriza o Poder Executivo, nas condições e nos limites estabelecidos em lei, a alterar as bases de cálculo do imposto, a fim de ajustá-lo aos objetivos da política cambial e do comércio exterior, porquanto a Constituição não prevê tal possibilidade.

consistir na restituição total ou parcial do valor do imposto na suspensão ou na isenção de tributos que incidirem sobre a importação de mercadorias em relação a produtos a serem exportados após beneficiamento ou destinados a fabricação, complementação ou acondicionamento de outra a ser exportada.[14]

1.4. IMPOSTO SOBRE A RENDA – IR[15]

1.4.1. Perfil constitucional

A Constituição da República contempla o Imposto sobre a Renda e Proventos de Qualquer Natureza dentre aqueles de competência da União (art. 153, III), acrescentando que "será informado pelos critérios da generalidade, da universalidade e da progressividade, na forma da lei" (art. 153, § 2º, II).

Em primeiro lugar, cabe lembrar que o conceito de *renda* encontra-se delimitado constitucionalmente. Traduz *acréscimo patrimonial*, riqueza nova, que vem se incorporar a patrimônio preexistente, num determinado período de tempo. Constitui sempre um *plus*, não apenas algo que venha substituir uma perda no patrimônio do contribuinte.

Proventos, por seu turno, é a denominação dada aos rendimentos recebidos em função da inatividade.

Em ambos os casos, temos expressões de capacidade contributiva.

Anote-se que a existência de um conceito constitucional de renda e proventos de qualquer natureza limita sensivelmente a liberdade do legislador infraconstitucional para estabelecer as respectivas hipóteses de incidência.

---

[14] O *drawback* está previsto no Decreto-Lei n. 37/66: "Art. 78. Poderá ser concedida, nos termos e condições estabelecidas no regulamento: I – restituição, total ou parcial, dos tributos que hajam incidido sobre a importação de mercadoria exportada após beneficiamento, ou utilizada na fabricação, complementação ou acondicionamento de outra exportada; II – suspensão do pagamento dos tributos sobre a importação de mercadoria a ser exportada após beneficiamento, ou destinada à fabricação, complementação ou acondicionamento de outra a ser exportada; III – isenção dos tributos que incidirem sobre importação de mercadoria, em quantidade e qualidade equivalentes à utilizada no beneficiamento, fabricação, complementação ou acondicionamento de produto exportado. § 1º A restituição de que trata este artigo poderá ser feita mediante crédito da importância correspondente, a ser ressarcida em importação posterior. (...)".

[15] *Vide*, a respeito desse imposto, as Súmulas 585, 586 e 587, STF, e 125, 136, 386, 463, 498, 556 e 590, STJ.

Os critérios orientadores da imposição fiscal em foco também merecem ser abordados, devendo salientar-se que constituem desdobramentos da ideia de *isonomia*: generalidade, universalidade e progressividade.

A *generalidade*, por primeiro, significa que todos que auferirem renda e proventos de qualquer natureza são contribuintes do imposto, sem discriminações injustificadas. Trata-se de efeito do princípio da generalidade da tributação, já estudado,[16] sendo excepcionada pelas imunidades e isenções.

Já a *universalidade* impõe que todas as modalidades de renda ou proventos, seja qual for sua origem – o capital, o trabalho ou a combinação de ambos – submetam-se ao gravame. Em outras palavras, o IR não pode ser seletivo em função da natureza do rendimento auferido. Nesse sentido, o critério da universalidade contrapõe-se ao da seletividade.[17]

A *progressividade*, por seu turno, implica seja a tributação mais do que proporcional à riqueza de cada um. Um imposto é progressivo quando a alíquota se eleva à medida que aumenta a base de cálculo.

Se a igualdade na sua acepção material, concreta, é o ideal para o qual se volta todo o ordenamento jurídico-positivo, a progressividade dos impostos é a técnica mais adequada ao seu alcance. Isso porque a graduação dos impostos meramente proporcional à capacidade contributiva dos sujeitos não colabora para aquele fim. Diversamente, na tributação progressiva, aqueles que detêm maior riqueza arcarão, efetivamente mais, pelos serviços públicos em geral, em favor daqueles que pouco ou nada possuem e, portanto, não podem pagar.

Consoante já expusemos, a adoção da progressividade decorre, antes de mais nada, do comando inserto no art. 145, § 1º, segundo o qual "sempre que possível, os impostos terão caráter pessoal e serão graduados segundo a capacidade econômica do contribuinte (...)". Em verdade, vemos a progressividade, ao lado da personalização dos impostos, como efeito do princípio da capacidade contributiva.[18]

Cabe mencionar, ainda, a especial relação entre o IR e os princípios da irretroatividade e da anterioridade da lei tributária. Por tratar-se de *imposto de período* – uma vez que o auferimento de renda e proventos há de ser mensurado dentro de um lapso temporal – a lei aplicável é aquela que estiver em

---

[16] Parte II, Capítulo 3, item 3.2.2.6.
[17] Assim ensina Roque Carrazza, *Imposto sobre a Renda (Perfil Constitucional e Temas Específicos)*, 2. ed. rev., ampl. e atual., São Paulo: Malheiros Editores, 2006, p. 68.
[18] *Vide* Parte II, Capítulo 3, item 3.2.2.7.

vigor e eficaz no primeiro dia do exercício financeiro (ano-base) no qual esses acréscimos patrimoniais serão produzidos. Portanto, se a lei majoradora do IR for publicada no curso do exercício financeiro, não será hábil a qualificar fatos senão antes do próximo exercício.

Cabe observar cuidar-se do imposto de disciplina mais complexa do sistema tributário nacional, resultante de numerosas leis e atos administrativos normativos, pelo que nossos comentários limitar-se-ão aos pontos mais relevantes dessa imposição.

1.4.2. Aspectos da hipótese de incidência

O Código Tributário Nacional cuida do Imposto sobre a Renda em seus arts. 43 a 45.

Inicialmente, no que concerne ao *aspecto material* da hipótese de incidência, o art. 43, ao definir os conceitos de renda e proventos, não destoa do conceito constitucional:

> Art. 43. O imposto, de competência da União, sobre a renda e proventos de qualquer natureza tem como fato gerador a aquisição de disponibilidade econômica ou jurídica:
>
> I – de renda, assim entendido o produto do capital, do trabalho, ou da combinação de ambos;
>
> II – de proventos de qualquer natureza, assim entendidos os acréscimos patrimoniais não compreendidos no inciso anterior.
>
> § 1º A incidência do imposto independe da denominação da receita ou do rendimento, da localização, condição jurídica ou nacionalidade da fonte, da origem e da forma de percepção.
>
> § 2º Na hipótese de receita ou de rendimento oriundos do exterior, a lei estabelecerá as condições e o momento em que se dará sua disponibilidade, para fins de incidência do imposto referido neste artigo.

Para o adequado exame do preceito em foco, necessário firmarmos alguns conceitos.

Por primeiro, *renda* é o aumento de riqueza obtido num dado período de tempo, deduzidos os gastos necessários à sua aquisição e manutenção. A renda constitui acréscimo patrimonial, que não se confunde com o patrimônio de onde deriva – o capital, o trabalho ou a combinação de ambos.

Distingue-se, juridicamente, de *rendimento*, que corresponde a qualquer ganho, isoladamente considerado, remuneração dos fatores patrimoniais (capital e trabalho), independentemente da ideia de período.

Esclareça-se que renda é termo genérico que inclui a espécie *lucro*, remuneração de um fator de produção. *Renda tributável* é "sempre renda líquida ou lucro, isto é, o resultado de uma série de deduções e abatimentos feitos sobre os rendimentos brutos".[19]

Proventos, como visto, constituem os acréscimos patrimoniais referentes a remunerações da inatividade (aposentadorias e pensões).

Portanto, a expressão *renda e proventos de qualquer natureza* corresponde, singelamente, aos ganhos econômicos do contribuinte gerados por seu capital, por seu trabalho ou pela combinação de ambos, num determinado período; é a variação patrimonial positiva apurada em certo lapso de tempo.

Também merece comentário a cláusula "aquisição de disponibilidade econômica ou jurídica", de renda ou proventos, empregada no *caput* do art. 43, a qual já ensejou muito debate acerca de seu significado. Somente uma interpretação literal da dicção legal pode conduzir à conclusão de que se trata de autêntica alternativa, vale dizer, que a aquisição de disponibilidade de renda ou proventos pode ser exclusivamente econômica, e não jurídica, e vice-versa, bastando uma ou outra para ensejar o nascimento da respectiva obrigação tributária.

Em verdade, a aludida disponibilidade há de ser econômica *e* jurídica, porquanto os fatos tributáveis, por óbvio, sempre têm cunho econômico e são juridicamente relevantes. Nesse ponto, a redação do art. 43 é inadequada.

As disposições contidas nos §§ 1º e 2º do art. 43, incluídos pela Lei Complementar n. 104/2001, a nosso ver, apenas explicitam o que já declarava o artigo em sua redação original, constituindo aplicações do critério da *universalidade*, antes mencionado.

Quanto ao *aspecto espacial*, este é o território nacional, ainda que seja possível a tributação de renda obtida no exterior, respeitados os acordos que visam evitar a bitributação, em função do mesmo critério da universalidade.

---

[19] Cf. J. L. Bulhões Pedreira, *Imposto de Renda*, Rio de Janeiro: Justec Editora, 1971, pp. 2-3. No mesmo sentido, Roque Carrazza, *Imposto sobre a Renda (Perfil Constitucional e Temas Específicos)*, cit., p. 39.

O aspecto *temporal* desse imposto, por sua vez, enseja importante observação. Como a conduta de auferir renda e proventos de qualquer natureza é aferida à vista de determinado lapso de tempo, o aspecto temporal há de ser fixado no encerramento desse período-base. Assim, o marco temporal do nascimento da obrigação correspondente é 31 de dezembro de cada exercício.

Quanto ao *aspecto pessoal*, temos como sujeito ativo a União.

No que tange à sujeição passiva (art. 45, CTN), impende tecermos algumas considerações. O *sujeito passivo direto*, ou *contribuinte*, pode ser pessoa física ou jurídica. Como são pessoas de configuração bastante distinta, o regime jurídico do imposto relativo a cada uma é substancialmente diverso e, em razão disso, dedicaremos tópico específico para destacar suas principais peculiaridades.

Também, no que respeita à *sujeição passiva indireta*, há figuras relevantes de *responsabilidade*.

Registre-se, ainda, o caso da fonte pagadora de rendimentos, que atua como *retentora do imposto* em autêntica colaboração com a Administração Pública. A retenção de tributo pela fonte pagadora constitui mecanismo decorrente da aplicação do princípio da praticabilidade tributária, eficiente instrumento garantidor da arrecadação fiscal.

Por derradeiro, quanto ao *aspecto quantitativo*, o art. 44 prescreve que "a base de cálculo do imposto é o montante, real, arbitrado ou presumido, da renda ou dos proventos tributáveis". Esse aspecto será melhor desenvolvido nos tópicos subsequentes.

1.4.3. Imposto sobre a Renda de Pessoa Física – IRPF[20]

O Imposto sobre a Renda de Pessoa Física rege-se pelo *sistema de bases correntes*, segundo o qual se impõe recolhimentos mensais do tributo. Em outras palavras, a cada mês, o contribuinte, auferindo rendimentos, deve pagar o imposto relativo a esse mês.[21] Em suma, o sistema em questão visa o empate entre as retenções mensais na fonte e os recolhimentos mensais de imposto, sem prejuízo da declaração de ajuste anual.

---

[20] A legislação básica do Imposto sobre a Renda de Pessoa Física é a seguinte: Leis ns. 7.713/88; 8.383/91; Lei n. 8.541/92; 8.981/95; 9.250/95; 9.532/97; e 10.451/2002. O Regulamento do Imposto sobre a Renda (RIR) é veiculado pelo Decreto n. 9.580/2018.

[21] Cf. art. 3º, parágrafo único, da Lei n. 9.250/95.

Esse sistema, portanto, trabalha com duas ferramentas: a *antecipação do imposto*, traduzida em recolhimentos mensais, e a *declaração de ajuste anual*. Esta consubstancia a indicação de todos os rendimentos auferidos, bem como as despesas e deduções efetuadas, visando eventuais ajustes, agora considerando o período de um exercício, correspondente ao *ano-calendário*. Assemelha-se ao balanço dos rendimentos e despesas da pessoa jurídica. Desse modo, subtraindo-se do imposto devido o imposto recolhido em antecipação, calculado à vista da renda auferida mensalmente, abrem-se as seguintes hipóteses: se restar saldo positivo, ainda há imposto a pagar; se o saldo for negativo, o contribuinte faz jus à restituição da quantia correspondente.

A *base de cálculo* do IRPF, em consonância com o art. 44, CTN, é, como regra, o montante *real* de renda que a pessoa auferiu em determinado período.

Dentre as *deduções* legalmente previstas estão o pagamento de pensão alimentícia; as despesas com instrução do contribuinte e dependentes; as despesas médicas; as contribuições com previdência oficial e privada; e as contribuições para as entidades fechadas de previdência complementar de natureza pública de que trata o § 15 do art. 40 da CR, cujo ônus tenha sido do contribuinte, destinadas a custear benefícios complementares assemelhados aos da Previdência Social.[22]

Observe-se que os limites estabelecidos pela lei a tais deduções têm ensejado, nos últimos anos, o ajuizamento de ações civis públicas sob o argumento de que afetam o exercício de direitos fundamentais em sua plenitude, como os direitos à *saúde* e à *educação*, uma vez não permitida a dedução total das despesas efetuadas a esses títulos.

Aliás, oportuno registrar a ponderação de Misabel Derzi[23] ao salientar que, na maior parte dos países desenvolvidos, o *princípio da proteção da família* está continuamente em discussão dentro do Direito Tributário, impondo que a lei autorize a dedução integral dos gastos profissionais, bem como daqueles necessários ao sustento dos dependentes (educação, saúde, transporte etc.).[24]

---

[22] Cf. art. 8º da Lei n. 9.250/95.
[23] Notas ao *Direito Tributário Brasileiro*, de Aliomar Baleeiro, cit., pp. 417-422.
[24] A respeito desse tema, vale lembrar o emblemático caso em que Ruth Bader Ginsburg, saudosa Ministra da Suprema Corte dos EUA, atuou como advogada em sua juventude, postulando pelo contribuinte a dedução das despesas efetuadas com a contratação de uma enfermeira para tratar de sua mãe idosa, a qual lhe foi

Ainda, cabe salientar que nem todos os rendimentos são considerados na Declaração de Ajuste Anual, pois sujeitam-se a regime diverso, de *tributação em separado*. É o caso das operações em bolsa de valores, de futuros e de mercadorias; e dos ganhos de capital na alienação de bens e direitos de qualquer natureza.[25]

Assinale-se que o sistema de tributação em separado acaba, por vezes, deixando de retratar fielmente a renda auferida pelo contribuinte, pois na declaração de ajuste anual os valores a ela referentes são somente informados, mas não computados no balanço final. Esta separação pode ensejar uma distorção, vulnerando-se o princípio da capacidade contributiva e o próprio critério da universalidade já estudado (art. 153, § 2º, II, CR).

Os rendimentos são classificáveis em *tributáveis, não tributáveis, e tributáveis exclusivamente na fonte*. Os primeiros são os que se submetem à incidência do imposto.

Os rendimentos não tributáveis são os ingressos que não integram o conceito de renda, e podem ser: a) rendimentos *isentos*, tais como diárias de empregado que reside em um local e vai trabalhar em outro, e ajuda de custo, porquanto tais verbas visam compensar gastos, revestindo caráter indenizatório, não traduzindo, portanto, acréscimo patrimonial; e b) rendimentos *imunes* (art. 150, VI, *a* a *c*, CR).

Os *rendimentos tributáveis exclusivamente na fonte*, por sua vez, são aqueles que sofrem tributação na própria fonte pagadora, não ensejando sejam submetidos ao ajuste anual, como ocorre com os dividendos pagos aos acionistas, rendimentos e ganhos de capital que não tenham sido tributados na fonte, no País, recebidos de outras pessoas físicas ou de fontes situadas no exterior.[26] Constituem exemplos de rendimentos sujeitos a esse regime os decorrentes de alugueres e de trabalho não assalariado.[27]

---

negada por ser ele um homem solteiro, sendo que a lei não permitia tal dedução nessa hipótese. Alegando tratar-se de discriminação de gênero inconstitucional e desarrazoada, ganhou a causa, uma das pioneiras a envolver direitos fundamentais e tributação (*Charles E. Moritz v. Comissioner of Internal Revenue, n. 71-1127, United States Court of Appeals, Tenth Circuit, Nov., 1972*).

[25] Cf. arts. 29 da Lei n. 8.541/92 (operações em bolsa) e 21 a 22 da Lei n. 8.981/95 (ganhos de capital).

[26] Cf. arts. 8º da Lei n. 7.713/88 e 6º da Lei n. 8.383/91.

[27] Arts. 145, § 1º, e 153, § 2º, II, CR. *Vide* Lei n. 11.482/2007, art. 1º e atualizações.

No que tange às alíquotas, são previstas quatro, de acordo com expressão da base de cálculo: 7,5%; 15%; 22,5%; e 27,5%, em atendimento aos comandos constitucionais que impõem a progressividade do imposto.

Ainda, registre-se a prática reiterada da não atualização, por longos períodos, da tabela de retenção do Imposto sobre a Renda na fonte, o que provoca aumento do imposto por via oblíqua. Com efeito, desconsiderada a correção monetária verificada no período, estar-se-á gerando uma capacidade contributiva irreal, ficta e, consequentemente, uma tributação injusta.

Por fim, breves referências a dois sistemas atinentes ao IRPF: o chamado carnê-leão e o recolhimento mensal complementar.

O *carnê-leão* é o sistema de recolhimento do IRPF efetuado pelos próprios contribuintes, mensalmente e em caráter obrigatório, no caso de rendimentos e ganhos de capital que não tenham sido tributados na fonte, no País, recebidos de outras pessoas físicas ou de fontes situadas no exterior.[28] Constituem exemplos de rendimentos sujeitos a esse regime os decorrentes de alugueres e de trabalho não assalariado.

O *recolhimento mensal complementar* feito pelo próprio contribuinte, o chamado "mensalão", igualmente objetiva o empate de contas, desejado pelo sistema de bases correntes. É cabível quando há mais de uma fonte pagadora, ocorrendo a retenção do IRPF na fonte sob alíquota inferior àquela devida se somados os rendimentos.

Assim, por exemplo, se uma pessoa tem dois empregos e, em ambos, a retenção do IR na fonte é feita à alíquota de 15%, mas somados os rendimentos é aplicável a alíquota de 27,5%, devido o imposto complementar; o sistema é facultativo, pois o contribuinte pode fazer o recolhimento mensal ou efetuar o pagamento somente por ocasião da declaração de ajuste anual.[29]

1.4.4. Imposto sobre a Renda de Pessoa Jurídica – IRPJ[30]

O *sistema de bases correntes* também é aplicável à pessoa jurídica. A periodicidade da apuração, no entanto, será, como regra, *trimestral*, com períodos encerrados em 31 de março, 30 de junho, 30 de setembro e 31 de dezembro de

---

[28] Cf. arts. 8º da Lei n. 7.713/88 e 6º da Lei n. 8.383/91.
[29] Lei n. 7.713/88, art. 7º.
[30] A legislação básica do Imposto sobre a Renda da Pessoa Jurídica compõe-se das Leis ns. 8.383/91; 8.541/92; 8.981/95; 9.249/95; 9.430/96; e 9.532/97.

cada ano-calendário. Para a pessoa jurídica sujeita a tributação com base no lucro real, há a opção pelo pagamento do imposto, em cada mês, determinado sobre base de cálculo estimada.[31]

Assim, o regime jurídico do IR para a pessoa jurídica opera com *antecipação do imposto* e *declaração de ajuste anual*.

Quanto à base de cálculo, à luz do disposto no art. 44, CTN, temos três possibilidades: lucro real, presumido ou arbitrado.

O *lucro real* é a regra, base de cálculo de adoção obrigatória pelas empresas que tiveram receita superior ao valor estabelecido em lei no ano-calendário, sociedades anônimas e bancos.[32] O lucro real consiste, basicamente, no lucro líquido, com alguns ajustes, adições etc.

O *lucro presumido*, por sua vez, é o resultante da aplicação do percentual previsto em lei sobre a receita bruta. Pode-se utilizar desse sistema a empresa que tiver receita igual ou inferior ao valor estabelecido em lei no ano-calendário. O lucro presumido corresponde a 8% da receita bruta total da empresa.[33]

Trata-se, portanto, de uma base de cálculo alternativa, passível de adoção pela empresa contribuinte caso seja-lhe mais vantajosa, com vista à facilitação de sua contabilidade.

Ainda, pode o IRPJ ter por base de cálculo o *lucro arbitrado*. Esta não constitui alternativa, mas é imposta pela lei na hipótese de ilícito fiscal, remetendo ao lançamento de ofício em caráter substitutivo (art. 149, CTN).

O lucro arbitrado é apurado sendo conhecida ou não a receita bruta da empresa. Quando conhecida a receita bruta, apura-se o lucro arbitrado mediante a identificação do lucro presumido, aplicando-se 20% sobre esse valor.[34] Caso não conhecida a receita bruta da empresa, aplica-se o disposto no art. 51 da Lei n. 8.981/95, que aponta diversos critérios para o cálculo do lucro arbitrado (incisos I a VIII). Não há uma ordem para a utilização de tais critérios; o Fisco tem a opção de utilizar o critério que entender mais adequado.[35]

Para a apuração da base de cálculo do imposto, tal como acontece no IRPF e visando aferir a real capacidade contributiva, a lei admite que a pessoa

---

[31] Lei n. 9.430/96, arts. 1º e 2º.
[32] Art. 29 da Lei n. 9.249/95.
[33] Art. 15 da Lei n. 9.249/95.
[34] Art. 27 da Lei n. 9.430/96 (redação dada pela Lei n. 12.973/2014).
[35] Art. 51, § 1º, alternativas V, VI e VII, a critério da autoridade lançadora.

jurídica efetue deduções, tais como incentivos fiscais; imposto pago antecipadamente; PAT (Programa de Assistência ao Trabalhador); vale-transporte, dentre outros.

Quanto às *alíquotas*, a lei prescreve uma alíquota padrão de 15%, com a possibilidade de um adicional de 10%, imprimindo-se ao IRPJ uma tímida progressividade.[36]

Tal qual em relação às pessoas físicas, há *tributação em separado* nas hipóteses de operações em bolsa e ganhos de capital.

Registre-se, ainda, a *tributação especial sobre rendas variáveis* – nos casos de operações em bolsa, alienação de ouro ativo financeiro, alienação de ações, mercadorias e futuros – em relação aos quais aplica-se a alíquota de 25%.[37]

Por derradeiro, uma breve referência à questão da remuneração indireta para administradores e empregados.[38]

Cuida-se do pagamento efetuado mediante os chamados *benefícios marginais* (*fringe benefits*), tais como locação de imóvel residencial, escola dos dependentes, despesas com alimentação, automóvel etc. O valor correspondente aos benefícios marginais é considerado renda e, como tal, deve ser submetido à tributação. Assim, a pessoa jurídica deverá identificar o empregado beneficiário para que esses rendimentos sejam alcançados pelo IR a ser pago pela pessoa física. Do contrário, a pessoa jurídica ficará sujeita ao pagamento do IR sobre os valores correspondentes à alíquota, bem mais gravosa, de 33%.

Traçados, brevemente, os lineamentos do Imposto sobre a Renda, passemos ao exame dos demais impostos federais.

1.5. IMPOSTO SOBRE PRODUTOS INDUSTRIALIZADOS – IPI[39]
1.5.1. Perfil constitucional

A Constituição disciplina o Imposto sobre Produtos Industrializados de maneira minudente, pois além de contemplar sua regra-matriz de incidência (art. 153, IV), dedica-lhe diversos outros dispositivos.

---

[36] Art. 3º, *caput* e § 1º, da Lei n. 9.249/95.
[37] Art. 29 da Lei n. 8.541/92.
[38] Lei n. 8.981/95, art. 61, e Lei n. 8.383/91, art. 74.
[39] *Vide*, a respeito desse imposto, a Súmula Vinculante 58 e as Súmulas 591 e 536, STF, e 95, STJ.

Principia-se por lembrar que tal imposto, a par de seu relevante cunho arrecadatório, também reveste conotação *extrafiscal*, o que se extrai de sua submissão a regime jurídico diferenciado quanto à anterioridade da lei e à possibilidade de alteração de suas alíquotas.

De fato, o IPI constitui instrumento voltado à proteção da indústria nacional. Assim, não se sujeita à observância do princípio da anterioridade genérica (art. 150, III, *b*), devendo atender, no entanto, à anterioridade especial de noventa dias (art. 150, III, *c*), nos termos do art. 150, § 1º, CR. Outrossim, suas alíquotas são alteráveis pelo Poder Executivo, à luz do que dispõe o art. 153, § 1º, CR.

O § 3º do art. 153, em seus incisos I a IV, contempla normas de grande relevância na moldura do imposto sob análise: 1) a seletividade do imposto, em função da essencialidade do produto;[40] 2) a não cumulatividade; 3) a "não incidência" sobre produtos industrializados destinados ao exterior; e 4) a redução de seu impacto sobre a aquisição de bens de capital pelo contribuinte do imposto, na forma da lei, comando introduzido pela Emenda Constitucional n. 42/2003.

Comecemos pela *seletividade* do imposto. Para que se possa bem compreender o alcance dessa regra constitucional, cumpre recordar que o IPI é considerado um *imposto indireto*, assim entendido aquele cujo ônus financeiro não é suportado pelo contribuinte *de jure*, mas sim pelo contribuinte *de facto*, ou consumidor final.

Trata-se do fenômeno da *repercussão econômica* do tributo ou *translação tributária*, ao qual já nos referimos.[41] O valor do imposto é embutido no preço do produto e, por essa razão, estatui a Lei Maior que "a lei determinará medidas para que os consumidores sejam esclarecidos acerca dos impostos que incidam sobre mercadorias e serviços" (art. 150, § 5º), assegurando o direito do consumidor de saber a carga tributária a ser por ele suportada na aquisição desses itens.[42]

---

[40] O art. 48, CTN, reproduz o teor dessa norma.
[41] *Vide* Parte II, Capítulo 4, item 4.3.1.1.
[42] Com bastante atraso, tal dispositivo constitucional veio finalmente a ser regulamentado pela Lei n. 12.741/2012, cujo art. 1º, *caput*, assim preceitua: "Art. 1º Emitidos por ocasião da venda ao consumidor de mercadorias e serviços, em todo território nacional, deverá constar, dos documentos fiscais ou equivalentes, a informação do valor aproximado correspondente à totalidade dos tributos federais, estaduais e municipais, cuja incidência influi na formação dos respectivos preços de venda".

Nesse contexto, portanto, a seletividade do imposto significa que a lei procederá a discriminações de tratamento estabelecidas em função da *essencialidade do produto*, critério apontado constitucionalmente. Em outras palavras, a exigência do IPI há de ser modulada consoante o grau de essencialidade dos produtos industrializados para o consumidor: quanto mais essenciais, menor deve ser a tributação; quanto menos essenciais, o imposto deve atingi-los com maior intensidade.

Paulo de Barros Carvalho[43] é autor de conhecida lição sobre a classificação dos produtos industrializados para atender à seletividade de alíquotas desse imposto: a) *produtos necessários*, em relação aos quais a incidência há de se dar mediante alíquotas baixas, se não for possível conceder-se a isenção; b) *produtos úteis*, para aos quais autorizada está a tributação por meio de alíquotas moderadas; e c) *produtos supérfluos ou nocivos*, cuja tributação há de ser efetuada mediante a aplicação de alíquotas elevadas.

A seletividade pode ser implementada mediante mais de uma técnica: quer pela *diferenciação* ou *progressividade* de alíquotas, quer por *variações de base de cálculo*, ou, ainda, pela instituição de *incentivos fiscais*. A técnica mais utilizada, em razão de sua eficácia, tem sido a diferenciação de alíquotas.[44]

A diferenciação consiste em a lei adotar alíquotas distintas para diversas hipóteses, consoante um ou mais critérios. Já a progressividade, conforme tivemos ocasião de examinar, significa a técnica de tributação segundo a qual, na medida em que aumenta a base de cálculo, aumenta a alíquota sobre ela incidente.

Ressalte-se que a noção de essencialidade há de ser aferida segundo as coordenadas de tempo e espaço, vale dizer, à vista de dada sociedade e em determinado momento histórico.[45]

Outra importante regra concernente ao IPI é a *não cumulatividade*.[46] Preceitua o art. 153, § 3º, II que o imposto "será não cumulativo, compensando-se o que for devido em cada operação com o montante cobrado nas anteriores".

---

[43] "IPI – Comentários sobre as regras gerais de interpretação da tabela NBM/SH", *Revista Dialética de Direito Tributário* n. 12, p. 52.
[44] Cf. Aires Barreto, *Base de Cálculo, Alíquota e Princípios constitucionais*, cit., p. 51.
[45] Entendemos, nesse sentido, que o art. 7º, IV, CR, ao conceituar o salário mínimo, traça os parâmetros para o que deve ser considerado essencial no contexto da sociedade brasileira.
[46] O art. 49, CTN, também alude à não cumulatividade do imposto.

O objetivo de tal regra é evitar-se a chamada *tributação em cascata*, vale dizer, a incidência de imposto sobre imposto, uma vez que o IPI é um imposto *plurifásico*, porquanto incide em operações sucessivas. Em outras palavras, a não cumulatividade, na hipótese, visa impedir que o imposto se torne um gravame cada vez mais oneroso nas várias operações de circulação do produto, deixando-o proibitivo.

Estabelece-se, assim, um *sistema de créditos* que poderá ser usado como forma de pagamento do imposto. O contribuinte deve subtrair da quantia devida a esse título o(s) crédito(s) acumulado(s) na(s) operação(ões) anterior(es). Os créditos funcionam, assim, como autênticas moedas de pagamento do IPI.[47]

Veja-se um singelo exemplo: a empresa A produz chapa de aço e a vende à empresa B. Nessa operação, incide o IPI. A empresa B, por sua vez, utiliza a chapa de aço para fabricar peças para máquinas. Quando vende a peça para a empresa C, que monta as máquinas, incide novamente o imposto. A empresa B terá que pagar o IPI sobre essa segunda operação, mas possui crédito correspondente ao valor de IPI devido na primeira operação. Assim, terá que pagar somente a diferença entre o IPI devido nesta operação e o crédito que possui dada a incidência do imposto na operação anterior. E assim por diante, sejam quantas forem as operações sucessivas no ciclo de industrialização.

Observe-se que, no art. 153, § 3º, II, onde se lê "cobrado", há de se entender "devido", pois ainda que em relação à operação anterior, não tenha ocorrido o pagamento do imposto, na operação subsequente, como regra, poderá ser utilizado o crédito correspondente.

Se o contribuinte anterior for isento, imune ou não pagar o tributo, isso não afasta a regra da não cumulatividade. Anote-se que, diversamente do que ocorre no ICMS (art. 155, § 2º, II), não há previsão constitucional de exceções à não cumulatividade do IPI, uma vez mantidos os créditos mesmo nas hipóteses de isenção ou não incidência.[48]

---

[47] Registre-se que o contribuinte poderá deduzir os créditos referentes a insumos, vale dizer, ao conjunto de fatores produtivos – matérias-primas, energia, trabalho etc.
[48] O STF concluiu diversamente ao afirmar que os princípios da não cumulatividade e da seletividade não asseguram direito ao crédito presumido do IPI para o contribuinte adquirente de insumos não tributados ou sujeitos à alíquota zero (Pleno, RE 398.365/RS, Tema 844, Rel. Min. Gilmar Mendes, j. 27.8.2015). No entanto, o tribunal admitiu a utilização de créditos de IPI na entrada de matérias-primas e insumos isentos oriundos da Zona Franca de Manaus (Pleno, RE 592.891/SP e RE 596.614/SP, Tema 322, j. 25.4.2019).

O inciso III do § 3º, por sua vez, consigna que "não incidirá sobre produtos industrializados destinados ao exterior". Cuida-se de autêntica imunidade específica ao IPI, expressão constitucional da aludida máxima do comércio internacional, já referida, segundo a qual "não se deve 'exportar impostos'".[49] Constitui, assim, mais um incentivo às exportações, à semelhança de outras normas constitucionais no mesmo sentido.[50]

Outra norma de relevo no estudo do imposto em tela apresenta-se como inovação introduzida pela EC n. 42/2003, que acresceu o inciso IV ao § 3º do art. 153, determinando que o IPI "terá reduzido seu impacto sobre a aquisição de bens de capital pelo contribuinte do imposto, na forma da lei". Conquanto sua eficácia dependa de regulamentação legal, a finalidade da norma é buscar, mediante a redução do IPI na aquisição dos bens de capital, que se reduza, também, o preço dos bens de consumo.

Saliente-se que a EC n. 132/2023 introduziu alterações no regime constitucional desse imposto, ao estatuir que o IPI, a partir de 2027: (*i*) terá suas alíquotas reduzidas a zero, exceto em relação aos produtos que tenham industrialização incentivada na Zona Franca de Manaus, conforme critérios estabelecidos em lei complementar, o que, em outras palavras, significará que o imposto ficará com a sua exigibilidade suspensa; e (*ii*) não incidirá de forma cumulativa com o Imposto de Produção, Extração, Comercialização ou Importação de Bens e Serviços Prejudiciais à Saúde ou ao Meio Ambiente, nos termos de lei complementar, o chamado Imposto Seletivo, contemplando norma imunizante excludente (art. 126, III, ADCT).

1.5.2. Aspectos da hipótese de incidência

O Código Tributário Nacional trata do IPI em seus arts. 46 a 51. O primeiro deles assim dispõe:

> Art. 46. O imposto, de competência da União, sobre produtos industrializados tem como fato gerador:
>
> I – o seu desembaraço aduaneiro, quando de procedência estrangeira;
>
> II – a sua saída dos estabelecimentos a que se refere o parágrafo único do art. 51;

---

[49] Acerca dessa imunidade, veja-se o nosso *Imunidades Tributárias – Teoria e Análise da Jurisprudência do STF*, cit., pp. 212-213.
[50] *Vide*, neste capítulo, a nota 9, *supra*, sobre o Imposto de Exportação.

III – a sua arrematação, quando apreendido ou abandonado e levado a leilão.

Parágrafo único. Para os efeitos deste imposto, considera-se industrializado o produto que tenha sido submetido a qualquer operação que lhe modifique a natureza ou a finalidade, ou o aperfeiçoe para o consumo.

O preceito, pretendendo cuidar o *aspecto material* da hipótese de incidência, apresenta, todavia, uma redação infeliz, à semelhança de outros do Código Tributário Nacional, pois aponta como fato gerador do imposto o aspecto temporal daquela.

De fato, tem-se *três hipóteses de incidência* distintas: *a*) desembaraçar produtos industrializados de origem estrangeira; *b*) realizar operação com produtos industrializados; e *c*) arrematar produtos industrializados apreendidos ou abandonados.

Assinale-se que a primeira hipótese de incidência revela um IPI configurado como autêntico adicional do Imposto de Importação, de conotação marcadamente extrafiscal, destinado à proteção da indústria nacional.

Já a segunda hipótese de incidência aponta a materialidade típica do IPI. Vale observar que tal materialidade remete à industrialização de produtos, assim entendido seu processo de confecção. Saliente-se que o conceito de industrialização, para fins de IPI, é meramente acessório, já que o que importa é o conceito de produto industrializado, objeto da operação (art. 46, parágrafo único, CTN). Não é a industrialização que se sujeita à tributação, mas o resultado desse processo. Confirma esse entender a dicção do art. 153, § 3º, II ("compensando-se o que for devido em cada operação...").[51]

Portanto, o conceito determinante para a identificação do aspecto material do imposto em foco é o de produto industrializado. Daí por que o parágrafo único do art. 46, CTN, o define como o "que tenha sido submetido a qualquer operação que lhe modifique a natureza ou a finalidade, ou o aperfeiçoe para o consumo". Singelamente, *produto industrializado* é o que se faz para vender.

---

[51] Não obstante, o Superior Tribunal de Justiça concluiu que os produtos importados estão sujeitos a uma nova incidência do IPI quando de sua saída do estabelecimento importador na operação de revenda, mesmo que não tenham sofrido industrialização no Brasil (1ª S., EREsp 1.403.532/SC, Rel. p/ o acórdão Mauro Cambpell Marques, j. 14.10.2015). Assim também, posteriormente, o Supremo Tribunal Federal (RE 946.648/SC, Tema 906, Red. p/ o acórdão Min. Alexandre de Moraes, j. 28.8.2020).

Quanto ao *aspecto espacial*, genericamente, é o território nacional. Especificamente, há que se atentar para as três materialidades antes apontadas e, assim, temos que as coordenadas específicas são, respectivamente: *a*) repartição aduaneira; *b*) estabelecimento industrial; e *c*) local da arrematação.

O aspecto *temporal*, por sua vez, também leva em consideração as três incidências: *a*) momento do desembaraço aduaneiro; *b*) saída do estabelecimento; e *c*) momento da arrematação.

Quanto ao *aspecto temporal* mais comum – saída do produto do estabelecimento industrial – resta óbvio que a "saída" não é meramente física (exs.: furto, incêndio), pois há que se estribar num negócio jurídico que implique a transferência de titularidade sobre o bem.

No *aspecto pessoal*, tem-se a União como sujeito ativo e, como sujeitos passivos, aqueles declarados no art. 51, CTN: o importador, o industrial, o comerciante fornecedor e o arrematante. O parágrafo único desse dispositivo esclarece que, para efeitos desse imposto, considera-se contribuinte autônomo qualquer estabelecimento de importador, industrial, comerciante ou arrematante.[52]

No que se refere ao *aspecto quantitativo*, as bases de cálculo vêm indicadas no art. 47, CTN, de acordo com as materialidades indicadas: o preço normal, o valor da operação ou o preço da arrematação, respectivamente.

A alíquota aplicável, por sua vez, consistirá, em regra, num percentual a incidir sobre a base de cálculo. Repita-se que o imposto em foco tem suas alíquotas passíveis de alteração pelo Poder Executivo, atendidas as condições e limites estabelecidos em lei (art. 153, § 1º, CR), bem como será seletivo, em função da essencialidade do produto (arts. 153, § 3º, I, CR, e 48, CTN).

Atualmente, a Tabela do Imposto sobre Produtos Industrializados – TIPI (Decreto n. 11.158/2022 e alterações) contempla alíquotas que variam de 0 (a mais frequente) a 300% (cigarros contendo tabaco), sendo que a maioria delas situa-se abaixo dos 20%. A diferenciação de alíquotas prevista na TIPI pode

---

[52] O Superior Tribunal de Justiça decidiu, sob regime de recurso repetitivo, pela não incidência do IPI sobre operação de importação de veículo para uso próprio, por entender que o consumidor final não é contribuinte do imposto (1ª S., REsp 1.396.488/SC, Rel. Min. Humberto Martins, j. 25.2.2015). Em sequência, o Supremo Tribunal Federal concluiu pela incidência de IPI na importação de veículo automotor por pessoa natural, ainda que não desempenhe atividade empresarial e o faça para uso próprio (Pleno, RE 723.651/PR, Tema 643, Rel. Min. Marco Aurélio, j. 4.2.2016).

suscitar discussão acerca do efetivo cumprimento da regra da seletividade, se a alíquota correspondente a um produto necessário revelar-se mais elevada do que aquela aplicável a um produto considerado supérfluo.

1.6. IMPOSTO SOBRE OPERAÇÕES FINANCEIRAS – IOF[53]
1.6.1. Perfil constitucional

A Lei Maior, em seu art. 153, V, consigna competir à União instituir imposto sobre operações de crédito, câmbio e seguro, ou relativas a títulos ou valores mobiliários, aduzindo, no § 5º, que o ouro, quando definido em lei como ativo financeiro ou instrumento cambial, sujeita-se exclusivamente à incidência desse imposto, devido na operação de origem.

Suas múltiplas materialidades podem ser reunidas sob a denominação de *Imposto sobre Operações Financeiras – IOF*.

Trata-se de imposto de caráter marcadamente *extrafiscal*, porquanto opera como instrumento regulador do mercado financeiro. Em razão disso, sujeita-se a regime jurídico diferenciado quanto ao princípio da anterioridade – não observa nem a anterioridade genérica, nem a especial –, bem como suas alíquotas podem ser alteradas pelo Poder Executivo, atendidas as condições e limites estabelecidos em lei (alíneas *b* e *c* do inciso III, do art. 150, e art. 153, § 1º, CR).

Desse modo, a União tem a seu dispor eficiente instrumento destinado a moldar a conduta dos investidores no mercado financeiro, por razões de interesse público, podendo estimular a aplicação de recursos em certos investimentos mediante a concessão de isenção ou instituição de alíquotas baixas (poupança, por exemplo), como também estabelecer alíquotas elevadas a outros investimentos, inibindo sejam-lhes vertidos recursos em demasia.

1.6.2. Aspectos da hipótese de incidência

O IOF é disciplinado pelo Código Tributário Nacional nos arts. 63 a 67.[54]

---

[53] A respeito desse imposto, *vide* a Súmula 664, STF.
[54] A legislação básica do imposto compõe-se dos seguintes textos normativos: Lei n. 5.143/66; Decreto Lei n. 1.783/80; Lei n. 7.766/89 (ouro ativo-financeiro ou instrumento cambial); Lei n. 8.894/94; e Decreto n. 6.306/2007 (Regulamento do IOF).

Conforme exsurge da dicção constitucional, o IOF, em razão das distintas materialidades, revela diversos impostos.

No art. 63, CTN, encontramos a disciplina de quase todas as incidências, à exceção da referente ao ouro-financeiro, inovação introduzida pela Constituição de 1988:

> Art. 63. O imposto, de competência da União, sobre operações de crédito, câmbio e seguro, e sobre operações relativas a títulos e valores mobiliários tem como fato gerador:
>
> I – quanto às operações de crédito, a sua efetivação pela entrega total ou parcial do montante ou do valor que constitua o objeto da obrigação, ou sua colocação à disposição do interessado;
>
> II – quanto às operações de câmbio, a sua efetivação pela entrega de moeda nacional ou estrangeira, ou de documento que a represente, ou sua colocação à disposição do interessado em montante equivalente à moeda estrangeira ou nacional entregue ou posta à disposição por este;
>
> III – quanto às operações de seguro, a sua efetivação pela emissão da apólice ou do documento equivalente, ou recebimento do prêmio, na forma da lei aplicável;
>
> IV – quanto às operações relativas a títulos e valores mobiliários, a emissão, transmissão, pagamento ou resgate destes, na forma da lei aplicável.
>
> Parágrafo único. A incidência definida no inciso I exclui a definida no inciso IV, e reciprocamente, quanto à emissão, ao pagamento ou resgate do título representativo de uma mesma operação de crédito.

Portanto, são *cinco hipóteses de incidência distintas*, todas referentes ao conceito de *operação financeira*, que, essencialmente, é o negócio jurídico celebrado com o objetivo de lucro.

Por primeiro, a *operação de crédito* ocorre quando alguém disponibiliza um valor, um crédito, a outrem. É o caso de empréstimo bancário, por exemplo.

A *operação de câmbio*, por sua vez, é aquela que se consubstancia na troca de moeda nacional pela estrangeira, ou vice-versa, como ocorre quando se compra dólares por motivo de viagem ao exterior.

Já a *operação de seguro* diz com o contrato mediante o qual se efetua a proteção de um bem em relação a determinado risco, como o seguro de vida ou de veículo.

Ainda, as *operações relativas a títulos e valores mobiliários* abrangem os negócios jurídicos envolvendo tais títulos, como letras de câmbio e ações.

Finalmente, a operação com o *ouro-financeiro*, como mencionado, hipótese de incidência instituída pela Lei n. 7.766/89. Importante salientar que o *ouro* tem dois tratamentos tributários distintos em nosso ordenamento jurídico: ou é considerado *mercadoria* e, assim, a operação de circulação que o tenha por objeto faz nascer a obrigação de pagar ICMS, ou qualifica-se como *ativo financeiro ou instrumento cambial*, ensejando, apenas, a exigência de IOF.

A Lei Maior foi minuciosa ao cuidar dessa incidência, proclamando que o imposto é devido na operação de origem e que a alíquota mínima será de 1%, assegurada a transferência do montante da arrecadação nos seguintes termos: *a)* 30% para o Estado, o Distrito Federal ou o Território, conforme a origem; *b)* 70% para o Município de origem (art. 153, § 5º, I e II).

Passando aos demais aspectos da hipótese de incidência desse imposto, temos que o *espacial* ou *geográfico* é, tão somente, o território nacional.

O *aspecto temporal*, por sua vez, coincide com o momento do aperfeiçoamento de cada uma das operações citadas: na operação de crédito, quando o valor fica à disposição do tomador; na de câmbio, no momento da troca de moeda; na de seguro, quando da emissão da apólice; na relativa a títulos e valores mobiliários, no momento de emissão do título; e na operação com o ouro-financeiro, no momento da primeira aquisição.

No que concerne ao *aspecto pessoal*, o sujeito ativo é a União Federal, e os sujeitos passivos, os contribuintes e responsáveis tributários. O CTN, em seu art. 66, limita-se a declarar que contribuinte do imposto é qualquer das partes na operação tributada, como dispuser a lei. Assim, de acordo com a disciplina legal desse imposto, são *contribuintes*, respectivamente, os que tomam o crédito, os segurados, os compradores de moeda estrangeira, os adquirentes de títulos e valores mobiliários e, no último caso, a instituição autorizada pelo Banco Central a efetuar a primeira aquisição do ouro-financeiro.[55]

---

[55] No julgamento do RE 611.510/SP (Tema 328), o STF fixou a seguinte tese: "A imunidade assegurada pelo art. 150, VI, "c" da Constituição da República aos partidos políticos, inclusive suas fundações, às entidades sindicais dos trabalhadores e às instituições de educação e de assistência social sem fins lucrativos, que atendam aos requisitos da lei, alcança o IOF, inclusive o incidente sobre aplicações financeiras" (Rel. Min. Rosa Weber, j. 13.4.2021).

Responsáveis, por sua vez, são os terceiros aos quais a lei atribui a cobrança e o recolhimento do IOF – as instituições financeiras.

Finalmente, o *aspecto quantitativo*. A respeito da base de cálculo, estabelece o art. 64, CTN:

> Art. 64. A base de cálculo do imposto é:
>
> I – quanto às operações de crédito, o montante da obrigação, compreendendo o principal e os juros;
>
> II – quanto às operações de câmbio, o respectivo montante em moeda nacional, recebido, entregue ou posto à disposição;
>
> III – quanto às operações de seguro, o montante do prêmio;
>
> IV – quanto às operações relativas a títulos e valores mobiliários:
>
> *a*) na emissão, o valor nominal mais o ágio, se houver;
>
> *b*) na transmissão, o preço ou o valor nominal, ou o valor da cotação em Bolsa, como determinar a lei;
>
> *c*) no pagamento ou resgate, o preço.

Em outras palavras, a base de cálculo do IOF é o *valor da operação*, noção que igualmente se aplica na hipótese do ouro-financeiro.[56]

As *alíquotas*, por seu turno, variam bastante, dadas as diversas materialidades e as constantes alterações promovidas pelo Poder Executivo (art. 153, § 1º, CR) – oscilando, usualmente, entre 0,38% e 25%.[57]

1.7. IMPOSTO SOBRE A PROPRIEDADE TERRITORIAL RURAL – ITR

1.7.1. Perfil constitucional

Compete, ainda, à União, a tributação da propriedade imobiliária rural.

Trata-se de imposto de caráter marcadamente *distributivista e extrafiscal*, cujos contornos são delineados pelo princípio da *função social da propriedade*,

---

[56] Cf. art. 9º da Lei n. 7.766/89.

[57] Observe-se que o art. 65, CTN, foi parcialmente revogado pela Constituição, na parte em que autoriza o Poder Executivo, nas condições e nos limites estabelecidos em lei, a alterar as *bases de cálculo* do imposto, a fim de ajustá-lo aos objetivos da política monetária.

que predica, em poucas palavras, que a sociedade deva extrair benefícios do exercício do direito de propriedade pelo seu titular.[58]

O ITR vem contemplado no art. 153, VI e § 4º, CR, assim expressos:

> Art. 153. Compete à União instituir impostos sobre:
> (...)
> VI – propriedade territorial rural;
> (...)
> § 4º O imposto previsto no inciso VI do *caput*:
> I – será progressivo e terá suas alíquotas fixadas de forma a desestimular a manutenção de propriedades improdutivas;
> II – não incidirá sobre pequenas glebas rurais, definidas em lei, quando as explore o proprietário que não possua outro imóvel;
> III – será fiscalizado e cobrado pelos Municípios que assim optarem, na forma da lei, desde que não implique redução do imposto ou qualquer outra forma de renúncia fiscal.

O inciso I impõe a adoção da técnica da *progressividade* ao ITR para fim extrafiscal, ou seja, o desestímulo da manutenção de propriedades improdutivas, em atendimento à função social que a propriedade deve observar (art. 5º, XXIII, CR).

O Texto Fundamental preocupa-se em definir o conceito da função social que a propriedade rural há de cumprir. Em seu art. 186 prescreve que a função social é cumprida quando a propriedade rural atende, simultaneamente, segundo critérios e graus de exigência estabelecidos em lei, aos requisitos que aponta, dentre eles o "aproveitamento racional e adequado" (inciso I). Antes, no art. 185, declara insuscetível de desapropriação para fins de reforma agrária "a propriedade produtiva" (inciso II).

Nesse contexto, portanto, exsurge a importância do imposto em estudo como instrumento a viabilizar o efetivo cumprimento da função social da propriedade rural, visto que o proprietário rural será estimulado a produzir mais para pagar menos imposto, beneficiando-se, consequentemente, a sociedade.

O inciso II do § 4º do art. 153, por sua vez, contempla a *imunidade das pequenas glebas rurais* em relação à tributação imobiliária, já prevista no texto

---

[58] Arts. 5º, XXIII, 170, III, 184, *caput* e § 5º, 185 e 186, CR. *Vide*, a respeito, Parte II, Capítulo 3, item 3.2.1.8.

constitucional original, mas com ligeira modificação promovida pela EC n. 42/2003, pois ora ausente a exigência de que o proprietário a explore "só ou com sua família". Portanto, a partir dessa alteração, admite-se que o beneficiário da imunidade tenha empregados.

Tal exoneração tributária é condicionada, em primeiro lugar, pelos pressupostos apontados pela própria Constituição sendo que este, *pequena gleba rural*, há de ser aclarado pelo legislador infraconstitucional.[59]

Por fim, o inciso III do § 4º do art. 153 abriga novidade consistente na possibilidade de os Municípios optarem pela fiscalização e cobrança desse imposto – e assim também o Distrito Federal, consoante o art. 147, CR. Trata a hipótese da possibilidade de delegação, pela União, da capacidade tributária ativa referente ao ITR ao Distrito Federal e aos Municípios, condicionada à não redução do imposto ou qualquer outra forma de renúncia fiscal.[60]

1.7.2. Aspectos da hipótese de incidência

O Código Tributário Nacional dedica-se ao Imposto sobre a Propriedade Territorial Rural nos arts. 29 a 31.[61]

Vejamos tais preceitos:

> Art. 29. O imposto, de competência da União, sobre a propriedade territorial rural, tem como fato gerador a propriedade, o domínio útil ou a posse de imóvel por natureza, como definido na lei civil, localizado fora da zona urbana do Município.

O dispositivo expõe o *aspecto material* da hipótese de incidência do imposto. A tributação da propriedade imobiliária, no Brasil, encontra-se bipartida entre a União – propriedade rural – e os Municípios e o Distrito Federal – propriedade urbana. *Imóvel por natureza*, segundo a lei civil, é a terra nua (art. 79, CC).

---

[59] *Vide* art. 2º da Lei n. 9.393/96.
[60] A Lei n. 11.250/2005, prescreve que a delegação de tais atribuições será efetuada mediante convênio (art. 1º). Sobre renúncia fiscal, veja-se o art. 14 da Lei de Responsabilidade Fiscal (Lei Complementar n. 101/2000) e nosso comentário na Parte II, Capítulo 2, nota 10.
[61] A legislação básica do imposto é a seguinte: Lei n. 4.504/64; Decreto-Lei n. 57/66; Lei n. 5.868/72; Lei n. 8.847/94; e Lei n. 9.393/96.

O conceito de *propriedade rural* contrapõe-se ao de propriedade urbana. Há que se partir do conceito de propriedade urbana para, por exclusão, chegar-se à noção de propriedade rural.

A definição legal do *conceito de propriedade urbana* vem exposta no art. 32, § 1º, CTN, referente ao Imposto sobre a Propriedade Predial e Territorial Urbana: é aquela definida em lei municipal, observado o requisito mínimo da existência de, ao menos, dois dos melhoramentos a seguir indicados, construídos ou mantidos pelo Poder Público: meio-fio ou calçamento, com canalização de águas pluviais; abastecimento de água; sistema de esgotos sanitários; rede de iluminação pública, com ou sem posteamento para distribuição domiciliar; e escola primária ou posto de saúde a uma distância máxima de três quilômetros do imóvel considerado.

O § 2º do mesmo artigo prescreve que a lei municipal pode considerar urbanas as áreas urbanizáveis, ou de expansão urbana, constantes de loteamentos aprovados pelos órgãos competentes, destinados à habitação, à indústria ou ao comércio, mesmo que localizados fora das zonas definidas nos termos expostos.

Por outro lado, a Lei n. 9.393/96, que dispõe sobre o imposto em foco, define como imóvel rural, para os efeitos desse diploma legal, "a área contínua, formada de uma ou mais parcelas de terras, localizada na zona rural do município" (art. 1º, § 2º).

Desse modo, será considerada propriedade rural, para efeito de incidência do ITR, o imóvel situado na zona rural do Município, isto é, em área de seu território que não atenda aos requisitos legais necessários para sua caracterização como propriedade urbana.[62]

---

[62] Não obstante, a jurisprudência do STJ consolidou-se no sentido de que, se o imóvel destinar-se à exploração vegetal, agrícola, pecuária ou agroindustrial, ainda que situado na zona urbana do Município, incide o ITR, e não o IPTU: "Tributário. IPTU. ITR. Fato gerador. Imóvel situado na zona urbana. Localização. Destinação. CTN, art. 32. Decreto-Lei n. 57/66. Vigência. 1. Ao ser promulgado, o Código Tributário Nacional valeu-se do critério topográfico para delimitar o fato gerador do Imposto sobre a Propriedade Predial e Territorial Urbana (IPTU) e o Imposto sobre a Propriedade Territorial Rural (ITR): se o imóvel estivesse situado na zona urbana, incidiria o IPTU; se na zona rural, incidiria o ITR. 2. Antes mesmo da entrada em vigor do CTN, o Decreto-Lei n. 57/66 alterou esse critério, estabelecendo estarem sujeitos à incidência do ITR os imóveis situados na zona rural quando utilizados em exploração vegetal, agrícola, pecuária ou agroindustrial. 3. A jurisprudência reconheceu validade ao Decreto-Lei n. 57/66, o qual, assim como o CTN, passou a ter o *status* de lei complementar em face da superveniente Constituição de 1967. Assim, o critério

A mesma Lei n. 9.393/96, em seu art. 2º, define o que sejam pequenas glebas rurais para fins de integrar a norma imunizante ora insculpida no art. 153, § 4º, II:

> Art. 2º Nos termos do art. 153, § 4º, *in fine*, da Constituição, o imposto não incide sobre pequenas glebas rurais, quando as explore, só ou com sua família, o proprietário que não possua outro imóvel.
>
> Parágrafo único. Para os efeitos deste artigo, pequenas glebas rurais são os imóveis com área igual ou inferior a:
>
> I – 100 ha, se localizado em Município compreendido na Amazônia Ocidental ou no Pantanal Mato-Grossense e Sul-Mato-Grossense;
>
> II – 50 ha, se localizado em Município compreendido no Polígono das Secas ou na Amazônia Oriental;
>
> III – 30 ha, se localizado em qualquer outro Município.

Observe-se que, não obstante cuidar-se de regulamentação de limitação constitucional ao poder de tributar, não se trata de lei complementar, como exige o art. 146, II, da Lei Maior, revelando o dispositivo vício de inconstitucionalidade formal.

Igualmente, relembre-se que a restrição de que o proprietário explore a pequena gleba rural, "só ou com sua família", embora conste do art. 2º, *caput*, da Lei n. 9.393/96, não mais é compatível com o Texto Fundamental, em sua redação atual, dada pela Emenda Constitucional n. 42/2003, como visto.

O *aspecto espacial* corresponde ao território nacional (coordenada genérica) e à zona rural do Município (coordenada específica).

Já o *aspecto temporal*, como é da tradição brasileira no tocante a impostos que gravam a propriedade, é o dia 1º de janeiro, coincidindo com o primeiro dia do exercício financeiro.[63]

O sujeito ativo do imposto é a União. Quanto ao sujeito passivo, o Código aponta, expressamente, o contribuinte:

---

topográfico previsto no art. 32 do CTN deve ser analisado em face do comando do art. 15 do Decreto-Lei n. 57/66, de modo que não incide o IPTU quando o imóvel situado na zona urbana receber quaisquer das destinações previstas nesse diploma legal. 4. Recurso especial provido" (1ª T., REsp 492.869/PR, Rel. Min. Teori Zavascki, j. 15.2.2005).

[63] Cf. art. 1º da Lei n. 9.393/96.

Art. 31. Contribuinte do imposto é o proprietário do imóvel, o titular de seu domínio útil, ou o seu possuidor a qualquer título.

Desse modo, o Código abre um leque de possibilidades para a eleição do sujeito passivo desse imposto, o qual foi mantido pelo legislador federal, que ainda aponta, expressamente, como responsável o sucessor a qualquer título, nos termos dos arts. 128 a 133, CTN.[64]

A base de cálculo, aliada à alíquota aplicável, traduz o aspecto quantitativo da hipótese de incidência desse imposto. O Código preceitua ser a base do cálculo do imposto o *valor fundiário* (art. 30, CTN). Já a Lei n. 9.393/96, dispõe que a base de cálculo do ITR é o *valor da terra nua tributável* (VTNt) (art. 11), conceito equivalente àquele, o que significa que, na fixação da base de cálculo, não se considera o valor dos bens imóveis por acessão ou benfeitorias.

Em relação às alíquotas do ITR, como já assinalado, há mandamento constitucional no sentido de que o imposto será *progressivo* e as alíquotas fixadas de forma a desestimular a manutenção de propriedades improdutivas (art. 153, § 4º, I), expressando sua feição extrafiscal mediante a aplicação do *princípio da função social da propriedade* à propriedade rural.

Atendendo a esse dispositivo, a Lei n. 9.393/96, estabelece as alíquotas do ITR em função da área total e do grau de utilização do imóvel, que variam de 0,03 a 20%, alíquota esta de caráter evidentemente confiscatório e, portanto, incompatível com o princípio da vedação da utilização de tributo com efeito de confisco (art. 150, IV, CR).[65]

1.8. IMPOSTO SOBRE GRANDES FORTUNAS – IGF

1.8.1. Perfil constitucional

A Constituição de 1988, em seu art. 153, VII, atribui, à União, competência inédita, autorizando-a a instituir o Imposto sobre Grandes Fortunas, nos termos de lei complementar.

---

[64] Cf. arts. 4º e 5º da Lei n. 9.393/96.
[65] Lembre-se que, se a propriedade rural não cumprir a função social a que se destina (art. 186, CR), compete à União desapropriá-la por interesse social, para fins de reforma agrária "mediante prévia e justa indenização em títulos da dívida agrária, com cláusula de preservação do valor real, resgatáveis no prazo de até vinte anos, a partir do segundo ano de sua emissão, e cuja utilização será definida em lei" (art. 184, *caput*, CR).

Trata-se de imposição tributária de configuração polêmica, o que, provavelmente, constitui uma das justificativas para o fato de que, até o momento, tal competência não tenha sido exercida.

Por um lado, há os que aplaudem essa imposição fiscal, destacando seu perfil de instrumento de *justiça distributiva*, uma vez que onerará apenas os muitos ricos, destinando-se os recursos advindos de sua arrecadação à prestação de serviços públicos, dos quais são usuários, especialmente, os mais pobres.

Por outro, há os que a impugnam, sob o argumento de que tal imposto *afugenta o capital e o investimento*, atravancando o desenvolvimento econômico. Assim, as "grandes fortunas" certamente migrarão para outros países, onde não exista gravame dessa natureza.

De todo modo, caso a União opte por exercer essa competência, caberá à lei complementar definir os contornos da exigência, pois não há normas a ela pertinentes no Código Tributário Nacional. A maior dificuldade, pensamos, será a definição do conceito de "grandes fortunas", de muita imprecisão, que determinará o universo de contribuintes do imposto. Estatuídas as normas gerais, a instituição do gravame poderá ser efetuada mediante lei ordinária.

1.9. IMPOSTO SOBRE PRODUÇÃO, EXTRAÇÃO, COMERCIALIZAÇÃO OU IMPORTAÇÃO DE BENS E SERVIÇOS PREJUDICIAIS À SAÚDE OU AO MEIO AMBIENTE

1.9.1. Perfil constitucional

A EC n. 132/2023 autorizou à União a instituição de mais um imposto, incidente sobre a produção, extração, comercialização ou importação de bens e serviços prejudiciais à saúde ou ao meio ambiente, nos termos de lei complementar, que vem sendo chamado de *Imposto Seletivo*.

Assim dispõe a Constituição a respeito do novel tributo:

> Art. 153. Compete à União instituir impostos sobre:
>
> (...)
>
> VIII – produção, extração, comercialização ou importação de bens e serviços prejudiciais à saúde ou ao meio ambiente, nos termos de lei complementar.

(...)

§ 6º O imposto previsto no inciso VIII do *caput* deste artigo:

I – não incidirá sobre as exportações nem sobre as operações com energia elétrica e com telecomunicações;

II – incidirá uma única vez sobre o bem ou serviço;

III – não integrará sua própria base de cálculo;

IV – integrará a base de cálculo dos tributos previstos nos arts. 155, II, 156, III, 156-A e 195, V;

V – poderá ter o mesmo fato gerador e base de cálculo de outros tributos;

VI – terá suas alíquotas fixadas em lei ordinária, podendo se específicas, por unidade de medida ou *ad valorem*;

VII – na extração, o imposto será cobrado independentemente da destinação, caso em que a alíquota máxima corresponderá a 1% (um por cento) do valor de mercado do produto.

A razão de autorizar-se a introdução de um novo tributo, voltado à produção, extração, comercialização ou importação de bens e serviços prejudiciais à saúde ou ao meio ambiente, traduz-se na necessidade de onerar tais *externalidades negativas*, a exemplo do que já fizeram, há muito, países mais desenvolvidos.

Como a proteção à saúde e ao meio ambiente são valores sob ampla guarida constitucional, sobreleva o caráter marcadamente extrafiscal ou regulatório desse imposto, traduzido, por um lado, na busca pela redução do consumo desses itens e, por outro lado, no estímulo da produção de bens e da prestação de serviços sem tais efeitos nocivos.

1.9.2. Aspectos das hipóteses de incidência tributária

Embora ainda não instituído o Imposto Seletivo, podemos tecer algumas considerações sobre os aspectos de suas hipóteses de incidência a partir da regra-matriz estampada na Constituição.

Percebe-se que o legislador constituinte derivado optou por uma disciplina minudente, por vezes própria de legislação infraconstitucional.

Cabe assinalar, por primeiro, a norma imunizante contida no inciso I, uma vez afastada a exigência do imposto sobre as exportações e operações com energia elétrica e com telecomunicações. Na sequência, o texto esclarece que se trata de tributo monofásico, pois incidente uma única vez sobre o bem ou serviço (inciso II).

Sua instituição dependerá da edição de lei complementar, tal como exigido em relação ao Imposto sobre Grandes Fortunas, ambos impostos desconhecidos pelo Código Tributário Nacional.

Acerca de sua materialidade, destaquem-se suas múltiplas incidências – produzir, extrair, comercializar ou importar bens e serviços prejudiciais à saúde ou ao meio ambiente –, autorizando-se que tenha o mesmo fato gerador e base de cálculo de outros tributos, em dicção que remete à disciplina dos impostos extraordinários (art. 154, II), o que, em outras palavras, significa que a União poderá, também nessa hipótese, invadir as competências tributárias outorgadas a outras pessoas políticas (art. 154, V).

No que diz com o aspecto quantitativo desse imposto, esclareça-se, primeiramente, que não integrará a sua própria base de cálculo, mas que integrará a base de cálculo dos tributos previstos nos arts. 155, II, 156, III, 156-A e 195, V (ICMS, ISS, IBS e CBS). E, também, que terá suas alíquotas fixadas em lei ordinária, podendo ser específicas, por unidade de medida ou *ad valorem* – remetendo à dicção do CTN quando trata dos impostos sobre o comércio exterior (arts. 20 e 24).

Por fim, na extração, o imposto será cobrado independentemente da destinação, caso em que a alíquota máxima corresponderá a 1% (um por cento) do valor de mercado do produto.

Analisados os impostos federais, prossigamos com o estudo dos impostos estaduais.

2. Impostos Estaduais

2.1. A COMPETÊNCIA DOS ESTADOS-MEMBROS E DO DISTRITO FEDERAL EM MATÉRIA DE IMPOSTOS

Aos Estados-membros e ao Distrito Federal compete instituir três impostos: o Imposto de Transmissão *Causa Mortis* e Doação de Quaisquer Bens e Direitos, o Imposto sobre Operações de Circulação de Mercadorias e Prestações de Serviços de Transporte Interestadual e Intermunicipal e de Comunicação e o Imposto sobre a Propriedade de Veículos Automotores (art. 155, I a III, CR).

Vê-se, portanto, que os Estados-membros dividem, com os Municípios, a tributação das diversas materialidades atinentes à transmissão de bens e direitos, bem como à prestação de serviços. Ao Distrito Federal, distintamente, compete tributar todas as espécies de transmissão de bens e direitos e de prestação de serviços, por cumular as competências municipais (art. 147, *in fine*, CR).

Examinemos cada um desses impostos.

2.2. IMPOSTO SOBRE TRANSMISSÃO *CAUSA MORTIS* E DOAÇÃO DE QUAISQUER BENS E DIREITOS – ITCMD[66]

2.2.1. Perfil constitucional

O Imposto sobre Transmissão *Causa Mortis* e Doação de Quaisquer Bens e Direitos – ITCMD é assim disciplinado pela Constituição:[67]

> Art. 155. Compete aos Estados e ao Distrito Federal instituir impostos sobre:
>
> I – transmissão *causa mortis* e doação, de quaisquer bens ou direitos;

---

[66] *Vide*, a respeito desse imposto, as Súmulas 112, 113, 114, 328, 329, 331, 435 e 590, STF.

[67] Com a redação e inclusão de normas pela EC n. 132/2023.

(...)

§ 1º O imposto previsto no inciso I:

I – relativamente a bens imóveis e respectivos direitos, compete ao Estado da situação do bem, ou ao Distrito Federal;

II – relativamente a bens móveis, títulos e créditos, compete ao Estado onde era domiciliado o *de cujus*, ou tiver domicílio o doador, ou ao Distrito Federal;

III – terá competência para sua instituição regulada por lei complementar:

a) se o doador tiver domicílio ou residência no exterior;

b) se o *de cujus* possuía bens, era residente ou domiciliado ou teve o seu inventário processado no exterior;

IV – terá suas alíquotas máximas fixadas pelo Senado Federal;

V – não incidirá sobre as doações destinadas, no âmbito do Poder Executivo da União, a projetos socioambientais ou destinados a mitigar os efeitos das mudanças climáticas e às instituições federais de ensino;

VI – será progressivo em razão do valor do quinhão, do legado, ou da doação;

VII – não incidirá sobre as transmissões e as doações para as instituições sem fins lucrativos com finalidade de relevância pública e social, inclusive as organizações assistenciais e beneficentes de entidades religiosas e institutos científicos e tecnológicos, e por elas realizadas na consecução de seus objetivos sociais, observadas as condições estabelecidas em lei complementar.

Como se vê, trata-se de imposto com substancial disciplina constitucional, ora acrescida por normas inseridas pela EC n. 132/2023.

Reitere-se que a transmissão de bens e direitos não é tributável apenas pelo imposto em foco. Os Municípios detêm competência para tanto, traduzida no Imposto sobre Transmissão *Inter Vivos* a qualquer título, por ato oneroso, de bens imóveis, por natureza ou acessão física, e de direitos reais sobre imóveis, exceto os de garantia, bem como cessão de direitos a sua aquisição (art. 156, II), que será examinado no capítulo subsequente. Constituem, assim, materialidades paralelas e complementares.

A adequada compreensão da abrangência da regra-matriz de incidência do imposto estadual depende de conceitos de direito civil.

Em primeiro lugar, configura a hipótese descrita na Constituição tanto a transmissão de bens imóveis como de bens móveis, e direitos a eles relativos (arts. 79 a 84, CC).

As modalidades de transmissão desses bens e direitos, por sua vez, apresentam feição *não onerosa*: ou ocorrem em virtude do *falecimento da pessoa física*, ou em decorrência de *doação*, assim entendido o "contrato em que uma pessoa, por liberalidade, transfere do seu patrimônio bens ou vantagens para o de outra" (art. 538, CC).

Os incisos I e II do § 1º do art. 155, CR, abrigam normas definidoras da competência tributária para exigir o imposto em tela, visando evitar conflitos entre os Estados-membros e o Distrito Federal. Assim é que estatui competir: *a)* ao Estado da situação do bem, ou ao Distrito Federal, o imposto relativamente a bens imóveis e respectivos direitos; e *b)* relativamente a bens móveis, títulos e créditos, ao Estado onde era domiciliado o *de cujus*, ou tiver domicílio o doador, ou ao Distrito Federal, regra nova introduzida pela EC n. 132/2023, que substituiu o regime anterior.[68]

As normas contidas nos incisos III e IV do mesmo artigo, por seu turno, predicam a determinação constitucional de *uniformidade* do ITCMD, inspiradas na semelhante disciplina aplicada ao ICMS. A primeira estabelece que, nas hipóteses de doador domiciliado ou residente no exterior, e *de cujus* que possuía bens, que era residente ou domiciliado, ou teve o seu inventário processado no exterior, a competência para sua instituição será regulada por lei complementar. E a segunda prescreve que o imposto terá suas alíquotas máximas fixadas pelo Senado Federal.

2.2.2. Imunidades específicas

A EC n. 132/2023 introduziu normas imunizantes em relação ao ITCMD, assim expressas: (*i*) "não incidirá sobre as doações destinadas, no âmbito do Poder Executivo da União, a projetos socioambientais ou destinados a mitigar

---

[68] A dicção constitucional anterior estabelecia competir a exigência do imposto nessa hipótese, em caso de transmissão *causa mortis*, ao Estado onde se processasse o inventário ou arrolamento.

os efeitos das mudanças climáticas e às instituições federais de ensino"; e (*ii*) "não incidirá sobre as transmissões e as doações para as instituições sem fins lucrativos com finalidade de relevância pública e social, inclusive as organizações assistenciais e beneficentes de entidades religiosas e institutos científicos e tecnológicos, e por elas realizadas na consecução de seus objetivos sociais, observadas as condições estabelecidas em lei complementar" (art. 155, § 1º, V e VII, CR).

A primeira das imunidades apontadas é sintonizada com o tempo em que vivemos, no qual emergem como preocupações universais a proteção ao meio ambiente e a educação, desonerando-se as doações efetuadas pelo Poder Executivo da União nessas hipóteses.

Em relação à segunda norma imunizante, por sua vez, os objetivos são os mesmos a serem alcançados pelas imunidades genéricas outorgadas às entidades religiosas e templos de qualquer culto, inclusive suas organizações assistências e beneficentes, bem como às instituições de educação e de assistência social e de educação, sem fins lucrativos, atendidos os requisitos de lei, em relação aos impostos sobre seu patrimônio, renda ou serviços, quais sejam, não criar embaraços ao exercício das liberdades religiosa e de culto, e incentivar a realização de atividades de relevante interesse público pela iniciativa privada, respectivamente (art. 150, VI, *b* e *c*).[69]

2.2.3. Aspectos da hipótese de incidência

O Código Tributário Nacional não disciplina especificamente o ITCMD, porquanto, à época de sua edição, a Constituição de 1946 não contemplava imposto com tal perfil, mas somente o Imposto sobre a Transmissão de Bens Imóveis e de Direitos a eles Relativos, de competência estadual, em seus arts. 35 a 42. Como anteriormente assinalado, a Constituição de 1988 repartiu a tributação sobre a transmissão de bens e direitos entre Estados-membros e Municípios. A estes coube a tributação sobre a transmissão *inter vivos* e por ato oneroso de bens imóveis e, portanto, a disciplina constante no Código diz mais especificamente com essa materialidade do que com aquelas atualmente na esfera da competência tributária estadual.

---

[69] *Vide* Parte II, Capítulo 3, itens 3.3.3.2. e 3.3.3.3.3.

Desse modo, nem todas as normas contidas no Código são aplicáveis ao ITCMD. Dentre estas, cabe destacar as dos arts. 35, parágrafo único ("Nas transmissões *causa mortis*, ocorrem tantos fatos geradores distintos quantos sejam os herdeiros ou legatários"), 38 ("A base de cálculo do imposto é o valor venal dos bens ou direitos transmitidos") e 42 ("Contribuinte do imposto é qualquer das partes na operação tributada, como dispuser a lei").

Vejamos, então, os aspectos da hipótese de incidência do imposto.

O *aspecto material*, como já antecipado, traduz-se na transmissão, *causa mortis* ou doação, de quaisquer bens e direitos.

O *aspecto espacial* é o território do Estado-membro ou do Distrito Federal, relembrando que a situação do bem, no caso de imóvel, e o local onde se processar o inventário ou arrolamento, ou tiver domicílio o doador, na hipótese de bens móveis, é que determinam a pessoa política competente para a exigência fiscal (art. 155, § 1º, I e II, CR).

O momento em que a transmissão de bens e direitos é concretizada, pela morte ou doação, configura o *aspecto temporal*. Se se tratar de bem imóvel, tal transmissão se dá mediante o respectivo *registro*; se móvel, basta a *tradição*, consoante dispõe o Código Civil (arts. 1.245 e 1.267).

Em relação ao *aspecto pessoal*, no polo ativo estará o Estado-membro ou o Distrito Federal e, no polo passivo, o transmitente ou o beneficiário da transmissão, conforme autoriza o art. 42, CTN. Na transmissão *causa mortis*, por evidente, o sujeito passivo será o herdeiro ou legatário. Na transmissão por doação, registre-se que, usualmente, as leis estaduais elegem como sujeito passivo o donatário, apontando o doador como responsável.[70] Também, podem ser responsáveis, na hipótese, "o tabelião, escrivão e demais serventuários de ofício, pelos tributos devidos sobre os atos praticados por eles, ou perante eles, em razão de seu ofício" (art. 134, VI, CTN).

Finalmente, no que tange ao *aspecto quantitativo*, a *base de cálculo*, como o declara o art. 38, CTN, é o *valor venal* dos bens ou direitos transmitidos, assim entendido seu valor em condições normais de mercado, para pagamento à vista.

Quanto às *alíquotas*, expressas em percentuais, cabe ao Senado Federal, como mencionado, estabelecer as máximas (art. 155, § 1º, IV).

---

[70] É o caso da Lei n. 10.705/2000 do Estado de São Paulo e alterações (arts. 7º e 8º, III).

Saliente-se que a EC n. 132/2023 introduziu norma segundo a qual o imposto "será progressivo em razão do valor do quinhão, do legado ou da doação", tornando expresso comando que já se podia extrair como exigência do princípio da capacidade contributiva (art. 145, § 1º, CR), conforme averbamos anteriormente.[71]

2.3. IMPOSTO SOBRE OPERAÇÕES DE CIRCULAÇÃO DE MERCADORIAS E PRESTAÇÕES DE SERVIÇOS DE TRANSPORTE INTERESTADUAL E INTERMUNICIPAL E DE COMUNICAÇÃO – ICMS[72]

2.3.1. Considerações gerais

O ICMS é o imposto mais importante dos Estados-membros e do Distrito Federal, responsável que é pela maior parte da receita tributária desses entes.

Peculiaridade interessante desse imposto é revelada na simples leitura do art. 155: embora cuide-se de imposto de competência de entes parciais (Estados-membros e Distrito Federal), é o tributo de cuja disciplina mais amplamente se ocupa a Constituição da República.

A explicação está no fato de que o ICMS, conquanto estadual, assume *feição nacional*, diante da *uniformidade* imposta ao seu regramento, em múltiplos aspectos, competindo, aos legisladores estaduais e distrital, pouco mais do que sua instituição.

Por constituir um imposto *multifásico*, ostenta sistemática muito semelhante à do IPI, já estudado. Também qualifica-se como *imposto indireto*, assim entendido, aquele cujo ônus vai ser suportado pelo consumidor final. Trata-se do fenômeno da *repercussão econômica* do tributo ou *translação tributária*, que já nos referimos,[73] mediante o qual o valor do imposto é embutido no preço da mercadoria e do serviço e, assim, o contribuinte *de jure* transfere o respectivo encargo ao contribuinte *de facto* – o adquirente da mercadoria ou do serviço.

Faremos uma breve apreciação de alguns aspectos essenciais dessa imposição fiscal.

---

[71] *Vide* Parte I, Capítulo 3, item 3.2.2.7.
[72] *Vide*, a respeito desse imposto, a Súmula Vinculante 48 e as Súmulas 661, STF, e 391, 395, 431, 432, 433, 457 e 649, STJ.
[73] *Vide* Parte II, Capítulo 4, item 4.3.1.1, e desta Parte IV, Capítulo 1, item 1.5.1.

2.3.2. Perfil constitucional

Tal como no IPI, o ICMS também é dirigido pelas regras da não cumulatividade e da seletividade.

A regra da *não cumulatividade* está estampada no art. 155, § 2º, I, CR: o imposto "será não cumulativo, compensando-se o que for devido em cada operação relativa à circulação de mercadorias ou prestação de serviços com o montante cobrado nas anteriores pelo mesmo ou outro Estado ou pelo Distrito Federal". Anote-se a impropriedade da dicção constitucional no que diz com a expressão "montante cobrado", uma vez que a cobrança é atividade administrativa, que não interfere no sistema de créditos pertinente à não cumulatividade. O correto é "montante devido", este, sim, gerador de crédito na(s) operação(ões) subsequente(s).

Desse modo, o ICMS será não cumulativo, vale dizer, estabelece-se um *sistema de compensação de créditos*. O imposto devido na operação mercantil ou na prestação de serviço de transporte interestadual e intermunicipal e de comunicação anterior representará um crédito a ser deduzido da quantia de imposto a pagar nas operações mercantis e prestações de serviços subsequentes. Mediante a não cumulatividade, evita-se o chamado "efeito cascata", ou seja, a incidência de imposto sobre imposto.

A nosso ver, a não cumulatividade é expressão do *princípio da capacidade contributiva*, cuja eficácia alcança, também, o contribuinte de fato, impedindo que o imposto se torne um gravame cada vez mais oneroso nas várias operações de circulação do produto ou mercadoria, ou de prestação de serviços, que chegariam ao consumidor final a preços proibitivos.[74]

Regra estranha a tal sistemática é a contida no art. 155, § 2º, II, CR, segundo a qual "a isenção ou não incidência, salvo determinação em contrário da legislação: a) não implicará crédito para compensação com o montante devido nas operações ou prestações seguintes; b) acarretará a anulação do crédito relativo às operações anteriores".

---

[74] Cf. nosso *Princípio da Capacidade Contributiva*, cit., p. 105. Como assevera Carrazza, "por meio do princípio da não cumulatividade do ICMS o constituinte beneficiou o contribuinte de direito deste tributo e, ao mesmo tempo, o consumidor, o contribuinte de fato, a quem convém preços mais reduzidos ou menos gravemente onerados pela carga tributária" (*ICMS*, 10. ed., rev. e ampl. até a EC n. 45/2004, de acordo com a Lei Complementar n. 87/96, com suas ulteriores modificações. São Paulo: Malheiros Editores, 2005, p. 291).

Assim, por exemplo, se um comerciante for isento, aquele que realizar a operação de circulação de mercadoria subsequente arcará com o ônus do imposto que, em tese, seria devido na operação anterior e, assim, não terá direito a crédito.

Tal norma é justamente criticada pois, na hipótese, o ICMS será *cumulativo*, porquanto não será gerado crédito a ser compensado. Cabe ponderar que essa exceção à não cumulatividade foi introduzida pela Emenda n. 3, de 1993, o que enseja discussão quanto à sua constitucionalidade sob o aspecto formal, por ferir direito individual (art. 60, § 4º, IV, CR). De outro lado, também se pode objetar que esse regime excepcionador da não cumulatividade nas hipóteses de isenção ou não incidência fere o princípio da *isonomia*, onerando, desigualmente, aquele que não poderá se creditar. Acresça-se o fato de que a isenção é outorgada por razões de interesse público, argumento que somente vem a reforçar a má qualidade da norma em comento.

O art. 155, § 2º, III, por sua vez, proclama que o ICMS "poderá ser seletivo, em função da essencialidade das mercadorias e dos serviços".

Do mesmo modo que no IPI, a *seletividade* do imposto significa que a lei procederá a discriminações de tratamento estabelecidas em função da essencialidade da mercadoria e do serviço para o consumidor.

A regra em foco significa que o ICMS operará, também, como instrumento de *extrafiscalidade*, visando beneficiar os consumidores finais, que efetivamente absorvem o impacto econômico do imposto. Inegável, portanto, traduzir a seletividade uma manifestação do princípio da *capacidade contributiva*, porquanto expressa a preocupação com o ônus financeiro do contribuinte "de fato".[75]

Cabe questionar, à vista da norma ora em análise e diante da dicção da regra da seletividade aplicável ao IPI (art. 153, § 3º, I), se há diferença entre ambas. É que, em relação ao IPI, como visto, a Constituição declara que o imposto "*será* seletivo", enquanto no que tange ao ICMS, que este "*poderá ser* seletivo". Entendemos, com a devida licença dos que pensam diversamente, que as expressões são equivalentes, não traduzindo, no caso do imposto estadual, uma mera faculdade para a adoção da seletividade, já que a noção de "direito-faculdade" é própria do direito privado. De outro lado, todo "poder" atribuído ao Estado é, em verdade, um *poder-dever*. Dessarte, a regra é obrigatória tanto para o IPI quanto para o ICMS.

---

[75] Cf. nosso *Princípio da Capacidade Contributiva*, cit., pp. 105-106.

Logo, a exigência do ICMS há de ser modulada consoante o grau de essencialidade da mercadoria ou serviço: quanto mais essenciais forem, menor deve ser a tributação; quanto menos essenciais, o imposto deve atingir as respectivas operações e prestações com maior intensidade. A essencialidade, assim entendida como a elevada importância da mercadoria ou serviço para o consumo, é o critério em função do qual a tributação pelo ICMS será modulada.

Relembre-se que a seletividade pode ser obtida quer pela *diferenciação* ou *progressividade de alíquotas*, quer por *variações de base de cálculo*, ou, ainda, pela *instituição de incentivos fiscais*. A técnica mais utilizada, em razão de sua eficácia, tem sido a diferenciação de alíquotas.

Assim, invocando a mesma classificação doutrinária proposta para os produtos industrializados às mercadorias e serviços, para atender à seletividade de alíquotas desse imposto, tem-se as seguintes hipóteses: a) *mercadorias e serviços necessários*, em relação aos quais a incidência há de se dar mediante alíquotas baixas, se não for possível conceder-se a isenção; b) mercadorias e serviços *úteis*, em relação aos quais autorizada está a tributação mediante alíquotas moderadas; e c) mercadorias e serviços *supérfluos ou nocivos*, deferindo-se a aplicação de alíquotas altas.[76]

Frise-se, uma vez mais, que a noção de essencialidade há de ser aferida segundo as coordenadas de tempo e espaço, vale dizer, à vista de determinada sociedade e em determinado momento histórico.[77]

Prosseguindo no exame das normas de maior relevo na disciplina do ICMS, temos que o art. 155, § 2º, X, *a* a *d*, proclama situações nas quais o imposto "não incidirá", expressão constitucional que, como apontado, traduz *normas imunizantes*.

Em primeiro lugar, são imunes as operações que destinem mercadorias ao exterior, bem como os serviços prestados a destinatários no exterior, assegurada a manutenção e o aproveitamento do montante do imposto cobrado nas operações e prestações anteriores.[78] Do mesmo modo que a semelhante imunidade referente ao IPI, visa a norma a *desoneração das exportações*, propiciando a competitividade das mercadorias e serviços nacionais no mercado externo.

---

[76] *Vide*, em relação ao IPI, Capítulo 1, item 1.5.1, *supra*.
[77] Entendemos, nesse sentido, que o art. 7º, IV, CR, ao conceituar o salário mínimo, traça os parâmetros para o que deve ser considerado essencial.
[78] Alínea *a*, consoante a redação dada pela EC n. 42/2003.

Igualmente são imunes as operações que destinem a outros Estados petróleo, inclusive lubrificantes, combustíveis líquidos e gasosos dele derivados, e energia elétrica (alínea *b*). Mediante essa norma a Constituição está a amparar os Estados consumidores que não detêm esses recursos. Objetiva-se, aqui, reequilibrar a Federação em relação a itens essenciais, no que tange aos Estados que não os produzem, mas deles necessitam para assegurar seu desenvolvimento.

Outra imunidade específica em relação ao ICMS é a do *ouro*, nas hipóteses definidas no art. 153, § 5º (alínea *c*). Como apontado quando do estudo do IOF,[79] as operações que tenham o ouro por objeto podem ter um de dois tratamentos tributários: se se tratar de ouro *mercadoria*, incide o *ICMS*; se, diversamente, cuidar-se de ouro *ativo financeiro ou instrumento cambial*, incide o *IOF*. A regra praticamente repete o teor do § 5º, primeira parte, do art. 153.

Ainda, na alínea *d*, temos norma imunizante introduzida pela EC n. 42, de 2003, referente às prestações de serviço de comunicação nas modalidades de radiodifusão sonora e de sons e imagens de recepção livre e gratuita. Essa norma parece-nos desnecessária, pois, se as prestações de serviço apontadas são efetuadas de maneira *gratuita*, ausente *a capacidade contributiva* indispensável a dar suporte a exigência de imposto. A norma constitucional nada mais fez que expressar situação que não poderia ter outro tratamento tributário.

Por derradeiro, releva anotar que, como já assinalado em nossos comentários sobre o princípio da anterioridade da lei tributária,[80] a EC n. 33, de 2001, introduziu exceções a esse princípio, dentre elas uma referente ao ICMS. Em consequência, na hipótese de *ICMS incidente sobre operações com combustíveis e lubrificantes*, as alíquotas poderão ser reduzidas e restabelecidas, não se lhes aplicando o disposto no art. 150, III, *b* (art. 155, § 4º, IV, *c*).

A norma considera que o ICMS incidente sobre operações com combustíveis e lubrificantes assume feição *extrafiscal*, o que justificaria, portanto, o tratamento diferenciado dessa materialidade perante o princípio da anterioridade da lei tributária. Reputamos inconstitucional tal preceito, porquanto modificador da amplitude da proteção conferida pelo Poder Constituinte Originário, violando direito individual (art. 60, § 4º, IV).

---

[79] Capítulo 1, item 1.6.2, *supra*.
[80] Parte II, Capítulo 3, item 3.2.2.2.

2.3.3. O papel da lei complementar

Consoante já examinado,[81] a lei complementar é o instrumento legislativo ao qual a Constituição atribui a tarefa de minudenciar e desenvolver os seus comandos.

No âmbito tributário, genericamente, desempenha os papéis que lhe confere o art. 146 do texto constitucional.

No que tange ao ICMS, cabe à lei complementar disciplinar as matérias arroladas no art. 155, § 2º, XII: "*a*) definir seus contribuintes; *b*) dispor sobre substituição tributária; *c*) disciplinar o regime de compensação do imposto; *d*) fixar, para efeito de sua cobrança e definição do estabelecimento responsável, o local das operações relativas à circulação de mercadorias e das prestações de serviços; *e*) excluir da incidência do imposto, nas exportações para o exterior, serviços e outros produtos além dos mencionados no inciso X, *a*; *f*) prever casos de manutenção de crédito, relativamente à remessa para outro Estado e exportação para o exterior, de serviços e de mercadorias; *g*) regular a forma como, mediante deliberação dos Estados e do Distrito Federal, isenções, incentivos e benefícios fiscais serão concedidos e revogados; *h*) definir os combustíveis e lubrificantes sobre os quais o imposto incidirá uma única vez, qualquer que seja a sua finalidade, hipótese em que não se aplicará o disposto no inciso X, *b*; *i*) fixar a base de cálculo, de modo que o montante do imposto a integre, também na importação do exterior de bem, mercadoria ou serviço".[82]

Tal regramento reforça o afirmado anteriormente, no sentido de que, embora de competência estadual/distrital, o ICMS reveste feição nacional, dada a uniformidade normativa que lhe impõe a Constituição, secundada pela extensão temática conferida à disciplina veiculada por meio de lei complementar.

Observe-se, ainda, que, o disposto na alínea *g* do inciso XII do § 2º do art. 155 consubstancia exceção à característica da competência tributária consistente na *facultatividade* de seu exercício, uma vez que os Estados-membros e o Distrito Federal não poderão decidir a respeito senão mediante deliberação conjunta. Com efeito, a única exceção à facultatividade do exercício da competência tributária é o ICMS, pois não poderia um Estado-membro deixar

---

[81] Parte I, Capítulo 3, item 3.2.2.
[82] Em atendimento a essa norma constitucional, foi editada a Lei Complementar n. 87/1996 e alterações.

de instituí-lo por constituir imposto de caráter nacional, pondo a perder sua consistência e ensejando a chamada "guerra fiscal".[83]

2.3.4. Aspectos da hipótese de incidência

Da simples leitura do art. 155, II e § 3º, CR, extrai-se que, diante das múltiplas materialidades, tem-se distintos impostos, todos reunidos sob a mesma rubrica. Assim é que o ICMS incide sobre: a) operações relativas a circulação de mercadorias; b) prestação de serviços de transporte interestadual e intermunicipal; c) prestação de serviços de comunicação; d) produção, importação, circulação, distribuição ou consumo de lubrificantes e combustíveis líquidos e gasosos e de energia elétrica; e e) extração, circulação, distribuição ou consumo de minerais.

Vejamos, sucintamente, cada qual.

A tributação de *operação de circulação de mercadorias* é a materialidade mais antiga do imposto em foco, visto que assim já ocorria antes da Constituição de 1988.

---

[83] Não obstante, tal norma tem sido desrespeitada. Carrazza entende que, mesmo nessa hipótese, não se pode compelir o Legislativo de um Estado a criar o ICMS, mas aos demais Estados-membros buscarem no Judiciário o ressarcimento de seus prejuízos, caso um deles não o institua (*Curso de Direito Constitucional Tributário*, cit., p. 792). Veja-se, a respeito da guerra fiscal em matéria de ICMS, acórdão do STF, assim ementado: "Tributário. Imposto sobre Operações de Circulação de Mercadorias e de Prestação de Serviços de Comunicação e de Transporte Interestadual e Intermunicipal. Cobrança nas Operações Interestaduais pelo Estado de Destino. Extensão às Remessas para Consumidores Finais. Comércio Eletrônico. 'Guerra Fiscal'. Densa Probabilidade de Violação Constitucional. Lei 9.852/2011 do Estado da Paraíba. Medida Cautelar Referendada. 1. A Constituição define que o Estado de origem será o sujeito ativo do ICMS nas operações interestaduais aos consumidores finais que não forem contribuintes desse imposto, mas a legislação atacada subverte essa ordem (art. 155, § 2º, II, *b*, da Constituição). 2. Os entes federados não podem utilizar sua competência legislativa privativa ou concorrente para retaliar outros entes federados, sob o pretexto de corrigir desequilíbrio econômico, pois tais tensões devem ser resolvidas no foro legítimo, que é o Congresso Nacional (arts. 150, V, e 152 da Constituição). 3. Compete ao Senado definir as alíquotas do tributo incidente sobre operações interestaduais. 4. A tolerância à guerra fiscal tende a consolidar quadros de difícil reversão (Pleno, ADI MC 4.705/DF, Rel. Min. Joaquim Barbosa, j. 23.2.2012).

A ideia de "circulação de mercadoria" traduz *negócio jurídico* que tenha por objeto a *transferência de propriedade* do bem. Não se trata, à evidência, de mera circulação física.[84]

Mercadoria, por sua vez, é o conceito extraído do Direito Comercial, a significar bem móvel sujeito a mercancia.

A regra contida no art. 155, § 2º, IX, *a*, na redação dada pela EC n. 33, de 2001, no entanto, autoriza a incidência do imposto "sobre a entrada de bem ou mercadoria importados do exterior por pessoa física ou jurídica, ainda que não seja contribuinte habitual do imposto, qualquer que seja a sua finalidade, assim como sobre o serviço prestado no exterior, cabendo o imposto ao Estado onde estiver situado o domicílio ou o estabelecimento do destinatário da mercadoria, bem ou serviço", alargando demasiadamente sua materialidade para alcançar até operação que não tenha por objeto mercadoria.[85]

Anote-se que o ICMS, em regra, é devido na *origem*, isto é, no Estado em que a operação mercantil se dá – onde está localizado o estabelecimento industrial, comercial ou produtor, de onde a mercadoria sai, por força de uma operação mercantil realizada, sendo irrelevante se o destinatário está situado no mesmo ou em outro Estado. Todavia, na hipótese de a operação mercantil

---

[84] Consoante o art. 12, I, da Lei Complementar n. 87/96, "considera-se ocorrido o fato gerador do imposto no momento da saída de mercadoria de estabelecimento de contribuinte, ainda que para outro estabelecimento do mesmo titular". No entanto, como sabido, no deslocamento físico da mercadoria de um estabelecimento para outro do mesmo titular, não há operação de circulação de mercadoria, que exige a transferência de propriedade a ensejar a incidência do ICMS. Tal dispositivo foi rechaçado pela jurisprudência, tendo o STJ cristalizado o entendimento segundo o qual "não constitui fato gerador de ICMS o simples deslocamento de mercadoria de um para outro estabelecimento do mesmo contribuinte" (Súmula 166). Nesse sentido, a orientação do Supremo Tribunal Federal (Pleno, RE 540.829/SP, Tema 297, Rel. p/ o acórdão Min. Luiz Fux, j. 11.9.2014), reafirmada no julgamento do ARE 1.255.885/MS, Tema 1.099, Rel. Min. Dias Tóffoli, j. 15.8.2020) e, mais recentemente, no julgamento da ADC 49/RN no qual foram declarados inconstitucionais os arts. 11, § 3º, II; 12, I, no trecho "ainda que para outro estabelecimento do mesmo titular", e 13, § 4º, da Lei Complementar n. 87/96 (Rel. Min. Edson Fachin, j. 19.4.2021).

[85] No julgamento do RE 1.221.330/SP (Tema 1.094), o STF entendeu que, após a EC n. 33/2001, é constitucional a incidência de ICMS sobre operações de importação efetuadas por pessoa, física ou jurídica, que não se dedica habitualmente ao comércio ou à prestação de serviços, devendo tal tributação estar prevista em lei complementar federal (Pleno, Rel. Min. Luiz Fux, j. 16.6.2020).

haver ocorrido no exterior – "se iniciado no exterior", na dicção constitucional – inverte-se a diretriz, sendo devido o ICMS ao Estado-membro ou Distrito Federal onde estiver localizado o destinatário final da mercadoria.

A Constituição de 1988 acrescentou ao imposto em foco materialidades atinentes a determinadas prestações de serviços, remanescendo aos Municípios a competência genérica para tributar as prestações de serviços de qualquer natureza.

Primeiramente, as prestações referentes aos *serviços de transporte interestadual e intermunicipal*, por qualquer meio – rodoviário, aéreo, marítimo, lacustre.[86] A materialidade diz com a prestação de tais serviços a terceiro, sob regime de direito privado, com objetivo de lucro. Alcança o deslocamento de pessoas ou cargas, a título oneroso, por qualquer meio, inclusive oleodutos, esteiras rolantes etc.[87]

Por exclusão, as prestações de serviço de transporte dentro do território de um mesmo Município estão sob a abrangência do Imposto sobre Serviços de Qualquer Natureza – ISSQN.

Importante notar, no entanto, que essa incidência do ICMS deverá observar o princípio da vedação da diferenciação tributária entre bens e serviços, de qualquer natureza, em razão de sua procedência ou destino (art. 152, CR).[88]

Também as prestações de *serviços de comunicação* estão sujeitas à incidência do ICMS. Destaque-se que o que se tributa é a prestação onerosa de serviços de comunicação.[89] A prestação de serviços de telefonia, por exemplo, está compreendida nessa materialidade.

Quanto à incidência sobre a produção, importação, circulação, distribuição ou consumo de lubrificantes e combustíveis líquidos e gasosos e de

---

[86] O STF, no entanto, declarou a inconstitucionalidade da exigência de ICMS na prestação de serviços de transporte aéreo internacional de cargas pelas empresas aéreas nacionais enquanto persistirem os convênios de isenção de empresas estrangeiras (Pleno, ADI 1.600/DF, Rel. p/ o acórdão Min. Nelson Jobim, j. 26.11.2001).

[87] Dispõe a Lei Complementar n. 87/96: "Art. 2º O imposto incide sobre: (...) II – prestações de serviços de transporte interestadual e intermunicipal, por qualquer via, de pessoas, bens, mercadorias ou valores".

[88] *Vide* Parte II, Capítulo 3, item 3.2.2.12.

[89] A respeito, dispõe a Lei Complementar n. 87/96: "Art. 2º O imposto incide sobre: (...) III – prestações onerosas de serviços de comunicação, por qualquer meio, inclusive a geração, a emissão, a recepção, a transmissão, a retransmissão, a repetição e a ampliação de comunicação de qualquer natureza".

energia elétrica, extrai-se sua previsão constitucional, *a contrario sensu*, da dicção do art. 155, §§ 2º, X, *b*, e 3º, CR, este último com a redação dada pela EC n. 132/2023, que contempla: (*i*) a imunidade sobre operações que destinem a outros Estados petróleo, inclusive lubrificantes, combustíveis líquidos e gasosos dele derivados, e energia elétrica; (*ii*) a norma imunizante que afasta qualquer outro imposto incidente sobre operações relativas a energia elétrica, e serviços de telecomunicações, à exceção do ICMS, do Imposto do Imposto de Importação, do Imposto de Exportação e do Imposto sobre Bens e Serviços; e (*iii*) a imunidade das operações relativas a derivados de petróleo, combustíveis e minerais do País, à exceção desses mesmos impostos e também do Imposto Seletivo, incidente sobre a produção, extração, comercialização ou importação de bens e serviços prejudiciais à saúde ou ao meio ambiente (art. 153, VIII).

Finalmente, a materialidade consubstanciada na extração, circulação, distribuição ou consumo de minerais está prevista no mesmo art. 155, § 3º, CR.

Passando ao aspecto *espacial* ou *territorial*,[90] temos que a coordenada genérica consiste no território do Estado-membro ou do Distrito Federal. Como coordenadas específicas, o local onde a operação se iniciou, no caso de circulação de mercadoria, ou onde se iniciou a prestação do serviço.

O aspecto *temporal*, por sua vez, é o momento em que se aperfeiçoam a operação e a prestação de serviço.[91]

Quanto ao aspecto *pessoal*, sujeitos ativos são o Estado-membro e o Distrito Federal.[92]

Sujeitos passivos, na categoria de *contribuintes*, são o comerciante, o industrial, o prestador de serviço de comunicação, o prestador de serviço de transporte interestadual e o prestador de serviço de transporte intermunicipal.[93]

Já na modalidade de *responsabilidade por substituição*, cabe relembrar a aplicação, no âmbito da legislação do ICMS, da chamada *substituição tributária progressiva* ou *para frente*, autorizada pelo art. 150, § 7º, CR.[94] Reiteramos nosso

---

[90] Art. 11 da Lei Complementar n. 87/96.
[91] *Vide* nota 77 deste capítulo.
[92] Considerando que a União tem competência para exigir o ICMS apenas nos territórios federais, atualmente inexistentes no Estado brasileiro (art. 147, primeira parte, CR).
[93] Cf. art. 4º da Lei Complementar n. 87/96.
[94] Cf. art. 10 da Lei Complementar n. 87/96: "Art. 10. É assegurado ao contribuinte substituído o direito à restituição do valor do imposto pago por força da

pensamento acerca da inconstitucionalidade de tal mecanismo, que se estriba na *tributação de fato presumido*, sob o fundamento de que, provavelmente, ele irá consumar-se.[95]

Por fim, o aspecto *quantitativo*.

De acordo com as materialidades apontadas, as *bases de cálculo* possíveis são o valor da operação e o valor da prestação de serviço. A respeito, vale recordar duas normas constitucionais pertinentes à base de cálculo do ICMS.

A primeira, estampada na alínea *b* do inciso IX do § 2º do art. 155, segundo a qual incidirá ICMS sobre o valor total da operação, quando mercadorias forem fornecidas com serviços não compreendidos na competência tributária dos municípios. É a hipótese, por exemplo, do fornecimento de alimentação e bebidas em bares e restaurantes.[96] O valor do serviço será integrado à base de cálculo do ICMS.

A segunda norma encontra-se no art. 155, § 2º, XI, segundo a qual "não compreenderá, em sua base de cálculo, o montante do imposto sobre produtos industrializados, quando a operação, realizada entre contribuintes e relativa a produto destinado à industrialização ou à comercialização, configure fato gerador dos dois impostos".

Com efeito, um mesmo negócio jurídico pode gerar duas obrigações tributárias distintas, se tiver por objeto produto industrializado qualificado como mercadoria. Nesse caso, consoante o dispositivo constitucional mencionado, o IPI não integra a base de cálculo do ICMS.

No que concerne às *alíquotas*, são fixadas em percentuais e, como visto, hão de observar a regra da seletividade em função da essencialidade da mercadoria

---

substituição tributária, correspondente ao fato gerador presumido que não se realizar. § 1º Formulado o pedido de restituição e não havendo deliberação no prazo de 90 (noventa) dias, o contribuinte substituído poderá se creditar, em sua escrita fiscal, do valor objeto do pedido, devidamente atualizado segundo os mesmos critérios aplicáveis ao tributo. § 2º Na hipótese do parágrafo anterior, sobrevindo decisão contrária irrecorrível, o contribuinte substituído, no prazo de 15 (quinze) dias da respectiva notificação, procederá ao estorno dos créditos lançados, também devidamente atualizados, com o pagamento dos acréscimos legais cabíveis".

[95] A respeito dessa categoria de sujeição passiva já discorremos na Parte III, Capítulo 5, item 5.3.3.3.
[96] Cf. art. 2º, I, da Lei Complementar n. 87/96.

ou do serviço (art. 155, § 2º, III, CR),[97] bem como as limitações ditadas pelas resoluções do Senado Federal (art. 155, § 2º, IV a VIII, CR).[98]

A esse respeito, vale relembrar que a Lei Complementar n. 194/2022 acrescentou o art. 18-A ao Código Tributário Nacional, que estabelece que, para efeito "da incidência do ICMS, os combustíveis, o gás natural, a energia elétrica, as comunicações e o transporte coletivo são considerados bens e serviços essenciais e indispensáveis, que não podem ser tratados como supérfluos".

O objetivo da inserção de tal norma – cuja dicção é algo redundante – foi, ao qualificar tais itens como essenciais e indispensáveis, vedar a aplicação

---

[97] A Lei n. 6.374/89, e alterações, que disciplina o ICMS no Estado de São Paulo, por exemplo, prevê múltiplas alíquotas (art. 34).

[98] "Art. 155, § 2º (...) IV – resolução do Senado Federal, de iniciativa do Presidente da República ou de um terço dos Senadores, aprovada pela maioria absoluta de seus membros, estabelecerá as alíquotas aplicáveis às operações e prestações, interestaduais e de exportação; V – é facultado ao Senado Federal: *a)* estabelecer alíquotas mínimas nas operações internas, mediante resolução de iniciativa de um terço e aprovada pela maioria absoluta de seus membros; *b)* fixar alíquotas máximas nas mesmas operações para resolver conflito específico que envolva interesse de Estados, mediante resolução de iniciativa da maioria absoluta e aprovada por dois terços de seus membros; VI – salvo deliberação em contrário dos Estados e do Distrito Federal, nos termos do disposto no inciso XII, *g*, as alíquotas internas, nas operações relativas à circulação de mercadorias e nas prestações de serviços, não poderão ser inferiores às previstas para as operações interestaduais; VII – nas operações e prestações que destinem bens e serviços a consumidor final, contribuinte ou não do imposto, localizado em outro Estado, adotar-se-á a alíquota interestadual e caberá ao Estado de localização do destinatário o imposto correspondente à diferença entre a alíquota interna do Estado destinatário e a alíquota interestadual (redação dada pela Emenda Constitucional n. 87, de 2015); VIII – a responsabilidade pelo recolhimento do imposto correspondente à diferença entre a alíquota interna e a interestadual de que trata o inciso VII será atribuída: *a)* ao destinatário, quando este for contribuinte do imposto; *b)* ao remetente, quando o destinatário não for contribuinte do imposto (redação dada pela Emenda Constitucional n. 87, de 2015) (...)." Anote-se que, antes da edição da EC n. 87/2015, o Supremo Tribunal Federal, ao interpretar o art. 155, § 2º, VII, *b*, CR, proclamou a inconstitucionalidade do Protocolo ICMS n. 21/2011 por ofensa, também ao art. 150, IV e V, CR, salientando que o ICMS incidente na aquisição decorrente de operação interestadual e por meio não presencial (internet, *telemarketing*, *showroom*) por consumidor final não contribuinte do tributo não pode ter regime jurídico fixado por Estados-membros não favorecidos (Pleno, ADI 4.628/DF e ADI 4.713/DF, Rel. Min. Luiz Fux; e RE 680.089/SE, Tema 615, Rel. Min. Gilmar Mendes, j. 17.9.2014).

de alíquotas majoradas a tais bens e serviços, para diminuição do preço ao consumidor final.[99]

2.4. IMPOSTO SOBRE A PROPRIEDADE DE VEÍCULOS AUTOMOTORES – IPVA

2.4.1. Perfil constitucional

Outro imposto de competência dos Estados-membros e do Distrito Federal é o Imposto sobre a Propriedade de Veículos Automotores.

O Texto Fundamental assim o disciplina, na redação e com a inclusão feita pela EC n. 132/2023:

> Art. 155. Compete aos Estados e ao Distrito Federal instituir impostos sobre:
>
> (...)
>
> III – propriedade de veículos automotores.
>
> (...)
>
> § 6º O imposto previsto no inciso III:
>
> I – terá alíquotas mínimas fixadas pelo Senado Federal;
>
> II – poderá ter alíquotas diferenciadas em função do tipo, do valor, da utilização e do impacto ambiental;
>
> III – incidirá sobre a propriedade de veículos automotores terrestres, aquáticos e aéreos, excetuados:

---

[99] O inteiro teor do dispositivo é o seguinte: "Art. 18-A. Para fins da incidência do imposto de que trata o inciso II do *caput* do art. 155 da Constituição Federal, os combustíveis, o gás natural, a energia elétrica, as comunicações e o transporte coletivo são considerados bens e serviços essenciais e indispensáveis, que não podem ser tratados como supérfluos. Parágrafo único. Para efeito do disposto neste artigo: I – é vedada a fixação de alíquotas sobre as operações referidas no *caput* deste artigo em patamar superior ao das operações em geral, considerada a essencialidade dos bens e serviços; II – é facultada ao ente federativo competente a aplicação de alíquotas reduzidas em relação aos bens referidos no *caput* deste artigo, como forma de beneficiar os consumidores em geral; e III – é vedada a fixação de alíquotas reduzidas de que trata o inciso II deste parágrafo, para os combustíveis, a energia elétrica e o gás natural, em percentual superior ao da alíquota vigente por ocasião da publicação deste artigo".

a) aeronaves agrícolas e de operador certificado para prestar serviços aéreos a terceiros;

b) embarcações de pessoa jurídica que detenha outorga para prestar serviços de transporte aquaviário ou de pessoa física ou jurídica que pratique pesca industrial, artesanal, científica ou de subsistência;

c) plataformas suscetíveis de se locomoverem na água por meios próprios, inclusive aquelas cuja finalidade principal seja a exploração de atividades econômicas em águas territoriais e na zona econômica exclusiva e embarcações que tenham essa mesma finalidade principal

d) tratores e máquinas agrícolas.

Nítida a preocupação constitucional com as alíquotas do imposto. A primeira dessas prescrições foi inspirada na semelhante sistemática adotada para o ICMS, na qual o Senado Federal exerce importante papel na disciplina das alíquotas do imposto, com vista a evitar a chamada "guerra fiscal". No caso do IPVA, a norma foi introduzida pela Emenda Constitucional n. 42/2003, na tentativa de coibir-se a prática de efetuar-se o licenciamento de veículos em Estados vizinhos aos do domicílio dos proprietários, em busca do pagamento do imposto a alíquota mais baixa.

Também, a previsão para que a disciplina do IPVA contemple alíquotas diferenciadas em função do tipo, do valor, da utilização e do impacto ambiental, corroborando o que, na prática, já era consignado em muitas leis estaduais. Desse modo, a propriedade de veículo de passeio rende ensejo à aplicação de uma alíquota mais gravosa do que a de um veículo de transporte de carga, por exemplo.

2.4.2. Aspectos da hipótese de incidência

O Código Tributário Nacional não disciplina o IPVA, imposto que não existia na época em que o Código foi editado. Então, vejamos brevemente os aspectos da hipótese de incidência do IPVA, à vista da disciplina constitucional e do que usualmente consta das leis estaduais.

O aspecto *material* traduz-se em "ser proprietário de veículo automotor". Por *veículo automotor* há que se entender veículo que tenha motor próprio, de qualquer espécie – terrestre, embarcação, aeronave.

A EC n. 132/2023 explicitou o que já se extraía da redação original da norma, ao estabelecer, expressamente, sua incidência não apenas sobre a propriedade de veículos terrestres, mas também de veículos aquáticos e aéreos, com as exceções assinaladas no art. 155, § 6º, III, *a* a *d*.[100]

Quanto ao aspecto *espacial*, há apenas a coordenada genérica – o território do Estado ou do Distrito Federal – onde o veículo deva ser licenciado.

O aspecto *temporal*, por sua vez, varia de acordo com a hipótese de aquisição da propriedade do veículo. Assim é que, em regra, o marco temporal do nascimento da obrigação de pagar o IPVA é o dia *1º de janeiro* de cada exercício – quem for proprietário de veículo automotor, nesse dia, é contribuinte do imposto.

No entanto, em se tratando de *veículo novo*, considera-se nascida a obrigação tributária na data da compra do bem, isto é, da primeira aquisição. Em se tratando de *veículo importado*, por ocasião do desembaraço aduaneiro do veículo.

No que tange ao aspecto *pessoal*, sujeitos ativos são os Estados-membros e o Distrito Federal.[101] Sujeito passivo é o proprietário do veículo, na qualidade de contribuinte, bem como os terceiros, indicados como responsáveis nos termos da lei. É o caso, por exemplo, do adquirente de veículo usado, que responderá por débitos tributários incidentes sobre o bem, na qualidade de sucessor (art. 131, I, CTN).

Finalmente, o aspecto *quantitativo*. A base de cálculo, à evidência, é o *valor venal do veículo*, assim entendido o valor de venda do bem para pagamento à vista em condições normais de mercado. É sabido que, em relação a esse imposto, as leis estaduais têm adotado uma pauta de valores, vale dizer, fixam as bases de cálculo desse imposto segundo dados de mercado. Em consequência, sujeitam o IPVA ao lançamento de ofício, já que a Administração Tributária dispõe de todos os dados necessários a propiciar a exigibilidade de seu crédito.

---

[100] O intuito foi, induvidosamente, afastar a jurisprudência firmada sobre o tema pelo Supremo Tribunal Federal, que concluiu pela não incidência do IPVA sobre a propriedade de aeronaves e embarcações, sob o argumento de que o imposto é sucedâneo da antiga Taxa Rodoviária Única – TRU, cujo campo de incidência não inclui aqueles veículos (*e.g.*, Pleno, 255.111/SP, Rel. p/ o acórdão Min. Sepúlveda Pertence, j. 29.5.2002; e RE 379.572/RJ, Rel. Min. Gilmar Mendes, j. 11.4.2007, respectivamente).

[101] Bem como a União, na hipótese do art. 147, primeira parte, CR.

Relembre-se, outrossim, que a fixação da base de cálculo do IPVA não se sujeita à observância do princípio da anterioridade especial de noventa dias (art. 150, § 3º, *in fine*, CR).

Quanto às *alíquotas*, usualmente expressas em percentuais, sublinhe-se, uma vez mais, a disciplina contida no art. 155, § 6º, II, segundo a qual se autoriza sejam diferenciadas em função do tipo e utilização do veículo, critérios que já vinham sendo adotados por diversas leis estaduais.[102]

2.5. IMPOSTO SOBRE BENS E SERVIÇOS – IBS

A EC n. 132/2023 inseriu extenso e complexo regramento de novo tributo, o Imposto sobre Bens e Serviços – IBS (art. 156-A, CR), que substituirá, gradualmente, o ICMS e o ISS a partir de 2026.[103]

O regime jurídico de tal imposto é, essencialmente, o mesmo da Contribuição sobre Bens e Serviços – CBS, de competência federal, quanto aos fatos geradores; bases de cálculo; hipóteses de não incidência; sujeitos passivos; imunidades; regimes específicos, diferenciados ou favorecidos de tributação; e regras de não cumulatividade e de creditamento.[104] Trata-se, portanto, de "tributos gêmeos".

---

[102] Jurisprudência do STF rejeita a possibilidade de alíquota diferenciada para veículos importados, sob o argumento de que o tratamento desigual significaria uma nova tributação pelo fato gerador da importação (2ª T., RE AgRg 367.785/RJ, Rel. Min. Eros Grau, j. 9.5.2006). A título de exemplo, a Lei n. 6.606/89, que instituiu o IPVA no Estado de São Paulo, assim disciplinava as alíquotas do imposto, de acordo com o tipo e utilização do veículo: "Art. 7º A alíquota do imposto, calculada sobre o valor venal é: I – 5,0% (cinco por cento) para embarcações, aeronaves e automóveis de esporte e de corrida; II – 4,0% (quatro por cento) para automóveis de passeio e camionetas de uso misto; IV – 2,0% (dois por cento) para qualquer outro veículo inclusive motocicletas e ciclomotores; V – 1,5% (um e meio por cento) para os veículos de carga, categoria caminhões com capacidade superior a uma tonelada; VI – 6,0% (seis por cento) para automóveis de passeios movidos a 'diesel'; VII – 1,0% (um por cento) para qualquer veículo indicado nos incisos precedentes com mais de 20 (vinte) anos de fabricação, excetuando-se as aeronaves". Atualmente, o IPVA paulista é regido pela Lei n. 13.296/2008, que prevê a diferenciação de alíquotas em seu art. 7º.

[103] Cf. art. 125, ADCT, na redação dada pela EC n. 132/2023.

[104] Art. 149-B, *caput* e incisos I a V, CR. Igualmente, o produto de sua arrecadação, consoante tal emenda constitucional, é disciplinado pelo art. 149-C, CR.

2.5.1. Perfil constitucional

O art. 156-A, em seu *caput*, anuncia que lei complementar instituirá o IBS, "de competência compartilhada entre Estados, Distrito Federal e Municípios".

O conceito de "competência tributária compartilhada", como já assinalado, é inédito no direito brasileiro, uma vez que a competência tributária, até então, era privativa ou exclusiva, tanto para tributos vinculados quanto não vinculados a uma atuação estatal.[105]

Note-se que sua instituição será efetuada por meio de lei complementar da União e, assim, os demais entes federativos somente poderão disciplinar as alíquotas do imposto (art. 156-A, § 1º, IV a VII, CR).

A norma contida no § 1º estabelece que o IBS será informado pelo *princípio da neutralidade*, segundo o qual a imposição tributária não deve influenciar as decisões econômicas do contribuinte, o que, no contexto do tributo em análise, se relaciona aos métodos a serem utilizados na comercialização de suas mercadorias e na prestação de seus serviços (ex.: emprego de mão de obra própria ou de terceiros).

Compõe, ainda, a disciplina desse imposto o comando segundo o qual, "sempre que possível, terá seu valor informado, de forma específica, no respectivo documento fiscal" (art. 156-A, XIII, CR), o que remete à norma contida no § 5º do art. 150, CR, segundo o qual "a lei determinará medidas para que os consumidores sejam esclarecidos acerca dos impostos que incidam sobre mercadorias e serviços".[106]

2.5.2. Imunidades

Consoante o regime comum que compartilha com a Contribuição sobre Bens e Serviços – CBS, ao IBS são aplicáveis as normas imunizantes previstas no art. 150, VI, CR, não se lhes aplicando, porém, o disposto no art. 195, § 7º, que prevê a imunidade das entidades beneficentes de assistência social que atendam às exigências estabelecidas em lei em relação a contribuição para a seguridade social (art. 149-B, parágrafo único).

---

[105] *Vide* Parte I, Capítulo 2, item 2.5.
[106] *Vide* Parte I, Capítulo 2, item 2.3, e Parte IV, Capítulo 1, item 1.5.1, *supra*.

Há também imunidades específicas referentes a esse imposto, traduzidas nas normas cuja dicção é a seguinte: (*i*) "não incidirá sobre as exportações, assegurados ao exportador a manutenção e o aproveitamento dos créditos relativos às operações nas quais seja adquirente de bem material ou imaterial, inclusive direitos, ou serviço, observado o disposto no § 5º, III"; e (*ii*) "não incidirá nas prestações de serviço de comunicação nas modalidades de radiodifusão sonora e de sons e imagens de recepção livre e gratuita" (art. 156-A, § 1º, III e XI, CR).

Quanto aos efeitos das exonerações tributárias, a Constituição esclarece que a isenção e a imunidade não implicarão crédito para compensação com o montante devido nas operações seguintes, bem como acarretarão a anulação do crédito relativo às operações anteriores, salvo, na hipótese da imunidade, inclusive em relação ao inciso XI do § 1º, quando determinado em contrário em lei complementar (art. 156-A, § 7º, I e II).

E, ainda, que o IBS "não será objeto de concessão de incentivos e benefícios financeiros ou fiscais relativos ao imposto ou de regimes específicos, diferenciados ou favorecidos de tributação, excetuadas as hipóteses previstas na própria Constituição" (art. 156-A, § 1º, X, CR).

2.5.3. O papel da lei complementar

A lei complementar desempenhará relevantíssimo papel na confecção do regramento do IBS, consoante se extrai das prescrições contidas no art. 156-A, uma vez que lhe cabe dispor, dentre outros temas, sobre: (*i*) regras para a distribuição do produto da arrecadação do imposto; (*ii*) o regime de compensação; (*iii*) a forma e o prazo para ressarcimento de créditos acumulados pelo contribuinte; (*iv*) os critérios para a definição do destino da operação; (*v*) a forma de desoneração da aquisição de bens de capital pelos contribuintes; (*vi*) as hipóteses de diferimento e desoneração do imposto aplicáveis aos regimes aduaneiros especiais e às zonas de processamento de exportação; (*vii*) o processo administrativo fiscal do imposto; (*viii*) as hipóteses de devolução do imposto a pessoas físicas, inclusive os limites e os beneficiários, com o objetivo de reduzir as desigualdades de renda; e (*ix*) os critérios para as obrigações tributárias acessórias, visando à sua simplificação.[107]

---

[107] *Vide* art. 156-A, §§ 5º e 6º, CR.

Dessa disciplina normativa acerca da tributação sobre o consumo, percebe-se facilmente que o Estado Federal brasileiro passou a ter nova configuração, uma vez que os principais impostos dos Estados e Municípios – o ICMS e o ISS – serão substituídos por um imposto instituído pela União e cujo regime jurídico também será por ela estabelecido mediante lei complementar, restando aos demais entes federativos, portanto, fixar, tão somente, sua alíquota própria por lei específica (art. 156-A, § 1º, V, CR).

2.5.4. Aspectos da hipótese de incidência

Embora ainda não instituído o IBS, o substancial regramento trazido pela EC n. 132/2023 autoriza breves comentários acerca de aspectos das regras-matrizes de incidência desse imposto.

Consoante a dicção constitucional, o IBS, que terá legislação única e uniforme em todo o território nacional, à exceção da fixação das alíquotas do imposto, incidirá sobre operações com bens materiais ou imateriais, inclusive direitos, ou com serviços, bem como sobre a importação de bens materiais ou imateriais, inclusive direitos, ou de serviços realizada por pessoa física ou jurídica, ainda que não seja sujeito passivo habitual do imposto, qualquer que seja a sua finalidade.

Não resta dúvida de que sua materialidade é amplíssima, ao abarcar todo e qualquer item que possa ser objeto de relação de consumo.

Em relação ao aspecto pessoal, prescreve a Constituição que a lei complementar poderá definir como sujeito passivo do imposto a pessoa que concorrer para a realização, a execução ou o pagamento da operação, ainda que residente ou domiciliada no exterior, abrindo amplo leque para a indicação de sujeitos passivos (art. 156-A, § 3º, CR).

Ponto importante a ser igualmente disciplinado pela lei complementar e que ostenta caráter inédito no sistema tributário brasileiro é o relativo às hipóteses de devolução do imposto a pessoas físicas, inclusive os limites e beneficiários, com o objetivo de reduzir as desigualdades da renda, o chamado *cashback* (art. 156-A, § 5º, VIII, e § 12, CR).

A Constituição ora estampa detalhada normatividade acerca da base de cálculo e, especialmente, das alíquotas do IBS. Indicaremos, brevemente, os pontos principais.

Inicialmente, conforme mencionado, a competência tributária dos Estados, Municípios e Distrito Federal sobre o ICMS ficou restrita à fixação de alíquotas próprias por lei específica. E as alíquotas assim fixadas serão as mesmas para todas as operações com bens materiais ou imateriais, inclusive direitos, ou com serviços, ressalvadas as hipóteses previstas na própria Constituição (art. 150, § 1º, V e VI, CR).

Se o próprio ente federativo não estabelecer a alíquota, será aplicada a alíquota de referência do imposto para cada esfera federativa fixada pelo Senador Federal, nos termos de lei complementar (art. 156-A, § 1º, XII, CR).

Assinale-se que o IBS será cobrado pelo somatório das alíquotas do Estado e do Município de destino da operação (art. 156-A, § 1º, VII, CR).

Ainda, qualquer alteração na legislação federal que reduza ou eleve a arrecadação do imposto deverá ser compensada pela elevação ou redução, pelo Senado Federal, das alíquotas de referência de que trata o § 1º, XII, de modo a preservar a arrecadação das esferas federativas, nos termos de lei complementar; bem como somente entrará em vigor com o início da produção de efeitos do ajuste das alíquotas de referência de que trata o inciso I deste parágrafo (art. 156-A, § 9º, I e II, CR).

No que tange à base de cálculo do imposto, duas normas importantes merecem destaque: (*i*) a aplicação do *princípio da não cumulatividade*, segundo o qual o IBS será não cumulativo, compensando-se o imposto devido pelo contribuinte com o montante cobrado sobre todas as operações nas quais seja adquirente de bem material ou imaterial, inclusive direito, ou de serviço, excetuadas exclusivamente as consideradas de uso ou consumo pessoal especificadas em lei complementar e as hipóteses previstas nesta Constituição; e (*ii*) o imposto não integrará sua própria base de cálculo nem a dos tributos previstos nos arts. 153, VIII, e 195, I, *b*, IV e V, e da contribuição para o Programa de Integração Social de que trata o art. 239 (art. 156-A, § 1º, VIII e IX, CR).

2.5.5. Comitê Gestor

A EC n. 132/2023 estatui a criação do Comitê Gestor do IBS, entidade pública sob regime especial, que terá independência técnica, administrativa, orçamentária e financeira, mediante o qual os Estados, o Distrito Federal e os Municípios exercerão, de forma integrada, as seguintes competências administrativas: "I – editar regulamento único e uniformizar a interpretação e a aplicação da legislação do imposto; II – arrecadar o imposto, efetuar as compensações e distribuir o produto da arrecadação entre Estados, Distrito Federal e Municípios; III – decidir o contencioso administrativo" (art. 156-B, *caput* e § 1º).

Dentre as muitas regras inseridas na Constituição sobre essa pessoa jurídica, merece registro a que estatui a participação dos entes federativos na instância máxima de deliberação do Comitê Gestor do Imposto sobre Bens e Serviços observará a seguinte composição: "I – 27 (vinte e sete) membros, representando cada Estado e o Distrito Federal; II – 27 (vinte e sete) membros, representando o conjunto dos Municípios e do Distrito Federal, que serão eleitos nos seguintes termos: a) 14 (quatorze) representantes, com base nos votos de cada Município, com valor igual para todos; e b) 13 (treze) representantes, com base nos votos de cada Município ponderados pelas respectivas populações" (art. 156-B, § 3º, CR).

Por fim, anote-se que, ao proceder à distribuição do produto de arrecadação do imposto, o Comitê Gestor do IBS reterá montante equivalente ao saldo acumulado de créditos do imposto não compensados pelos contribuintes e não ressarcidos ao final de cada período de apuração e aos valores decorrentes do cumprimento do § 5º, VIII, bem como distribuirá o produto da arrecadação do imposto, deduzida tal retenção ao ente federativo de destino das operações que não tenham gerado creditamento (art. 156-A, § 4º, CR).

Trata-se, como se vê, de entidade com agigantado rol de atribuições, que será responsável pela complexa gestão desse tributo, a qual será melhor definida com o advento da regulamentação a ser estabelecida em lei complementar.

Prosseguindo, passemos à análise dos impostos municipais.

3. Impostos Municipais

3.1. A COMPETÊNCIA DOS MUNICÍPIOS EM MATÉRIA DE IMPOSTOS

Titularizam os Municípios competência para instituir três impostos: Imposto sobre a Propriedade Predial e Territorial Urbana; Imposto sobre Transmissão de Bens Imóveis; e Imposto sobre Prestações de Serviços de Qualquer Natureza (art. 156, I a III, CR).

Portanto, dividem com os Estados-membros a tributação no tocante às materialidades pertinentes à transmissão de bens e direitos e à prestação de serviços, enquanto a tributação da propriedade imobiliária é repartida com a União, à qual cabe o Imposto sobre a Propriedade Territorial Rural.

Interessante registrar que sucessivas emendas constitucionais alteraram o perfil da competência tributária municipal nos últimos anos: a EC n. 29/2000, que explicitou critérios referentes ao IPTU; a EC n. 37/2002, que alterou a disciplina do ISSQN; a EC n. 39/2002, que instituiu a Contribuição para o Custeio do Serviço de Iluminação Pública – COSIP; e a EC n. 132/2023, que inclui-lhe nova finalidade – o custeio de sistemas de monitoramento para segurança e preservação de logradouros públicos.

Outro aspecto relevante é o traduzido na preocupação constitucional com a uniformidade da disciplina do Imposto sobre Serviços de Qualquer Natureza – ISSQN. Com efeito, considerando-se a existência de mais de 5.500 Municípios no País, a Lei Maior, a par de dedicar diversas normas a respeito, cuidou de atribuir à lei complementar o regramento de alguns aspectos dessa imposição fiscal, restringindo, assim, a liberdade do legislador municipal.

3.2. IMPOSTO SOBRE A PROPRIEDADE PREDIAL E TERRITORIAL URBANA – IPTU[108]

3.2.1. Perfil constitucional

O Imposto sobre a Propriedade Predial e Territorial Urbana – IPTU é disciplinado nos arts. 156, I e § 1º, e 182, § 1º, II, CR.

---

[108] Veja-se a respeito desse imposto a Súmula Vinculante 52 e as Súmulas 724, STF, e 397, 399, 614 e 626, STJ.

O art. 156 estatui competir aos Municípios sua instituição, sendo que seu § 1º, na redação dada pela Emenda Constitucional n. 29/2000, preceitua:

> Art. 156. Compete aos Municípios instituir impostos sobre:
>
> I – propriedade predial e territorial urbana;
>
> (...)
>
> § 1º Sem prejuízo da progressividade no tempo a que se refere o art. 182, § 4º, inciso II, o imposto previsto no inciso I poderá:
>
> I – ser progressivo em razão do valor do imóvel; e
>
> II – ter alíquotas diferentes de acordo com a localização e o uso do imóvel;
>
> III – ter sua base de cálculo atualizada pelo Poder Executivo, conforme critérios estabelecidos em lei municipal.[109]

Os incisos I e II contemplam, expressamente, a possibilidade de utilização das técnicas de *progressividade* e da *diferenciação de alíquotas*,[110] como instrumentos de fiscalidade e extrafiscalidade, respectivamente, sendo esta voltada ao cumprimento do princípio da função social da propriedade.[111]

A norma contida no inciso III vem autorizar o Poder Executivo a atualizar a base de cálculo do IPTU nos termos da lei municipal, vale dizer, alterá-la mediante decreto, mitigando, assim, a aplicação do princípio da legalidade tributária nessa hipótese.[112]

---

[109] Inciso incluído pela EC n.132/2023.

[110] Recorde-se que a *progressividade* é a técnica de tributação segundo a qual, na medida em que aumenta a base de cálculo, aumenta também a alíquota sobre ela incidente, e que a *diferenciação de alíquotas* é a técnica mediante a qual se estabelece alíquotas diversas à vista de um ou mais critérios. O STF decidiu, há muito, que essa técnica não se confunde com a progressividade (1ª T., RE 229.233/SP, Rel. Min. Ilmar Galvão, j. 26.3.1999).

[111] *Vide*, a respeito do princípio da função social da propriedade, Parte II, Capítulo 3, item 3.2.1.8.

[112] A inclusão de tal norma contraria a jurisprudência do Supremo Tribunal Federal – Tema 211 (RE 648.245): "A majoração do valor venal dos imóveis para efeito de cobrança do IPTU não prescinde de lei em sentido formal, exigência que somente se pode afastar quando a atualização não excede os índices inflacionários anuais de correção monetária", e do Superior Tribunal de Justiça, conforme o enunciado de sua Súmula 160: "É defeso, ao município, atualizar o IPTU, mediante decreto, em percentual superior ao índice oficial de correção monetária".

Relevante anotar que, em sua redação original, tal dispositivo dispunha que o IPTU poderia ser progressivo, nos termos de lei municipal, de forma a assegurar o cumprimento da função social da propriedade.[113] Autorizava, assim, de modo expresso, a utilização dessa técnica na disciplina extrafiscal do IPTU, em caráter genérico, no sentido de utilizá-lo para inibir ou incentivar comportamentos dos contribuintes. Vale dizer, explicitava o emprego dessa imposição tributária para o alcance de finalidade não meramente arrecadatória, mas para o cumprimento do citado princípio constitucional, como para estimular a construção de habitações em determinada região da cidade, por exemplo.

Como consequência da controvérsia jurisprudencial instaurada acerca da possibilidade do emprego da técnica da progressividade ao IPTU,[114] adveio a aludida emenda para aclarar a dicção constitucional, agora mais minudente.

Consoante se vê, a alteração promovida na redação do § 1º do art. 156 torna induvidosa a conclusão segundo a qual ao IPTU pode ser aplicada tanto a técnica da diferenciação de alíquotas, para o alcance de fins extrafiscais (inciso II), quanto a da progressividade de alíquotas para a perseguição de objetivos fiscais (inciso I), prestigiando, nesta última hipótese, o princípio da capacidade contributiva (art. 145, § 1º, CR).

---

[113] A redação original do § 1º do art. 156 é a seguinte: "O imposto previsto no inciso I poderá ser progressivo, nos termos de lei municipal, de forma a assegurar o cumprimento da função social da propriedade".

[114] Antes da EC n. 29/2000, o STF não enxergava a possibilidade de adoção da progressividade extrafiscal do IPTU, com fundamento no art. 182, § 4º, CR, diante da ausência da lei federal a que alude o dispositivo. Também entendia inaplicável a progressividade fiscal, por tratar-se de imposto real, o que inviabilizaria, no entendimento da Corte, a aplicação do princípio da capacidade contributiva (Súmula 668: "É inconstitucional a lei municipal que tenha estabelecido, antes da Emenda Constitucional n. 29/2000, alíquotas progressivas para o IPTU, salvo se destinada a assegurar o cumprimento da função social da propriedade urbana"). Sustentamos, há muito, que a feição progressiva pode ser imprimida a esse imposto, com caráter fiscal, em razão da aplicação do princípio da capacidade contributiva, informador de todos os impostos e, com caráter extrafiscal, genericamente, independentemente da progressividade no tempo a que alude o art. 182, § 4º, II, da Lei Maior (cf. nosso *Princípio da Capacidade Contributiva*, cit., pp. 100-103). Diante da nova dicção do art. 156, § 1º, a progressividade fiscal está explícita e, com a edição da Lei n. 10.257/2001 (Estatuto da Cidade), foi regulamentado o § 4º do art. 182, CR (progressividade no tempo).

A diferenciação de alíquotas, de cunho extrafiscal, consignada pelo art. 156, § 1º, II, como adverte o Texto Fundamental, não se confunde com a progressividade apontada no art. 182, § 4º, II, que, por sua vez, estatui:

> Art. 182. A política de desenvolvimento urbano, executada pelo Poder Público municipal, conforme diretrizes fixadas em lei, tem por objetivo ordenar o pleno desenvolvimento das funções sociais da cidade e garantir o bem-estar de seus habitantes.
> (...)
> § 2º A propriedade urbana cumpre sua função social quando atende às exigências fundamentais de ordenação da cidade expressas no plano diretor.
> (...)
> § 4º É facultado ao Poder Público municipal, mediante lei específica para área incluída no plano diretor, exigir, nos termos da lei federal, do proprietário do solo urbano não edificado, subutilizado ou não utilizado, que promova seu adequado aproveitamento, sob pena, sucessivamente, de:
> I – parcelamento ou edificação compulsórios;
> II – *imposto sobre a propriedade predial e territorial urbana progressivo no tempo*;
> III – desapropriação com pagamento mediante títulos da dívida pública de emissão previamente aprovada pelo Senado Federal, com prazo de resgate até dez anos, em parcelas anuais, iguais e sucessivas, assegurados o valor real de indenização e os juros legais.[115]

Tal dispositivo constitucional faculta ao Poder Público municipal, mediante lei específica para área incluída no plano diretor, exigir, nos termos de lei federal, do proprietário do solo urbano não edificado, subutilizado ou não utilizado, que promova seu adequado aproveitamento, sob pena, sucessivamente, de parcelamento ou edificação compulsórios, IPTU progressivo no tempo e, se tais expedientes não forem suficientes para compelir o proprietário à realização daquele fim, desapropriação com pagamento mediante títulos da

---

[115] Destaque nosso.

dívida pública de emissão previamente aprovada pelo Senado Federal, com prazo de resgate de até dez anos, em parcelas anuais, iguais e sucessivas, assegurados o valor real da indenização e os juros legais.

A hipótese tem sido chamada, indevidamente, de *progressividade sancionatória*. Na verdade, trata-se da disciplina extrafiscal do IPTU, transformado em instrumento para compelir os administrados ao atendimento da função social da propriedade urbana.

Essa progressividade extrafiscal especial, até então inédita no direito brasileiro, é objeto de regulamentação pelo Estatuto da Cidade, veiculado pela Lei n. 10.257/2001.[116]

No entanto, tal técnica, a nosso ver, não poderá ser empregada indefinidamente, sob pena de instituir-se autêntico *confisco*, vedado expressamente (art. 150, IV).[117] Discordamos, portanto, do entendimento segundo o qual, por tratar-se de tributação extrafiscal, o confisco estaria constitucionalmente autorizado – e por dois fundamentos. Em primeiro lugar, porque a Constituição veda a utilização de tributo com efeito de confisco (art. 150, IV) em qualquer hipótese, não distinguindo entre tributação fiscal e extrafiscal. Em segundo lugar, como já assinalamos, o confisco é medida de natureza sancionatória, cuja aplicação é autorizada excepcionalmente, mediante normas constitucionais expressas (arts. 5º, XLVI, *b*, e 243). No caso, a Constituição não contempla tal autorização, visto que é a lei que fundamenta a hipótese de confisco em exame.

---

[116] O Estatuto da Cidade disciplina o IPTU progressivo no tempo, nos seguintes termos: "Art. 7º Em caso de descumprimento das condições e dos prazos previstos na forma do *caput* do art. 5º desta Lei, ou não sendo cumpridas as etapas previstas no § 5º do art. 5º desta Lei, o Município procederá à aplicação do Imposto sobre a Propriedade Predial e Territorial Urbana (IPTU) progressivo no tempo, mediante a majoração da alíquota pelo prazo de cinco anos consecutivos. § 1º O valor da alíquota a ser aplicado a cada ano será fixado na lei específica a que se refere o *caput* do art. 5º desta Lei e não excederá a duas vezes o valor referente ao ano anterior, respeitada a alíquota máxima de 15% (quinze por cento). § 2º Caso a obrigação de parcelar, edificar ou utilizar não esteja atendida em 5 (cinco) anos, o Município manterá a cobrança pela alíquota máxima, até que se cumpra a referida obrigação, garantida a prerrogativa prevista no art. 8º, § 3º. É vedada a concessão de isenções ou de anistia relativas à tributação progressiva de que trata este artigo". Acerca da interpretação desse dispositivo, veja-se o nosso "Instrumentos tributários para a implementação da política urbana", *in Estatuto da Cidade* (*Comentários à Lei Federal 10.257/2001*), Coord. Adilson Dallari e Sérgio Ferraz, 4. ed., São Paulo, Malheiros Editores, 2014, pp. 104-119.

[117] *Vide* nossos comentários na Parte II, Capítulo 3, item 3.2.2.9.

Assim sendo, entendemos que, se o IPTU progressivo no tempo não for suficiente para que o proprietário do solo urbano, nas situações previstas, promova seu adequado aproveitamento, o passo seguinte será, necessariamente, a *desapropriação com pagamento mediante títulos da dívida pública* (art. 182, § 4º, III).

Diante de tal quadro normativo, podemos concluir que são três os fundamentos constitucionais para a adoção da técnica da progressividade no IPTU:

1) o *art. 145, § 1º*, que veicula o princípio da capacidade contributiva, o qual abrange, dentre seus efeitos, a graduação dos impostos, consoante a aptidão do contribuinte (*progressividade fiscal genérica*);

2) o *art. 156, § 1º, I*, que estatui a progressividade em razão do valor do imóvel (*progressividade fiscal específica do IPTU*); e

3) o *art. 182, § 4º, II*, autorizador da progressividade no tempo (*progressividade extrafiscal específica do IPTU*).

Ainda no plano constitucional, registre-se a nova norma inserida no § 1º-A do art. 156:

> *O imposto previsto no inciso I do* caput *deste artigo não incide sobre templos de qualquer culto, ainda que as entidades abrangidas pela imunidade de que trata a alínea "b" do inciso VI do* caput *do art. 150 desta Constituição sejam apenas locatárias do bem imóvel.*[118]

Como averbamos quando do trato das imunidades, alargou-se a exoneração tributária prevista no art. 150, VI, "b", para aplicá-la, também, quando o templo não for proprietário do imóvel no qual é realizado o culto, mas locatário.[119]

Note-se que, como o locatário não integra a obrigação tributária referente ao IPTU, não se qualificando como sujeito passivo, tal imposto será exigido do proprietário do imóvel, que não poderá transferir tal ônus àquele nessa hipótese.

Examinada sucintamente a moldura constitucional do IPTU, vejamos os aspectos de sua hipótese de incidência.

---

[118] Incluído pela Emenda Constitucional n. 116/2022.
[119] *Vide* Parte II, Capítulo 3, item 3.3.3.2.

3.2.2. Aspectos da hipótese de incidência

O Código Tributário Nacional cuida do IPTU nos arts. 32 a 34.

Importante o disposto no art. 32, que, ao cuidar do aspecto material do imposto – ser proprietário de imóvel urbano –, define o conceito de *zona urbana*, essencial para determinar a competência do Município para a tributação da propriedade imobiliária:

> Art. 32. O imposto, de competência dos Municípios, sobre a propriedade predial e territorial urbana tem como fato gerador a propriedade, o domínio útil ou a posse de bem imóvel por natureza ou por acessão física, como definido na lei civil, localizado na zona urbana do Município.
>
> § 1º Para os efeitos deste imposto, entende-se como zona urbana a definida em lei municipal; observado o requisito mínimo da existência de melhoramentos indicados em pelo menos dois dos incisos seguintes, construídos ou mantidos pelo Poder Público:
>
> I – meio-fio ou calçamento, com canalização de águas pluviais;
>
> II – abastecimento de água;
>
> III – sistema de esgotos sanitários;
>
> IV – rede de iluminação pública, com ou sem posteamento para distribuição domiciliar;
>
> V – escola primária ou posto de saúde a uma distância máxima de 3 (três) quilômetros do imóvel considerado.
>
> § 2º A lei municipal pode considerar urbanas as áreas urbanizáveis, ou de expansão urbana, constantes de loteamentos aprovados pelos órgãos competentes, destinados à habitação, à indústria ou ao comércio, mesmo que localizados fora das zonas definidas nos termos do parágrafo anterior.

Desse modo, a configuração da zona urbana depende da existência de, ao menos, dois dos melhoramentos apontados pelo Código, revelando o *aspecto espacial* da hipótese de incidência do imposto em foco.

O *aspecto temporal*, por sua vez, está fixado no *1º de janeiro* de cada exercício, a exemplo de outros impostos que gravam a propriedade, já examinados.

Sujeitos ativos da obrigação correspondente são os Municípios e o Distrito Federal, bem como a União (art. 147, primeira parte, CR). O sujeito passivo direto vem proclamado no art. 34, CTN, que declara que "contribuinte do imposto é o proprietário do imóvel, o titular do seu domínio útil, ou o seu possuidor a qualquer título".

A figura do *responsável*, embora não expressamente prevista, está presente, à vista de outras disposições do Código. É o caso, por exemplo, do terceiro, adquirente de imóvel urbano, chamado a pagar o IPTU referente a exercício em que ainda não era proprietário do bem: será sucessor da obrigação tributária, nos termos do art. 130, CTN.

Quanto ao *aspecto quantitativo*, dispõe o Código sobre a base de cálculo do imposto:

> Art. 33. A base do cálculo do imposto é o valor venal do imóvel.
>
> Parágrafo único. Na determinação da base de cálculo, não se considera o valor dos bens móveis mantidos, em caráter permanente ou temporário, no imóvel, para efeito de sua utilização, exploração, aformoseamento ou comodidade.

O conceito de *valor venal do imóvel*, consoante já exposto, pode ser singelamente definido como o valor de venda do bem para pagamento à vista, em condições normais de mercado.

Os valores venais dos imóveis urbanos constam das chamadas *Plantas Fiscais de Valores* ou *Plantas de Valores Genéricos*, que consideram, para sua determinação, fatores como área, localização, padrão de construção e antiguidade. Tais plantas fiscais apontam *presunções relativas* de fixação da base de cálculo desse imposto, estabelecidas com valores prováveis, aproximados, dos imóveis, passíveis, consequentemente, de impugnação pelo contribuinte, caso o valor do imóvel não corresponda à realidade.

Recorde-se, ainda, a norma constitucional que estatui a não sujeição, ao princípio da anterioridade especial de noventa dias, da fixação da base de cálculo do IPTU (art. 150, § 1º, CR).

As *alíquotas* do imposto, como visto, estão sujeitas às técnicas da progressividade e da diferenciação, cabíveis tanto na tributação fiscal quanto na extrafiscal. São fixadas em percentuais, usualmente menores para imóveis residenciais.

3.3. IMPOSTO SOBRE TRANSMISSÃO DE BENS IMÓVEIS – ITBI[120]
3.3.1. Perfil constitucional

A Constituição da República assim se refere ao Imposto sobre Transmissão de Bens Imóveis:

> Art. 156. Compete aos Municípios instituir impostos sobre:
>
> (...)
>
> II – transmissão *inter vivos*, a qualquer título, por ato oneroso, de bens imóveis, por natureza ou acessão física, e de direitos reais sobre imóveis, exceto os de garantia, bem como cessão de direitos a sua aquisição;
>
> (...)
>
> § 2º O imposto previsto no inciso II:
>
> I – não incide sobre a transmissão de bens ou direitos incorporados ao patrimônio de pessoa jurídica em realização de capital, nem sobre a transmissão de bens ou direitos decorrente de fusão, incorporação, cisão ou extinção de pessoa jurídica, salvo se, nesses casos, a atividade preponderante do adquirente for a compra e venda desses bens ou direitos, locação de bens imóveis ou arrendamento mercantil;
>
> II – compete ao Município da situação do bem.

A análise da materialidade dessa imposição tributária depende de conceitos fornecidos pelo Direito Civil. *Bem imóvel por natureza* é o solo; *bem imóvel por acessão física* é tudo que a ele se incorpora, natural ou artificialmente, como plantações e construções (art. 79, CC).

Já os *direitos reais sobre imóveis* são a propriedade, a superfície, as servidões, o usufruto, o uso, a habitação, o direito do promitente comprador do imóvel, a concessão de uso especial para fins de moradia e a concessão de direito real de uso (art. 1.225, CC), estando incluída a cessão de direitos a sua aquisição.

Três imunidades específicas ao ITBI estão contempladas nos dispositivos transcritos.[121]

---

[120] *Vide*, a respeito desse imposto, as Súmulas 108, 110, 111, 326, 328, 470 e 656, STF.
[121] Para aprofundamento nesse aspecto, veja-se o nosso *Imunidades Tributárias – Teoria e Análise da Jurisprudência do STF*, cit., pp. 222-224.

A primeira norma imunizante, abrigada no art. 156, II, *in fine*, de cunho objetivo e político, e alcança apenas os direitos reais de garantia sobre imóveis – *hipoteca* (art. 1.473, CC) e *anticrese* (art. 1.506, CC). Tem por finalidade não onerar ainda mais o sujeito passivo desse imposto.

O art. 156, § 2º, I, por seu turno, registra mais duas normas imunizantes, de natureza objetiva e política. Dispõe que o ITBI "não incide sobre a transmissão de bens ou direitos incorporados ao patrimônio da pessoa jurídica em realização de capital, nem sobre a transmissão de bens ou direitos decorrentes de fusão, incorporação, cisão ou extinção de pessoa jurídica, salvo se, nesses casos, a atividade preponderante do adquirente for a compra e venda desses bens ou direitos, locação de bens imóveis ou arrendamento mercantil".

Como se extrai da dicção constitucional, ambas as hipóteses de imunidade não se configuram no caso de a atividade preponderante do adquirente ser a compra e venda desses bens ou direitos, locação de bens imóveis ou arrendamento mercantil. A atividade preponderante do transmitente ou cedente, portanto, é irrelevante. A finalidade é facilitar a formação, transformação, fusão, cisão e extinção de sociedades civis e comerciais.

Assinale-se que tais conceitos possuem o significado que lhes empresta o Direito Privado, sob pena de alterar-se o teor da regra demarcatória do âmbito da competência tributária.[122]

Finalmente, o art. 156, § 2º, II, atribui a competência para a exigência do ITBI ao Município da situação do bem.

3.3.2. Aspectos da hipótese de incidência

O CTN, em seus arts. 35 a 42, disciplina o antigo Imposto sobre a Transmissão de Bens Imóveis e de Direitos a eles Relativos, de competência estadual.

Com o advento da Constituição de 1988, conforme apontado, a tributação sobre a transmissão de bens e direitos foi repartida entre Estados-membros e Municípios. Daí por que vários preceitos do Código foram total ou parcialmente revogados pela Lei Maior. Assim, comentaremos brevemente apenas os dispositivos que permanecem válidos.

---

[122] Cf. art. 110 do CTN, por nós analisado na Parte III, Capítulo 3, item 3.3. Tais conceitos são definidos pela Lei das Sociedades Anônimas (Lei n. 6.404/76). *Vide* nossos comentários ao art. 132, CTN, na Parte III, Capítulo 5, item 5.3.3.1.

Por primeiro, o aspecto *material* do imposto em foco consiste em transmitir, *inter vivos*, a qualquer título, por ato oneroso, bens imóveis, direitos reais sobre eles relativos, exceto os de garantia, ou, ainda, a cessão de direitos a sua aquisição.[123]

O aspecto *espacial* é o território do Município onde se situa o imóvel ou do Distrito Federal.

Quanto ao aspecto *temporal*, este se dá no momento da transmissão do bem imóvel ou direito a ele relativo, consumada no respectivo registro em cartório (art. 1.227, CC).

O aspecto *pessoal* contempla, como sujeitos ativos, o Município e o Distrito Federal.[124]

Acerca do sujeito passivo, o art. 42 proclama que "contribuinte do imposto é qualquer das partes na operação tributada, como dispuser a lei", vale dizer, ao transmitente ou ao beneficiário da transmissão. Caberá, portanto, às leis municipal e distrital escolher sobre qual das partes do negócio jurídico recairá o ônus do imposto. Usualmente, as leis municipais atribuem ao adquirente do bem ou direito transmitido a qualidade de contribuinte.[125]

Além dos contribuintes, há os responsáveis pelo pagamento do imposto. É a hipótese, por exemplo, do art. 134, VI, CTN, que estabelece que, nos casos de impossibilidade de exigência do cumprimento da obrigação principal pelo contribuinte, responderão pelos atos em que intervierem ou pelas omissões de que forem responsáveis "os tabeliães, escrivães e demais serventuários de ofício, pelos tributos devidos sobre os atos praticados por eles, ou perante eles, em razão do seu ofício". Assim, se numa compra e venda de bem imóvel, por ocasião da lavratura da escritura, tais pessoas não verificarem o recolhimento do ITBI pelo contribuinte, poderão vir a arcar com o ônus do pagamento do tributo.

Por fim, ao aspecto *quantitativo*. O art. 38, CTN, estatui que "a base de cálculo do imposto é o valor venal dos bens ou direitos transmitidos". Como visto em relação ao IPTU, por valor venal há de entender-se o valor de venda dos bens ou direitos, para pagamento à vista, em condições normais de mercado.

---

[123] O STF, no julgamento do ARE 1.294.969/SP (Tema 1.124), reafirmou sua jurisprudência, concluindo pela impossibilidade da exigência do ITBI na hipótese de cessão de direitos de compra e venda, fixando a seguinte tese: "O fato gerador do Imposto sobre Transmissão Inter Vivos de Bens Imóveis (ITBI) somente ocorre com a efetiva transferência da propriedade imobiliária, que se dá mediante registro" (Rel. Min. Luiz Fux, j. 11.12.2020).
[124] E a União, se configurada a hipótese prevista no art. 147, primeira parte, CR.
[125] É o caso da Lei do Município de São Paulo (Lei n. 11.154/91 e alterações, art. 6º).

Quanto às alíquotas, igualmente expressam-se em percentuais. Interessante registrar a questão relativa à possibilidade de se lhe aplicar a técnica da progressividade. Embora não haja previsão constitucional expressa, como ocorre com o IPTU, entendemos seja perfeitamente viável, com fundamento no princípio da capacidade contributiva, que imprime a necessidade de graduação dos impostos (art. 145, § 1º, CR). O STF, no entanto, firmou entendimento no sentido de ser inadmissível tal aplicação, por tratar-se de imposto de natureza real.[126]

3.4. IMPOSTO SOBRE PRESTAÇÕES DE SERVIÇOS DE QUALQUER NATUREZA – ISSQN[127]

3.4.1. Perfil constitucional

Outro imposto de competência municipal é o Imposto sobre Serviços de Qualquer Natureza – ISSQN.

Cabe registrar que a disciplina constitucional desse imposto foi praticamente reescrita, tendo em vista as alterações promovidas pelas EC ns. 3/93 e 37/2002, bem como a inclusão de novos dispositivos por esta última.

Prescreve o art. 156, CR, em sua redação atual, o seguinte:

> Art. 156. Compete aos Municípios instituir impostos sobre:
>
> (...)
>
> III – serviços de qualquer natureza, não compreendidos no art. 155, II, definidos em lei complementar.
>
> § 3º Em relação ao imposto previsto no inciso III do *caput* deste artigo, cabe à lei complementar:
>
> I – fixar as suas alíquotas máximas e mínimas;
>
> II – excluir da sua incidência exportações de serviços para o exterior;
>
> III – regular a forma e as condições como isenções, incentivos e benefícios fiscais serão concedidos e revogados.

---

[126] Súmula 656, STF: "É inconstitucional a lei que estabelece alíquotas progressivas para o Imposto de Transmissão *Inter Vivos* de Bens Imóveis – ITBI com base no valor venal do imóvel".

[127] Acerca desse imposto, *vide* Súmula 588, STF, Súmula Vinculante 31 e Súmulas 274, 424 e 524, STJ.

A primeira nota importante a demarcar o *aspecto material* do ISSQN é a cláusula pertinente aos serviços "não compreendidos no art. 155, II", preceito que estatui competir aos Estados-membros e ao Distrito Federal tributar, por meio do ICMS, as prestações de serviços de transporte interestadual e intermunicipal, bem como de serviços de comunicação.

Impõe-se definir o que deve ser entendido por *serviço de qualquer natureza*, cuja prestação é tributada pelo imposto em foco. Trata-se, uma vez mais, de conceito que há de ser buscado no direito privado. Com efeito, o Código Civil, ao cuidar do assunto, estatui que a prestação de serviço, que não estiver sujeita às leis trabalhistas ou a lei especial, reger-se-á por suas normas (art. 593) e que "toda a espécie de serviço ou trabalho lícito, material ou imaterial, pode ser contratada mediante retribuição" (art. 594). Trata-se, pois, de uma *obrigação de fazer*.

Pensamos que o conceito de serviço tributável pode ser aclarado por exclusão. Primeiramente, há que se dele afastar os *serviços públicos*, inalcançáveis em virtude da imunidade recíproca, exceto na hipótese de serviços públicos concedidos ou permitidos (art. 150, VI, *a*, e § 3º, CR). Também, por óbvio, *serviços não onerosos* não podem ser tributados, pelo fato de sua prestação não revelar capacidade contributiva (art. 145, § 1º, CR), nem os prestados pela pessoa em seu próprio benefício, já que devem ser prestados a terceiros. Ainda, *serviços prestados em decorrência de relação de emprego* não sofrem a incidência de ISSQN, por sujeitarem-se a regime jurídico incompatível com tal exigência, porquanto a prestação de serviço autorizadora da incidência do imposto há de ser executada em caráter independente.[128]

Assim é que podemos definir o serviço cuja prestação é tributável pelo ISSQN como a *prestação de utilidade de qualquer natureza a terceiro, efetuada em caráter oneroso, sob regime de direito privado, e que não configure relação de emprego*.

As demais normas constitucionais remetem à disciplina mediante lei complementar, merecendo apreciação em tópico específico.

3.4.2. O papel da lei complementar

À semelhança do ICMS, a lei complementar desempenha importante papel na disciplina desse imposto municipal, no intuito de imprimir-se-lhe uniformidade normativa. Atualmente, é a Lei Complementar n. 116/2003 que o exerce.

---

[128] Nesse sentido, o art. 2º, II, da Lei Complementar n. 116/2003.

Assim é que a Constituição atribui-lhe o regramento dos seguintes aspectos: *a)* definição dos serviços tributáveis; *b)* fixação de suas alíquotas máximas e mínimas; *c)* exclusão de sua incidência das exportações de serviços para o exterior; e *d)* regulação da forma e das condições como isenções, incentivos e benefícios fiscais serão concedidos e revogados.

Examinemos cada qual.

Por primeiro, a Constituição proclama competir aos Municípios instituir o Imposto sobre Serviços de Qualquer Natureza, "definidos em lei complementar". Na interpretação do sentido e alcance dessa expressão reside uma das mais antigas polêmicas do Direito Tributário.

Discute-se sobre o que vem a ser essa "definição de serviços". Na prática, a lei complementar veicula um anexo que contém uma lista de serviços cuja prestação é passível de tributação pelo imposto em tela.

A doutrina divide-se em duas orientações quanto à natureza dessa lista – se *taxativa* ou *exemplificativa*. Os adeptos da taxatividade da lista de serviços sustentam seu entendimento ao argumento de que a Constituição estatui que a lei complementar, com fundamento no art. 146, I ("cabe à lei complementar dispor sobre conflitos de competência, em matéria tributária"), *define* os serviços tributáveis, o que equivale a dizer que o exercício da competência tributária pelos Municípios há de respeitar essa definição. Tal orientação é majoritária na doutrina e foi, há muito, acolhida pelo STF.[129] Ademais, a Lei Complementar n. 116, de 2003, em seu art. 1º, o afirma expressamente.[130]

Outra corrente de pensamento considera ser a lista de serviços meramente exemplificativa, de forma a prestigiar os princípios federativo e da autonomia municipal. Assim, aos Municípios apresenta-se uma relação de serviços cuja

---

[129] *E.g.*, STF, Pleno, RE 77.183/SP, Rel. Min. Aliomar Baleeiro, j. 19.4.1974, *RTJ* 73/90. Recentemente, fixou a seguinte tese de repercussão geral: "É taxativa a lista de serviços sujeitos ao ISS a que se refere o art. 156, III, da Constituição Federal, admitindo-se, contudo, a incidência do tributo sobre as atividades inerentes aos serviços elencados em lei em razão da interpretação extensiva" (RE 784.439/DF, Tema 296, Rel. Min. Rosa Weber, j. 29.6.2020).

[130] Lei Complementar n. 116/2003, art. 1º, *caput*: "O Imposto Sobre Serviços de Qualquer Natureza, de competência dos Municípios e do Distrito Federal, tem como fato gerador a prestação de *serviços constantes da lista anexa*, ainda que esses não se constituam como atividade preponderante do prestador" (destaque nosso).

prestação é tributável, sem afastar-se a possibilidade de que incluam outros em sua própria lei.

Em nossa opinião, a lista de serviços veiculada pela lei complementar não exaure as espécies de serviços, cuja prestação é passível de tributação pelos Municípios. Acreditamos que, diante da autonomia política outorgada aos Municípios, tal lista, então, cumpre papel indicativo, de elucidação, não atuando para restringir sua competência tributária.

Em consequência, temos que, à exceção dos serviços cuja prestação é passível de tributação pelos Estados-membros e pelo Distrito Federal – serviços de transporte interestadual e intermunicipal e de comunicação (art. 155, II, da CR) –, todos os demais serviços, à vista do conceito antes explicitado, podem ter sua prestação alcançada pelo tributo municipal.

Relevante registrar que a lista de serviços anexa à Lei Complementar n. 116, de 2003, contempla vários itens que, evidentemente, não constituem serviços, tais como a cessão de direito de uso de marcas e de sinais de propaganda (item 3.02), a locação, sublocação, arrendamento, direito de passagem ou permissão de uso, compartilhado ou não, de ferrovia, rodovia, postes, cabos, dutos e condutos de qualquer natureza (item 3.04), e cessão de andaimes, palcos, coberturas e outras estruturas de uso temporário (item 3.05). Nesse aspecto, a lei em exame é inconstitucional.

Prosseguindo, a fixação das alíquotas máximas e mínimas pela lei complementar visa, salutarmente, evitar guerra fiscal entre Municípios, imprimindo ao regramento do imposto, uma vez mais, uma certa homogeneidade normativa.

Igualmente compete à lei complementar "excluir da sua incidência exportações de serviços para o exterior". A dicção constitucional não é das mais claras, mas remete ao conceito de "exclusão do crédito tributário", utilizado pelo Código Tributário Nacional (art. 175) para referir-se à isenção e à anistia.

No caso, cuida-se de *isenção heterônoma* expressamente autorizada pela Constituição – uma vez que se atribui competência à União, mediante lei complementar, para concedê-la, não obstante tratar-se de imposto municipal.[131] Constitui autêntica exceção ao comando inserto no art. 151, III, CR, que veda à União instituir isenções de tributos de competência das demais pessoas políticas. Observe-se, aliás, que, nas hipóteses do IPI e do ICMS na exportação

---

[131] A norma isentiva está contemplada no art. 2º, I, da Lei Complementar n. 116/2003.

(arts. 153, § 3º, III, e 155, § 2º, X, *a*), diferentemente, o legislador constituinte optou por outorgar *imunidade*, e não mera possibilidade de isenção, como fez em relação ao ISSQN.

Cabe, ainda, à lei complementar regular a forma e as condições como isenções, incentivos e benefícios fiscais serão concedidos e revogados. A norma, inserida pela Emenda Constitucional n. 37/2002, é nitidamente inspirada em regra semelhante referente ao ICMS (art. 155, § 2º, XII, *g*), com a diferença de que, no imposto estadual, há necessidade de deliberação conjunta das pessoas políticas.

3.4.3. Aspectos da hipótese de incidência

O Código Tributário Nacional não disciplina o ISSQN, porquanto suas disposições sobre o assunto foram revogadas pelo Decreto-Lei n. 406/68, que, por sua vez, teve parte dos preceitos pertinentes ao assunto revogada pela Lei Complementar n. 116/2003.

Assim, a Lei Complementar n. 116/2003 veicula normas gerais acerca do imposto em tela, das quais examinaremos, brevemente, as mais relevantes no que tange aos aspectos da hipótese de incidência.

Em relação ao aspecto *material* do ISSQN, dele cuidamos quando dissertamos sobre o seu perfil constitucional. Podemos aduzir, neste passo, sucinta referência sobre questão de grande atualidade: a possibilidade de tributação, pelo Município, da prestação de serviços públicos concedidos ou permitidos – telefonia, energia elétrica, aeroportuários, dentre outros.

A questão emergiu diante da dicção da Lei Complementar n. 116/2003, que, em seu art. 1º, § 3º, criou o que tem sido denominado por alguns de "Imposto sobre Serviços Públicos": "O imposto de que trata esta Lei Complementar incide ainda sobre os serviços prestados mediante a utilização de bens e serviços públicos explorados economicamente mediante autorização, permissão ou concessão, com o pagamento de tarifa, preço ou pedágio pelo usuário final do serviço".

Vale relembrar que a execução direta de serviço público, isto é, pelo próprio Poder Público, conduz ao regime de *imunidade tributária*, extensivo às autarquias e fundações governamentais, bem como às empresas estatais delegatárias (art. 150, VI, *a*, e §§ 2º e 3º, CR).

Diversamente, a polêmica exsurge no que tange ao regime tributário aplicável na hipótese de execução de serviço público por particular, vale dizer, mediante concessão ou permissão. Evidentemente, tal execução delegada não desnatura a qualidade do serviço, que continua a ser público. Mas a doutrina dissente quanto à possibilidade de incidência de imposto sobre a prestação de serviço assim executada, em duas vertentes.

A primeira defende o cabimento da tributação da prestação do serviço público concedido ou permitido pelo ISSQN. Argumenta que o concessionário realiza tal serviço público de acordo com regras privadas, isto é, promovendo investimentos às custas de seu patrimônio; custeia as atividades necessárias à boa execução do serviço, com o objetivo de lucro, que lhe é assegurado contratualmente. O § 3º do art. 150, CR, exclui expressamente a imunidade no caso de execução de serviços públicos mediante contraprestação ou pagamento de tarifas pelo usuário e é corroborado pelo art. 173, § 2º, segundo o qual "as empresas públicas e as sociedades de economia mista não poderão gozar de privilégios fiscais não extensivos às do setor privado".

Nessa linha de pensamento já nos manifestamos ao afirmarmos que "a prestação de serviços públicos mediante empresas privadas detentoras de concessão ou permissão não é alcançada pela vedação da exigência de impostos, pelo simples fato de que estas exploram economicamente a prestação de serviços públicos".[132]

Recorde-se que a *atividade econômica* é gênero que compreende duas espécies: o *serviço público* e a *atividade econômica em sentido estrito*.[133] Para os defensores dessa doutrina, o ISSQN não alcança uma atividade estatal, mas sim a *exploração econômica de bens públicos* e a *exploração econômica do uso do direito de passagem no solo ou subsolo municipal*, por concessionária de serviço público, logo, uma atividade não estatal e que independe de qualquer participação do Estado, o que legitima a exigência de imposto. Afastam, também, o disposto no § 3º do art. 153, CR, que proclama que "à exceção dos impostos de que tratam o inciso II do *caput* deste artigo e o art. 153, I e II, nenhum imposto poderá incidir sobre operações relativas a energia elétrica, serviços de telecomunicações, derivados de petróleo, combustíveis e minerais do País", que, no seu entender, somente se aplica quando o próprio Estado realizar tais operações.

Remarque-se que a incidência de ISSQN na hipótese acarretará aumento de carga fiscal que, de um lado, deverá ser considerado para o equilíbrio

---

[132] Cf. nosso *Imunidades Tributárias – Teoria e Análise da Jurisprudência do STF*, cit., p. 160.
[133] Cf. Eros Roberto Grau, *A Ordem Econômica na Constituição de 1988 – Interpretação e Crítica*, 19. ed. rev. e atual., São Paulo: Malheiros Editores, 2018.

econômico-financeiro dos contratos de concessão e permissão de serviço público, mas, de outro, repercutirá na exigência de modicidade das tarifas, nos termos do art. 6º, § 1º, da Lei n. 8.987/95.

Divergindo, a orientação segundo a qual descabe a exigência de ISSQN sobre a prestação de serviço público sob regime de concessão ou permissão. Isso porque não importa quem presta o serviço público – se o Estado, uma empresa estatal ou particular; a natureza pública do serviço e seu regime jurídico constitucional prevalecem em qualquer hipótese, pelo que sujeitar a prestação de serviço público à incidência de ISSQN, quando esse serviço for prestado por particular, é negar a natureza mesma da imunidade recíproca. Aduzem os adeptos dessa corrente de pensamento que, entendendo-se contrariamente, criar-se-ia para o cidadão um *ônus financeiro maior* do que ele suportaria no caso da prestação direta do mesmo serviço pelo próprio Estado.

Registre-se que o STF, em julgamento de ação direta de inconstitucionalidade, concluiu que a prestação de serviços públicos concedidos, bem como de atividades estatais delegadas, por revelarem intuito lucrativo, submetem-se à incidência do ISSQN.[134]

Passemos, então, ao *aspecto espacial*, que também suscitou polêmica, até o advento da Lei Complementar n. 116/2003: se o local da prestação, ou o do serviço ou do estabelecimento prestador. A questão é importante, porquanto define a pessoa política competente para exigir o imposto se tais locais estiverem em Municípios distintos.

Inicialmente, a jurisprudência do STJ firmou posição no sentido de competir ao Município do local da prestação de serviços a exigência do ISSQN.[135]

A Lei Complementar n. 116/2003, no entanto, veio estabelecer, em seu art. 3º, como regra, que o aspecto espacial é o local do estabelecimento prestador do serviço – ou, na falta deste, o local do domicílio do prestador do serviço –, entendido o primeiro como o lugar onde "o contribuinte desenvolva a atividade de prestar serviços, de modo permanente ou temporário, e que configure unidade econômica ou profissional, sendo irrelevantes para caracterizá-lo as denominações de sede, filial, agência, posto de atendimento, sucursal, escritório de representação ou contato ou quaisquer outras que venham a ser utilizadas"

---

[134] Pleno, ADI 3.089/DF, Rel. p/ o acórdão Min. Joaquim Barbosa, j. 13.2.2008.
[135] *E.g.* 2ª T., REsp 655.500/MT, Rel. Min. Franciulli Netto, j. 6.9.2005.

(art. 4º). No entanto, a lei arrola numerosas exceções (art. 3º, I a XXV, na redação dada pela Lei Complementar n. 157, de 2016), como no caso de serviços prestados na execução de obra, nos quais se considera o local desta como o aspecto espacial do imposto (inciso III).

O *aspecto temporal*, por seu turno, consiste no momento em que se aperfeiçoa a prestação do serviço.

Quanto ao *aspecto pessoal*, são sujeitos ativos os Municípios e o Distrito Federal.[136] Sujeitos passivos são o contribuinte – o prestador do serviço – e os responsáveis – terceiros expressamente indicados pela lei.[137]

Finalmente, a Lei Complementar n. 116/2003 trata do aspecto *quantitativo* do imposto em seus arts. 7º, 8º e 8º-A, com vista a imprimir certa uniformidade na exigência desse imposto pelos milhares de Municípios brasileiros. A *base de cálculo* do ISSQN, evidentemente, é o preço do serviço prestado, a alíquota máxima é de 5% e a mínima, de 2%.

Encerrado o exame dos impostos, partamos para o estudo das noções sobre as relações processuais em matéria tributária.

---

[136] E a União, nos termos do art. 147, primeira parte, CR.
[137] Cf. arts. 5º e 6º da Lei Complementar n. 116/2003.

Parte V
Noções sobre as Relações Processuais em Matéria Tributária

Parte V

1. Considerações Gerais

1.1. INTRODUÇÃO: EXISTE UM AUTÊNTICO "PROCESSO TRIBUTÁRIO"?

Diante do alto grau de litigiosidade verificado no contexto das relações jurídico-tributárias nas últimas décadas – motivado, especialmente, pela edição de numerosas leis de constitucionalidade duvidosa, bem como pela inexistência, até o presente, de céleres e eficientes mecanismos alternativos de soluções de conflitos fiscais – tanto a Administração Pública, por meio de seus órgãos julgadores, quanto o Poder Judiciário têm sido cada vez mais provocados a decidir tais lides.

Paralelamente, veio a desenvolver-se, intensamente, doutrina acerca do que se convencionou chamar de *processo judicial tributário*, como categoria dotada de certa autonomia em relação ao Direito Processual Civil.

Pensamos seja conveniente efetuar algumas ponderações acerca de tal contexto.

Como examinado, as três espécies de relações jurídicas de direito material existentes no Direito Tributário (obrigação principal, obrigação acessória e relação sancionatória) podem dar suporte à existência de uma relação jurídico-processual, quer na via administrativa, quer na via judicial.

Mas será mesmo cabível falar-se numa relação jurídica de natureza processual, pertinente a uma relação de direito material tributário, com peculiaridades suficientes que justifiquem o adjetivo?

Tomemos, inicialmente, o processo judicial. Em nosso sentir, as lides tributárias, como regra, não se distinguem das lides de outra natureza a não ser, por óbvio, pelas características que a própria relação de direito material ostenta. Vale dizer: quase sempre não há peculiaridades na relação processual, decorrentes de regime jurídico diferenciado, a não ser as próprias das lides com a Fazenda Pública.

Com efeito, os institutos do Direito Processual Civil aplicam-se, genericamente, a todas as relações de direito material, excetuadas aquelas que contam com regramento processual próprio, como é o caso, por exemplo, das concernentes ao Direito Penal.

Assim, as normas aplicáveis serão aquelas constantes do Código de Processo Civil e legislação extravagante, ditadas pela União, a quem compete legislar privativamente sobre direito processual (art. 22, I, CR). As exceções, a confirmarem a regra, são, a nosso ver, a medida cautelar fiscal e a execução fiscal, ações propostas pelo Fisco que possuem regramento próprio.[1]

Desse modo, ainda que seja possível reconhecer algumas notas frequentes em ações judiciais que versem sobre matéria tributária, entendemos que falar-se em mandado de segurança em matéria tributária, como espécie do gênero "mandado de segurança", ou, ainda, tratar de "recursos em matéria tributária", por exemplo, parece demasiado.

Daí por que cremos que o que se convencionou chamar de "processo judicial tributário" não apresenta peculiaridades suficientes que justifiquem a denominação, nem o tratamento como tema didaticamente autônomo, destacado do processo civil.

Concluímos, assim, que a expressão "processo judicial tributário" significa menos do que parece, traduzindo, apenas, "processo judicial referente a uma relação de direito material de natureza tributária". Somente é válida para efeitos estritamente didáticos, com a ressalva apontada.

Situação distinta, no entanto, a do *processo administrativo tributário*. Pensamos que este conta com características próprias, que autorizam distingui-lo do gênero "processo administrativo".

Observe-se, por primeiro, que todas as pessoas políticas estão autorizadas a legislar sobre sua administração e, desse modo, sobre processo administrativo. Portanto, convivem diversas leis específicas sobre o tema, nas esferas federal, estadual e municipal, cada qual imprimindo seus próprios institutos e procedimentos, observadas as normas constitucionais.

Outrossim, do ponto de vista material, a disciplina do processo administrativo tributário é bastante distinta do regramento estabelecido aos processos administrativos que versam sobre outras modalidades de relações jurídicas,

---

[1] *Vide* Capítulo 3, itens 3.4.1 e 3.4.2, *infra*.

à vista de institutos próprios do Direito Tributário, como o lançamento e a consulta, por exemplo.

Portanto, se a expressão "processo judicial tributário" não nos parece das mais felizes, já a denominação "processo administrativo tributário" exprime uma realidade inegável, qual seja, a de uma espécie de relação processual que, por suas peculiaridades e pela distinta disciplina imprimida pelas pessoas políticas, pode ser estudada autonomamente.

Cuidaremos dos lineamentos do processo administrativo tributário e das ações judiciais utilizadas nesse âmbito nos capítulos subsequentes.

1.2. ALGUMAS PALAVRAS SOBRE O CONTROLE DE CONSTITUCIONALIDADE EM MATÉRIA TRIBUTÁRIA

Vista, no início deste livro, a importância do regramento constitucional da tributação, faremos brevíssimas considerações gerais sobre o peculiar contexto no qual se insere o controle de constitucionalidade em matéria tributária.

Como salientado anteriormente, a minudente disciplina do sistema tributário nacional estampado na Constituição da República vincula intensamente o legislador infraconstitucional, que se vê cerceado em sua liberdade por um elevado número de normas a observar, mormente princípios.

Daí por que, com certa frequência, são produzidas leis com vício de inconstitucionalidade, gerando um elevado grau de litigiosidade na seara tributária.

De outro lado, a natureza *ex lege* da obrigação tributária faz com que as impugnações dos contribuintes contra exigências fiscais, em sua maior parte, tenham origem homogênea, o que significa a reprodução de ações judiciais em larga escala.

Esse quadro aponta para considerações em dois planos: *a)* o do controle concentrado de constitucionalidade, realizado pelo Supremo Tribunal Federal; e *b)* o do controle difuso, efetuado por múltiplos órgãos jurisdicionais.

Em matéria tributária, a solução mais adequada para os conflitos entre Fisco e contribuinte, sob fundamento de inconstitucionalidade da exigência fiscal, é, induvidosamente, o controle concentrado. Isso porque, uma vez proferida a decisão declaratória de inconstitucionalidade ou constitucionalidade, com eficácia *erga omnes*, a todos os contribuintes em situação equivalente será aplicada a mesma solução, o que prestigia as ideias de segurança jurídica e isonomia, especialmente diante do contexto mencionado.

No entanto, o controle difuso é, usualmente, aquele acionado em primeiro lugar – porquanto provocado pelos sujeitos passivos ao impugnarem a exigência fiscal –, o que enseja, por óbvio, a prolação, pelos diversos órgãos jurisdicionais com competência para apreciar lides tributárias, de decisões divergentes em relação às mesmas hipóteses.

A legislação processual tem sido reiteradamente alterada nos últimos anos, sendo que uma das tônicas dessa reforma é, exatamente, a *eficácia vinculante das decisões*. A motivação da adoção de mecanismos viabilizadores de tal técnica foi, especialmente, a grande reprodução de ações idênticas na seara tributária.

E, assim, para combater os efeitos nocivos dessa situação, traduzidos na insegurança jurídica e na quebra da igualdade entre os contribuintes, é que foram introduzidos mecanismos de eficácia vinculante, dos quais merecem destaque a *súmula vinculante* (art. 103-A, CR, e Lei n. 11.147/2006); a *repercussão geral*, no âmbito do STF (art. 102, § 3º, CR, e Lei n. 11.418/2006) e a chamada *Lei dos Recursos Repetitivos*, no âmbito do STJ (Lei n. 11.672/2008).[2]

Questão que vem sendo alvo de especial atenção no tema ora em comento é a concernente à *modulação dos efeitos* da declaração de inconstitucionalidade em matéria tributária.

Como sabido, quando o STF é provocado a apreciar a constitucionalidade de uma lei ou ato normativo, em ação direta, caso haja o pronunciamento de inconstitucionalidade, a decisão gera efeitos *ex tunc*, ou seja, retroativos. Esse é o padrão do sistema, apoiado na ideia de supremacia da Constituição.

Eis aí um grande problema, pois se o nosso sistema proclama a irretroatividade como mecanismo de segurança,[3] a retroatividade, em princípio, constitui fator de insegurança.

Embora a irretroatividade seja princípio constitucional, quando opera o controle concentrado de inconstitucionalidade podemos ter exatamente o

---

[2] A respeito da aplicação do mecanismo da repercussão geral no âmbito tributário, vejase Parte VI, Capítulo 3, *infra*. Podemos destacar, ainda, como mecanismos de eficácia vinculante os estampados nos arts. 496, § 4º, e 932, IV, do Código de Processo Civil.

[3] *Vide* nossas considerações a respeito na Parte I, Capítulo 3, item 3.4.

oposto, ou seja, se o STF declarar uma lei inconstitucional, essa decisão produz efeitos desde a edição da lei, portanto, eficácia retroativa. A compatibilização da eficácia *ex tunc* dessa decisão com a segurança jurídica enseja uma infinidade de dificuldades práticas.

Medidas legislativas vieram a amenizar esse problema. As leis que disciplinam os procedimentos das ações diretas de constitucionalidade e de inconstitucionalidade, o mecanismo da arguição de descumprimento de preceito fundamental, bem como a súmula vinculante (Leis ns. 9.868/99, art. 27,[4] 9.882/99, art. 11,[5] e 11.417/2006, art. 4º,[6] respectivamente), contemplam preceito tratando de aspecto que comumente se tem denominado de *efeitos prospectivos da decisão do Supremo Tribunal Federal*.

Ou seja, para tentar evitar situações injustas que a questão da "irretroatividade *versus* retroatividade" dos efeitos da proclamação de inconstitucionalidade possa ensejar, é possível ao STF manejar isso de maneira a estabelecer, desde que presente relevante interesse público, que a eficácia, naquela hipótese, será *ex nunc*, e, portanto, preservar-se-á o passado ou, ao menos, uma parte dele, mediante a fixação de determinado termo inicial pela própria Corte.

O mecanismo apontado prestigia a noção de segurança, mas a legislação é claríssima em dizer que isso só pode ser aplicado em situações excepcionais. Então, a regra continua a ser a de que a eficácia das decisões reconhecendo a inconstitucionalidade de lei ou ato normativo em ação direta é retroativa.

---

[4] Lei n. 9.868/99: "Art. 27. Ao declarar a inconstitucionalidade de lei ou ato normativo, e tendo em vista razões de segurança jurídica ou de excepcional interesse social, poderá o Supremo Tribunal Federal, por maioria de dois terços de seus membros, restringir os efeitos daquela declaração ou decidir que ela só tenha eficácia a partir de seu trânsito em julgado ou de outro momento que venha a ser fixado."

[5] Lei n. 9.882/99: "Art. 11. Ao declarar a inconstitucionalidade de lei ou ato normativo, no processo de arguição de descumprimento de preceito fundamental, e tendo em vista razões de segurança jurídica ou de excepcional interesse social, poderá o Supremo Tribunal Federal, por maioria de dois terços de seus membros, restringir os efeitos daquela declaração ou decidir que ela só tenha eficácia a partir de seu trânsito em julgado ou de outro momento que venha a ser fixado."

[6] Lei n. 11.417/2006: "Art. 4º A súmula com efeito vinculante tem eficácia imediata, mas o Supremo Tribunal Federal, por decisão de dois terços dos seus membros, poderá restringir os efeitos vinculantes ou decidir que só tenha eficácia a partir de outro momento, tendo em vista razões de segurança jurídica ou de excepcional interesse público."

Há importantes reflexos da decisão declaratória de inconstitucionalidade de lei tributária, tais como as possibilidades de repetição do indébito e de compensação.[7] Mas o ponto que nos parece mais delicado é o que diz com a coisa julgada.

Imagine-se que alguém obtém coisa julgada numa ação individual e sobrevém uma decisão do STF, proferida em ação direta. Podemos ter duas hipóteses: 1) essa pessoa obteve a coisa julgada no sentido da inconstitucionalidade da lei tributária e, posteriormente, o STF vem a proclamar a constitucionalidade da mesma lei; ou 2) exatamente o inverso, a pessoa obtém coisa julgada no sentido da constitucionalidade da norma e, supervenientemente, o STF declara que a lei é inconstitucional.

Cuida-se de um conflito difícil de solucionar, porquanto, de um lado, há a coisa julgada, que é mecanismo de segurança jurídica e, de outro lado, temos a ideia de se garantir a máxima efetividade, a jurisdição constitucional, que também é mecanismo de segurança jurídica. Então, são duas expressões de segurança jurídica confrontadas. Não é fácil resolver essa situação, que tem preocupado muito os especialistas em processo civil, e quase nada os juristas e estudiosos do Direito Tributário.

De um lado, invoca-se teoria já bastante difundida, da *flexibilização* ou *relativização da coisa julgada*, ou seja, a coisa julgada é ser intangível pela lei, por atos administrativos e por outras decisões judiciais, salvo se houver pronunciamento do STF em ação direta em sentido oposto àquele que foi consignado na decisão individual. A ideia, sustentada por alguns professores, é arrojada, constituindo a relativização ou flexibilização uma forma de transpor este conflito.[8]

De outro lado, há quem entenda que isso não é possível, porque a coisa julgada é o limite, ou um dos limites da retroatividade. Logo, a retroatividade é admissível desde que não ofenda a coisa julgada (art. 5º, XXXV, CR).

---

[7] *Vide* Parte III, Capítulo 8, itens 8.2.3 e 8.3.
[8] Tal orientação admitiu o cabimento da ação rescisória com fundamento no art. 485, V, CPC/73 ("Art. 485. A sentença de mérito, transitada em julgado, pode ser rescindida quando: (...) V – violar literal disposição de lei"), e no entendimento do STF de que não se aplica a Súmula 343 ("Não cabe ação rescisória por ofensa a literal disposição de lei, quando a decisão rescindenda se tiver baseado em texto legal de interpretação controvertida nos Tribunais") quando se tratar de matéria constitucional. No atual Código de Processo Civil a matéria vem disciplinada no art. 966, V, *verbis*: "Art. 966. A decisão de mérito, transitada em julgado, pode ser rescindida quando: (...) V – violar manifestamente norma jurídica; (...)".

Assim, por exemplo, tomemos a situação em que o contribuinte obteve uma decisão reconhecendo a constitucionalidade da exigência fiscal, e, portanto, teve seu pedido julgado improcedente, mas posteriormente o STF proclamou a inconstitucionalidade da lei que fundamentava tal exigência. Para quem considera a coisa julgada um limite, não é possível rescindir essa decisão, valendo o mesmo entendimento no sentido contrário – se o contribuinte obteve a coisa julgada no sentido da inconstitucionalidade na decisão individual e, posteriormente, proclama-se sua constitucionalidade numa ação direta, a coisa julgada também não vai poder ser desfeita. Assim, se o contribuinte não poderá buscar a rescisão do julgado, o Fisco também não.

Entendemos que a coisa julgada é intangível pela superveniente declaração do STF quanto à de constitucionalidade da lei ou ato normativo, porquanto, a nosso ver, preservar a coisa julgada, na hipótese, é a ideia maior de segurança jurídica prestigiada pelo ordenamento constitucional.

No plano jurisprudencial, no entanto, o STF adotou compreensão diversa, ao analisar o Tema 881 de repercussão geral, assim expresso: "Limites da coisa julgada em matéria tributária, notadamente diante de julgamento, em controle concentrado pelo Supremo Tribunal Federal, que declara a constitucionalidade de tributo anteriormente considerado inconstitucional, na via de controle incidental, por decisão transitada em julgado".

Fixou, então, a seguinte tese:

"1. As decisões do STF em controle incidental de constitucionalidade, anteriores à instituição do regime de repercussão geral, não impactam automaticamente a coisa julgada que se tenha formado, mesmo nas relações jurídicas tributárias de trato sucessivo. 2. Já as decisões proferidas em ação direta ou em sede de repercussão geral interrompem automaticamente os efeitos temporais das decisões transitadas em julgado nas referidas relações, respeitadas a irretroatividade, a anterioridade anual e a noventena ou a anterioridade nonagesimal, conforme a natureza do tributo."[9]

Feitas tais ponderações, passemos, então, ao estudo do processo administrativo tributário e das ações judiciais utilizadas pelos sujeitos das relações tributárias.

---

[9] RE 949.297-CE, Red. p/ o acórdão Min. Roberto Barroso, j. 8.2.2023.

2. Aspectos do Processo Administrativo Tributário

2.1. INTRODUÇÃO

O tema do processo administrativo tributário vem, merecidamente, ganhando cada vez mais a atenção da ciência jurídica.

Pensamos sejam duas as justificativas para esse fato.

A primeira, traduzida na relevância do assunto, dada a visão contemporânea consubstanciada na compreensão de que o processo administrativo e, assim, o processo administrativo tributário, são *instrumentos de realização de justiça*. Cada vez mais os órgãos julgadores da Administração Fiscal vêm cumprindo adequadamente seu papel, confiando o contribuinte na justiça de suas decisões.

A segunda justificativa diz com a importância dessa modalidade processual como filtro de lides a serem apreciadas pelo Poder Judiciário. De fato, embora o ordenamento jurídico pátrio não condicione o acesso à jurisdição à prévia postulação na via administrativa (art. 5º, XXXV, CR), cabe salientar que, nos últimos anos, diante da morosidade na prestação jurisdicional, bem como do custo dos litígios na via judicial, o processo administrativo passou a constituir um dos mais importantes *meios extrajudiciais de solução de conflitos* entre Fisco e contribuintes.

Desse modo, se solucionada a maior parte dos litígios entre Fisco e contribuinte na instância administrativa, a necessidade de utilização da via judicial restringir-se-á a casos singulares, de maior complexidade.

Analisaremos, ainda que sucintamente, analisaremos os aspectos essenciais do instituto, limitando-nos a considerações gerais aplicáveis ao processo administrativo tributário nas esferas federal, estadual e municipal.

2.2. A PROCESSUALIDADE NO PLANO CONSTITUCIONAL

A Constituição de 1988 melhor definiu os contornos do processo administrativo, ressaltando sua importância. Embora todos os entes políticos tenham competência para legislar sobre direito administrativo e, assim, sobre as relações processuais nessa instância, é certo que o texto constitucional vigente antecipa parte significativa do conteúdo da disciplina legal.[10]

Comentemos, então, os dispositivos constitucionais pertinentes às relações processuais.

Por primeiro, cabe destacar o disposto no art. 5º, XXXIV, *a*, que proclama serem a todos assegurado, independentemente do pagamento de taxas, o direito de petição aos Poderes Públicos em defesa de direitos ou contra ilegalidade ou abuso de poder. O *direito de petição* pode ser singelamente definido como o direito de obter do Poder Público uma manifestação a respeito do que lhe foi solicitado. Seu exercício é garantido gratuitamente, à vista da imunidade contemplada nesse dispositivo. Cuida-se, assim, do fundamento constitucional dos processos administrativos em geral.

O inciso XXXV do mesmo artigo acolhe o *princípio da universalidade da jurisdição*, traduzido na declaração de que "a lei não excluirá da apreciação do Poder Judiciário nenhuma lesão ou ameaça a direito". Conquanto abrigue o fundamento constitucional do *direito de ação*, tal preceito enseja diversas considerações pertinentes ao processo administrativo.

Assinale-se, inicialmente, que os órgãos administrativos de julgamento não exercem jurisdição, função cujo monopólio pertence ao Judiciário. Nessa instância, como sabido, a relação processual é triangular: autor, réu e juiz imparcial.

No processo administrativo, o Estado também aplica a lei para dirimir conflito, mas, diversamente do que ocorre no processo judicial, o aplicador da lei é, ao mesmo tempo, parte e juiz. Em outras palavras, no processo administrativo *o juiz é parcial*, vale dizer, o julgador é, simultaneamente, parte no processo.

Extraem-se duas consequências relevantes dessa situação processual. A primeira consiste na *gratuidade* do processo administrativo, em contraposição à onerosidade do processo judicial. Assim é porque, enquanto no processo administrativo a Administração Pública atua também como parte interessada, no processo judicial o Estado é o terceiro chamado a dirimir a lide, daí a onerosidade desse tipo de processo.

---

[10] No âmbito federal, por exemplo, cabe registrar que a Lei n. 9.784/99 traz normas básicas sobre o processo administrativo, aplicando-se em caráter subsidiário ao processo administrativo tributário, que, nessa mesma esfera administrativa, é regido pelo Decreto n. 70.235/72. Também, outros entes políticos possuem leis próprias sobre processo administrativo tributário, como é o caso do Estado de São Paulo (Lei n. 13.457/2009 e alterações).

A segunda consequência, por seu turno, é a não ocorrência de *coisa julgada*, porquanto o atributo da *definitividade* – assim entendida a qualidade da decisão que, apreciando o mérito, dá fim à lide – é característica de provimento jurisdicional.[11]

Assim é que, se a decisão proferida em sede de processo administrativo, ainda que em última instância, não for satisfatória ao administrado, este poderá socorrer-se da via judicial, o que demonstra a inexistência de imutabilidade dos efeitos da decisão administrativa e, portanto, a impropriedade técnica da expressão "coisa julgada administrativa".[12]

Cumpre salientar, outrossim, o disposto nos incisos LIV e LV do art. 5º, pertinentes ao devido processo legal e às garantias do contraditório e da ampla defesa.

Por *devido processo legal*, singelamente, entenda-se o direito à ampla tutela da vida, da liberdade e da propriedade, bem como o efetivo acesso à justiça para a defesa de tais bens.[13]

Já o *contraditório* é o direito a ter ciência e a se manifestar sobre todos os atos processuais, enquanto a *ampla defesa*, como expressa o próprio texto constitucional, corresponde ao direito de defesa com todos os meios e recursos a ela inerentes. O contraditório, a rigor, está compreendido na ampla defesa.

Em verdade, entendemos que a ampla defesa impõe o *princípio do duplo grau de cognição*, isto é, o direito ao recurso, em atendimento às exigências de qualidade e segurança da prestação jurisdicional.

Tais normas expressam a disciplina comum aplicável aos processos administrativo e judicial.

---

[11] Cuida-se, aqui, da noção de *coisa julgada material*, que consiste, na dicção do Código de Processo Civil, na "autoridade que torna imutável e indiscutível a decisão de mérito não mais sujeita a recurso" (art. 502).

[12] Recorde-se que as decisões administrativas são vinculantes para a Administração Pública, mas, se houver ilegalidade, ela deverá proceder à sua invalidação de ofício (Súmula 473, STF).

[13] Nelson Nery Júnior ensina que "genericamente o princípio do *due process of law* caracteriza-se pelo trinômio vida-liberdade-propriedade, vale dizer, tem-se o direito de tutela àqueles bens da vida em seu sentido mais amplo e genérico. (...) Sua caracterização se dá de forma bipartida, pois há o *substantive due process* e o *procedural due process*, para indicar a incidência do princípio em seu aspecto substancial, vale dizer, atuando no que respeita ao direito material, e, de outro lado, a tutela daqueles direitos por meio do processo judicial ou administrativo" (*Princípios do Processo na Constituição Federal*, 12. ed. rev., atual. e ampl., São Paulo: Revista dos Tribunais, 2016, pp. 108 e 110).

Por derradeiro, lembre-se que a Emenda Constitucional n. 45/2004 incluiu, no art. 5º, CR, o inciso LXXVIII, segundo o qual "a todos, no âmbito judicial e administrativo, são assegurados a razoável duração do processo e os meios que garantam a celeridade de sua tramitação".

Embora o conceito de "razoável duração do processo" seja bastante indeterminado, tal norma, igualmente abrigando disciplina comum ao processo administrativo e judicial, impõe ao legislador infraconstitucional a adoção das providências necessárias à viabilização do exercício desse direito.[14]

2.3. OBJETO DO PROCESSO ADMINISTRATIVO TRIBUTÁRIO

Quanto ao *objeto* do processo administrativo tributário, temos que este pode consistir em qualquer uma das modalidades de relação jurídico-tributária.

Como visto, podemos afirmar que as relações jurídico-tributárias são três: a) a *obrigação principal*; b) a *obrigação acessória*; e c) a *relação jurídica sancionatória*.

Assim, o processo administrativo tributário é aquele que versa sobre litígio deduzido na via administrativa, referente a qualquer uma dessas relações de direito material, pelo que os litígios versarão sobre exigência de tributo, de cumprimento de obrigação acessória ou impugnação relativa à imposição de sanção tributária.

2.4. FASES DO PROCESSO ADMINISTRATIVO TRIBUTÁRIO

Tal como o processo judicial, o processo administrativo também comporta fases. Comentaremos brevemente cada qual, assinalando especificidades pertinentes ao processo administrativo tributário.

As *fases* do processo administrativo são: 1) instauração; 2) preparação e instrução; 3) julgamento; e 4) recurso.

A *instauração* corresponde ao início do processo tributário e se dá com a formalização da lide, portanto, quando presente a *litigiosidade* (art. 5º, LV, CR).

Assinale-se que, com a notificação de lançamento, abre-se o prazo legal para impugnação (art. 160, CTN). Com o oferecimento desta, configurada está a resistência à pretensão e, portanto, a lide fiscal.

---

[14] O Código de Processo Civil, secundando a Constituição, prescreve, em seu art. 4º, que "as partes têm o direito de obter em prazo razoável a solução integral do mérito, incluída a atividade satisfativa".

A *preparação* e a *instrução*, por sua vez, visam tornar o processo apto a ser julgado. Tem essa etapa caráter probatório complementar, pois a prova documental já deve ter sido apresentada pelo contribuinte na etapa instauratória, por ocasião da impugnação, juntamente com a indicação das demais provas que pretende sejam produzidas.

À vista dos princípios da verdade material e da impulsão oficial,[15] caberá à autoridade julgadora de primeira instância apreciar os requerimentos de produção de provas, bem como decidir, de ofício, pela produção de outras que entender necessárias.

Segue-se, então, a fase de *julgamento*, quase sempre consubstanciada mediante decisão monocrática.[16]

Observe-se que a decisão deverá atender ao *princípio da motivação*, exigência do Estado Democrático de Direito, de modo a propiciar o efetivo controle da atividade estatal.[17]

Proferida a decisão em primeira instância administrativa, abre-se a possibilidade de uma quarta fase do processo, a *fase recursal*.

Como já mencionado, o direito ao recurso representa desdobramento do princípio da ampla defesa, que impõe o *duplo grau de cognição*. O recurso será apreciado por órgão colegiado, de composição paritária (representantes do Fisco e dos contribuintes), como acontece nos Conselhos de Contribuintes, no âmbito federal, nos Tribunais de Impostos e Taxas, no âmbito do Estado de São Paulo, e nos órgãos julgadores de Estados e Municípios.

À semelhança do que se dá no processo judicial (art. 496, CPC), algumas leis sobre processo administrativo preveem um duplo grau de cognição obrigatório, denominado de *remessa ex officio*, no caso da prolação de decisão de primeira instância favorável ao contribuinte.[18]

---

[15] Vejam-se os arts. 2º, XII, e 29 da Lei n. 9.784/99.
[16] No âmbito da Secretaria Especial da Receita Federal do Brasil, modificação legislativa determinou que a decisão de primeira instância se dê por órgão colegiado, e não mais pelos Delegados da Receita Federal (art. 25, I, Decreto n. 70.235/72, com a redação dada pela Medida Provisória n. 2.158-35/2001, art. 64).
[17] Cf. art. 93, X, CR, e Lei n. 9.784/99, arts. 2º e 50. Veja-se, também, o art. 31 do Decreto n. 70.235/72.
[18] O Decreto n. 70.235/72, em seu art. 34, prevê uma remessa *ex officio*, no caso da prolação de decisão de primeira instância favorável ao contribuinte que o exonere do pagamento de tributo ou encargos de multa ou deixe de aplicar a pena de perdimento de mercadorias, fazendo com que ocorra sua apreciação pelo Conselho de Contribuintes. Também, a lei paulista (Lei n. 13.457/2009) contém previsão semelhante em seu art. 32, *caput*: "Da decisão de primeira instância contrária à

Lembre-se, ainda, da ilegitimidade da imposição de pressupostos de admissibilidade recursal que possam inviabilizar o exercício do direito de defesa assim manifestado. É o caso da exigência de depósito prévio do valor de tributo ou multa como condição para a interposição do recurso administrativo, que restou afastada pelo STF, por ofensiva à ampla defesa.[19]

2.5. A CONSULTA

Merece breve comentário a *consulta tributária*.

Como a própria denominação do instituto indica, não se trata de processo administrativo em sentido estrito, porquanto não há litigiosidade.

Cuida-se de direito do cidadão-contribuinte, ao qual corresponde dever do Fisco, que lhe deve prestar assistência, orientando-o para que possa bem cumprir suas obrigações tributárias. Prestigia o princípio da *segurança jurídica*, afastando dúvidas interpretativas concernentes à aplicação da lei fiscal.[20]

Recorde-se que, nos termos do art. 161, § 2º, CTN, não incidem juros de mora na pendência de consulta formulada pelo devedor dentro do prazo legal para pagamento do crédito.

Assinale-se que a consulta eficaz resguarda o contribuinte-consulente de penalidades, uma vez que seguiu a orientação traçada pelo Fisco. A orientação adotada vincula a Administração Pública pelo período em que prevalecer a interpretação dada.

2.6. PERSPECTIVAS

Embora o processo administrativo venha se firmando como autêntico instrumento de realização de justiça fiscal, ainda é preciso avançar no desenvolvimento do instituto.

Várias ideias já foram lançadas com esse intuito.

Fazenda Pública do Estado deve ser interposto recurso de ofício, com efeito suspensivo, quando o débito fiscal for reduzido, relevado ou cancelado, em montante igual ou superior ao estabelecido por decreto".

[19] Pleno, RE 388.359/PE, Rel. Min. Marco Aurélio, j. 2.4.2007, no qual foi declarada a inconstitucionalidade do § 2º do art. 33 do Decreto n. 70.235/72, com a redação dada pelo art. 32 da Lei n. 10.522/2002, originária da Medida Provisória n. 1.863-51/99 e reedições.

[20] Na esfera federal, a consulta tributária está estampada na Lei n. 9.430/96 (arts. 48 a 50).

Uma delas é a *codificação do processo administrativo* e, em consequência, do processo administrativo tributário. Nesse aspecto, impende recordar, em primeiro lugar, que o Código Tributário Nacional, infelizmente, não contempla normas gerais sobre processo administrativo, as quais, por serem vinculantes para todas as pessoas políticas, garantiriam a homogeneidade da disciplina normativa do processo administrativo tributário nas diversas esferas da Federação (art. 146, III, CR). Uma alteração do Código Tributário Nacional nesse sentido seria muito bem-vinda.

De todo modo, cabe a advertência de que todas as pessoas políticas detêm competência para legislar sobre Direito Administrativo e, assim, à luz da Constituição vigente (art. 22, I), tal codificação jamais poderia apresentar o perfil que se verifica nas codificações de outras disciplinas, em relação às quais a competência legislativa é federal (penal, civil etc.).

Outra proposta diz com a *unificação das instâncias administrativa e judicial*. Embora, à primeira vista, a ideia impressione, em razão da economia processual, especialmente no tocante à instrução probatória, pensamos seja de difícil implantação, diante do sistema de jurisdição única, estampado no art. 5º, XXXV, CR.

Cabe ainda referir aspectos da inovadora Lei n. 13.140/2015, que dispõe sobre a mediação entre particulares como meio de solução de controvérsias e sobre a autocomposição de conflitos no âmbito da Administração Pública.

Tal diploma legal abriga prescrições a respeito da autocomposição de conflitos tributários, embora timidamente.

Inicialmente, ao cuidar da autocomposição de conflitos em que for parte pessoa jurídica de direito público, a lei estabelece que "a União, os Estados, o Distrito Federal e os Municípios poderão criar câmaras de prevenção e resolução de conflitos, no âmbito dos respectivos órgãos da Advocacia Pública, onde houver, com competência para: I – dirimir conflitos entre órgãos e entidades da administração pública; II – avaliar a admissibilidade dos pedidos de resolução de conflitos, por meio de composição, no caso de controvérsia entre particular e pessoa jurídica de direito público; e III – promover, quando couber, a celebração de termo de ajustamento de conduta" (art. 32, *caput* e incisos I, II e III).

Em sequência, preceitua que "a instauração de procedimento administrativo para a resolução consensual de conflito no âmbito da administração pública suspende a prescrição", mas adverte que, "em se tratando de matéria tributária, a suspensão da prescrição deverá observar o disposto na Lei n. 5.172, de 25 de outubro de 1966 – Código Tributário Nacional" (art. 34, *caput* e § 2º). Saliente-se que a dicção legal não poderia ser outra, uma vez que a disciplina da prescrição tributária é reservada à lei complementar (art. 146, III, *b*, CR).

No capítulo dedicado aos conflitos envolvendo a Administração Pública Federal Direta, suas autarquias e fundações, estatui que as controvérsias jurídicas poderão ser objeto de *transação por adesão* (art. 35).

No que tange aos conflitos relativos a tributos administrados pela Secretaria da Receita Federal do Brasil ou a créditos inscritos em dívida ativa da União, todavia, contempla disciplina de autocomposição bem mais restritiva, afastando a aplicação das disposições contidas nos incisos II e III do *caput* do art. 32, bem como estabelecendo procedimento mais complexo para a solução dos conflitos nessa seara (art. 38, I, II e III).

Igualmente, vale mencionar a Lei n. 13.988/2020, resultante da conversão da Medida Provisória n. 899/2019, que representa importante evolução no regramento da transação tributária no âmbito federal, concernente a créditos de natureza tributária e não tributária. A transação, consoante tal disciplina, é admitida na fase administrativa, durante o contencioso judicial, bem como quando já ajuizada a execução fiscal. Nos termos de seu art. 2º, constituem modalidades de transação: (*i*) por proposta individual ou por adesão, na cobrança de créditos inscritos na dívida ativa da União, de suas autarquias e fundações públicas, ou na cobrança de créditos que seja competência da Procuradoria-Geral da União; (*ii*) por adesão nos demais casos de contencioso judicial ou administrativo tributário; e (*iii*) por adesão, no contencioso tributário de pequeno valor.

Observe-se, ainda, que, consoante dispõe o art. 12 desse mesmo diploma normativo, a transação não suspende a exigibilidade dos créditos por ela abrangidos, nem o andamento das respectivas execuções fiscais, salvo a suspensão do processo por convenção das partes, nos termos da lei processual civil.

3. Aspectos das Ações Judiciais Utilizadas pelos Sujeitos das Relações Tributárias

3.1. CONSIDERAÇÕES INICIAIS

Conforme expressamos no capítulo introdutório, entendemos que as peculiaridades visíveis nas ações judiciais que têm por objeto relações jurídico-tributárias não são suficientes para que possamos falar num "processo judicial tributário" como disciplina autônoma.

De todo modo, dada a importância que adquiriram as lides tributárias nos dias atuais, consideramos pertinente dedicar um capítulo ao exame das noções essenciais sobre os mais utilizados instrumentos processuais na discussão de temas dessa natureza.

Há que se relembrar que, nas relações jurídico-tributárias, seja qual for o seu objeto – pagamento de tributo, cumprimento de comportamento comissivo ou omissivo, ou imposição de penalidade –, o Fisco sempre ocupa o polo ativo da relação jurídica. Portanto, as ações judiciais, quase sempre, são movidas pelo sujeito passivo, com vista a impugnar a exigência fiscal.[21]

Vejamos, então, a importância da tutela de urgência nas lides tributárias e, em sequência, as ações mais utilizadas pelos contribuintes.

3.2. TUTELA DE URGÊNCIA EM MATÉRIA TRIBUTÁRIA

A questão da tutela jurisdicional de urgência é de extrema importância, especialmente no contexto brasileiro, no qual, há muitos anos, vivencia-se um estado de grave morosidade judicial.

---

[21] As exceções, cremos, resumem-se à execução fiscal, regida pela Lei n. 6.830/80 (Lei de Execução Fiscal), e à medida cautelar fiscal, disciplinada pela Lei n. 8.397/92, ações cuja titularidade pertence ao Fisco, examinadas adiante.

Como visto, a preocupação com a demora demasiada no desfecho das lides judiciais ensejou a inserção de dispositivo constitucional consubstanciado no inciso LXXVIII do art. 5º, segundo o qual "a todos, no âmbito judicial e administrativo, são assegurados a *razoável duração do processo* e os meios que garantam a celeridade de sua tramitação".[22]

A tutela jurisdicional de urgência encontra fundamento constitucional, uma vez que o art. 5º, XXXV, proclama que "a lei não excluirá da apreciação do Poder Judiciário lesão ou *ameaça a direito*", extraindo-se, da expressão por nós destacada, a justificativa para as decisões liminares.

Impende assinalar que, no conceito de tutela jurisdicional de urgência, estão compreendidas tanto as *medidas acautelatórias* quanto as *antecipatórias*. Ambas têm, como pontos comuns, o pressuposto do perigo da demora,[23] e, em consequência, o atributo da *provisoriedade*.[24]

Passando especificamente ao contexto tributário, a questão da tutela de urgência relaciona-se a tema de extrema relevância prática, qual seja, o da *suspensão da exigibilidade do crédito tributário*, disciplinado nos arts. 151 a 155-A, CTN, analisado precedentemente.[25]

3.3. AÇÕES DO SUJEITO PASSIVO CONTRA O FISCO
3.3.1. Mandado de segurança

Induvidosamente, o mandado de segurança (art. 5º, LXIX, CR) é a ação mais utilizada pelos contribuintes. Revela-se como o mais importante instrumento de defesa ante exigências fiscais não respaldadas no ordenamento jurídico, por duas razões: *a)* na discussão das relações tributárias, em regra, não é necessária dilação probatória, bastando a produção de prova documental; e *b)* seu procedimento é mais célere. Há que se destacar, ainda, que, na hipótese de ser o mesmo inadmitido, ainda restará ao contribuinte a possibilidade de lançar mão de outra via processual, como a ação anulatória de débito fiscal.

O mandado de segurança no âmbito tributário é, quase sempre, impetrado em caráter *preventivo*, com requerimento para a concessão de medida liminar

---

[22] Redação dada pela EC n. 45/2004. Destaque nosso.
[23] Arts. 7º, III, da Lei n. 12.016/2009 e 300, CPC.
[24] Art. 296, CPC.
[25] *Vide* Parte III, Capítulo 7, item 7.2.4.

visando a suspensão da exigibilidade do crédito tributário, ora com fundamento expresso no inciso V do art. 151, CTN. A impetração preventiva é cabível enquanto não consumada a lesão ao direito que o sujeito passivo alega possuir.

Se o impetrante qualifica determinada exação, prevista em lei, de inconstitucional ou ilegal, mas não demonstra qualquer ameaça a seu direito de não pagá-la, descabe a ação mandamental, que não tem por escopo interpretar a lei em tese.[26]

O pedido consistirá na expedição de ordem no sentido de reconhecer inexigibilidade de tributo, obrigação acessória ou penalidade.

Aduza-se que, por maior que seja a complexidade da tese tributária, essa circunstância, por si só, não afasta o cabimento do mandado de segurança.[27]

A Lei n. 12.016/2009, que disciplina o mandado de segurança individual e coletivo, estatui, em seu art. 7º, § 2º, que não será concedida medida liminar que tenha por objeto, dentre outros, a compensação de créditos tributários, na esteira da jurisprudência então consolidada (Súmula 212, STJ). Recentemente, o STF, em decisão merecedora de elogios, declarou a inconstitucionalidade desse dispositivo, induvidosamente ofensivo ao princípio da universalidade da jurisdição, fundamento constitucional do direito de ação (art. 5º, XXXV, CR), o que levou ao cancelamento daquela súmula.[28]

3.3.2. Ações anulatória e declaratória do indébito tributário

Neste tópico, trataremos conjuntamente das ações anulatória e declaratória utilizadas no âmbito tributário, em razão de seus traços comuns, destacando, adiante, as peculiaridades de cada qual.

Por primeiro, ambas as ações comportam dilação probatória, isto é, a produção de quaisquer provas admissíveis, segundo o devido processo legal.

Para o seu ajuizamento, desnecessário o prévio exaurimento da via administrativa, à luz do que dispõe o princípio da universalidade da jurisdição (art. 5º, XXXV, CR). No entanto, a respeito desse aspecto, impende anotar a imprescindibilidade de que esteja configurado o interesse processual, qualificado como a necessidade e utilidade do provimento jurisdicional pleiteado para o alcance do fim colimado pelo autor. Por vezes, para tanto, será necessário que o sujeito passivo demonstre que tentou, sem sucesso, solucionar a questão

---

[26] Cf. Súmula 266, STF: "Não cabe mandado de segurança contra lei em tese".
[27] Cf. Súmula 625, STF: "Controvérsia sobre matéria de direito não impede concessão de mandado de segurança".
[28] ADI 4.296/DF, Red. p/ o acórdão Min. Alexandre de Moraes, j. 9.6.2021.

na via administrativa, caracterizando a resistência à sua pretensão e, assim, a existência de conflito de interesses.

De observar-se, outrossim, que a propositura de tais ações não inibe a Fazenda Pública de ajuizar a execução fiscal, desde que não haja depósito do montante integral ou decisão antecipatória suspensiva da exigibilidade do crédito tributário (art. 151, II e V, CTN).

A *ação declaratória* mais frequente, no âmbito tributário, é fundada no art. 19, I, 2ª parte, CPC – ação declaratória negativa –, utilizada pelo sujeito passivo para eximir-se do pagamento de tributo que reputa indevido. Tem por objeto a declaração de inexistência de relação jurídica que lhe imponha determinada obrigação principal, com fundamento em inconstitucionalidade, ilegalidade ou, mesmo, em hipótese exonerativa, decisão essa que terá efeitos para o futuro, revestindo-se de caráter normativo, portanto.

Tal ação comporta antecipação parcial dos efeitos da tutela pretendida, consubstanciada na suspensão da exigibilidade do crédito tributário.

Também, usual a cumulação do pedido declaratório com outro de caráter condenatório, qual seja, o de repetição do indébito. Note-se que, em relação a este último, descabida a antecipação dos efeitos da tutela pretendida, em razão do especial regime de execução contra a Fazenda Pública, como veremos no tópico seguinte.

A *ação anulatória*, como regra, tem por objeto a invalidação de lançamento tributário ou, eventualmente, de decisão administrativa desfavorável ao contribuinte.

Vale sublinhar que a ação anulatória não se confunde com a ação declaratória negativa, por duas razões: *a)* a anulatória tem eficácia constitutiva negativa e a declaratória não; e *b)* a ação declaratória não exige a existência de um lançamento, de um ato administrativo, pois visa declarar a inexistência de uma obrigação tributária; já a anulatória pressupõe, necessariamente, ato administrativo cuja existência prejudica o eventual direito do sujeito passivo.

3.3.3. Ação de repetição do indébito

A ação de repetição do indébito tem por objeto a restituição de tributo pago indevidamente.

Originalmente, cuidava-se da única possibilidade de o sujeito passivo reaver a quantia recolhida indevidamente ao Fisco, caso não o tivesse obtido administrativamente.

Com o advento da Lei n. 8.383/91, que regulamentou a compensação tributária no âmbito federal, no entanto, abriu-se alternativa à restituição do indébito, perdendo a ação repetitória boa parte de sua utilidade, em razão da demora de sua tramitação e, especialmente, da execução do julgado pelo sistema de precatório judicial.

Portanto, a restituição do indébito pode ser efetuada mediante repetição ou compensação.

Nos últimos anos, a maior parte das ações de repetição do indébito foi ajuizada à vista do reconhecimento de inconstitucionalidade de tributo pelo STF. Tal declaração, quer em ação direta, quer em sede de recurso extraordinário sob regime de repercussão geral, enseja, a nosso ver, crédito hábil à postulação de repetição do indébito.

Ponto que merece referência é o não cabimento de decisão antecipatória dos efeitos da tutela pretendida em ação de repetição do indébito. Com efeito, cuidando-se de ação mediante a qual se pleiteia a condenação do Poder Público a pagar quantia em dinheiro, descabida a execução antecipada do julgado, diante do disposto nos arts.100, CR e 535, CPC.

Recorde-se, ainda, a polêmica em torno da possibilidade de repetição do indébito de tributos indiretos. Para tanto, remetemos aos comentários que efetuamos ao art. 166, CTN.[29]

3.3.4. Ação de compensação

Outro modo de obter-se a restituição do indébito é a compensação, instituto contemplado nos arts. 170 e 170-A, CTN.

A compensação é cabível nos termos da lei que a autorizar. Assim, singelamente, o contribuinte que titularizar crédito em relação à Fazenda Pública efetua o encontro de contas e submete tal procedimento à homologação do Fisco. Revela-se, desse modo, valioso instrumento alternativo de solução de conflitos tributários. Remetemos o leitor ao tópico em que comentamos essa modalidade de extinção da obrigação tributária.[30]

Há muitos anos a compensação tributária vem sendo exercida pelos contribuintes, no âmbito federal, porque, com o advento da Lei n. 8.383/91,

---

[29] Parte III, Capítulo 8, item 8.2.3.
[30] *Vide* Parte III, Capítulo 8, item 8.3.

viabilizou-se a utilização da compensação em matéria tributária, meramente autorizada pelo Código Tributário Nacional.

Todavia, restrições ao exercício desse direito, no mais das vezes impostas por atos infralegais, ensejaram a propositura de milhares de ações visando afastá-las, o que fez com que o instituto da compensação tributária não tenha, até o momento, funcionado satisfatoriamente como meio de resolução de conflitos fiscais.

A pretensão, deduzida nos moldes apontados, pode ser formulada mediante: *a)* mandado de segurança, desde que preenchidos os requisitos para tanto (Súmulas 213 e 460, STJ); *b)* ação declaratória da existência do direito de compensar determinado crédito; e *c)* ação condenatória, visando a compelir o Fisco a aceitar que a compensação se dê como postulado.

3.4. AÇÕES DO FISCO CONTRA O SUJEITO PASSIVO

Vistas as principais ações do sujeito passivo para impugnar exigências fiscais, impõe-se dedicarmos sucinta análise das ações utilizadas pelo Fisco para exigir o cumprimento de prestações tributárias dos respectivos sujeitos passivos: a medida cautelar fiscal e a execução fiscal.

3.4.1. Medida cautelar fiscal

A medida cautelar fiscal, instituída pela Lei n. 8.397/92, cuja redação foi alterada pela Lei n. 9.532/97, é cabível nas hipóteses expressamente previstas,[31]

---

[31] Lei n. 8.397/92, em sua redação atual: "Art. 2º A medida cautelar fiscal poderá ser requerida contra o sujeito passivo de crédito tributário ou não tributário, quando o devedor: I – sem domicílio certo, intenta ausentar-se ou alienar bens que possui ou deixa de pagar a obrigação no prazo fixado; II – tendo domicílio certo, ausenta-se ou tenta se ausentar, visando a elidir o adimplemento da obrigação; III – caindo em insolvência, aliena ou tenta alienar bens; IV – contrai ou tenta contrair dívidas que comprometam a liquidez do seu patrimônio; V – notificado pela Fazenda Pública para que proceda ao recolhimento do crédito fiscal: *a)* deixa de pagá-lo no prazo legal, salvo se suspensa sua exigibilidade; *b)* põe ou tenta pôr seus bens em nome de terceiros; VI – possui débitos, inscritos ou não em Dívida Ativa, que somados ultrapassem 30% (trinta por cento) do seu patrimônio conhecido; VII – aliena bens ou direitos sem proceder à devida comunicação ao órgão da Fazenda Pública competente, quando exigível em virtude de lei; VIII – tem sua inscrição no cadastro de contribuintes declarada inapta, pelo órgão fazendário; IX – pratica outros atos que dificultem ou impeçam a satisfação do crédito".

nas quais é evidente o risco de que o crédito estatal não venha a ser satisfeito, daí autorizar-se um procedimento acautelatório do interesse público. O objeto da medida cautelar fiscal é a indisponibilidade dos bens do requerido, até o limite da satisfação da obrigação (art. 4º da Lei n. 8.397/92).

A ideia é garantir patrimônio suficiente do sujeito passivo para servir de lastro à execução fiscal.

A medida cautelar fiscal pode ser proposta em caráter preparatório ou incidentalmente à execução fiscal. Na primeira hipótese, concedida a medida pleiteada, deverá a Fazenda Pública propor a ação de execução no prazo de sessenta dias, contados da data em que a exigência se tornar irrecorrível na esfera administrativa (art. 11 da Lei n. 8.937/92).

Finalmente, reitere-se que a medida cautelar fiscal não tem sido muito utilizada, pois, com o advento da Lei Complementar n. 118/2005, que incluiu o art. 185-A no CTN, como visto, seu cabimento foi restringido, uma vez que autorizada a decretação da indisponibilidade dos bens do devedor no curso da própria ação executiva.[32]

3.4.2. Execução fiscal[33]

A Fazenda Pública conta com ação executiva específica para a cobrança de seus créditos – a execução fiscal, disciplinada pela Lei n. 6.830/80.

Como examinado em capítulo precedente,[34] tal diploma legal declara ser a Dívida Ativa da Fazenda Pública a "definida como tributária ou não tributária na Lei n. 4.320, de 17 de março de 1964, com as alterações posteriores, que estatui normas gerais de direito financeiro para elaboração e controle dos orçamentos e balanços da União, dos Estados, dos Municípios e do Distrito Federal" (art. 2º, *caput*).

Relembre-se que a inscrição em dívida ativa visa a constituição de título executivo destinado à cobrança judicial de créditos não pagos, a chamada *Certidão de Dívida Ativa* (CDA), o único título executivo extrajudicial, no ordenamento jurídico pátrio, confeccionado *unilateralmente* pelo credor, em razão da *presunção de legalidade ou de legitimidade* de que desfrutam os atos administrativos.

---

[32] Sobre o art. 185-A, CTN, *vide* Parte III, Capítulo 11, item 11.2.
[33] A respeito dessa ação, *vide* Súmulas 392, 393, 394, 400, 409, 435, 392, 393, 394, 400, 558 e 559, STJ.
[34] *Vide* Parte III, Capítulo 12, item 12.2.2.

Comentaremos alguns poucos dispositivos da Lei n. 6.830/80, que reputamos mais relevantes, em sucinta análise.

Consoante o art. 8º, o executado será citado para, no prazo de cinco dias, pagar a dívida com os juros, multa de mora e encargos indicados na Certidão de Dívida Ativa, ou garantir a execução. Optando pela segunda hipótese, abre-se-lhe a possibilidade de oferecer embargos, no prazo de trinta dias (art. 16), cabendo à Fazenda Pública exequente impugná-los em igual prazo (art. 17).

Interessante anotar que, nos últimos anos, a jurisprudência passou a admitir a apresentação de defesa pelo executado sem o oferecimento de garantia da execução, em hipóteses de flagrante ilegitimidade da ação executiva.

A assim chamada *exceção de pré-executividade,* apresentada mediante petição instruída com os documentos pertinentes, tem por objeto matérias que possam ser apreciadas de plano, independentemente de dilação probatória. Comporta, por exemplo, as alegações de pagamento, prescrição, decadência, desde que seja possível ao magistrado verificar, de imediato, sua procedência e declarar extinta a execução.[35]

Da sentença que julgar os embargos, cabe recurso peculiar às ações de execução fiscal de pequeno valor: os *embargos infringentes,* dirigidos ao próprio juízo de primeiro grau, ficando afastada a possibilidade de interposição de apelação nessa hipótese (art. 34).

Preceito que já rendeu muita polêmica, em doutrina e jurisprudência, é o do art. 38, assim expresso:

> Art. 38. A discussão judicial da Dívida Ativa da Fazenda Pública só é admissível em execução, na forma desta Lei, salvo as hipóteses de mandado de segurança, ação de repetição do indébito ou ação anulatória do ato declarativo da dívida, esta precedida do depósito preparatório do valor do débito, monetariamente corrigido e acrescido dos juros e multa de mora e demais encargos.
>
> Parágrafo único. A propositura, pelo contribuinte, da ação prevista neste artigo importa em renúncia ao poder de recorrer na esfera administrativa e desistência do recurso acaso interposto.

---

[35] Nesse sentido firmou-se a jurisprudência do STJ (1ª S., REsp 1.136.144/RJ, recurso repetitivo, Rel. Min. Luiz Fux, j. 9.12.2009).

Em primeiro lugar, questionou-se sua constitucionalidade no tocante à aparente restrição às ações utilizáveis para a impugnação de exigências fiscais, tendo prevalecido a orientação segundo a qual o rol mencionado é meramente exemplificativo, cabendo ao contribuinte a escolha da via processual que entender mais conveniente.[36]

Também, debateu-se se o dispositivo impunha o depósito do débito tributário como condição de procedibilidade da ação anulatória, entendimento que restou afastado, concluindo-se que tal ação pode ser proposta independentemente de depósito, mas, se este for efetuado, suspender-se-á a exigibilidade do crédito tributário (art. 151, II, CTN, e Súmula 112, STJ).[37]

Outra disposição que ensejou discussões é o art. 40, que transcrevemos:

> Art. 40. O juiz suspenderá o curso da execução, enquanto não for localizado o devedor ou encontrados bens sobre os quais possa recair a penhora, e, nesses casos, não correrá o prazo de prescrição.
>
> § 1º Suspenso o curso da execução, será aberta vista dos autos ao representante judicial da Fazenda Pública.
>
> § 2º Decorrido o prazo máximo de 1 (um) ano, sem que seja localizado o devedor ou encontrados bens penhoráveis, o juiz ordenará o arquivamento dos autos.
>
> § 3º Encontrados que sejam, a qualquer tempo, o devedor ou os bens, serão desarquivados os autos para prosseguimento da execução.
>
> § 4º Se da decisão que ordenar o arquivamento tiver decorrido o prazo prescricional, o juiz, depois de ouvida a Fazenda Pública, poderá, de ofício, reconhecer a prescrição intercorrente e decretá-la de imediato.[38]

---

[36] Pleno, STF, RE 233.582/RJ, Rel. p/ o acórdão Min. Joaquim Barbosa, j. 16.8.2007.
[37] *E.g.* STJ, 1ª T., REsp 183.969/SP, Rel. Min. Milton Pereira, j. 21.3.2000.
[38] Parágrafo incluído pela Lei n. 11.051/2004. O STF, ao analisar o Tema 390 – "Reserva de lei complementar para tratar da prescrição intercorrente no processo de execução fiscal" – fixou a seguinte tese: "É constitucional o art. 40 da Lei n. 6.830/1980 (Lei de Execuções Fiscais LEF), tendo natureza processual o prazo de 1 (um) ano de suspensão da execução fiscal. Após o decurso desse prazo, inicia-se automaticamente a contagem do prazo prescricional tributário de 5 (cinco) anos" (RE 636.562-SC, Rel. Min. Roberto Barroso, j. 22.2.2023).

Questionou-se a legitimidade desse artigo, em sua redação original, visto que autorizava a suspensão do feito executivo quando não localizados o devedor ou seus bens, sem a fluência do prazo prescricional, por prazo indeterminado. No entanto, a disposição contida no § 4º, recém-inserida na lei, trouxe medida salutar, porquanto autoriza o magistrado, após ouvida a Fazenda Pública, a reconhecer de ofício a *prescrição intercorrente*, decretando--a de imediato.

Cremos conveniente tecer algumas considerações a respeito do regime jurídico que disciplina o processo de execução fiscal, diante da *reforma no processo de execução civil*, veiculada pela Lei n. 11.382/2006.

A primeira delas diz respeito à aplicação do Código de Processo Civil à execução judicial para cobrança da dívida ativa da União, dos Estados, do Distrito Federal, dos Municípios e de suas respectivas autarquias (art. 1º da Lei n. 6.830/80).

In casu, compatibilizando-se o sistema especial regulado pela Lei n. 6.830/80, e o sistema estampado no estatuto processual civil, constata-se uma relação de complementariedade entre ambos, e não de especialidade excludente.

Nesse contexto, autorizada está a aplicação das normas do Código de Processo Civil naquilo que não conflitem com a Lei n. 6.830/80, vale dizer, em caráter subsidiário.

Inicialmente, verifica-se, da análise dos dispositivos legais que disciplinam os embargos à execução fiscal (art. 16, *caput* e § 1º, da Lei n. 6.830/80), que sua admissibilidade está expressamente condicionada à garantia do Juízo.

Por outro lado, cumpre ressaltar que, com o advento da Lei n. 11.382/2006, tornou-se regra, na execução civil por título extrajudicial, a admissão dos embargos sem a necessidade de prestação de garantia (art. 736).

A diversidade entre a norma geral e a especial revela, na espécie, a inaplicabilidade do art. 914, CPC, à execução fiscal, em razão do interesse público envolvido, sem que isso configure ofensa ao contraditório ou à ampla defesa, mas como forma de concretização da efetividade da prestação jurisdicional.

Com efeito, o crédito tributário submete-se a regime jurídico diferenciado, disciplinado pelo Direito Administrativo, e norteado pelo princípio da indisponibilidade do patrimônio público, pelo que se justifica, também, que o processo de execução desse crédito abrigue peculiaridades compatíveis com a necessidade de proteção desse patrimônio, refletindo as prerrogativas próprias da Fazenda Pública.

Dentre elas está, induvidosamente, a exigência de garantia a ensejar o oferecimento dos embargos na execução fiscal.

Ainda, o art. 919 do Código de Processo Civil dispõe que os embargos, na execução civil por título extrajudicial, em regra, não terão efeito suspensivo, podendo o juiz concedê-lo mediante o atendimento de certos requisitos (*caput* e § 1º).

Sublinhe-se que a concessão de efeito suspensivo aos embargos nunca contou com previsão na Lei de Execução Fiscal, mas apenas no Código de Processo Civil de 1973 (§ 1º do art. 739, revogado pela Lei n. 11.382/2006), que, nesse aspecto, era aplicável subsidiariamente àquela.

Desse modo, em face da aludida complementaridade dos sistemas de execução civil por título extrajudicial e fiscal vigentes, impende concluir-se pela possibilidade de concessão de efeito suspensivo aos embargos à execução fiscal, desde que comprovado o preenchimento de todos os requisitos previstos pela novel legislação processual: a) requerimento expresso do embargante nesse sentido, submetido à apreciação do Juízo *a quo;* b) tempestividade; c) relevância dos fundamentos (plausibilidade); d) possibilidade do prosseguimento da execução causar grave dano de incerta ou difícil reparação; e) a segurança do juízo com bens suficientes para esse fim. Por conseguinte, prescindível, num primeiro momento, que a segurança do Juízo corresponda ao valor integral da execução, como pressuposto de admissibilidade dos embargos, uma vez que, a qualquer momento, poderá ser determinado o reforço de penhora.[39] No entanto, a garantia integral do débito configura um dos requisitos a serem atendidos para postular-se a concessão de efeito suspensivo aos embargos, como mencionado.

Do exposto, pensamos ter esboçado um panorama das ações judiciais movidas no âmbito das relações tributárias e, com isso, concluímos as lições fundamentais que pretendíamos apresentar.

---

[39] Cf., *e.g.*, STJ, 2ª T., AG AgRg 635.829/PR, Rel. Min. Castro Meira, j. 15.2.2005.

Parte VI
Outros Temas

Ao final do exame das normas da Constituição da República e do Código Tributário Nacional, decidimos incluir esta última parte do livro para tratar de mais três temas que, por sua atualidade e relevância, entendemos merecedores de maior atenção.

1. Necessidade de Alterações no Imposto sobre a Renda de Pessoa Física

Algumas ponderações sobre a atual legislação do Imposto sobre a Renda de Pessoa Física, que, a nosso ver, não vem atendendo adequadamente tais prescrições constitucionais.

Por primeiro, impende que a lei, o quanto possível, leve em conta as condições pessoais dos contribuintes, sejam pessoas físicas ou jurídicas. Isso implica seja efetuada a fixação de um *mínimo vital* compatível com a realidade, aplicado um adequado grau de progressividade de alíquotas, em função da quantidade de renda auferida, bem como contemplado um amplo número de deduções permitidas, visando modular a exigência fiscal ao perfil do contribuinte.

Observe-se que, no que tange à pessoa física, tal proceder decorre de exigência imposta pelo *princípio da dignidade humana*, vetor fundamental da República Federativa do Brasil (art. 3º, III, CR).[1]

Há muito sustentamos ser necessário imprimir-se maior progressividade às alíquotas, de modo a cumprir, efetivamente, a vontade constitucional segundo a qual aqueles que possuem maior capacidade contributiva devem suportar maior gravame tributário. Num país com tanta diversidade do ponto de vista econômico, afigura-se-nos inconcebível a previsão de apenas duas alíquotas, como previsto durante muitos anos na legislação do Imposto sobre a Renda de Pessoa Física, sendo razoável pensar-se num mínimo de quatro ou cinco. A Lei n. 11.945/2009, veio ao encontro do que defendemos, adotando, a partir do ano-calendário de 2009, as alíquotas de 7,5, 15, 22,5 e 27,5% (art. 23).

Quanto às *deduções*, especialmente em relação ao Imposto sobre a Renda de Pessoa Física, devem ser assim consideradas todas as despesas necessárias

---

[1] *Vide* Parte II, Capítulo 3, itens 3.2.1.2 e 3.2.2.7.

à manutenção do indivíduo e de sua família, sem limitações, as quais, evidentemente, não podem integrar o conceito de "renda".

Despesas médicas e as referentes à educação e aos dependentes, por exemplo, devem ser conceituadas de maneira abrangente, incluindo a aquisição de medicamentos e de material escolar, diversamente da previsão restritiva contida na atual legislação.

Quanto às despesas com a educação do contribuinte e seus dependentes, já assinalamos não poderem integrar a renda tributável, sob pena de violar-se direito fundamental, uma vez constituírem autênticas despesas necessárias à manutenção das pessoas físicas.[2]

No que tange ao limite legal de dedução para despesas com instrução, distante da realidade, cabe registrar a arguição de inconstitucionalidade por nós suscitada quando integrávamos a 6ª Turma do Tribunal Regional Federal da 3ª Região, acolhida pelo Órgão Especial da Corte, na qual se concluiu que a tributação de despesas efetuadas com educação vulnera o conceito constitucional de renda e o princípio da capacidade contributiva.[3]

Outrossim, novas deduções devem ser admitidas, como o valor do aluguel de imóvel destinado à residência, com vista a personalizar, devidamente, a imposição fiscal em tela. Por derradeiro, não se pode esquecer que o art. 6º da CR, arrola, como direitos sociais, a educação, a saúde, a alimentação, o trabalho, a moradia, o transporte, o lazer, a segurança, a previdência social, a proteção à maternidade e à infância e a assistência aos desamparados.

Portanto, necessário que tais valores sejam protegidos e prestigiados pelo Estado, inclusive mediante a legislação do Imposto sobre a Renda.

---

[2] Cf. nosso *Princípio da Capacidade Contributiva*, cit., p. 111.
[3] Arguição de Inconstitucionalidade Cível 0005067-86.2002.4.036100/SP, 2002.61.00.005067-0/SP, Rel. Des. Fed. Mairan Maia, j. 28.3.2012. No STF, sobre o mesmo tema, pende de julgamento a ADI 4.927/DF, proposta pelo Conselho Federal da Ordem dos Advogados do Brasil.

2. Ação Civil Pública em Matéria Tributária

Dadas alterações efetuadas na lei sobre ação civil pública (Lei n. 7.347/85),[4] e diante da orientação jurisprudencial consolidada a respeito da inviabilidade de sua utilização em matéria tributária, entendemos conveniente dedicar um tópico ao assunto.

Ao falar-se em ação civil pública nesse âmbito, há que se lembrar, necessariamente, de dois conceitos: o de *obrigação tributária principal* e o de *direito individual de origem homogênea*, para cuja defesa titulariza legitimidade o Ministério Público.

Consoante vimos, a *obrigação principal* é o vínculo jurídico que se estabelece entre o credor, sujeito ativo que, no caso, é o Fisco, e o devedor, sujeito passivo – pessoa física ou jurídica – que tem por objeto uma prestação economicamente apreciável chamada tributo.

Trata-se de uma obrigação *ex lege* (art. 3º, CTN), e essa derivação direta da lei é o dado inicial a ser tomado na reflexão sobre a possibilidade de ação civil pública em matéria tributária.

A par dessa ideia, impende invocar-se o princípio da *generalidade da tributação*, também relevante na análise a que nos propomos. Segundo esse princípio, que, como visto, representa uma das manifestações da isonomia no campo tributário, todas as pessoas que estiverem sujeitas à determinada situação, descrita na hipótese de incidência, estarão sujeitas à mesma obrigação tributária.

Tratando-se, pois, de obrigação *ex lege*, a que todos que se encontrem na mesma situação sujeitar-se-ão, começa-se a vislumbrar a ideia de *relação-base*. Evidente a existência de um liame que une várias pessoas na mesma situação

---

[4] Leis ns. 12.966/2014 e 13.004/2014. Também, tramitam os Projetos de Lei ns. 4.441/2020 e 4.778/2020, que pretendem substituir o diploma normativo em vigor.

em função desses aspectos da derivação direta da lei e da generalidade da tributação, já que se sabe que as hipóteses exonerativas – imunidades e isenções – são excepcionais.

Neste passo, podemos agregar às noções já apontadas a de *direitos individuais de origem homogênea*, trazida ao ordenamento jurídico por força do Código de Defesa do Consumidor (Lei n. 8.078/90).

Os direitos individuais de origem homogênea são aqueles decorrentes de origem comum, constituindo espécies de direitos coletivos *lato sensu* (art. 81, parágrafo único, III, CDC). Traduzem direitos supraindividuais, mas essa supraindividualidade não é intrínseca a esses direitos. Analisando-os de perto, observa-se que constituem direitos individuais e disponíveis. Embora disponíveis, são direitos tuteláveis mediante ação civil pública.

O art. 129, III, CR, estatui ser função institucional do Ministério Público promover o inquérito civil e a ação civil pública para a proteção do patrimônio público e social, do meio ambiente e de outros interesses difusos e coletivos. O Código de Defesa do Consumidor dispõe sobre os direitos individuais de origem homogênea e a legitimação do Ministério Público para a sua defesa. Assim é porque existe uma homogeneidade de objeto que não somente autoriza como recomenda um tratamento coletivo a esses direitos, que são individuais e disponíveis.

Com efeito, o *tratamento coletivo* é indicado por razões de *segurança jurídica* – previsibilidade das consequências de uma dada conduta e impedimento da prolação de decisões conflitantes. Se cada um for buscar a tutela de seu direito, que é exatamente igual ao do indivíduo que está ao seu lado, teremos uma imensa multiplicidade de ações idênticas, com grande probabilidade de prolação de decisões diferentes.

Em outras palavras, o tratamento coletivo a direitos individuais e disponíveis, desde que tenham origem homogênea, é questão de interesse público. É por isso que esses direitos, não obstante individuais e disponíveis, são passíveis de tutela mediante ação civil pública e, portanto, o Ministério Público tem legitimidade para defendê-los.

Associadas as duas ideias preliminares – a de obrigação tributária *ex lege* e a do princípio da generalidade da tributação – e considerados os direitos individuais de origem comum, exsurge, com clareza, que relações obrigacionais tributárias vão gerar, com frequência, direitos individuais de origem homogênea. Se, por exemplo, há a exigência de tributo e se a impugnação que se faz é a de que a lei que o institui não observa princípios constitucionais, como tal relação reveste-se de natureza *ex lege* e como há o atributo da generalidade da tributação, o vício legal existente atingirá múltiplas relações jurídicas idênticas.

Desse modo, imagine-se uma categoria de pessoas que será atingida pela mesma situação: contribuintes de IPTU de determinado município. Se a lei municipal que instituiu o IPTU, ou modificou esse tributo, contém inconstitucionalidade, existe uma relação-base, uma categoria de sujeitos que será atingida pela mesma situação. Não é diferente daquele célebre exemplo de direito do consumidor, segundo o qual pessoas compraram carros do mesmo modelo, e uma partida de veículos veio com o mesmo defeito: todos estão exatamente na mesma situação. No caso do IPTU ocorre o mesmo, com a agravante de que se cuida de obrigação *ex lege* e de que todos que realizarem a situação descrita na hipótese de incidência serão atingidos, sem exceção.

Não há como negar-se a origem homogênea desses direitos, ou, ainda, a legitimidade do Ministério Público. Todavia, como assinalamos, foi o entendimento negativo que mereceu a acolhida dos tribunais superiores.

Os fundamentos utilizados para afastar o cabimento da ação civil pública em matéria tributária, em nossa opinião, denotam uma errônea compreensão do que seja direito individual de origem homogênea, da questão dos efeitos da ação civil pública e, até mesmo, certo descuido com as noções de contribuinte e de tributo vinculado.

Vejamos quais são eles.

O primeiro argumento, estritamente processual, empregado para inviabilizar a apreciação da tutela jurisdicional nesses casos, é o da impossibilidade de o juiz de primeiro grau efetuar apreciação e declaração de inconstitucionalidade incidentalmente, a qual teria eficácia *erga omnes*, traduzindo uma usurpação da competência do STF, porquanto somente este possui competência para declarar a inconstitucionalidade de lei ou ato normativo com essa eficácia, em sede de Ação Declaratória de Inconstitucionalidade.

A nosso ver, esse argumento é atécnico, uma vez que a declaração de inconstitucionalidade efetuada pelo juízo de primeiro grau e a declaração de inconstitucionalidade proclamada pelo STF são completamente diferentes.

A declaração de inconstitucionalidade numa Ação Civil Pública é incidental, traduzindo a arguição de inconstitucionalidade o fundamento do pedido. Por vezes, é preciso reconhecer a inconstitucionalidade da lei ou do ato normativo para apreciar o pedido e é isso que faz o magistrado na Ação Civil

Pública. Na Ação Direta de Inconstitucionalidade, diversamente, a declaração de inconstitucionalidade é o próprio pedido, não a causa de pedir; discute-se a declaração de inconstitucionalidade em tese.

A eficácia *erga omnes* também é diferente. Na Ação Civil Pública, a eficácia *erga omnes* diz respeito ao bem da vida que está sendo discutido, sendo a inconstitucionalidade declarada obliquamente. Já em sede de ação direta, a declaração com eficácia geral diz respeito à própria inconstitucionalidade. Ademais, quando é o STF quem declara a inconstitucionalidade, ela não mais poderá ser revista, a não ser pela própria Corte. Enfim, essa é a declaração de inconstitucionalidade principal, como objeto da ação e em caráter definitivo.

Assim, este primeiro argumento não merece ser acolhido, não só porque a declaração de inconstitucionalidade, num e noutro caso, se dá de modo diferente, mas também devido a outro argumento, pouco apontado, que é o do duplo grau de jurisdição. É uma declaração de inconstitucionalidade abordada incidentalmente, que poderá ser reapreciada, inclusive pelo próprio STF. Desse modo, não há que se falar em usurpação de sua competência.

O segundo fundamento, já analisado, consiste na alegação de que os direitos são individuais e disponíveis e, portanto, não justificam a atuação do Ministério Público.

A jurisprudência, ao usar o argumento segundo o qual é inadmissível a utilização da ação civil pública para a proteção desses direitos, em razão de seu caráter individual e disponível, incorre em equívoco, pois isso não se discute, já que assim o diz a própria lei. De fato, são individuais e são disponíveis, só que não são *quaisquer* direitos individuais e disponíveis, o que faz concluir, obviamente, que o Ministério Público não estará legitimado a buscar a tutela de quaisquer direitos individuais e disponíveis. Isso somente será possível se os mesmos tiverem origem homogênea e desde que se possa vislumbrar a presença de interesse público, elemento que configura a vinculação desses interesses com a função institucional do Ministério Público.

É preciso ter-se em mente que o tributo não é apenas um valor em dinheiro a ser entregue ao Fisco, sem outras repercussões; consiste, em verdade, numa prestação pecuniária cuja exigência é disciplinada pela Constituição e que atinge direta e necessariamente dois direitos fundamentais do sujeito passivo: o direito de propriedade e o direito de liberdade.

Não se pode, pois, pensar em tributo dissociando-se essa prestação do contexto constitucional em que ela se insere e do seu relacionamento com os direitos fundamentais. Como já mencionado, além dos direitos fundamentais à propriedade e à liberdade, diretamente afetados pela tributação, há outros, tais como o direito à educação e à saúde, por exemplo, que podem ser por ela atingidos pela tributação, acarretando, inclusive, dificuldade ou inviabilização do seu exercício.

Em consequência, há inegável interesse público na defesa de direitos individuais de origem homogênea, que têm origem numa mesma obrigação tributária, caso essa obrigação tributária esteja afetando indevidamente o exercício de direitos fundamentais. Não se pode, portanto, ter uma visão estreita do conceito de tributo. Sua exigência repercute na esfera jurídica de cada pessoa física, de cada pessoa jurídica, atingindo a liberdade e a propriedade de cada um e, por vezes, vulnerando outros direitos.

Outro argumento, absolutamente restritivo, é o de que o Código de Defesa do Consumidor, em seu art. 117, ao mandar aplicar o regramento nele previsto à Ação Civil Pública, alterou o art. 21 da Lei n. 7.347/85, operando uma fusão de sistemas entre os dois diplomas legais, somente se aplica a ações civis públicas que digam respeito ao direito do consumidor.

Tal argumento, à evidência, revela-se frágil. O art. 117 do CDC encontra-se em um diploma que disciplina as relações de consumo. Esse artigo alterou a redação do art. 21 da Lei da Ação Civil Pública, determinando que "aplica-se à defesa dos direitos e interesses difusos coletivos e individuais, do que for cabível, os dispositivos do Título III da Lei que instituiu o Código de Defesa do Consumidor". Ora, tal dispositivo não está dizendo que essa determinação só se aplica à defesa dos direitos do consumidor. Não é porque esse dispositivo está no corpo da lei que trata da disciplina das relações de consumo que está a referir-se somente às ações coletivas em matéria de consumidor.

A interpretação restritiva, em nosso entender, não encontra apoio jurídico. A lei está estabelecendo a aplicação do sistema processual, não está tratando do objeto da Ação Civil Pública – consumidor, patrimônio público, meio ambiente. O que ela declara é que o sistema processual do Código de Defesa do Consumidor se aplica, no que couber, à Ação Civil Pública.

Por fim, a afirmativa segundo a qual "contribuinte" e "consumidor" são conceitos totalmente estranhos. Esse último argumento poderia ser acolhido parcialmente. Embora "contribuinte" e "consumidor" não sejam conceitos equivalentes, também não são conceitos absolutamente estranhos, pois pode-se ter, em algumas situações, um "contribuinte-consumidor". Para demonstrá-lo, lembre-se, inicialmente, a definição de "consumidor", prevista no art. 2º do CDC, segundo a qual "consumidor é toda pessoa física ou jurídica que adquire ou utiliza produto ou serviço como destinatário final".

Quando o contribuinte estiver inserido numa obrigação tributária que tenha por prestação um tributo não vinculado a uma atuação estatal – imposto – evidente não se poder dizer que algo está sendo consumido. Sabe-se que a obrigação de pagar impostos independe de qualquer atuação estatal diretamente referida ao sujeito passivo. Nesse caso, "contribuinte" e "consumidor" são conceitos absolutamente diversos, não havendo nenhuma aproximação entre eles. Todavia, tratando-se de uma obrigação relativa a tributo vinculado a uma atuação estatal, que consiste na prestação de um serviço público específico e divisível, o contribuinte da taxa de serviço é, quase sempre, consumidor desse serviço. Então, nessa hipótese, "contribuinte" e "consumidor" não são categorias completamente estranhas.

Logo, se o serviço público é efetivamente utilizado, o contribuinte da taxa é consumidor do serviço público, realidade que não tem sido observada no raciocínio apresentado nas decisões judiciais sobre o assunto. Tanto essa assertiva é verdadeira que o Código de Defesa do Consumidor, em seu art. 6º, aponta a "adequada e eficaz prestação dos serviços públicos em geral" no rol dos direitos básicos do consumidor (inciso X), bem como prescreve que "os órgãos públicos, por si ou suas empresas, concessionárias, permissionárias ou sob qualquer outra forma de empreendimento, são obrigados a fornecer serviços adequados, eficientes, seguros e, quanto aos essenciais, contínuos" (art. 22, *caput*).

Diante de tais normas, parece notório que o "contribuinte-consumidor" tem a proteção do Código, pois a prestação de serviço público está disciplinada como relação de consumo.

Por derradeiro, cumpre mencionar a Medida Provisória n. 2.180-35/2001, cuja eficácia foi tornada permanente, por força do art. 2º da Emenda Constitucional n. 32/2001, que abriga inúmeras alterações que visam restringir, senão inviabilizar, a prolação de decisões judiciais contra o Poder Público.

Em seu art. 6º, modifica os arts. 1º e 2º da Lei da Ação Civil Pública, introduzindo, especificamente, um parágrafo único em seu art. 1º, com a seguinte dicção: "Não será cabível ação civil pública para veicular pretensões que envolvam tributos, contribuições previdenciárias, o Fundo de Garantia do

Tempo de Serviço – FGTS ou outros fundos de natureza institucional, cujos beneficiários podem ser individualmente determinados".

Induvidoso tratar-se de preceito inconstitucional, por razões a serem sucintamente apontadas.

Primeiramente, sob o aspecto formal: relevância e urgência são pressupostos constitucionais para a edição de medidas provisórias, previstos no art. 62, CR, frequentemente não observados.

Ainda, não se pode olvidar que o afastamento do cabimento de ação de *status* constitucional, como é a ação civil pública, independentemente da indicação de um discrímen para tanto, fere o direito de ação, garantido pelo princípio da inafastabilidade do controle jurisdicional (art. 5º, XXXV, CR).

Por tais fundamentos, e na oportunidade em que se discute novo regramento para a ação civil pública, esperamos seja adotada a orientação que vem sendo acolhida recentemente pelo STF a respeito do assunto.[5]

---

[5] Inicialmente, o STF concluiu pela ilegitimidade do Ministério Público para promover ação civil pública em defesa de direitos individuais homogêneos em matéria exclusivamente tributária (Pleno, RE 195.056 1/PR, Rel. Min. Carlos Velloso, j. 9.12.1999, e 2ª T., RE 206.781-4/MS, Rel. Min. Marco Aurélio, j. 6.2.2001). O julgamento do RE 576.155/DF sinalizou mudança de entendimento da Corte, que concluiu pela legitimidade do Ministério Público para ajuizar ação civil pública por tratar-se de matéria tributária não individualizável, caracterizando defesa do patrimônio público (Pleno, Tema 56, Rel. Min. Ricardo Lewandowski, por maioria, j. 12.8.2010). Posteriormente, a Corte reafirmou a tese original, em caso de direito dos contribuintes à restituição dos valores pagos a título de taxa de iluminação pública supostamente inconstitucional (Pleno, ARE 694.294/MG, Tema 645, Rel. Min. Luiz Fux, por maioria, j. 25.4.2013). Recentemente, a Corte aprofundou seu entendimento ao julgar o Tema 845, concluindo que o Ministério Público detém legitimidade para resguardar direitos individuais homogêneos cuja amplitude possua expressiva envergadura social, como ocorre "com as pretensões que envolvam tributos, contribuições previdenciárias, o Fundo de Garantia do Tempo de Serviço – FGTS ou outros fundos de natureza institucional cujos beneficiários podem ser individualmente determinados" (RE 643.978-SE, Rel. Min. Alexandre de Moraes, j. 8.10.2019).

3. Repercussão Geral em Matéria Tributária: Breves Reflexões[6]

O tema da repercussão geral insere-se no contexto da relação existente entre segurança jurídica e jurisprudência. A segurança jurídica, por sua vez, lastreia-se em valores fundamentais, que são isonomia e legalidade, constituindo autêntico sobreprincípio, como as melhores lições doutrinárias ensinam.

A aproximação entre segurança jurídica e jurisprudência manifesta-se, a nosso ver, mediante três ideias: *estabilidade, irretroatividade* e *uniformidade*.

Estabilidade, na hipótese, significa que a jurisprudência deve sinalizar aquilo que será o entendimento a vigorar para o futuro, constituindo um indicativo dos comportamentos que devem ser adotados, que serão considerados legítimos. O objetivo é evitar oscilações, especialmente as abruptas, na orientação adotada pelos órgãos jurisdicionais.

A *irretroatividade*, nesse contexto, e em homenagem ao princípio geral hospedado no art. 5º, XXXVI, da CR, significa que não somente a lei não pode prejudicar o direito adquirido, o ato jurídico perfeito e a coisa julgada, mas também os atos decorrentes de sua aplicação, como é o caso das decisões judiciais.

Desse modo, leis, atos administrativos e decisões judiciais devem projetar seus efeitos para o futuro. O pretérito, desse modo, há de ser resguardado por uma questão de segurança.

Interessa-nos, para as ponderações que faremos a seguir, aprofundarmos o exame da noção de uniformização da jurisprudência como introdução ao estudo da repercussão geral.

---

[6] Este tópico reproduz, em essência, o texto publicado no livro *Repercussão Geral no Recurso Extraordinário – Estudos em Homenagem à Ministra Ellen Gracie*, Coord. Leandro Paulsen, Porto Alegre, Livraria do Advogado Editora, 2011, pp. 109-117.

Uniformização, induvidosamente, remete a isonomia, à preocupação de tratar igualmente aqueles que se situam em situação equivalente. Entende-se que a solução uniforme é a solução isonômica, traduzindo o tratamento justo.

Acompanhamos há alguns anos a reforma que foi promovida na legislação processual civil, mediante dezenas de leis que alteraram o Código de Processo Civil de 1973, e uma das tônicas dessa reforma processual paulatina foi, justamente, a uniformização jurisprudencial. Vários mecanismos foram adotados com essa finalidade, valendo lembrar apenas alguns: a possibilidade de decisão monocrática de recursos, a súmula vinculante, o regime jurídico dos recursos repetitivos do Superior Tribunal de Justiça e, em particular, o mecanismo da repercussão geral no recurso extraordinário.

Tal mudança expressou grande preocupação do legislador e, claramente, refletiu a inquietação da sociedade, especialmente do meio jurídico, com a questão da ausência de uniformização das decisões judiciais.

Como o nosso ordenamento jurídico sempre permitiu a prolação de decisões de distinto teor para a solução de situações equivalentes, tal proceder, após décadas de prática, acarretou o reconhecimento de que a não uniformização estaria afetando a própria isonomia.

Inserido nessa moldura, o instituto da repercussão geral surge por força da Emenda Constitucional n. 45/2004, no bojo da apelidada "Emenda da Reforma do Judiciário". Essa emenda constitucional inseriu um § 3º no art. 102 da Constituição, assim expresso:

> *"No recurso extraordinário o recorrente deverá demonstrar a repercussão geral das questões constitucionais discutidas no caso, nos termos da lei, a fim de que o Tribunal examine a admissão do recurso, somente podendo recusá-lo pela manifestação de dois terços de seus membros".*

Da leitura do dispositivo extrai-se que a repercussão geral será arguida como preliminar no recurso extraordinário, constituindo um novo pressuposto de admissibilidade e, evidentemente, faz lembrar instituto semelhante que existia no passado – a chamada "arguição de relevância".

Em sequência, adveio a alteração promovida no Código de Processo Civil de 1973, mediante a edição da Lei n. 11.418/2006, que introduziu dois artigos para disciplinar o regime jurídico da repercussão geral (arts. 543-A e 543-B).

Atualmente, o instituto da repercussão geral encontra seu regramento infraconstitucional, com aperfeiçoamentos, nos arts. 1.035 e 1.036 do Código de Processo Civil.

Do art. 1.035, relevante para a análise que faremos a seguir, destacam-se, por primeiro, os seguintes preceitos: o *caput*, segundo o qual "o Supremo Tribunal Federal, em decisão irrecorrível, não conhecerá do recurso extraordinário quando a questão constitucional nele versada não tiver repercussão geral, nos termos deste artigo, e o § 1º, ao prescrever que, "para efeito de repercussão geral, será considerada a existência ou não de questões relevantes do ponto de vista econômico, político, social ou jurídico que ultrapassem os interesses subjetivos do processo".

Ainda, consoante o § 2º, "o recorrente deverá demonstrar a existência de repercussão geral para apreciação exclusiva pelo Supremo Tribunal Federal",

Tais dispositivos são extremamente importantes porque, além de reafirmarem tratar-se, como não poderia deixar de ser, de pressuposto de admissibilidade do recurso extraordinário, define-se o que vem a ser *repercussão geral*: a existência de questões relevantes, do ponto de vista econômico, político, social ou jurídico, que ultrapassem os interesses subjetivos do processo.

No § 3º, por seu turno, estabelece-se presunções, ou seja, situações em que os Ministros não precisam decidir se a causa envolve ou não questão de repercussão geral. São as hipóteses de o recurso impugnar acórdão contrário à súmula do Supremo ou à sua jurisprudência dominante (inciso I), ou acórdão que tenha reconhecido a inconstitucionalidade de tratado ou de lei federal, nos termos do art. 97 da Constituição Federal (inciso III). Então, nesses casos, existe *repercussão geral presumida*; nos demais, o tribunal terá de decidir se existe ou não repercussão geral para efeito de admissibilidade do recurso.

Com isso, evita-se que a Corte, para firmar a interpretação constitucional das normas submetidas à sua apreciação – como antes era imperioso fazer –, aprecie centenas, até mesmo milhares de recursos absolutamente idênticos. O intuito foi justamente delimitar a competência do Supremo, fazendo com que o tribunal não necessite reiterar a apreciação em casos iguais, com grande desperdício de tempo, energia e recursos diversos

Parece-nos importante remarcar, neste passo, que a adoção desse mecanismo também ensejou, de modo inédito, uma maior comunicação entre os órgãos jurisdicionais. Isso porque, para a repercussão geral funcionar, é necessário, segundo as normas que estão no código e no regimento interno do Supremo Tribunal Federal, uma comunicação direta entre este e os tribunais de origem. Há uma dinâmica interessante nesse aspecto: os tribunais de origem selecionam os recursos extraordinários que deverão ser submetidos à apreciação do Supremo Tribunal Federal, a cada tese ou cada caso idêntico, e os remetem àquela Corte; os demais recursos ficam sobrestados nos tribunais de origem, aguardando o julgamento do *leading case*.

O Supremo Tribunal Federal, em sequência, decidirá se há repercussão geral, salvo se se tratar de repercussão geral presumida. Se a Corte negar a repercussão geral, os recursos extraordinários sobrestados serão automaticamente inadmitidos.

Por outro lado, uma vez reconhecida a repercussão geral e julgado o mérito do recurso extraordinário, os recursos sobrestados serão apreciados pelos tribunais, abrindo-se-lhes, basicamente, duas possibilidades: (*i*) estes julgarão esses recursos no sentido de declará-los prejudicados, se o entendimento estampado no acórdão conformar-se à orientação que se firmou na Suprema Corte; ou (*ii*) exercerão juízo de retratação, caso o entendimento adotado no acórdão proferido pelo tribunal de origem seja contrário ao entendimento consolidado no Supremo Tribunal Federal.

Note-se que essa comunicação, esse tratamento mais direto possível, entre os tribunais e o Supremo Tribunal Federal, é algo que não existia, e que a repercussão geral veio a impor, para que esse instrumento funcione de maneira adequada.

Anote-se que a repercussão geral começou a ser exigida nos recursos extraordinários interpostos de acórdãos publicados a partir de 3 de maio de 2007, data da entrada em vigor da Emenda Regimental n. 21/2007 ao RISTF, que estabeleceu as normas necessárias à execução das disposições legais e constitucionais sobre o novo mecanismo.

As estatísticas apresentadas revelam que a repercussão geral tem se mostrado um filtro muito poderoso da admissibilidade dos recursos extraordinários, pois acarretou uma diminuição fantástica no número de recursos extraordinários distribuídos à Corte.

Em 2007, ano em que a repercussão geral passou a ser admitida, foram distribuídos ao Supremo Tribunal Federal, somente no 2º semestre, 19.911 recursos extraordinários.

Ainda em 2008, o número de recursos extraordinários distribuídos foi de 21.532. Já em 2009, a Corte recebeu apenas 8.346 recursos extraordinários e, em 2010, consolidando a redução verificada no ano anterior, o total de recursos extraordinários foi de 6.734.[7]

Portanto, no prazo de pouco mais de três anos da aplicação do instituto, o número de recursos extraordinários distribuídos caiu cerca de 70%.

Tais dados impressionam e, sob esse aspecto, pode-se afirmar que a repercussão geral, desde o início de sua aplicação, funcionou bem.

Outro ponto que vale registrar é a grande vocação da matéria tributária para ensejar casos de reconhecimento de repercussão geral.

Justifica-se tal constatação por estarmos num âmbito de relações jurídicas deflagradas diretamente pela lei, de obrigações *ex lege*, e mais, de obrigações *ex lege* submetidas ao *princípio da generalidade*, segundo o qual todos devem pagar tributos se realizam as situações descritas na lei, bastando a concretização de uma dessas situações para que a respectiva obrigação seja deflagrada.

Num contexto como esse, de relações de massa, envolvendo direitos individuais de origem homogênea, evidente a grande oportunidade para o reconhecimento de repercussão geral.

Acresça-se a tais fundamentos o fato de que a disciplina normativa das relações tributárias, no Brasil, é de natureza precipuamente constitucional, o que acentua a possibilidade de ocorrer transcendência dos interesses subjetivos da causa.

Mais uma vez, os números demonstram a assertiva. Num breve levantamento que fizemos sobre as repercussões gerais em matéria tributária, com base nos dados apresentados pelo Supremo Tribunal Federal, exsurge clara a predominância do reconhecimento de repercussão geral nesse âmbito.

Inicialmente, das 967 teses submetidas à sistemática da repercussão geral, 249 tratam de temas tributários, o que corresponde a cerca de 25% do total.[8]

Ainda, a título de ilustração, no ano de 2016, das 37 teses de repercussão geral cujo mérito foi julgado, 13 referem-se a temas tributários (35%).[9]

Forçoso reconhecer, portanto, que a repercussão geral possui grande conexão com o domínio tributário, por revelar-se este extremamente fértil ao reconhecimento de questões que extrapolam os interesses subjetivos da causa.

---

[7] Cf. dados extraídos do sítio do Supremo Tribunal Federal na *internet*, em consulta realizada em 19.3.2011.

[8] Cf. dados extraídos do sítio do Supremo Tribunal Federal na *internet*, em consulta realizada em 13.8.2017.

[9] Cf. dados extraídos do sítio do Supremo Tribunal Federal na *internet*, em consulta realizada em 13.8.2017.

Neste passo, importante submeter à reflexão a natureza do próprio conceito de repercussão geral.

Assim ocorre se a causa é entre A e B, mas é relevante do ponto de vista social e coletivo. Observe-se a presença da noção de *coletivização* quando pensamos em repercussão geral; a causa é entre duas partes, mas a decisão que se tirar daquele julgamento, por envolver questão constitucional de uma dessas naturezas, de relevância jurídica, política, econômica ou social, afetará outras relações jurídicas, influenciando o julgamento de outras causas que versem sobre o mesmo assunto.

Cremos que *repercutir*, no sentido de ultrapassar, reverberar, e, enfim, a noção de repercussão geral, é, inequivocamente, um *conceito jurídico indeterminado*, dentre os muitos conceitos indeterminados que o Direito abriga, também chamados conceitos elásticos ou conceitos imprecisos.

Tais conceitos, como sabido, a par de um conteúdo preciso, apresentam uma zona de incerteza. Possuem um núcleo conceitual, como dizia Engisch, e ali sabemos exatamente o que ele comporta, mas há igualmente um halo conceitual, que é a zona de penumbra, a zona de dúvida.

O que nos parece importante questionar, neste momento em que a repercussão geral está completando dez anos de aplicação, é o seguinte: o fato de "repercussão geral" ser um conceito jurídico indeterminado autoriza que o Supremo Tribunal Federal decida discricionariamente as causas que apreciará, os recursos extraordinários que admitirá? Noutro dizer: tal competência envolve *discricionariedade*?

Esse é, a nosso ver, um tema fascinante – se os conceitos jurídicos indeterminados são passíveis de gerar discricionariedade – e, a partir dessa análise, os desdobramentos daí decorrentes.

Tivemos a oportunidade de estudar esse assunto em estudo publicado em 1990,[10] e recentemente retomamos essas reflexões,[11] que são úteis, também, diante da análise do regime de repercussão geral.

---

[10] "Conceitos Jurídicos Indeterminados e Discricionariedade Administrativa", *Revista de Direito Público* 95, jul./set. 1990, p. 125.

[11] "Conceitos Jurídicos Indeterminados e Discricionariedade Administrativa: Revisitando o Tema", in *O Direito Administrativo na Atualidade – Estudos em Homenagem ao Centenário de Hely Lopes Meirelles*, Coord. Arnoldo Wald, Marçal Justen Filho, César Augusto Guimarães Pereira, São Paulo, Malheiros, 2017, pp. 993-1.014.

Os conceitos indeterminados, consoante as lições dos publicistas, podem ser classificados em duas categorias: de um lado, os *conceitos de experiência* e, de outro, os *conceitos de valor*.

Essa distinção é feita segundo a natureza jurídica dos conceitos e terá repercussões na questão da discricionariedade. Entende-se por *discricionariedade*, singelamente, a liberdade concedida pela lei ao aplicador desta, para que ele possa escolher, dentre mais de uma solução possível, aquela que entenda mais justa no caso concreto. Ou seja, quando a lei outorga essa margem de apreciação subjetiva ao aplicador da lei a fim de que ele decida, dentre mais de uma possibilidade, segundo critérios de oportunidade e conveniência, estamos diante da discricionariedade.

Logo, se a pergunta é: "o Supremo Tribunal Federal exerce competência discricionária quando aprecia se a causa tem ou não repercussão geral?", a resposta, em nosso sentir, depende de como se classifica tal conceito – se de experiência ou de valor.

Conceito de experiência é aquele que diz respeito a objetos sensíveis, que remete à ideia técnica; portanto, é um conceito que, uma vez apreciado e esgotado o processo interpretativo, o aplicador chegará a uma única solução para o caso concreto. Os conceitos de experiência não outorgam a margem de apreciação subjetiva que pode ser ensejada pelos conceitos de valor, que são conceitos que envolvem sentimentos e desejos.

Conceitos de experiência podem ser, por exemplo, "força irresistível" e "incapacidade da pessoa física", porque tecnicamente é possível determinar o que é uma força irresistível, o que é incapacidade para este ou aquele fim.

Já os conceitos de valor são sempre mais difíceis de lidar – tais como "boa-fé", "justo preço", "justa indenização". Esses conceitos, quando apreciados, ou seja, uma vez esgotado o processo interpretativo, por vezes, deixarão uma margem de apreciação subjetiva que o processo interpretativo não foi capaz de eliminar. E essa margem de apreciação subjetiva, em nosso sentir, traduz-se em discricionariedade.

Em resumo, se "repercussão geral" é um conceito jurídico indeterminado – o que nos parece induvidoso – trata-se de conceito de experiência ou conceito de valor?

Temos para nós, em primeiras reflexões, tratar-se de um conceito de experiência, pois entendemos possível identificar quando a causa realmente produzirá repercussão, transcenderá os interesses subjetivos das partes do processo, quando realmente haverá um impacto daquela decisão em múltiplas relações jurídicas. Pensamos cuidar-se de uma apreciação técnica; portanto, de discricionariedade não se cogita.

Em matéria tributária, essa afirmação é confirmada pelo fato de que o Supremo Tribunal Federal tem reconhecido, necessariamente, a ocorrência de repercussão geral, quando houver declaração de inconstitucionalidade de lei federal ou tratado pela Corte de origem e de temas envolvendo matéria tributária federal. São aspectos técnicos que indicam a aludida transcendência de interesses.

Desse modo, o Supremo Tribunal Federal não desfruta de oportunidade e conveniência para decidir quando o recurso extraordinário deve ser admitido ou não. Em outras palavras, não lhe cabe avaliar se em dado caso é ou não conveniente reconhecer-se a repercussão geral, ou se noutro caso é ou não oportuno fazê-lo.

Parece-nos, portanto, que a questão não se situa realmente na seara da discricionariedade, conquanto estejamos diante de um conceito jurídico indeterminado.

A relevância do tema é inequívoca, pois constituindo a repercussão geral pressuposto de admissibilidade do recurso extraordinário, o manejo de seu conceito implicará a apreciação ou não da tese pelo Supremo Tribunal Federal, Corte que realiza o controle de constitucionalidade com a máxima amplitude.

4. Tributação e Gênero

Tema que vem despertando grande interesse da doutrina nos últimos anos: a relação existente entre tributação e gênero.

Em brevíssimas considerações, vale remarcar que tal relação retrata situação de desigualdade a ser resolvida, em atendimento ao comando segundo o qual homens e mulheres são iguais em direitos e obrigações, nos termos da Constituição (cf. art. 5º, *caput* e inciso I).

Com efeito, tal desigualdade é revelada em múltiplos segmentos da vida social, não sendo diferente em matéria de tributação, especialmente na incidente sobre o consumo.

Assim, artigos de importância fundamental e exclusivos para as mulheres – como absorventes íntimos e anticoncepcionais – devem receber tratamento tributário diferenciado, preferencialmente com a concessão de isenção.

Nessa seara, a mitigação da desigualdade de gênero evoca a aplicação da regra da *seletividade em função da essencialidade dos produtos e mercadorias*, próprios dos atuais impostos incidentes sobre o consumo – o IPI e o ICMS.

Embora tal norma não tenha sido mantida pela reforma tributária, conquanto seu teor derive dos princípios da igualdade e da capacidade contributiva, a EC n. 132/2023, ao estatuir que lei complementar definirá as operações beneficiadas com redução de 60% das alíquotas do IBS e da CBS, arrola, dentre elas, as relativas a *produtos de cuidados básicos à saúde menstrual* (art. 9º, § 1º, V).

Também aprofunda a desigualdade de gênero na esfera do consumo o sobrepreço de produtos voltados ao público feminino, fator que ganhou, universalmente, a denominação de "Pink tax" ("tributo rosa").

Nessa linha, igualmente, andou bem a EC n. 132/2023, ao tratar de regimes diferenciados de tributação, prescrevendo que eles serão submetidos a avaliação quinquenal de custo-benefício, a qual deverá examinar o impacto da legislação do IBS e da CBS na promoção da igualdade entre homens e mulheres (art. 9º, §§ 10 e 11).

Em síntese, muito ainda precisa ser feito, mas as mencionadas normas representam sinal de evolução na busca pela efetividade da igualdade de gênero no âmbito tributário.

Referências Bibliográficas

I – DOUTRINA BRASILEIRA

AMARO, Luciano. *Direito Tributário Brasileiro*. 20. ed. São Paulo: Saraiva, 2014.

ATALIBA, Geraldo. *Hipótese de Incidência Tributária*. 6. ed. São Paulo: Malheiros Editores, 2016.

ATALIBA, Geraldo. "IPTU e progressividade", *Revista de Direito Público*, n. 93. São Paulo: Malheiros Editores, janeiro/março de 1990.

ATALIBA, Geraldo. *República e Constituição*. 3. ed. São Paulo: Malheiros Editores, 2011.

ATALIBA, Geraldo. *Elementos de Direito Tributário*. São Paulo: Revista dos Tribunais, 1978.

ATALIBA, Geraldo. *Natureza Jurídica da Contribuição de Melhoria*. São Paulo: Revista dos Tribunais, 1964.

BALEEIRO, Aliomar. *Limitações Constitucionais ao Poder de Tributar*. 8. ed. Atualização de Misabel de Abreu Machado Derzi. Rio de Janeiro: Forense, 2010.

BALEEIRO, Aliomar. *Direito Tributário Brasileiro*. 12. ed. rev., atual. e ampl. Atualização de Misabel de Abreu Machado Derzi. Rio de Janeiro: Forense, 2013.

BALEEIRO, Aliomar. *Uma Introdução à Ciência das Finanças*. 14. ed. Rio de Janeiro: Forense, 1987.

BANDEIRA DE MELLO, Celso Antônio. *Curso de Direito Administrativo*. 35. ed. rev. e atual. até a EC n. 109/2021 e a Lei n. 14.133/2021. São Paulo: Editora JusPodium e Malheiros Editores, 2021.

BANDEIRA DE MELLO, Celso Antônio. *O Conteúdo Jurídico do Princípio da Igualdade*. 3. ed., 20. tir., São Paulo: Malheiros Editores, 2011.

BARRETO, Aires Fernandino. *Base de Cálculo, Alíquota e Princípios Constitucionais*. São Paulo: Revista dos Tribunais, 1987.

BARROSO, Luís Roberto. "A segurança jurídica na era da velocidade e do pragmatismo (reflexões sobre direito adquirido, ponderação de interesses, papel do Poder Judiciário e dos meios de comunicação)". *In Temas de Direito Constitucional*. 2. ed. Rio de Janeiro/São Paulo: Renovar, 2002.

BARROSO, Luís Roberto. *Interpretação e Aplicação da Constituição*. 7. ed. rev. São Paulo: Saraiva, 2009.

BARROSO, Luís Roberto; BARCELLOS, Ana Paula de. "O começo da história. A nova interpretação constitucional e o papel dos princípios no direito brasileiro". *Revista Forense*, ano 100, n. 371, pp. 175-202. Rio de Janeiro: Forense, janeiro/fevereiro de 2004.

BECHO, Renato Lopes. *Sujeição Passiva e Responsabilidade Tributária*. São Paulo: Dialética, 2000.

BORGES, José Souto Maior. *Teoria Geral da Isenção Tributária*. 3. ed. São Paulo: Malheiros Editores, 2011.

BORGES, José Souto Maior. *Obrigação Tributária (uma introdução metodológica)*. 3. ed. rev. e ampl. São Paulo: Malheiros Editores, 2015.

BORGES, José Souto Maior. *Lei Complementar Tributária*. São Paulo: RT, 1975.

BULHÕES PEDREIRA, J. L. *Imposto de Renda*. Rio de Janeiro: Justec Editora, 1971.

CARRAZA, Elizabeth Nazar. "Imunidade tributária das instituições de educação". *RDTributário* 3/167-172. São Paulo: Revista dos Tribunais, janeiro/março de 1978.

CARRAZZA, Roque. *Curso de Direito Constitucional Tributário*. 30. ed. rev., ampl. e atual. até a EC n. 84/2014. São Paulo: Malheiros Editores, 2015.

CARRAZZA, Roque. *Imposto sobre a Renda (Perfil Constitucional e Tema Específicos)*. 2. ed. rev., ampl. e atual. São Paulo: Malheiros Editores, 2006.

CARRAZZA, Roque. *ICMS*. 10. ed., rev. e ampl. até a EC 45/2004, de acordo com a Lei Complementar 87/1996, com suas ulteriores modificações. São Paulo: Malheiros Editores, 2005.

CARVALHO, Paulo de Barros. *Curso de Direito Tributário*. 29. ed. São Paulo: Saraiva, 2018.

CARVALHO, Paulo de Barros. "IPI – Comentários sobre as regras gerais de interpretação da tabela NBM/SH". *Revista Dialética de Direito Tributário* n. 12. São Paulo: Dialética, setembro de 1996, pp. 42 e ss.

COÊLHO, Sacha Calmon Navarro. *Teoria Geral do Tributo e da Exoneração Tributária*. 4. ed. Belo Horizonte: Fórum, 2018.

COSTA, Regina Helena. *Código Tributário Nacional Comentado em sua Moldura Constitucional*. 2. ed. Rio de Janeiro: Editora Forense, 2022.

COSTA, Regina Helena. *Praticabilidade e Justiça Tributária – Exequibilidade de Lei Tributária e Direitos do Contribuinte*. São Paulo: Malheiros Editores, 2007.

COSTA, Regina Helena. *Código Tributário Nacional Comentado*. Coord. Vladimir Passos de Freitas. Em coautoria. 5. ed., rev., atual. e ampl. São Paulo: Revista dos Tribunais, 2011.

COSTA, Regina Helena. "Notas sobre a existência de um direito aduaneiro". *In Importação e Exportação no Direito Brasileiro*. 2. ed. São Paulo: Revista dos Tribunais, 2007, pp. 19-38.

COSTA, Regina Helena. *Imunidades Tributárias – Teoria e Análise da Jurisprudência do STF*. 3. ed. rev., atual. e ampl. São Paulo: Malheiros Editores, 2015.

COSTA, Regina Helena. "O princípio da moralidade administrativa na tributação". *In Estudos de Direito Público em Homenagem ao Professor Celso Antônio Bandeira de Mello*. Org. Marcelo Figueiredo e Valmir Pontes Filho. 1. ed. São Paulo: Malheiros Editores, 2006, pp. 689-705.

COSTA, Regina Helena. "Apontamentos sobre a tributação ambiental no Brasil". *In Direito Tributário Ambiental*. Org. Heleno Taveira Tôrres, São Paulo: Malheiros Editores, 2005, pp. 312-332.

COSTA, Regina Helena. "Instrumentos tributários para a implementação da política urbana". *In Estatuto da Cidade (Comentários à Lei Federal 10.257/2010)*. Coord. Adilson Dallari e Sérgio Ferraz. 4. ed. São Paulo: Malheiros Editores, 2014, pp. 104-119.

COSTA, Regina Helena. *Princípio da Capacidade Contributiva*. 4. ed. São Paulo: Malheiros Editores, 2012.

COSTA, Regina Helena. "A contribuição de melhoria como instrumento de política urbana". *In Direito Público – Estudos em Homenagem ao Professor Adilson Abreu Dallari*. 1. ed. Belo Horizonte: Del Rey, 2004, pp. 663-676.

COSTA, Regina Helena. "Repercussão geral em matéria tributária: primeiras reflexões". *In Repercussão geral no recurso extraordinário*. Coord. Leandro Paulsen. Porto Alegre: Livraria do Advogado Editora, 2011, pp.109-117.

COSTA, Regina Helena. "Conceitos jurídicos indeterminados e discricionariedade administrativa". *Revista de Direito Público* 95, jul./set. 1990, p. 125.

COSTA, Regina Helena. "Conceitos Jurídicos Indeterminados e Discricionariedade Administrativa: Revisitando o Tema", in *O Direito Administrativo na Atualidade – Estudos em Homenagem ao Centenário de Hely Lopes Meirelles*, Coord. Arnoldo Wald, Marçal Justen Filho, César Augusto Guimarães Pereira, São Paulo, Malheiros, 2017, pp. 993-1014.

DERZI, Misabel. "Tratado de direito tributário contemporâneo – dos princípios gerais do direito tributário". *In Revista de Direito Tributário* n. 83, São Paulo: Malheiros Editores, s.d., pp. 26-72.

DERZI, Misabel. "Legalidade material, modo de pensar 'tipificante' e praticidade no direito tributário". *Justiça Tributária – 1º Congresso Internacional de Direito Tributário – IBET*. São Paulo: Max Limonad, 1988, pp. 627-650.

DERZI, Misabel. "A desconsideração dos atos e negócios jurídicos dissimulatórios, segundo a Lei Complementar n. 104, de 10 de janeiro de 2001". In *Planejamento Tributário e a Lei Complementar 104*. Coord. Valdir de Oliveira Rocha. São Paulo: Dialética, 2001, pp. 207-232.

DERZI, Misabel. *Notas de Atualização* ao *Limitações Constitucionais ao Poder de Tributar*, de Aliomar Baleeiro. 8. ed. Rio de Janeiro: Forense, 2010.

DERZI, Misabel. *Direito Tributário, Direito Penal e Tipo*. 3. ed. rev., atual. e ampl. Belo Horizonte: Fórum, 2018.

DINAMARCO, Cândido Rangel. *Nova Era do Processo Civil*. 4. ed. São Paulo: Malheiros Editores, 2013.

DI PIETRO, Maria Sylvia Zanella. *Direito Administrativo*. 29. ed. rev., atual. e ampl. São Paulo: Forense, 2016.

GRAU, Eros Roberto. *A Ordem Econômica na Constituição de 1988 – Interpretação e Crítica*. 19. ed. rev. e atual. São Paulo: Malheiros Editores, 2018.

GRECO, Marco Aurélio. "Constitucionalidade do parágrafo único do artigo 116 do CTN". In *Planejamento Tributário e a Lei Complementar 104*. Coord. Valdir de Oliveira Rocha. São Paulo: Dialética, 2001, pp. 183-204.

GRUPENMACHER, Betina Treiger. *Tratados Internacionais em Matéria Tributária e Ordem Interna*. São Paulo: Dialética, 1999.

HORVATH, Estevão. *O Princípio do Não Confisco no Direito Tributário*. São Paulo: Dialética, 2002.

HORVATH, Estevão. *Lançamento Tributário e Autolançamento*. São Paulo: Dialética, 1997.

HORVATH, Estevão. "Classificação dos tributos". *In Curso de Iniciação em Direito Tributário*. Coord. Aires F. Barreto e Eduardo Domingos Bottallo. São Paulo: Dialética, 2004, pp. 37-50.

MEIRA, Silvio. *Direito Tributário Romano*. São Paulo: Revista dos Tribunais, 1978.

MELO, José Eduardo Soares de. *Curso de Direito Tributário*. 8. ed. São Paulo: Dialética, 2008.

NERY JÚNIOR, Nelson. *Princípios do Processo Civil na Constituição Federal*. 12. ed. rev., atual. e ampl. São Paulo: Revista dos Tribunais, 2016.

PEREIRA, Caio Mário da Silva. *Instituições de Direito Civil*. 8. ed. Rio de Janeiro: Forense, 1986, v. 2.

RÁO, Vicente. *O Direito e a Vida dos Direitos*. 2. ed. São Paulo: Resenha Universitária, v. I, t. III, 1977.

SAMPAIO DÓRIA, Antonio Roberto. *Elisão e Evasão Fiscal*. 2. ed. rev. São Paulo: José Bushatsky Editor em coedição com o Instituto Brasileiro de Estudos Tributários – IBET, 1977.

SOUSA, Rubens Gomes de. *Compêndio de Legislação Tributária*. Ed. póstuma. São Paulo: Editora Resenha Tributária, 1981.

TORRES, Ricardo Lobo. *Os Direitos Humanos e a Tributação – Imunidades e Isonomia*. Rio de Janeiro: Renovar, 1995.

TORRES, Ricardo Lobo. *O Direito ao Mínimo Existencial*. Rio de Janeiro: Renovar, 2009.

XAVIER, Alberto. *Tipicidade da Tributação, Simulação e Norma Antielisiva*. São Paulo: Dialética, 2002.

II – DOUTRINA ESTRANGEIRA

ALEXY, Robert. *Teoria dos Direitos Fundamentais*. São Paulo: Malheiros, 2. ed. brasileira, 2012.

CASALTA NABAIS, José. *Direito Fiscal*. 2. ed. ref. e aum. Coimbra: Almedina, 2003.

CASALTA NABAIS, José. "Solidariedade social, cidadania e direito fiscal". *In Solidariedade Social e Tributação*. Coord. Marco Aurélio Greco e Marciano Seabra de Godoi. São Paulo: Dialética, 2005, pp. 110-140.

DWORKIN, Ronald. *Levando os Direitos a Sério*. São Paulo: Martins Fontes, 1. ed. brasileira, 2002.

HERRERA MOLINA, Pedro Manuel. *Capacidad Económica y Sistema Fiscal – Análisis del Ordenamiento Español a la Luz del Derecho Alemán*. Madri: Marcial Pons, 1998.

FERREIRO LAPATZA, José Juan. "La Privatización de la Gestión Tributaria y las Nuevas Competencias de los Tribunales Económico-Administrativos", *in Revista Española de Derecho Financiero*. Madrid: Civitas, n. 37, 1983, pp. 81-84.

MURPHY, Liam; NAGEL, Thomas. *O Mito da Propriedade – Os Impostos e a Justiça*. São Paulo: Martins Fontes, 2005.

NOVOA, César García. *El Principio de Seguridad Jurídica en Materia Tributaria*. Madri: Marcial Pons, 2000.

III – DICIONÁRIO

Dicionário Houaiss da Língua Portuguesa. 1. ed. Rio de Janeiro: Editora Objetiva, 2001.

IV – SÍTIOS DA INTERNET

Biblioteca Virtual de Direitos Humanos da Universidade de São Paulo. Disponível em: <http://www.direitoshumanos.usp.br/counter>.

Supremo Tribunal Federal. Disponível em: <http://www.stf.jus.br>.

Índice Alfabético-Remissivo
(Os números referem-se às páginas.)

A

Ação anulatória, 250, 257, 269, 270, 283, 284, 441, 443, 447, 448
Ação civil pública, 5, 455, 461
Ação declaratória, 443, 445, 457
Administração tributária, 62, 261, 298, 307, 317, 318, 319, 320, 321, 324, 327, 335, 396
Alíquota
　diferenciação, 59, 64, 84, 123, 148, 157, 223, 360, 364, 385, 390, 397, 404, 405, 410
　progressividade, 50, 79, 223, 349, 350, 358, 360, 369, 385, 404, 408, 410, 414, 453
　seletividade, 50, 359, 360, 361, 365, 383, 384, 392
Analogia, 73, 171, 172, 176, 177, 178, 192
Anistia, 63, 65, 175, 177, 277, 278, 286, 287, 293, 294, 295, 296, 302, 407, 417
Antecipada, 252
Anterioridade
　especial, 41, 66, 69, 70, 137, 168, 233, 342, 346, 359, 365, 397, 410
　genérica, 66, 67, 70, 137, 168, 342, 346, 359, 365
　nonagesimal, 66, 68, 71, 142, 285, 431

B

Base calculada, 222
Base de cálculo, 65, 70, 77, 79, 117, 125, 129, 142, 143, 162, 163, 166, 219, 222, 223, 277, 286, 287, 341, 345, 347, 348, 350, 353, 354, 356, 357, 360, 364, 368, 373, 381, 385, 387, 392, 396, 410, 413, 421

Bis in idem, 51
Bitributação, 51, 352

C

Capacidade contributiva, 5, 9, 11, 35, 53, 58, 59, 60, 64, 76, 77, 78, 79, 80, 81, 88, 89, 92, 101, 104, 112, 120, 123, 164, 172, 218, 219, 223, 224, 290, 301, 319, 327, 349, 350, 355, 356, 357, 383, 384, 386, 405, 408, 414, 415, 453, 454
Capacidade tributária
　ativa, 49, 51, 150, 159, 160, 199, 330, 370
　passiva, 204, 206
Certidão
　de regularidade de situação, 245
　negativa de débito, 211, 335
Classificação dos tributos, 34, 118, 119
Cláusulas pétreas, 5, 16, 40, 289
Compensação, 63, 169, 220, 257, 260, 264, 272, 273, 274, 383, 387, 430, 442, 444, 445
Competência tributária, 35, 36, 37, 42, 43, 44, 45, 46, 49, 51, 53, 54, 86, 87, 89, 92, 155, 156, 159, 160, 161, 173, 174, 175, 199, 287, 289, 291, 341, 380, 387, 392, 403, 412, 416
Confisco, 6, 11, 17, 53, 59, 64, 74, 78, 80, 81, 116, 139, 172, 267, 299, 301, 373, 407
Consulta, 260, 261, 427, 437, 466
Contribuição de melhoria, 34, 35, 46, 47, 48, 118, 119, 134, 135, 136, 155
Contribuição para o custeio do serviço de iluminação pública, 41, 150, 403

Contribuições interventivas (CIDEs), 144, 145, 146
Contribuições no interesse de categorias profissionais ou econômicas, 34, 47, 119, 140, 149, 161
Contribuições sociais, 41, 47, 68, 71, 79, 102, 111, 139, 141, 143, 144, 147, 148, 332, 346
Controle da constitucionalidade, 42
Conversão de depósito em renda, 250, 257, 258, 270, 271
Crédito tributário
  exclusão, 65, 163, 175, 188, 227, 286, 287, 288, 296, 417
  extinção, 65, 162, 163, 180, 188, 227, 237, 239, 240, 256, 257, 258, 267, 268, 276, 315
  garantias, 181, 226, 227, 232, 308, 309, 316
  preferências, 308, 313, 315
  privilégios, 181, 226, 232, 308, 309
  suspensão da exigibilidade, 175, 243, 244, 245, 248, 250, 251, 252, 253, 283, 441, 442, 443

D

Dação em pagamento, 257, 258, 261, 271, 272
Decadência, 237, 241, 244, 253, 257, 268, 271, 278, 279, 280, 281, 282, 283, 447
Decreto legislativo, 25
Denúncia espontânea, 11, 254, 304, 306, 320
Depósito do montante integral, 244, 246, 248, 250, 280, 443
Direito Tributário,
  autonomia, 10, 11, 12, 196
  relacionamento com outros ramos do Direito, 12, 14
Domicílio tributário, 206, 207

E

Elisão, 193
Empréstimo compulsório, 46, 69, 118, 119, 137, 138, 157

Equidade, 81, 171, 172, 266, 277, 278, 303
Evasão, 193
Exceção de pré-executividade, 447
Exclusão do crédito tributário, 175, 188, 227, 286, 287, 288, 296, 417
Execução fiscal
  embargos, 334, 447, 449, 450
Extinção do crédito tributário, 65, 180, 188, 237, 256, 267, 268
Extrafiscalidade, 7, 49, 78, 124, 288, 342, 384, 404

F

Fato gerador,
  futuro, 178
  in abstracto, 117, 189, 222
  in concreto, 77, 170, 189, 197, 222
  pendente, 178, 179
  presumido, 218, 392
Fato imponível, 177, 189, 190, 209, 223, 289
Fato jurídico tributário, 65, 189, 192, 201, 205, 206, 207, 218, 220, 221, 230, 231, 232, 234, 240, 289, 335
Fiscalidade, 7, 49, 124, 404
Fontes do Direito Tributário, 15, 26
Função social da propriedade, 38, 63, 74, 144, 368, 369, 373, 404, 405, 407

G

Garantias do crédito tributário, 308
Generalidade, 15, 35, 54, 59, 64, 75, 78, 86, 106, 172, 175, 196, 288, 349, 350, 455, 456, 457, 466

H

Hipótese de incidência,
  aspecto espacial (territorial), 65, 197, 198, 344, 347, 352, 364, 372, 381, 391, 396, 409, 413, 420
  aspecto material, 19, 65, 86, 123, 125, 197, 198, 222, 343, 346, 351, 363, 370, 381, 395, 409, 413, 415, 418
  aspecto pessoal, 65, 123, 198, 199, 345, 353, 364, 367, 381, 391, 396, 413, 421

aspecto quantitativo, 27, 65, 197, 198, 222, 225, 293, 345, 347, 353, 364, 368, 373, 381, 392, 396, 410, 413, 421
aspecto temporal, 65, 197, 198, 344, 347, 353, 363, 364, 367, 372, 381, 391, 396, 409, 413, 421

I

Imposto,
de Exportação, 13, 27, 47, 66, 69, 108, 110, 121, 157, 341, 342, 346, 348, 362
de Importação, 13, 27, 47, 65, 69, 94, 105, 108, 110, 121, 157, 198, 331, 341, 342, 343, 344, 345, 346, 347, 348, 349, 363
sobre a Propriedade de Veículos Automotores, 48, 121, 123, 157, 377, 394
sobre a Propriedade Predial e Territorial Urbana, 38, 41, 48, 50, 121, 123, 371, 403, 406, 409
sobre a Propriedade Territorial Rural, 121, 123, 341, 368, 371, 403
sobre a Renda e Proventos de Qualquer Natureza, 36, 53, 341, 349, 353
sobre a Transmissão de Bens Imóveis, 121, 380, 403, 411, 412
sobre Grandes Fortunas, 121, 341, 373
sobre Operações de Circulação de Mercadorias e Prestação de Serviços, 41, 48, 121, 123, 169, 219, 265, 377, 382, 388
sobre Operações Financeiras, 27, 66, 121, 157, 365
sobre Produtos Industrializados, 27, 47, 66, 87, 121, 123, 265, 299, 341, 358, 359, 362, 364, 392
sobre Serviços, 122, 390, 403, 414, 416, 418
sobre Transmissão *Causa Mortis* e Doação, 48, 121, 377, 381
Imunidade(s),
classificação, 87, 99
entidades sindicais de trabalhadores, 89, 95, 99, 106
específicas, 87, 89, 110, 411
fonogramas e videofonogramas musicais produzidos no Brasil contendo obras musicais ou literomusicais de autores brasileiros e/ou obras em geral interpretadas por artistas brasileiros, bem como os suportes materiais ou arquivos digitais que os contenham, 90, 109
genéricas, 89, 109, 113, 157
instituições de educação e de assistência social, 95, 104, 105, 106, 367
livros, jornais, periódicos, 88, 89, 90, 108
partidos políticos e fundações, 89, 90, 95, 98, 99, 106, 367
recíproca, 88, 89, 91, 92, 107, 132, 415, 420
templos de qualquer culto, 41, 90, 94, 408
Infrações, 23, 59, 163, 175, 176, 180, 187, 215, 266, 277, 294, 297, 298, 299, 302, 304, 338
Interpretação
benéfica, 175
econômica, 194
literal ou gramatical, 175
sistemática, 170
teleológica, 170
Irretroatividade, 28, 29, 35, 53, 60, 64, 67, 71, 140, 172, 179, 181, 232, 269, 274, 299, 300, 327, 350, 428, 429, 431, 462
Isenção, 11, 50, 59, 63, 64, 65, 82, 83, 87, 112, 164, 165, 175, 177, 186, 192, 202, 277, 286, 287, 288, 289, 290, 291, 292, 293, 295, 296, 302, 321, 344, 345, 346, 349, 360, 361, 365, 383, 385, 390, 417
Isonomia, 35, 56, 58, 59, 60, 75, 82, 88, 89, 92, 134, 172, 175, 195, 242, 288, 291, 294, 295, 336, 350, 384, 428, 455, 462, 463

J

Jurisprudência, 15, 24, 28, 54, 68, 74, 86, 89, 91, 92, 127, 129, 133, 140, 144, 150, 166, 193, 204, 216, 219, 234, 244, 252, 253, 254, 260, 269, 270, 282, 289, 291, 298, 305, 307, 322, 326, 345, 362, 371, 389, 397, 411, 413, 419, 420, 442, 447, 458, 462, 464

L

Lançamento
  alterabilidade, 233
  atributos, 229
  conceito, 227, 240
  eficácia, 227, 228, 230, 231, 232, 233, 234
  modalidades, 235, 236, 237, 238, 240
  natureza jurídica, 227, 228
  por homologação, 180, 183, 235, 236, 237, 238, 239, 240, 241, 242, 244, 259, 268, 271, 279, 280, 282, 302, 305, 306
  regime jurídico, 238
Legalidade, 10, 15, 23, 24, 27, 35, 53, 56, 59, 60, 64, 65, 66, 67, 74, 75, 133, 140, 148, 150, 162, 165, 172, 175, 177, 193, 194, 195, 197, 209, 218, 229, 244, 257, 284, 299, 301, 302, 309, 318, 331, 332, 343, 344, 446, 462
Lei complementar, 15, 18, 19, 20, 21, 23, 24, 33, 44, 61, 83, 96, 99, 105, 114, 117, 119, 122, 137, 139, 142, 156, 180, 182, 185, 192, 193, 194, 204, 207, 209, 214, 218, 228, 246, 252, 254, 255, 257, 261, 267, 268, 269, 272, 274, 277, 278, 281, 286, 306, 309, 311, 313, 315, 316, 325, 327, 330, 341, 352, 370, 372, 373, 374, 378, 379, 387, 389, 390, 391, 393, 403, 414, 415, 416, 417, 418, 420, 421, 439, 446
Lei ordinária, 15, 16, 18, 19, 21, 23, 33, 96, 137, 156, 192, 339, 374
Liminar, 245, 246, 251, 252, 253, 274, 283, 299, 441, 442

Limitações constitucionais ao poder de tributar, 19, 21, 35, 53, 86, 96, 114

M

Mandado de segurança, 5, 244, 245, 246, 249, 250, 251, 252, 253, 274, 426, 441, 442, 445, 447
Medida cautelar fiscal, 312, 426, 440, 445, 446
Medida provisória, 23, 25, 68, 329, 330, 436, 437, 439, 460
Moralidade, 37, 44, 60, 61, 62, 172, 301
Moratória, 213, 246, 248, 253, 254, 292, 293, 295, 298, 302, 305, 307, 313, 328, 329
Multa, 116, 186, 213, 244, 250, 253, 254, 258, 287, 298, 303, 304, 306, 313, 322, 323, 324, 332, 436, 437, 447

N

Não cumulatividade, 13, 124, 144, 157, 359, 360, 361, 383
Não diferenciação tributária entre bens e serviços em razão de sua procedência ou destino, 59, 64, 84, 157
Não limitação ao tráfego de pessoas ou bens, 59, 64, 82, 131
Não obstância do exercício de direitos fundamentais por via de tributação, 60, 64, 74
Norma geral antielisiva, 192, 193, 194, 195
Normas gerais de direito tributário, 20, 140, 155, 246

O

Obrigação tributária
  acessória, 186
  principal, 162, 182, 187, 193, 195, 196, 199, 228, 256, 271, 276, 281, 284, 288, 455

P

Pagamento indevido, 258, 260, 263, 264, 267, 268, 273
Parafiscalidade, 49, 51, 160, 161, 199
Parcelamento, 246, 253, 254, 255, 276, 305, 306, 328, 329, 406

Pedágio, 9, 82, 118, 130, 131, 224, 418
Praticabilidade, 60, 64, 72, 73, 196, 203, 209, 218, 219, 225, 242, 276, 311, 334, 353
Preço público, 130, 131, 132, 133
Preferências do crédito tributário, 308, 313, 315
Prescrição, 174, 203, 227, 231, 241, 245, 247, 248, 257, 262, 268, 269, 278, 281, 283, 321, 322, 334, 438, 439, 447, 448, 449
Princípio(s)
 anterioridade, 11, 13, 14, 24, 25, 35, 41, 53, 56, 60, 64, 66, 70, 133, 137, 140, 142, 148, 167, 168, 172, 233, 291, 292, 342, 343, 344, 346, 350, 359, 365, 386, 397, 410
 dignidade da pessoa humana, 57
 federativo, 20, 40, 44, 60, 83, 92, 172, 247, 272, 288, 314, 416
 função social da propriedade, 38, 63, 74, 144, 368, 369, 373, 404, 405, 407
 generalidade, 35, 54, 59, 64, 75, 78, 79, 86, 172, 175, 288, 350, 455, 456, 457, 466
 igualdade, 53, 58, 59, 77, 89, 134, 350, 428
 irretroatividade, 28, 29, 35, 53, 60, 64, 67, 71, 140, 172, 179, 181, 232, 269, 274, 299, 300, 327, 350, 428, 429, 431, 462
 moralidade, 37, 44, 60, 61, 62, 172, 301
 não diferenciação tributária entre bens, em razão de sua procedência ou destino, 157
 não diferenciação tributária entre bens e serviços em razão de sua procedência ou destino, 59, 64, 84
 não limitação ao tráfego de pessoas, 59, 64, 131
 não limitação ao tráfego de pessoas e bens, 82
 não obstância do exercício de direitos fundamentais por via da tributação, 60, 64, 74
 praticabilidade, 60, 64, 72, 73, 195, 218, 219, 225, 242, 276, 334, 353

 republicano, 60
 segurança jurídica, 11, 56, 59, 60, 64, 69, 71, 177, 178, 179, 194, 195, 219, 291, 301, 322, 437
 separação dos poderes, 16, 17, 66, 148, 151
 supremacia do interesse público, 10, 62, 106, 172, 265, 292, 299, 308, 309, 313, 320
 uniformidade geográfica, 11, 59, 64, 82, 157
 vedação da utilização de tributo com efeito de confisco, 6, 11, 59, 74, 80, 116, 301, 373
Privilégios do crédito tributário, 308
Processo tributário
 administrativo, 301, 426, 427, 432, 433, 434, 435, 436, 437, 438
 judicial, 425, 426, 427, 440
Progressividade, 50, 78, 79, 170, 223, 349, 350, 356, 358, 360, 369, 385, 404, 405, 407, 408, 410, 414, 453

R

Recurso administrativo, 249, 437
Remissão, 63, 65, 97, 141, 193, 202, 257, 276, 277, 278, 286, 287, 291, 294, 302, 310, 319
Repercussão econômica do tributo, 359, 382
Repercussão geral, 166, 275, 416, 428, 431, 444, 462, 463, 464, 465, 466, 467, 468, 469
Repetição do indébito, 250, 265, 266, 267, 268, 269, 430, 443, 444, 447
Resolução, 25, 249, 250, 393, 438, 445
Responsabilidade
 por infrações, 187, 302
 por substituição, 208, 217, 391
 por sucessão, 214
 por transferência, 210

S

Sanções, 10, 65, 81, 176, 180, 215, 297, 298, 299, 300, 301, 307

Segurança jurídica, 11, 28, 56, 59, 60, 64, 66, 69, 71, 177, 179, 194, 195, 219, 234, 241, 269, 278, 282, 291, 301, 320, 322, 428, 429, 430, 431, 437, 456, 462

Seletividade, 14, 50, 124, 157, 350, 359, 360, 361, 365, 383, 384, 392

Solidariedade, 5, 78, 79, 112, 114, 202, 203, 204, 208, 215, 220, 221

Substituição tributária
progressiva, 41, 218, 220, 391
regressiva, 219

Sucessão, 208, 210, 211, 212, 213, 214, 221

Sujeito ativo, 115, 184, 199, 200, 245, 256, 258, 261, 297, 345, 353, 364, 367, 372, 388, 455
auxiliar, 200

Sujeito passivo, 6, 17, 72, 76, 78, 115, 120, 123, 125, 130, 131, 134, 148, 162, 169, 181, 184, 185, 186, 187, 194, 199, 200, 201, 205, 207, 208, 217, 220, 221, 224, 227, 228, 229, 231, 233, 234, 235, 236, 237, 238, 239, 240, 241, 243, 245, 247, 253, 256, 258, 259, 260, 261, 262, 263, 264, 265, 268, 270, 273, 274, 277, 278, 279, 280, 281, 282, 283, 284, 288, 294, 297, 300, 302, 304, 306, 309, 312, 322, 326, 328, 331, 333, 334, 353, 372, 396, 408, 410, 412, 413, 440, 441, 442, 443, 445, 446, 455, 458, 460
contra o Fisco, 441
direto, 201, 208, 221, 353, 410
indireto, 201, 207, 208, 221

Suspensão da exigibilidade do crédito tributário, 175, 243, 244, 245, 250, 253, 282, 441, 442, 443

T

Tarifa, 90, 91, 131, 132, 133, 165, 418, 419

Taxas, 13, 34, 35, 37, 46, 47, 48, 65, 76, 86, 90, 107, 111, 117, 118, 119, 120, 125, 126, 127, 128, 130, 131, 133, 137, 141, 151, 155, 202, 210, 222, 224, 262, 277, 286, 291, 332, 335, 433, 436

Tipicidade, 65, 192, 193, 194, 229, 230

Tratado internacional, 83, 164, 165

Tributo
não vinculado, 35, 76, 117, 119, 120, 219, 460
vinculado, 12, 35, 76, 119, 125, 131, 134, 140, 457, 460

Tutela jurisdicional
antecipada, 251, 253
de urgência, 440, 441

U

Uniformidade geográfica, 11, 59, 64, 82, 157

Universalidade, 112, 284, 349, 350, 352, 355, 433, 442

V

Vedação à isenção heterônoma, 59, 64, 82

Vedação ao confisco, 35, 53, 64, 172, 299, 301

Vedação da tributação diferenciada da renda das obrigações da dívida pública e da remuneração dos servidores, 59, 64, 82